船舶与海洋工程装备智能制造

杜尊峰　张则青　主编

天津大学出版社
TIANJIN UNIVERSITY PRESS

图书在版编目（CIP）数据

船舶与海洋工程装备智能制造 / 杜尊峰, 张则青主编. -- 天津 : 天津大学出版社, 2023.6
ISBN 978-7-5618-7480-6

Ⅰ. ①船… Ⅱ. ①杜… ②张… Ⅲ. ①船舶工程—工程设备—智能制造系统②海洋工程—工程设备—智能制造系统 Ⅳ. ①U66②P75

中国国家版本馆CIP数据核字(2023)第090050号

出版发行 天津大学出版社
地　　址 天津市卫津路92号天津大学内（邮编：300072）
电　　话 发行部：022-27403647
网　　址 www.tjupress.com.cn
印　　刷 廊坊市海涛印刷有限公司
经　　销 全国各地新华书店
开　　本 787mm×1092mm　1/16
印　　张 25.25
字　　数 646千
版　　次 2023年6月第1版
印　　次 2023年6月第1次
定　　价 78.00元

前　言

“船舶与海洋工程装备智能制造”是船舶与海洋工程专业非常重要的专业基础课程，其主要任务是让学生了解船舶智能制造的背景、发展历程，学习现代造船技术（如机器人技术、3D打印技术、物联网技术、5G+工业互联网、数字孪生技术和虚拟现实技术）与船舶智能制造技术，全面熟悉船舶智能制造体系和具有自感知、自学习、自决策、自执行、自适应等功能的新型生产方式，打破传统造船模式的认知束缚，系统地掌握生产现场网络化、生产过程数字化、产品质量管控等船舶工业行业智能化解决方案，为将来适应工业发展需求奠定基础。

知识点多、实践性强、与工程联系紧密是“船舶与海洋工程装备智能制造”课程的主要特点。本教材主要是根据船舶与海工行业对岗位职业能力的共性要求，基于智能制造，紧紧围绕船舶与海工建造流程编写的。

本教材具有以下几个特点。

（1）从课程目标到课程内容，强化课程思政在课程建设与教育教学过程中的引领作用，以“润物细无声”的方式融入课程思政元素。编者运用鲜活的案例和时代英模激发学生爱国奉献、敬业自强的情怀，增强学生对行业的认同感。

（2）本教材针对“工业4.0”“中国制造2025”等热点概念，为学生提供指导性的实例，推动这些重大创新措施在船舶与海洋工程领域落地。

（3）继承创新，与时俱进。响应国家发展、民族复兴对培养新时代人才提出的迫切需求，在对标新时代中国特色社会主义建设战略安排，汲取已有成功经验的基础上，编者不断推进理念、内容、方法的创新。教材所参考、引用的标准与规范均为最新版，实例也都选用当前船舶与海工行业应用的典型代表。

本教材共分为2篇14章。第1篇为船舶智能制造，首先概述造船业的发展，造船工艺的任务、阶段划分和流程，并介绍了船厂总布置；然后介绍造船模式的演变，并结合现在智能制造发展的情况，着重介绍智能制造技术参与下的造船生产管理、船体放样、船体钢料加工、船体装配、船舶舾装和涂装、船舶下水和船舶试验与交船。第2篇为海洋工程装备智能制造，首先对海工装备进行简要介绍，并分析了海工装备与船舶的区别，阐述适用于海工装备的总装制造模式；然后结合智能制造，介绍海洋工程智能制造的关键技术，最后着重对海工装备中上部组块的制造工艺进行详细阐述。本教材引用的工艺技术具有通用性、先进性和可操作性，选取的内容论述清楚，深入浅出，重点突出，易于理解，便于自学。本教材可作为高等学校教材，亦可供造船和海工企业、研究机构、大专院校的科技工作者参考。

编者在编写本教材过程中得到了不少船厂专家和海工专家的帮助与支持，在此对他们致以深切的谢意。同时，编者编写时还借鉴了一些专业教材、期刊、网络资料等，这些已在参考文献中注明。特别感谢硕士研究生张庆巍为本教材收集、整理相关文献，他为此付出了辛勤劳动。

由于作者水平有限，书中难免有一些缺陷和不完善的地方，相关设计图样可能会有疏漏或偏差，敬请读者和有关专家批评指正。

编者

2023年2月

目　　录

第1篇　船舶智能制造

第 1 篇　船舶智能制造

第 1 章　绪论

1.1　造船业概述

造船业是指为水上交通、海洋开发和国防建设等提供技术装备的现代综合性产业，也是劳动、资金、技术密集型产业，对机电、钢铁、化工、航运、海洋资源勘采等上、下游产业发展具有较强的带动作用，对促进劳动力就业、发展出口贸易和保障海防安全意义重大。我国劳动力资源丰富，工业和科研体系健全，产业发展基础稳固，拥有适宜造船的漫长海岸线，发展船舶工业具有较强的优势。同时，我国船舶工业稳中有进，船型结构升级优化，智能化转型加快推进，未来一定能从造船大国迈向造船强国。

1.1.1　国内造船史

早在殷商时期，就出现了木板船，图 1-1 和图 1-2 分别为在江苏武进发现的古船和在上海川沙川杨河发现的古船，这两艘船反映了由独木舟向木板船的过渡。战国时期的船舶就具有了相当理想的流线型，横剖线匀称，水线流畅，风帆也已出现，为船舶大型化、提高航速与扩大航区提供了技术保障。

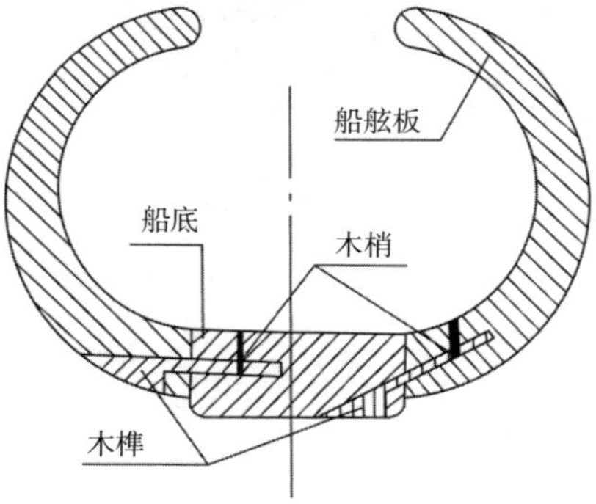

图 1-1　江苏武进发现的古船细节图

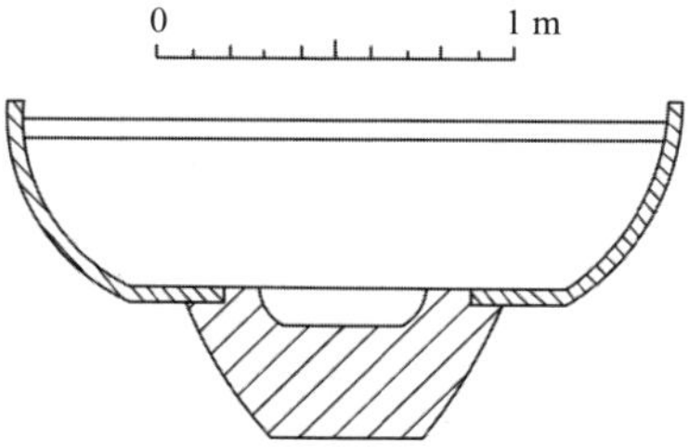

图 1-2　上海川沙川杨河发现的古船横断面图

汉代在社会经济繁荣和财富积累雄厚的背景下，开拓了海上丝绸之路。汉代船舶（模型见图 1-3 和图 1-4）已设有甲板和上层建筑，两舷设有瞰板（舷伸甲板）、前出艄和后出艄，造船时还使用了铁钉。

晋代发明了水密舱壁和车轮舟。隋唐时期建造了五牙舰（图 1-5），开凿了隋唐大运河。唐朝社会经济的繁荣，促进了内河航运的发展，图 1-6 为在江苏如皋发现的唐代木船的平面图和纵断面图。

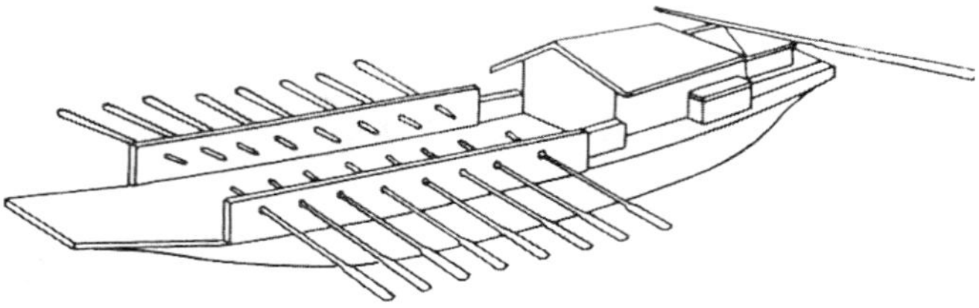

图 1-3　长沙发现的西汉木船模型

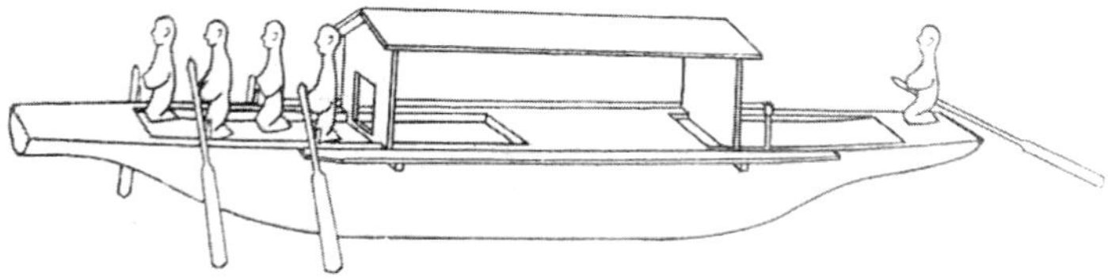

图 1-4　湖北江陵发现的西汉木船模型

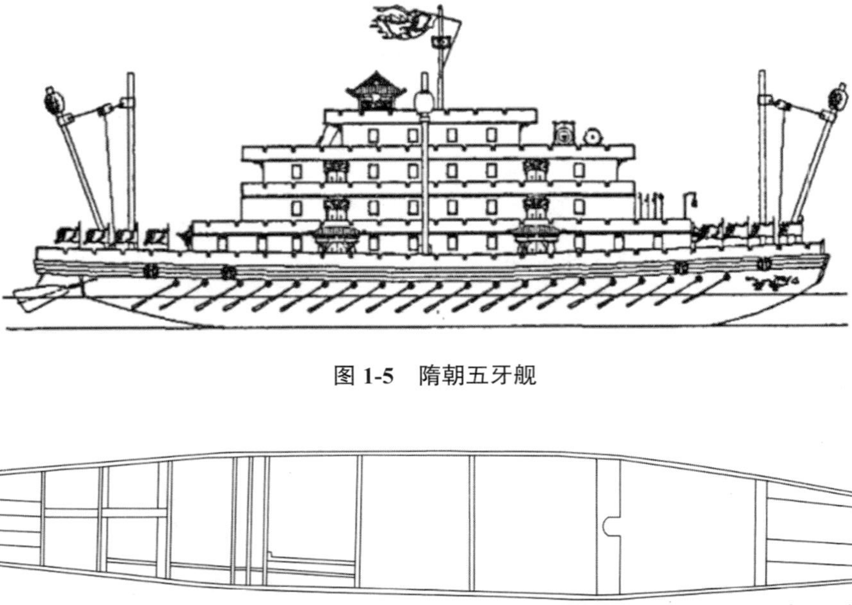

图 1-5　隋朝五牙舰

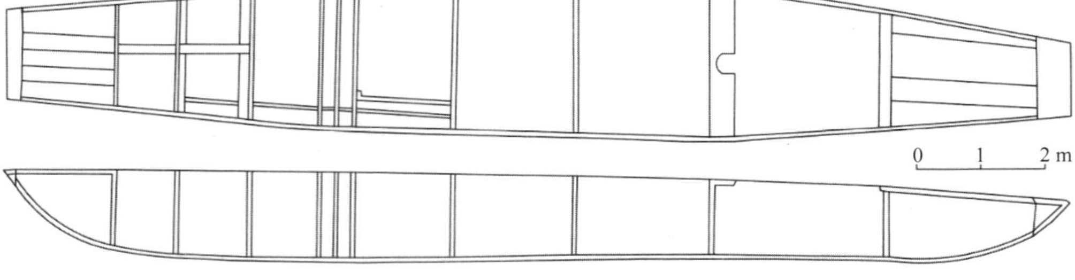

图 1-6　江苏如皋发现的唐代木船的平面图和纵断面图

宋代,由于辽与西夏的阻遏,河西走廊完全被隔断,与外部世界的交流主要依赖海上交通,丝绸和瓷器制造业的成就促进了海运业的发展,朝廷设立了港口及其管理机构市舶司,造船厂遍布沿海及内陆。图 1-7 为在宁波发现的宋代海船第 6 号肋位的实测图,证实我国在北宋末年就实际应用了减摇龙骨,比国外大约要早 700 年。

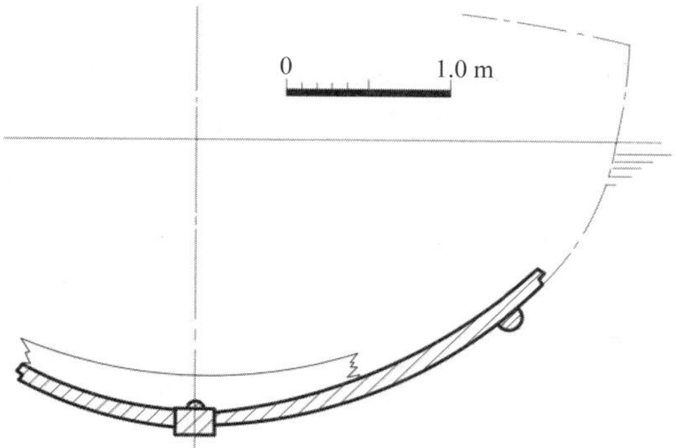

图 1-7　宁波发现的宋代海船第 6 号肋位的实测图

继承宋、元以来繁盛的海上交通系统，明代实现了举世瞩目的郑和下西洋这一航海壮举。郑和船队掌握了当时被称为“牵星术”的天文定位和罗盘技术，这一技术能够精准定位船队的航行方位，是当时全世界最先进的航行技术。

到清朝，海禁导致中国造船业的衰落。经历了两次鸦片战争，外资轮船修造业入主中国，后来在曾国藩、李鸿章等人的努力下，成立中国第一座具有“制器之器”的近代工业母厂——江南机器制造总局，该厂建造出中国第一艘兵船“恬吉号”，随后建造出第一艘由螺旋桨驱动的兵船“操江号”。1868 年福建船政创建，并成为中国近代船舶工业基地，洋务运动期间也成立了许多官办造船机构，如天津机器局、黄埔船局、旅顺船坞及大连修造船工厂。

1949—1952 年，我国造船还主要依赖造船工人的操作经验和主管人员的现场指挥；1953—1959 年，中苏的两次合作，让我国迅速掌握了现代舰艇的建造工艺，同时推动了民船建造技术的发展，如焊接工艺代替铆接工艺、船体分段和总段建造取代整船散装法、改进工艺流程、制定成套的工艺文件等；随后，我国走上了自主发展的道路，取得不错的成就，诸如 3 000 t 级船舶平面分段流水线、船体数学放样、外板展开的应用等；改革开放之后，我国的高附加值造船工艺技术有了很大进展，数控切割机、肋骨冷弯机、U 形坡口切割机等不断被研制出来；之后，CO_2 气体保护焊、单面焊、双面成形焊等高效焊接技术使造船产量不断增长，建造周期不断缩短。

21 世纪以来，我国的船舶工业在由国内市场走向国际市场的过程中，我国实现了由造船小国向造船大国的转变。2017 年 4 月，首艘国产航母出坞下水；2018 年 11 月，全球首艘 40 万吨智能超大型矿砂船（VLOC）在上海命名交付；2019 年 6 月，全球首艘 30.8 万吨超大型智能原油船成功交付；2020 年 9 月，全球首艘 2.3 万标箱双燃料集装箱船交付。2021 年，我国造船完工量、新接订单量、手持订单量造船三大指标（以载重吨计）分别占世界总量的 47.2%、53.8% 和 47.6%。抓创新、补短板、优布局、谋高端，我国正全力巩固提升船舶领域全产业链竞争力，向世界造船强国目标奋力迈进。

1.1.2　国际造船史

船舶从史前刳木为舟起，经历了独木舟和木板船时代，早在公元前 3000 年，埃及人就驾着细长的、用帆作为动力的船，往西北渡过 480 km 海面到达克里特岛。

公元 200 年左右，罗马帝国由于需要进口大宗货品，如象牙、酒、油、五金、纺织品、宝石等，尤其是粮食，而这些货品大都是靠商船从世界各地运来的。因此，当时的船运业已相当发达。当时的罗马商船约长 30 m，宽 9.1 m。全船重量大概是 120 t，船底用铅包护，使之不致受船虫侵蚀。船中部设置一根桅杆，上面悬挂方形横主帆并装有一种新的"卷帆"系统，可以像活动百叶窗那样从底部卷起或缩短帆。最重要的发明是，一根长圆杆向前方斜伸过船艏，它上面有一块小帆，称为"前帆"。这种船艏装置有助于乘风行进，它的转向作用大于推进作用，受它启发，后人发明了双桅帆船。但是，这种船最大的缺点是不能逆风行驶。

公元 866 年出现了可以逆风行驶的三角帆船。这种船的帆呈三角形，被安装在一根长桁上，长桁斜悬在一根短桅上面。它可以在船的横位上做幅度很大的转向，直到它和船本身的长轴形成一条线为止。有人把它称作纵帆船。纵帆的革命性在于它有较大的可调整性以适应风向的变化，这样的装置使船能逆风航行，航行时先向一方转，然后再向另一方转，像一条公路沿着山坡蜿蜒上升那样"之"字形逆风而行。

尽管帆船统治了大海千年之久，但随着蒸汽机的出现和现代工业的兴起，帆船的辉煌很快就黯淡了下来。

富尔顿在 1803 年制造出第一艘以蒸汽机作为动力的轮船。1805 年，他得到瓦特的支持，在英国瓦特·博尔顿工厂购买了瓦特新设计的功率更大的蒸汽机，并把它带回美国。1807 年 8 月，一艘名叫"克莱蒙特"号的铁壳轮船出现在美国哈德逊河上，这艘船长 45 m，宽 4 m；8 月 17 日，"克莱蒙特"号启航，经过 32 h 的逆水航行，"克莱蒙特"号完成了从纽约到奥尔巴尼距离为 240 km 的航行。要走完这段漫长的路程，即使是当时最好的帆船，一路顺风也需要 48 h。"克莱蒙特"号顺水回航时仅用了 30 h，时速约为 8 km/h，从此揭开了轮船时代的帷幕。

1839 年，第一艘装有螺旋桨推进器的蒸汽机船"阿基米德"号问世，主机功率为 58.8 kW，"阿基米德"号是一艘三桅的纵帆船，装有一台发动机和一个螺旋桨推进器。这种推进器充分显示出它的优越性，因而被迅速推广。

1868 年，中国第一艘载重 600 t、功率为 288 kW 的蒸汽机兵船"惠吉"号建造成功。1894 年，英国的帕森斯将他发明的反动式汽轮机作为主机，安装在快艇"透平尼亚"号上，该船在泰晤士河上试航成功，航速超过了 60 km/h。

早期，汽轮机船的汽轮机与螺旋桨是同转速的。后约在 1910 年，出现了齿轮减速、电力传动减速和液力传动减速装置。在这以后，船舶汽轮机开始采用减速传动方式。

1902—1903 年，法国建造了一艘柴油机海峡小船。1903 年，俄国建造的柴油机船"万达尔"号下水。20 世纪中叶，柴油机动力装置成为运输船舶的主要动力装置。

1947 年，英国将航空用的燃气轮机改型，安装在海岸快艇"加特利克"号上，以代替原来的汽油机，其主机功率为 1 837 kW，转速为 3 600 r/min，经齿轮减速箱和轴系驱动螺旋桨。这种装置的单位重量仅为 2.08 kg/kW，远比其他装置轻巧。20 世纪 60 年代，出现了用燃气轮机和蒸汽轮机联合动力装置的大、中型水面军舰。

原子能的发现和利用为船舶动力开辟了一个新的途径。1954 年，美国建造的核潜艇"鹦鹉螺"号下水，功率为 11 025 kW，航速 33 km/h；1959 年，苏联建成了核动力破冰船"列宁"号，功率为 32 340 kW；同年，美国核动力商船"萨瓦纳"号下水，功率为 14 700 kW；1960 年，德国开始建造"奥托·哈恩"号核动力矿砂船，该船于 1970 年开始商业运营，主要用于运输矿石和粮食，兼运乘客；1991 年，日本完成对"陆奥"号核动力散货船的技术改进，进行了远程航行试验，成功绕地球航行了两周，这进一步显示了核动力商船的技术优势。

进入“工业 4.0”时期，智能化已成为各装备制造业的发展趋势和发展热点。在制造业领域，“第四次工业革命”描述了“智能设备”将如何替代人类来管理、优化和控制机器；在商业领域，物联网通过采用传感器和数字技术，将人们的个人习惯映射并翻译给自动化设备，从而提升我们的生活质量。

智能船舶被广泛地认为是航运业的下一次技术革命。国际社会对节能减排、生命安全和劳工保障等方面要求的不断提升，推动了电子技术、网络技术及信息技术在海上航运的延伸应用，促进了船舶智能化发展，从而使船舶更加安全环保、经济可靠。

海上丝绸之路与郑和下西洋

海上丝绸之路（海上丝路），是古代中国与外国交通贸易和文化交流的海上通道，也被称为“海上陶瓷之路”和“海上香料之路”，萌芽于商周，发展于春秋战国，形成于秦汉，兴于唐宋，转变于明清，是已知最为古老的海上航线。中国海上丝路分为东海航线和南海航线两条线路，其中主要以南海为中心。

南海航线，也叫“南海丝绸之路”，起点主要是广州和泉州。先秦时期，岭南先民在南海乃至南太平洋沿岸及其岛屿开辟了以陶瓷为纽带的交易圈。唐代的“广州通海夷道”，是中国海上丝绸之路的最早叫法，是当时世界上最长的远洋航线。明朝时郑和下西洋更标志着海上丝路发展到了极盛时期。南海丝绸之路从中国经中南半岛和南海诸国，穿过印度洋，进入红海，抵达东非和欧洲，途经 100 多个国家和地区，成为中国与外国贸易往来和文化交流的海上大通道，推动了沿线各国的共同发展。

东海航线，也叫“东方海上丝路”。春秋战国时期，齐国在胶东半岛开辟了“循海岸水行”直通辽东半岛、朝鲜半岛、日本列岛直至东南亚的黄金通道。唐代，山东半岛和江浙沿海的中韩日海上贸易逐渐兴起。宋代，宁波成为中韩日海上贸易的主要港口。

郑和是云南昆明人，在永乐三年（公元 1405 年）至宣德八年（公元 1433 年）的 28 年间，曾率领百余艘大小舰船组成的庞大舰队，七次远航西洋，开创了中国远洋航海的新时代。

郑和远渡重洋的船队是由 240 多艘海船组成的一支联合船队，船队主体船舶有宝船、马船、粮船、坐船和战船五类海船。宝船比一般船只大几倍，造价极高，最大的宝船长四十四丈四尺（1 丈=3.33 m，1 尺=33.3 cm），宽十八丈，载重量八百吨，这种船可容纳上千人，其铁舵需要二三百人才能举动；马船长三十七丈，宽十五丈；粮船长二十八丈，宽十二丈；坐船长二十四丈，宽九丈四尺；战船长十八丈，宽六丈八尺。从郑和所率领船队的船只类型可以看出，这些船只有的用于载货，有的用于运粮，有的用于作战，有的用于居住。组成船队的船只分工细致，种类也很齐全。可以说，郑和所率领的是一支以宝船为主、配合协助船只为辅的规模宏大的船队。这支规模宏大的联合船队要顺利完成其航行使命，船舶质量必须经过严格把关。为保证这支船队中船舶的建造质量，明朝政府在吸取以前质量检验经验的基础上，又采取多种措施严格检验，比如：改进船舶用料、采用专门的造船技术工艺、设置专职的造船技术监管。

随着“共建 21 世纪海上丝绸之路”的提出，中国与海岸沿线主要国家的经贸合作不断深化，对外投资、基础设施建设等领域合作持续加强，双边贸易额稳步提升。我国已经与世界 200 多个国家、600 多个主要港口建立航线联系，海运互联互通指数保持全球第一，极大地带动了港口经济乃至全国经济的发展。

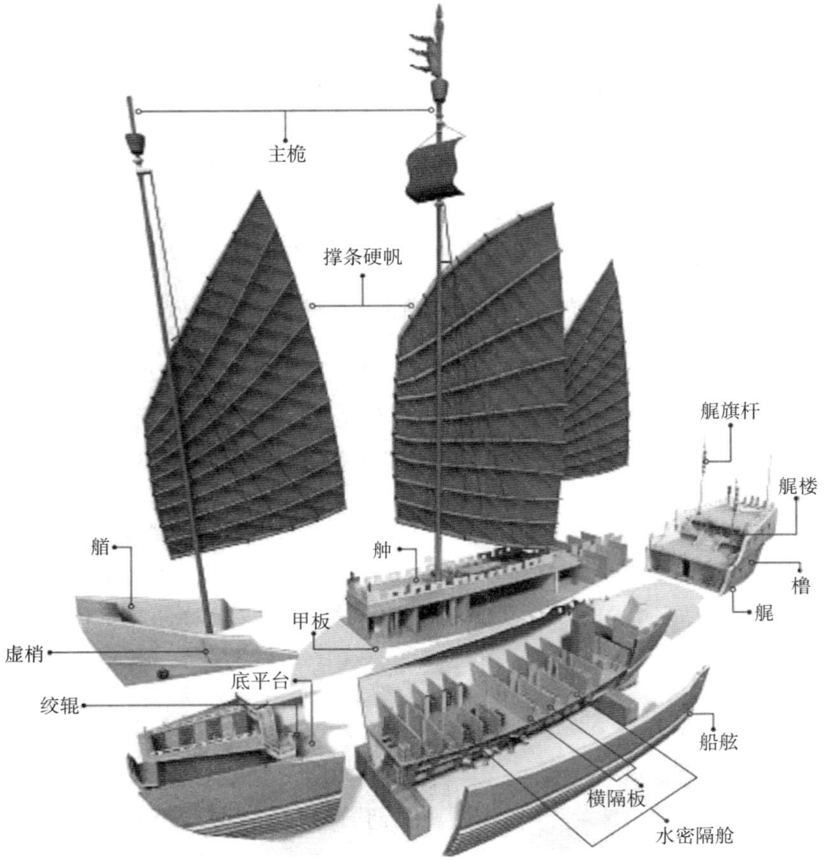

图 1-8 郑和宝船模型

（资料来源：许娟. 郑和下西洋与中国海事[J]. 中国海事，2020（10）：77-78. 略有改动）

1.2 造船工艺

工艺是指劳动者利用各类生产工具对各种原材料、半成品进行加工或处理，最终使之成为成品的方法与过程。造船工艺，简而言之就是造船的施工方法和过程。

1.2.1 造船工艺的任务

在市场经济环境中，任何船东都希望买到外观和内在质量优秀、价格低廉的船舶产品，国内外的造船市场在建造周期、产品质量和价格等方面的竞争越来越激烈。同时，需要不断建造高技术密集的新型运输船舶和各种新产品，以适应水上交通运输和海洋开发日益发展的需要。

为此，造船工艺应满足两方面要求：一方面，根据现有技术条件，为造船生产制定合理的工艺方案和工艺方法，以缩短生产周期，降低生产成本，提高生产质量和改善生产条件；另一方面，研究开发新工艺、新技术，不断提高造船的工艺水平。

根据所造船舶的类型、批量和船厂的生产条件，进行生产工艺设计，通常应完成下列工作。

（1）分析研究造船方法，制定造船方案并据此编制船体放样、号料、构件加工、船体装配焊接、船舶舾装、船舶涂装、造船精度与技术测量、船舶下水等工艺规程。

(2)分析研究和编制各种工艺计划文件。

(3)分析研究造船各道工序的工艺方法，即制定合理的工艺规程，并依此选择和设计相应的工艺装备，不断提高船体建造的机械化、自动化、智能化水平。

(4)研究制定各项施工精度标准，即根据相关规范要求和船厂条件，制定各道工序的施工精度标准及相应的技术测量方法。

(5)研究新的造船方法，如研究船厂工艺流程的最佳布置方案、改进造船生产的工艺布局、设计先进的流水生产线、不断革新造船工艺和设备等造船生产工艺系统。

1.2.2　造船阶段划分

造船是指为客户(私人、公司、政府等)生产产品(船舶、海洋结构物、浮动设施等)的过程。造船过程包括建造和制造两方面。建造过程包括构件、板架、框架、分段等方面的建造工作；制造过程包括造船材料处理、零部件加工等工作。大多数情况下，船舶产品是按照订单及船东的特定要求制造的，甚至在建造一系列同类船舶时也不例外，整个建造过程由于船东的参与可能会有所变化，不同的船厂有不同的特点，经营部门、物资采购部门、设计部门等各部门的职能划分可能也会稍有不同，这些都会影响整个建造过程。现代造船过程总的来说可以分为六个阶段(图 1-9)。

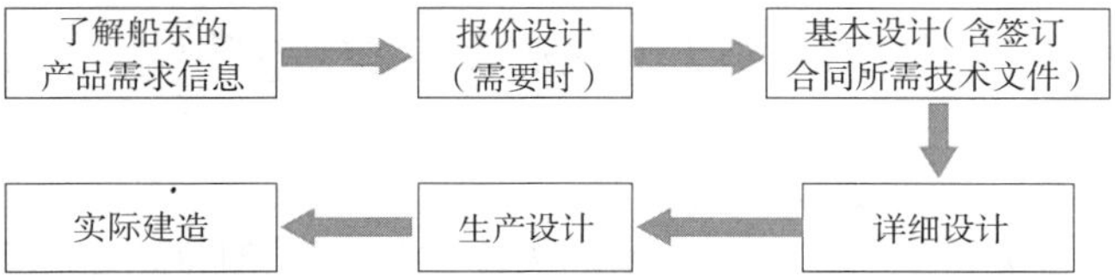

图 1-9　现代造船过程的阶段划分

1. 了解船东的产品需求信息

现代造船过程的第一个阶段是了解船东的产品需求信息。一条新船的用途和使命可能因船东的需求不同而异，但最终的产品必须能满足船东的需求及特定用途。

2. 报价设计

报价设计指根据船东提出的技术要求或招标说明书进行估价。其主要内容是：初步确定新船的功能和形状，提供总布置简图、主要设备清单、简要说明书，估算造价。报价设计的主要目的是设计公司向船东提出报价，力求中标，并使船东了解新船概貌及船价，挑选中标供应商。报价设计是商谈定船合同之前的一个设计环节，不作为最终签订造船合同的技术附件。

3. 基本设计

基本设计指依据设计任务书和造船合同，对造船的总体方案做出规划，对船舶的总体性能和主要技术指标进行计算，对动力装置和各种系统原理图进行设计。船体方面要完成的主要技术文件有船体设计说明书，总布置图，型线图，服务航速、稳性、干舷、舱容等的计算书，船中横剖面结构图和总纵强度计算书，钢料预估单，主要设备明细表等。

4. 详细设计

详细设计是依据造船合同及其技术文件或经审查修改后的基本设计方案进行的。这一阶段的设计工作是在总体设计的基础上，对局部问题进行深入分析，并进行各个项目的详细设计、计算和绘图，最终确定船舶的全部技术性能和船体结构，对重要材料及设备提出订货选型要求。详细设计所提出的技术文件和图纸，应能满足验船部门审查、船东认可、造船单位订购原材料和设备的需求，同时也是进行生产设计的依据。

5. 生产设计

生产设计是在详细设计的基础上，根据造船厂的场地设施、工装条件、工艺水平、施工区域和组装单元，绘制有工艺要求和生产管理指标的工作图和表，为建造船舶提供建造方案、施工要求、施工图纸和生产管理图表。

6. 实际建造

造船过程的最后一个阶段是船舶的实际建造。总组流程图（Functional Specification Document，FSD）是船舶设计指导生产的重要工艺，对船坞周期和船舶生产质量的影响至关重要。在这之下的是分段详细组立流程（Detailed Assembly Process，DAP），其对组立件进行分析，研究中小组立特性，形成中间产品族；随后对零部件的托盘管理及零部件流向进行形式化表达，在此基础上实现零部件的专业化生产和分段组立工作量的前移，从而改善分段施工条件（如大舾装阶段的 DAP：所有的管支架等都需要前移到组立阶段）。建造完成后需要检验船舶满足合同要求的情况，最后船舶在交付船东之前还要经过一系列的测试。

综上所述，现代造船过程可以看作由船东提出建造特定船舶的需求开始，然后经过一系列的纸面工作（设计、合同、计划等），最后把部件和零配件组合装配起来形成满足要求的船舶。高效率的造船很大程度上依赖于每一阶段的精心设计、控制和执行。

1.2.3 造船工艺流程

随着造船工业的智能化，一大批新兴技术应用于造船中，但是整个造船工艺流程仍然分为船体建造、舾装和涂装三种不同类型的工艺。具体流程如下：钢材预处理—车间涂漆（某些特殊船（比如说化学品船）不能用车间涂漆）—物流（编码）—涂装—下料（极少手工下料，该阶段已经画好线，采用数控、激光切割（现在激光切割已经普遍应用））—小中大组立分段（平面分段流水线流程：拼板—压梁（都是机器人做的，小肘板需要人工）是数字化造船的一部分，都是机器人来完成的）—合拢（目前这一阶段周期很短）。

船体建造工艺就是加工制作船体构件，再将它们组装焊接成中间产品（部件、分段、总段）然后吊运至船台上总装成船体的工艺过程。其作业内容一般包括船体号料、船体构件加工、中间产品制造和船台总装等。

舾装工艺是指将主船体和上层建筑以外的机电装置、营运设备、生活设施、各种属具和舱室装饰等安装到船上的工艺过程。它不仅使用钢材，还使用铝、铜等有色金属及其合金，以及木材、工程塑料、水泥、陶瓷、橡胶和玻璃等种类繁多的非金属材料。船舶舾装一般由以下几部分组成。

（1）船体舾装件：包括门、窗、梯、盖、扶手、栏杆、系缆柱等。

（2）动力装置：包括主机、轴系、发电机、锅炉，以及为它们服务的泵、箱柜、热交换器、分油机等。

（3）甲板机械：包括起货机、锚机、舵机、绞车、舱口盖系统等。

（4）电气舾装件：包括电气设备、导架、衬圈、接头等。

（5）房舱舾装件：包括绝缘材料、家具、厨房设备、冷藏空调设备、焊接件等。

（6）管系：包括动力管路（燃油管路、滑油管路、冷却管路、压缩空气管路、排气管路）和船舶系统（舱底水系统、压载水系统、消防系统、通风系统、供水系统、制冷与空调系统、货油系统）等。

涂装作业就是在船体内外表面和舾装件上，按照技术要求进行除锈和涂敷各种涂料，使金属表面与腐蚀介质隔开，达到防腐蚀的目的，同时还能起到外表面装饰和船底防污的作用。它一般包括钢材预处理、分段涂装、总段涂装、船台涂装和码头涂装等制造级的生产作业系统。

现代造船方法已发展为以区域为基础，将船体建造、舾装和涂装三种不同类型的作业相互协调和有机结合，组织生产，形成壳舾涂一体化建造技术，即区域造船法。图 1-10 所示为造船工艺流程示意图。

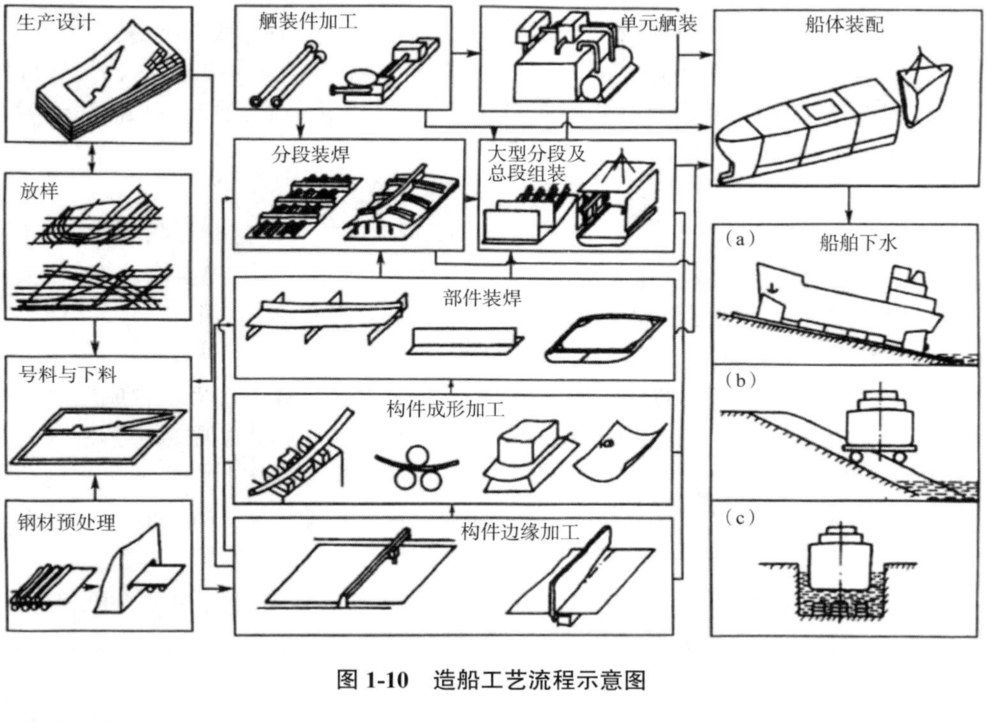

图 1-10　造船工艺流程示意图

1. 船体放样

放样是造船生产过程中的首道工序，虽然工作量在整个造船过程中占比很小，但却是相当复杂和精确的工作，将直接影响到以后各道工序乃至最终产品的质量。船体放样包括船体型线光顺、结构线放样、构件展开和样板制作等作业。造船集成系统中的船体数学放样子系统，不仅能完成船体型线光顺、结构线放样和构件展开等工作，还可以提供样板制作数据、胎架型值、各种构件的加工信息和后续工序的施工信息等。船体放样和船体生产设计一起提供了船体建造的全部施工信息。根据样板制作数据，即可进行各种样板的制作。

2. 船体号料

号料是放样的后道工序，是将放样展开后的船体构件外形，依据草图、样棒、样板、样箱、样板图或投影图、数控纸带等，复制到钢板或型钢上，并标注加工装配符号、施工信息等，供后续工序使用。一般有样板号料、草图号料、投影号料和自动号料等方法。各种号料方法都要有相应的放样资料作为图样信息载体，例如，样板号料所用的样板就是其中一种。

3. 船体钢料加工

钢质船体由成千上万个构件经装配、焊接而成，这些构件是由造船钢材加工出来的。使钢板和型材成为船体构件的工艺过程，称为船体钢料加工。由于现代造船均要求在钢材取用之前对其表面进行预处理，所以，船体钢料加工分为钢材预处理、构件边缘加工和构件成形加工三大类。

1）钢材预处理

钢材表面一般有氧化皮、铁锈或局部凹凸不平、翘曲或扭曲等缺陷，因此需要对钢材进行矫平、除锈和涂防护底漆等作业，这些作业统称为钢材预处理。

2）构件边缘加工

船体构件边缘加工一般包含三种加工作业：第一，运用机械剪切或化学、物理切割方法，按施工信息从原材料上切割得到船体构件；第二，根据焊接和装焊技术要求，对构件进行坡口加工；第三，根据设计要求，用砂轮对某些构件的自由边和人孔进行磨光加工，从而得到满足不同技术要求的船体构件。

3）构件成形加工

船体构件经过边缘加工后，对于一些具有弯曲、折角或折边等空间形状的构件，还要使用弯曲加工方法，把它们弯制或折曲成所需要的空间形状。这种加工过程称为构件成形加工。实际上就是将边缘加工后的零件加工成构件所要求的实际形状。

4. 船体装配

船体装配就是将加工合格的船体零件组合成部件、分段、总段，直至组合成船体的工艺过程。船体装配分为部件装焊、分段装焊、总组装焊和船台装焊。由于数学放样和各种数控加工技术、设备的使用，船体构件加工的精度不断提高，使得船体装配作业的机械化和自动化程度不断提高，这样不仅可以减轻工人的劳动强度，还可以有效地缩短建造周期和提高产品质量。

5. 船舶下水

当船舶在船台上（或船坞内）建造到预定工程量时，需要依靠专门的设备和操作方法，将船舶移到水中去，这项作业称为船舶下水。

船舶下水的方法有很多，大致可分为三类。

（1）如图 1-10（a）所示，在倾斜船台滑道上，船舶利用自身重量产生的分力克服斜面与船舶间的摩擦力，自行下滑到水中去，这种方法称为重力式下水。

（2）如图 1-10（b）所示，引曳滑道与下水车（或浮船坞、升船机、水力平台等）相配合，将船舶牵引到水中去，这种方法称为牵引式下水。

（3）如图 1-10（c）所示，将水引入船坞内，让船舶自己漂浮起来，然后开启坞门，将船舶拖曳出去，这种方法称为漂浮式下水。

6. 船舶试验

船舶试验包括系泊试验、倾斜试验和航行试验，共分两个试验阶段。

系泊试验是船舶基本竣工，船厂取得船东和验船机构的同意后，将船舶系在码头上进行的试验。其任务是根据设计图纸和试验规程，对船舶的主机、辅机、各种设备系统等进行试验，以检查船舶的完整性和可靠性。然后将船舶置于静水区域，进行倾斜试验，以测定完工船舶的重心位置。这两项试验构成船舶试验的第一阶段。

航行试验是对新建的船舶进行一次综合性的全面考核，有轻载试航和满载试航两种，属于船舶试验的第二阶段，由船厂、船东和验船机构一起进行。

试验前应按船舶类型决定在海上还是江河中进行试航。船舶出航前，应备齐燃料、救生设备、生活必需品、试验仪器仪表和专用测试器具等。试航过程中应测定主机、辅机、各种设备系统、通信导航仪器的各项技术指标，测定船舶的各项航行性能指标，以检查是否满足设计要求。

7. 交船与验收

船舶试验结束后，船厂应立即组织实施排除试验中发现缺陷的各项作业；同时对船舶及船上一切装备，按照图纸、说明书和技术文件逐项向船东交验，例如，逐个舱室的移交，备品的清点移交，主机、辅机、各种设备系统和通信导航仪器的动车移交等。

上述工作结束后，即可签署交船验收文件，并由验船机构发合格证书，船东便可安排该船参加营运。

综上所述，造船的主要工艺流程如图 1-11 所示。

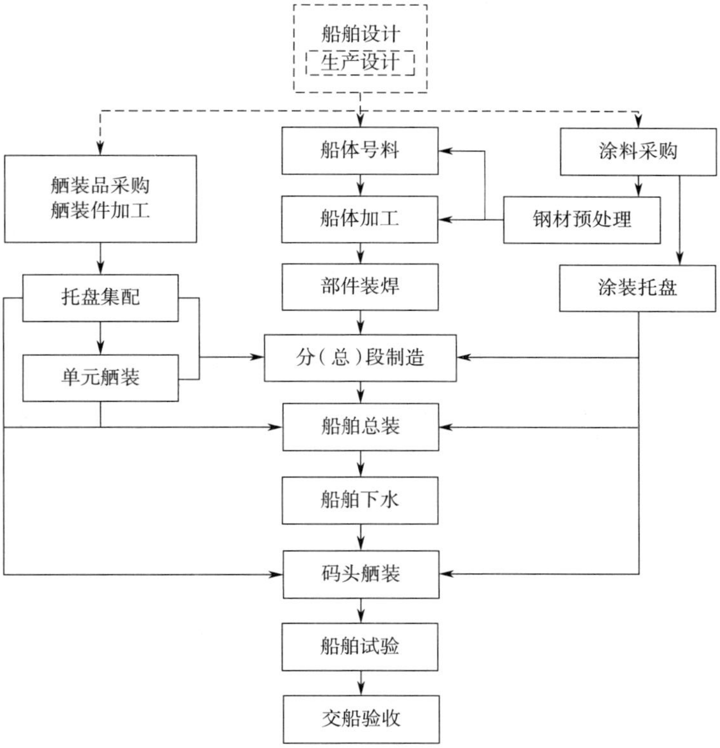

图 1-11　造船主要工艺流程

1.3　船厂总布置

船厂总布置(船厂布局)是造船生产过程组织的主要内容，也是现代化船舶工业企业建设的一项重要基础性项目。厂区的合理布局应当能够使企业根据生产目标和生产纲领，在确定的空间内，按照从原材料的接收，零件、部件的制造，全船的整体装配，直到船舶建成下水试航的全过程，将人员、设备、物料所需空间和厂区内的流通路径做适当、有效的分配与组合，以获得最大的生产经济效益。合理的厂区布局有以下几项优势：

（1）传输和等待的费用大幅减少；

（2）加快物料处理的效率，减少在制品的停留时间，提高企业的生产效率；

（3）降低生产成本；

（4）减少缓冲区的容量、缩小制造系统所占用的空间、减少制造系统建设费用等。

1.3.1 影响船厂总布置的因素

1. 陆域及水域条件

陆上车间有各种布局形式，究竟采用哪种形式，取决于厂址的陆域和水域条件。按照厂址一边、两边或三边临靠水域，且大多数船厂钢材是由水路运输入厂的情况，大致可采用以下形式（图 1-12）：

（1）当厂址一边临靠水域时，一般采用 U 形布局；

（2）当厂址两边临靠水域时，可采用 U 形、L 形布局；

（3）当厂址三边临靠水域时，可采用 I 形、L 形、U 形、T 形布局。

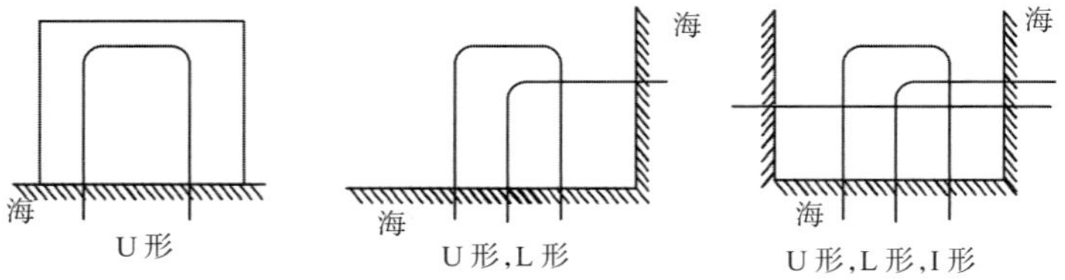

图 1-12 不同自然条件的布局

船坞和船台的位置以及船厂轴线方向的确定对船厂建设布局的合理性影响很大。在船坞、船台和轴线位置的确定中，自然条件起决定性作用，不是一般人为可以改变的。这些自然条件包括水域、水文、地质、陆域和陆域地区的地形、气象等等。另外，在自然条件允许的情况下，船坞位置和轴线方向要尽量符合总工艺流程的要求。

2. 四大生产设施的组合

现代造船模式的各种生产线可综合为钢材堆场、船体加工、船体焊接与船台（船坞）四大造船设施。以此四大类设施的组合来考虑现代化大型船厂的总布置是十分必要的。原因如下。

（1）现代化大型船厂首先应该是一个总装厂，是一个加工、装配钢结构单元的装配厂。钢材堆场、钢材加工、船体分段装配、船台合拢下水形成的四个阶段是总装厂的主要工艺流程。同时，这四类生产设施对于大型船厂来说，又是以厂房建筑尺度、设备规格和投资为最大。因此，只有将主体工艺流程布置合理，才能抓住船厂总布置的主要矛盾。

（2）从物流合理性角度考虑，材料装卸和运输的总量应当最小。船体建造是主要的物流节点，因此首先应使钢材堆场、钢材加工、船体装配、船坞合拢四个阶段之间实现直线、最短距离的运输，避免浪费时间、起重能力的交叉运输和迂回运输，再协调舾装物流的合理化，以达到全局空间分道作业合理化的最佳状态。

（3）现代化大型船厂同时也是实现单元化组装、预舾装和区域舾装的工业单位。舾装生产设施的厂房建筑相对较小，如管子加工车间、管子集配场、单元组装工场、仓储仓库、舾装部件及舾装集配中心等都有条件、因地制宜地利用主工艺流程的边缘地区和总平面的后方区域，与船体建造主流程协调布置，以达到壳舾涂一体化在空间上分道的总体效果（图 1-13）。

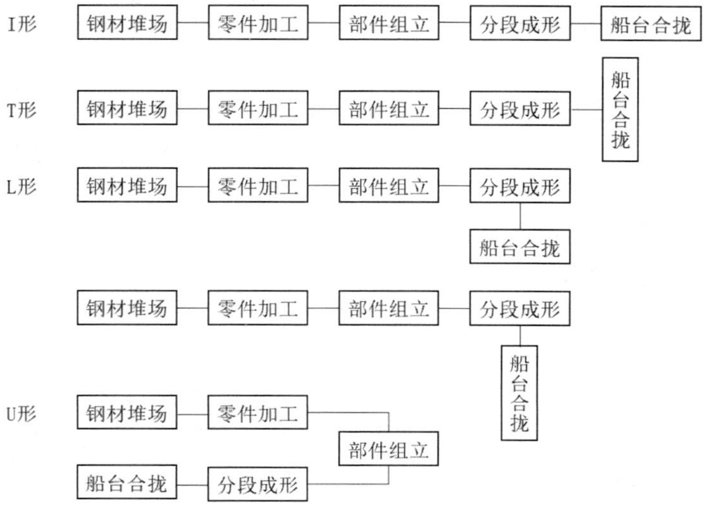

图 1-13　典型生产设施布局

1.3.2　船厂总布置方法

在选定厂址的前提下，通常运用以下几种方法进行总体布置。

1. 物料流向图法

物料流向图法指按照原材料、中间产品及其他器材在生产过程中的总流动方向及运输量来布置全厂的车间、设施和生产服务部门，绘制物料流向图，同时考虑各车间的物料运量，尽量将运量大的车间靠近布置。

2. 作业相关图法

作业相关图法指通过图解法，对一些主要因素进行分析和判断，以决定全厂各组成部分之间的关系，然后根据这些关系的密切程度配置各组成部分，得出最优的总体布置方案。

3. 综合法

综合法指综合运用物料流向图法和作业相关图法。当物料运量不大时，以作业相关图法为主，适当考虑物料流向和运量。当物料运量很大时，以物料流向图法为主，适当考虑全厂各组成部分的关系密切程度，比如当船舶生产采用分段建造法时，物料运量很大，故一般以船体建造的物料流向分析为主，并适当考虑与舾装和涂装作业的关联。

1.3.3　船厂总布置的智能规划

如今可以通过智能规划，编制出更加节省人力、物力、财力的船厂总布置方案。

智能规划起源于 20 世纪 60 年代，是人工智能的一个重要领域。规划是关于动作的推理，通过预估动作的效果,选择和组织一组动作,尽可能好地实现一些预先指定的目标。而智能规划则是人工智能中专门通过计算研究这个过程的一个领域。面对复杂的任务,为实现复杂的目标,或者在动作的使用中受到某种约束限制的时候,智能规划能够节省大量人力、物力、财力,它可应用于船厂各个生产车间的总体布置、船厂的车间作业调度、现代船厂物流管理中的物资运输调度、智能涂装、焊接机器人的动作规划等领域。

按照规划的形式,智能规划可分为路径和运动规划、感知规划、信息收集、导航规划、通信规划、社会与经济规划等。根据模型的简化程度,智能规划的研究方向可以分为经典规划和非经典规划两大类。

1. 经典规划

经典规划是在经典规划环境下进行的搜索、决策过程。经典规划环境具有以下特点。

(1)完全可观察的:关于系统的状态有一个完整的认知。

(2)确定的:动作的效果是唯一的、确定的。

(3)静态的:不考虑外部动态性。

(4)有限的:系统状态有限。

(5)离散的:动作和事件没有持续时间。

经典规划问题通常定义在完全可观察的、确定的、静态的环境中,其主要求解方法包括将问题转换为布尔满足性问题、一阶逻辑推理问题、约束满足问题、改良的偏序规划问题等进行求解,以及利用状态空间搜索规划算法求解。

2. 非经典规划

非经典规划是指那些在部分可观察的或随机的、考虑时间和资源的以及放宽其他限制条件的环境下进行的规划,其研究内容可细分为状态空间搜索、规划空间搜索、规划图搜索、不确定规划、进化规划及多智能体规划等。

船厂规划是一个复杂的系统工程,涉及多学科、多专业技术知识的综合运用,还应充分考虑船厂的产品规模、生产组织、物流运输、能源供应、地形地貌等因素,因地制宜地开展。

思考与拓展

(1)在进行船厂总布置设计前应做哪些准备工作?为什么?

(2)怎样进行船厂总布置的设计工作?

(3)编制将智能规划应用于船厂总布置的一种可行性方案。

第 2 章　造船模式

2.1　造船作业任务分解

造船是一种大型复杂的工程项目，在进行船舶设计和建造时，必须将它分解成若干个便于管理的子项目。任务分解的目的是说明执行什么任务，由谁去做，在何时何处工作，需要什么资源等。因此，任务分解是一种分类方法，以标识主要的设计和生产信息。通常用于造船作业的任务分解方法包括系统导向型任务分解法和中间产品导向型任务分解法两种。

1. 系统导向型任务分解法

系统导向型任务分解法是按照船舶的功能/系统来分解造船任务的一种分类方法，即对产品作业任务按功能/系统进行分解和组合，并按船、机、电专业划分工艺阶段，再细分为各个工艺项目，作为造船过程中的工艺环节，以工艺过程的形式组织生产。其分类与传统的船舶设计专业组设置相同，把船舶分为总体性能与船体结构，船舶设备与舱面属具，住舱设备与木作，绝缘与油漆，轮机与机舱管系，船舶管路系统，船舶电气，等等。因此，设计工作可分组进行，材料估算可按系统汇总。该方法适用于按功能/系统组织生产的造船模式。

系统导向型任务分解法虽然适用于早期设计与初步估算，但并不能适应现代造船的生产实践。现代造船模式是按区域/类型/阶段组织生产的造船模式，把分（总）段、舾装单元等都作为船舶总装前的中间产品进行制造，即造船实际上是按区域而不是按系统进行的，因而这种分类方法与组织生产的方式是不一致的。

2. 中间产品导向型任务分解法

船舶实际生产的方式是由零件组成部件、部件组成分段、分段组成总段、总段组成整船。因此，理想的造船作业任务分解方法应着眼于所需的零件和各级装配件。这种属于后一个制造级所需的零件或装配件称作中间产品。将最终产品分解为若干级中间产品的分类方法称为中间产品导向型任务分解法。

1）成组技术原理

中间产品导向型任务分解法的原理是成组技术，它把最终产品按形成的制造级，以中间产品的形式进行作业任务的分解和组合。分解得到的中间产品应具备以下“产品”特征：它们包含特定的作业任务，这些任务不能由单一工种独立完成；同时，这些中间产品还需有明确的质量指标，以及完成这些任务所需的全部生产资源。

成组技术的相似原理可广义地定义为：将具有相似特征或相似信息的多种事物，按照一定的准则分类成组，使若干种事物能够采用相同的处理方法，以达到节省时间、人力和费用的目的。就零件加工而言，其实质是通过某种编码系统，把不同产品的多种零件，按其形状、尺寸、材料和工艺要求的相似性进行分类成组，并按零件族组建成组加工生产线，对零件族进行加工，用扩大了的成组批量代替零件批量，以获得近似大批量生产的经济效益。

船体分段、组件、部件和零件所具有的相似性，是它们能各自进行分类归组的客观基础。

因此,船厂可根据生产实际,将最终产品分解成若干级中间产品类型。由于中间产品是按照设计和生产的相似性分类的,所以可以组建专业生产线,或设立专业工区与专业工位,由专业化生产班组进行生产,以便稳定产品质量,提高生产效率。

2)生产作业分类

中间产品导向型任务分解法用于造船时,首先按作业性质将任务划分为船体建造、舾装和涂装三类,每一类又细分为加工和装配两种作业,每种作业再视需要划分为若干个制造级,每一制造级生产种类有限的中间产品。

以船体建造为例,首先分为零件加工和结构装配两种作业,再将结构装配划分为部件装配、分段装配、大型分段或总段组装和船体总装四个制造级。前三个制造级的中间产品分别是部件或组件、分段、大型分段或总段。

造船作业任务分解的目的是便于设计部门按生产部门的要求划分出各级、各类中间产品,并对设计选用的材料进行标识,使工人能按规定的生产阶段,在指定的工位完成一定量的工作,故要求设计与生产应密切配合。

3)产品生产特征分类

在分解船舶中间产品时,不考虑最终使用中间产品的系统,而仅以相似性标准为依据,因而中间产品既有设计的独立性,又有生产的共同性。设计的独立性体现在不必按系统出图,只按中间产品出图,例如船体分段结构图独立于船体基本结构图。生产的共同性表现为空间、内容和时间上的相似性,就是"区域""类型""阶段"三个生产特性的相似性,通常与"系统"的产品生产特性无关。

系统是产品的结构功能或使用功能,是产品生产的功能划分,例如:纵舱壁、横舱壁、消防系统、系泊系统及照明系统等。

区域是生产的工作对象,是产品的某个空间、某个部位或某些部位的组合,是产品生产的空间划分,例如:机舱、货舱、上层建筑、底部分段、舷侧分段、船体组件、舾装单元等。

类型是将生产过程划分为相似的工作内容,是产品生产的内容划分,例如:按特征划分有平面分段或曲面分段,小口径管件或大口径管件等;按工种划分有切割、弯制、焊接等。

阶段是生产过程的顺序划分,也是产品生产的时序划分,例如:零件加工中的边缘加工和成形加工;船体装配的部件装配、分段装配、大型分段组装和总装;舾装的单元舾装、分段舾装和船内舾装等。

4)生产资源分类

中间产品导向型任务分解法要求中间产品按其所需生产资源分类。生产资源是指材料、劳动力、设施和经费。

材料:直接或间接用于生产的材料,如钢板、机械、电缆、油类等。

劳动力:直接或间接从事生产的劳动力,如装配工、焊工、钳工、材料管理员、运输工等。

设施:直接或间接用于生产的设施设备,如厂房、船台、机床、工具等。

经费:直接或间接用于生产的费用,如设计费、运输费、试航费等。

为了在现实条件下获得最佳生产率,船舶必须按照预先制订的作业计划来建造,以确保零件及部件的各道工序能够协调,并能在规定的时间范围内将它们装配成舾装单元和结构分段,还必须确保各道工序可以同时制造不同的系统甚至不同船舶中各种系统的零件和组件。

综合生产作业、产品生产特征和生产资源三种分类方法,中间产品导向型任务分解的结构，本质上是一个三维矩阵，如图 2-1 所示。图中每一列元素都构成一类作业任务包。

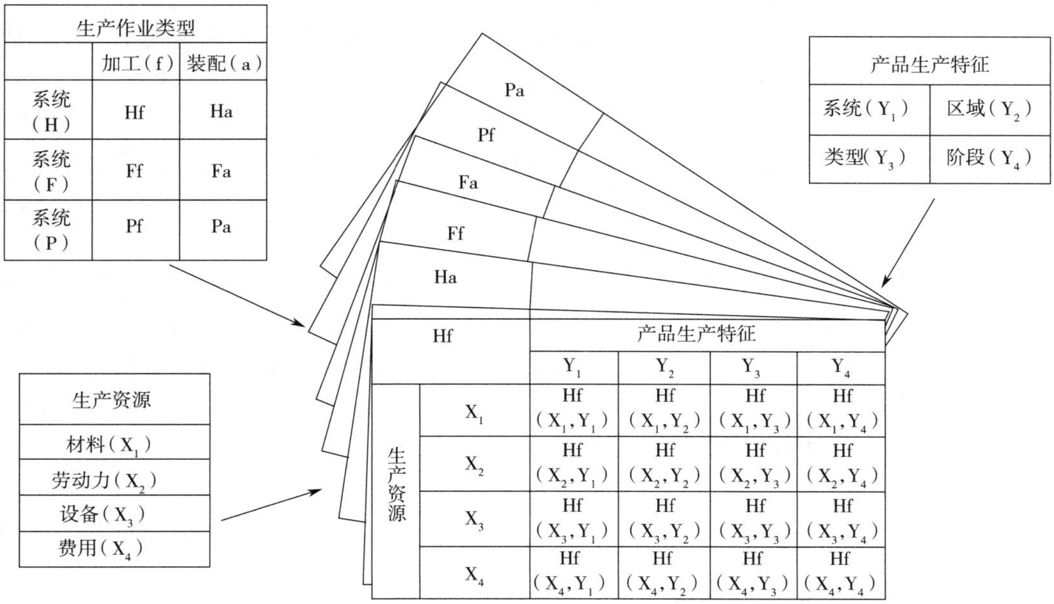

图 2-1　产品任务分解结构三维矩阵

3. 任务包分类及评价

如前所述，一项特定的任务连同完成该任务所需的全部生产资源称为一个“任务包”。因此，每个中间产品及其产品资源就是一个任务包。但这样形成的任务包有大有小，必须根据相似性原理加以分类和评价。

中间产品导向型造船实际上是采用“区域”导向型建造法，即船体建造采用分段建造法，舾装采用区域舾装法，涂装采用区域涂装法。区域的含义较为广泛，可以是船内某个空间或某个部位，也可以是船体某个分（总）段或某个部（组）件等，而且它还与船舶的制造级有关。因此，任务包的分类除了要与产品分解结构一致，还要与制造级的划分相一致，如图 2-2 所示。

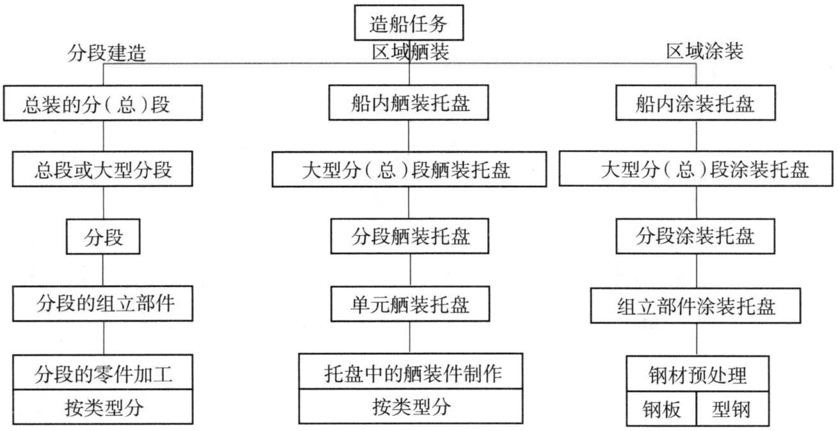

图 2-2　任务包分类

由图可见，分(总)段是船体建造的计划单元，船体建造以分(总)段为单位来安排加工和装配作业。而托盘则是舾装和涂装的计划单元，不仅包括放置于上面的材料，还包括该材料的运输性，换句话说就是，托盘是使静态货物转变为动态货物的媒介物，放在地面上失去灵活性的货物，一经装上托盘便立即获得了活动性，成为灵活的流动货物，因为装在托盘上的货物，在任何时候都处于可以转入运动的准备状态中。托盘的本义是一种水平平台装置，它用于集装、堆放、搬运及运输那些作为单元负荷的货物和制品。托盘还可以泛指区域工作图、材料表、材料、工作量、劳动力、设备和费用等。船体建造用“分(总)段总装计划”来协调加工和装配作业，同样，舾装和涂装则用“托盘交付期计划”来协调生产。

如果按上述三种区域导向型方法分类的任务包大小合适，则各条作业线在时间与工作量方面就有相似性，也就是所有制造级所需作业时间相近，各制造级的工作量相仿。若能如此，则各条作业线就能像生产流水线那样运行，作业的开始、流动和停止都能协调一致。

2.2 造船模式的内涵和演变

2.2.1 造船模式的内涵

模式是事物的标准形式或标准样式，是对事物基本特征的描述。对于复杂的造船工程，不同的船厂具有不同的技术水平和生产条件，即使它们造的船基本特征相同，但具体采用的造船方法也不尽相同。例如，同样采用分段建造法，不同船厂的船台装配方式和分段制造方法因船厂条件不同而有所不同。因此，造船模式并不反映具体的造船方法。

造船模式是指组织造船生产的基本原则和方法，既反映对产品作业任务的分解原则，又反映作业任务分解后的组织方式；体现了船舶产品的设计思想、建造策略和管理思想三者的系统结合，因此造船模式是造船体制和技术基本特征的统称。

造船技术与造船模式统一于造船生产活动中。它们之间既对立又统一，相互依存、相互作用，有着不可分割的内在联系。造船技术的革新是在现有的造船模式基础上诞生的，造船技术想要转化为现实的生产力，必须依赖与其相适应的造船模式，而造船技术的革新，最终必将带来造船模式的变革。因此，造船模式的形成是与当时的造船技术发展水平相关的。

2.2.2 造船模式的演变

随着科学技术的进步和船舶需求量的增长，造船模式在不断发展和变革，但在一段时期内，又是相对稳定不变的。其演变过程可以追溯到铆接造船的年代。按造船技术的发展水平，可以划分为三个阶段、五个有代表性的造船模式，如图 2-3 所示。

1. 第一阶段：系统导向型组织生产的阶段

该阶段属于传统造船阶段，沿用木船和铆接船的建造技术，船体采用船台散装法，即零部件直接上船台组装成整个船体；舾装工作基本上在码头上进行。该阶段采用按功能/系统组织生产的造船模式，其特点是：

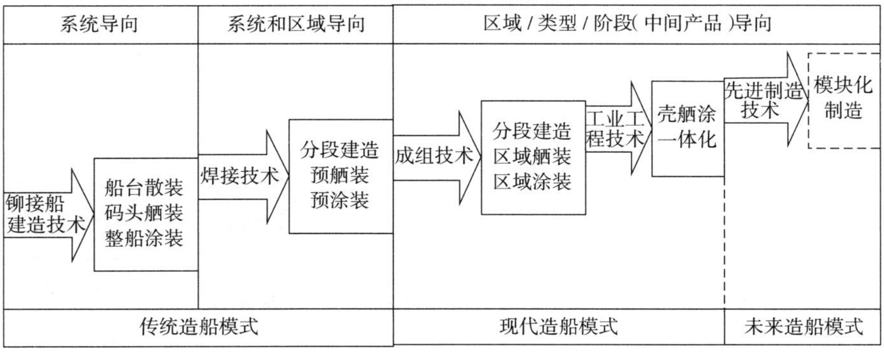

图 2-3　造船模式演变示意图

(1)船体建造按结构功能/系统，舾装按使用功能/系统进行船舶设计和组织生产；

(2)产品的作业任务分解与分解后的组合，按船舶设计的功能/系统，按照先船体、后舾装的顺序进行放样，由各工种按功能/系统分别在船台和舾装码头进行单件作业，直至形成船体、舾装各完整的功能/系统。

这种造船模式是组织造船生产的初级模式。

2. 第二阶段：区域/系统导向型组织生产的阶段

焊接技术在造船中的应用使船体分段建造技术应运而生。第二次世界大战期间，造船量急剧增长，促进了全焊接船与分段建造技术的应用。但战时建造的大批量全焊接船有 1/5 受不同外因影响而破损，后来经过一段时期对材料、设计、施工方法的综合研究，才真正全面推广了全焊接船的分段建造技术。

分段建造技术指首先由零部件组装成分段，分段再吊上船台，合拢形成整个船体。分段建造技术为船体建造按其结构特性划分成分段、部件，形成区域进行流水作业提供了可能性，同时还提供了在分段区域上进行预舾装的可能性。该阶段采用按区域/系统组织生产的造船模式，其特点如下。

(1)产品作业任务的分解和组合，对于船体建造，可按其结构区域划分；对于舾装，除少量分段预舾装外仍按使用功能/系统组织生产。

(2)造船作业任务的分解和组合，可通过放样，用船体生产设计加以规划和体现。

这种造船模式属于第二级造船模式。

3. 第三阶段：区域/类型/阶段导向型组织生产的阶段

将少批量、多品种生产采用柔性化的大批量生产方式的成组技术引入造船业，从而出现以“中间产品”为导向的专业化生产。“中间产品”实质上就是“区域”。“区域”具体地说是指“零件”“组合部件”“分段”“舾装单元”“总段”“模块”“调试”等特定的作业，结果形成专业化的数控切割设备、型材生产线、管子生产线、部件生产线、平面分段生产线和曲面分段的虚拟生产线等。造船工程的分解只按照“区域/作业类型/施工阶段”进行，完全不考虑“系统”。同时，大量的手工操作由机器设备替代，船厂成为总装厂，大量的中间产品外协，一线工人剧减，船厂逐渐成为“设备密集型”企业。该阶段采用按区域/阶段/类型组织生产的模式，其特点可以概括如下。

(1)产品作业任务的分解和组合，采取的原则和方式为：按船舶产品的空间部位划分作业区域、按照施工顺序划分作业阶段、按产品属性划分建造类型。

(2)产品作业任务的分解和组合方式,通过船体、舾装的生产设计加以规划和体现。

(3)生产作业方式按区域进行船体分道和区域舾装,并将完工的各个作业区域相互结合,形成完整的船舶产品。

第三级造船模式是现代造船技术的初级阶段,即“船体分道建造”和“区域舾装”。

船体建造、舾装和涂装一体化建立在以中间产品专业化为导向组织生产的基础上,是造船技术发展的第四级水平。在船体分道建造和区域导向舾装的基础上,使中间产品的制造不按船舶的系统分类,实现空间分道、时间有序、责任明确、相互协调的作业优化排序。同时,造船系统的设计、生产、管理和采购各部门的任务、计划及相互关系,都围绕中间产品制造进行明确规定,这使得船厂的一切工作相互协调,极富节奏。日本造船业自引进成组技术理论起,花费了 20 多年的时间才达到这样的水平。这种壳舾涂一体化的区域造船法的集成造船模式,被认为是体现了现代造船技术发展最高水平的现代造船模式,属于第四级造船模式。其主要特征为:

(1)以中间产品为导向,同时生产过程“连续”;

(2)在设备密集的基础上,实现了“信息密集”;

(3)在分道制造和区域制造的基础上,达到了壳舾涂的集成制造。

现代造船模式可以定义为:以统筹优化理论为指导,应用成组技术原理,以中间产品为导向,按区域组织生产,壳舾涂作业在空间上分道,时间上有序,实现设计、生产、管理一体化,均衡、连续地总装造船。现代造船模式的造船工艺流程如图 2-4 所示。

根据造船技术的演变和模块化造船对造船业的影响,提出以中间产品模块化组织生产作为将来高一级造船技术的第五级造船模式。

一般说来,造船模块应具备以下三个要素:

(1)模块应具有标准尺寸和标准构造,以便最大限度地简化船舶设计、便于制造和提高产品质量;

(2)模块应具有标准件和可选部件,模块内含有可供选择的标准件,通过调换这些标准件来满足船东的特定要求;

(3)模块是预制件,具有可组装性。

因此,造船模块的定义为“具有标准尺寸和标准件,且主要部件具有可选性的最终产品的预制单元”。这种预制单元有船体结构单元和舾装功能单元。所有造船模块都必须具有独立功能、通用性、特定的界面、连接尺寸及连接形式等。

近年来,世界各国对模块化造船的研究开发主要集中于舾装功能模块,而且取得了可观的成效。然而要全面地实现模块化造船,还必须依靠产品设计部门和建造部门,共同研究解决船体结构模块对船舶性能变化的适应性问题;研究和制订船体主尺度的参数系列和船体结构的构成系列,使这些参数与模块规格相符合;研究设计结构、功能模块系统和船体用这些模块进行最佳配套的方法,以及模块间的连接技术和接头形式;研究用子模块组装模块的有关技术等。

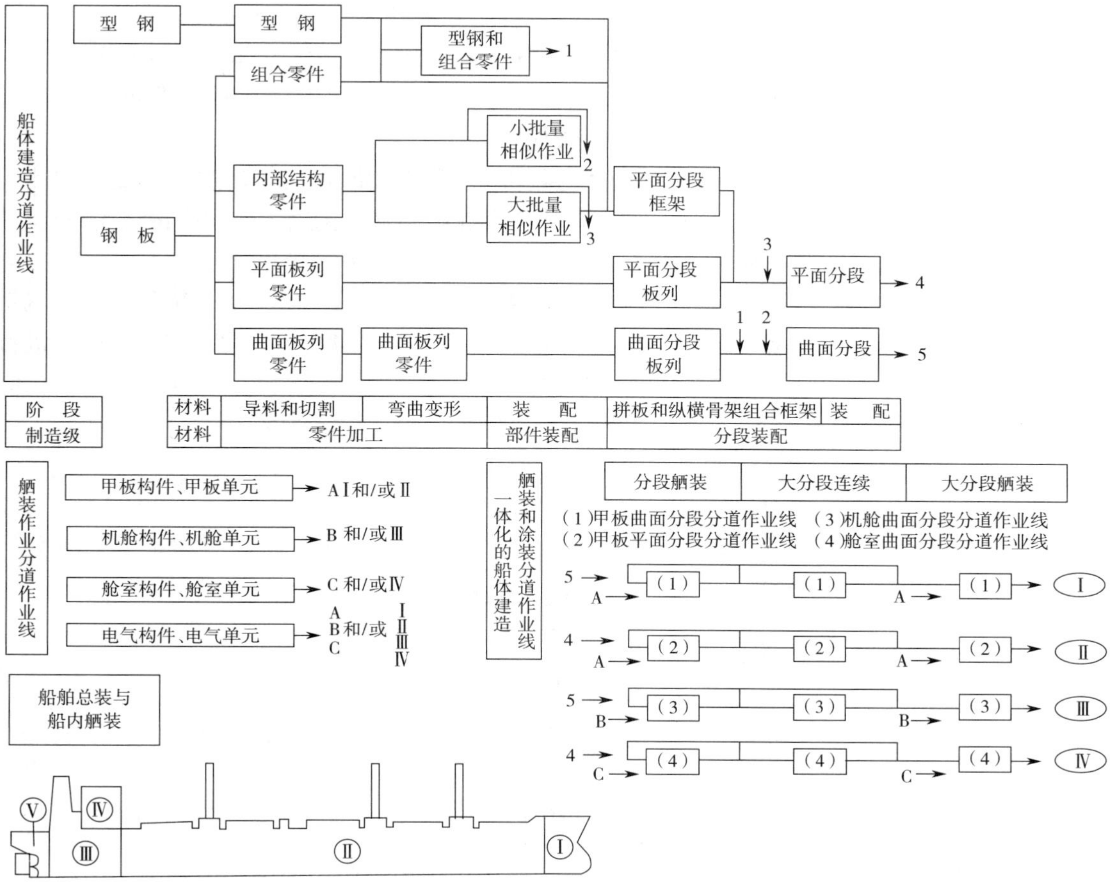

图 2-4　壳舾涂一体化的造船工艺流程

2.3　现代造船模式

2.3.1　壳舾涂一体化

1. 壳舾涂一体化的定义

壳舾涂一体化：在实施并完善船体分道建造、区域舾装、区域涂装和管件族加工等技术的基础上，运用系统工程技术的统筹优化理论分析生产过程，按区域组织综合性生产，船体以分道作业形成中间产品——分段，舾装以不按船舶系统分类的中间产品——托盘为导向，船体建造和舾装作业最初各自分流，从分段阶段起合二为一，涂装作业渗透到船体和舾装作业各阶段。

2. 壳舾涂一体化的组成

壳舾涂一体化方法由船体分段建造法、区域舾装法、区域涂装法、族类制造和分类系统五部分组成。

（1）船体分段建造法是指运用成组技术原理，将船体部件、组件和分段在组织好的生产线（也称加工线或作业流程）上进行加工建造。

（2）区域舾装法是指将舾装工作按区域进行分解，将舾装渗透到分段成形阶段。

（3）区域涂装法是指将表面处理和涂染作业作为整个建造过程的一体化建造方法。

（4）族类制造是指将船体部位相似结构的元件（如管件）安排在同一时间段、同一区域进行生产加工并整理分装，其典型代表有管件族制造。

（5）分类系统是指以产品为导向的作业分解原理，采用此原理对项目进行作业分解便于对中间产品（部件、组件、舾装单元和分段）进行定义和分类，使上述本质上不同类型的作业一体化，保证作业流程的协调一致。

壳舾涂一体化的主要目的是提高造船系统的生产效率。用八个字概括壳舾涂一体化就是“横向成线，纵向成道”。根据壳舾涂一体化的建造思想，可将造船过程计划按图 2-5 所示进行划分。

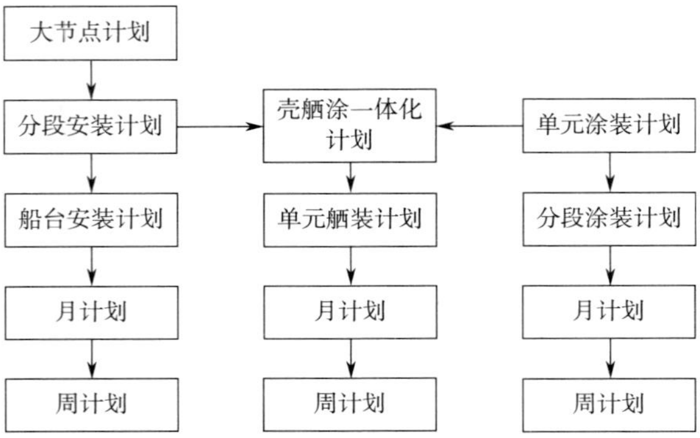

图 2-5 计划划分图

3. 壳舾涂一体化与传统造船模式的对比

传统造船模式和现代的壳舾涂一体化造船模式有多大的区别呢？两种模式优缺点的对比见表 2-1。

表 2-1 两类不同造船模式特征的比较

特征	模式	
	传统造船模式	现代造船模式
建模特征	系统导向型（按功能/系统/专业）	产品导向型（按区域/阶段/类型）
设计方式	按施工设计，分别由工艺、计划、生产等部门分专业、按系统进行工艺设计；设计、工艺、管理三者分离	按详细设计由生产设计部门集中进行区域性设计；设计、工艺、管理融为一体
生产方式	按工艺路线以工艺项目分专业工种组织生产，先船体后舾装	按设计编码，以区域划分的中间产品由混合工种、复合工种组织生产。壳舾涂作业同步，分道与一体化作业
管理方式	按专业分系统管理，管理方式属于调度型	按区域综合管理、自主管理和托盘管理，管理方式属于计划型
船厂性质	全能型	总装型

4. 壳舾涂一体化造船的要点

壳舾涂一体化造船的要点如下。

(1)壳舾涂一体化必须建立在分道建造、区域舾装、区域涂装和管件族制造的基础上,即首先要使所有的造船作业都以统一的中间产品专业生产为导向组织生产。

(2)实现壳舾涂一体化的明显表征是施工现场井井有条,达到空间上分道、时间上有序,不同类型的作业各自进行,互不干扰。空间上分道,就是为每个中间产品建立顺畅、无迂回的单向分道生产流程,同时把船厂的空间按中间产品进行划分,在组织和安排生产时,使生产保持平衡。船体建造和舾装的分道生产体制的建立,使流通量控制的生产管理得以实现。时间上有序,即船体、舾装、涂装三种作业并不是一起进行,而是在一体化计划的安排下有序地进行并有机结合。尤其是在分段、总段和船上施工阶段,壳舾涂作业在同一空间(同一分道)进行时,通过运用统筹兼顾的原理,合理分配时间,做到互不干扰,全厂生产有条不紊,职责分明,整个生产过程极富节奏,犹如一体。生产过程中所有信息、物资和人员都能适时到位。

(3)实现壳舾涂一体化的条件是信息和物资以中间产品为导向调集,并适时为现场作业服务。

5. 壳舾涂一体化造船的工艺流程

壳舾涂一体化造船的工艺流程具有以下特点。

(1)船体和舾装件、舾装单元等先各自分道制造,工艺路线最初各自前进,然后合流,从分段阶段起合二为一。

(2)涂装作业渗透在壳舾作业的各个阶段,实现壳舾涂三大不同性质的作业类型在空间上分道、时间上有序,形成立体优化排序。

(3)各类中间产品固定在各自的施工区域内进行封闭作业;每条分道作业线划分为若干阶段,配置专用设备,以生产某一制造族(某一问题类型)的中间产品。

(4)各作业单元内的生产作业实施流水定位或流水定员作业。

上述生产特点中,以中间产品按区域作业为主要特征。现代造船的设计、生产和管理均体现了这一主要特征,并且是通过建立相互适应的生产管理体制和生产管理方式实现的。

2.3.2　现代造船管理方法

造船作业流程呈现出作业功能分解越来越细致、作业层次越来越复杂的趋势,这就要求相应的作业组织管理工作也要进一步提高。

1. 企业资源管理

企业资源计划(Enterprise Resource Planning, ERP)系统,是指建立在信息技术基础上,以系统化的管理思想为企业决策层及员工提供决策运行手段的管理平台。ERP 系统集信息技术与先进的管理思想于一身,是现代企业的运行模式,反映了时代对企业合理调配资源、最大化地创造社会财富的要求,是企业在信息时代生存、发展的基石。

从管理系统角度给出它的定义:ERP 系统是整合了企业管理理念、业务流程、基础数据、人力物力、计算机硬件和软件等的企业资源管理系统。厂房、生产线、加工设备、检测设备、运输工具等是企业的硬件资源,人力、管理、信誉、融资能力、组织结构、员工的劳动热情等是企业的软件资源。ERP 系统的管理对象便是上述各种资源及生产要素,通过使用 ERP 系统,企业能及时、高质量地完成客户的订单，最大程度地发挥这些资源的作用，并根据客户订单及生产状况做出调整资源的决策。

造船企业的管理特点如下。

（1）船舶产品结构复杂、建造周期长、重复作业率低，导致生产组织困难，较难采用流水线或专用工装设备进行生产。

（2）成本难以动态监控：船舶产品是根据订单组织设计的，产品的标准成本及构成需在完成设计、工艺，形成物料清单、工艺线路定额表后才能确定，产品的成本控制视船舶产品的不同而不同。

（3）生产组织困难：船舶产品的计划部门要在完成产品的设计和工艺后，才能编制出合理的生产计划和生产作业计划。但在传统的管理条件下，由于各部门、各环节之间的大量信息沟通不及时，生产组织中不可避免地存在以下困难：

①产品到了总装调试阶段，才发现有的关键零件还未生产出来或关键的外购件还未订货到位；

②生产部门急用的原材料、配套件未采购，而生产部门暂时不急用的原材料、配套件却已购回，因而造成库存资金增加，加大资金营运成本；

③由于缺乏对生产资源和生产任务的平衡和模拟试算，使生产资源冲突难以避免，生产计划的可执行性差，生产突击加班时有发生；

④难以控制加工过程中的重复领料，使材料成本失控。

随着船舶市场竞争的加剧，交货期越来越短，因此，造船企业必须更新观念、改进方法，借助于现代化的管理工具，通过 ERP 系统的全面实施，实现准确及时的报价，合理的目标成本分解，准确的材料、工时定额，合理的物资储备，可控的生产计划和生产作业计划管理，动态的成本核算，全面、动态监控企业的经营、设计、生产、物供、财务、成本、质量状况，以实现造船企业保证按期交货，控制目标成本，达到目标利润。

造船企业的 ERP 系统具有以下特点：物料清单（BOM）表和工艺线路定额表结构复杂且动态变化，视船舶产品的不同而不同，目标（标准）成本的制定与控制也是动态变化的。

造船企业采用 ERP 系统的关键在于以下三点。

（1）与 CAD/CAPP/PDM 紧密结合。造船企业的新产品种类多、设计修改频繁，物料清单、工艺路线、工时定额具有动态和不确定性，这使得造船企业的 ERP 系统必须与计算机辅助设计（CAD）/计算机辅助工艺计划（CAPP）/产品数据管理（PDM）紧密结合，根据 CAD/CAPP/PDM 的相关资料自动生成 ERP 基础数据，即 BOM 表、工艺线路定额表，为目标成本的制定、采购计划的编制、采购成本的控制、生产计划编制与生产资源的平衡提供依据。根据 PDM 生成产品结构树，同时，将 ERP 系统生成的生产计划自动反馈给计算机辅助制造（CAM），为制造提供生产计划信息。

（2）以零部件为对象实施控制。尽管船舶产品是多变的，但组成产品的零部件却具有相对的稳定性，为此，以产品的零部件为基本管理对象，实现对标准零部件 BOM 表、工艺线路定额表的动态管理。根据产品结构树及标准零部件的 BOM 表、工艺线路定额表等资料，经 ERP 系统的内部运算可迅速生成任一产品的物料清单、工时定额。对于新设计的零部件，经 CAD/CAPP/PDM 设计生成后，可作为新的标准零部件，为下一产品的报价、设计、施工提供依据。因此，对造船企业来说，以标准零部件为管理对象，可提高设计的可重用性，减少报价、目标成本制定、采购成本控制与实际成本监控的不确定性，提高管理规范，解决造船企业生产组织困难的问题。

（3）围绕建造计划监控和成本监控两个中心进行企业流程再造。

2. 精益造船

精益造船由精益生产的概念引申而来，是精益生产理论在船舶工业中的应用，首先由美国造船界提出，它是指从造船合同签订开始到船舶完工交付使用的建造全过程中，通过对全体员工的激励和动员，不断改进和完善造船过程，减少造船中的一切浪费，达到缩短造船周期、降低造船成本、提高造船质量的目的。

精益造船的最终目的是实现设计、生产、管理一体化，达到最低成本、最快交付、最高质量的效果。精益造船有四大基础，分别如下。

（1）节约型设计：做到船体结构重量减小，消除设计功能冗余，实现价值工程。

（2）精细化设计：实行协同化设计，中间产品完整性设计，设计标准、设计信息精细化，面向任务包的施工图纸管理。

（3）标准化业务：有着标准化业务流程及编码体系，全面集成的管理信息化及过程控制。

（4）学习型组织：由灵活、熟练、有积极性的员工构建，实行团队工作，员工具有复合技能。

精益造船具有三大特征。

（1）准时化生产：正确的时间、正确的数量、正确的零件；标准的节拍、流通量管理；拉动式计划、均衡的负荷；连续有效的物流；成组技术和加工设备组。

（2）总装化造船：产品导向型作业分解与组合；中间产品专业化生产。

（3）无缺陷施工：精度控制；全员质量管理；辅助工装高效化；过程自动化；作业标准化。

精益造船的精髓是团队合作、信息畅通、节约资源、持续改进。精益造船需要激励和动员全体员工，只有全体员工的积极参与，在生产过程中自己发现问题，自己解决问题，精益造船的理论指导才能真正在船厂开花结果。

2.4 未来造船模式

随着科学技术的不断进步，现代造船业应用了新的模块化造船技术。模块化造船技术是当代造船技术发展的一个崭新方向，很多国家已广泛地应用了这一技术。事实证明，模块化造船技术作为一项先进的技术，不仅将生产成本进一步降低，而且使生产效率大大提高，促进了造船业迈向一个新的高度，未来模块化造船技术的发展前景将会更加广阔。

2.4.1 模块标准化

模块标准化中的“模块”包含最基本的零件、集成的部件和集成度更高的功能模块。模块体系的标准化程度越高，越有利于进行工业化生产。

模块标准化设计是在综合分析船舶自身特点的基础上，根据用户提出的个性化要求，将整个船舶系统地分解为若干独立的、可复制的、重复性高的功能模块，并将各功能模块进一步分解为可工业化生产的部件。通过这种层层分解的方式，将重复性高的部分抽离出来，实施标准化和参数化处理。通过零部件的标准化，逐层带动部件和集成度更高的功能模块的标准化。

模块标准化设计的思路是将复杂的产品分解为相互联系的模块。模块是组成系统的、具有确定功能和标准化接口的通用独立单元。通过对这种独立单元进行深入研究,总结归纳并创建标准化的模块库,从而将复杂的整体设计问题转化为标准独立单元之间的排序与接口问题,这一过程是对复杂系统进行标准化的模块分解。通过由数量多、种类杂的零部件向数量少、种类简化的模块转变,减少最终组装过程的模块数量,简化接口,提高工作效率,降低能耗。这很大程度上满足了大规模定制化的生产需要。

当前,许多领域已经采用了模块标准化设计,比如,标准化设计使工厂批量生产的部品部件能够在各种建筑产品中广泛应用,用最少的资源和时间,实现最高的工作效率。同时,将标准化的模块经过不同的排序和接口进行组合拼装,形成多种形式、多种效果的建筑产品,这可以满足不同用户的个性化需求。需要注意的是,模块标准化更多地强调独立建筑模块单元、接口和装配方法的标准化,而不是统一整个建筑的平面布置以及立面设计,因此可以同时满足规模化和个性化的需求。

基于模块标准化设计的模式,以规模化的工厂生产、个性化的装配来进行造船,既考虑了船舶质量要求、环保要求、成本控制和用户满意度等因素,也为船舶设计提供了广泛的选择。

模块标准化设计包含以下四个原则。

1. 统一标准

模块标准化最基本的原则是统一零件的标准。零件是模块设计的底层单元,是模块设计的基础。在某一具体项目中,由事先划分好的各种零件通过标准化接口相连接,构成具有某种特定功能及结构的部件。不同的部件也可以通过标准接口相连接,构成更大的功能模块并最终形成船舶整体。因此,零件的划分需满足高度通用、易互换、可组合等基本原则。在实际操作中,遵守这些基本原则需从两个方面考虑。

(1)零件本身的标准化。唯有零件标准化,才能统一生产流程,实现规模化生产与集约化管理,形成稳定的零件市场,真正使零件广泛流通。在适当时机,可以针对同种船型建立“标准化零件信息库”,引入智能设计的概念,通过前端需求反向选择标准化零件的类型和数量,并发送订单信息到工厂中进行规模化生产。

(2)接口的标准化。Isaac 等认为仅仅使用标准化的零件无法满足用户的全部个性化需求,并提出非重复的零件与标准化接口的结合应用,以确保零件的可互换性。标准化接口在模块设计的过程中发挥着重要的作用,特别是在各个平台或各个专业的交互中,统一规范的接口标准减少了设计人员花费在统一描述语言和逻辑体系上的时间,可显著提升工作效率。实现接口的标准化,应该在需求调研的基础上,分析船舶产品的构成,考察其功能互换性与几何互换性。基于调研结果,划分基本零件、通用零件以及专用零件,以零件为基础进行内部接口和外部接口设计,通过增加或减少相应零件来满足船舶产品的需求。

2. 协同性

造船项目中专业繁多,模块标准化设计要考虑最终形成的船舶产品在船体结构和各专业设备管线之间的准确协调。这包含两个具体问题。

(1)碰撞检查问题。在设计阶段,需要将船体结构、各专业设备和管线系统在横竖两个方向完整地连接闭合,形成功能整体。满足这一需求的前提是在模块划分、零部件设计时,实现精准的开口与预留,统一化的接口处理和各专业协同设计,不能碰撞和漏管少线。这个过程往往需要借助船舶信息模型对各专业系统进行协调设计和碰撞检查。船舶信息模型作为协作平台，有助于各专业间准确传递信息，从设计源头减少错、漏、碰、缺等问题，提高设计效率和质量。

（2）节点深化问题。在现场装配阶段，需要对连接接口、管线交错、各种复杂节点进行二次深化设计，目的是确保可施工性，避免工艺时序冲突，无法实现按图就位。

总的来说，满足协同性原则有利于业主、船舶管理部门、设计单位、船厂之间的信息交流，避免形成信息孤岛；有助于造船项目各参与方的协作、减少冲突，实现项目的高效率推进。

3. 结构可靠

结构可靠原则指根据船舶不同阶段结构形式的受力可靠程度，约束零部件的划分形式。可靠性具体包括初始模块划分阶段零部件协调受力的可靠性和施工阶段结构中间形式（或临时结构措施）的可靠性。

在初始模块划分阶段，需要对整体船舶进行功能模块划分以及对功能模块进行再划分。每一层级的划分需符合相关规范和力学计算。若计算结果不合格，则应重新考虑划分及组合。

在施工过程中，还要充分考虑中间结构形式或临时结构措施的受力可靠性问题。现场装配时，临时荷载与吊装荷载等力学因素会对已完成的部分工程结构产生一定的影响。

4. 运输条件及其经济性

模块标准化设计还需要考虑运输条件。零部件的尺寸、外形与运输条件紧密相关。

在模块设计阶段，需要综合考虑运输的各方面约束因素，建立相关模型。将运输限制尺寸、单次运输重量、运输线路等作为模型的约束条件，将总体运输时间最短或成本最低作为目标函数求解相关变量。模型的结果将指导零部件的设计。

2.4.2 部件柔性生产

有了完善的模块标准化体系，就可以进行零部件生产。这个过程可以借鉴制造业先进的柔性生产技术，提高零部件生产的总体效率。

通常情况下，零部件生产车间往往只有一套或相对固定的几套模具和生产线可以使用，这不利于扩大产能和实现多样化生产。解决生产线适应性差、生产方式硬性化的问题，丰富同种生产线的产品类型，需要一种可以同时兼容多种标准化零部件生产的模具及与之匹配的自动化程度较高的柔性流水线。

柔性，是指适应变化的能力和特性。在制造业中，柔性生产的概念由英国 Molins 公司于 1965 年提出，是相对 20 世纪 50 年代提出的硬性标准化生产方式而言的。如今，柔性生产在世界上的不同制造领域已经得到了广泛应用，产生了如精益生产、并行工程及敏捷制造等相关概念和方法。例如，日本 Honda 公司采用柔性生产以达成在任何一个工厂都能生产任何一款车型这一目标，使生产能对市场需求做出快速反应，从而满足多样化、周期可控的需求，并且能够应对各种突发人为或自然干扰事件。正如 Honda 公司所体现的，当某一行业进入大规模定制时代时，需为每一位顾客提供独一无二的定制产品。在大规模生产中，用户处于价值链的末端，企业生产什么就买什么。而在大规模定制生产中，用户处于价值链的最前端，企业要按订单而不是按预测生产。

使用“模板柔性”实现尺寸大小、配置不同的船舶模板共线生产，需采用数字信息模型对零部件进行数字化表达，检索抽象常用模板基本形状，并构建一系列中间“模板库”，从库中筛选模具或进行简单的模具组合。同时，改进生产线使其可多向拓展，甚至实现生产过程中的自动换模，从而可以无障碍地适用于不同的零部件生产订单。柔性生产技术必须有完善的柔性管理体系相匹配。

（1）多体系标准兼容性：不同生产质量控制体系的兼容与快速切换。

（2）全产品链柔性化：与柔性生产线相配套的设计系统、模具制造系统、物流系统、服务系统必须具有相同的柔性。

（3）岗位人员多能化：管理人员、一线操作人员必须多能多专才能胜任。

（4）时空柔性化：柔性的概念可以拓展到时间与空间领域，同样产能的零部件生产线，可以远端设置，可以近端设置，也可以二者快速切换。具体决策时，可以建立数学模型，将模型的求解目标设定为满足工期条件下的生产线与工地之间的最经济距离，模型的其他约束条件包含项目所在地及周边的交通运输条件、零部件尺寸、工厂生产效率、工地生产效率等。将求解结果定性划分为远端工厂、近端工厂和整体制造。

在部件柔性生产的发展过程中，需要经历三个单独的阶段。

（1）单机运行阶段。当船厂决定开发柔性自动化时，首先要考虑的是单机运行，因为它投资少、运行费用低。在单机运行有成效前，就立即把资金投到大型系统上，风险太大。最重要的是通过第一阶段使车间人员、工程师、厂长和经理对这一新的事物有一个了解。目前，大多数应用柔性自动化设备的船厂处于第一阶段，也是最关键的一个阶段。如果用得不正确，以后很难实现集成化，达不到计算机集成生产的目标。

（2）系统运行阶段。一旦单机运行获得有成效的经验和反馈资料，船厂必须在这一基础上投资于系统运行，进入第二阶段，即在船厂的不同领域设立若干柔性自动化中心。典型的柔性自动化中心可脱机编制程序，同时将能在一段时间里，也许是一个工作班次的时间里，生产出若干不同产品。在这一时间里，它不依赖于人的干预达到机器人的正常运行或材料搬运，从而真正体现出系统的柔性作用。

（3）系统集成阶段。若干集成在一起的柔性自动化中心一般可以称为计算机集成生产。然而，严格地说，计算机集成生产范围应更大些，它是指在生产设施范围内，所有中心连同船厂的所有其他功能，如设计、业务管理等，在一台主机下共用一个大型公共数据库的集成。一般情况下，第二阶段持续相当长一段时间，一直到造船的计算机集成生产实现为止。

造船界皇冠上最耀眼的明珠——豪华邮轮

大型豪华邮轮被造船界誉为“皇冠上最耀眼的明珠”，是船舶工业设计建造难度最高的船型之一，直接反映了一个国家的综合科技水平和制造业实力，也是我国目前唯一没有设计建造业绩的高技术船舶产品，如图 2-6 所示。在设计理念、建造工艺、运营管理等方面，豪华邮轮与主流船型之间存在天壤之别，设计工作量巨大。在全生命周期内实现安全、高效、经济与环保，是豪华邮轮设计建造的宗旨，然而要使其各项性能指标达到平衡状态，则须依靠科技的创新与产业技术的进步。接下来，就豪华邮轮设计研发过程中的六个关键技术问题进行分析。

图 2-6　豪华邮轮

1. 邮轮总体设计技术

大型豪华邮轮与一般客船的主要区别在于，前者需要为乘客提供多种类、高密度、高规格的特殊服务功能，这些服务包括但不限于：舒适的住宿空间、优美的观光体验、充足的娱乐设施以及安全的搭乘环境。要想实现邮轮的这些特殊功能，首先需要攻克的就是总体设计技术，总体设计成功与否，对邮轮的经济性、主要技术性能、安全性及使用功能等均有根本性的影响。

2. 特殊及异型结构设计技术

豪华邮轮上层建筑中的各类特殊结构直接服务于所属功能舱室，在达到基本强度要求的同时，还需要满足功能舱室在布置空间和流线美学等方面的需求。对于有特殊功能需求的生活及娱乐模块而言，如中庭空间、剧场空间、IMAX影院、酒吧空间、水上乐园、主餐厅空间和特色餐厅等，传统船舶的纵骨架式和横骨架式结构已不能满足其要求。因此，开孔高腹板板架结构、偏心支柱结构、密集舷侧开口结构、多层甲板大开口结构、大跨度穹顶结构等特殊及异型结构形式应运而生。这就要求建立特殊及异型结构的设计方法，使其既能满足邮轮的功能和空间需求，又能保证结构的安全性与可靠性，达到结构轻量化的目的。

3. 邮轮美学设计技术

大型豪华邮轮被誉为"海上移动的度假村"，是目前最轻松、最自由、最休闲的旅游方式，在邮轮上既可以饱览大海的自然景观，又可以尽情享受各项设施所提供的休闲娱乐。因此，人性化的邮轮美学设计尤为重要。邮轮的主要功能空间可分为住宿、餐饮、购物、休闲、娱乐等，如何在外观与内装设计上体现人文情怀与主题风格，既要考虑其安全性与舒适性，又要考虑功能空间与外观内饰及自然环境的和谐统一，使邮轮旅游成为一种满足大众需求的综合型海上休闲娱乐产品。

4. 振动噪声预报与控制技术

乘坐舒适性是邮轮设计的首要选择。邮轮乘坐舒适性调查结果显示，振动噪声控制指标是超过温度、视觉、光学、人体工学设计等邮轮乘坐舒适性指标的首要指标。挪威船级社（DNV）、法国船级社（BV）、英国劳氏船级社（LR）等主要船级社均对申请舒适性符号的客船振动噪声提出了严格要求。DNV规定客房1级噪声限制在44 dB（A），较MSC.337（91）要求的 55 dB(A)更为严格;1 级振动限制在 1.5 mm/s,较 ISO 20283-5 的 3.5 mm/s 更为严格。

5. 重量控制技术

大型豪华邮轮是一个复杂的巨型系统,其总体性能与重量(特别是重心高度)密切相关,其重量重心控制的效果关系到邮轮设计建造的成败。

6. 基于全生命周期的绿色设计技术

绿色邮轮设计理念是以环境友好、以人为本、追求人与自然和谐发展为目的的,在从设计、制造、营运到报废拆解的全生命周期中实现绿色化。

(1)采用先进技术减小航行阻力并提高推进效率;将船—机—桨进行匹配优化,提高动力装置效率;充分利用天然能源与先进能量回收技术;通过先进的能效综合管理技术提高能源的利用效率,实现最佳节能效果。

(2)应用最先进、最成熟的绿色技术,合理设计配套系统,提高邮轮的环境与舒适性,并尽可能地实现"零排放"。

(3)采用新材料与模块化结构设计技术,使其生产过程简便、易于模块化加工,生产工艺性能优良且易于优化配置,产生的废料不污染环境;退役报废后船体结构和船上装备及零部件都能拆卸利用,使其对环境无影响或影响最小化。

2018 年 11 月 6 日,首艘国产大型邮轮设计建造项目正式启动,由中船集团旗下中船邮轮科技发展有限公司和上海外高桥造船有限公司联合设计建造,该型邮轮总长 323.6 m,型宽 37.2 m,最多可容纳乘客 5 246 人,拥有客房 2 125 间,同时入级中国船级社和英国劳氏船级社,合同价格为 7.7 亿美元/艘,投入运营后主要服务于中国市场,以满足中国消费者日益增长的需求。2019 年 10 月 18 日,中国首制大型邮轮正式开工进入实质性建造阶段,中国船舶工业在"摘取皇冠上最耀眼明珠"的征程上向前迈出了坚实的一步,该项目正在按计划有序推进。

2022 年 8 月 8 日,第二艘国产大型邮轮也正式开工建造。据中国水运网发布的信息,为了满足《国际海上人命安全公约》(2020)中的破舱稳性要求,第二艘国产大型邮轮(H1509)比第一艘(H1508)延长了 17.4 m,船体总长达 341 m,型宽 37.2 m,总吨位约 14.2 万,设计吃水 8.17 m,最大吃水 8.4 m,最大航速 22.7 n mile/h,乘客舱室 2 144 间,较第一艘增加 19 间。这艘邮轮的吨位与长度均超过所有航母。目前世界上最大的航母为美国的"福特"号,其全长 332.8 m,吨位约为 10 万。

目前,世界邮轮制造业基本上被德国、意大利、芬兰和法国等垄断,虽然中国在豪华邮轮建造方面是后来者和新手,但在党和国家的领导支持下,只要我们坚定信心、勠力同心、顽强拼搏,一定能顺利完成中国豪华邮轮的建造。未来,中国造船业必将在邮轮建造上走出一条光明大道,让更多中国制造的豪华邮轮出现在世界目光里!

(资料来源:吴卫国,潘长学. 大型豪华邮轮设计研发关键技术探析[J]. 船舶工程, 2020, 42(1):18-21. 略有改动)

思考与拓展

（1）成组技术的实质是什么？
（2）对船体构件进行分类成组的目的是什么？
（3）船体构件的分类成组方法主要取决于哪些因素？

第 3 章　智能造船

智能制造（Intelligent Manufacturing，IM），源于对人工智能的研究。智能是以知识为基础，获取并运用知识进行求解的能力。智能制造系统是一种由智能机器和人类专家共同组成的人机一体化智能系统，它在制造过程中能进行智能活动，诸如分析、推理、判断、构思和决策等，通过人与智能机器的合作，扩大、延伸和部分地取代人类专家在制造过程中的脑力劳动。智能制造更新了制造自动化的概念，将其扩展到柔性化、智能化和高度集成化。

我国将智能制造融入智能造船，智能船厂建设已有初步成效，多种类型的智能制造生产线投入运行，为改善作业环境、提高安全系数、降低劳动强度、提升生产效率、稳定产品质量发挥了积极作用。不过，智能造船仍处于起步阶段，在核心智能装备开发、智能制造投入和推进路径等方面存在较大障碍。突破这些瓶颈，才能真正为造船插上"智能"翅膀。

3.1　智能制造

3.1.1　智能制造的内涵

智能制造的概念是 1988 年由美国的 P. K. Wright 和 D. A. Bourne 在 *Manufacturing Intelligence* 一书中首次提出的。

智能制造的定义，各国有不同的表述，但其内涵和核心理念大致相同。《智能制造发展规划（2016—2020 年）》指出，智能制造是基于新一代信息通信技术与先进制造技术深度融合，贯穿于设计、生产、管理、服务等制造活动的各个环节，具有自感知、自学习、自决策、自执行、自适应等功能的新型生产方式。智能制造具有以智能工厂为载体、以关键制造环节智能化为核心、以端到端数据流为基础、以网络互联为支撑等特征，可有效满足产品的动态需求，缩短产品研制周期，降低运营成本，提高生产效率，提升产品质量，降低资源和能源消耗。

智能制造是一种集自动化、智能化和信息化于一体的制造模式，是信息技术特别是互联网技术与制造业的深度融合、创新集成，具有标准化、数字化、信息化和自动化四项标准。目前，智能制造主要体现在智能设计（智能制造系统）、智能生产（智能制造技术）、智能管理、智能制造服务这四个关键环节，如图 3-1 所示，同时还包括一些衍生出来的智能制造产品。

1. 智能设计

智能设计是指应用智能化的设计手段及先进的数据交互信息化系统（CAX、网络化协同设计、设计知识库等）来模拟人类的思维活动，从而使计算机能够更多、更好地承担设计过程中的各种复杂任务，不断地根据市场需求设计多种方案，从而获得最优的设计成果和效益。

2. 智能生产

智能生产是指将智能化的软硬件技术、控制系统及信息化系统（分布式控制系统 DCS、分布式数控系统 DNC、柔性制造系统 FMS、制造执行系统 MES 等）应用到整个生产过程中，从而形成高度灵活、个性化、网络化的产业链。它是智能制造的核心。

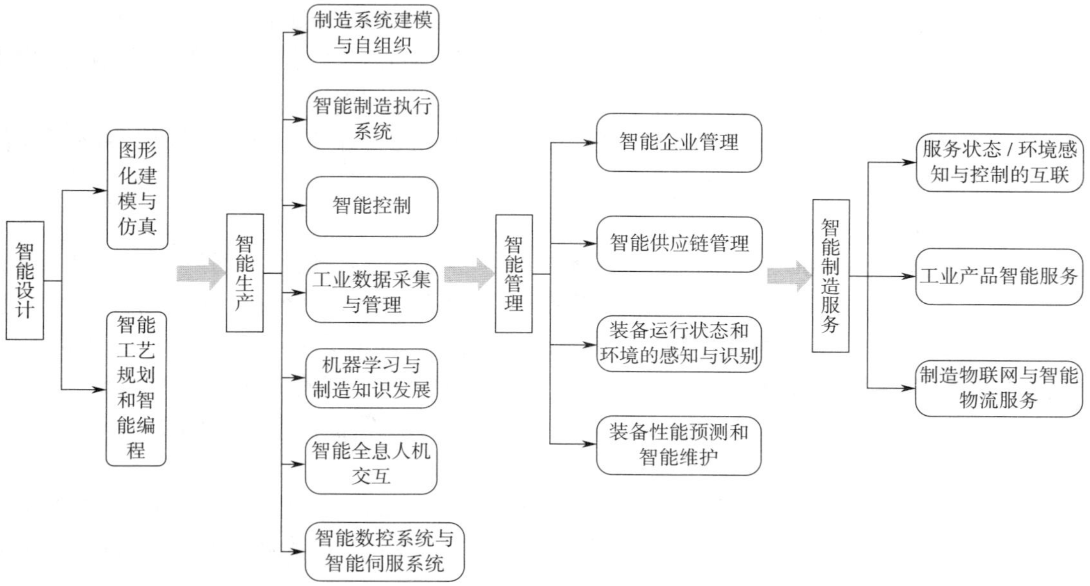

图 3-1　制造过程的智能化关键环节示意图

3. 智能管理

智能管理是指在个人智能结构与组织（企业）智能结构基础上实施的管理，既体现了以人为本，也体现了以物为支撑基础。它通过应用人工智能专家系统、知识工程、模式识别、人工神经网络等方法和技术，设计和实现产品的生产周期管理、安全管理、可追踪与节能等智能化要求。智能管理主要体现在与移动应用、云计算和电子商务的结合方面，是现代管理科学技术发展的新动向。

4. 智能制造服务

智能制造服务是指服务企业、制造企业、终端用户在智能制造环境下围绕产品生产和服务提供进行的活动。智能制造服务强调知识性、系统性和集成性，强调以人为本的精神，能够为用户提供主动、在线、全球化的服务：通过工业互联网，可以感知产品的状态，从而进行预防性维修维护，及时帮助用户更换备品备件；通过了解产品运行的状态，可帮助用户寻找商业机会；通过采集产品运营的大数据，可以辅助企业做出市场营销的决策。

和传统的制造相比，智能制造系统具有以下特征。

1）自律能力

自律能力即搜集与理解环境信息和自身信息、进行分析判断和规划自身行为的能力。具有自律能力的设备称为“智能机器”，智能机器在一定程度上表现出独立性、自主性和个性，甚至相互间还能协调运作与竞争。强有力的知识库和基于知识的模型是自律能力的基础。

2）人机一体化

智能制造系统（Intelligent Manufacturing System，IMS）不仅仅是人工智能系统，更是人机一体化智能系统，是一种混合智能系统。基于人工智能的智能机器只能进行机械式的推理、预测、判断，它只能具有逻辑思维（专家系统），最多做到形象思维（神经网络），完全做不到灵感（顿悟）思维，只有人类专家才真正同时具备以上三种思维能力。因此，以人工智能全面取代制造过程中人类专家的智能，独立承担起分析、判断、决策等任务是不现实的。人机一体化一方面突出人在制造系统中的核心地位，另一方面在智能机器的配合下，更好地发挥出人的潜能，使人机之间表现出一种平等共事、相互“理解”、相互协作的关系，使二者在不同的层次上各显其能，相辅相成。

因此，在智能制造系统中，高素质、高智能的人才将发挥更好的作用，机器智能和人的智能将真正地集成在一起，互相配合，相得益彰。

3）虚拟现实技术

虚拟现实技术（Virtual Reality）是实现虚拟制造的支持技术，也是实现高水平人机一体化的关键技术之一。虚拟现实技术以计算机为基础，融入信号处理、动画技术、智能推理、预测、仿真和多媒体技术；借助各种音像和传感装置，虚拟展示现实生活中的各种过程、物件等，因而也能模拟制造过程和未来的产品，从感官和视觉上使人获得真实的感受。但其特点是可以按照人们的意愿任意变化，这种人机结合的新一代智能界面，是智能制造的一个显著特征。

4）自组织超柔性

智能制造系统中的各组成单元能够依据工作任务的需要，自行组成一种最佳结构，其柔性不仅体现在运行方式上，而且体现在结构形式上，所以称这种柔性为超柔性，它如同一个人类专家组成的群体，具有生物特征。

5）学习与维护

智能制造系统能够在实践中不断地充实知识库，具有自学习功能；同时，在运行过程中自行诊断故障，并具备自行排除故障、自行维护的能力。这种特征使智能制造系统能够自我优化并适应各种复杂的环境。

发展智能制造的核心是提高企业生产效率，拓展企业价值增值空间，主要表现在以下几个方面。

（1）缩短产品的研制周期。通过智能制造，产品从研发到上市、从下订单到配送的时间缩短。远程监控和预测性维护为机器和工厂减少了高昂的停机时间，生产中断时间也不断缩短。

（2）提高生产的灵活性。通过采用数字化、互联和虚拟工艺规划，智能制造可以实现大规模批量定制生产，乃至个性化小批量生产。

（3）创造新价值。通过发展智能制造，企业将实现从传统的“以产品为中心”向“以集成服务为中心”的转变，将重心放在解决方案和系统层面上，利用服务在整个产品的全生命周期中实现新价值。

智能制造技术已成为世界制造业发展的客观趋势，世界上主要工业发达国家正在大力推广和应用该技术。发展智能制造可以改变经济发展方式，推进产业结构优化升级，实现制造业转型升级；同时也是完成经济转型发展的有效途径，推进生态经济建设的关键举措。以此来促进我国经济又快又好发展，可以为推动战略性新兴产业发展提供必要保障。

3.1.2 智能制造的发展

总的来说，发达国家，例如美国、德国、英国、日本等，处于智能制造的领先位置，它们不仅掌握着绝大部分智能器件的控制权，而且还拥有关键智能技术。发展中国家虽然也在积极发展智能制造，但仍处于不断学习、不断模仿的追赶阶段。除此之外，发达国家仍然掌控着先进制造业的国际标准。

1. 美国

自次贷危机以来，美国为了解决“产业空心化”这一问题，提出了“再工业化”战略，以此来提高本国实体经济的发展水平，并加强国际竞争力。美国先后出台了一系列关于制造业的政策性文件，通过新一代的信息技术、新能源、新材料等，在美国大力发展技术密集型的先进制造业，想通过发展智能制造重新回归世界霸主的地位。

2011 年 6 月，为保持本国制造业在全球的竞争优势，美国智能制造领导联盟（Smart Manufacturing Leadership Coalition，SMLC）发布了报告《实施 21 世纪智能制造》，该报告明确了推进智能制造发展的目标和路径，并提供了智能制造企业框架。2012 年 2 月，美国提出《先进制造业国家战略计划》，这些计划旨在依托新一代信息技术、新材料、新能源等，在美国加快发展技术密集型的先进制造业。2013 年 6 月，美国发布了报告《工业互联网——打破智能与机器的边界》，该报告提出了工业互联网战略，通过工业互联网提升智能制造水平。2014 年，美国国家标准技术研究院（NIST）提出了基于信息物理系统（Cyber Physical System，CPS）的智能制造系统架构，旨在加速智能制造的发展和实施。CPS 系统架构分为机器原料能量资源和过程层。CPS 系统架构能依据环境中各节点信息的交互，实现生产资源、人力资源和经济资源的合理分配，并对工厂中各物理实体进行实时高效的调整和控制，提高监管的效率，实现监控与预警操作，并能在紧急情况下实现无人监控的紧急处理，避免工业设备的大规模失效等故障。

继 2015 年 1 月工业互联网联盟（Industrial Internet Consortium，IIC）提出工业互联网参考架构之后，IIC 在 2015 年 3 月的联盟大会上发布文件 *Engineering Engagement*，对工业互联网的系统架构进行了更新。新的系统架构中包括商业视角、使用视角、功能视角和实施视角四个层级，并论述了系统安全、信息安全、弹性、互操作性、连接性、数据管理、高级数据分析、智能控制、动态组合九大系统特性。经过几年的改进和修订，目前最新版本为 v1.9 版，于 2019 年 6 月 19 日发布，如图 3-2 所示。

图 3-2　工业互联网的系统架构

2016 年 2 月，美国国家标准与技术研究院工程实验室系统集成部门发布《智能制造系统现行标准全景图》，其规定的智能制造生态系统如图 3-3 所示。

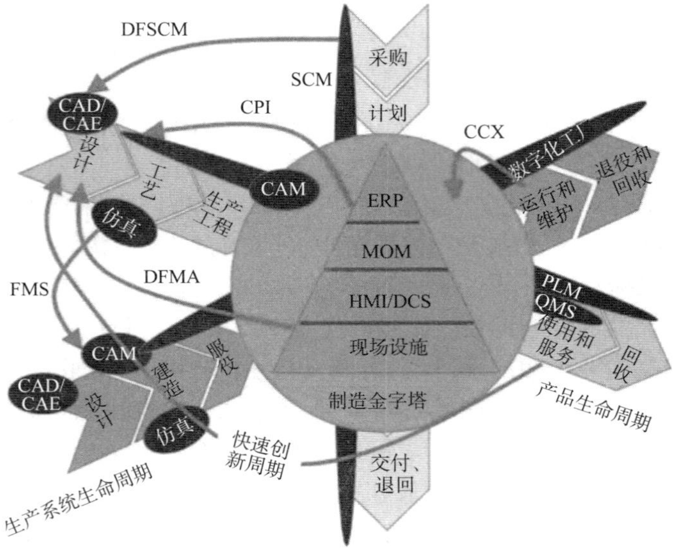

图 3-3 智能制造生态系统

NIST 智能制造系统模型涵盖制造系统的广泛范围,包括业务、产品、管理、设计和工程功能。智能制造系统中显示的三个维度(如产品、生产系统和业务)分别代表独立的全生命周期。制造金字塔是其核心,三个生命周期在这里汇聚和交互。

(1)产品生命周期:涉及信息流和控制,智能制造生态系统(SMS)下的产品生命周期管理包括 6 个阶段,分别是设计、工艺设计、生产工程、制造、使用和服务、废弃和回收。

(2)生产系统生命周期:关注整个生产设施及其系统的设计、部署、运行和退役。生产系统在这里指的是通过各种集合的机器、设备、辅助系统组织和资源创建商品和服务。

(3)业务(商业)生命周期:关注供应商和客户的交互功能,电子商务在今天至关重要,任何类型的业务或商业交易,都会涉及利益相关者之间的信息交换。制造商、供应商、客户、合作伙伴,甚至是竞争对手之间的交互标准,包括通用业务建模标准,制造的特定建模标准和相应的消息协议,这些标准是提高供应链效率和制造敏捷性的关键。

(4)制造金字塔:智能制造生态系统的核心,产品生命周期、生产系统生命周期和业务(商业)生命周期在这里聚集和交互。每个维度的信息必须能够在金字塔内部上下流动,为制造金字塔从机器到工厂,从工厂到企业的垂直整合发挥作用。沿着每一个维度,制造业应用软件的集成都有助于在车间层面提升控制能力,优化工厂和企业决策。这些维度和支持维度的软件系统最终构成了制造业软件系统的生态体系。

自《智能制造系统现行标准全景图》报告发布以来,美国标准化研究机构开展了相关标准的制定工作,如《表面粗糙度标注》(ASME Y14.36)、《工业过程测量、控制和自动化数字工厂框架》(IEC 62832)、《生产系统工程研制标准化程序》(ISO 18828)等。这些标准不仅能为智能制造提供技术依据,更重要的是可用于确定技术制式、技术构架、技术性能和技术水平,以引领智能制造的发展。

2. 德国

德国一直以来都十分重视制造业的发展以及工业科技产品的创新，并且专注于对复杂工业过程的管理。2010 年，德国发布了《高技术战略 2020》，它瞄准未来科技和全球竞争，将“工业 4.0”战略作为未来十大项目之一。2013 年，德国联邦教研部与联邦经济技术部又联手发布了《保障德国制造业的未来：关于实施“工业 4.0”战略的建议》，这一建议得到了弗劳恩霍夫协会、德国工程院、西门子公司等的响应和推动，“工业 4.0”战略上升为国家战略。“工业 4.0”战略是把智能制造作为主攻方向的第四次工业革命，德国也通过实施该战略，进一步巩固了其作为世界领先生产制造基地、信息技术（IT）业务解决方案供应商以及生产设备供应商的地位。

之后，德国将智能工厂作为主要的发展方向。在“工业 4.0”阶段，智能工厂基于信息物理系统，同时借助社交网络，可以实现人机互动，这将会重新塑造传统制造工厂模式下人与设备之间操控与被动反应的机械关系。除此之外，德国还构建了嵌入式制造智能生产系统。该系统由智能工厂和智能产品构成，它的特点是：企业之间的业务流程构成了横向价值链，企业内部的运营流程构成了纵向价值网络，终端到终端技术实现了横向和纵向的整合。此外，它以智能工厂为基础，通过服务联网和物联网，把智能建筑、智能交通、智能产品、智能物流和智能电网等相互连接，用新型工业化的形式实现经济社会系统的全面智能化。

“工业 4.0”重点关注两方面内容：产品开发与生产过程。“工业 4.0”战略具有三个核心特征。

（1）通过企业内部灵活可重组的网络化制造系统的纵向集成，将各种不同层面（如传感器和执行器、控制、生产管理、制造执行、企业计划等各种不同层面）的自动化与 IT 系统集成在一起，强调生产信息流的集成，包括订单、生产调度、程序代码、工作指令、工艺和控制参数等信息的下行传递，以及生产现场的工况、设备状态、测量参数等信息的上行传递。

（2）通过价值链及网络实现企业间的横向集成，将各种不同制造阶段和商业计划的 IT 系统集成在一起，强调产品的价值流（增值过程）集成，既包括一个公司内部的材料、能源和信息的配置（如原材料物流、生产过程、产品外出物流、市场营销等），也包括不同公司间的配置（形成价值网络）。

（3）全生命周期管理及端到端系统工程，通过集成 CAD/CAM/CAPP、PLM、ERP、SCM、CRM、MES 等软件或系统，实现用户参与设计（个性化），并通过虚拟设计、虚拟评估和虚拟制造，更好地把用户需求同生产制造完美地结合起来，涉及产品从设计生产直到维护服务的全生命周期，并随时将用户意见反馈给前端的设计阶段，动态提升产品质量。

德国“工业 4.0”参考架构模型如图 3-4 所示。

德国“工业 4.0”参考架构模型通过一个三维模型展示了“工业 4.0”涉及的所有关键要素，借此模型可识别现有标准在“工业 4.0”中的作用以及现有标准的缺口和不足。“工业 4.0”集中于产品开发和生产的全过程。模型的第一个维度（垂直轴）借用了信息和通信技术常用的分层概念，各层实现相对独立的功能，同时下层为上层提供接口，上层使用下层的服务。从下到上各层代表的主要功能如下。

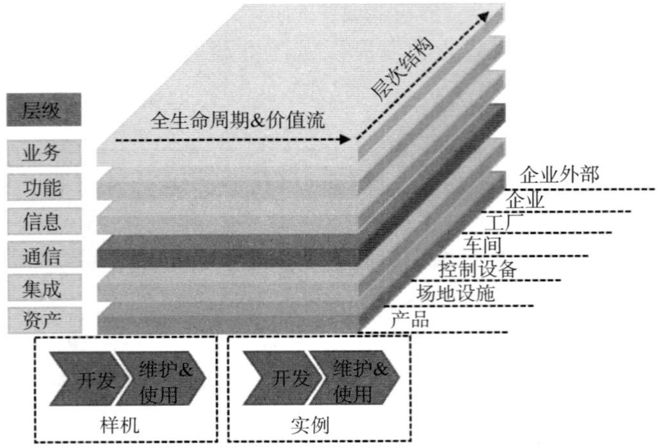

图 3-4 德国“工业 4.0”参考架构模型

（1）资产层+集成层：数字化（虚拟）表示现实世界的各种资产（物理部件/硬件/软件/文件等）。

（2）通信层：实现标准化的通信协议以及数据和文件的传输。

（3）信息层：包含相关的数据。

（4）功能层：形式化定义必要的功能。

（5）业务层：映射相关的业务流程。

模型的第二个维度（左侧水平轴）描述全生命周期及其相关价值链。这一维度的参考标准是《工业过程测量、控制和自动化 系统和部件的生命周期管理》（IEC 62890）。此处的过程是指生产过程，完整的生命周期从规划开始，到设计、仿真、制造，直至销售和服务。该模型进一步将生命周期划分为样机开发（Type）和产品生产（Instance）两个阶段，以强调不同阶段考虑的重点不同。Type 阶段指从初始设计至定型，还包括各种测试和验证。Instance 阶段进行产品的规模化、工业化生产，每个产品是原型（Type）的一个实例（Instance）。“工业 4.0”中，Type 阶段与 Instance 阶段形成闭环，例如：在销售阶段将产品的改进信息反馈给制造商以改进原型样机，然后发布新的型号和生产新的产品。这为产品的升级改进带来巨大的好处。另外，将采购、订单、装配、物流、维护、供应商以及客户等紧密关联，例如：在装配工序使用物流数据，根据未完成订单组织内部物流，采购部可实时查看库存并在任意时刻了解零部件供货情况，客户可知晓所订购产品的整个生产过程。这将为产品的改进提供巨大的潜能。因此，必须将生命周期与其所包含的增值过程一起考虑，不仅限于单个工厂内部而是扩展到涉及的所有工厂与合作伙伴，从工程设计到零部件供应商直至最终客户。

模型第三个维度（右侧水平轴）描述“工业 4.0”不同生产环境下的功能分类，与《企业控制系统集成》（IEC 62264，ISA S95）和《批量控制》（IEC 61512，ISA S88）规定的层次一致。更进一步，由于“工业 4.0”不仅关注生产产品的工厂、车间和机器，还关注产品本身以及工厂外部的跨企业协同关系，因此在底层增加了“产品”层，在工厂顶层增加了“互联世界”层。

此模型将全生命周期及价值链与“工业 4.0”分层结构相结合，为描述和实现“工业 4.0”提供了最大的灵活性。

3. 英国

一度推行去工业化战略的英国，在 2008 年的国际金融危机中，制造业受到了重创，导致英国经济一蹶不振。为此，英国政府紧急召开会议探讨解决方案，希望能够找出行之有效的解决办法，重振英国的制造业。2011 年 12 月，英国面向全国提出了“先进制造业产业链倡议”，政府决定耗资 1.25 亿英镑来重新建立英国制造业的产业链，这一计划涉及范围巨大，既覆盖了一些传统产业，又覆盖了一些新兴产业，政府希望借此机会，可以恢复英国制造业的先进水平。

在此之后，英国政府又出台了一些有利于英国制造业发展和恢复的政策。2013 年，英国政府发布了题为《未来制造业：一个新时代给英国带来的机遇与挑战》的报告，希望能够助力英国制造业的健康发展。该报告指出：制造业并不是人们认为的“先制造后销售”，而是一条以生产为中心的价值链，即“服务＋再制造”，然后在多个技术领域进行布局，例如传感器、生物技术、大数据、机器人、移动网络、物联网等领域，从而形成智能制造的格局。2014 年，英国政府又发布了《工业战略：政府与工业之间的伙伴关系》，该报告的发布给英国制造业的健康发展带来了希望，通过明确政府与工业之间的友好关系，可以促进其制造业的可持续发展，增强英国制造业的竞争力，以降低未来制造业的不确定性。该报告对当时的产业状况进行了深入的分析和探讨，确定了要重点扶持的领域和要重点发展的前沿技术。此外，该报告还指出，要完善技能培训体系，强化创新研发与工业的完美衔接，引导企业进行自主创新，积极研究智能制造方面的先进技术，通过出台各项智能制造方面的政策措施，加大对机器人与自动化、卫星及航天商业化、大数据、先进制造业等多个前沿产业领域的关注和支持。

4. 日本

1990 年，日本提出关于智能制造发展的十年计划并成立了智能制造系统（IMS）国际委员会。1992 年，美、日、欧三方共同提出要研发一款使人和智能设备都不受国界限制和生产操作限制的合作系统，并且在 1994 年开启了先进制造国际合作研究项目。日本机器人在制造业工厂迅速普及，使得日本成为全球工业机器人装机数量最多的国家，而且它的机器人产业在全球范围内极具竞争力。2015 年 1 月，日本政府为了巩固其“机器人大国”的地位以及适应产业变革的需求，发布了《机器人新战略》，同时提出了三大目标：一是要成为“全球机器人创新基地”，通过人才培养、产学官合作，开展国际标准化、下一代技术研发等工作，促进创新发展，加大用户与商家的对接机会，巩固机器人产业的培育能力和创新能力；二是要成为“全球第一的机器人应用国家”，努力建造应用机器人所需要的环境，在医疗、服务、制造、工程、农业等领域大范围使用机器人，扩大机器人的使用场景；三是要“迈向全球领先的机器人时代”，随着新一代信息通信技术和物联网的发展以及数据的高级应用，现在几乎所有产品都通过网络互联，所以，未来机器人也会通过物联网来储存数据，因此平台安全至关重要。

日本还是一个重视自我保护的国家，智能制造设计研发的一个重要特征是始终实行严格的技术保密。为了防止核心技术泄漏或被盗版，日本所有大中型的制造企业都开设了智能制造“设计中心”，它的原理是将研发中心制造的新工艺技术固定在所生产的智能制造装备中，通过增加智能装备硬件和智能软件核心技术的保密工作，来保护智能制造产品长期有效的竞争力。

5. 中国

我国智能制造的发展起步比较晚，直到 20 世纪 80 年代末才开始对智能制造进行研究。目前，我国的智能制造正处于初级发展阶段，其中大部分企业仍处于智能制造的研发阶段，仅有小部分企业进入了智能制造应用阶段。但是,由于受到经济全球化的影响,政府和部分企业已经开始关注智能制造的发展,也拥有了一些基础性的研究成果和智能制造技术。尤其是进入 21 世纪以来,智能制造在我国发展迅速,相关产业形成了一定的规模,我国与发达国家之间的差距有了一定比例的缩小。

2015 年 3 月,我国提出加快推进“中国制造 2025”,以应对新一轮科技革命和产业变革,智能制造工程就是“中国制造 2025”五大工程之一。2018 年 7 月,我国发布了《国家智能制造标准体系建设指南(2018 年版)》,智能制造标准体系架构如图 3-5 所示。

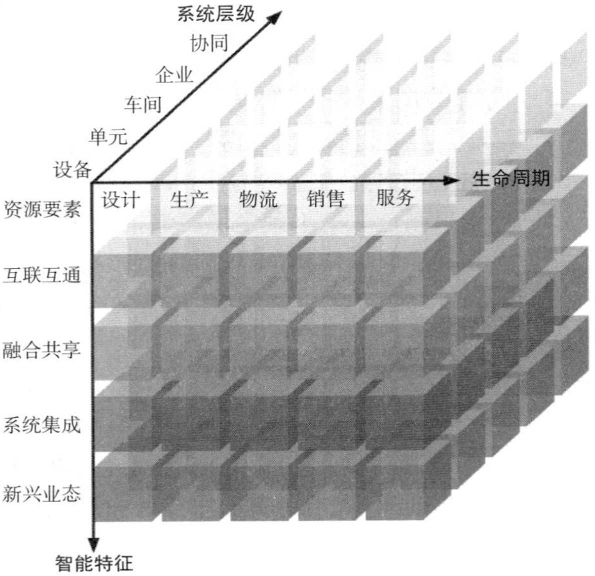

图 3-5 智能制造标准体系架构

智能制造是基于新一代信息通信技术与先进制造技术深度融合,贯穿于设计、生产、管理、服务等制造活动的各个环节,具有自感知、自学习、自决策、自执行、自适应等功能的新型生产方式。

我国的装备制造业经过多年发展,建立起门类齐全、独立完整的制造体系,具备建设工业强国的基础和条件,但与美国、德国等国家相比,我国的装备制造业大而不强,自主创新能力弱,关键核心技术与高端装备对外依存度高;资源能源利用效率低,环境污染问题较为突出;信息化水平不高,与工业化融合的深度不够。为此,我国将生命周期、系统层级和智能特征作为智能制造体系架构分析维度,旨在加快我国智能制造相关技术和装备的发展,补足短板。

我国的智能制造标准体系结构包括基础共性、关键技术和行业应用三类标准,行业应用部分规划了海洋工程装备及高技术船舶、航空航天装备等十大行业。

3.1.3 智能制造体系架构

智能制造在演化中形成了许多不同范式,包括精益生产、柔性制造、并行工程、敏捷制造、数字化制造、计算机集成制造、网络制造、云制造、智能化制造等,这些范式在指导制造业智能转型中发挥了积极作用。众多范式不利于形成统一的智能制造技术路线,给企业在推进智能升级的实践中造成了许多困扰。面对智能制造不断涌现的新技术、新理念、新模式，迫切需要归纳总结出基本范式。

1. 智能制造的三种范式

中国工程院院士周济提出了三种智能制造的基本范式：

（1）数字化制造——智能制造的基础；

（2）数字化网络化制造——“互联网+”制造或第二代智能制造；

（3）数字化网络化智能化制造——新一代智能制造。

智能制造的三个基本范式次第展开、迭代升级。一方面，三个基本范式体现了国际上智能制造发展历程中的三个阶段；另一方面，对我国而言，必须发挥后发优势，采取三个基本范式“并行推进、融合发展”的技术路线。

1）数字化制造

数字化制造是智能制造的第一种基本范式，可以称为第一代智能制造，是智能制造的基础。以计算机数字控制为代表的数字化技术广泛运用于制造业，形成“数字一代”创新产品和以计算机集成系统（CIMS）为标志的集成解决方案。

20 世纪 80 年代以来，我国企业推动数字化制造取得了巨大的进步。但应该认识到，我国大多数企业和广大中小企业没有完成数字化转型，面对这样的现实，在推进智能制造的过程中必须实事求是，踏踏实实完成数字化补课，进一步夯实智能制造的发展基础。

需要说明的是，数学化制造是智能制造的基础，它的内涵不断发展，贯穿于智能制造的三个基本范式和全部发展历程中。这里定义的数字化制造是作为第一种基本范式的数字化制造，是一种相对狭义的定位，国际上有比较广义的定位和理论，就其理论看来，数字化制造就等同于智能制造。

2）数字化网络化制造

数字化网络化制造是智能制造的第二种基本范式，也称为“互联网+”制造或第二代智能制造。20 世纪末，互联网技术开始广泛运用，“互联网+”不断推进制造业和互联网融合发展，网络将人、数据和事物连接起来，通过企业内、企业间的协同以及各种社会资源的共享和集成，重塑制造业价值链，推动制造业从数字化制造向数字化网络化制造转变。

德国“工业 4.0”和美国工业互联网完整地阐述了数字化网络化制造范式，提出了实现数字化网络化制造的技术路线。我国工业界大力推进“互联网+”制造，一方面一批数字化制造基础较好的企业成功转型，实现了数字化网络化制造；另一方面，大量原来还未完成数字化制造转型的企业，则采用并行推进数字化制造和数字化网络化制造的技术路线，完成了数字化制造的“补课”，同时跨越到数字化网络化制造阶段。

今后，我国推进智能制造的重点是大规模地推广和全面应用数字化网络化制造，即第二代智能制造。

3）数字化网络化智能化制造

数字化网络化智能化制造是智能制造的第三种基本范式，可以称为新一代智能制造。近年来人工智能加速发展，实现了战略性突破，先进制造技术和新一代人工智能技术深度融合，形成了新一代智能制造。新一代智能制造的主要特征表现在制造系统具备学习能力，通过将深度学习、增强学习等技术应用于制造领域，知识产生、获取、运用和传承效率发生革命性变化，显著提高了创新与服务能力。新一代智能制造是真正意义上的智能制造。

智能制造在西方发达国家经历了一个串联式的发展过程，数字化、网络化、智能化是西方顺序发展智能制造的三个阶段，我们不能走西方国家顺序发展的老路，我们如果重复走这条路，就无法完成中国制造业转型升级的历史性任务。我们必须充分发挥后发优势，采取“并联式”发展方式，要数字化、网络化、智能化并行推进，融合发展。

一方面，必须坚持创新引领，直接利用互联网、大数据、人工智能等最先进的技术，瞄准高端方向，加快研究、开发、推广、应用新一代智能制造技术，走出一条推进智能制造的新路，实现我国制造业的换道超车。

另一方面，必须实事求是、循序渐进，分阶段地推进企业的技术改造、智能升级。针对我国大多数企业尚没有完成数字化转型这样的基本国情，各个企业必须补上“数字化转型”这一课，奠定好智能制造的基础。我们走了一条新路，不能先实现数字化，再实现网络化。

当然，在并行推进不同的基本范式的过程中，各个企业可以充分运用成熟的先进技术，根据自身发展的实际需要，“以高打低、融合发展”，在高质量完成“数字化补课”的同时，实现向更高的智能制造水平迈进。

2. 智能制造系统架构内容

智能制造系统架构从生命周期、系统层级和智能特征三个维度对智能制造所涉及的活动、装备、特征等内容进行描述，如图 3-5 所示。

1）生命周期

生命周期是指从产品原型研发开始到产品回收再制造的各个阶段，包括设计、生产、物流、销售、服务等一系列相互联系的价值创造活动。生命周期的各项活动可进行迭代优化，具有可持续发展等特点，不同行业的生命周期构成不尽相同。

（1）设计是指根据企业的所有约束条件以及所选择的技术来对需求进行构造、仿真、验证、优化等研发活动过程。

（2）生产是指通过劳动创造所需要的物质资料的过程。

（3）物流是指物品从供应地向接收地的实体流动过程。

（4）销售是指产品或商品等从企业转移到客户手中的经营活动。

（5）服务是指提供者与客户接触过程中所产生的一系列活动的过程及其结果，包括回收等。

2）系统层级

系统层级是指与企业生产活动相关的组织结构的层级划分，包括设备层、单元层、车间层、企业层和协同层。

（1）设备层是指企业利用传感器、仪器仪表、机器、装置等，实现实际物理流程并感知和操控物理流程的层级，包括传感器、仪器仪表、条码、射频识别装置等。

（2）单元层是指用于工厂内处理信息、实现监测和控制物理流程的层级，包括可编程逻辑控制器（PLC）、数据采集与监视控制（SCADA）系统、分布式控制系统（DCS）和现场总线控制系统（FCS）等。

（3）车间层是实现面向工厂/车间的生产管理层级，包括制造执行系统（MES）等。

（4）企业层是实现面向企业的经营管理层级，包括企业资源计划（ERP）系统、产品生命周期管理（PLM）、供应链管理（SCM）系统和客户关系管理（CRM）系统等。

（5）协同层是企业实现其内部和外部信息互联和共享过程的层级。

3）智能特征

智能特征是指基于新一代信息通信技术使制造活动具有自感知、自学习、自决策、自执行、自适应等一个或多个功能的层级划分，包括资源要素、互联互通、融合共享、系统集成和新兴业态等五层智能化要求。

（1）资源要素是指企业生产时所需要使用的资源或工具及其数字化模型所在的层级。

（2）互联互通是指通过有线、无线等通信技术，实现装备之间、装备与控制系统之间、企业之间相互连接功能的层级。

（3）融合共享是指在互联互通的基础上，利用云计算、大数据等新一代信息通信技术，在保障信息安全的前提下，实现信息协同共享的层级。

（4）系统集成是指企业实现智能装备到智能生产单元、智能生产线、数字化车间、智能工厂乃至智能制造系统集成过程的层级。

（5）新兴业态是企业为形成新型产业形态进行企业间价值链整合的层级。

智能制造的关键是实现贯穿企业设备层、单元层、车间层、工厂层、协同层不同层面的纵向集成，跨资源要素、互联互通、融合共享、系统集成和新兴业态不同级别的横向集成，以及覆盖设计、生产、物流、销售、服务的端到端集成。

3.1.4 智能制造技术路线

这里针对智能制造中的智能制造产品、离散型智能工厂、流程性智能工厂、智能制造新模式、智能制造云、工业互联网六大技术方向，分别从发展目标、需求趋势、重点任务、关键技术、辅助支撑资源五个方面绘制面向 2035 年的智能制造技术路线。

1. 智能制造产品技术路线

2035 年之前的需求趋势主要体现在以下方面。

（1）国际信息领域竞争加剧对高性能计算技术、网络安全技术和传感感知技术的需求。

（2）国民经济重点领域的复杂、高性能、高精密零部件生产对高效智能化加工技术与装备的需求。

（3）未来社会向智能制造和智慧生活转型发展对新一代智能机器人的需求。

（4）构建主动控制型交通系统对运载工具智能化、交通设施智慧化、管理服务协同化的需求。

（5）医疗服务模式逐步向个性化和智能化转变，对建设数字化、网络化、智能化医疗服务信息化体系的需求。

智能产品发展的总体目标分两步。

（1）到 2025 年，新一代人工智能系统技术在典型产品中成功应用，产品的数字化、网络化、智能化取得明显进展，在智能网联汽车、智能轨道交通、无人机、智能船舶、智能机电、智能医疗等典型智能产品，以及在制造领域的智能机床、智能机器人、智能成形装备等产品的应用和制造中取得重点突破，对智能产品发展的实现起到示范作用。

（2）到 2035 年，实现新一代人工智能技术与产品深度融合，攻克一批关于智能产品的基础共性技术和关键前沿技术，掌握一批国际领先的关键核心技术，在智能机器人、智能机床、智能成形装备、智能工程机械、无人机、智能网联汽车、智能船舶、智能轨通交通和智能家电品等领域形成典型的优势产品，在相关智能产品产业链形成全球竞争优势，整体竞争力达到世界强国水平。

智能产品的重点任务包括面向产品设计和工艺的知识库、数据采集与处理分析技术、分布式智能控制技术、人机共融机器人、智能传感器技术等的实现。

面向 2035 年，发展智能产品的辅助支撑资源包括以下内容。

（1）整合创新体系资源、构建国家制造业智能化创新中心、推进产学研深入融合发展。

（2）完善经费投入模式，发挥国家多部门政策实施的匹配性、统一性和连续性。

（3）加强多层次人才队伍建设，提高创新人才的待遇，防止人才流失。

2. 离散型智能工厂技术路线

2035 年之前的需求趋势主要体现在以下方面。

（1）信息与通信技术飞速发展，数字化、互联网、物联网、人工智能、大数据、虚拟现实迅猛发展。

（2）在国防、工业、民用等领域，消费者对于产品的多样化、个性化、高质量、高时效、低成本、服务型需求。

（3）3D 打印、激光加工、微纳制造、生物制造、机器人、智能制造等新制造技术发展的需求。

（4）制造型企业与社会转型升级的需求，绿色经济、服务型经济的发展需求，新一轮技术革命促进产业转型升级，产生新业态、新动能发展的需求。

（5）新时期国际环境对企业竞争的需求，国内国际双循环新发展格局对制造业变革的需求。

离散型智能工厂的发展目标如下。

（1）到 2025 年左右，数字化网络化制造在全国普及并得到深度应用，典型智能制造装备、工业互联网与大数据技术、智能工厂使能技术等智能制造关键技术取得突破并成功应用，到 2032 年左右，新一代智能制造技术及智能工厂在制造业实现大规模推广应用，实现中国制造业的转型升级。

（2）到 2027 年左右，新一代智能制造在重点领域试点示范并取得显著成果，打造 10 个标志性智能工厂，并开始在部分企业推广应用，到 2035 年左右，离散型智能工厂助力制造业总体水平达到世界先进水平，部分领域处于世界领先水平。

面向 2035 年，离散型智能工厂发展的重点任务包括企业智能决策系统、智能数控加工技术与装备、增材制造技术与装备、智能建模与仿真技术、离散型智能工厂、智能制造标准体系等的实现。

面向 2035 年，离散型智能工厂发展的辅助支撑资源包括以下内容。

（1）结合中国制造业实际情况支持企业转型发展，快速弥补“工业 2.0”和“工业 3.0”所缺失的内容，积极探索“工业 4.0”中智能制造的前沿技术，二者有机衔接，坚持“并行推进、融合发展”的技术路线。

（2）支持接续实施《国家中长期科学和技术发展规划纲要（2006—2020 年）》确定的 16 个科技重大专项之一“高档数控机床与基础制造装备”，即 04 专项。智能制造装备是智能工厂的基础支撑，04 专项已取得重要成果，在国家重大任务、航空航天等重大领域实现了自主可控，正处于爬坡过坎阶段，急需智能升级。

（3）率先支持重点领域有基础的典型企业建设示范性智能工厂，突破典型关键技术问题，力求可复制、可推广，发挥示范性智能工厂广泛的借鉴、辐射和带动作用。

（4）大力支持和引导创建一批智能制造专业技术服务企业，形成区域制造链、智能制造生态。

（5）鼓励支持重点工科高校设置与智能制造方向相关的本科专业，有计划、有批次地培养智能制造领域的专门技术与管理人才，积蓄未来智能制造领域的后备力量。同时，按照智能制造领域的新知识和技能要求，对在职工程技术人员等进行有计划的培训和培养。

（6）在智能工厂发展中，体现与“重大关键制造装备、工业软件、标准规范”的结合，突出上述三者的“中国制造”，警惕和防止未来中国智能制造成为发达国家高端装备与工业软件的倾销地，防止出现高端装备和核心技术的“空心化”问题及中国制造被他人操控等问题。

3. 流程性智能工厂技术路线

2035年之前的需求趋势主要体现在以下方面。

（1）以云计算、物联网、大数据为代表的新一代信息技术与现代制造业、生产性服务业等深度融合，推动产业转型升级。

（2）推动生产工艺智能优化和生产全流程整体智能优化。

（3）实现企业全局及生产经营全过程的高效化与绿色化。

流程性智能工厂的目标如下。

（1）国家目标：到2025年，基本形成中国制造2025软件技术标准与生态体系，到2035年，使我国由流程工业制造大国变为制造强国，制造业总体水平达到世界先进水平，部分领域处于世界领先水平。

（2）行业目标：到2025年左右，建立智能自主控制系统来实现智能感知生产条件变化，到2035年左右，建立制造全流程智能协同优化控制系统，搭建智能优化决策系统。

关键技术包括智能优化决策技术与系统、数字孪生技术、流程智能工厂等。

流程性智能工厂发展的辅助支撑资源包括以下内容。

（1）政策：建议政府相关部门组织由学术界、研发机构与企业三方组成的战略研究组，三方共同开展流程工业智能优化制造的战略规划与顶层设计；分层次、分目标实施两化深度融合推进，流程工业智能优化制造；突出流程工业智能制造的战略地位，提升流程工业企业创新能力；加强基础设施建设，强化企业创新主体地位，优化流程型智能工厂的创新环境，将基础与前沿研究、重点研发计划、工信部两化深度融合推进整体部署。

（2）资金：重点支持流程制造中的重大装备的智能感知与远程运维技术资金的投入；加大对基于知识自动化的流程工业智能优化决策与协同控制一体化技术的资金投入；加大对全生命周期产品的质量监控、追溯、诊断、预测与优化技术的资金投入；加强对基于CPS的智能能源综合管理系统资金的支持。

（3）人才：引进具备关键技术专业素质的人才，重点培养和造就面向工业创新需求的实战型工程技术人才，培养具有扎实素养的应用型研发人才。

4. 智能制造新模式技术路线

到2035年，需求来自以下几个方面。

（1）制造业向协同化、定制化、平台化与服务化发展的需求。

（2）以数据为基础，网络化、智能化为支撑开展服务型制造的需求。

（3）企业围绕客户的需求开展个性化定制、大规模生产。

（4）整合存量资源、发挥专业优势、优化资源配置，弹性匹配、动态共享，实现客户增值的新模式、新业态需求。

（5）提升设备健康评估和故障预警能力，构建全产业链、全领域覆盖的健康分析及故障预警平台的需求。

面向2035年，制造业新业态、新模式的具体目标包括以下两个方面。

（1）国家目标：到2025年，形成专项工程引领、典型企业示范、企业积极探索的格局。到2030年，制造业整体竞争力大幅提升，在全球产业分工和价值链中地位明显提升，新模式、新业态不断发展壮大。到2035年，产业基础高级化，产业链现代化，制造业整体竞争力达到世界制造强国阵营中上水平。

（2）行业目标：企业积极探索新业态、新模式，形成专项工程引领、典型企业示范的发展格局（2024年左右）。新业态、新模式收入占企业主营业务收入的比例不断提高，整体竞争力提升（2029年左右），成为新的竞争优势与重要利润来源（2032年左右）。新模式、新业态收入占企业主营业务收入的比例达45%（2035年左右）。

制造业新业态、新模式发展的重点任务包括设备健康评估和故障预警、共享制造（协同与共享）、个性化规模定制、工业电子商务、知识工程和工业知识软件化等。

到2035年，制造业新业态、新模式发展的辅助支撑资源包括以下几个方面。

（1）把握趋势变化，前瞻布局谋划，新工程与现行专项有机衔接。

（2）统筹协调，资源共享，分层指导，协同推进。

（3）加强产业分类指导，分阶段、有重点、长期性推动发展。

（4）加强应用示范，实行动态评估，建立跟踪研究、评估、示范常态机制。

（5）建立创新交流平台，构建长效合作机制。

（6）优化政策环境，建设和完善多渠道多层次的政策体系与机制。

5. 智能制造云技术路线

到2035年，需求主要来自：通过虚拟化、服务化、容器技术、云计算、大数据分析与挖掘技术等技术，将海量、多源、异构数据集成到云平台，并基于云平台所提供的大数据引擎服务、人工智能引擎服务、仿真引擎服务等实现基于大数据的建模与优化，进而支撑云端应用服务功能。

面向2035年，智能制造云的发展目标包括两个方面。

（1）智能制造过程横向集成：到2025年，实现论证、设计、仿真、生产、试验、管理、销售、运营、维修、报废等制造全生命周期活动的集成；到2035年，消除企业各环节或者产业链上各企业之间的交互的冗余和非增值过程，实现企业与企业、企业与产品之间的生态化协作，在社会范围内实现人、技术流、管理流、数据流、物流、资金流的共享集成和优化应用。

（2）智能制造过程纵向集成：到2025年左右，实现智能装备与生产线、仓储与物流、制造执行管理、车间生产决策等环节的车间集成；到2035年左右，实现智能设计、智能试验、智能生产、智能保障、智能管理等跨部门企业/工厂集成及同行业内各企业的设计研发、生产制造、服务保障等资源的集成和优化配置的行业集成。

智能制造云的关键技术包括基于语义的智能识别技术、边缘智能技术、混合增强技术等。

智能制造云的辅助支撑资源如下。

（1）支持行业产业联盟体系：到2025年，倡导各典型行业龙头企业牵头成立行业级智能集成制造系统产业联盟；到2030年，行业联盟建立行业级标准体系。

（2）支持跨学科领域产业联盟：到 2030 年，倡导以行业龙头企业为主要参与单位的跨行业智能集成制造系统联盟，开展跨行业领域数据标准、数据接口标准体系的研究与建立。

（3）打造自主行业/通用标准体系，参与国际标准体系构建。到 2035 年，支持各行业智能集成制造系统产业联盟与跨行业智能集成制造系统联盟建立自主行业/通用标准体系，参与国际自主行业/通用标准体系的构建。

6. 工业互联网技术路线

预计到 2035 年左右，工业互联网的产业经济规模全球比重将显著提高。

面向 2035 年，工业互联网的具体目标包括以下两方面内容。

（1）中国目标：到 2025 年，网络实现基础设施基本完善；到 2030 年，全面建成低时延、高可靠、广覆盖的工业互联网络；到 2035 年，建成领先网络基础设施和平台。

（2）全球目标：到 2035 年左右，全球经济价值达到 10 万亿~15 万亿美元。

工业互联网的关键技术包括新一代移动和数据通信技术、智能工业网络、标识解析与管理技术、网络安全技术等。重点产品包括新一代移动和数据通信技术、智能工业网络、标识解析与管理技术、基于自治愈的网络等。

工业互联网的辅助支撑资源如下。

（1）政策：完善协同推进体系，成立工业互联网专项工作组；壮大工业互联网产业联盟等产业组织，联合产业各方开展交流活动；开展工业智联网网络安全相关法规政策的研究；开展工业互联网相关法律、行政法规和规章的立法、完善工作；推动非金融企业债务融资工具应用，支持保险公司开发产品。

（2）资金：推动银行业金融机构探索数据资产质押、知识产权质押、绿色信贷。

（3）人才：建设智库，建立高端人才引进绿色通道，完善配套政策；完善技术入股、股权期权激励、科技成果转化收益分配等机制。

3.2　智能造船模式

智能造船模式是基于新一代信息通信技术（云计算、大数据、物联网、人工智能、区块链等）与现代造船模式深度融合，贯穿于船舶设计、生产、管理、服务等制造活动全过程，以基于单一数据源的设计、生产、管理一体化为基础，以船舶中间产品壳舾涂一体化关键制造环节的数字化、智能化为核心，以网络互联互通为支撑，以智能车间、智慧船厂为载体，具有造船过程自感知、自决策、自执行、自适应特征的先进制造模式。

智能造船模式的基础是新一代信息通信技术，由设计模式、生产模式、管理模式和服务模式构成。

（1）设计模式：以采用基于模型定义技术的船舶产品设计、工艺设计标准规范体系为基础，以厂所协同设计平台为支撑，推进全三维综合数字设计，打通总装厂与船舶所有人、设计院所、船舶检验机构、供应商的信息链条，实现以单一数据源贯穿于产品全生命周期的全过程、面向现场智能制造的三维可视化作业指导和无纸化施工。

（2）生产模式：以数据和模型驱动为主要特征，以生产过程具备动态感知、数据自动采集、智能分析等功能的数字化、智能化生产装备、生产线、生产车间为主要载体，以制造执行系统为重要支撑，实现壳舾涂一体化精度制造。

（3）管理模式：以工程计划为基础，以基于信息集成的一体化综合信息管理平台为支撑，以物联网、互联网和大数据等技术为手段，对造船全过程、全要素实施实时智能管控，实现"物流、信息流、价值流"合一的量化精益管理。

（4）服务模式：以优化完善造船产业链为导向，以造船产业链协同服务平台为支撑，以分布式技术、互联网技术、云存储技术、增强现实/虚拟现实技术、人工智能技术等为手段，对造船供应链管理、远程运维等业务进行优化完善，实现船舶所有人、设计院所、总装厂、船舶检验机构、供应商等整个造船产业链的多方协同服务。

邵明智把智能造船模式的体系架构主要分为设计模式、生产模式、管理模式、服务模式和基础建设等。设计模式主要体现设计基础建设、数据管理和厂所协同设计三个方面；生产模式主要体现数字化、智能化的装备建设（点），生产线建设（线），车间生产管控（面），企业生产管控（体）四个方面；管理模式主要体现企业内一体化综合信息管理和基于大数据的智能决策；服务模式主要体现造船产业链中供应链和远程运维两个方面的协同服务；基础建设主要体现标准体系建设和各类系统互联互通两个方面，如图 3-6 所示。

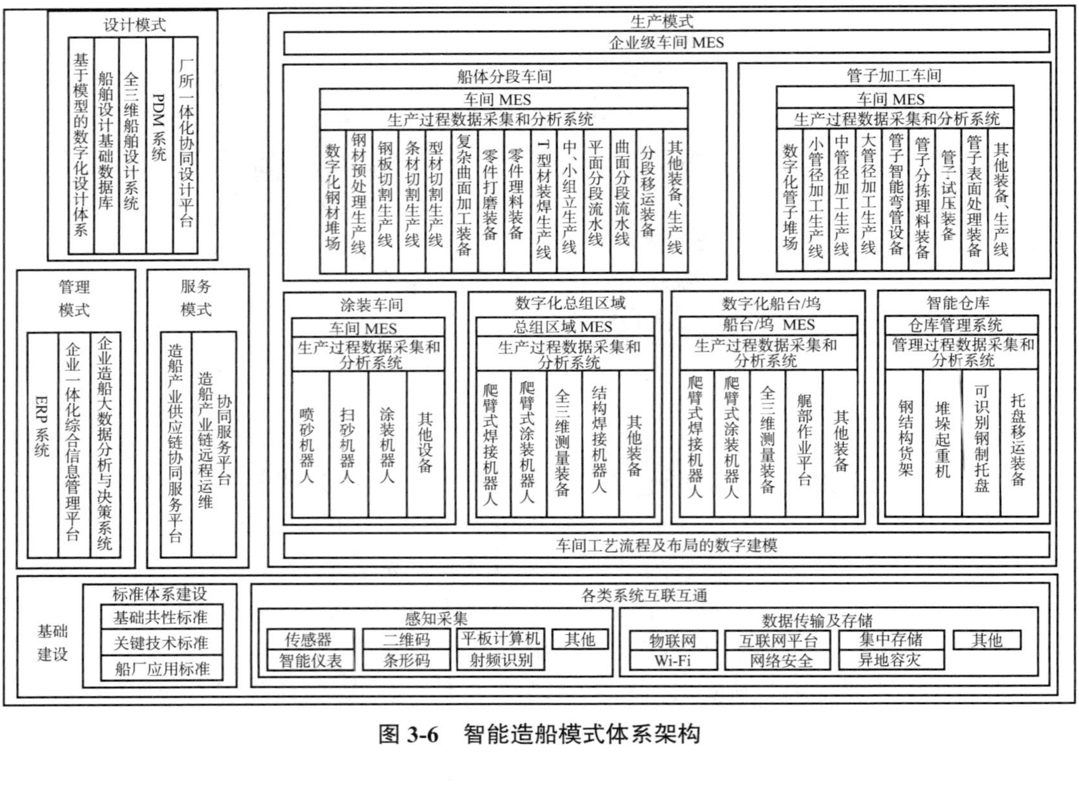

图 3-6 智能造船模式体系架构

3.2.1 设计模式

数字孪生系统能够很好地满足设计模式的要求。数字孪生是充分利用物理模型、传感器更新、运行历史等数据，集成多学科、多物理量、多尺度、多概率的仿真过程，在虚拟空间中完成映射，从而反映相对应的实体装备的全生命周期过程。

通过建立数字孪生的全生命周期过程模型，并与实际的数字化和智能化制造系统、数字化测量检测系统、嵌入式信息物理融合系统进行无缝集成和同步,从而使我们能够在数字世界和物理世界同时看到实际物理产品运行时发生的情况。图 3-7 是数字孪生制造系统框图。

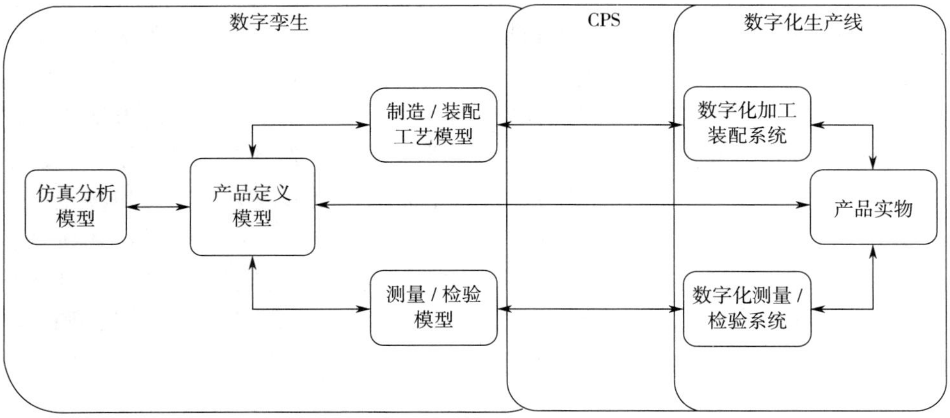

图 3-7　数字孪生制造系统框图

数字孪生制造系统可以持续地预测装备或系统的健康状况、剩余使用寿命以及任务执行成功的概率,也可以预见关键安全事件的系统响应,通过与实体的系统响应进行对比,揭示装备研制中存在的未知问题。数字孪生可能通过激活自愈的机制或者建议更改任务参数,来减轻损害或进行系统的降级,从而提高寿命和任务执行成功的概率。

1. 数字孪生过程

数字孪生过程可以概括为以下几个步骤:

(1)准确地将现实世界以数字化的方式表达出来;

(2)创造一个产品/流程/设备的数字孪生模型;

(3)模拟、仿真、分析、虚拟调试现实世界中发生的问题或未知的领域,利用数字化技术使得现实和虚拟世界无缝连接;

(4)回到过去,解决问题;

(5)预测未来,减少失败;

(6)将产品创新以及制造的效率和有效性提升至全新的高度。

其中有两个关键点:一是创建数字孪生模型,这就需要准确地将现实世界以数字化的方式刻画和表达出来,这离不开数字化技术的支持,这也充分说明为什么数字化是数字孪生的基础;二是现实和虚拟世界无缝连接,这就需要很多崭新的技术支持,包括数字化技术、网络技术、自动化技术、虚拟技术等,这也说明数字孪生制造是数字制造的一个新的高度、一个革命性的飞跃。

2. 数字孪生软件

数字孪生可将工业资产设备的数字和运行数据与软件平台、仿真和分析技术相结合,从而有助于了解现在和未来的运行情况。这不仅可改善输出、降低成本、加速创新,而且最终还能实现一个价值远远超过产品的解决方案,这正是行业所需的。下面将挑选三个比较有代表性的数字孪生产品做简单介绍。

1）Azure

Microsoft Azure 是微软基于云计算的操作系统，其主要目标是为开发者提供一个平台，帮助开发可在云服务器、数据中心、Web 和个人计算机（PC）上运行的应用程序。云计算的开发者能使用微软全球数据中心的储存、计算能力和网络基础服务。Azure 数字孪生是一种物联网（IoT）服务，可提供物理环境及相关设备、传感器和人员的全面虚拟呈现形式。它通过将特定于域的概念组织成有用的模型来改进开发。此后，这些模型位于空间智能图中。此类概念可如实地为人员、空间和设备之间的关系和交互进行建模。数字孪生对象模型介绍了特定于域的概念、类别和属性。模型是由希望根据其特定需求定制解决方案的用户预定义的。这些预定义的数字孪生对象模型共同构成本体。智能建筑物的本体可描述地区、场所、楼层、办公室、区域、会议室和电话间。能源网格本体可描述各种发电站、变电站、能源资源和客户。利用数字孪生对象模型和本体，可自定义各种场景和需求。准备好数字孪生对象模型和本体后，便可以填充空间图。空间图是与 IoT 解决方案相关的空间、设备和人员之间的多种关系的虚拟呈现形式。

Azure 数字孪生有六项重要功能。

Ⅰ. 空间智能图

空间智能图或智能图是物理环境的虚拟表示形式，用于对人员、地点和设备之间的关系建模。

Ⅱ. 数字孪生对象模型

数字孪生对象模型是预定义的设备协议和数据架构，可以满足解决方案的特定于域的需求，加快并简化开发过程。

Ⅲ. 多个嵌套式租户

Azure 数字孪生可以生成能够安全地缩放并重用于多个租户的解决方案，也可创建多个子租户，这些子租户可以通过独立且安全的方式进行访问和使用。

Ⅳ. 高级计算功能

可以通过用户自定义功能，由用户根据需要自定义函数来处理传入的设备数据，以便向预定义的终结点发送信号。此高级功能可改进设备任务的自定义和自动化。

Ⅴ. 内置访问控制

访问和标识管理功能（例如基于角色的访问控制和 Azure Active Directory）可以用来安全地控制人员和设备的访问。

Ⅵ. 生态系统

一个 Azure 数字孪生实例可以连接到多个强大的 Azure 服务。这些服务包括 Azure 流分析、Azure AI、Azure 存储，另外还包括 Azure Maps、Microsoft 混合现实、Dynamics 365 或 Office 365。

2）ANSYS

得益于 PTC 和 ANSYS 共同宣布的一款解决方案，在 PTC ThingWorx® 工业物联网平台上构建的应用能够快速添加 ANSYS 工程仿真技术。两大技术平台之间建立联系，有助于客户将原始数据转变为可采取行动的新型智能信息。二者之间的互联将智能数字仿真模型和存在于现实世界的产品充分整合。这将为企业创造价值带来全新的机遇，能帮助企业优化运营和维护，并将其整合到产品研发进程中。ANSYS 可为实现数字孪生体提供整套工具，以交付能够为运营带来真正影响的准确、深刻和可靠的结果，从而增加产出、缩短停工时间和延长使用寿命。通过使用仿真了解现实世界中的产品行为，新一代产品不仅能显著提升性能，同时还可加快上市进程。

ANSYS 平台的特点如下。

Ⅰ. 系统级支持

ANSYS Simplorer 系统级建模工具支持构建出数字孪生体，从而准确地描述组件、子装配体与子系统之间错综复杂的相互作用。工程师可根据需求对模型中子系统的保真度级别进行定义，范围从高级行为模型到基于物理场的详细仿真模型，一应俱全。系统级模型的子系统和组件通常由降阶模型组成，即 3D 物理场模型的紧凑表示形式，它不仅能准确地表达物理场，同时还能以更短的时间提供结果。

Ⅱ. 基于物理场的仿真

使用基于物理场的模型能够细致入微地复制复杂机器的工作情况，这样即便是在面临前所未有的情况时也能全面了解它们的性能，从而实现数字孪生体的全部潜力。数字孪生体通常包含一个仿真模型，不仅可用于复制机器的工作情况，同时还能够分析基础物理场以预测机器的性能表现，从而诊断未知的状况。其应包含一个用于复制产品或流程的当前状况的仿真模型。

Ⅲ. 控制系统

ANSYS SCADE 使用与真实物理机器相同的控制软件和人机界面（HMI）来控制数字孪生体和研发 HMI。然后，工程师可在数字孪生体上对不同的场景或工作条件进行虚拟测试，并使用与控制物理设备所用接口相同的接口来查看设备的性能表现。

Ⅳ. 完整技术平台

ANSYS 提供的高级平台可集成众多不同的仿真工具，用于改善数字孪生体体验。ANSYS Engineering Knowledge Manager（EKM）是重要的工具之一，可以显著地简化将多个数字孪生体连接至 IoT 的流程。此外，ANSYS 仿真技术平台还包含 ANSYS DesignXplorer，不仅可用于探索众多条件或几何变量，同时还能快速评估各种工作条件，从而帮助工程师确定可交付最佳性能的条件。工程师能离线使用 DesignXplorer，为解决问题找出最佳解决方案，然后将其实施到工作中的机器设备上。

Ⅴ. 集成数字孪生体生态系统

ANSYS 仿真平台已经过验证，能够与多种常见的物联网平台协同使用，例如 PTC 的 ThingWorx® 和通用电气公司的 Predix® 等。例如，ANSYS 与 PTC 通力合作，共同演示如何利用运行泵机的仿真模型更快地诊断和解决运行问题（与常规试错法相比）。ANSYS 仿真解决方案包括平台、知识储备广博而精深的可信赖物理场以及卓越的系统功能。ANSYS 仿真解决方案可帮助工程师借助数字孪生体获得更深入的洞察力。当工程仿真与数字孪生体整合在一起时，不仅能帮助企业分析和优化现实工作条件下的产品性能，而且还能对产品未来的性能做出准确的预测，从而提升产品运行和生产力，同时降低计划外停工导致的成本与风险。

Ⅵ.ANSYS Twin Builder

ANSYS Twin Builder 是一款针对数字孪生体的产品软件包，能帮助工程师快速构建、验证和部署物理产品的数字化表示形式。这款开放式解决方案的软件包可以集成任何工业互联网（IIoT）平台，并且包含运行时的部署功能，从而能够在运行过程中持续监控所用的资产设备。

在 ANSYS Twin Builder 的支持下，工业资产的连接功能与整体系统仿真充分结合，能帮助客户开展诊断和故障排除工作，确定理想的维护程序，优化每个资产设备的性能，并获得有价值的数据，从而改进新一代产品。

从综合的组件级设计与仿真一直到整个系统的仿真，ANSYS 都能实现基于仿真的数字孪生体。

3）3D EXPERIENCE

3D EXPERIENCE，即 3D 体验平台，是达索公司利用云技术，基于浏览器开发的 3D 建模解决方案。3D EXPERIENCE 平台是一个基于云的环境，它连接了从设计、制造到交付的产品开发流程。

达索系统将 3D EXPERIENCE 平台视为一个可实现虚实融合并与之相交互的平台，在 12 个不同行业进行应用，包括航空业、矿业、人类科学、城市规划等。在处理这些行业的巨型问题方面，达索公司的优势在于，对各种领域的建模、仿真、可视化、数据管理、供应链管理与一体化都十分擅长。达索公司通过收购和开发重要技术为各行业客户进行服务，在此过程中也收获了一些具有极复杂问题的大型客户，其为这些客户增加了大量的供应商网络。

2019 年 3 月 4 日，达索系统与 ABB 宣布建立全球合作伙伴关系，为数字化工业客户提供独特的、从产品生命周期管理到资产健康的软件解决方案组合。这两家公司将为客户提供先进的端到端开放式数字解决方案，提高工业企业的竞争力，同时提高产品的生命周期、制造和运营的灵活性、速度和生产力。达索系统与 11 个行业中各种规模的企业合作，帮助它们应对当今工业复兴时代中出现的新挑战。3D EXPERIENCE 平台利用知识和专业技术将所有技术和功能集成到一个统一的数字化创新环境中，实现从概念、生产制造直至交付使用、废弃回收的产品全生命周期的数字连续性。工业企业能集成该平台的 3D 应用，创建数字孪生，从整个生态系统获取洞察力和专业知识，从而测量、评估和预测工业资产的表现，并以智能方式帮助企业优化自身运营。

CATIA V6 在 3D EXPERIENCE 应用于造船行业中，发挥着不可忽视的作用。

三维设计正成为船舶行业的技术发展方向，CADDS 5、FORAN 等专业软件在船舶工程设计中得到了充分应用。作为法国达索公司开发的 CAD/CAE/CAM 一体化软件，CATIA 已成功应用于航空航天、汽车、船舶等领域。近年来，该公司推出的 CATIA V6 软件为用户提供了较为完整的船舶设计模块，它可用于船舶结构三维设计，在知识工程、关联设计、CAD/CAE/VR 集成方面存在较大优势，能够很好地实现船舶三维可视化作业。

CATIA V6 软件能满足船舶从方案设计到生产设计不同阶段的研发需求，在总体、船体、轮机、电气各专业开展设计工作。

总体设计主要创建全船坐标系和建立总船曲面，在 Space Referential 模块中完成。其中，总船曲面建模主要开展外板、甲板（含平台、内底）、上层建筑、主横隔壁、轻围壁曲面建模，完成轴包套、舭龙骨、轴支架曲面设计。

船体设计涉及结构基础设计模块（Structure Function Design，SFD）和详细设计模块（Structure Detail Design，SDD）。基础设计模块主要实现船体整体造型功能，可快速生成船体外板、横舱壁、纵舱壁以及各种型材等板壳模型，在视图中以不带厚度的曲面显示，但被赋予设计过程定义的板厚、板方向、材料等属性信息，可随设计修改实时更新。基础设计模型具有数据量小，操作、储存方便等特点，其优点在于可快速高效地进行全船结构设计，为后续详细设计和船体性能分析等做好充分准备工作，适用于船舶方案设计阶段。因此，基础设计模型是一个系统化的整体结构，可把一个大舱段看作“一个零件”，而每个结构可看作该零件的一个特征。方案确定后，需把整船基础设计模型分为若干小舱段分别转为详细设计模型（SFD 转 SDD），以防数据量过大而导致系统报错。后续设计将在详细设计模块中开展，结合分段进行详细设计，形成的三维模型以具有厚度的实体显示，且包含板厚、板方向、材料等信息，能准确地反映船体结构，可实现端部削斜、开孔、焊接坡口等设计。

知识工程（Knowledge Based Engineering，KBE）是建立设计知识的模型，用户可将企业知识、标准以及已有的产品设计经验嵌入设计模型中，使得设计人员在设计过程中不必关心建模过程，而是将精力投入设计创新中。船舶设计中有较多知识工程手段和方法，CATIA V6 的结构、轮机、电气、设备资源数据配置主要在 Data Setup 中操作完成。船舶内部的结构型材、管附件、电缆、舱面属具等标准件和同系列设备，均属于形状相似而几何尺寸不同的模型，若每次都用软件进行重新建模，不仅工作量大、重复性高，而且建模效率低下。可采用参数化模型与设计表关联方式批量生成模型：首先收集和整理标准、相关图纸资料，分析几何模型组成，并定义标准件模型中的几何参数，建立具体的设计表，设计表由几何参数和系列数值组成；结合图纸资料，利用草图功能绘制几何草图，通过约束实现草图尺寸与参数相关联，同时利用参数化建模方式形成完整模型，然后建立参数化模型与设计表相关联，批量解析后存入预先在 Catalog 中建立的标准数据库，以供后续设计中有效调用。该方法具备以下优势：

（1）方便设计人员在结构设计时调用，从而大大减少重复的创建工作；

（2）提高了数据准确性，减小了设计过程中人为出错的概率；

（3）当通过调用标准件生成的结构参数发生变化时，只需修改库中标准件参数即可，实现了设计过程中的快速修改；

（4）当相应标准规范发生变化时，能通过 CATIA V6 快速准确进行更改，同时，新标准件的存储不会影响数据准确性。

关联设计技术在三维设计过程中，通过参数化设计技术建立模型之间的相互依赖关系，从而实现船舶研制中上下游专业设计输入与设计输出之间的影响、控制和约束关系，它是基于在配置的环境中进行参数化建模并在不同的数据之间建立链接来实现的。CATIA V6 中大致有五种关联的类型：CCP Link（as result with link）、KKE Link（as result with link）、Instance Link、Constraints、View Link 与二维图纸之间的关联。

在船舶设计过程中，总体专业将全船坐标系和总船型面创建好后，在线发给结构专业，后者收到后开展船体结构设计，结构专业再将舱室结构发给机电专业，机电专业收到后开展设备、管路、电缆布置，其中，在结构专业内部可根据分工进行关联设计。由于船舶设计是一个反复迭代、螺旋式上升、逐级接近最终目标的过程，关联设计可快速发现设计变更（或设计错误），不用等到下游设计在旧上游数据上完成，更易于设计团队间的实时协同设计，工作人员能了解技术更改会影响到上下游哪些设计。

船舶工业正面临越来越多的挑战和压力以求缩短研制周期。同时，新的标准规范对船舶安全性、可靠性和结构强度设计提出了新的要求。于是，仿真分析和虚拟验证成为提升技术水平的重要手段，3D EXPERIENCE 平台具有 CAD/CAE/VR 集成功能，主要涉及从 CATIA V6 获取数据、数据转换及处理和产品仿真验证过程。

3.2.2 生产模式

生产模式采用了很多先进技术，这里主要介绍制造执行系统（Manufacturing Execution System，MES），机器人技术和 3D 打印技术将在第 4 章展开介绍。

MES 能通过信息传递对从订单下达到产品完成的整个生产过程进行优化管理。当工厂发生实时事件时，MES 能对此及时做出反应、报告，并用当前的准确数据对它们进行指导和处理。这种对状态变化的迅速响应使 MES 能够减少企业内部没有附加值的活动，有效地指导工厂的生产运作过程，从而既能提高工厂及时交货能力，改善物料的流通性能，又能提高生产回报率。MES 还通过双向的直接通信在企业内部和整个产品供应链中提供有关产品行为的关键任务信息。

MES 可以说是计算机集成制造（CIM）在车间管理和控制上的具体体现，它强调将车间生产过程中有关的人、技术、经营管理三要素及其信息流与物流有机集成并优化运行。它既不同于传统车间控制器，也不同于单元控制器。车间的生产管理是 MES 的根本任务，对底层控制的支持则是 MES 的特色。更重要的是，MES 能将企业全局的业务规则与车间局部的最优化运行有机地结合到管理视图中，使各层管理人员不但知道当前产品制造的执行状态，而且清楚下一步应该采取何种措施来达到企业的经营目标。因此，MES 的本质是面向制造过程的集成化车间管理与控制系统。通过控制包括物料、设备、人员、流程指令和设施在内的所有工厂资源，将制造系统的计划与物料流动、生产调度、质量控制、文档管理乃至设备的控制、监视等一体化考虑，最终实现制造自动化的战略目标。

MES 是 ERP 系统计划层与车间现场自动化执行层之间的关键纽带，其主要作用是保证车间生产调度管理有效进行。MES 可以有机而高效地涵盖生产调度、产品跟踪、质量控制、设备故障分析、网络报表等诸多管理环节。通过数据库和互联网，MES 能向生产部门、质检部门、工艺部门、物流部门及时反馈数据管理信息，并有机综合协调整个企业的闭环精益生产过程，从而为高度综合集成的实时 ERP/MES/SFC 系统提供关键的信息技术支撑保障。其中，SFC 指车间作业控制。

MES 具有以下特点：

（1）数据采集引擎功能强大；

（2）整合数据采集渠道，如射频识别（RFID）、条码设备、PLC、传感器、工业个人计算机（IPC）、PC 等，可覆盖整个车间制造现场，进行海量现场数据的实时精准采集；

（3）形成扩展性良好的工厂生产管理系统数据采集基础平台；

（4）依托 RFID、条码与移动计算技术，形成从原材料供应、生产到销售物流的闭环数据信息系统；

（5）产品可追根溯源；

（6）监控在制品（WIP）状况；

（7）准时制生产（Just-In-Time，JIT）库存管理与看板管理；

（8）实时精准的性能品质分析，所用的方法为统计过程控制（SPC）方法；

（9）开发平台为 Microsoft.NET，数据库为 Oracle/SQL、Sever，安装简便，升级容易；

（10）用户自定义工厂信息门户（Portal），可通过 Web 浏览器实时了解生产现场信息；

(11)MES 技术队伍工作能力强，工作方式多样灵活，有助于降低项目风险。

MES 一般可达成以下目标：

(1)远程掌控生产现场状况工艺参数；

(2)可溯源分析制造品质问题；

(3)可对物料损耗进行跟踪管理；

(4)可对生产排程进行管理，有助于合理安排订单；

(5)可对客户订单进行跟踪管理，保证按期出货；

(6)遇到生产异常可及时报警；

(7)自动提示保养和进行设备维护管理；

(8)可进行设备综合效率(OEE)指标分析进而提升设备效率；

(9)可进行自动数据采集；

(10)可自动生成无纸化报表；

(11)科学跟踪考察生产过程；

(12)快速完成成本核算与订单报价决策；

(13)精细化成本管理与预算分析。

在船舶 MES 系统功能模块，国内造船企业仍存在如下问题：

(1)生产计划的制订不够详细，只精确到日生产计划，应进一步精确到小时乃至分钟；

(2)生产计划执行过程中信息反馈不及时；

(3)生产过程控制和物料管理不透明；

(4)生产过程中产品信息、工时信息的基础数据未得到有效收集。

因此，造船 MES 应重点发展工序详细调度、资源分配和状态管理、生产过程管理、质量管理等模块，并将产品跟踪和产品清单管理、人力资源管理以及数据采集模块整合为一个综合的数据采集和管理模块，再加一个用户界面模块，这些构成了船舶 MES 的基本组成。各功能模块的主要作用如下。

(1)工序详细调度。该模块主要负责从造船 CIMS 系统接收企业的日生产计划，根据日生产计划，通过基于有限资源能力的作业排序和调度，经人工干预，制订出车间近期的详细生产计划，并将该计划发布给车间现场和底层控制系统。工序调度系统可生成各工序生产作业计划(含制造命令、制造标准、作业标准、作业计划等)并将其下达到生产线，进行全线生产管理，可以适应各种生产工艺变化，实现生产制造的柔性化。工序详细调度功能是 MES 系统的核心所在，它将企业的整个生产过程有机地结合在一起，使企业能够有效地降低库存、提高效率。其功能可划分为生产计划管理、物料需求计划、能力需求平衡、生产计划调度。

(2)资源分配和状态管理。该模块根据车间近期的生产计划，协调和分配车间的劳动力、机器、工具和物料等资源，并跟踪其即时的工作状态和刚刚的完工情况。其包括设备故障统计，设备检修计划，设备台账查询，各种备品、材料等的库存台账查询，出入库管理及各种物品的消耗统计。

(3)生产过程管理。执行生产作业计划，对生产过程进行实时监控和管理，协调生产中各要素的管理，提供对异常情况的处理和在线帮助。

(4)质量管理。造船车间中间产品的质量管理包括车间自检、企业内部质检部门的检测和船检部门的检测。根据造船企业对产品质量体系管理的特殊要求，需要建立一个系统的质量管理标准和模型。船体装配的主要质量问题是其装配的精度问题和焊接的质量问题。船舶MES系统的质量管理模块将根据产品的质量要求实时记录、跟踪和分析产品和加工过程的精度与质量，以保证产品质量并确定生产中需要注意的问题以预防可能产生的质量问题。

（5）基础数据采集和管理。对产品基础数据、工艺设备基础数据、工艺参数、工艺规程、质量检验标准等数据进行管理。这些基础数据信息来自两方面：一方面是来自生产计划系统的信息，主要是来自TRIBON系统的生产信息，包括装配信息、物料清单、加工工艺等；另一方面是来自工作现场的信息，通过监视和收集人员、机器和底层控制系统的操作数据以及工序和物料信息，收集标准船型的工作包和派工单的物量、计划工时、实际工时，并通过数据整理建立标准船型基础制造信息数据库。对这些信息进行实时的处理，提取出工厂车间调度和管理系统、ERP系统所需要的正确信息，如产品质量信息、订单完成情况、设备故障诊断信息及成本核算信息等，为企业ERP系统和车间层的调度管理系统提供数据基础和决策支持。现场信息数据的采集可由车间手工输入或由各种自动化设备自动获取。

（6）用户界面。该模块主要提供上述各系统的数据综合查询功能，根据用户的权限可以进行包括生产调度和计划查询、物料和设备信息查询、生产执行状况查询、人事档案管理查询、产品历史信息查询、生产信息统计查询等工作；对于部分需要人工输入的数据，该模块也是其输入的界面。

3.2.3 管理模式

1. 智能管理的产生

传统的被动式管理显然已经无法让智能工厂高效流畅地运转下去。智能管理渐渐成为研究的重点，目前智能管理研究的热点主要集中在Advance TCA（ATCA）智能管理系统、智能管理平台接口（Intelligent Platform Management Interface，IPMI）、智能网络质量管理系统（HM-QoS）这几个领域。其共同的特点是，在大数据的驱动下，将原来传统管理的被动式管理方法，变成基于大数据的先导式管理方法；由于它们具有自反馈能力，所以可以对生产过程进行连续的不间断式管理，有效做到全面监控生产过程；配合过程质量控制方法，可以使生产过程质量更加平稳。

2. 智能制造对精益管理的变革

精益生产模式是智能制造的基石。结合了物联网的智能制造对传统的精益生产管理思路、工具和调整准则等，具有相当大的冲击，需要船厂对已有精益生产管理模式进行系统性变革，以适应智能制造的新需求，相关的变革需求可分为内部和外部两个部分。

1）内部管理变革需求

智能制造在生产环节中对精益生产追求的人本主义发起了挑战，并对船厂内部管理提出了变革的要求。传统精益生产模式以人本主义为一大实现目标，在生产环节对员工的关注和培训投入了很大的精力和资源，以确保员工积极性的发挥。

在智能制造环境下，员工在生产环节的投入比重将大为降低，许多需要员工身体力行完成的工作将交由机器完成。机器没有个人情感及情绪波动等可能影响生产效率和质量的主观影响因素，这就导致传统的精益生产中对人本主义的追求程度降低，员工情绪管理调节、主动性和积极性激励等管理环节都不复存在。智能制造系统内的无情感机器代替精益生产中有情感的个人接管了生产环节，一方面让JIT的实现概率更高，另一方面丢掉了船厂在生产实践中可能获得创新的机会。

2）外部管理变革需求

传统的精益生产管理注重外部环境的管理并通过敏捷制造、快速切换等技术实现对外部环境变动的适应以追求 JIT 生产目标的最大化。但因信息流速度、决策反应及执行时滞等原因，其外部管理结果与 JIT 预期存在一定的差异。在通过物联网体系构建的智能制造模式下，对外部环境的管理也因为信息的实时交互、人工智能技术的全面应用和处理模型的快速最优获得等因素的加入，对已有的外部管理模式提出了变革需求。

在传统的精益生产模式下，船厂不得不投入相当大的人力资源对外部环境存在的风险和机会进行分析，并以此做出决策以追求 JIT 生产目标。但因个人自身的主观因素、外部信息的缺失等经常导致对外部信息的误判，进而导致船厂做出错误的生产决策。生产决策一旦出现失误则很可能给船厂带来巨大的资源浪费，这种浪费与 JIT 生产目标背道而驰且完全不能满足精益化生产的管理目标。

在基于物联网体系的精益生产模式中，对外部环境信息的获取和决策将更多依靠大数据、人工智能等物联网技术来实现。通过建立外部信息的大数据模型并结合机器学习等人工智能程序算法，可以在确保相关外部信息全面准确的基础上，依托决策模型快速有效地为船厂生产提供决策支持。这些变革需要船厂自身的外部资源和内部管理系统的整合和更加宏观的行业层甚至政府层面的支持。

3. 精益生产管理模式在智能制造时代的应用展望

智能制造模式让船厂生产制造距离 JIT 生产目标近了一大步，也形成了精益生产管理在物联网时代的典型应用。具有实时信息互通、智能决策、全量数据掌控等特点的智能制造将克服传统制造行业管理粗放、浪费巨大、产品质量不稳定的弊端。精益生产在智能制造中也有了更多的应用变更形式。

在人本主义的应用展望：智能制造依托物联网技术，以信息和数据为核心，一线生产的工作主要通过机器来完成，因此精益生产思想中对人本主义的需求将由在一线生产的员工转向生产流程机制管理的员工。对具备智能制造系统管理能力的员工，人本应用将会是研究的重要方向。

在生产环节管理的应用展望：精益生产管理工具在传统生产环节的应用效果是显著的，但也存在应用缺陷。在智能制造生产模式下，生产流程和效果检验都将通过智能网络系统自动完成并实时验证，因此生产环节的管理工具，将被整合为一整套智能系统自动完成和调整，原有的理念和策略将被保留但应用场景将更加智能。

在外部管理中的应用展望：碎片化、零散和时效差的信息源将不复存在，基于大数据、云计算的物联网技术将升级已有的精益生产外部管理体系，未来船厂生产决策的信息源处理和决策及执行环节都将更加扁平化。

结合大数据、人工智能和云计算等物联网技术的精益生产模式，更加贴近 JIT 生产的目标。随着"中国制造 2025"规划的实施，智能制造势不可挡，"中国制造 2025"规划即智能制造规划的实现，对现有精益生产船厂而言，需要从内部和外部管理变革出发，紧跟发展趋势实现船厂的持续发展。

4. 智能制造管理模型

智能船厂是实现智能制造的基础和前提，需要有对应的智能制造船厂管理模型。它在组成上主要分为五大管理层,即企业层、管理层、操作层、控制层和现场层。这五大管理层又分成三大管理集群,其中,企业层对船舶研发过程与造船过程进行全面管理,是企业顶层的制造管理层面,主要解决传统制造中产品研发与产品制造脱节的问题,大大降低了产品设计出来却无法制造出来的概率。管理层通过网络与操作层、控制层以及现场层进行连接,全面监控管理生产过程、制造执行系统以及工厂的全生命周期管理,对系统反馈的制造过程的问题进行集中处理,从而在一定程度上解决了传统生产管理"头痛医头,脚痛医脚"的问题,有效地提高了生产效率、生产计划效率、生产过程质量及成品质量和生产现场物流效率等。

1)企业层——基于船舶的全生命周期管理层

企业层是整个智能制造船厂管理模型的最高管理层,也是整个模型的第一大部分。企业层将船舶设计的全生命周期与船舶生产的全生命周期有效地整合在一起。这样的整合在一定程度上有效地避免了船舶在设计过程中的盲区,如设计过程中无法准确定位客户需求、设计过程中无法预知产品是否能在生产线生产以及产品在生产过程中是否有些生产环节难度过大从而影响船舶整体质量等问题,避免了船舶在研发过程中"闭门造车"所带来的一些危害;通过集成 MES、ERP 以及 PLM 系统,实现对企业顶层的全方位监控与管理,帮助企业层达到全数字化定义的高度;使企业层可以实现从设计研发到生产的全过程、全生命周期的高度数字化管理,最终实现以顾客所期望船舶为中心、自上而下贯穿所有层级的垂直数字化管理;将企业面对问题的响应速度、整合力度以及解决深度提升到一个全新的高度。

2)管理层——生产过程管理层

管理层的主要工作是实现生产过程的全数字化管理,它是整个智能制造船厂管理模型的第二大部分,这部分工作主要在相关的制造职能部门完成。管理层通过整合船厂生命周期系统收集来的信息,对整个生产过程中的生产计划做出最合理的安排,避免了信息不对称或者信息传递延时所造成的生产计划不合理的问题,提高了生产过程中的生产效率,也避免了频繁调整生产计划所产生的生产质量波动的风险。管理层通过 MES 对底层的工业控制网络进行监控管理,监控底层工业网络的运行情况,并及时反馈生产过程的问题,对生产计划的执行、跟踪以及生产资源(人、机、料、法、环)的实时状态进行全面监控管理;对收集到的底层工业网络设备工作状态、船舶的生产信息、船厂内物流信息以及产品过程质量监测信息等进行整合分析,以便发现潜在威胁生产过程的问题并提出解决方案,预防生产过程问题的出现。

3)集成自动化系统

集成自动化系统是智能制造船厂管理模型的底层管理系统,也是该模型的第三大部分。该系统的工作原理是从底层出发,自下而上使物联网技术贯穿设备现场层、中间控制层与操作层三部分,通过中间控制层,对现场设备、生产过程、现场物流状态、人员配备情况、产品过程质量以及生产资料的使用情况等进行全方位的监控,并将监控信息整理成数据反馈给 MES。

综上所述,智能制造船厂管理模型可以实现高度的集成数字化管理,对智能化、网络化、自动化、柔性化以及定制化的生产过程能做到快速响应,从而提高研发制造过程的效率,提高对市场需求变化响应的灵敏度,实现高度定制化的生产并节约生产资源。

3.2.4　服务模式

推进船舶行业工业互联网建设,搭建造船产业链协同服务平台,加快客户关系管理、供应链管理、远程运维服务等系统的推广应用,逐步打通造船企业与相关业务单位的信息链条,实现企业间有效的信息集成与协同，推动造船业向服务型制造转型。

1. 服务模式的形成

以智能服务为核心的产业模式和业态变革是新一代智能制造系统的主题。新一代人工智能技术的应用，将促进制造业实现从以产品为中心向以用户为中心的根本性转变，产业模式从大规模流水线生产转向规模定制化生产，产业形态从生产型制造向生产服务型制造转变，完成深刻的供给侧结构性改革。

与传统的服务模式相比，智能制造服务模式形成了全生命周期各阶段的互联互通，相对于传统服务模式面向的车间层（主要关注全生命周期初期制造阶段制造资源的封装与共享以及制造服务的匹配与管理等问题），智能制造服务模式面向全生命周期，能够通过更精确的过程状态跟踪和更完整的全生命周期数据来获取更丰富的信息，并在科学的决策支持下对生产和运维现场进行指导和管理，提升复杂产品的研发创新和运维服务能力。

智能制造服务模式有以下特点。

1）实现网络协同制造

智能制造服务模式建立了网络化制造资源协同云平台，拥有着完善的体系架构和相应的运行规则。它通过协同云平台，展示社会、企业、部门制造资源，实现制造资源和需求的有效对接，实现面向需求的企业间、部门间创新资源、设计能力的共享、互补和对接，实现面向订单的企业间、部门间生产资源合理调配以及制造过程各环节和供应链的并行组织生产；建有围绕全生产链协同共享的产品溯源体系，实现企业间涵盖船舶生产制造与运维服务等环节的信息溯源服务；建有工业信息安全管理制度和技术防护体系，具备网络防护、应急响应等信息安全保障能力；通过持续改进，网络化制造资源协同云平台不断优化，企业间、部门间的创新资源、生产能力和服务能力高度集成，生产制造与服务运维信息高度共享，资源和服务的动态分析与柔性配置水平显著提升。

2）实现大规模个性化定制

智能制造服务模式以客户为核心，船舶采用模块化设计，通过差异化的定制参数，组合形成个性化产品；建有基于互联网的个性化定制服务平台，通过定制参数选择、三维数字建模、虚拟现实或增强现实等方式，实现与用户深度交互，快速生成产品定制方案；建有个性化船舶数据库，应用大数据技术对用户的个性化需求特征进行挖掘和分析。个性化定制平台与船厂研发设计、计划排产、柔性制造、营销管理、供应链管理、物流配送和售后服务等数字化制造系统实现协同与集成。通过持续改进，实现模块化设计方法、个性化定制平台、个性化船舶数据库的不断优化，形成完善的基于数据驱动的船舶研发、设计、生产、营销、供应链管理和服务体系，快速、低成本地满足用户个性化需求的能力显著提升。

3）实现远程运维服务

采用远程运维服务模式的智能装备、船舶应配置开放的数据接口，具备数据采集、通信和远程控制等功能。智能制造服务模式利用支持 IPv4、IPv6 等技术的工业互联网，采集并上传设备状态、作业操作、环境情况等数据，并根据远程指令灵活调整设备运行参数；建立智能装备、船舶远程运维服务平台，能够对装备、船舶上传数据进行有效筛选、梳理、存储与管理，并通过数据挖掘、分析，向用户提供日常运行维护、在线检测、预测性维护、故障预警、诊断与修复、运行优化、远程升级等服务。智能装备、船舶远程运维服务平台与设备制造商的船舶全生命周期管理（PLM）系统、客户关系管理（CRM）系统、船舶研发管理系统可共享信息。智能装备、船舶远程运维服务平台建有相应的专家库和专家咨询系统，能够为智能装备、船舶的远程诊断提供智能决策支持，并向用户提出运行维护解决方案；建有信息安全管理制度，具备信息安全防护能力。通过持续改进，建立了高效、安全的智能服务系统，提供的服务能够与船舶形成实时、有效互动，大幅度提升了嵌入式系统、移动互联网、大数据分析、智能决策支持系统的集成应用水平。

2. 服务模式的体系架构

根据服务模式的形成及特点，构建了图 3-8 所示的大数据驱动的智能造船服务模式体系架构。该体系架构主要由船舶全生命周期，大数据收集、处理和分析与应用服务几大部分组成。

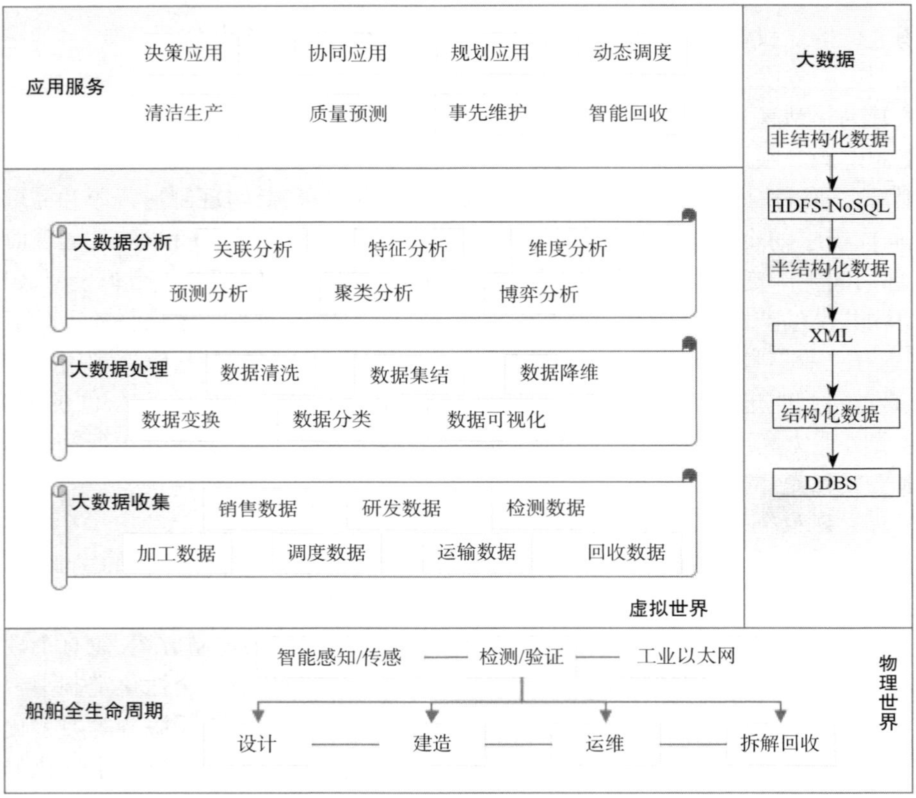

图 3-8 大数据驱动的智能造船服务模式体系架构

数字孪生驱动的大数据制造服务模式对船舶全生命周期中各个阶段（设计、建造、运维、拆解回收）进行检测或验证，通过智能感知/传感、工业以太网等，实现原始数据采集等；同时，基于数字孪生中非结构化数据、半结构化数据、结构化数据处理机制，通过大数据收集、大数据处理和大数据分析层的数字模型，以应用服务层功能化方式（如决策应用、协同应用、规划应用、动态调度、质量预测、事先维护、智能回收等），实现与大数据（虚拟世界）的映射，进而利用大数据分析技术推动制造业向定制化和精准服务转型。

智能制造体系架构大致可以分为技术层、大数据收集层、大数据处理层、大数据分析层以及应用服务层（表 3-1）。

表 3-1　智能制造体系主要层级

主要层级	层级特点
技术层	通过智能感知、RFID 等先进技术为数据处理、数据分析模块提供相关技术和可行性方案，是数字孪生——连接真实世界和数据世界的物理要素
大数据收集层	将制造模式全生命周期进行延展，对研发、订单、加工、检测、维护、运输、销售等各个环节的数据进行采集、转换和储存
大数据处理层	提供数据处理和分析相关技术，对复杂、多维、多噪声的数据进行降噪、降维和数据可视化处理，为数据分析层提供有效数据
大数据分析层	对数据处理模块提供的有效数据进行进一步的数据挖掘并生成决策方案，主要提供销售客户和订单客户的特征刻画，生成运作系统内部各工艺环节的关联性、预测性规律分析
应用服务层	整个服务体系的应用层和目标层，通过整合体系内相关内容和技术，实现本制造模式中的计划、协调、维护、预测、调度、决策与执行等

3. 智能制造服务模式关键技术

1）制造和运维动态数据驱动的船舶与服务设计

制造和运维动态数据驱动的船舶与服务设计，其核心是在船舶设计初期通过分析制造、运维、回收阶段的数据，快速、准确地识别和预测动态的市场需求，并将其融入船舶与服务的设计过程，构建一种动态数据驱动的闭环设计模式，以缩短研发周期、提供定制化船舶与服务、提升客户满意度等。船舶与服务设计是一个不断迭代的复杂过程。该应用场景中的智能化主要体现在，通过分析船舶与服务的历史设计数据，以及生命周期后端实时的制造和运维数据，动态地识别船舶需求与功能、船舶功能与设计方案、历史设计方案与新一代船舶设计方案等之间的关联关系和隐性知识。在此基础上，利用这些关系和隐性知识的自身动能，主动为设计者提供一个最优的设计方案范围，以提升船舶与服务方案设计和方案评价过程的智能决策能力，进而为实现复杂制造、运维数据融合的船舶与服务进化升级提供方案，驱动船舶与服务的创新设计过程。船舶创新设计、可持续船舶服务系统设计等目标的实现，需要完成客户需求分析与识别、客户需求传递与分配、设计方案产生与配置、设计方案评价与择优等过程。

2）实时多源数据驱动的生产过程分析与优化

实时多源数据驱动的生产过程分析与优化，主要通过生产阶段与其他阶段数据的集成分析和应用，实现生产过程中的车间物流轨迹优化、船舶质量追溯与控制、车间设备管理与优化等。该应用场景下的智能化主要体现在以下两个方面：一是通过采用先进的信息与通信技术，实现对海量、多源、异构制造数据的主动、实时跟踪，进而对生产过程进行全方位监控；二是通过分析制造数据间、制造数据与其他阶段数据的关联关系，对车间运行状态及生产性能指标的演化规律进行动态预测，以实现生产过程的自适应、自组织以及生产性能指标的动态优化。

3）面向服务的运维数据故障演化分析与预测

面向服务的运维数据故障演化分析与预测，通过实时的运维现场数据与设计、制造、回收等阶段数据的集成分析与应用，可实现远程在线诊断、预防性维修和备件备品预测等运维服务；通过实时的、历史的运维数据，生命周期前端的设计和制造数据，以及生命周期末端的回收、再制造数据，揭示船舶故障的演化机理和故障特征与生命周期数据之间的映射关系，主动发现船舶运行过程中的潜在异常,并预测故障的出现时间和船舶的剩余使用寿命等,以提升运维服务的质量和效率;同时,将运维过程中有价值的信息与知识主动反馈并融合到生命周期初期船舶与服务的设计和加工工艺参数的优化等业务决策过程中,为其提供有效的技术信息支持。

3.2.5 基础建设

(1)标准体系建设。以《国家智能制造标准体系建设指南(2018 年版)》为基础,针对智能造船特点和标准需求,立足基础共性、关键技术、船厂应用三个层面,着重围绕总体规划、智能设计、智能工艺、智能装备/生产线、智能管理、智能服务、互联互通等方面推进智能制造标准体系建设,为智能造船提供有力的标准支撑。

(2)各类系统互联互通。以互联互通为目标,利用云存储、云计算等技术,加强企业网络与数据安全能力建设;全力推动船舶设计、制造、管理和服务等云服务平台建设,推动企业信息集成与产业链协同运营;加快工业互联网标识解析体系的创新应用,推进设计信息、工艺信息、工时物量信息、托盘集配、物流、资金流、能耗、设备等造船过程中海量、多源、异构数据信息的实时采集与传输,提高综合管理效率。

3.3 智能造船标准体系

海洋工程和高科技船舶是"中国制造 2025"规划中的重点发展领域之一,也是《国家智能制造标准体系建设指南(2018 年版)》提出的重点行业领域之一。智能制造本身具有跨领域、跨行业的属性。技术的发展是一个从无形向有形、概念向实际、单一向多元转化的过程。这一过程中持续的采纳、转化和升级使得技术向不同的产业领域扩展。在制造领域,相当多的技术具有基础和共性特征,可为多个行业的制造板块服务。而在具体行业应用中,由于各行业制造板块的特点和基础存在差异,即使是相同的技术,实际适用的内容和层次也有所不同。在船舶行业应用中,智能制造标准体系应与《船舶工业标准体系》互补。因此,在实施和制定相关标准的过程中,需要对标准对象的属性进行准确定位,使智能制造标准体系与行业标准体系间形成集成效应。

1. 智能造船标准体系结构

基于智能船厂系统架构要素以及国内外智能制造体系结构模型(如:美国国家标准研究院的智能制造生态系统、德国"工业 4.0"参考架构模型、中国电子技术标准化研究院(CESI)的智能制造能力成熟模型、中国电子信息产业发展研究院(CCID)的智能制造评价体系等),可总结归纳出智能制造技术评价多是从产品全生命周期的设计、制造、管理、服务等出发,重点评价企业的基础网络建设、车间智能装备的应用、企业的信息化集成与集中管控、跨企业的互联互通和资源共享等。因此,邵明智结合国内外智能制造技术评价成熟度模型/体系的评价内容,得出智能造船标准体系的评价方向和评价要素,见表 3-2。

表 3-2 智能造船标准体系的评价方向和评价要素

评价方向	评价要素
基础层	基础网络建设:突出网络的覆盖范围、网络和数据的安全
车间层	智能生产线建设:突出造船过程中各生产线的智能化程度 车间管控系统:突出车间核心管控系统的建设 车间系统集成:突出车间系统的集成度和数据间的交互能力
企业层	智能设计:突出数字化设计和虚拟仿真方面的要求,尤其是建模与仿真方面的相关要求 企业智能管控系统:突出企业核心管控系统的建设 企业管理系统集成:突出企业内外系统集成度和数据间的交互能力

参照以上智能造船标准体系评价要素,以中国智能制造系统架构为基础,构建以系统层级为主线,以智能制造特征为核心,以智能化设计、生产和系统集成为抓手,覆盖整个智能造船全生命周期的评价指标体系,如图 3-9 所示。

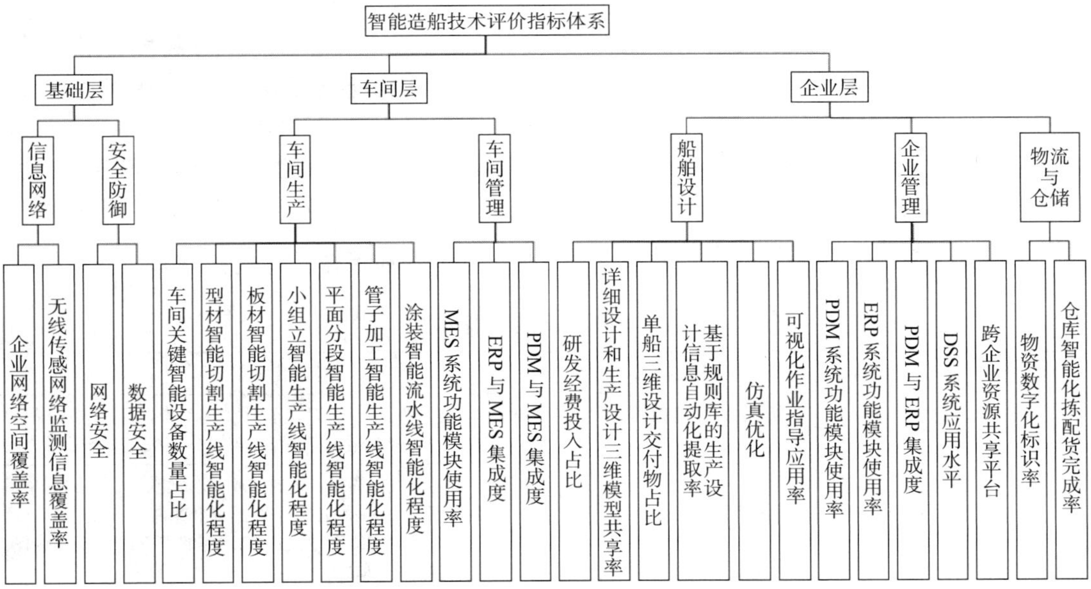

图 3-9 智能造船技术评价指标体系

1)基础层

基础层包括信息网络和安全防御两个二级指标。信息网络下设企业网络空间覆盖率和无线传感网络监测信息覆盖率两个三级指标;安全防御下设网络安全和数据安全两个三级指标。具体定义见表 3-3。

表 3-3 基础层各指标定义

一级指标	二级指标	三级指标	指标定义
基础层	信息网络	企业网络空间覆盖率	企业已实际应用的有线、无线网络所覆盖的占地面积与满足企业从事造船生产、设计、管理所需用的地域空间占地面积之比
		无线传感网络监测信息覆盖率	无线网络中所有监测节点权重与其实际所能监测到的信息量之积与所有监测节点期望监测到的信息量总和之比
	安全防御	网络安全	具备网络关键设备的冗余能力；具有入侵检测、用户鉴别、访问控制、完整性检测等安全功能；具备确保数据传输和重要子网的安全性和自恢复能力；具备网络协议信息过滤和数据流量管控能力，能够对网络边界的完整性进行检查
		数据安全	具备保障存储信息的保密性功能；具备确保存储信息的可用性功能；可对系统管理数据、鉴别信息、重要业务信息提供完整性校验和恢复功能；具备异地灾难备份中心

2）车间层

车间层包括车间生产和车间管理两个二级指标。车间生产下设车间关键智能设备数量占比、型材智能切割生产线智能化程度、板材智能切割生产线智能化程度、小组立智能生产线智能化程度、平面分段智能生产线智能化程度、管子加工智能生产线智能化程度、涂装智能流水线智能化程度七个三级指标；车间管理下设 MES 系统功能模块使用率、ERP 与 MES 集成度、PDM 与 MES 集成度三个三级指标。指标含义见表 3-4。由于智能生产线要求基本一致，表 3-4 仅列出型材智能切割生产线智能化程度的指标定义。

表 3-4 车间层各指标定义

一级指标	二级指标	三级指标	指标定义
车间层	车间生产	车间关键智能设备数量占比	企业船体车间、管子车间、涂装车间、总组区域、船台/坞区域、码头区域关键数字化、智能化装备数量与车间/区域关键装备数量之比
		型材智能切割生产线智能化程度	具备核心智能切割装备和工艺数据库；设备能够与车间 MES 系统相连，实现数据实时传输；能够实时感知和采集生产线数据以及在线检测、动态调整生产线设备状态参数；能够进行在线/离线编程；具备预警和反馈数据至 MES 的功能
	车间管理	MES 系统功能模块使用率	企业 MES 系统已使用的功能模块数量与系统功能模块总数之比
		ERP 与 MES 集成度	具有规范的系统接口；ERP 向 MES 传递生产任务及计划信息、物料及采购到货信息、设备资源信息等；MES 向 ERP 传递生产能力信息、排产信息、物料需求与仓储信息、计划执行信息、设备状态信息、人员与工时信息、成本信息等
		PDM 与 MES 集成度	具有规范的系统接口；PDM 向 MES 传递三维模型信息、零部件和物料清单、中间产品生产工艺及其流程信息、质量控制信息、变更信息、工时定额信息、材料定额信息及其他工艺数据等；MES 向 PDM 传递材料定额领用信息、实际工时信息等

3）企业层

企业层包括船舶设计、企业管理、物流与仓储三个二级指标。船舶设计下设研发经费投入占比、详细设计和生产设计三维模型共享率、单船三维设计交付物占比、基于规则库的生产设计信息自动化提取率、仿真优化、可视化作业指导应用率六个三级指标；企业管理下设 PDM 系统功能模块使用率、ERP 系统功能模块使用率、PDM 与 ERP 集成度、决策支持系统（Decision Support System，DSS）应用水平、跨企业资源共享平台五个三级指标；物流与仓储下设物资数字化标识率和仓库智能化拣配货完成率两个三级指标。指标定义见表 3-5。

表 3-5　企业层各指标定义

一级指标	二级指标	三级指标	指标定义
企业层	船舶设计	研发经费投入占比	统计时间内企业造船业务研发经费投入（指智能制造方向投入）与统计时间内企业造船业务总收入之比
		详细设计和生产设计三维模型共享率	详细设计阶段模型在生产设计阶段可使用的模型数与详细设计阶段的模型总数之比
		单船三维设计交付物占比	能够依据单船图纸目录采用三维交付方式出图的图纸数量与图纸目录中图纸总数之比
		基于规则库的生产设计信息自动化提取率	能够基于规则库自动提取的生产设计信息的种类与生产设计信息种类总数之比
		仿真优化	利用船舶三维模型、数据库和仿真优化软件进行设计及生产过程的数字化模拟，实现工艺路线、工艺参数等与产量、能耗、物料、设备等的匹配和实时在线优化，如船舶虚拟设计仿真、船舶建造工艺仿真、船厂物流仿真、工艺吊装仿真等
		可视化作业指导应用率	车间和区域工艺可视化作业指导应用工位数与车间/区域主要工位总数之比
	企业管理	PDM 系统功能模块使用率	企业 PDM 系统已使用功能模块数量与系统功能模块总数之比
		ERP 系统功能模块使用率	企业 ERP 系统已使用功能模块数量与系统功能模块总数之比
		PDM 与 ERP 集成度	具有规范的系统接口；PDM 向 ERP 传递物料清单、工艺信息、产品物料清单信息、设计部门组织结构信息等；ERP 向 PDM 传递成本信息、制造资源信息、库存信息、管理部门组织结构信息等
		DSS 系统应用水平	系统与企业内各系统间具有良好的集成，实现各系统间动态的信息交流；系统结构具有良好的可移植性和效率，各结构模块间能动态地交流信息，具备良好的适应柔性或发展柔性；系统具备数据库、模型库、知识库和方法库；系统能够开展人机交互，提供信息服务、科学计算、决策咨询，实现规范决策支持或扩展决策支持
		跨企业资源共享平台	具备完善的工业互联网基础；平台已建立统一信息交换接口、信息交互标准和规范；能够满足平台内企业的资源共享需求；平台能够实现资源共享和关键环节协同创新和优化
	物流与仓储	物资数字化标识率	统计时间内已进行数字化标识的物资数量与物资总数量之比
		仓库智能化拣配货完成率	统计时间内仓库利用智能化设备等进行拣配货物资数量与仓库总物资数量之比

2. 智能造船标准体系框架

智能造船标准体系框架的构建需在对接国家智能制造标准体系框架，结合船舶行业当前实际，并对智能造船标准架构及标准化重点进行深化分析的基础上开展。石磊提出的智能造船标准体系框架主要包括基础通用、数字化设计、数字化制造、服务与保障以及智能船厂五大部分,如图 3-10 所示。

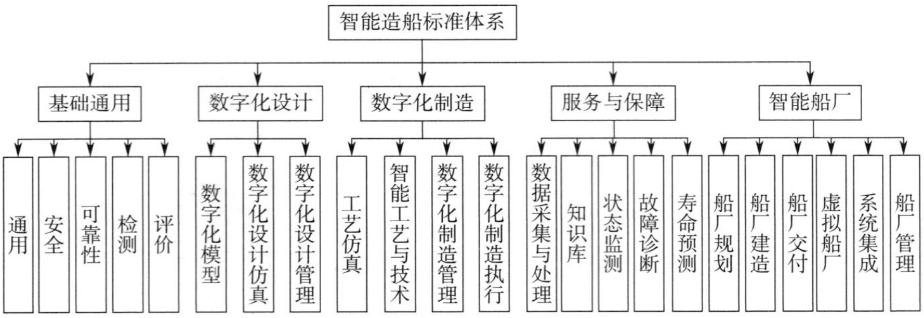

图 3-10 智能造船标准体系框架

1)基础通用标准

基础通用标准是智能造船数字化设计、数字化制造、服务与保障、智能船厂建设等领域的基础共性支撑标准,用于统一智能造船相关要求,解决智能造船基础共性关键问题。结合船舶行业的自身特点,基础通用标准主要包括通用、安全、可靠性、检测和评价五个方面的标准。

(1)通用标准用于统一智能制造相关概念,便于相关专业人员更好地沟通和交流,为智能制造数据和信息资源管理提供基础支撑,为智能造船中的物理资源和虚拟资源分配身份证,以方便解析系统,根据标识编码查询目标对象网络位置或者相关信息。

(2)安全标准用于保证智能制造领域相关信息系统及其数据不被破坏、更改、泄露,确保系统能连续可靠地运行,且在发生危险时能正确地执行其安全功能,避免因人员误操作、设备故障或系统功能失效等导致安全事故。

(3)可靠性标准用于对智能制造系统的可靠性活动进行规划、组织、协调与监督,并指导智能制造系统及其各系统层级开展具体的可靠性保证与验证工作。

(4)检测标准用于指导智能制造装备和系统在测试过程中的科学排序和有效管理,为不同类型智能制造装备和系统的测试提供支撑。

(5)评价标准用于对智能造船开展评估,为相关方提供一致的评价方法,规范评价过程,帮助企业识别智能制造现状,指导企业提升制造能力和生产力。

2)数字化设计标准

数字化设计标准用于统一异地协同、厂所协同等协同设计要求,指导跨阶段并行、跨专业并行等并行设计工作。结合船舶行业的自身特点,数字化设计标准主要包括数字化模型、数字化设计仿真、数字化设计管理三个方面的标准。

(1)数字化模型标准把设计信息规范化地融入模型中,规范系统设备厂商提供的信息,使模型能正确表达设计的全部信息。

(2)数字化设计仿真标准通过规范验证模型的建立方法,实现快速简化系统模型并达到验证模型的使用要求。

(3)数字化设计管理标准用于规范管理产品项目、设计数据及软件开发功能等。

3)数字化制造标准

数字化制造标准用于实现船舶数字化建造过程中,制造规划、制造管理以及制造执行的融合与统一，确保船舶生产制造过程智能化、质量管理规范化。结合船舶行业的自身特点，数字化制造标准主要包括工艺仿真、智能工艺与技术、数字化制造管理和数字化制造执行四个方面的标准。

（1）工艺仿真标准主要用于构建虚拟环境，在三维模型上进行工艺设计并开展虚拟装配等。

（2）智能工艺与技术标准主要用于对制造过程中的工艺流程和要求进行规范，提升智能化水平。

（3）数字化制造管理标准主要对制造过程中的管理工作进行规定，实现管理质量和效率的提升。

（4）数字化制造执行标准主要用于执行制造作业，对生产中的信息进行采集、传输和管理，对生产状态等进行监测。

4）服务与保障标准

服务与保障标准用于指导船舶企业对其产品开展的远程运维服务以及对智能型维护系统的建设和管理，进而为产品设计和制造的持续改进、优化提供支撑。结合船舶行业的自身特点，服务与保障标准主要包括数据采集与处理、知识库、状态监测、故障诊断和寿命预测五个方面的标准。

（1）数据采集与处理标准主要用于采集、传输以及处理终端设备产生的运行数据，为智能化服务与保障工作提供支撑。

（2）知识库标准用于分析终端设备的应用领域特征、应用背景特征、属性特征等，为基于知识的系统的建立提供支撑。

（3）状态监测标准用于对终端设备的状态进行远程监测，全面分析设备现场的实际使用运行状况。

（4）故障诊断标准用于对终端设备的异常情况做出判断，发现故障并实现对复杂系统快速、及时、正确的诊断和维护。

（5）寿命预测标准用于预测终端设备的无故障使用时间，指导企业开展远程运维和预测性维护系统建设和管理。

5）智能船厂标准

对于船舶行业，设计与制造协同是智能造船的重要发展趋势，未来设计院所与建造厂的结合将更加紧密，形成设计建造一体化的智能船厂，智能船厂兼具传统设计院所和建造厂的功能，主要作为智能造船中设计、制造、服务与保障等工作开展的平台。智能船厂标准用于指导实体船厂、虚拟船厂和软硬件的系统集成，针对流程、工具、系统、接口等应满足的要求，确保智能船厂的建设过程规范化、系统集成规范化、产品制造过程智能化，指导系统与业务的优化。结合船舶行业的自身特点，智能船厂标准主要包括船厂规划、船厂建造、船厂交付、虚拟船厂、系统集成、船厂管理等六个方面的标准。

（1）船厂规划标准用于规定智能船厂的规划设计，确保船厂的数字化、网络化和智能化水平。

（2）船厂建造标准用于规定智能船厂建设和技术改造过程，重点以建筑信息模型为载体，实现建造过程的数据采集和项目管控，并通过对这些标准的执行管理和控制智能船厂的建造过程，确保智能船厂的建设质量、建设周期、建设成本等均能达到预定的目标。

（3）船厂交付标准用于规定智能船厂建设完成后的验收与交付，以确保智能船厂建成后，实体工程不仅能满足预定的使用要求，而且交付的数字化成果也能够满足智能船厂运营阶段的维护要求。

（4）虚拟船厂标准针对新船厂规划建设、船厂运行实时仿真、轻量化企业分散产能等需求，基于数字化孪生技术，实现模拟对象在现实环境中的行为，对产品、制造过程乃至整个船厂进行准确、完整、实时虚拟仿真的目标。

（5）系统集成标准用于规定一致的语法和语义，满足通用接口中应用特定的功能关系，协调使能技术和业务应用之间的关系，确保信息的共享和交换。

（6）船厂管理标准用于规定智能船厂运行涉及的采购、销售、安全、环保和健康等方面的管理要求，为设计、制造、服务保障工作的开展提供支撑。

思考与拓展

（1）目前，智能制造面临的问题有哪些？

（2）推进智能制造，需要解决哪些关键问题？

（3）相比传统造船技术，智能造船技术的优势体现在哪些方面？

（4）智能造船技术亟待解决的问题有哪些？

第 4 章　智能造船关键技术

智能造船在产品形态、生产方式、形态理念等方面驱动着产业变革的同时，离不开新兴信息技术的支撑。新一代信息技术已成为制造业竞争力的核心要素。当前以机械为核心的工业正在加快向以信息技术为核心的工业转变，多个行业领域中信息技术的应用不断深入，在新产品中的占比不断提升，新一代信息技术是重塑制造业价值链的重要基础。

《“十二五”国家战略性新兴产业发展规划》中早就明确了战略性新兴产业是国家重点扶持的对象，其中新一代信息技术被确立为七大战略性新兴产业之一。本章主要从机器人技术、3D 打印技术、物联网技术、5G+工业互联网以及数字孪生技术等方面展开介绍。

4.1　机器人技术

20 世纪 80 年代，我国开始了对船舶工业机器人的研究，哈尔滨工业大学等高校和科研单位在船舶焊接、除锈、喷涂和切割等方面取得了一定的成绩。1985 年，哈尔滨工业大学成功研制出我国第一台焊接机器人。1991 年，著名机器人专家蔡自兴教授提出了将机器人技术应用于船舶工业中。近年来，我国先后研制出船舶焊接机器人、船板下料机器人、肋骨冷压机器人、船体对接机器人、喷涂工业机器人、三维弯曲外板单面拼板焊接机器人等，并将其投入船厂实际应用中。如今，船舶工业已建成管对管、管对法兰焊接机器人生产线。尽管取得了一些成绩，但受到科技水平发展时间的限制，我国的船舶工业机器人发展与外国相比，仍处于“滞后”状态，尚未形成产业化局面，研究成果也比较少，与日本、韩国和美国等相比仍有很大差距。究其原因有以下三点：

（1）在船舶市场行情好时，新船订单量过于饱满，船企大都忙于抢时间、赶交船，无暇顾及技术设备的改造，更不用说机器人设备的研发和使用；

（2）在船舶市场行情低迷时，一些船厂考虑到成本、开支等问题，无心也无财力增添新设备；

（3）采用机器人进行生产投资大，且折旧和维修费用等高，船企的成本压力很大。

近年来，国内外船舶工业结构调整转型与升级的要求愈加迫切，同时，制造业“数字化、网络化、智能化”成为未来技术变革的重要趋势。此外，劳动力成本逐年攀升，船企的人工成本优势已不复存在，船舶工业广泛使用机器人的计划势在必行。目前，我国船企在钢板切割、焊接等建造环节使用机器人的优势已经显现。未来，将会有越来越多的机器人应用到焊接、装配、喷涂以及质检等工序中。

4.1.1　焊接机器人

焊接作业机器人也称焊接机器人（图 4-1），依据不同生产对象，可划分成型材和管材焊接作业机器人、便捷性焊接作业机器人、中组立形式焊接作业机器人、小组立形式焊接作业机器人。小组立形式焊接作业机器人，其部件结构重复、单一，比较适合应用在机器人流水线生产中,故被广泛应用在造船中。

图 4-1 焊接机器人

焊接机器人应用的关键技术有以下几个。

1. 采集模型信息

依据内部的控制系统、模型数据,焊接作业机器人应用的采集模型信息技术可划分成 3D 基础模型导入与离线编程、现场采集与自动识别两种类型。3D 基础模型导入与离线编程技术,需预先将小组立相应部件的 3D 基础模型制作好,并把焊接作业路径离线规划好;现场采集与自动识别技术,智能化程度较高,技术员无须先将模型数据准备好,借助被动或者主动视觉的形式,便可实现待焊接作业位置自动识别,焊接作业具体路径也能自动生成。现场采集与自动识别技术可以省去前期做准备的时间,对技术员无特别高的要求。若不考虑前期制作模型的时间, 3D 基础模型导入与离线编程技术所需的准备时间相对少一些,且有着较高的燃弧效率。如激光采集,现场所采集指导位置信息大致有 ± 10 mm 偏差,如果筋板末端属于斜切形式,偏差相对较大。为保证起弧所在位置信息更精准,需采用传感手段,如触碰寻位与激光寻位。在一定程度上,激光寻位在精度、速度方面优势突出,而触碰寻位速度较慢。为保证焊丝实际伸出长度具有一致性,务必将自动剪丝设备配备好。如果小组立相应部件筋板的末端为 R 孔形式,需借助点激光式传感装置,将门架位置调整好,防止出现焊接动作逐渐超出机械臂运动极限的情况。

2. 选定焊接路径及焊枪位姿

先行小组立式结构十分简单,无立角焊,各个筋板相互间无位置限制,因此机器人寻位、焊接作业及撤出空间较大。焊接路径选定期间,机器人更换焊接作业位置期间,仅需移动一定距离。选定焊枪位姿方面,也只需要确保焊接成形,调试焊接作业工艺期间,需将最适宜位姿确定好。区别于先行小组立式结构,小组立式部件结构极具复杂性,临近筋板多,焊枪受到限制。如双层式底肋板的焊接作业顺序,机器人首选焊接作业纵向筋板,而后是横向筋板。横向筋板焊接作业期间,为防止焊枪与纵向筋板发生碰撞,需对焊枪姿态加以调整,焊枪和底板角度应在 45° 以上。

3. 焊接作业流程

（1）选定焊材。在寻位和焊接作业期间，小组立的焊接作业机器人频繁转动，角度大，且送丝软管弯曲频繁，易发生有缝普通药芯焊丝因药粉泄漏而产生送丝软管堵塞现象，故需选定无缝形式药芯焊丝；在寻位和焊接作业期间，因部件焊接作业机器人动作幅度相对较小，故可选用有缝普通药芯焊丝。同时，需妥善配备好矫直装置，以确保出丝能够挺直。

（2）选定焊接参数。通用部件的机器人采用不摆动焊接作业方式，类似于船厂所用角焊机，故调试工艺应当依据角焊机各项参数；小组立的机器人焊接方式采用正弦摆动形式，需设定好焊接作业速度、电压及电流，并将极限位置的停留时间、频率及摆动幅度等设定好。

4. 集成化流水线

小组立集成化流水线内部组成部分包含上料、焊接、修补、背烧及卸料等工位。

（1）上料工位。装配的小组立处部件应用上料工位，区别于人工焊接作业，装配点焊应尽量短，并与筋板末端保持一定的距离（不小于 50 mm），尽量让点焊短，为防止机器人结合电焊大小与位置变化，导致焊接作业参数发生改变，防止电焊处焊缝凸出及偏大情况出现。上料工位，应选用可升降辊轮，把已装配完成部件有效顶起并运送至焊接作业工位上面，无须装配筋板，牢固可靠；机器人并不会对筋板装配间隙进行采集，对焊接作业参数加以调整，可防止因装配间隙较大导致焊接作业尺寸偏小这一情况出现。上料工位处标注筋板与底板的放置极限，若底板放置已超出极限，则流转期间会和机器人发生碰撞，引发导轨现象；而若筋板放置已超出极限，则无法实施焊接作业。

（2）焊接工位。焊接工位属于焊接作业机器人的具体操作位置，其中配置辊道，方便小组立各个部件流转。为保证焊接作业的质量，各辊道均接地。因受机器人总体结构布局影响，焊接工位的两侧均有盲区存在，机器人会因扫描不到位，盲区工件无法得到有效的焊接处理。

（3）修补工位。焊接完成的各个部件会流转至修补工位，此流程需由人工完成，可修补缺陷以焊脚偏小、咬边、偏焊、机器人的漏焊等为主。

（4）背烧工位。背烧工位所用辊道等同于焊接作业工位，在它的下方设可横向式移动背烧枪，能够同时背烧筋板五条。背烧能够借助可燃烧性气体经燃烧后所产生热量，对工件表面实施加热处理，对变形工件可起到矫平作用。流水线的工控机可借助焊接作业机器人给定的横向处筋板具体位置信息、流水线的编码装置所记录传输距离等，将背烧枪具体位置、移动点火及熄火等各个动作的时机精准计算出来。因未配置位置传感装置，故背烧操作对修补工位有着极高的传输精度要求，在背烧期间相邻几个工位需移动，其间应确保临近工位的传输速度具有一致性，防止因卡顿或者打滑等导致传输偏差。

（5）卸料工位。小组立的部件流转中，最后工位即为卸料工位，实施行车卸料，此工位所用升降辊轮的传感装置等同于上料及修补工位，三个工位实际长度相同，维持流动节拍的稳定性。为避免工件传输已超出卸料工位，需在末端位置设激光限位的传感装置，经触发后，辊轮停止转动。

这五个工位属于平行工位，工件在焊接工位上有着较长的停留时间，因整个生产线实际产能取决于焊接作业机器人的实际工作效率，故需进一步提升机器人的识别寻位及焊接作业效率，确保能够有效提高总产能。

4.1.2 涂装机器人

开发和应用涂装智能制造装备,不仅能缓解未来可能出现的“用工荒”,而且有助于提升行业生产水平,促进智能船舶涂装模式下装备的智能化和工艺的标准化,进一步提高船舶涂装工艺和生产水平,缩小国内造船企业与世界先进造船企业的差距,提高我国造船业的核心竞争力。

目前,船舶涂装机器人(图 4-2)在实现船厂普及应用方面仍面临很多难题,船舶涂装的工作量较大,通用性较差,作业任务复杂多样,这使得研发相应涂装机器人的技术压力和成本控制问题难以解决,主要有以下几个关键技术需取得突破。

图 4-2 涂装机器人

1. 机器人喷涂涂层累积成长模型建立

喷涂过程中的涂层累积成长模型是机器人喷涂性能研究的关键,是机器人喷涂工艺设计和运行轨迹规划的前提。对于涂料的喷涂累积模型研究,已有很多可借鉴的案例,例如无限范围模型中的双变量高斯分布模型、双变量柯西分布模型、有限范围模型和 β 分布模型等。研究涂层累积成长模型不仅仅是研究机器人喷涂过程中涂层的累积原理和规律(这只是解析喷涂过程的一个步骤),更重要的是研究如何通过模型设计出提高机器人喷涂膜厚分布一致性的方法,通过某种形式(如改变喷枪组合的方式等)缩小漆膜厚度分布的高低差,降低膜厚分布的离散性。

2. 机器人试验和分析方法设计优化

在船舶涂装机器人的研究和应用方面,需对机器人的性能研究进行一系列试验设计,对机器人的运行性能和运用效果及各项工艺参数的变化进行合理的试验研究。船舶喷涂作业受多种因素影响，例如环境因素、机器人本体性能因素和涂料的理化性质因素等。若进行系统性试验，需进行大量的试验工作，因此需通过科学试验设计的方法，结合喷涂作业实际，对需研究的影响因素进行试验设计和优化。

3. 涂装机器人工艺接口与工艺数据库设计

工艺数据库是机器人喷涂作业控制系统的核心，机器人喷涂与人工喷涂不同，需依照事先设计和编制的参数设计体系选择符合生产任务要求的参数，在灵活性和即时性方面存在不足，因此对工艺数据库进行设计和编制是机器人工艺研究应用中的关键一环。此外，工艺数据库作为机器人运行的“记忆储存”设备，要将其提取出来给机器人使用，需开发相应的数据接口，机器人对计算机辅助设计工件的识别能力是基于所设计的文件数据转换接口确定的，需对机器人运行时所能识别的数据类型、形式和内容进行定义，进而结合需转入的文件确定其转换方式和关系，完成文件数据转换。

4. 船舶涂装机器人本体结构分析

若要实现船舶涂装机器人在船厂的应用，首先需要明确其功用，船舶涂装包含分段涂装、船体总段涂装和船坞涂装，这就需要明确机器人的应用分类以及相应的技术条件和指标。目前已报道的船舶涂装机器人本体结构通常以爬壁机器人为主要形式，它具有机体小、辅助设备简单和灵活方便等特点。

机器人要能适应大平面或大曲面的涂装作业，同时在对分段结构面和船体结构舱室进行涂装时，需具有更高的智能化水平和空间机动能力。因此，应研究开发多功能化机器人，以适应多种任务的需求；通过模块化部件搭载，使机器人兼具喷涂和清洁作业能力，满足多种作业要求。

为实现机器人作业系统和设备集成化，需研发机器人喷涂系统集成控制软件，包括机器人轨迹离线编程规划、工艺状态在线显示、实时故障诊断及操作记录、工艺数据库、自动与手动控制和手动示教等。在离线规划与仿真编程软件的支持下，实现机器人运动控制和喷头喷涂操作控制，在同步跟踪喷涂工件的同时，根据喷涂面改变喷枪的方向和角度，研究机器人喷枪运动轨迹优化、喷涂参数优化的有效方法和离线自动编程的成套技术。

4.2　3D 打印技术

3D 打印的学术名称为增材制造，该技术不需要传统的刀具、夹具及多道加工工序，只需要一台支持三维设计的计算机，通过计算机控制与其相连的 3D 打印机，就可以利用熔合焊接、烧结、黏结等手段把打印材料逐层构建起来，从而快速、精确地制造出任意复杂形状的物件。目前 3D 打印能使用的材料包括尼龙、石膏、陶瓷、铝、钛合金、不锈钢、银、金、橡胶类材料等。

4.2.1　3D 打印技术的分类

根据打印工艺，3D 打印技术可以分为光固化成形工艺、熔融沉积工艺（FDM）、激光烧结工艺等。

1. 光固化成形工艺

光固化成形是目前技术工艺成熟、使用范围广泛的一种 3D 打印技术，打印原料为光敏树脂材料，它利用单片机或其他处理器控制紫外激光的参数，使光敏材料逐层成形。光固化成形

3D 打印技术的产品具有很高的表面质量和尺寸精度，每一层截面的固化时间都与紫外光源的强度、光敏材料的添加剂有关，第一层截面完全凝固后进行下一层截面的打印。

2. 熔融沉积工艺

熔融沉积 3D 打印简称 FDM，该打印技术成本相对较低，在复杂机械产品开发方面应用广泛，可以制作各类产品的实体模型，指导产品设计。图 4-3 为熔融沉积成形工艺原理示意图。

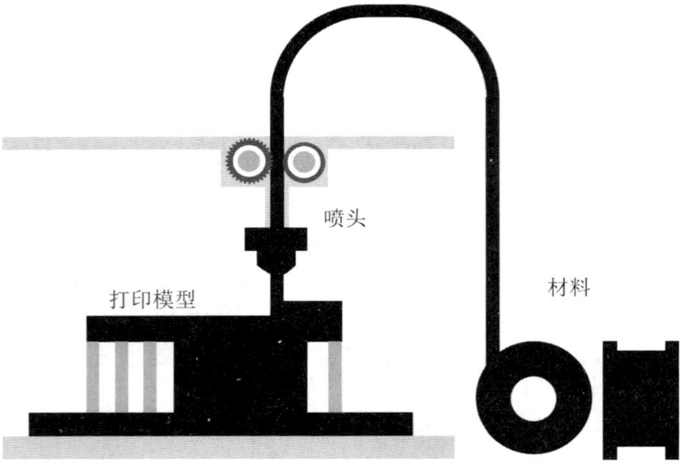

图 4-3 熔融沉积成形工艺原理示意图

熔融沉积成形打印机的原材料为热熔性丝状材料，在喷头处加热融化流出，喷头的运动通过计算机控制，主要控制 *X* 轴、*Y* 轴、*Z* 轴三个方向的移动，每层截面的轮廓可根据计算机三维模型的切片确定，逐层打印和凝固直到打印完成。

3D 打印的优势有以下几点。

（1）精度较高：在传统的产品制造中，想要制造一款产品，必须对毛坯进行打磨、切除等一系列工艺后，才能真正制造出一款产品。而 3D 打印技术的应用，却能够使产品直接成形，具有精度高、光顺度高、速度快等优势，在打造复杂物件上，该项技术具有的优势更为明显。

（2）用料节省：因为 3D 打印技术利用的材料多为粉末状金可黏合材料，因此，3D 打印技术应用中，并不存在传统工艺中的“边角料”，可以节省大量材料，降低材料成本。

（3）高自由度：3D 打印技术可以制造出各种复杂产品，即使是传统工艺无法实现的复杂结构，也可通过 3D 打印技术精确制造。并且，因 3D 打印技术在构建物件时采用逐层构建法，简单或复杂的产品在制造中的区别不大。

（4）成形便捷：在传统工艺制造中，必须利用磨具才能保障零件的精确度，并且还需要后期打磨。而 3D 打印技术无须制作磨具，无须打磨，可以缩短生产周期，产品成形更加便捷。

（5）降本增效：在产品生产中，3D 打印技术无须磨具，无边角料存在，可节省大量成本。并且，新技术的应用使产品成形更加便捷，生产效率提高。另外，在后期供应链上，以造船为例，在船舶运行中，若拥有一台 3D 打印机，一旦船舶零件出现故障可自行制造替换零件，节省大量开支，提高船舶行驶的安全性。

3D 打印的劣势有以下几点。

（1）材料受限：经过多年发展，3D 打印技术支持的材料越来越多，如：尼龙、陶瓷、石膏、金属等，但是，一些昂贵、稀有的材料仍无法实现 3D 打印。并且，单台 3D 打印机所支持的材料有限，无法实现“一台打印机，打印所有需要零件”。

（2）生产效率低：应用 3D 打印技术，产品成形非常便捷，但是，3D 打印技术仅针对制作模型或原型产品，在生产线上，3D 打印技术并不能支持大批量制作产品。另外，在各种产品制作时，金属构件打印速度较慢，若以新技术打印发动机等金属构件达 90%以上的产品，很难达到生产线的生产速度。

（3）购置成本较高：当前，3D 打印技术作为一项新技术，并不能批量生产，因此其购置成本相对较高。

（4）打印机操作：在 3D 打印技术应用之前，相关人员需要设计并建模，对于普通工人而言，很难保障设计、建模的科学与规范，因此，只有专职人员才能操作 3D 打印机。

（5）法律与道德风险：以知识产权与规范标准来看，由 3D 打印机制造出的产品能否擅自使用？是否需要获得原厂商认证、授权？若打印机制造的产品出现故障，由谁承担负责？为了保障人民的安全，我国实行严格的枪支管理政策，然而若不法分子利用 3D 打印机制造枪支，必然为社会带来危害。因此，3D 打印技术的应用，存在法律与道德方面的风险。

4.2.2　3D 打印技术在造船中的应用

1. 3D 打印螺旋桨

应用 3D 打印技术的前提是尽可能精确地计算船舶结构模型，因此，在采用 3D 打印技术加工船舶螺旋桨零部件时，首先需要采集螺旋桨叶片的结构参数。测量是指采用传感器设备对目标进行扫描，生成目标的点云数据。常用的目标物体测量方法包括接触式测量和非接触式测量两种。

1）接触式测量

接触式测量是目前使用范围最广泛的一种测量方法，这种测量方法通过记录探针与目标接触时产生的信号获取三维信息，目前，使用量最大的接触式测量仪器是三坐标测量仪。

三坐标测量仪在空间中具有三个导轨和三个方向的探针，探针沿着导轨方向运动，该仪器可以精确测量物体在空间中的三维坐标值，将三维坐标值转化为结构的参数就可以获得目标的点云数据。三坐标测量仪的探针与被测目标接触时会触发信号，标定探针的坐标值。目前，三坐标测量仪已经广泛应用于电子、航空、船舶、汽车等领域。

接触式测量对光线、零部件的外形尺寸要求低，因此具有很好的适应性，能够得到目标物体的精确数据。同时，这种测量方法也存在一定的问题，比如接触式测量的效率相对较低，在进行目标测量时，探针需要对目标的表面产生压力，对于某些非刚性的物体会产生测量误差，导致测量的准确度较差。

2）非接触式测量

非接触式测量不需要探针与目标接触，可以利用激光、声波和电磁等介质，采集目标物体的反射信号，通过对信号的分析与处理，得到物体的三维点云数据。非接触式测量法不会对被测目标产生影响，且探测效率很高，近年来逐渐成为主流的测量方法。常用的非接触测量方法有激光测量法、计算机视觉测量法、声波测量法等，其中，计算机视觉测量法应用范围广，光学图像的处理技术更加成熟，是常用的非接触测量法。

2. 3D 打印船模

美国卡德洛克的海军水面作战中心(NSWC)的团队已成功利用3D打印技术按比例制作出了一艘尺度大、结构复杂的美国海军医院船(T-AH20)模型,该船模将用于测试船上风力气流的情况以提升直升机作业时的安全性。该船模不仅制作精良,而且明显比人工制作方式速度更快,因为打印机可以24小时不间断工作。团队工程师称,3D打印技术使他们在船模制造上如虎添翼,使他们拥有了前所未有的能力,可以提供更快、更精准、更低成本的舰船模型。不过3D打印舰船模型并不是一桩易事,除了外观结构之外,还需要工程师利用动力学、机械、电气工程等专业知识,对模型的每一个细节进行处理,以达到标准要求。

3. 船舶备件供应领域

对于船舶,尤其是远洋油轮、远海航行军船等,因船舶长时间受到海水的冲击,设备出现故障的情况很常见,为应对需要更换零件的突发状况,需随船带足所有可能需要的零件,或者靠岸修理。但是无论哪种方式,都会带来较大的成本损失与风险。将3D打印技术应用于船舶备件的供应链,能够有效地解决该类问题。

在民航方面,马士基油轮公司首先做出尝试,当前并未见到成功案例报道。但是可以预见的是,随着科技的不断发展,3D打印技术必然能够成功制造出船舶所需零件,并可保障零件质量。若3D打印技术能够应用于造船,在船舶航行过程中配备一台打印机、一些打印材料,当船舶遇见突发状况需要更换零部件时,直接将零件打印出来,能够有效缩短零件交付周期、节约成本、减少能源消耗。应用3D打印技术能够快速修理故障,有效提高船舶的安全性。

4.3 物联网技术

4.3.1 物联网概述

1. 物联网概念

广义的物联网是指利用条码、射频识别(RFID)、传感器、全球定位系统、激光扫描器等信息传感设备,按约定的协议,实现人与人、人与物、物与物在任何时间、任何地点的连接,从而进行信息交换和通信,以实现智能化识别、定位、跟踪、监控和管理的庞大网络系统。具体地说,就是把传感器嵌入和装备到电网、铁路、桥梁、隧道、公路、建筑、供水系统、大坝、油气管道等各种物体中,然后将"物联网"与现有的互联网整合起来,实现人类社会与物理系统的整合。它是一种"万物沟通"的,具有全面感知、可靠传送、智能处理特征的,连接物理世界的网络,可实现任何时间、任何地点及任何物体的连接,使人类可以用更加精细和动态的方式管理生产和生活,达到"智慧"状态,提高资源利用率和生产率水平,改善人和自然界的关系,从而提高整个社会的信息化能力。

物联网作为一种"物物相连的互联网",无疑消除了人与物之间的隔阂,使人与物、物与物之间的对话得以实现。整个物联网的概念涵盖了从终端到网络、从数据采集处理到智能控制、从应用到服务、从人到物等方方面面,涉及射频识别装置、无线传感器网络、红外传感器、全球定位系统、互联网与移动网络、网络服务、行业应用软件等众多技术。在这些技术中,又以底层嵌入式设备芯片开发最为关键,它引领整个行业的持续发展。

物联网有如下特征。

(1)全面感知:利用 RFID、传感器、二维码等能够随时随地采集物体的动态信息。

(2)可靠传输:通过网络将感知的各种信息进行实时传送。

(3)智能处理:利用计算机技术,及时对海量的数据进行信息控制,真正达到了人与物的沟通、物与物的沟通。

2. 物联网的体系架构

物联网作为一个系统网络,其架构由编码层、信息采集层、网络层、应用层四部分组成。

(1)编码层:编码层是物品、设备、地点、属性等的数字化名称,是物联网的基石,是物联网信息交换内容的核心和关键字。

(2)信息采集层:数据采集指通过包括条码、射频识别、无线传感器、蓝牙等在内的自动识别与近场通信技术获取物品编码信息的过程。

(3)网络层:进行信息交换的通信网络,包含接入网和传输网,分别实现接入功能和传输功能。传输网由公网和专网组成,典型的传输网包括电信网(固网、移动通信网)、广电网、互联网、电力通信网、专用网(数字集群)。接入网包括光纤接入、无线接入、以太网接入、卫星接入等各类接入方式,实现底层的传感器网络、RFID 网络最后 1 km 的接入。网络层基本综合了已有的全部网络形式,来构建更加广泛的互联。每种网络都有自己的特点和应用场景,互相组合才能发挥出最大的作用,因此在实际应用中,信息往往经由任何一种或者几种网络的组合形式进行传输。

(4)应用层:应用层是构建在物联网技术架构之上的应用系统,用于对得到的信息进行智能运算和智能处理,实现智能化识别、定位、跟踪、监控和管理等实际应用,其功能为处理,即通过云计算平台进行信息处理。它包括商业贸易、物流、农业、军事等不同的应用系统。应用层的核心功能围绕两方面:一是数据,应用层需要完成数据的管理和处理;二是应用,将这些数据与各行业应用相结合。

从结构上划分,物联网应用层包括以下三个部分。

①物联网中间件:一种独立的系统软件或服务程序。中间件将各种可以共用的能力进行统一封装,提供给物联网应用使用。

②物联网应用:用户直接使用的各种应用,如智能操控、安防、电力抄表、智能农业、远程医疗等。

③云计算:助力物联网海量数据的存储和分析。依据云计算的服务类型可以将其分为:基础架构即服务(IaaS)、平台即服务(PaaS)、软件即服务(SaaS)。

4.3.2 物联网关键技术

物联网作为当今信息科学与计算机网络领域的研究热点,其关键技术具有跨学科交叉、多技术融合等特点,每项关键技术都亟待突破。国际电信联盟报告提出,物联网主要有四个关键性的应用技术:标识事物的射频识别技术、感知事物的传感网络技术(Sensor Technology)、思考事物的智能技术(Smart Technology)、微缩事物的纳米技术(Nanotechnology)。

物联网关键技术(图 4-4)可以从硬件技术和软件技术两方面考虑:硬件技术包括射频识别技术、无线传感器网络(WSN)、智能嵌入(Embedded Intelligence)技术及纳米技术(Nanotechnology);软件技术包括信息处理技术、自组织管理技术、安全技术。

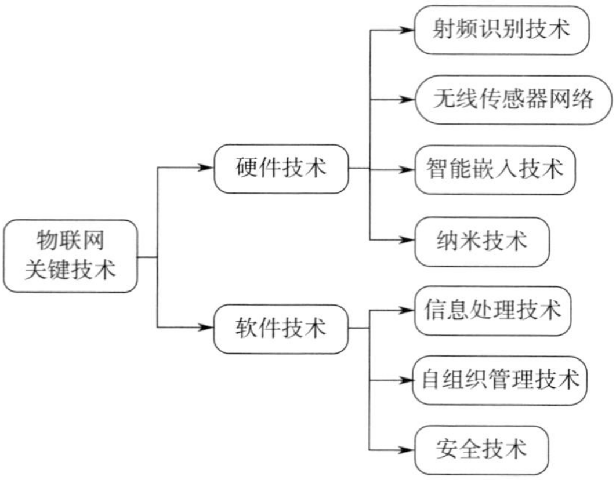

图 4-4 物联网关键技术

通过定义如下三个抽象概念，可以进一步说明物联网硬件关键技术的作用。

（1）对象。客观世界中任何一个事物都可以看成一个对象，数以万计的对象证明了客观世界的存在。每个对象都具有两个特点：属性和行为，属性描述了对象的静态特征，行为描述了对象的动态特征。任何一个对象往往是由一组属性和一组行为构成的。

（2）消息。消息是客观世界向对象发出的一个信息。消息的存在说明对象可以对客观世界的外部刺激做出反应。各个对象间可以通过消息进行信息的传递和交流。

（3）封装。封装指将相关的属性和行为集成在一个对象中，形成一个基本单位。三者之间的关系如图 4-5 所示。

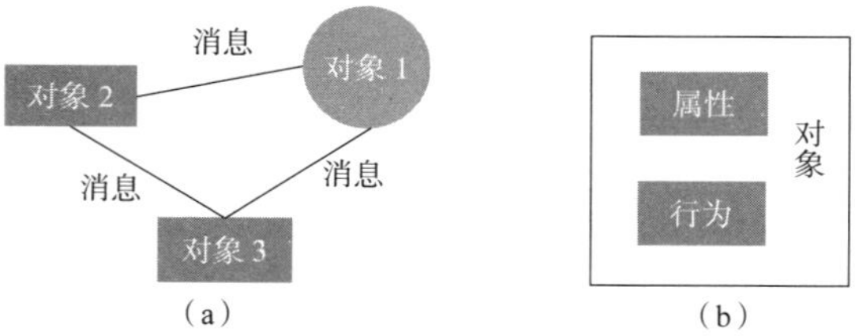

图 4-5 对象关系示意图

（a）对象间相互操作 （b）对象封装

物联网的重要特点之一是使物体与物体之间实现信息交换，每个物体都是一个对象，因此物联网的硬件关键技术必须能够反映每个对象的特点。首先，RFID 技术利用无线射频信号识别目标对象并读取该对象的相关信息，这些信息反映了对象的自身特点，描述了对象的静态特征。其次，除了标识物体的静态特征，对于物联网中的每个对象来说，还需要探测它们的物理状态的改变能力，记录它们在环境中的动态特征。就这方面而言，无线传感器网络在缩小物理和虚拟世界之间的差距方面扮演了重要角色，它描述了物体的动态特征。再次，智能嵌入技术把物联网中的每个独立节点植入嵌入式芯片后，使它比普通节点具有更强大的智能处理能力和数据传输能力，每个节点可以通过智能嵌入技术对外部消息（刺激）进行处理并反应。同时，带有智能嵌入技术的节点可以使整个网络的处理能力分配到网络的边缘，增加了网络的弹性。最后，纳米技术进步意味着越来越小的物体将有能力相互作用和连接以及有效封装。

1. 射频识别技术

射频识别是一种非接触式的自动识别技术，它通过射频信号自动识别目标对象并获取相关数据，识别过程无须人工干预，可工作于各种恶劣环境。RFID 技术可识别高速运动物体并可同时识别多个标签，操作快捷方便。RFID 技术与互联网、通信等技术相结合，可实现全球范围内的物品跟踪与信息共享。

RFID 电子标签是一种把天线和集成电路（IC）封装到塑料基片上的新型无源电子卡片，它具有数据存储量大、无线无源、小巧轻便、使用寿命长、防水、防磁和安全防伪等特点，是近几年发展起来的新型产品，是未来几年代替条码走进“物联网”时代的关键技术之一。阅读器和电子标签之间通过电磁感应进行能量、时序和数据的无线传输。在阅读器天线的可识别范围内，可能会同时出现多张电子标签。如何准确识别每张电子标签，是电子标签的防碰撞（防冲突）技术要解决的关键问题。

RFID 的技术标准主要由国际标准化组织（ISO）和国际电工委员会（IEC）制定。目前可供电子标签使用的射频技术标准有 ISO/IEC 10536，ISO/IEC 14443，ISO/IEC 15693 和 ISO/IEC 18000，应用最多的是 ISO/IEC 14443 和 ISO/IEC 15693，这两个标准都由物理特性、射频功率和信号接口、初始化和防碰撞及传输协议组成。

RFID 的技术难点与问题可以概括为如下几个方面：RFID 防碰撞问题；RFID 天线研究；工作频率的选择；安全与隐私问题。

2. 传感器网络与检测技术

传感器是机器感知物质世界的“感觉器官”，可以感知热、力、光、电、声、位移等信号，为网络系统的处理、传输、分析和反馈提供最原始的信息。随着科学技术的不断发展，传统的传感器正逐步实现微型化、智能化、信息化、网络化，正在向智能传感器和嵌入式网络传感器发展。

无线传感器网络（Wireless Sensor Network，WSN）是集分布式信息采集、信息传输和信息处理技术于一体的网络信息系统，以低成本、微型化、低功耗和灵活的组网方式、铺设方式及适合移动目标等特点受到广泛重视，是关系国民经济发展和国家安全的重要技术。物联网正是通过遍布在各个角落和物体上的传感器以及由它们组成的无线传感器网络，来感知整个物质世界的。传感器网络节点的组成包括如下基本单元：传感单元（由传感器和模数转换功能模块组成）、处理单元（包括 CPU、存储器、嵌入式操作系统等）、通信单元（由无线通信模块组成）及电源。此外，可以选择的其他功能单元包括定位系统、移动系统及电源自供电系统等。在传感器网络中，节点可以通过飞机布撒或人工布置等方式，大量部署在被感知对象内部或者附近。这些节点通过自组织方式构成无线网络，以协作的方式实时感知、采集和处理网络覆盖区域中的信息，并通过网络将数据经节点（接收发送器）链路传送到远程控制管理中心。另一方面，远程控制管理中心也可以对网络节点进行实时控制和操纵。

目前，面向物联网的传感器网络技术研究包括以下方面。

（1）先进测试技术及网络化测控综合传感器技术、嵌入式计算机技术、分布式信息处理技术等，它们能实时监测、感知和采集各种环境或监测对象的信息，并对其进行处理、传送；研究分布式测量技术与测量算法，应对日益提高的测试和测量需求。

（2）智能化传感器网络节点。传感器网络节点为一个微型化的嵌入式系统，其构成了无线传感器网络的基础层支持平台。在感知物质世界及其变化时，需要检测的对象有很多（如温度、压力、湿度、应变等），因此微型化、低功耗对传感器网络的应用意义重大。首先，采用新的制造技术，并结合新材料的研究，设计符合未来要求的微型传感器是一个重要的研究方向。其次，需要研究智能传感器网络节点的设计理论，使之可识别和配接多种敏感元件，并适用于主被动各种检测方法。第三，各节点必须具备足够的抗干扰能力、适应恶劣环境的能力，并能够满足应用场合、尺寸的要求。第四，研究利用传感器网络节点具有的局域信号处理功能，在传感器节点附近局部完成很多信号信息处理工作，将原来由中央处理器实现的串行处理、集中决策的系统，改变为一种并行的分布式信息处理系统。

（3）传感器网络组织结构及底层协议。网络体系结构是网络的协议分层以及网络协议的集合，是对网络及其部件所应完成功能的定义和描述。对无线传感器网络来说，其网络体系结构不同于传统的计算机网络和通信网络。有学者提出，无线传感器网络体系结构由分层的网络通信协议、传感器网络管理及应用支撑技术三部分组成。分层的网络通信协议结构类似于TCP/IP 协议体系结构。传感器网络管理主要是对传感器节点自身的管理以及用户对传感器网络的管理。在外层协议和网络管理技术的基础上，支持传感器网络的应用。在实际应用中，传感器网络中存在大量传感器节点，密度较高，网络拓扑结构在节点发生故障时，有可能发生变化，应考虑网络的自组织能力、自动配置能力及可扩展能力。在某些条件下，为保证有效的检测时间，传感器要保持良好的低功耗性。传感器网络的目标是检测相关对象的状态，而不仅是实现节点间的通信。因此，在研究传感器网络的网络底层协议时，要针对以上特点，开展相关研究工作。

（4）对传感器网络自身的检测与控制。由于传感器网络是整个物联网的底层和信息来源，网络自身的完整性、完好性和效率等参数性能至关重要。对传感器网络的运行状态及信号传输通畅性进行监测，应研究开发硬件节点和设备的诊断技术，实现对网络的控制。

（5）传感器网络的安全。传感器网络除了具有一般无线网络所面临的信息泄露、信息篡改、重放攻击、拒绝服务等多种威胁外，还面临传感节点容易被攻击者物理操纵，并获取存储在传感节点中的所有信息，从而控制部分网络的威胁。必须通过其他技术方案来提高传感器网络的安全性能。例如：在通信前进行节点与节点的身份认证；设计新的密钥协商方案，使得即使有一小部分节点被操纵后，攻击者也不能或很难根据获取的节点信息推导出其他节点的密钥信息；对传输信息加密，解决窃听问题；保证网络中的传感信息只有可信实体才可以访问，保证网络的私有性；采用一些跳频和扩频技术来减轻网络堵塞问题。

3. 智能嵌入技术

智能嵌入技术是物联网的关键技术之一，是指为了有效地达到某种预期的目的，通过在物体中植入智能系统，使得物体具备一定的智能性，能够主动或被动地实现与用户的沟通。主要的研究内容和方向如下。

（1）智能信息获取的形式化方法、海量信息处理的理论和方法、网络环境下信息的开发与利用方法、机器学习。

（2）先进的人机交互技术与系统声音、图形、图像、文字及语言处理；虚拟现实技术与系统；多媒体技术。

（3）智能控制技术与系统物联网就是要赋予物体智能，实现人与物体的沟通和对话，甚至实现物体与物体之间的沟通和对话，为了实现这样的目标，必须对智能控制技术与系统进行研究，例如，研究如何控制智能服务机器人完成既定任务（运动轨迹控制、准确定位和跟踪目标等）。

(4)智能信号处理信息特征识别和融合技术、地球物理信号处理与识别技术。

4. 纳米技术

纳米技术主要研究结构尺寸在 0.1~100 nm 范围内材料的性质和应用,包括纳米体系物理学、纳米化学、纳米材料学、纳米生物学、纳米电子学、纳米加工学、纳米力学七个相对独立又相互渗透的学科,以及纳米材料、纳米元器件、纳米尺度的检测与表征三个研究领域。纳米材料的制备和研究是纳米技术的基础。其中,纳米物理学和纳米化学是纳米技术的理论基础,而纳米电子学是纳米技术最重要的研究内容。使用传感器技术就能探测到物体的物理状态,物体中的嵌入式智能能够通过在网络边界转移信息处理能力而增强网络的容量,而纳米技术的优势意味着物联网中体积越来越小的物体也能够进行交互和连接。当前电子技术的趋势要求元器件和系统更小、更快、更冷:更快是指响应速度要快;更冷是指单个元器件的功耗要小;更小并非没有限度。纳米电子学包括基于量子效应的纳米电子元器件、纳米结构的光/电性质、纳米电子材料的表征以及原子操纵和原子组装等。

5. 软件技术

物联网的软件技术用于控制底层网络分布硬件的工作方式和工作行为,为各种算法、协议的设计提供可靠的操作平台。在此基础上,方便用户有效管理物联网,实现物联网的信息处理、安全运行、服务质量优化等功能,降低物联网面向用户的使用复杂度。物联网软件分层体系结构如图 4-6 所示。

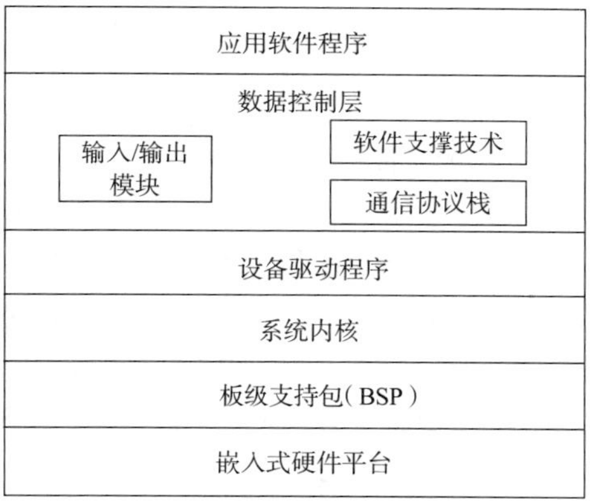

图 4-6　物联网软件分层体系结构

如前所述,物联网硬件技术是嵌入式硬件平台设计的基础。板级支持包相当于硬件抽象层,位于嵌入式硬件平台之上,用于分离硬件,为系统提供统一的硬件接口。系统内核负责进程的调度与分配,设备驱动程序负责对硬件设备进行驱动,它们共同为数据控制层提供接口。数据控制层实现软件支撑技术和通信协议栈,并负责协调数据的发送与接收。应用软件程序需要根据数据控制层提供的接口以及相关全局变量进行设计。物联网软件技术描述整个网络应用的任务和所需要的服务;同时,通过软件设计提供操作平台供用户对网络进行管理,并对评估环境进行验证。物联网软件框架结构如图 4-7 所示。

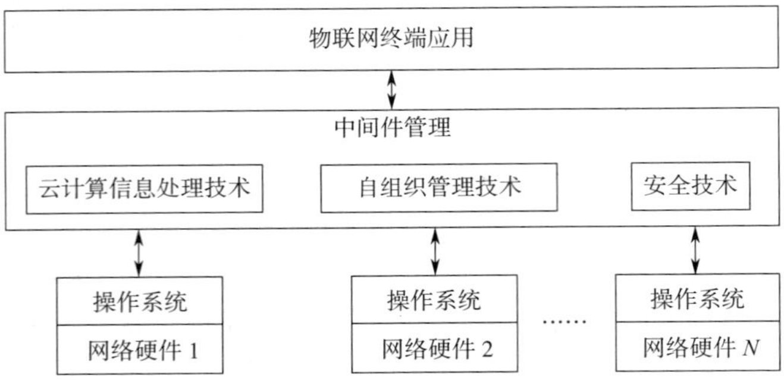

图 4-7 物联网软件框架架构

框架结构网络中每个节点通过中间件的衔接传递服务。中间件中的云计算信息处理技术、自组织管理技术、安全技术逻辑上存在于网络层，但物理上存在于节点内部，在网络内协调任务管理及资源分配，执行多种服务之间的相互操作。

4.3.3 物联网技术在船舶行业中的应用

在“互联网+”的战略背景下，物联网产业已经具备了前所未有的推动条件，正由全面布局和规划阶段逐步进入高速发展阶段，扮演着下一个推动经济社会高速发展的“核心生产力”角色。

1. 物联网技术在船舶行业的特点

与传统的信息技术相比，物联网技术可以为船舶发展提供劝导式设计，并对此加以利用。

（1）环境情境感知，用户传达高效。情境感知是指计算机设备通过传感器和相关技术感知当前环境，为用户提供适当的信息或服务。情境感知也可以应用于伺服系统的设计。物联网技术包含多个传感器，可以感知包括用户行为状态和物理环境状态在内的信息。同时，物联网技术可以通过场景中的信息媒体，随时随地根据设计要求向用户传递信息。

（2）数据呈现多维，信息载体多样。利用物联网空间中的传感器，结合无处不在的无线网络技术，可以根据设计要求，在不同的时间和空间及时、准确地传输和呈现数据。在信息载体方面，物联网技术下的信息载体已经超越了移动设备的屏幕。智能音箱、智能镜子等新硬件为物联网环境下的信息表达提供了新的载体选择。

（3）网络互联实时，交互方式不一。物联网是互联网的延伸，物联空间内的设备相互连接的同时，可以通过网关与互联网相互连接，从而使内部信息通过互联网传递到外部，实现信息感知与反馈。在交互方面，也会随着技术的发展，增加实现语音识别的实际场景模式。

2. 物联网技术在船舶工业的优势

造船企业在船舶设计、建造等环节通常会按照市场目前的大数据制定满足该企业要求的计划。然而，当前国内只有极少数的造船企业建立了数据库，大多数造船企业在设计环节通常只依靠设计者自身已有的经验，在制造环节通常会留有较多的余量。造船过程中会用到大量的人力、物力，各种零部件通常需借助人力来实施分配及监管，难以保障零部件的精准性，很难准确把握所有制造环节的数据及信息。在智能造船中，通过物联网能够利用各类信息传感装置，及时搜集所有需要连接、监管、互动等所需的各类信息，以达到人和物、物和物、物和网络的高效连接，为辨别、管控提供便利。将物联网技术运用于造船企业自建的数据库，有利于信息的及时查询、调取、运用，进而对自身内部数据及市场数据开展深度分析，及时采取措施以有效应对市场发生的改变；利用物联网技术还能对造船企业的人力、物力进行科学配置，确保零部件生产的精准度、时效性，整体把握制造进程等，在确保造船效率及质量的前提下，缩短造船的时间，大幅度降低物力、人力等成本开支，提升造船企业的整体竞争力。

3. 物联网在船舶内业精度生产的运用

物联网技术应用于船舶内业，能够实现中央处理装置和各终端之间生产管理信息的相互联系，如图 4-8 所示。

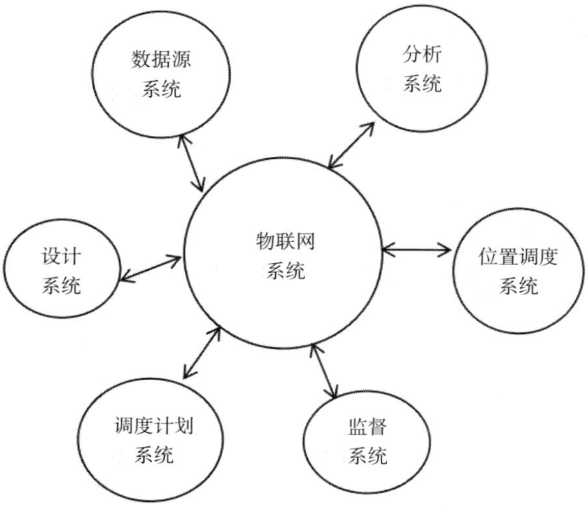

图 4-8　中央处理装置与各终端之间相互联系

（1）数据源系统：对与计算机相关联的摄像识别技术所采集到的信息（产品材质、型号、大小等信息）进行存储并能够实现图形、图像和文本之间的相互转换。

（2）分析系统：根据订单制订生产计划并下发生产任务，合理控制及缩短造船周期。

（3）设计系统：设计人员在进行身份验证后才可进入设计系统，同时在系统中设计的图纸将会自动存储。当设计人员查看其他船舶设计图纸时需上级开放其访问权限，才可访问查看。当设计图纸经审核确定无误后，图纸将会通过无线等方式传输到制造人员的终端上。

（4）调度计划系统：实时跟踪记录零件状态（当前工序号、占用的设备、加工时间、加工质量、生产负责人等信息）及零件的库存情况，方便零件等的及时调度。

（5）位置调度系统：利用系统的 GPS 定位辅助识别厂区内分段进行物流管理，方便实物的调取（卸载分段、移动分段、确认信息装上分段、分段计划、分段装配），方便及时调取零件设备等。

（6）监督系统：能够实时获取每个任务的状态（任务订单号、任务开始时间、任务截止时间、任务所需的资源、任务完成的情况等）。及时了解库存情况、生产进度以便及时补充库存和制订未来的生产计划。系统可对实时生产过程进行可视化展示，方便管理人员监管员工的日常工作和及时制订未来的生产计划。系统可以追溯往期生产过程历时记录来分析各设备运行状况，发现质量问题根源。系统可以查询到制造各阶段的负责人员，方便发现问题后落实责任到人。系统对船舶进行全程监控、追踪，便于对船舶进行及时维修。

物联网技术应用在船舶内业精度生产上,对造船的全过程进行监督监控,不易再出现以往因一些部门人员的拖拉从而导致船舶周期延长的问题。系统自动存储图纸,将不会再出现以往设计师保存图纸时版本混乱、文件不齐等现象;设计完成后的图纸传输到制造人员终端上,将减少纸质图纸的数量,在保护环境的同时,因各系统间相互关联不再需要设计单位派人员进驻船厂来配合船厂进行建造。系统对设备零件存储、位置等状态的掌握方便合理补充零件数和及时调度。系统的监督实行责任到人,在一定程度上可提高造船精度。故物联网在船舶内业的应用将在提高制造精度的同时缩短建造周期、降低人力物力等成本,有利于提高市场竞争力。

智能造船的过程需耗费大量的人力、物力等资源,传统的人工管理模式很难保证生产效率。因此,可在智能造船中引入物联网技术,推动物联网与智能制造的深度结合,大大提高造船的效率及质量。

4. 物联网在供应链和物流管理中的运用

在当前物联网技术的应用中,供应链的所有流程高度集中,能够对供应链内的所有物品进行高效管理。在供应链中,所有的关键“物”都有与之相对应的“电子标签”,并且这种电子标签是可以被感知、扫描或者定位的。由此可以看到,供应链在智能造船中的重要作用及其普及度,供应链管理对造船过程上下游环节的沟通、联系以及协调的优势。在智能造船中,供应链系统主要包括造船的内部供应链、外部供应链以及造船单位与物流公司之间的供应链三个方面,同时贯穿于所有的流程中。应用物联网可以有效降低人力资源的投入,同时与智能造船的要求与规划非常契合,可有效监督供应链的各环节。在制造过程中,需要不断地采购,此时内部仓储、办公室以及财务部门等的监督管理就显得很重要,应用物联网可以有效解决这一问题,简化工作。在智能造船中,物流管理也是一部分重要的内容,运用物联网功能可以及时录入所需信息,同时实现跟踪管理、实时查询。在计算机信息系统中,确定并提交相关的订单,然后供应链中的供货商就会及时发货,在货物运输过程中,所有的物流信息,包括货物是否出仓、运送到的具体位置、接收人、货物存放的仓库、货位等都可以通过相关的物联网平台进行查询,物联网录入货物数据信息以及追踪管理的功能使得工作变得简单、易操作,同时也利于信息的快速查询。

5. 物联网在船舶智能监控系统中的运用

船舶智能监控系统主要由气象信息系统、电子海图信息系统等部分构成,主要具有信息展示、管理、监控等功能。该系统在计算机技术、网络技术以及通信技术等先进技术的支持下及时监测、掌握船舶所处的位置,同时对船舶位置信息进行全程追踪及处理,有助于管理者对船舶的安全制造及船期落实状况实现远程追踪、监控,遭遇险情可及时发出警报,同时可以精准地提供救助信息。以物联网为基础的船舶智能监控系统主要由感知层、网络层、应用层等构成。其中,感知层主要负责对造船环节的数据信息进行感知,主要包含信息搜集、捕捉以及辨别等功能;网络层主要是在移动通信、北斗卫星以及互联网等技术的支撑下为用户提供各类服务器,使船舶信息能够传递及互换;应用层其实是船舶监控系统的研发运用平台,能够对过往运行的船舶实施各类信息的公布及高效管理。

6. 物联网在船舶生产制造管理中的运用

在船舶的生产制造管理环节也可以应用物联网技术,物联网技术可以对船舶生产制造过程中的资源设备、信息数据以及各环节的相关参数自适应控制等进行自动化管理。基于信息技术以及大数据处理能力，物联网技术可以对船舶生产制造的各个环节进行优化管理。首先，船舶生产制造需要整合多种资源设备，并且工序十分繁杂，在制造过程中需要多个不同的部门、技术团队和管理团队配合，虽然有整体的设计支持，但是在生产制造中团队之间还是需要沟通协调以及不断地优化改善。在物联网的支持下，各类设备设施以及资源资料等可以进行合理的协调使用，而不至于出现混乱丢失的情况。其次，如果没有物联网所提供的信息、资源共享，那么在船舶生产制造中单独通过办公系统的计算机来调取数据则会耗费大量的时间和人力，效率也会大打折扣。所以，只要确定了统一的规范和要求，在物联网的支持下，相应的生产制造管理就会容易很多，能够轻松通过物联网平台实现资源共享和信息数据管理。最后，在船舶的生产制造环节中，一些制造用的专业数据参数需要得到相应的计算和核算，需要建立自动化的错误数据反馈机制，通过物联网使用传感器就可以收集这些数据，从而实现自动化纠错、容错，形成生产闭环控制。

在智能造船中，可以充分利用物联网在设备设施中安装的传感器进行安全检测，这对于船舶的安全生产管理很有帮助。物联网具有信息数据处理与控制功能，同时可协助船舶生产管理。简单讲，就是对相关参数进行设定，然后充分发挥物联网对危险信号、数据信息的感知功能，自动智能化处理，自行控制修复故障，并且及时对无法处理的信息发出相应的安全警报，并将其传输到对应的后台管理员处进行有针对性的处理。形成安全生产管理机制，可以及时有效辨别高风险因素并快速响应，采用物联网控制系统来追踪环境与设备设施中的危险信号，可以有效应对智能造船中存在的危险情况或者风险，尽量避免出现安全隐患。

4.4　5G+工业互联网

5G 移动通信系统的广泛覆盖、低延迟和低功耗等优点促进了网络的发展，并对工业大数据的产生起了重要作用。在应用该技术的过程中，工业生产技术结构清晰有效，人们从各个角度采取有效的方法来完善相应的工业技术体系，调整了工业互联网的组织结构，达到多层次的信息控制效果，从根本上提高了工业生产的效率。

4.4.1　工业互联网概述

工业互联网（Industrial Internet）是一个开放的、全球化的工业网络，使人、数据和机器实现了相互连接，将工业、技术和互联网深度融合。工业互联网具有五层架构：最底层是智慧的连接层，它要求每个企业所需要的数据都必须能够无障碍地获取；第二层为转换层，能够将数据转化为信息，对获取到的数据进行处理、分析和挖掘，从而得到对决策有利的信息；第三层为计算网络层，是信息中心的枢纽，在这一层中，第二层获得的信息与原来设定的预期值进行对比，进而发现企业运营中存在的问题；第四层为认知层，将前面三层所获得的数据信息以可视化的形式提供给决策者，决策者根据这些信息做出科学合理的决策；第五层为配置层，目的是通过网络空间，把决策信息送到物理空间以及相应的子系统中，完成对相应设备或系统做出调整的实际操作。由此可见，工业互联网给制造业带来新的机遇与挑战，工业互联网已经成为工业的发展趋势，而且工业互联网比互联网更注重连接，更注重数据的流动、集成、分析和建模，其本质就是要实现数据的流动和分析，为企业节省成本，带来效益和便利。

工业互联网的核心是通过人、生产机器与数据之间的互动以及网络来进行相应的连接，继而对企业使用大数据、云计算等技术导致的业务弊端进行分析、处理并做出铺垫，能够迅速找出问题所在，最终促使企业对出现问题的地方进行改进和优化，大大提升企业的工作效用，减少生产成本，提高企业自身的竞争力与生产力。工业互联网的理念被提出以后，工业互联网一直在持续成长，这也促使了其他行业、其他领域的发展，使工业互联网在其他领域的运用实现质的飞跃。在软件定义机器中，通过运用工业互联网技术，取得了有效的成果，这项应用的前提就是具备高性能的硬件设施。其中，较为明显的功能是可以将计算机以及应用（APP）运行计算出的成果导入机器或云端，能够高效地提高设施的智能化。设施与互联网关联在一起能够使各个应用的运转更为高效，同时也能使更多的应用性能得到开发与创新。在计算机的运转过程中，工业计算机技术中的超级计算机终端有着极其重要的关键作用，这些设施的储存器有着很强的储存性能与计算运行能力，能够对后台的管控系统以及操作系统起到不可忽视的作用，但同时成本也会大幅度上升。

4.4.2 5G 概述

5G 指第五代移动通信，最主要的目标是实现“万物智联”，其本身就是一个智能化网络，是为了整个智能时代而设计。5G 技术具有高速度、泛在网、低功耗、低时延、万物互联的特点。5G 时代将拥有增强的带宽，峰值速率提升 10 倍以上，拥有超海量的连接，可实现每平方千米百万连接，可靠性高达 99.999%，空口时延 1 ms。5G 技术经过数十倍到数百倍的性能改善，其峰值、速率、流量密度、用户体验、频谱效率等都会实现跨越式增长；从基础技术、云计算、人工智能、AR/VR（增强现实/虚拟现实）等切入，5G 技术赋能垂直行业会带来各个行业市场的转型，包括车联网、制造、教育、医疗等行业，并催生出许多相关的应用场景。同时，5G 技术也将成为整个数字中国、数字社会、智慧城市转型的基础支撑。

5G 技术是经济社会发展的重要驱动力，从其直接贡献来看，5G 技术能有效带动产业链的快速发展，带动设备制造企业先进设备的研发，带动手机终端的升级换代，带动整个信息服务水平的提升；从其间接贡献来看，5G 是社会各行业数字化转型的关键核心，将 5G 深度嵌入云计算、大数据、人工智能，传统产业便会发生新的变革，从而实现传统产业的全面升级；从其就业贡献来看，5G 将创造大量具有高知识含量的就业机会，发展出工业数据分析、智能算法开发、5G 行业应用解决方案等新型信息服务岗位。这些新岗位所需要的程序员、工程师队伍将形成相对稳定的人力资源结构，从而持续拉动就业。因此，对 5G 技术及产业发展进行研究，培育一批 5G 技术的典型应用，创造多样的消费产品，极大丰富消费场景，培育新型消费模式，释放新兴消费潜力，构建经济增长新引擎，实现经济高质量发展，具有重大的理论和实践意义。

4.4.3 5G 与工业互联网的发展

第四次工业革命与新一轮信息技术革命形成历史交汇。德国、日本等工业大国抓住机遇，以 5G 与工业互联网创新发展为抓手，抢占了新工业革命先机。

德国联邦网络管理局于 2018 年 8 月发布了《关于规划 3 700~3 800 MHz 频段用于提供区域无线网络接入业务的征求意见稿》，经过两次征求意见，2019 年 3 月出台了《无线网络接入设备使用 3 700~3 800 MHz 频段的基本框架要求》，提出将 3 700~3 800 MHz 频段用于区域范围的无线接入应用，可在有限区域或企业厂区内使用；同年 11 月 19 日，正式发布《3 700~3 800 MHz 频段用于区域无线网络的频率指配管理规定》，21 日开始接受该频段区域频率申请，并计划将 24.25~27.5 GHz 频段规划用于局部区域以及跨区域的专网和公网 5G 业务。

英国通信管理机构于 2019 年正式发布了《本地许可实现无线应用创新》公告，在频谱共享框架下开放 3.8~4.2 GHz 频段、24.25~26.5 GHz 频段的本地接入许可，其中 24.25~26.5 GHz 频段仅用于室内部署，以满足大量基于 5G 技术的局域应用需求，包括工业互联网、工业自动化和工业机器人等专网通信需求以及特定区域（如偏远山区）固定、移动通信需求。企业可以利用以上频段建立自己的本地网络，更好地控制网络的安全性和可靠性，从而推动行业发展。

日本总务府于 2018 年 12 月发布了《关于建设第五代移动通信系统特定基站指南的通知草案》，明确提出 Local 5G（区域 5G）使用概念，考虑在一些独立环境下，将 4 600~4 800 MHz 及 28.2~29.1 GHz 用于区域 5G 专用网络；2019 年 4 月 10 日，正式确认本地区域网络频率为 4.6~4.8 GHz 和 28.2~29.1 GHz。

除德国、英国、日本外，部分国家也有规划 5G 专网频率的计划。比如，荷兰计划将 3.7~3.8 MHz 划分给本地网络，以满足企业运营工业 5G 网络的需求，促进形成数字技术驱动的工业新生态；比利时在 2020 年 4 月向两家专注于垂直行业的专网运营商发放了 3.6~3.8 GHz 频段的 5G 频率许可，以探索为垂直行业提供 5G 专网部署和运维服务，后续计划将 3.8~4.2 GHz 频段划分用于 5G 专网建设；芬兰则在 26 GHz 频段拍卖规则文件中明确表示将保留 24.25~25.1 GHz 的 850 MHz 频谱用于本地网络。

在我国，各大工业企业联合电信运营企业及相关技术支撑单位针对工业互联网需求，落地了一批“5G+工业互联网”标杆工程，形成了工业互联网发展的良好示范效应，比如：外高桥造船与中国联通合作，在上海市开展“5G+工业互联网”在船舶行业的落地应用，搭建 5G 专网，融合移动边缘计算（MEC）技术，实现了基于 5G 的机器视觉检测场景的应用；使用“工业相机+靶点”的测量模式进行大型钢结构精度测量，通过 5G 专网及边缘云，实时回传、解算现场拍摄图片，生成点位文件。基于 5G 的视觉精度测量替代了传统的全站仪离线测量方式，将测量时间从原来的 3~4 小时，缩短至 30 分钟内，测量效率提升了 400%。2020 年 3 月，工业和信息化部印发《关于推动 5G 加快发展的通知》（工信部通信〔2020〕49 号），明确提出“开展 5G 行业（含工业互联网）专用频率规划研究，适时实施技术试验频率许可”，鼓励企业利用 5G 探索更多、更深层次的“5G+工业互联网”应用，为制造强国、网络强国建设保驾护航。

4.4.4　5G 在船厂工业互联网中的应用

船舶行业是典型的离散制造业，产品是由零部件通过多道不连续的工序加工装配而成的，生产过程是离散的。因此，造船涉及的整个生产链条很长，而生产链条上的各个环节相互独立，产能差异很大。这样就会出现因某个环节出问题导致各环节衔接出问题，而影响最终产品生产的现象。从工业互联网的角度来看，每一个环节就是一个数据生产、收发的“数据岛”，但因为没有实现互联互通，当前还是一个个“数据孤岛”。因此，在船舶行业中通过工业互联网把各个“数据孤岛”联通起来就非常有意义。基于工业互联网在船厂的应用现状和面临的问题，要想实现工业互联网在船厂的全面落地，5G 技术在实现成本、应用场景方面的突出优势决定了它是目前实现船厂工业互联网最合适的通信技术。

1. 快速低成本实现工业互联网

当前，国内船厂的基础设施在建设阶段没有考虑设备联网的问题，因此并没有将有线网络敷设到车间、场地。考虑到船厂普遍占地面积大，要实现全厂区的可靠网络覆盖，必须在全厂区敷设光纤骨干网，将光缆敷设到车间一级。这样做不但设备采购成本高，而且施工难度大、周期长、代价高，无法实现移动设备的入网。5G使上述问题得到很好的解决。

(1)5G是无线通信技术，通过合理的基站部署，只需要少量的基站即可实现厂区5G信号的全覆盖，在个别信号盲区可以通过中继微基站实现网络覆盖。其施工简单，不需要挖沟开槽，不破坏已有建筑、场地的结构，车间内部无须架设桥架。

(2)5G的基础设施建设由电信运营商负责。在基础设施建设成本的分摊上，船厂可以与运营商洽谈，可以极大降低船厂在基础设施上的一次性投入。

(3)5G可以实现船厂全生产要素联网。作为移动通信技术，5G既可以用于固定生产要素(材料、设备、办公用具等)的联网，也可以用于移动生产要素(人员、车辆、机器人等)的联网，在技术上可以实现工控网和办公网的融合。

2. 人机料位置感知

(1)人员定位。船舶行业属于劳动力密集行业，大中型船厂的人数均在万人以上，人员分布复杂。船舶行业又是高危行业，生产现场总是呈现多工种立体交叉作业状态。从安全、工作纪律、生产效率等方面考虑，加强人员管理是十分必要的。当前，已有船厂在特定区域(如船上、船台、船坞等)做了人员定位管理的尝试，取得了不错的效果，但都是使用特定的技术，如蓝牙、ZigBee、RFID等，需要搭建专用的系统，实施较复杂，维护成本高，这些制约了此类技术的推广应用。而以往基于2G/3G/4G蜂窝网的定位技术(如ECID、OTDOA等)，虽然信号可以覆盖到室内外，但是精确度无法满足需求。

(2)物资定位。船厂可移动设备多、危险物品多、中间产品多，以往对这些设备、物资的管理是做手工台账。但手工台账存在更新不及时、物品去向不明确、无法知道物品当前位置等问题，易出现诸如设备在某处闲置，而需要使用的人找不到设备；危险物品未得到及时有效处理；中间产品管理不到位等情况。

上述问题5G技术都能解决。5G的高密集组网、波束赋形、大规模天线阵列、毫米波频谱等，为高精度距离和角度测量提供了基础性技术支持。基站密度显著提高，终端信号可被多个基站同时接收到，这将有利于多基站协作实现高精度定位。

3. 厂区车辆自动驾驶

船舶行业是重工业，原材料、中间产品、设备的搬运都要依靠各种运输车辆。由于产品的特点，船厂厂区占地面积大，厂区内通勤、保洁、消防都要依靠机动车辆。因此，每天都有各种类型的车辆在厂区的道路上行驶，使得厂区的交通状况较复杂。由于一些特种车辆(如平板运输车、叉车)司机的驾驶盲区很大，车辆事故时有发生。此外，船厂都位于大江、大河或海边，水面开阔，易出现雾天，这也给厂区交通安全造成不利影响。

感知能力建立在多种信息来源(例如雷达、激光、车载摄像机、高精度地图等)基础之上的自动驾驶车辆，不容易受到天气、障碍物等因素影响，更是将人为因素(如疲劳驾驶、超速驾驶、无证驾驶、醉酒驾驶等)剔除掉，通过V2X(Vehicle to Everything，一种互联网通信模式)，实现人、车、路等信息的协同，实现最高等级的安全驾驶、最优的通行效率。自动驾驶车辆可能是未来船厂运输和通勤的主要交通工具。

5G网络可以满足接近100%的高可靠性、毫秒级端到端时延和每秒上百兆传输速率的需求，通过车载终端将本地传感器和远程服务信息进行智能融合，合作式感知能够有效提升车辆的安全机动性能，在车辆超车、换道、躲避障碍物等方面提供可靠保障。

4. 虚拟现实

虚拟现实在船舶行业应用多年，从最初的笨重昂贵的 3D 巨幕投影设备到现在的 VR 头显设备，从仅显示 3D 立体影像到现在的 VR、AR、MR、HR 等，从最初仅有几家高校、研究机构和船厂的实验室可以体验到目前全行业得到广泛的应用。在此，将 VR、AR、MR、HR 多种场景呈现和交互方式统称为 XR。近年来，XR 在可视化、交互方式两个核心能力方向上取得了突破性进展，在当前能预见的场景下，XR 在造船行业也有着非常广阔的行业应用前景和增值空间，如虚拟化协同设计、产品推广、智能制造、教育培训等，国内已有船厂在这方面做了初步的尝试。虽然 XR 在船舶行业有着非常广阔的应用价值和使用场景，但 XR 对整个通信过程的低延时、高带宽、高并发提出了极严格的要求，具体要求见表 4-1。

表 4-1　XR 对无线网络的要求

指标项	指标值
分辨率（K）	4~8
色深（bit）	8
编码标准	H265/266
帧率（帧/s）	50~90
码率要求（Mb/s）	≥40
带宽要求（Mb/s）	≥60
时延要求（ms）	≤15
丢包要求	$\leqslant 1.00\times10^{-5}$

通过对 XR 业务做专有网络切片，5G 能满足表中的所有技术指标要求。

1）虚拟化协同设计

XR 虚拟化协同设计使不同地域、不同单位、不同部门的工程师可以通过 5G 网络与存储在船厂服务器上的船舶三维模型快速地进行交互设计，也能够使工程师实时交流想法。

2）产品推广

船厂拜访船东、参加各种展会推荐自己的产品，以往是通过宣传册和预先录制的视频资料。通过 5G 网络，只需给客户戴上 XR 设备就可以让客户漫游厂区观看正在生产的产品。

3）辅助生产

XR 可以实现，在生产现场工人通过穿戴设备（如 3D 眼镜）扫描需要组装的零件上的标识，通过 5G 网络实时观看存储在船厂服务器上的零件的装配顺序 3D 动画演示和安装工艺要求讲解视频。

4）教育培训

当前，船厂非常重视员工培训，并把培训作为降低安全事故发生率、提高员工技能水平、增强企业竞争力的重要抓手，培训内容包括安全、技能等。通过 5G 网络，员工可以在工作岗位上通过 XR 接受教育培训，而无须定时、定点集中培训。

5. 智能车间

当前，无线技术在船厂主要应用于通信、设备及产品信息的采集、非实时控制等。无线技术在可靠性、数据传输速率、覆盖距离、移动性等方面的不足，导致当前其未能在制造现场得到广泛应用。随着 5G 技术的不断发展成熟，特别是其特有的低时延、高可靠、大带宽等特性，使得无线技术应用于现场设备实时控制、远程维护及操控、工业高清图像处理等成为可能，同时也为实现未来船厂的柔性生产线、柔性车间奠定了基础。可以预见，未来船厂车间中将出现更多的无线连接，这将促使车间网络架构不断优化，有效提升网络化协同制造与管理水平，促进船厂提质增效，实现对整个产品全生命周期的管控。5G 在智能造船方面至少可应用于以下 4 个场景。

1）工业控制

5G 特有的低时延、高可靠特性使得无线技术应用于船厂生产线的实时控制成为可能。通过对船厂已有生产设备的简单改造，如加装 5G 通信模块或终端，就可以实现设备的联网控制，省去了弱电施工，大大简化了线网结构，显著降低了设备联网的成本。

2）工业穿戴

5G 的大带宽、移动性、泛在性、低功耗等优势为工业可穿戴设备在生产现场的应用奠定了技术基础。未来船厂生产线上的工人在工业可穿戴设备的辅助下能更高效、高质、安全地完成工作。

3）车间物流自动化

5G 的低时延、高可靠、大带宽、移动性等优势可以实现对车间内移动机器人、AGV、行车的精准控制和调度，甚至可基于机器视觉进行路径导航规划等。

4）智能感知

5G 的泛在性、低功耗等优势使通过在车间安装海量工业传感器，实现对环境、物资、设备的全方位感知成为现实，使原来很多未知不可控的因素变得已知和可控，使船厂变成一个“透明工厂”。

4.5 数字孪生技术

数字孪生造船全生命周期框架由基础层、数据层、服务层三个层次组成，包含全生命周期设计、制造、运行、维修四个阶段。

（1）基础层：由各阶段的物理船舶、对应数字孪生体以及连接接口组成，是整个框架的基础，承担了物理实体转化为虚拟仿真体的功能。通过互联规范、协议将各软件系统、设备统一数据接口，建立数据传输通道。将造船全过程的设计、生产、运行、维修相应活动全部转化为数据，实现从物理到虚拟，从硬件到软件全方位的、系统的数字化、网络化和智能化，以数据为基础，建立相应的数字孪生体，形成物理空间的实时互动虚拟映射，监控全生命周期中的物理空间生产活动，并以三维图像、演示动画、图纸、文档等形式展示给相应用户。同时，数字孪生体可用于模拟平台验证设计、生产、运行、维修方案与计划的可行性。

（2）数据层：由设计、制造、运行、维修的现场实时转化的数据信息与数字孪生体仿真验证后的结论数据组成，通过基于物联网的技术，利用云计算、大数据等手段，实现对设计过程、生产作业过程、物流配送过程、运行维修过程以及企业各类制造资源的数字化仿真建模。

（3）服务层：由各阶段管理平台组成（CAD、CAM、PLM、MES、ERP 等），通过下发设计、制造、运行、维修各阶段的目标、任务、计划，利用数字孪生体进行对应模拟验证，结合供应链数据、制造资源数据，为企业各个阶段的生产活动提供智能决策支持，实现基于数据和知识的精细化管理。同时，利用数字孪生体的可视化特点，对相应工作人员进行三维图像、文档、图片等形式的信息传达，让工作人员更快了解相应信息。

4.5.1　框架运行机制

船舶全生命周期涉及设计、建造、运行和维护四个阶段，可总结为两个主要阶段：设计建造阶段与运行维护阶段。在新船的设计建造阶段，将利用已建成船舶的全生命周期各阶段数字孪生数据，为新船的设计提供改进优化建议，完成一次造船技术上的迭代升级。建造完成后，运行维护阶段的数字孪生数据又将为下一艘新船的建造提供迭代升级的数据。

1. 数字孪生技术的应用体系框架

数字孪生系统中通常包含可观测物理实体、数据采集与设备控制实体、数字孪生体、用户实体及技术支撑等，各个组成部分之间的关系见参考架构（图4-9）。

其中，可观测物理实体主要为可观测的物理元素。数据采集与设备控制实体一方面通过数据采集实体采集数据，并对数据进行预处理、清洗等；另一方面实现对物理实体的控制。数字孪生体中操作与管理子系统实体应维护运营过程中可观察元素的信息，包括数字建模、演示和同步等功能。应用和服务子系统包含模拟、预测、生成报告等功能。资源存取与交换子系统通过支持互操作的应用和服务功能、管理功能和业务功能的受控接口，向数字孪生用户实体提供对数字孪生实体的访问或资源交换等。数字孪生用户实体可以是任何能够利用数字孪生进行运营和维护的实体。系统应向数字孪生用户实体提供适当的接口，其中特定于应用程序的功能由底层应用程序提供，该应用程序通过由资源存取与交换子系统实体控制的应用程序接口与数字孪生实体进行交互。跨域实体是跨越孪生用户实体、数字孪生体、数据采集与设备控制实体的实体，为各个不同实体提供支撑。

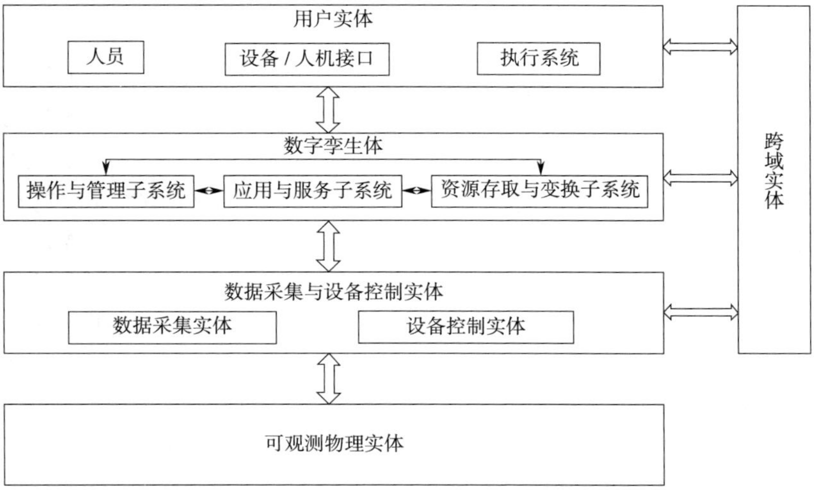

图 4-9　数字孪生系统参考架构图

数字孪生系统的主要功能如下。

（1）镜像可视化：在数字空间建立的数字孪生体，与物理实体在尺度、物理特性、机理等方面以适当的频率保持一致，并对其进行图形化的描述与表达。

（2）归因功能：通过数字孪生体实现对物理实体动态的、趋于实时的监测，基于所得的监测数据和历史信息实现对物理对象当前状态及成因的判断，从而实现故障类型判断、故障定位等。

（3）状态预知功能：通过数字孪生体，在数字空间对物理实体的设计、制造、功能与性能测试、运行与维护、拆解与报废等过程进行集成的模拟、仿真与验证，预测物理实体未来的状态，从而判断其潜在的缺陷与风险。

（4）方案优选功能：通过数字孪生体，在数字空间分别对多种决策方案下的物理实体性能、缺陷、风险等进行模拟、比对，进而选择决策方案或对决策提出建议，包括决策支持、自动化决策。

（5）自主控制功能：数字孪生体与其物理实体之间动态互动，数字孪生体向物理空间反馈物理实体的执行动作，从而实现系统自动运行。

2. 应用体系框架运行机制

1）设计建造阶段的框架运行机制

船东的需求是造一艘船的起点，通过对船东需求的分析解读，定义船舶对应功能性需求、非功能性需求及约束指标，形成设计任务。结合母型船的全生命周期各阶段的数字孪生体数据、知识数据及实时数据（设计公司、船厂、供应链的数据）等，进行基本设计、详细设计、生产设计。在设计过程中，同时生成设计的实时仿真模型，对船体结构、系统设计、设备选型布置、设计计划进行高写实度仿真，在设计进行的同时，及时对设计存在的不足进行模拟仿真检验，并及时修正。设计基本完成后，生成完整的设计船舶数字孪生体，再利用已运行船舶的数字孪生数据，对船舶进行对应环境的运行模拟仿真（包括目标航线环境、运输状态、能耗管理、安全管控），发现设计不足及缺陷，再次设计，模拟仿真，直至优化完成，达到各方要求，形成设计图纸，确定设计数字孪生体。

将数字孪生引入船舶与海上设施的设计阶段，通过传感技术收集物理世界的数据、打通各数字模型之间的数据孤岛，支持知识库/数据库的建立，并辅助相关的建模工作；采用数字孪生建模技术及模型融合理论，能够为各学科模型构建与融合提供解决思路；同时，数字孪生体高保真的仿真环境、可计算性可以提高设计验证能力，加快设计速度，提高设计精度。

设计图纸完成后进入船厂建造阶段，根据设计数字孪生体，分解各部门的建造任务，船舶车间及在建船舶的数字孪生体（在物理建造的同时，根据实时数据生成建造数字孪生体）利用物理船厂的实时数据（环境数据、供应链数据、人力资源数据、扰动因素等）、各阶段孪生数据及知识数据，对船舶生产工艺、生产计划进行仿真模拟，验证建造任务的可行性和科学性，生成生产方案及计划以及可视化生产工艺及计划指导，并将其下发到生产车间进行实地生产，再通过实际建造活动的实时反馈，不断修正生产方案及计划，形成物理实作与虚拟仿真的交互反馈，并通过调控物理空间生产活动或修正虚拟模型，实现二者的同步与双向优化，指导建造过程。

引入数字孪生技术，实现对建造现场的实时监控、数字化管理和工艺优化，同时以多维工艺文件的形式辅助人工操作，并将人工装配经验和知识转化为知识数据库，后续用于工艺指导和仿真训练。

2）运行维护阶段的框架运行机制

运行维护阶段以船舶正式交付船东为起点，以建造数字孪生体为基础，利用船舶运行时全面感知的数据，生成运行数字孪生体，以可视化图形的方式展示船舶内部设备的运行状态、航行状态（航速、吃水、重心、位置等）。输入作业任务及限制条件，结合孪生数据，利用运行数字孪生体进行作业过程、航行状态的模拟仿真，制定作业、航行、能耗管理方案，通过实时数据改变触发模拟仿真，形成传播运行管控与模拟仿真的双向优化，为船舶运行提供安全快捷、成本最优的运作、航行方案。

维护阶段分为故障前的预测维护和故障发生后的维修两类情况：故障前，利用船舶的运行数字孪生体，结合船舶人工及软件的例行检修数据、维修的孪生数据，预测故障发生位置、时间及原因，根据故障原因及动态仿真验证结果制定维修方案及运行状态调控方案，降低故障风险概率及损失。故障发生后，利用全面感知的数据、人工查验数据，结合各阶段孪生数据，确定损伤位置、设备、功能等情况，实时模拟受损状态，及时采取应急措施，保证船舶安全，评估全船受损情况，制定当前运行方案及后续维修方案，并根据受损原因，对船舶缺陷进行相应改进与升级，同时维修孪生数据将为后续船舶的建造、迭代、优化提供数据，形成船舶全阶段的循环交互、迭代升级。

4.5.2　数字孪生在造船中的应用

1. 设计阶段

数字孪生在设计阶段的具体体现如下。

（1）基本设计阶段：以船东的需求为出发点，结合孪生数据、实时数据、知识数据，利用 CADDS 5、TRIBON 等软件进行并行设计工作，完成基本设计，包括船体基本结构、主要舾装设备、机舱布置、电力负荷及电站配置、设备选型。内容包括型线图、总布置图、舯剖面图、机舱布置图等。这些表达了全船主要构件的布置和连接关系。在基本设计阶段，通过理论计算和必要的实验来确定船舶的主要参数、结构形式和主要设备选型等重大技术问题。

（2）详细设计阶段：在设计过程中生成三维船舶模型，进行结构、设备布置、功能参数的模拟，发现问题，实时反馈，进行设计修正，交互反馈直至设计成形，形成设计数字孪生体，反映几何属性，通过结构模型解决设备、管系、结构、支架碰撞问题，发现设计不合理、难施工部位等问题，改善设计方案。功能模型及性能模型以结构模型为基础，附加功能、性能、动作规则等数据，生成功能模型及性能模型，进行相关模拟仿真，验证设计方案并对其进行优化。

（3）生产设计阶段：在完成详细设计送审图的基础上，结合船厂实际建造能力和工艺水平，按工艺阶段、施工区域和组装单元，绘制记入各种工艺技术指示和各种管理数据的工作图、管理表以及提供生产信息文件。在此阶段，将根据详细设计的图纸生成设计数字孪生体，结合造船车间的数字孪生体，对建造方案、装配工艺流程、生产计划、人员安排、供应链进行模拟仿真，验证以上活动的可行性、合理性、科学性，并根据相应结果进行优化、再次模拟仿真，直至达到设计、建造的目标。

在设计阶段引入数字孪生，可以很好地解决制造复杂性管理问题。制造复杂性主要来源于以下三个方面：

（1）设计和产品开发的复杂性（零件数量、可制造性、尺寸等）；

（2）制造系统的复杂性（生产线的可变性、灵活性和操作性）；

（3）业务和市场复杂性（供应链、全球竞争、市场动荡）。

智能制造从三个方面改变复杂性管理：

（1）复杂性管理将更加数据化，以提高决策的可靠性；

（2）复杂性管理将更加自主，许多活动可以被人工智能和自动机器替代；

（3）复杂性管理将涵盖产品的全生命周期，以考虑它们对设计、使用、维护和废弃处置的影响。

数字孪生作为智能制造中的一项重要技术，能够很好地实现复杂性管理的转化，具体体现在以下三项关键技术。

1）实时收集数据并监测

在传感技术和物联网的支持下，数字孪生可以在物理和虚拟世界中监控其产品和环境，在此过程中将实时收集数据。数据可以从物理实体、虚拟实体、历史调查、在线资源和同行产品中收集。这些数据将支持对制造系统复杂性的分析。此外，此类数据还有助于用户和开发人员评估制造系统中的不确定性。因此，与状态和信息内容相关的数据有助于用户理解管理复杂性。

2）识别、诊断并预测制造复杂性

传统情况下，受限于知识、经验和认知，工程师很难识别、诊断和预测制造复杂性。在海量数据和分析方法的支持下，数字孪生将这些目标转化为更加客观和理性的方式。复杂性在制造系统中表现为耦合关系和系统故障。由于数字孪生动态监控制造系统，所有接合部件的状态将被记录，通过跟踪和检查这些状态，数字孪生可以快速找出耦合和系统故障，进而识别复杂性。对于复杂性诊断，数字孪生将结合目标系统、记录系统和先前决策的数据。这些数据的融合将使数字孪生能够在现有样本中进行比较和学习，以诊断复杂性原因。基于训练模型，数字孪生将学习复杂性数据集的模式，从而预测复杂性趋势。此外，开发人员可以通过编辑和过滤特定数据来自定义训练模型。除了训练模型外，还可以在虚拟实体中通过仿真和验证来进行预测。与训练模型类似，虚拟实体中的虚拟模型也可以自定义以提高模拟精度。

3）强化人机交互

尽管智能制造旨在促进更加自主的生产，但人工所具备的灵活性和知识经验对于处理复杂的问题仍然不可或缺。数字孪生提供了人工干预的新兴方法。通过增强现实和虚拟现实，用户可以灵活修改虚拟实体的虚拟模型。由于虚拟实体与物理实体同步，物理实体将根据虚拟实体的变化做出反应。因此，用户还可以远程控制物理制造系统。同时，由于虚拟实体是物理实体的数字镜像，用户可以灵活地观察物理实体的方方面面。此外，数字孪生还使用户可以通过简单的编辑设置、命令和数据来控制制造系统。通过这些方式，当数字孪生无法自主处理问题时，用户可以快速、远程、方便地指导复杂性管理。

2. 建造阶段

建造阶段由生产车间和船舶的数字孪生体组成，形成车间数字孪生体，反映车间的布置、动作、规则、性能、功能，做到虚实相互映射。厂区搭载5G网络，车间布置摄像头、各属性传感器，实时传输车间状态数据。生产管理人员在控制室进行整个车间的控制。

（1）船体车间，以设计数字孪生体为基础，结合船厂数字孪生车间，形成建造流程模拟，根据模拟结果，优化生产流程及工艺，再进行实际生产，通过实际生产的状态数据，同步形成在建船舶的数字孪生体，结合车间数据，对生产流程及工业进行优化，形成生产指令，由数控切割机、焊接机器人直接进行生产操作。

（2）船坞阶段，分段在船坞阶段进行合拢，船舶成形，在主要系统安装完成、外部涂装达到可下水状态后，船舶出坞。船坞阶段主要依靠人工进行装配、安装、调试，自动化设备使用较少，此阶段数字孪生的主要应用为装配过程可视化模拟、生产计划优化，通过可视化终端指导现场施工人员进行装配、调试，并根据现场施工的实际情况，反馈实际安装的位置、尺寸、工艺等属性，生成现场物理实体的数字孪生体。以某分段翻身、吊运合拢为例，在分段吊装合拢过程中，首先针对分段数字孪生体，利用其重心、尺寸、质量分布、结构强度等属性，结合龙门吊的起吊能力、吊运速度、精度数据、焊接能力，进行分段吊装过程的模拟，在起吊前找出吊运存在的问题和潜在的风险，结合实际数据、模拟结果数据、工作人员知识，确定吊环位置，制定最佳吊运合拢方案。根据制定的方案，进行现场吊运，同时收集现场吊运数据，包括吊运的速度、时间、载荷、协作人数、精度、天气等数据，同时由相关工作人员进行评估，结合工作人员经验，对关键数据进行修正，集成为数字孪生数据，为下一次使用积累数据，形成分段吊运方案的迭代升级。

（3）码头阶段，在船舶所有设备安装、各系统调试完成后，船舶进行倾斜试验、试航。在此阶段将形成全船的结构、功能、性能的数字孪生体，在现场人员反馈实际测量的几何属性、物理属性、质量、精度、完工时间、人员等数据的基础上，形成整船的仿真模型，即建造完成的船舶数字孪生体。在交付船舶的同时，交付该船舶的数字孪生体。

3. 运行阶段

运行阶段，根据建造数字孪生体，利用摄像头、传感器实时监控船舶的当前状态，将成本状态数据转换为船舶运行数字孪生体。利用运行数字孪生体实现实时监控，结合实时环境数据、岸基指挥中心数据、传感器数据，对船舶当前状态进行评估和实时控制。船上及岸基的工作人员通过运行的数字孪生体，实现对全船的整体信息掌控。

根据船舶实时状态，对运输任务，模拟仿真能源消耗、航次计划、货载方案，验证并优化运行方案，保障航行安全、完成运输任务、节约能源。利用终端形成可视化状态显示，便于船员操作以及岸基人员的运输任务安排。同时，记录航行数据、运输数据，为下次船舶设计提供迭代数据。

4. 维护阶段

船舶维修分为日常保养和停航维修两个部分。

（1）在日常保养时，利用历史孪生数据，结合运行数字孪生体，通过对几何属性、动作规则属性、物理属性数据的监测，结合异常数据及时进行故障预测，对故障易发位置进行重点保养，及时更换零部件。通过船舶主机的实时动态数据，结合主机数字孪生体、维修孪生数据，对实时温度、声音、振动、裂痕、变形等数据异常部位进行排查，检测是否存在损坏的零部件，并对重点部位、易发生故障部位加大检查力度。

（2）停航维修。在故障或损伤发生后，结合实时数据快速建立维修数字孪生体，并自动采取应急措施，保障船员与船舶的安全，迅速做出评估，并形成船舶受损评估报告，以可视化方式传达到各终端，使船上、岸基、救援人员同时了解船舶故障及损伤情况，快速制定应急措施。同时，应根据修船厂维修能力数据、故障数据、设计建造数据、历史故障数据，结合专家知识，找出故障的发生原因，对故障部位及操作方法形成有针对性的改进升级。

4.6 虚拟现实技术

数据库技术、多媒体技术、网络技术、人工智能、计算机图形学等软件技术的发展为虚拟现实技术提供了条件。船舶虚拟设计与制造仿真是将数字信息技术和计算机技术应用于船舶设计和建造,使船舶研制过程实现两个层次的虚拟:一是使用户能够参与设计,达到预先体验产品性能的目的;二是制造系统层次上强调对生产制造性能进行有效的评价。借助这样的设计手段,设计人员可以通过多种传感器与多维的信息环境进行自然的交互,实现从定性和定量综合集成环境中获得感性和理性的认识,从而帮助深化概念和萌发新意。

在船舶设计领域,虚拟设计可涵盖建造、维护、设备使用、客户需求等传统设计方法无法覆盖的领域,真正做到产品的全生命周期服务。船舶虚拟设计以虚拟现实技术为设计对象,大的方面,可以实现船舶的整体设计贯穿、虚拟船厂模拟;小的方面,可以完成构件的功能有效性测试、实体间的干涉检查、船舶空间的人流路径设计。此外,由于船舶虚拟设计始终以可制造为目标,因此在船舶虚拟设计系统中可以单独讨论构件(设备)的可制造性;而且由于船舶虚拟设计以船舶全生命周期为最后目标,在船舶虚拟设计系统中也可以讨论船舶构件(设备)的可维护性。因此,通过对面向船舶整个生命周期的虚拟船舶设计系统的开发,可提高船舶设计的质量,减少造船费用,缩短造船周期。

4.6.1 虚拟现实技术概述

1. 虚拟制造的概念和应用

虚拟制造是实际制造过程在计算机上的映射,即采用计算机仿真与虚拟现实技术,在高性能计算机和高速网络的支持下,在计算机上群组协同工作,实现产品设计、工艺规划、加工制造、性能分析、质量检验,以及企业各级过程的管理与控制等,以增强制造过程各级的决策与控制能力。虚拟制造强调在实际投入原材料于产品生产过程之前,完成产品设计与制造过程的相关分析,以确保制造过程实施的可行性。虚拟制造的主要目的是提高产品设计、过程设计、工艺规划、生产规划以及车间控制中的决策与控制水平。

虚拟制造技术在产品建造中的应用主要体现在两个方面:一是建模,二是仿真。在设计阶段,用户能直接参与产品的交互设计,提出修改和优化设计的意见,在制造阶段使用者和参与者对产品制造全过程的工艺、生产和管理等整个制造系统的功能进行有效的评价。因此,必须结合产品的设计生产过程、生产工艺、工程管理、物资配套等生产管理全过程的集成制造的真实环境,借助计算机将真实环境转变为虚拟环境,通过仿真技术对产品设计、工艺和管理等进行优化,这样就能在真实产品制造前,让业主和制造商等产生如视觉、听觉、触觉等各种感觉信息,使参与者犹如身在其中,从而达到预测产品的功能及制造厂生产系统的状况,预先了解制造过程及实时优化方案的目的。

2. 虚拟现实技术的特征

虚拟现实技术是指采用以计算机技术为核心的现代高科技生成逼真的视、听、触觉信息等一体化的虚拟环境,用户借助必要的设备以自然的方式与虚拟世界中的物体进行交互,相互影响,从而产生亲临真实环境的感受和体验。这里的虚拟环境指计算机生成的色彩鲜明的立体图形,它可以是某一特定现实世界的真实体现,也可以是纯粹构想的虚拟世界。必要的设备指立体头盔式显示器、数据手套、数据衣等穿戴于用户身上的设备和设置于现实环境中的传感设备(不直接穿戴在身上)。自然交互是指用日常使用的方式对虚拟环境内的物体进行操作并得到实时立体反馈,如手的移动、头的转动、人的走动等。

虚拟现实系统提供了一种先进的人机界面,通过为用户提供视觉、听觉、触觉等方面直观而自然的实时感知交互的方法与手段,最大程度地方便了用户的操作,从而减轻了用户的负担,提高了系统的工作效率。其效率主要由系统的沉浸程度和交互程度来决定。

1)沉浸性

沉浸性又称浸入性,是指用户好像完全置身于虚拟世界中一样,被虚拟世界所包围。虚拟现实技术的主要特征就是让用户觉得自己是计算机系统所创建的虚拟世界中的一部分,使用户由被动的观察者变成主动的参与者,沉浸于虚拟世界之中,参与虚拟世界的各种活动。比较理想的虚拟世界可以达到用户难以分辨真假的程度,甚至超越现实,实现比现实更逼真的照明和音响等效果。

虚拟现实的沉浸性来源于对虚拟世界的多感知性,除了我们常见的视觉感知、听觉感知外,还有力觉感知、运动感知、味觉感知、嗅觉感知、身体感知等。从理论上来说,虚拟现实系统应该具备人在现实客观世界中具有的所有感知功能。但由于目前科学技术的局限性,在虚拟现实系统的研究与应用中,较为成熟或相对成熟的主要是视觉沉浸、听觉沉浸、触觉沉浸、嗅觉沉浸,有关味觉等其他的感知技术正在研究之中,尚不成熟。

Ⅰ. 视觉沉浸

视觉通道给人的视觉系统提供图形显示,为了给用户提供身临其境的逼真感觉,视觉通道应该满足一些要求:显示的像素应该足够小,使人不至于感觉到像素的不连续;更新的频率应该足够高,使人不至于感觉到画面的不连续;要提供具有双目视差的图形,形成立体视觉;要有足够大的视场,理想情况是显示的画面充满整个视场。

虚拟现实系统向用户提供虚拟世界真实的、直观的三维立体视图,并直接受用户控制。虚拟现实系统产生视觉方面的沉浸性是十分重要的,视觉沉浸性的建立依赖于用户与合成图像的集成,虚拟现实系统必须向用户提供立体三维效果及较宽的视野,同时随着人的运动,输出的场景也随之实时地改变。较理想的视觉沉浸环境是在洞穴式显示设备中,采用多面立体投影系统,可得到较好的视觉效果。另外,可将此系统与真实世界隔离,避免用户受到外面真实世界的影响,使用户获得完全沉浸于虚拟世界的感觉。

Ⅱ. 听觉沉浸

声音通道是除视觉外的另一个重要的感觉通道,如果在虚拟现实系统中加入与视觉同步的声音效果作为补充,在很大程度上可提高虚拟现实系统的沉浸效果。在虚拟现实系统中,主要让用户感觉到三维虚拟声音,这与普通立体声有所不同。普通立体声可使人感觉声音来自某个平面,而三维虚拟声音可使听者感觉到声音来自围绕双耳的一个球形中的任何位置。它可以模拟大范围的声音效果,如雷鸣、波浪声等自然现象的声音,在沉浸式三维虚拟世界中,两个物体碰撞时,也会发出碰撞的声音,并且用户根据声音能准确判断出声源的位置。

Ⅲ. 触觉沉浸

在虚拟现实系统中,我们可以借助于各种特殊的交互设备,使用户能体验抓、握等操作的感觉。当然,以现在的技术不可能达到与真实世界完全相同的触觉沉浸,除非技术发展到与人脑能进行直接交流。基于目前的技术水平,我们主要侧重于力反馈方面。如使用充气式手套,在虚拟世界中与物体相接触时，能产生与真实世界相同的感觉，如用手在打球时，不仅能听到拍球时发出的“嘭嘭”声，还能感受到球对手的反作用力，即手上有一种受压迫的感觉。

Ⅳ.嗅觉沉浸

日本最新开发出一种嗅觉模拟器，只要把虚拟空间中的水果放到鼻尖上一闻，装置就会在鼻尖处释放出水果的香味。其基本原理是，这一装置的使用者先把能放出香味的环状嗅觉提示装置套在手上，头上戴着图像显示器，这样就可以看到虚拟空间的事物。如果看到苹果和香蕉等水果，用指尖把显示器拉到鼻尖上，位置感知装置就会检测出显示器和环状嗅觉提示装置接近。环状装置里装着八个小瓶，分别盛着八种水果的香料，一旦显示器接近，气泵就会根据显示器上的水果图像释放特定的香味让人闻到水果的香味。

虽然这些设备还不是很成熟，但这是虚拟现实技术在嗅觉研究领域的一个突破。

Ⅴ.身体感觉沉浸、味觉沉浸等

在虚拟现实系统中，除了要实现以上的各种感觉沉浸外，还有身体的各种感觉、味觉等，但基于现在的科技水平，人们对这些沉浸性的形成机理知之较少，还处于初级阶段，有待进一步研究与开发。

2)交互性

在虚拟现实系统中，交互性的实现与传统的多媒体技术有所不同。在传统的多媒体技术中，从计算机发明直到现在，人机之间主要通过键盘与鼠标进行一维、二维的交互，而虚拟现实系统强调，通过人的走动、头的转动、手的移动等，用户与虚拟世界进行交互，并借助于虚拟现实系统中特殊的硬件设备（如数据手套力反馈设备等），以自然的方式与虚拟世界进行交互，实时产生与在真实世界中一样的感知，甚至连用户本人都意识不到计算机的存在。例如用户可以用手直接抓取虚拟世界中的物体，此时手有触摸感，可以感觉物体的重量，能区分所拿的是石头还是海绵，并且场景中被抓的物体也立刻随着手的运动而移动。

虚拟现实技术的交互性具有以下特点。

Ⅰ.虚拟环境中人的参与及反馈

在虚拟现实系统中，人是一个重要的因素，这是产生一切变化的前提，只有人的参与及反馈，才会有虚拟环境中实时交互的各种要求与变化。

Ⅱ.人机交互的有效性

人与虚拟现实系统之间的交互是基于真实感的虚拟世界交互，有效性是指虚拟场景的真实感，真实感是前提和基础。

Ⅲ.人机交互的实时性

人机交互的实时性指虚拟现实系统能快速响应用户的输入。例如头的转动能立即在所显示的场景中产生相应的变化，并且能得到相应的其他反馈；用手移动虚拟世界中的一个物体，物体位置会立即发生相应的变化。没有人机交互的实时性，虚拟环境就失去了存在的必要性和前提。

3)想象性

想象性是指虚拟环境是人想象出来的，同时这种想象体现出设计者相应的思想，因而可以用来实现一定的目标。所以说虚拟现实技术不仅是一个媒体或一个高级用户界面，它同时还是由开发者设计出来的为解决工程、医学、军事等方面问题的应用软件。通常它以夸大的形式反映设计者的思想，虚拟现实系统由虚拟现实技术与设计者并行操作。虚拟现实技术的应用，为人类认识世界提供了一种全新的方法和手段，可以使人类突破时间与空间限制，去经历和体验世界上早已发生或尚未发生的事件；可以使人类进入宏观或微观世界进行研究和探索，也可以完成那些因为某些条件限制难以完成的事情。

现在，虚拟现实技术在许多领域起到了十分重要的作用，如核试验、新型武器设计、医疗手术的模拟与训练、自然灾害预报。这些问题如果采用传统方式去解决，必然要花费大量的人力、物力及漫长的时间，或是无法进行的，甚至会牺牲人的生命。而虚拟现实技术的出现，为解决和处理这些问题提供了新的方法及思路，人们借助虚拟现实技术，沉浸在多维信息空间中，依靠自己的感知和认知能力全方位地获取信息，发挥主观能动性，形成新的解决问题的方法和手段。

综上所述，虚拟现实系统具有沉浸性、交互性、想象性，使参与者能沉浸于虚拟世界中并进行交互。所以有人说虚拟现实系统是通过视、听、触觉等信息通道感受设计者思想的高级用户界面。

4.6.2 虚拟造船

虚拟造船，是指在船舶设计阶段就模拟出造船的整个过程，及早发现设计中出现的问题，减少建造过程中设计方案的更改，减少建造过程的延期，合理规划建造过程，优化资源配置，提高设备和劳动力的使用率，降低生产成本，提高产品质量，实现造船系统的全局最优化。另外，在采用新技术、新设备之前，利用虚拟造船系统模拟出采用这些新技术、新设备后的造船过程，并对建造过程进行评估，以确定是否采用或如何合理应用这些新技术和新设备。

1. 虚拟造船技术概述

虚拟造船技术指实现对造船过程中的人、组织管理、物流、信息流、能量流的全面仿真，支持车间和生产线的布置与运行控制、产品实现过程仿真等。虚拟造船技术的功能主要包括建造工艺规划、建造过程演示和建造过程评估等。

建造工艺规划是进行虚拟建造仿真的首要工作，在具体工艺环节仿真验证的基础上，通过对造船过程的深入分析，建立整体建造过程的流程模型，确定建造过程中每个环节的时间节点及所需的资源和设备。建造工艺规划主要包括：船厂车间的布局；生产设备的布置；人力资源的分配；建造流程的规划；物流控制仿真；生产过程和生产调度仿真；建造工艺仿真。

建造过程演示是根据建造工艺规划，将船舶的整个生产建造过程采用虚拟现实技术表现出来，使用户可以直观地观看整个造船的过程，包括零部件的加工、船体结构的焊接、舾装、涂装等过程以及在这些过程中工人的工作过程、机器设备的工作过程、物流控制、生产调度等。

建造过程评估是在造船之前，对船舶的整体建造过程进行模拟，以尽早发现问题，合理规划建造过程，优化资源配置，降低建造成本，提高产品质量。因此，对建造过程的评估是虚拟造船的重要组成部分，评估的主要内容如下。

（1）生产过程评估：对所规划的船舶生产建造过程进行整体性的评估，寻找不合理的地方，以做出调整和优化；对某项具体建造工艺进行仿真验证，以检验该工艺的合理性和正确性。

（2）制造成本估算：计算造船总成本、各阶段成本及按类型进行分类的成本（如材料、人工、配套设备、项目管理等）。

（3）制造时间评估：计算造船总时间、各阶段所需时间及按类型进行分类的时间（如零部件的加工、配套设备的采购、结构焊接、舾装、涂装等）。

另外,采用虚拟造船技术,可以预先评估新技术、新设备在船厂应用的效果,评估在新技术条件下未来的造船过程,以支持船厂在采购策略、规划、投资方面制定决策。

2. 虚拟造船的关键技术

虚拟造船技术的处理对象是船舶产品与造船系统的信息与数据,主要包括如下几部分:船舶产品和造船过程建模技术及虚拟车间建模技术、虚拟企业建模技术;运行和操作的仿真技术及综合可视化技术;模型部件的组织技术、工作和信息流程控制技术、碰撞的求解技术及验证技术、数据库技术、人工智能技术、系统集成技术及协同求解技术等。

随着造船计算机软件和硬件系统的不断更新和发展,虚拟造船技术也取得了巨大的发展,其中的关键技术如图 4-10 所示。

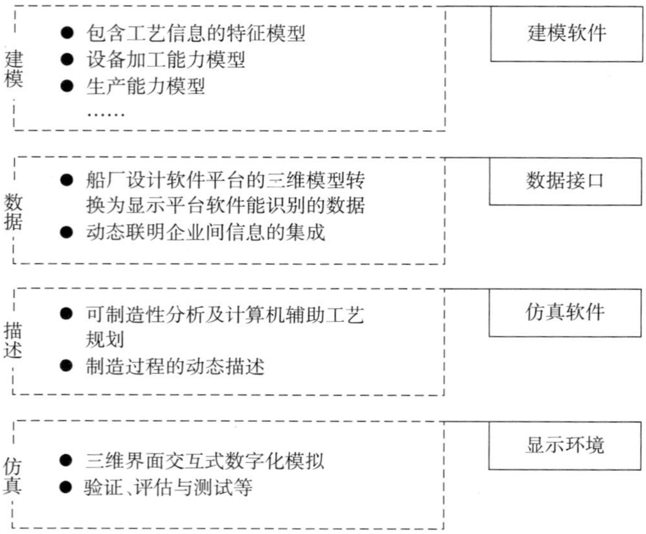

图 4-10 虚拟造船的关键技术

1)数学建模技术

虚拟制造以产品的数学模型为核心,数学建模技术是虚拟造船最重要的组成部分,目前大部分的船舶生产设计软件都能够建立详细、完整的船舶三维模型,并能将其分解成各个可制造单元和模块。因此,现在数学建模的重点是建立制造资源的数学模型,主要包括建立包含工艺信息的特征模型,根据企业的加工设备信息建立设备加工能力模型、生产能力模型等。建立包含工艺信息的特征模型能够为后续的建造工艺分析、加工过程仿真创造条件。设备加工能力模型和生产能力模型是产品零件可制造性分析、加工单元布局以及制造成本估算、生产能力平衡、生产布局优化、调度方案优化的依据。

2)数学描述技术

数学描述技术用于建立描述船厂运作、建造工艺过程的数学模型,在此基础上进行可制造性分析及计算机辅助工艺规划等研究。

(1)建立描述船厂运作的数学模型,这些实体模型包括行政管理、财务、人力资源、合同管理、市场、产品开发、规划和调度、预算、生产控制、物料控制、生产、检验、测试等方面,每个实体模型需要定义其主要功能、主要目标、主要特征、行为等属性。

(2)建立描述建造工艺的数学模型,主要是建立描述生产加工过程的数学模型,如切割、辊轧、线加热、焊接、喷涂、合拢、吊装等。

(3)可制造性分析及计算机辅助工艺规划,根据产品的特征信息和建造工艺的数学模型,进行可制造性分析,确定加工路线、步骤和工艺参数。

(4)建造过程的动态描述,在建造资源数学模型和建造工艺数学模型的基础上,根据工艺规划所确定的加工路线、工艺参数以及可用的建造资源,用动画形式描述建造过程,用以检测建造过程及物流过程的合理性。

3)数学仿真技术

利用建立的描述船舶产品、船厂、车间、生产设备、工人、建造资源的三维模型,描述产品、建造资源、建造工艺的数学模型,以及制定的造船工艺规划,采用虚拟现实技术构成虚拟环境,对造船过程进行三维界面交互式数字化模拟,直观地展现造船的全过程,同时借助虚拟现实及人机工程对产品和工艺过程的可操作性、可维护性进行验证、评估和测试。

4)数字接口技术

如图 4-11 所示,一个完整的虚拟造船系统需要有数学建模软件、数学描述和仿真软件、三维交互式数字化显示环境等软件平台和硬件平台的支持,因此虚拟造船系统的正常运行依赖于数据能够在这些不同的软件平台和硬件平台上实现共享和相互转换,数字接口技术是虚拟造船各项技术间相互联系的桥梁。

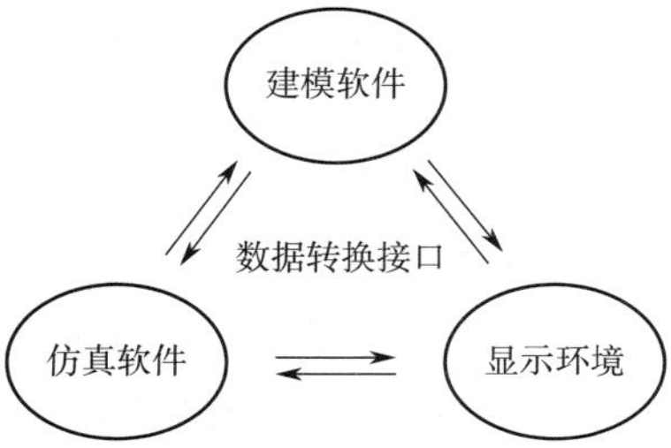

图 4-11　关键技术间的相互关系

数字接口技术的发展有赖于目前广泛使用的各种商用软件平台和硬件平台对各自数据接口的公开,但是目前部分厂商由于商业竞争等原因对自己产品的数据接口进行保护,这阻碍了数据共享和数据接口技术的发展。

3. 虚拟造船的未来发展方向

1)造船业生态新体系

面对"工业 4.0"和《中国制造 2025》的发展战略需求,大力发展智能建造,着重推进信息化与工业化的深度融合,促进制造业的生产管理智能化,是我国未来提升综合国力、保障国家安全、建设世界强国的必由之路。海洋工程装备及高技术船舶是《中国制造 2025》的重点发展领域之一,加快推动新一代信息通信技术与造船技术融合发展,推进生产过程智能化,培育新型生产方式,全面提升企业研发、生产、管理和服务的智能化水平,是造船业未来发展的必然趋势。未来的智能造船,将以造船虚拟现实系统为基础,结合造船信息模型和云计算、大数据、物联网、移动互联网、人工智能等信息技术,以及先进的精益建造理论方法,集成人员、流程、数据、技术和业务系统,实现造船的全过程、全要素、全参与方的数字化、在线化、智能化,从而构建如图 4-12 所示的项目、企业和产业的平台生态新体系。

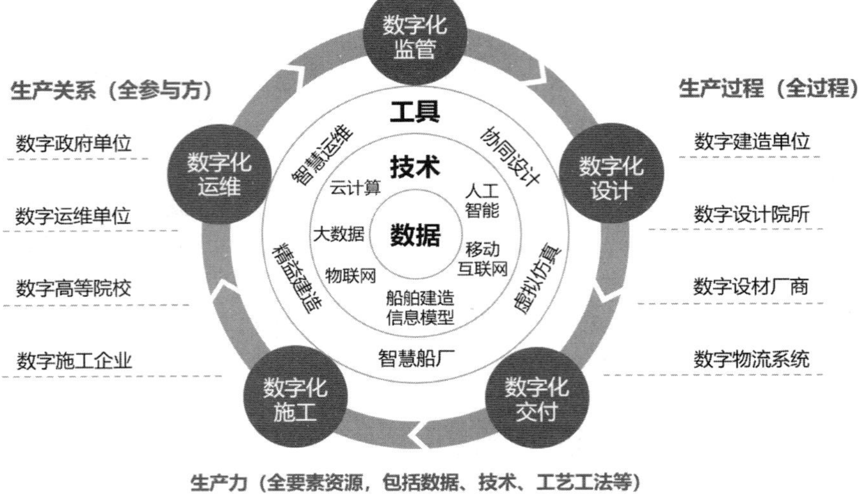

图 4-12　未来造船业生态新体系

2）造船信息模型

未来的虚拟造船技术应致力于满足国家重大需求，推动造船信息模型的应用，为造船企业攻克设计难点提供管理抓手，为项目提供核心项目的深入管控，有效推动造船业设计、生产、管理全生命周期的智能化发展。

造船信息模型具有可视化、协调性、模拟性、优化性、可出图性五大特点，能够实现构件之间互动性和反馈性的可视化，协调处理造船前期各专业间的碰撞问题，根据施工的组织设计模拟实际施工从而确定合理的施工方案，为复杂项目的优化提供科学技术与设备的帮助。

造船信息模型是未来实现智能造船的关键。在造船信息模型的基础上，通过泛在连接、实时在线、数据驱动，实现虚实有效融合的“数字孪生”的在线化链接与交互，是实现智能造船的关键。面对“工业 4.0”和《中国制造 2025》的发展战略需求，未来应着重推进信息化与工业化的深度融合，服务于制造业的生产管理全过程。利用数字孪生技术与智能视频分析技术，对项目现场进行人工智能深度学习，通过视频进行实时分析和预警；实现造船信息模型轻量化应用，Web 端浏览模型、模型构件信息查询等，同时通过造船信息模型展示进度、工艺工法，集中造船信息应用的关键成果；采用“大数据+移动应用”的模式，将简单应用、高效管理的手段深入生产现场，服务于隐患排查与治理、危险源管理、危险大型工程专项管控。

3）智能造船数据决策系统

为实现智能造船的目标，未来应进一步创建面向世界科技前沿的智能造船数据决策系统，利用物联网技术实现数据实时互联互通，为决策者提供决策依据，辅助管理者动态管理项目。智能造船数据决策系统将推动造船及运维的智能化革命。随着“工业 4.0”的持续推进，物联网技术正在实体环境中掀起数字风暴，建造工业数字化、在线化、智能化是大势所趋，通过全面感知、深度认知、智能交互、自我进化，再基于数据和算法逻辑无线扩展，将实现以虚控实、虚实结合进行决策与执行的智能化革命。物联网技术具有实时、范围大、自动化、全天候、获取信息丰富、信息处理能力强等特点，通过对造船现场、物流资源等方面各要素（包括人员、材料、机械、环境、船舶或海洋装备等）数据进行采集并建模，实现对造船现场的云端重现，进而提升管理水平，加快进度，保障安全，并进一步形成船舶与海洋工程装备综合试验、检测与鉴定能力。

创建智能造船数据决策系统有以下技术要求：将造船现场业务系统、硬件设备、物流资源等集成到一个统一平台，并汇总产生的数据、建模形成数据中心；通过建立建造现场的数据标准、数据通信协议标准、各应用间认证和数据交换标准，支持多个应用间的数据共享和数据交换，将各子应用系统的数据统一呈现，形成互联，消除数据孤岛；通过互联网、物联网、物流网，整合物流资源，充分发挥现有物流资源供应方的效率，需求方能够快速获得服务匹配，得到物流支持；对项目数据进行综合分析，项目关键指标通过直观的图像形式呈现，智能识别项目风险并预警，对问题追根溯源，作为决策依据辅助项目管理者动态管理项目，帮助项目实现数字化、系统化、智能化，为管理团队打造智能化“战地指挥中心”。

4.6.3　虚拟造船仿真系统

虚拟造船仿真系统即在造船的整个过程中，全面采用计算机辅助技术，将船舶的设计到建造的各个环节中的计算机模拟技术整合为一体的综合技术，使船舶的设计、建造都置于计算机技术所构造的严格的数据环境中，虚拟现实技术的应用将大大缩短设计周期。虚拟现实技术通过网络技术和产品数据管理（PDM）技术的支撑，还可以实现异地设计和并行设计。采用虚拟仿真系统可以将全尺寸的船身及内外构造的三维立体影像逼真地显示在设计者眼前。

虚拟仿真高画质渲染技术及造船仿真物理系统，将使船舶设计的数字化模型以更直观的方式在网络上展示出来，使世界各地的用户都可以更快捷地获取丰富准确的船舶信息，实现人与计算机之间无缝连接，具有沉浸性、交互性、虚幻性、逼真性等显著特点与优势。

4.6.3.1　用户需求

1. 教育方面

在高校传统的教学中，与船厂和生产过程认知相关的课程，教师普遍采用讲解和展示二维图片相结合的形式，部分高校还开设有船厂实地参观等实践课程，这些教学形式存在一定的弊端。

（1）教师课堂讲解，学生数量多并且学生以被动的方式吸收知识，不能在课堂学习中发挥学生的主动性，学习效果较差。

（2）船厂参观实践教学，多为走马观花式，时间较短，学生不易产生整体的认知框架，船厂声音嘈杂、施工环境差、危险系数高，现场教学相对困难。

（3）专业实习资金消耗大、外出时间长、组织协调困难。

2. 企业方面

船舶生产制造是一项较为复杂的工程项目，由于船舶生产的投资额度较大，若在某个环节出现问题，则会直接影响整个船舶的生产。因此应采取以下措施。

（1）为了防止此类事件的发生，缩短船舶的生产周期，降低生产成本。

（2）及时发现船舶在设计时产生的问题，避免在后期制造环节对设计方案进行调整。

（3）确保各项资源良好配置。

（4）对新设备、新工艺进行模拟，以判断使用这些新设备、新工艺是否合理。

4.6.3.2 虚拟造船仿真系统国内外研究现状

1. 国外发展情况

虚拟现实技术已经发展了很长时间，早在 1970 年，波音公司就通过使用虚拟现实技术来改造飞机制造过程。美国航空航天局为修复哈勃太空望远镜，曾利用虚拟现实仿真技术开发了一套虚拟装置用于维修人员的训练。在制造业比较发达的日本，很早就开展了关于虚拟现实技术的研究，如大阪大学开发了一套虚拟工厂。

国外在船舶领域方面运用计算机仿真开始于 20 世纪中下叶，在 20 世纪 80 年代，该技术已经成熟，并广泛应用在造船的各个方面。挪威船级社 1999 年基于数字平台 NAUTICS 设计出了世界上第一家虚拟船厂，其主要用于为船东与船厂提供相关船舶信息。韩国三星重工也设计开发了一套数字化造船系统，该系统涵盖了三星重工最先进的造船经验以及数字化信息技术，并建立了三维物理的虚拟船厂，通过该虚拟船厂可以实现在虚拟环境下模拟整个造船过程，如图 4-13 所示。

图 4-13 虚拟船厂示意

2. 国内发展现状

我国的虚拟现实技术研究起步较晚，在船舶中的运用尚未成熟。但是最近几年随着虚拟现实技术的蓬勃发展及应用范围越来越广泛，虚拟现实应用于船舶领域的技术越来越多。北京航空航天大学在虚拟现实研究方面一直处于领先地位，其计算机系是国内最早进行虚拟现实研究的院系，其利用实时三维动态数据库开发虚拟现实飞行训练系统。北京科技大学的钟延炯教授利用虚拟技术开发了一套可用于驾驶技能培训的汽车驾驶模拟器。

在船舶领域，张新龙对造船进行虚拟仿真，并列出了具体的仿真过程和虚拟平台的应用实例，该流程仿真的研究主要用于提高造船业务，对精益造船改进中的流程再造有积极作用。陈宁等运用虚拟现实软件建立了多船并行的生产流程虚拟世界，该系统以某现代化船厂生产的特定船型为原始模型，根据生产计划编写程序来驱动仿真模型，仿造船舶生产过程，如图 4-14 所示。

2017 年 8 月，七一九所建成船舶行业首个沉浸式虚拟现实系统，该系统能够为设计人员提供高分辨率三维立体影像、完全沉浸式体验，为设计人员、客户、建造厂技术人员提供一个共同参与设计的协同环境，在设计阶段就能够“走进船里并在船里漫游”，对设计合理性进行评估和检查，提出改进意见。

图 4-14　数字化船舶设计示意

江南造船（集团）有限责任公司完全经由数字化建造的船于 2019 年 3 月正式下水，该船先由三维体验平台进行设计，然后利用虚拟现实技术建造模型，提前进行评估，这使得这条船的建造效率提高了 30%，返工率下降了 60%以上。

4.6.3.3　造船虚拟仿真系统内容

造船虚拟仿真系统 1.0 是由天津大学和北京幻鲸数字科技有限公司联合开发的一款面向高校师生及船厂技工的船舶制造 VR 教学实训系统，涵盖了钢铁预处理、涂装、舾装、吊装、合拢等多环节的造船过程，以低成本、沉浸式互动操作的方式，让教学更加生动、安全、有效，让用户以最短时间认知造船全流程，如图 4-15 所示。

图 4-15　造船虚拟仿真系统 1.0 内部场景

该造船虚拟仿真系统 1.0 主要解决了四大问题。

（1）现有造船学习过程重理论、少实践，学习效果差；船舶制造学习效果仅靠理论成果，评价方式单一。

（2）大型船舶的建造周期长，学生实习仅能见到局部流程，整个造船流程无法全面认知。

（3）船厂实习过程成本高、师生安全隐患大。

（4）船厂新员工需要跟随整艘船的造船周期来逐步熟悉造船流程，培养时间长、成本高。

该系统依托现代化造船技术，结合 VR、AR 技术实现了虚拟的现代化造船，并配合专业信息采集，优化了使用者的体验；采用原尺寸还原船厂环境及半实物设备，实时渲染工况场景，现场声效真实，很好地模拟了从一块钢板到一整艘船的全生命周期建造流程，通过 VR 设备实现造船过程中的操作过程，提升了系统的可玩性和趣味性。操作过程中有内置专业测评系统对使用者进行专业测评，并实时给出测评结果。

1. 船厂漫游模块详细设计

此模块相当于整个船厂的三维、动态电子版地图，主要目的是通过人漫步的视角参观整个造船厂区的实际情况，包括厂区布置、各个车间的工艺装备、各个建造场地的工作任务等。

船厂的布置主要有办公区、生活区、车间、场地、辅助设施。

其中，车间主要包括钢板预处理车间、钢料加工车间、平面分段车间、曲面分段车间、管子加工车间、管舾集配库车间、舾装车间、喷涂车间、下料车间。

场地主要包括钢料堆场、分段堆场、分段舾装场、管子与舾装件集配场、总组装焊场、船坞、码头。

2. 演示模块详细设计

此模块主要以建造工艺流程阶段划分为基础进行造船生产作业展示。通常，该模块将造船工艺流程包含的几大阶段分别设计为各个子模块，可通过点击相应的子模块实现各个工艺阶段作业内容、所需工艺装备等的可视化，从而将建造工艺内容进一步细化。

3. 人机交互操作功能模块详细设计

人机交互操作功能是通过操作系统中相应的模块来实现的。该系统的人机交互模块可以完整地、真实地、主观能动地参与整个造船流程工艺中所必备的技能练习与学习。

在造船流程中，对相对重要的几个部分进行演示，可使用户对造船有更深入的了解。除此之外，对在造船总工时中占比较大、使用频繁的工艺或者容错率低的重要部位进行交互设计，通过人机交互操作可使学习人员理解并掌握重点。

其中，演示内容主要包括安全培训、钢材预处理流水线、钢料切割、船舶总装和轴系装置的安装；交互内容包括焊接、涂装、分段吊装。

造船虚拟仿真系统 1.0 集成了船厂漫游、造船工艺流程演示、人机交互操作等功能。未来将开发一个工业 4.0 自动化的综合设计仿真验证平台，为用户提供自主建模与自主布局功能，并开放底层接口，支持用户二次开发，提供更为丰富的教学培训与数字化设计资源。

思考与拓展

（1）物联网技术有哪些特点和优势？

（2）物联网作为智能建造中的一项关键技术，起着感知建造环境、生产和传递数据的关键作用，那么它在智能造船中的价值有哪些？

（3）5G 技术的特点有哪些？

（4）中国工业互联网体系架构包含哪些方面？

（5）数字孪生技术的特点有哪些？

（6）基于数字孪生的智能造船框架包括哪些内容？

（7）虚拟仿真系统相对于现场试验有哪些优势与不足？

（8）请简要阐述虚拟现实技术在船舶智能建造中的定位与作用。

虚拟造船仿真系统视频演示

第 5 章　造船生产管理

5.1　造船生产管理的特点

研究船舶生产计划与控制，必须先对造船业的生产管理特点进行分析。船舶是一个庞大的钢结构体，船体由钢板和型钢焊接而成，船体内部有各种复杂的系统及辅助设施，因而造船既有制造业的特点，又有其独特之处。造船企业的生产特点是大型单件小批量生产，生产管理特点如下。

（1）多船舶并行建造，产品种类多、生产数量少、规格多变。按客户的订单进行设计、生产，其工作性质取决于客户要求的品种、规格、交货期、价格，因此工艺线路定额表是动态的，没有一个相对稳定的物料清单。

（2）关键资源（船台、场地、吊车等）相对有限，经常处于受限状态。为了确保各船舶的生产进度，必须对有限资源进行适当调配，因此关键资源的能力平衡和利用率是生产与控制的关键。

（3）产品体积大、结构复杂、工艺复杂，产品各部件之间的时序约束关系和成套性要求严格、生产周期长、手工作业多、自动化程度低、重复作业比率低，较难采用流水线或专用工装设备生产。为了保证按期交货，企业一般难以在产品技术资料全部准备齐全后才开始生产，而是边设计、边生产、边修改。

（4）船舶设计占有重要地位。受合同交船期的限定，船厂接获订单后，必须在最短时间内完成设计，并需要通过船东的认可及船检部门的审查，方可进行生产建造，因此设计过程在造船过程中占有十分重要的地位。而且设计是造船工程管理的基础，生产设计直接影响船舶产品的建造成本、质量和周期。

（5）生产管理困难。造船行业要在完成产品设计和工艺后，才能编制出较为合理可行的生产计划和作业计划，生产准备周期较长。在传统管理的条件下，信息采集手段落后，收集生产数据困难。由于信息共享度低，且多为手工输入，反馈速度慢，难以分类汇总及迅速检索。各部门、各工程之间信息沟通不及时，生产管理不可避免地存在问题：相同零部件的技术资料不一致；缺乏对生产资源和生产任务的平衡和模拟试算，生产资源冲突难以避免，生产计划的可执行性差，生产突击加班时有发生；产品总装不能有效配套；物资供应难以保证，生产部门急用的原材料、配套件未采购，而生产部门暂时不急用的原材料、配套件却已购回，造成库存资金增加，加大了资金营运成本；施工过程中难以实现限额发料。

（6）外部采购多。原材料、设备等的采购成本占船舶总成本的 60%以上，因此配套显得十分重要。由于缺少统一的物资、物流管理系统，无法将正确的零部件产品（Right Product）按正确的时间（Right Time）、正确的数量（Right Quantity）、正确的质量（Right Quality）和正确的状态（Right Status）送到正确的地点（Right Place）—— “6R”，导致对物资采购、仓储配送的时间、位置及数量难以进行有效的控制。

（7）成本难以动态监控。船舶是根据订单组织生产的，产品工艺成本及构成需要在完成产品设计、工艺编制，形成物料清单、工艺线路、工时定额才能确定；产品定额成本的控制因工程项目不同而异，有些项目的数据量大从而导致成本控制困难。

（8）对交货期要求严格。船舶行业对交货期的要求非常严格，每延迟一天交船都可能被罚几十万元甚至更多。同时，只要一天不交船，船厂就不得不继续投入大量的资源，因此对低利润的造船行业来说，所有的船厂都非常重视交货期。另外，按期交船也是衡量一个船厂信誉和实力的重要指标。

5.2 造船生产设计

造船中的技术准备工作由产品设计、生产设计和生产计划组成。这三者是相互关联、相辅相成的，其中产品设计解决造什么船的问题；生产设计解决怎样造船的问题，为生产计划提供所需的资料；生产计划解决如何组织造船的问题。产品设计又可以分为基本设计（合同设计）和详细设计两部分。

生产设计就是分析研究并分解造船施工的各种工程技术问题，对制造方法和相关技术措施做出解决方案，作为编制生产计划和指导现场施工的依据。

造船生产活动的实践表明，在船舶设计中增加以造船施工为对象的生产设计，虽然增加了一些设计工作量，但由于它可以科学地指导施工，使生产工艺和管理合理化，最终因提高效率和降低成本而获得更高的效益，因此生产设计是现代造船模式的核心工作内容。

5.2.1 造船生产设计的特点

造船生产设计在合同设计开始时，就要根据设计任务，研究并初步确定建造方案和施工要领，提出施工工艺和施工技术的各种解决方案，经过协商后反映到产品设计图纸中，以便有效地降低造船成本。同时，生产设计还把船、机、电及其他工程的设计工作有机地结合起来，做到既有分工（船体生产设计、舾装生产设计和涂装生产设计），又有合作（互相为对方提供准确的数据或图纸）。例如，在船体分段划分、船体分段工作图等设计中，应考虑预舾装的要求；管舾装和电舾装等生产设计要及时向船体生产设计提供舾装件贯通孔、支架等的正确位置和尺寸。同时，舾装生产设计本身就把机、电及其他舾装汇集在一起，按单元、分段或区域统一进行布置设计。实际上造船生产设计把各专业的施工问题统一起来，进行全局性的协调和处理，克服了各专业分开做技术准备时的脱节和相互矛盾的问题，具有以下主要特点。

（1）生产设计将设计、工艺和管理有机地融为一体。

（2）生产设计把工作管理图表和放样两者提供的施工信息组成统一完整的船体建造施工信息，加之船体放样的辅助作用，保证了船体生产设计的工作管理图表上施工信息的准确性。

（3）生产设计将船、机、电等工作有机地结合起来，使它们之间实现良好的协调，从而打破过去按专业系统划分的直线生产方式，形成按工序、区域统一组织各专业系统施工的生产方式。

（4）生产设计图纸与施工项目一致，而且只表示与本工序或工位的施工和管理的有关内容，形成按工序、工位组织生产和严格按图施工的特点。

（5）生产设计图纸只表示所在工序或工位施工所必需的内容，图中结构和零部件都用编码进行标注，而且所有图面都按工作面（施工位置面）绘制。

（6）生产设计图纸对现场施工分工明确，并要求严格按图施工，从而能执行在设计中经过优化的统一施工方法，克服仅凭现场施工者个人经验所引起的施工技术上的差异、质量控制不一致等现象，达到了施工技术统一、便于控制生产全过程的目的。

5.2.2　造船生产设计流程

造船生产设计贯穿整个船舶设计过程，是船、机、电等专业有机结合的设计工作。造船生产设计的概略流程如图 5-1 所示。

其设计流程有如下特点。

（1）建造方针和施工要领等总体工艺文件，在合同设计的初期就进行研讨和协商，并将决定的施工原则和要求及时反映到产品图纸中去。到合同设计后期（主要图纸完成后），则应最后编制定稿。

（2）船体放样和舾装综合布置设计，在合同设计后即可开始，以便为分段划分、分段舾装、单元舾装等的划分提供准确数据。

（3）船体分段、分段舾装、单元舾装等的划分，应与详细设计平行进行，并完成全部划分和出图工作，以便及时为后续生产设计工作提供依据。

（4）应平行和交叉进行船体生产设计和舾装生产设计工作，以便两者相互提供所需数据和图表，保证生产设计的质量。

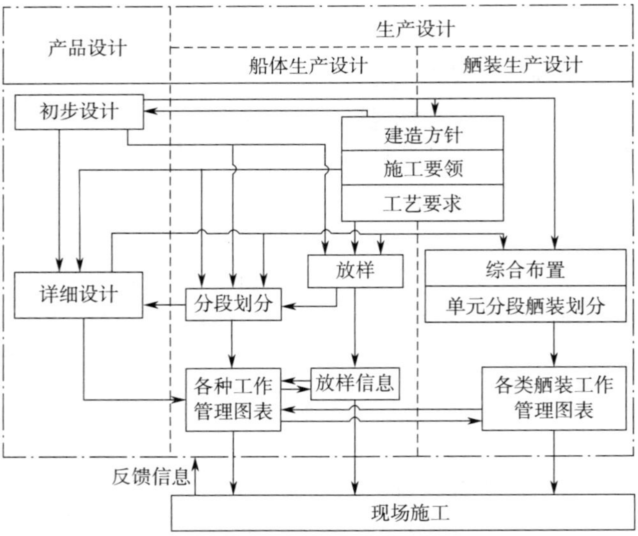

图 5-1　造船生产设计流程

5.2.3　造船生产设计的基础技术工作

造船生产设计是编绘用于指导和组织造船生产的图表和技术文件的设计工作。设计者只依靠个人的经验难以处理大量复杂且广泛的工程技术问题，所以必须制定一系列技术标准作为辅助手段，才能保证造船生产设计工作的顺利进行。这种制定和整理标准的前期工作，就是造船生产设计的基础技术工作。以下对船体生产设计中最主要的几项技术标准做简要介绍。

1. 生产设计编码系统

船体生产设计利用编码来传递零部件和结构的生产信息，所以编码系统是船体生产设计的共同语言。它能够简化图面，标明零部件和结构在船上的位置及相应工艺流程，明确各种工作管理图表之间的联系，是船体生产设计不可缺少的技术手段。

2. 劳动工时和材料消耗定额标准

此标准是进行生产设计的必备资料，是确定工艺方案和优化施工方法时进行定量分析和比较的重要依据；也是绘制网络图等的主要资料来源。

3. 标准构件的标准节点图册

标准构件的应用水平是衡量产品设计和船体生产设计质量的重要指标。标准构件的标准节点的应用，不仅提高了船体结构的标准化程度，还可简化生产设计及绘图工作，提高设计效率。

4. 标准工艺规程和标准日程表

从施工工艺角度看，船舶产品分解成的分段和单元是相同或相似的中间产品，而且在工时和材料消耗方面，也会有相应的换算规律。所以，依次编制一些标准工艺规程和标准日程表，既可简化生产设计工作，又可逐步提高生产过程的标准化水平。

5.2.4　生产设计编码系统

造船生产设计编码系统由船体生产设计编码系统和舾装生产设计编码系统组成，这两者既是统一（代码组成原则统一）的，又是自成体系的。

生产设计图纸是将设计、工艺和管理数据融为一体的综合图面，内容丰富且图面表示详尽、准确。同时，这些图表应便于现场操作者保管、携带和使用，这就要求其幅面不宜过大。如果我们把需要表达的技术内容，都用文字标注在这种图面上，不仅会影响图表的简明清晰，降低现场阅读查找效率，还会增加设计工作量。因此，产生了建立编码系统，用代码代替文字进行图面标注的方法。它可以简化图面，提高设计效率和现场读图效率，而且使用统一的编码系统作为传递结构、工艺和管理信息等的共同语言，对工作管理图表进行标注，就把各种工作图和管理表有机地联系起来，也把各工序、工位之间的工作管理图表联系了起来。所以它是工序（或工位）间衔接、工艺配套和生产过程控制等的重要手段。

由于编码系统是采用数字组合或字母与数字组合的代码代替文字标注的，所以也为计算机辅助船体生产设计创造了条件。

编码系统是船体生产设计的专用语言，编码系统的质量影响到船体生产设计的实施效果。所以在建立船体生产设计编码系统时，应该遵循以下原则。

1. 代码应能清楚表示所要表达内容的全部意义

船体生产设计编码系统的代码，应该表达以下两方面的意义。

1）识别船体结构的名称和部位

从传递船体建造过程的信息出发，首先应知道待制品的名称、特点以及它在船上的应用部位。其中包括：

（1）船体结构名称；

（2）该结构在船上的部位；

（3）是不是对称件；

（4）是不是通用件。

2）识别船体结构的施工路线

船体构件从加工到装焊成船体，所经过的工序是各种各样的。例如，有的要经过边缘加工、成形加工、分段装焊至船台装焊；有的经过边缘加工、部件装焊、分段装焊和大型分段组装，再送往船台装焊；有的则经过构件加工后，直接送往船台装焊。船体构件经过的各种装焊工艺路线的组合图如图 5-2 所示。由此可知，所标注的代码应能识别船体构件在生产过程中经过哪些工序；能识别从哪道工序接受制成品，完工后送往哪道工序的哪个工位。

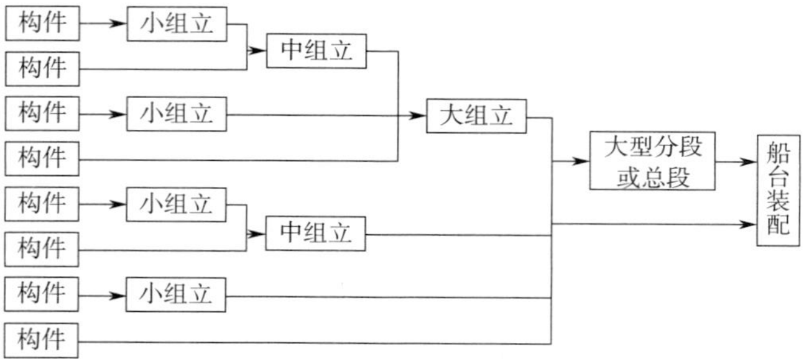

图 5-2　船体构件的装焊工艺路线

2. 编码系统应该简明清晰，便于记忆和使用

编码系统表述的内容应能满足生产需要，还要便于记忆和使用。因此代码的组成应满足以下要求。

（1）代码的组成应尽量简短，过于冗长的代码不仅难于记忆，还容易识别错误。

（2）组合代码的代号，应与所表达的文字有一定的联系，以增强代码的直观性。

（3）组合代码的代号，应从造船职工队伍的文化素质出发，选用他们最熟悉的代号来组成代码；但随着造船市场的国际化，组成代码的代号还应符合国际通用原则。

（4）对代码中表示不同意义的代号，用简单直观的分隔符号隔开，形成固定格式，以便记忆和辨认。

3. 代码组合形式应清楚且不重复，以免混淆

在采用字母和数字组合代码时，整个系统必须统一所选用字母代号和数字代号的原则和格式。同时，绝对不允许用同一个代号组合表示两种不同的内容，例如，一个代号组合“SD”，如果既用它表示舷侧分段，又用它表示甲板分段，就会引起识别错误，造成施工和管理上的混乱，所以绝不允许这样做。

4. 编码系统应与工作管理图表中的其他标注和记载格式组成有机载体，避免重复表示同一项内容

船体生产设计编码系统中的工作管理图表，只靠代码不可能表示图表中需要记述的全部内容，必须将它和其他记载格式（标题栏、施工要求等）结合起来，进行合理分工，以免重复记载。

5. 编码系统应避免用特殊符号作代号

现在的计算机输入、输出符号，一般有数字 0~9，英文字母 A~Z、算术运算符、逻辑运算符和汉字库等。如果在编码系统中选用了一些在计算机输入、输出中所没有的特殊号作代号，将影响计算机辅助船体生产设计的工作。所以，在建立编码系统时，就要结合计算机的输入、输出功能来选用编码系统的各种代号。

根据不同用途，各类代码由成本区分代码、作业类型代码、托盘管理代码、物资代码、舾装件代码五大系统组成。

（1）成本区分代码：从成本统计分析的角度出发，构成船舶的所有零部件按系统来分类的代码。造船过程通常划分为船体结构、甲板舾装、舱室舾装、机舱舾装、电气舾装五大类，这些是大区分，大区分之后再根据需要依次分为中区分、小区分和详细区分。

（2）作业类型代码：包含船体结构代码和舾装作业代码。船体结构代码的一般格式为：船名—分段名—组件名—部件名—零件名（—辅助代号）。区域舾装法采用与船体结构代码逻辑基本相同的舾装作业代码系统，标识出中间产品的分类及各制造级的工艺流程。

（3）托盘管理代码：用于标识作业阶段、作业场所、作业方法、作业内容及顺序内容。

（4）物资代码：编制物资代码是建立物资计算机管理系统的先决条件，第一、二位的数字表示物资类别（大类），第三、四位的数字用于区分大类中的中类，第五、六位的数字用以区分中类内的小类，最后三位数字为序号，表示小类内各种物资的属性，如型号、规格等。

（5）舾装件代码：为了解决船厂和协作厂、供货商之间信息交流的问题，便于通过计算机处理，需要统一舾装件的分类及代码。舾装件代码可分为管装件代码、电装件代码、其他舾装件代码和设备类代码，舾装件代码的构成为：类型码—类别码—子类型码—规格尺寸码—附加码。

5.2.5　船舶智能生产

智能生产，是一个由制造业引入船舶领域的全新概念，主要是基于物联网、建筑信息模型（BIM）技术和 3D 打印技术来完成的，这三种技术发展的成熟度和在实际施工过程中的适用性决定了智能生产能否在造船过程中得以实现。物联网在智能生产中的作用是信息搜集和信息传输，其核心是 RFID 技术。而 RFID 技术已经较为成熟，且在现实生活中多有运用。BIM 技术是智能生产的“神经中枢”，在施工过程中，BIM 技术可实现对项目的设计、施工进度和成本等多维度的信息模拟，足以满足造船中智能生产运用的需求。从技术性角度看，智能生产比传统建造方式有较高的先进性。

智能生产的最终目的是使得造船在工业化的基础上，与信息化深度融合，达到全过程的智能化。与传统建造方式相比，船舶智能生产缩短了建造周期，工期的缩短可节省大量人工成本。从经济性角度看，智能生产有不可替代的优势。

智能生产实质上是一个智能化集成制造系统，将船舶零部件设计的信息流、优化管理的数据流等虚拟网络信息与实际生产过程集合成一个整体，把工业化和信息化融合到一起，以实现具有“人工智能”特性的生产过程。智能生产的主要特征如下。

1. 生产现场无人化，真正做到“无人”车间

工业机器人、机械手臂等智能设备的广泛应用，使无人化制造车间成为可能。数控加工中心、智能机器人、三坐标测量仪及其他柔性制造单元使“无人车间”更加容易实现。

2. 生产数据可视化，利用大数据分析进行生产决策

当下信息技术已渗透到制造业的各个环节，条形码、二维码、RFID、工业传感器、工业自动控制系统、工业物联网等技术广泛应用，数据也日益丰富，这对数据的实时性提出了更高的要求。这就要求企业应顺应趋势，利用大数据技术，实时纠偏，建立产品虚拟模型以模拟并优化生产流程，降低生产能耗与成本。

3. 生产设备网络化，实现车间"物联网"

物联网是指通过各种信息传感设备，实时采集任何需要监控、连接、互动的物体或过程等各种需要的信息，其目的是实现物与物、物与人、所有物品与网络的连接，方便识别、管理和控制。

4. 生产文档无纸化，实现高效、绿色制造

构建绿色制造体系，建设绿色工厂，实现生产洁净化、废物资源化、能源低碳化，是我国"智能制造"重要战略的内容之一。传统制造业在生产过程中会产生大量的纸质文件，不仅浪费纸张，也存在查找不便、共享困难、追踪耗时等问题。实现无纸化管理之后，工作人员在生产现场即可快速查询、浏览、下载所需要的生产信息，大幅降低基于纸质文档的人工传递及流转，从而杜绝了文件、数据丢失，进一步提高了生产准备效率和生产作业效率，继而实现绿色、无纸化生产。

5. 生产过程智能化，创建智能工厂的"神经"系统

推进生产过程智能化，通过建设智能车间，促进制造工艺的仿真优化、数字化控制、状态信息实时监测和自适应控制，进而实现整个过程的智能管控，是《中国制造 2025》的重大战略。在机械、汽车、航空、船舶、轻工、家用电器和电子信息等行业，企业建设智能工厂的模式为推进生产设备（生产线）智能化，目的是拓展产品价值空间，基于生产效率和产品效能的提升，实现价值增长。

随着船舶不断向大型化、复杂化方向发展，利用先进的计算机技术，提高设计水平，缩短设计周期，设计出经济、高附加值船舶的做法已普及。国际上常用的船舶生产设计软件有如下几种。

1）TRIBON

TRIBON 系统是由瑞典 KCS（Kockums Computer System）公司设计开发的一个用于辅助船舶设计与建造的计算机软件集成系统。TRIBON 软件集 CAD/CAM（计算机辅助设计/制造）与 MIS（信息管理系统）于一体，并覆盖了船体、管网、电缆、舱室、涂装等各个专业的一个专家系统。总体上，TRIBON 系统可分为船体设计、舾装设计、系统管理及维护三大部分。系统内的信息共享以其自身的一套数据库为基础，主要有船型数据库和船体结构数据库。船型数据库中存放船体的各种曲线数据，包括水线、肋骨线、纵剖线、板缝线和船体曲面等数据，供船型生成、外板展开等调用。同时还存放各类数据表格，如缺省表、参照表、曲面分块表等。船体结构数据库除包含与船型数据库类似的表格外，还包含船体结构形式定义、曲面 Panel、平面 Panel、肘板等数据，船体结构零件的生成与调用均在该库内进行。通过建立数据库，可使整船产品模型应用于整个船舶设计与生产过程。TRIBON 系统的管理与维护模块主要用于该类数据库的管理与维护，如进行数据追加、复制、查询、删除、修改等操作，还可以通过系统特定的数据提取语言，从库中提取有关数据信息，生成文件或清单，并为用户提供 CAD 的数据接口（DXF 文件）。

2）NAPA

NAPA 公司首次在船舶设计软件中采用 3D 技术，并在船舶基本设计阶段提出了 3D NAPA 船舶模型的概念，这一概念已得到广泛认同。使用 NAPA Steel 软件，设计师可以在较短时间内迅速完成结构基本设计和重量、成本计算，生成可供送审的技术文件和图样，并根据需要生成结构有限元计算所需的网格模型。NAPA 与 TRIBON 软件之间的接口可以实现曲线转换、表面转换、图的转换等功能。

3）SPD

SPD 软件是上海沪东中华造船（集团）有限公司全额投资的东欣软件工程有限公司开发的一款具有自主知识产权的船舶设计系统。船舶三维设计系统（Schiff Design System）打破了国外设计软件对我国制造业设计的垄断，被誉为是技术创新、发展自主版权的数字化设计软件的典型案例。借助该软件可以进行船体型线定义、结构布置、建立具有拓扑关系的三维船体结构模型数据库。该模型具有船体结构的几何、拓扑、物理、工艺等属性。通过船体模型可建立产品结构树。

HDSPD 6.0 以船舶产品数据模型为中心，突出一个“新”字，升级了三维建模平台、二维出图平台、一体化设计平台、三维出图模式，能够带给用户全新的三维设计体验；同时，面向造船数字化、网络化、智能化的发展趋势，能满足船舶总体、结构、管系、风管、电气、铁舾件、内舾装、涂装等专业三维全数字化设计的需求，实现船舶产品性能、工艺合理性和制作可行性分析，并为制造提供完整的设计交付图表和数据，支撑智能造船的发展。

此外，常用的船舶设计软件还有挪威船级社的 Nauticus 软件、德国劳氏船级社的 Poseidon 软件等以及之前介绍过的 CATIA 软件。

5.3　造船方案

生产管理部门根据建造纲要制定建造方针，再得到造船方案。所谓船体建造方案（简称“造船方案”），就是根据产品的要求（建造批量、交船时间、技术要求以及工厂设施场地）和特点，结合船厂的生产能力制造出优质船舶的最佳方案。因此，它不是一般生产工艺的罗列，而是选择船体建造的主要技术对施工中特殊问题的处理。

5.3.1　影响船体建造方案选择的因素

船体建造方案包括船体建造阶段的具体划分、船体分（总）段的装配方法、船体总装的建造方法、船舶舾装阶段（分段舾装、单元舾装、船台舾装、码头舾装等）的内容以及为实现上述内容而采取的各项技术组织措施等。因此，船体建造方案是船厂进行生产设计和工艺准备、制订生产计划和指导生产过程的主要依据。同时，在进行船厂现代化技术改造时，典型产品的建造方案还是制定技术改造规划的重要依据。所以，选择船体的建造方案是一项极为重要的任务，一般应满足以下要求。

（1）从船厂的实际生产条件出发，充分利用现有设备，并进行船体结构预装焊场地的布置，包括平台和胎架的数量、胎架的结构形式、胎架场地的合理布置及分段的堆放场地等。

（2）保证船厂建造此种船舶的年度计划的完成，进行造船总顺序及进度安排，确定造船总周期、船台（船坞）周期及船舶下水前的完工量。

（3）确定船体建造方法，满足船舶结构及工艺上的合理性要求。

（4）获得最好的经济技术指标，其中包括提高质量、降低成本、降低材料消耗、缩短造船周期、提高生产效率等。

（5）有利于合理组织劳动力和均衡生产节拍，扩大机械化、自动化生产，改善施工条件，减轻劳动强度。

（6）解决因产品特点及船厂条件所带来的施工难题。

对于不同产品，船体建造方案的内容及范围也不尽相同。影响船体建造方案选择的主要因素是船舶产品的特点和船厂生产条件两个方面。

1. 船舶产品的特点

1）船舶主尺度及船型特点的影响

在船台（船坞）起重能力已定的情况下，船舶主尺度和船型特点是影响船台总装方法的重要因素。小型船舶一般可选用总段建造法或整体建造法，船长在 120 m 以内的中型船舶，宜采用塔式建造法，当船长超过 120 m 时，因分段数量多，采用岛式建造法能充分利用船台（船坞）面积，扩大施工面，缩短船台（船坞）周期。尾机型船舶宜采用串联建造法，它既有利于提高船台（船坞）周转率，也有利于提前舾装，缩短建造周期。

2）产品批量的影响

定型和批量建造的产品，其船体在船台（船坞）上的建造法，只要船台（船坞）长度允许，应尽量采用串联建造法，有利于提高船台（船坞）周转率，缩短造船周期。对分（总）段的装配，应尽可能采用零部件—分段—总段的装配方法，尽可能扩大分段舾装和单元舾装的范围，提高分段制造的完整性。对于上层建筑，则应采用上层建筑整体（已预舾装）吊装新工艺。对生产场地应细致地规划，按照分（总）段类型，组织专业生产线或作业区，使工艺流程尽量合理化。还可以适当增加胎架等专用工艺装备，以改善施工条件和提高生产效率。有时为了适应选定的造船方法和批量造船的需要，还应提出改变生产体制的组织措施。对于单个建造的船舶，采用首先形成机舱部分或上层建筑集中部位（非机动船舶）的船体段，以提前吊装上层建筑分（总）段的建造法。分（总）段装配方法的选择应尽量减少胎架等专用工艺装备的数量，减少辅助材料和工时的消耗。生产场地的布置应从船厂的生产实际出发，适当地做出合理的布置，使之能满足造船工艺流程的基本要求。

2. 船厂生产条件

1）船厂起重运输能力

船体装焊车间、船台（船坞）和舾装码头的起重运输能力是直接影响船体建造方案的极为重要的因素。船体建造法的选择，取决于船台（船坞）起重能力，若船体装焊车间的起重能力较船台（船坞）起重能力小得多，不仅应采用零部件—分段—总段的装配方法，还应优选零部件—分段—大型分段的装配方法，以便将一些重量超过车间起重能力的大型分段划分成较小的分段，安排在车间内制造，然后运送至船台（船坞）周围的分段装焊区，进行第二次组装，形成所需要的大型分段或总段。

2）生产场地

船台（船坞）的类型、大小等直接影响船台（船坞）上船体建造法的选择，例如用水平船台造船时，可以将船台小车作为总段的移运工具而选用总段建造法。对于尾机型船舶，还可以采用首先形成艉部船体的总段纵移式建造法。对于倾斜船台，若船台长度与建造的船舶长度差不多，即使是批量建造尾机型船舶，也无法采用串联建造法。

分（总）段装焊场地是影响生产线布置的重要因素。在场地面积充足时，应考虑组织多工位的船体分段专业生产线或作业区，同时还应设置专用的分段舾装作业区，发展专业化流水生产，便于通过专设的舾装工位或舾装专业组（采用流水定位生产时），来扩大分（总）段舾装范围和完善分段舾装工艺。当分（总）段装焊场地不够充裕时，则应适当改变某些分段的装配方法，并根据分段划分情况和船台（船坞）装配的分段吊装顺序，按照分（总）段装焊场地实际情况，对平台和胎架的布置做出合理的安排。

3）船厂劳动生产负荷

在确定建造方案时，除了应考虑上述因素外，还必须考虑可能投入的劳动力数量，而且应使分（总）段制造、船体总装和码头舾装三者的劳动力负荷基本均衡，以保证有节奏地进行生产。例如在选用岛式建造法时，不仅应该使船台（船坞）装配能按规定进度完成，还应该保证按时提供各岛所需的分段。所以，必须对船台（船坞）和分段装焊区投入与此相适应的劳动力数量，否则，选用这种建造法就没有意义了。

对于一个产品，可以提出几个方案来进行分析比较，主要从可行性、合理性和先进性三个方面进行综合评价，然后选择最优的造船方案。可行性和合理性是造船方案成立的基础，先进性则是在此基础上的优化。因此，在综合评价可行性和合理性以后，再通过先进性选择最优的造船方案。

5.3.2　船体分段的划分

当船体详细设计进行到一定阶段，船体基本结构已经完成，船台（船坞）上的船体建造方案已经确定之后，即应开始进行全船分段的划分，绘制船体分段划分示意图（图 5-3），并依此绘制分段施工图纸，布置分段生产场地，确定分段的船台（船坞）装配程序、分段余量的位置等。

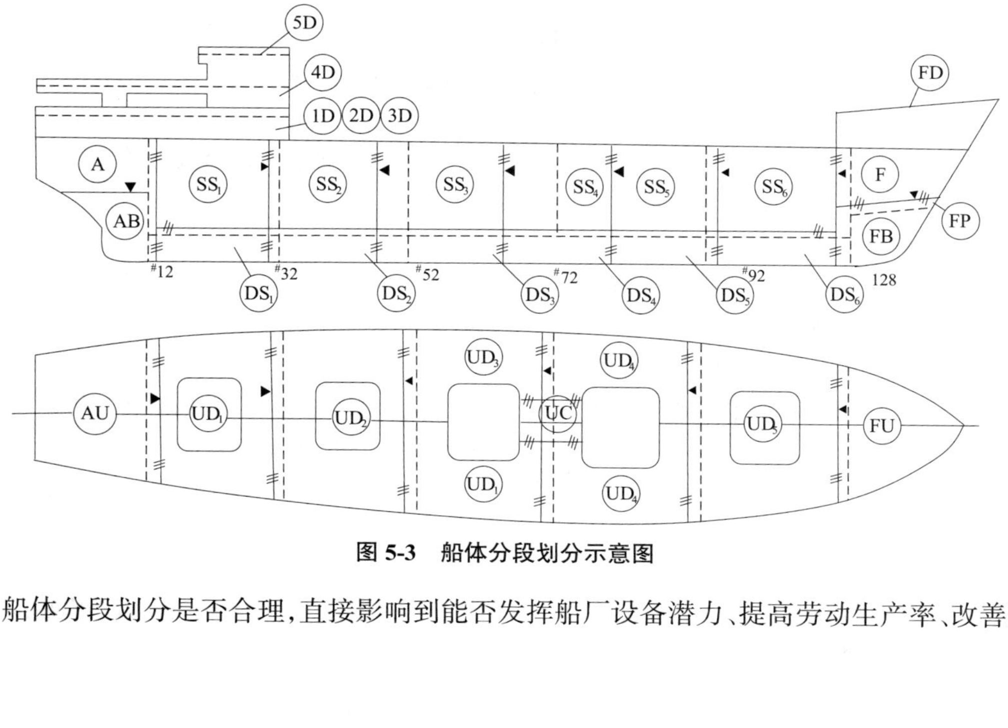

图 5-3　船体分段划分示意图

船体分段划分是否合理，直接影响到能否发挥船厂设备潜力、提高劳动生产率、改善劳动条件、提高产品质量和降低生产成本等。划分船体分段的原则如下。

1. 船厂起重运输能力和分段重量的选择

分段的重量和尺寸划分得越大，分段的数量就越少，这样可使船台（船坞）装配的工作量减少，从而使外场和高空作业量下降，达到提高工效和改善劳动条件的目的。但是，这也就要求提高船厂的起重运输能力，因此，船厂的起重运输能力便成了决定分段划分的主要因素。所以，船体分段的划分，应以分段重量（包括分段上安装的舾装件以及临时加强材的重量在内）不超过船厂起重运输设备的最大允许负荷为原则。

但是，只按船厂起重运输能力来划分船体分段是不合理的，因为船上各部分结构强弱不同，其单位面积重量差别很大。例如，甲板分段一般都是以结构刚性为主要影响因素，而起重运输能力则为次要因素。

2. 生产劳动负荷的均衡性与分段的划分

分段的划分和生产管理，主要是使所划分的分段能保持各个建造阶段劳动负荷的均衡性，要特别注意分段数量和位置需与船台（船坞）装焊顺序和进度计划相符合。例如，一般都是选择机舱或邻近机舱的底部分段为基准分段。因此，应以基准分段为界，使其艉部的分段数量比艏部少，使艉部船体的船台（船坞）装配焊接工作提前结束，便于提前安装机电设备、轴系、螺旋桨和舵系等，使艏、艉部船台（船坞）工作量基本均衡。在采用岛式建造法时，分段划分的位置，应保证上层建筑或桥楼不会跨越两个岛和落在嵌补分段位置上，以便于提前吊装上层建筑分段和开展舱室舾装工程。

3. 分段的划分应保证船体结构的强度

这是船体结构特点对分段大接头提出的强度要求。其实质是在船舶运行时焊接接头能否具有和基本金属相同的各种工作性能。否则，就得根据焊接接头的特点对分段大接缝的布置做出一些限制，以保证船舶的航行安全。

在容易产生应力集中的区域，如舱口角隅处、机座纵桁两端、上层建筑端部、双层底向单层底结构的过渡部分等处，因其应力比其他区域大得多，对焊接接头中存在的残余应力（包括焊缝和热影响区）特别敏感，因此分段大接缝必须避开这些应力集中区域。

4. 分段的划分应考虑施工工艺的合理性

分段划分时应创造良好的施工条件，以便于施工、减轻劳动强度和降低生产成本。分段划分的施工工艺合理性要求，主要有以下几个方面。

1）以船体为基础，以舾装为中心

船体分段划分应遵循"以船体为基础，以舾装为中心"的基本原则，在所划分段中体现"壳舾涂"一体化的"区域造船"思想。尽可能在该分段中完成船体制造、舾装和涂装工程量，同时该分段在船体总装时又能很好地与相邻各段衔接。因此，根据总布置图、舾装布置图、基本结构图、中横剖面图、肋骨型线图、外板展开图以及承造船厂资源等进行分段划分时，先由船体工程师进行预划分，然后由舾装、涂装工程师按照"区域舾装"和"区域涂装"再划分，并反馈给船体部门。这样经过多次反复讨论、折中、协调，达到统一、完善，以满足分段划分的施工合理性要求。

2）扩大分段装配焊接的机械化、自动化范围

这是改善劳动条件、提高装配焊接生产效率的主要手段，因此在分段制造中，装配工作的机械化程度、自动焊使用范围，是分段划分完善程度的标志之一。

在分段划分时,应尽量增加平面分段的数量,这对提高分段装焊机械化程度具有很大的作用。因此,只要船体结构允许,应尽量将船体的平直部分和曲线部分区分开,而且应使平面分段的尺寸不超过平面分段机械化生产线所允许的最大尺寸。其次,即使承造厂没有平面分段机械化生产线,也应该尽量扩大平面分段的数量,以便得到良好的施工条件和扩大自动焊应用范围。

3)分段大接缝布置的合理性

分段大接缝布置的合理性包括外板接缝线与内部骨架接缝线在相对位置上的一致性,不仅能保证船体结构的强度和连续性,而且可以简化船台(船坞)装配工作和获得良好的施工条件。

分段大接缝一般要求布置在平直或型线变化缓和的部位,以便在分段制造中得到精度较高的大接缝型线,这样有利于船台(船坞)装配作业。

从船体结构的连接特点看,船体是由一些连接构件(肘板等)把各部分不同的结构连接起来的,譬如通过舭肘板把底部结构和舷部结构连接起来,通过梁肘板把舷部结构和甲板结构连接起来,通过上下肘板将横舱壁隔开的相邻两个舱室的纵向骨架连接起来等。通常,这些连接处的接缝往往就是天然的分段大接缝。此外,分段划分时应该遵循以下原则:横骨架式结构应尽量横向划分,纵骨架式结构应尽量纵向划分,以免内部的连续性骨架被切断。船体分段的横向大接缝一般都要求布置在同一横剖面内。无论是横骨架式或纵骨架式的船底结构,水密肋板多是纵向构件间断的地方。因此,底部分段横向大接缝,应尽可能设在水密肋板和横舱壁前后的肋距内。甲板和舷侧分段的横向大接缝应尽量设在横舱壁前后的肋距内,这样既可以避免船台(船坞)装配中需要设置较多的假舱壁,又可以避免纵向构件切断得过多,从而达到简化船台(船坞)装配工作的目的。图 5-4(a)所示舷侧分段和底部分段的横向大接缝布置在同一横剖面内,不会影响船台(船坞)装配中横向骨架的对准和连接工作。如果它们的横向大接缝不是布置在同一横剖面内,如图 5-4(b)所示,则在船台(船坞)装配中由于舷侧分段跨过底部分段的大接缝,造成横向大接缝附近两个相邻分段(底部分段和舷侧分段)的肋距相差太大,使上下骨架很难对准,直接影响装配质量。

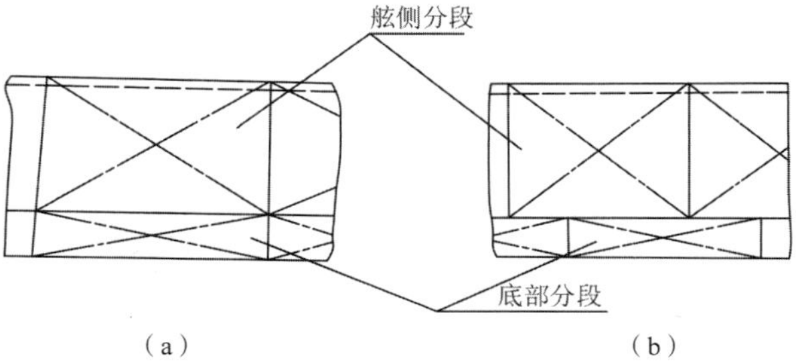

图 5-4　分段横向大接缝布置方式

从船体局部结构强度考虑, 1/2 肋距处弯矩最大,而 1/4(或 3/4)肋距处弯矩为零,同时为便于控制分段大接缝的型线光顺,要求将横向大接缝设在 1/4(或 3/4)肋距处。但是,由于内河船的肋距较小,故有时也将横向大接缝设在 1/3(或 2/3)肋距处,以便于施工。艏艉尖舱附近的分(总)段横向大接缝,布置在尖舱外(图 5-5)要比布置在尖舱内好得多,因为操作人员可以不必通过人孔进入空间很小的尖舱内工作,从而获得较为宽敞和方便操作的工作空间。

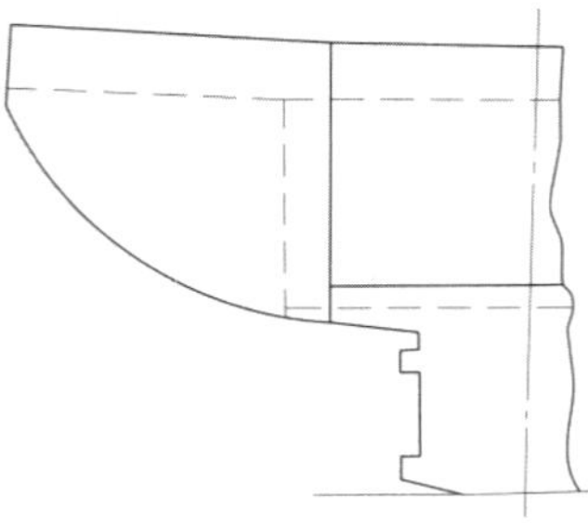

图 5-5 艉部立体分段横向大接缝的布置

分段划分时，应尽可能减少船台（船坞）装配中的高空作业量，如在划分甲板分段时，遇到舱口则应尽量保持舱口的完整性，这样不仅可以提高舱口的制造精度，还避免了船台（船坞）装配时进行舱口围板对接的高空作业，保证施工操作的安全性。

船底需要进行纵向划分时，如果划分为左右两段，则纵向大接缝应设在靠近中桁材处（图 5-6（a））；如果要求划分为 3 段，则纵向大接缝应设在靠近旁桁材处（图 5-6（b）），这时应将旁桁材改为连续构件。

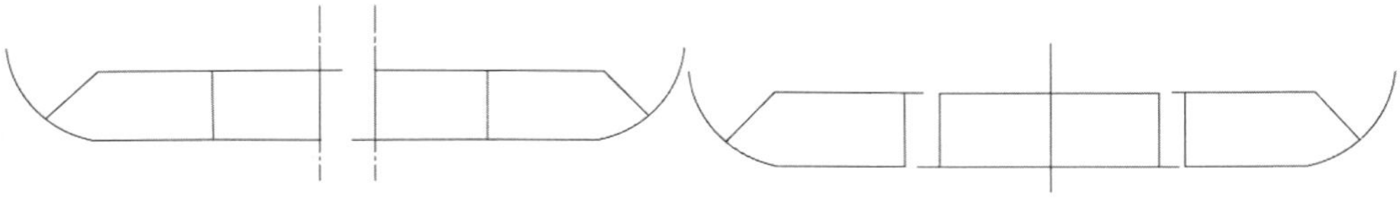

（a） （b）

图 5-6 船底分段的纵向划分

底部分段与舷侧分段对接，一般利用舭部外板与舷侧外板的纵接缝和舭肘板与肋骨的连接处作为大接缝。但是，为了便于船台（船坞）装配，骨架和外板的错开距离不宜过大。板缝的布置，船中部分应布置在舭肘板上口向下 100~150 mm 处，如图 5-7（a）所示，艏、艉部分应设在舭肘板上口向上 100~150 mm 处，如图 5-7（b）所示。舷侧分段应尽量避免上下划分，必须上下划分时，分段纵向大接缝应设在中间甲板或平台甲板以上 100~150 mm 处。这样便于总装与焊接。

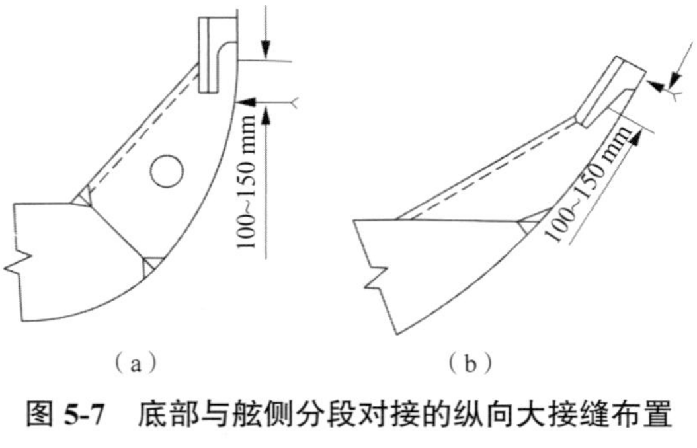

（a） （b）

图 5-7 底部与舷侧分段对接的纵向大接缝布置

上层建筑分段一般都划分为带甲板的立体分段，以便在甲板胎架上进行反造，其纵向大接缝总是沿着甲板与围壁接缝处划分（图 5-8）。当外部围壁上下连续时，则总段纵向大接缝应设在甲板以上 100~150 mm 处。

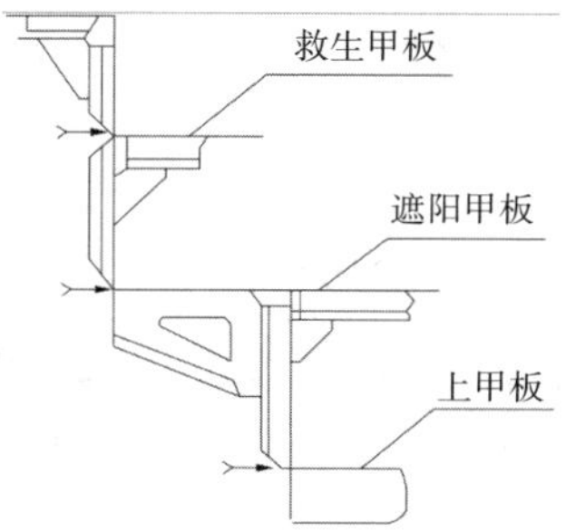

图 5-8　上层建筑分段大接缝位置

多层甲板船舶的舱壁分段一般都在甲板上切断，以保证甲板的连续性，也有的把舱壁划分一部分到甲板或舷侧分段上去，这种划分方法可以增加甲板或舷侧分段的刚性，但不利于船台（船坞）装配工作的顺利进行。

为了便于开展预舾装工艺，分段大接缝的布置应充分考虑相邻分段之间舾装件的布置情况，尽量避开安装各种基座、水密门窗、人孔、扶梯、箱柜等的部位，使它们不跨越两个分段，而且还应使管路、电缆等被切断的数量减至最少，以降低这些舾装件的嵌补工作量。

4）分段接头形式的合理性

根据分段大接缝处的结构特点和船台（船坞）装配要求，必须采用不同的接头形式，以简化船台（船坞）装配工作。常用的接头形式有平断面接头和阶梯形接头两种。平断面接头处的板和骨架都在同一个横剖面内切断（图 5-9（a）），阶梯形接头处的板和骨架是互相错开的（图 5-9（b）），其错开距离不宜过大。横向大接缝的整个阶梯形接头应布置在同一档肋骨间距内，否则，就会影响船台（船坞）装配的施工工艺性。

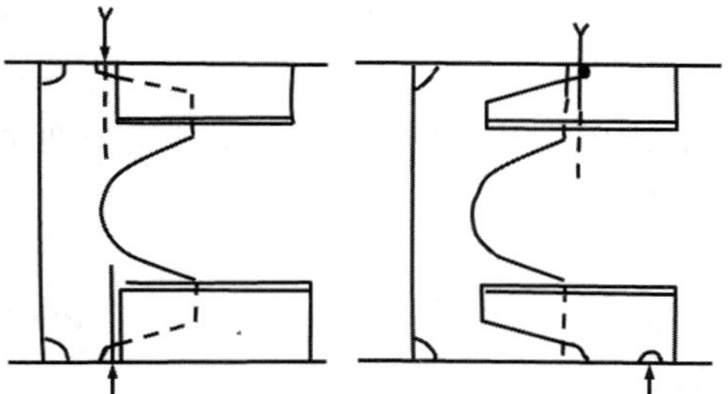

（a）　　　　　　（b）

图 5-9　双层底分段接头形式

船体总装和上层建筑分段的接头形式，一般采用平断面接头，这样有利于船台（船坞）装配时的吊装和定位。底部分段横向大接缝的接头形式多采用阶梯形接头，这样易于保证其强度，但给船台（船坞）装配带来一些不便；亦可以采用平断面接头形式，既可以保证强度又方便船台（船坞）装配。底部与舷侧分段对接的纵向大接缝天然地构成了阶梯形接头，这样有利于舷侧分段的吊装作业。若底部需要纵向划分，为了直接将横向骨架在中桁材（划分成两个分段时）或旁桁材（划分成三个分段）处的接缝作为分段大接缝，则应该选用阶梯形接头。

舷侧分段和甲板分段的结构特点表明，其分段接头形式以选用阶梯形接头为宜，因为在船台（船坞）上先吊装的分段骨架伸出部分可以作为后吊装分段的支承结构，这样有利于分段的吊装和定位（图 5-10）。

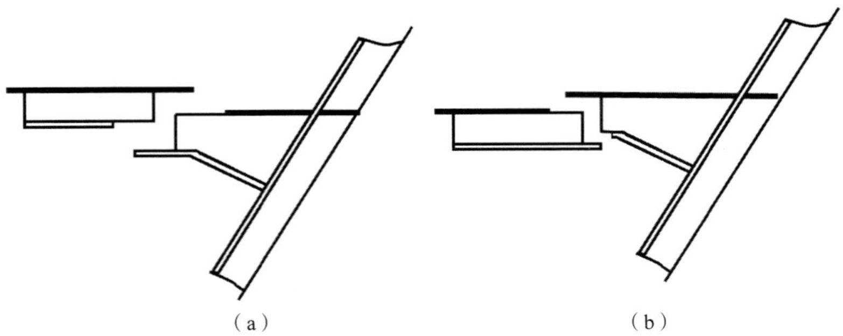

图 5-10　中间甲板的划分

岛式建造法中的嵌补分段，为了便于吊装时嵌入船体中，一律采取倒阶梯形接头形式。

必须指出，在采用阶梯形接头时，接头处各类构件的接缝线布置，必须符合船台（船坞）装配对分段吊装顺序的要求，否则，就会造成布置错误，使分段吊装困难。

5）分段划分时应尽量充分利用钢材

分段划分时必须掌握所用钢材的规格，如果所使用的钢板规格和外板展开图上规定的钢板规格一致，分段纵向接缝应尽量选用外板展开图上所画板列的纵接缝。若钢板规格不一致，应首先对外板展开图重新排板，然后选用新的板列纵接缝。分段的长度应等于外板展开长度或外板展开长度的倍数并留有余量，余量应视船型及该分段在船体中的位置来确定。平行中体部分因分段长度等于实长，只要留有按规定加放的余量即可。

为了节省辅助材料的消耗，应尽量减少分段划分方案在船台（船坞）装配时使用的假舱壁和临时加强材（如支柱）的数量。对于单个建造的曲面分段，如果有可能连接一部分平面结构（如纵舱壁）而划成立体分段，则应划成立体分段，以便利用平面结构作为基准面在平台上建造，从而节约制造胎架所需的辅助材料。

6）分段应有足够的刚性以便吊运

每个分（总）段的尺寸应该小于承造厂起重设备的悬臂跨距和装焊车间大门的宽度，同时还必须特别注意保证分段吊运时的刚性。如果在分段划分时已能预见到分段的刚性不足，则应该减小分段的尺寸或者对分段采取临时加强措施，以保证吊运时不损伤分段的结构和避免发生分段变形。

综上所述，在划分分段时必须预先熟悉设计图纸资料，掌握船体型线和结构的特点，同时也要熟悉船厂的设备条件、生产能力和建造船体的方法，根据分段划分的主要原则，正确处理各项要求之间的矛盾，先初步划分，经过反复分析和修改，确定最终的划分方案，以得出满意的分段划分方案，并绘制分段划分图。

5.4　造船生产准备

造船生产准备的主要内容包括设计、工艺、材料、人员和船厂设施等方面的准备工作。

5.4.1　造船生产要素

造船生产活动所必须具备的资金、人员、材料、设施和厂址等条件称为造船生产要素。

1. 资金

由于造船行业资金密集、造船周期和回收期长、船舶造价高等特点，造船企业在高效利用自有资金的基础上还要从多种渠道筹集资金，目前造船行业主要的融资模式是贷款融资，其中包括信用贷款、抵押贷款和政策性银行贷款。除此之外，还有融资租赁、造船供应商融资、股权融资、债券融资和民间融资借贷等。海外成熟的融资方式有德国船舶融资 KG 基金模式和新加坡海事信托基金融资模式等。

2. 人员

船厂的工作人员包括脑力劳动者和体力劳动者两种类型。前者从事经营、设计和管理等工作，后者承担生产性或服务性工作。尽管船厂实现了一定程度的机械化和自动化，造船工业仍然是一个劳动力密集型产业。除了需要数量众多的工人以外，还需要有一个广泛的生产与非生产性工种的组合。生产性工种有放样工、样台木工、机床操作工、气割工、装配工等。服务性工种有脚手架工、起重工、安全员等。脑力型劳动者由高等学校和职业技术学校培养或从基层人员中提拔，体力型劳动者由职业技术学校输送或劳务外包。

3. 材料

造船材料泛指钢材、铝合金、增强塑料、舾装材料和配件以及机电设备、仪器、仪表等。在我国，材料供应由物资部门归口。主机、发电机、雷达等机电设备由船厂向船舶工业供应商订货，如沪东重机有限公司、上海航海仪器有限责任公司；电器、五金等器材可以在市场上采购；锚、螺旋桨等专用配件可以由外厂协作加工，如镇江中船瓦锡兰螺旋桨有限公司；外部不能提供的设备和配件则由船厂自己进行机加工。材料的订货、采购、外协和自制统称为材料采办。出口船用的材料和设备须经合同谈判商定，由指定厂商供应。

4. 设施

船厂设施是造船的必要条件，包括水工设施和工艺装备两大类。水工设施是指船台、船坞、码头等濒水建筑物。工艺装备是指加工设备、起重运输设备、焊接设备、装焊平台和管件生产线等造船设施。船厂设施不仅直接反映了船厂的生产能力和工艺方法，也是船东评价船厂技术水平的重要依据之一。船厂设施的现代化与合理化，对增加订货量有着不可低估的作用，因而船厂设施成为世界各国船厂技术改造的重要内容。

5. 厂址

造船工业对船厂的地理位置有特殊要求。船厂必须在航道上，以便船舶建成后能自由通航。船厂应位于或接近工业区，这样可以减少船用材料与设备的运输费用，也可以共享电、水、交通、通信等公用设施。从世界范围来看，某些地区能为造船工业提供廉价劳动力，成为厂址选择上十分有利的因素。例如，20 世纪 70 年代后期韩国造船工业的崛起，主要是靠该地区的廉价劳动力这一有利因素。

5.4.2　设计准备

世界上各造船国家的设计阶段划分不尽相同。我国的船舶设计分为三个阶段，即基本设计、详细设计和生产设计，具体过程如图 5-11 所示。

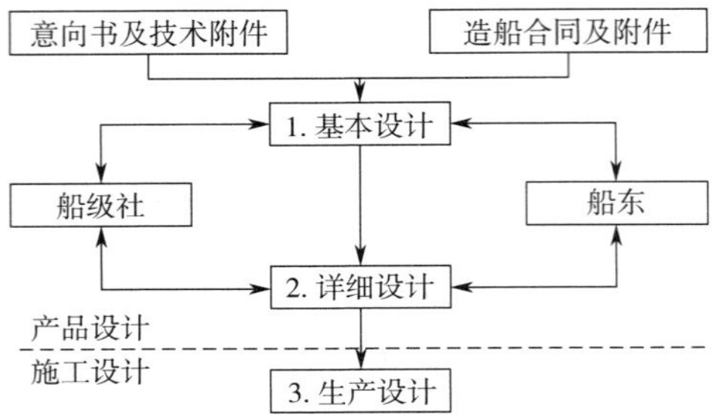

图 5-11　民用船舶设计工作流程

1. 基本设计

基本设计是解决“造什么船”问题的第一阶段。基本设计应对船舶总体性能、主要技术指标、动力装置、各种设备与系统的原理进行设计，并通过理论计算和必要的试验来确定船舶产品的基本技术形态、工作原理、主要参数、结构形式和主要设备选型等重大技术问题。

以下内容要求船舶技术部门进行基本设计。

（1）产品技术任务书：这通常是指国内有关部门下达的指令性任务，说明产品的用途、航线、吨位、航速等设计要求。

（2）意向书及技术附件：这是指船舶市场中客户的订货意向，不受法律约束。它通常表明船东对船舶的各种要求，并询问造价。

（3）造船合同及附件：在某些情况下，船东因信任船厂而直接提出相关技术要求，并要求签订建造合同。

在基本设计阶段，根据具体情况可插入概念设计、报价设计和合同设计等工作。概念设计是将设计任务书的要求转变成船体和轮机的设计参数，主要是进行可行性研究，确定船舶的总体性能，满足所要求的航线、航速、舱容和排水量等要求，并据此报出大概的造价。

报价设计无须做可行性研究，通常根据船东的要求，参照已有的母型船，并根据技术规格书和总布置图以及提供主要设备的厂商表，来决定新建造船舶的造价。

合同设计要求确定设计参数、设备选型、建造原则、入级标准，并进行一系列计算和设绘工作，为签订建造合同提供必要的文件，包括：详细说明书（总则、船体、轮机、电气）、主要图纸和计算书（总布置图、型线图、中横剖面图、机舱布置图、舱室布置图、电力负荷计算书、舾装数据计算书等）以及厂商表等。

在一般情况下，基本设计包括报价设计与合同设计两部分工作内容，但在个别情况下，基本设计可能仅作为概念设计，即通常所说的方案设计。

基本设计的具体成果通常表现为：

（1）为签订造船合同的谈判提供技术文件；

（2）提出主要设备选型规格清单；

（3）提供主要设备厂商表；

（4）为详细设计提供必要的技术文件与图纸。

按规定，基本设计的一些技术文件与附图应送交船级社和船东审阅，经认可后才能开展下一阶段的设计工作。

2. 详细设计

详细设计是解决“造什么船”问题的第二个阶段。详细设计通过各个具体技术进行专业项目设计、计算和关键图纸的绘制，解决设计中的基本和关键技术问题，最终确定船舶的全部技术性能、重要材料与设备的选型、订货要求以及各项技术要求及标准。

详细设计是根据造船合同确认的基本设计以及修改意见书进行的。其基本内容是提供船级社规定送审的图纸和技术文件（完工文件除外）；提供建造合同中规定的送船东认可的图纸和技术文件（生产设计中完成的项目除外）；提出船厂订货所需的材料、设备清单；为生产设计提供所需的图纸、技术文件和数据。

详细设计通常是按船、机、电等专业分工进行的。各部门有各自的专业项目要进行设计、计算和绘图。例如船体专业要设绘主船体、上层建筑和甲板室的结构图，进行规范计算和强度计算，进行分段划分，制定船体密性试验要求与规定，钢料统计汇总，节点设计，编制结构焊接要求与规格，制定大型铸锻件订货技术要求等。

为了确保船舶的建造质量与安全性，满足船东的用船要求，详细设计的规定技术文件与图纸应送交船级社和船东审查，经认可后才能开展后续的生产设计工作。

3. 生产设计

生产设计是在详细设计的基础上，按工艺阶段、施工区域和单元，绘制含有工艺技术要领和生产管理数据的工作图表，以及提供施工信息的设计过程。生产设计是解决“怎样造船”问题的一个阶段，它是产品设计与现场生产的纽带。

生产设计一般分为五个部分，即船体生产设计、船装生产设计、机装生产设计、电装生产设计和涂装生产设计。各部分虽有各自的工作内容，但其工作目标是一致的，即：

（1）确定建造方法；

（2）制定施工要领；

（3）绘制工作图表；

（4）编制管理图表。

生产设计的成果因专业而异，就船体生产设计而言，具体表现为：

（1）船体结构工作图表，包括分段工作图及零件编码、零件表、重量重心计算表等；

（2）施工辅助作业设计，包括吊环、临时加强、脚手架、工艺孔等；

（3）管理图表，包括工作量统计、工艺项目划分、工作日程、检验项目等。

基本设计、详细设计和生产设计这三个设计阶段是相互关联的。基本设计是详细设计和生产设计的依据，详细设计是生产设计的依据，而生产设计的意图和要求又反映在前两个设计阶段的工作中，这两个设计阶段要考虑船舶的建造方针和工艺性要求。

5.4.3　工艺准备

生产设计提供的工作图表已表达了必要的工艺要求和管理信息，从而使工艺准备的内容相应减少。工艺准备的主要工作是制定原则工艺、划分工艺项目和编制工艺进度表等。

1. 原则工艺

原则工艺是造船的指导性工艺文件，包括下列内容：

（1）船体建造方法；

（2）船体分段划分；

(3)船体吊装程序;

(4)船体构件余量;

(5)焊接方法与坡口形式;

(6)舾装方法;

(7)下水前完整性要求;

(8)涂装要求;

(9)新技术、新工艺的应用。

原则工艺的具体编制可有所增减和侧重,视实际情况而定。

2. 工艺阶段与工艺项目

造船的生产过程比较复杂,工作量大,建造周期长。为了便于组织生产和编制计划,要求将其划分成若干较小的计划统计单位,即工艺阶段和工艺项目。

工艺阶段是指在造船总生产周期中的一定时间内,按生产性质或生产区域来划分的部分造船工程。工艺阶段通常是根据造船工艺流程划分的,具有相对的独立性。工艺项目是在一个工艺阶段内,由一个施工单位(或部门)开工并完工的一部分工程。每一个工艺阶段由若干个工艺项目组成。

造船通常划分为七个工艺阶段。

(1)第0阶段:准备阶段。在该阶段内进行钢材备料及原材料预处理,工艺准备和工夹具制作,新材料、新工艺试验,船体放样与样板制作,铸锻件、自制件、外协件等完整件采办等。

(2)第1阶段:加工与制作阶段。在该阶段内进行船体零件号料与加工,铸锻件加工,船装、机装和电装各专业零件及完整件的加工制作,以及舾装单元的预制预装等。

(3)第2阶段:部件与分段制作和预舾装阶段。在该阶段内进行船体部件装配(小合拢),船体分段或总段装配(中合拢),以及船装、机装和电装专业的分段或总段预舾装、分(总)段涂装等。

(4)第3阶段:船台(船坞)总装阶段。在该阶段内进行船体船台(船坞)装配(大合拢),舾装件和舾装单元上船台(船坞)安装。

(5)第4阶段:船台(船坞)舾装及下水阶段。在该阶段内进行船台(船坞)舾装,船体涂装,轴系、舵系的照光、镗孔及安装,吊装主机以及船舶下水作业。

(6)第5阶段:码头舾装阶段。在该阶段内进行部分机电设备和船用仪表的安装,木作、绝缘、甲板敷料作业,舱室内部装饰、涂装以及各系统的动车与试验。

(7)第6阶段:试验与交船阶段。在该阶段内完成全部备品安装、倾斜试验、系泊试验和航行试验,最终交船。

工艺项目应尽可能结合报验项目来划分,使项目内的工作属于同类性质,以利于生产的组织与安排。工艺项目施工时间不宜太长,跨月的项目宜分为两项,以便于进行计划与统计工作。

原则工艺通常在生产设计前期或更早阶段编制;而工艺项目的划分则在生产设计后期进行。将原则工艺和工艺项目明细表纳入生产设计的工作内容,使设计与工艺有机地结合在一起,有利于生产组织与管理。

3. 工艺进度表

工艺进度表的依据是船厂长期计划和原则工艺,它是船厂编制作业计划、控制生产进度的指导性文件。工艺进度表一般只表示各工艺项目和工艺阶段的衔接关系和劳动量等，无具体日程。编制时可采用倒排法，即根据合同规定的交船日期往前推算出试航、通电、下水、上船台和号料开工等的日期。

根据需要，工艺进度表可分为概要工艺进度表和全船工艺进度表两种。概要工艺进度表仅列出对建造进度有决定性影响的主导工艺阶段、项目，供船厂管理部门掌握和协调生产进度，其形式为线图（表 5-1）。全船工艺进度表通常称为总工艺进度表，应列出全船主要的工艺阶段和项目，以便全面组织生产、控制进度。根据生产中出现的具体情况，在造船过程中可对总工艺进度表加以修订。

表 5-1　某船概要工艺进度表

序号	主导工程名称	建造月份							
		1	2	3	4	5	6	7	8
1	船体号料、加工	——							
2	全船铸锻件制作	——							
3	船体分段建造	——	——						
4	船体装配		——	——					
5	密性试验			——	——				
6	轴系镗孔				——				
7	电缆拉放				——	——			
8	主机安装				——				
9	下水					——			
10	系泊试验					——	——	——	
11	试航						——		
12	交船							——	——

全船工艺进度表有多种实用形式。例如采用按舾装区域划分的综合工艺进度表，按舾装工程的内容将全船划分成若干区域，然后根据造船程序分别按月份排列成线图。

4. 船体建造日程计划

日程计划是通过日程管理来实现的一种计划方式。日程管理是将工艺项目或日程内容按工艺流程和工作日程进行分解，以确定每个工作日的工程完成量，从而制定出各类日程计划。船体建造日程计划在造船中占有重要地位，因为它的合理性将关系到舾装和涂装计划能否顺利实施。特别是船台（船坞）总装日程表的编制要考虑到分段舾装和分段涂装的方便性，以便提高造船的总效率。

编制船体建造日程的依据是全船工艺进度表、图纸发送计划和材料供应计划，此外还要考虑船体车间的实际生产情况。船体建造日程计划主要有船台（船坞）总装日程表和分段制作日程表等。

5. 其他

工艺准备除了制定原则工艺和编制工艺项目明细表、工艺进度表及船体建造计划外，还需编制工艺线路定额表、材料消耗定额表和各种工艺规程等。从生产设计的角度来看，船体放样、船体材料配套表编制和工艺装备设计等也属于工艺准备的范畴。

5.4.4 材料准备

材料准备是指根据造船周期的要求，按照订货清单的规定，进行全部主要材料的订货，以及由外厂制作的配套件和船用设备的订货，在工厂计划部门定出的资金基础上与协作单位签署订货合同，并对到厂的材料和设备进行验收和保管。为了减少资金积压，应尽量缩短厂内保管期。

5.4.5 船厂设施准备

为承接新造船舶，结合工厂的改造规划，对船厂的主要设施，如船台、滑道、船坞、吊车、码头、车间建筑、内部设备以及动力供应等进行扩建或改建。

1. 仓库

仓库是存放材料和设备的场所，以便按生产进程及时供应器材，在船舶生产中起着物资保障作用。仓库一般紧靠需求车间布置。如果运输距离和运输系统许可，也可以考虑设置中心仓库，以同时满足不同作业的需求。仓库的容积、数量和位置，是影响船厂布置的因素之一。

2. 平台（胎架）

平台和胎架是预装焊作业特有的主要工艺装备，也是决定装焊车间生产能力的重要设备。平台和胎架设置在装配车间内、船台或船坞附近的分段装配场地上。由于结构预装配比重的不断扩大，用于分段建造的平台、胎架区的总面积应和船台面积保持一个合适的比例，这样才能使分段装配与船台合拢的进度相适应，避免出现分段积压或分段满足不了船台吊装需要的现象。平台面积是衡量船厂生产水平的一个重要指标。

3. 船台（船坞）

船台和船坞是将各个零件、部件、分段或总段组装成整个船体的场所，要完成大量的舾装工作，船台或船坞都布置在船体装焊车间附近，同时又濒临水域。由于船厂生产纲领和厂区自然条件等因素的影响，船舶总装场所——船台（船坞）的形式、面积、数量和位置有所不同，船厂布置设计时必须首先确定。

4. 码头

码头是船舶下水后停靠并进行剩余舾装作业和部分船舶试验的场所，是船舶生产系统中十分重要的设施。码头岸线长度、泊位及配套设施将直影接响船厂的生产能力和生产周期。

5. 起重运输设备

为了在造船过程中运输材料或中间产品，根据不同的要求，在车间内外、堆场、船台（船坞）和码头等场所设置多种起重运输设备，以确保造船物流畅通无阻。造船用起重运输设备种类繁多（表 5-2），主要有以下几种。

表 5-2　起重运输设备种类

分类	名称	起重能力(t)	适用范围
起重机	桥式起重机	10~200	钢材搬运、整理 零部件配套、搬运、整理、翻身,分段搬运、运输状态调整
	转臂式起重机	30~200	分段、总段装配、吊运 分段翻身 船体总装
	悬臂式起重机	30~200	分段总段装配、吊运、翻身;船体总装
	门式起重机	250~1 500	船体总装
	浮式起重机	500~2 000	上层建筑整体吊装,船舶尾段总装
输送装置	输送机 传送平台	2~10	钢材预处理流水线 管件成组生产线 部件装配线(拼板、平面板架等)
车辆	自行式平车 拖车 轨道车	150~400 4~8 5	分段、总段运输 钢材、零部件运输,单元运输 车间内材料、工件运输

1)起重机

起重机是根据牵拉吊杆提起重物的原理发展而来的,是极普遍、使用方便的起重运输设备,其种类较多。

桥式起重机是运行在厂房桁架或露天高架轨道上的一种起重机(图 5-12),能进行搬运、翻身、调整吊运状态等作业,主要用于各车间、分段生产线和钢材堆场等处,其起重能力一般为 10~100 t。

图 5-12　桥式起重机

门式起重机不同于桥式起重机,它能在地面轨道上行走(图 5-13)。门式起重机的起重能力和跨度一般都较大,主要用于总装场所。

塔式转臂起重机一般也能在地面轨道上运行,且可做 360° 旋转。其起重能力一般为 50~150 t,主要用于平台、总装场所及码头(图 5-14)。

常见的起重机还有悬臂式起重机、固定转臂式起重机、门形梁式起重机、浮式起重机和无轨道起重车等。

图 5-13 门式起重机

图 5-14 塔式转臂起重机

2)输送装置

输送装置采用连续移动方式,一般设置在车间内的固定生产线上,如钢材预处理流水线、拼板线、管件成组生产线等。输送装置的种类多种多样,必须对输送物、搬运量、扬程(落差)、距离、作业条件和有无其他专用设备等特点进行充分研究,并要考虑送转情况、安全性和保养,然后加以选定。输送装置能完善工位设施,监督物流情况,改善作业流程,有助于自动化和计算机控制。

3)车辆

工业用车辆包括有轨道和无轨道的搬运车,对厂内运输起着重要作用。如车间轨道车搬运少量的材料和工件很有效。图 5-15 为无轨道自行式平车,能运输大型分段,改变了过去从起重机到起重机的分段运输方法。作为辅助运输设备的车辆还包括载重车、叉车、平板车、拖车等。

图 5-15 无轨道自行式平车

5.4.6　人员准备

按专业和工种计算所需的工程技术人员与工人人数,对不足人员数采取补充和培训措施。

根据工作与产品的关系,船厂组织可分成以下几个部门。

(1)基本生产车间:直接从事船舶产品生产的车间。例如传统的车间设置一般如下。

①船体车间:承担船体放样、号料、加工、装配和焊接等工作。

②机装车间:承担船舶管系放样、管子加工、单元组装、机械设备和系统及甲板机械的安装和试车等工作。

③电装车间:承担船舶电缆放样、电缆预裁、电器成套、船上敷线以及各种电力设备和电子仪器等的安装和调试工作。

④舾装车间:承担船上家具的制作与安装,舱室绝缘材料和甲板敷料的铺设,舱室分隔和室内装潢,以及船上卫生、通风、取暖等系统与厨房、冷库、空调机房等设备的安装与试验工作。

⑤涂装车间:承担钢材预处理、分段除锈与底漆喷涂以及船体和设备的面漆喷涂等工作。

⑥起重车间:负责船舶下水、进坞以及厂区港口作业等工作,也可称之为坞吊车间。

(2)辅助生产部门:为船舶生产提供辅助产品与劳务的生产和服务单位,例如:动力、工具、修理车间,氧气站,乙炔站,变电所,以及供应科、运输科、仓库、理化和焊接试验室。

(3)生产技术部门:为产品生产提供设计、工艺等技术文件及开发新产品、新技术的部门,例如设计所、技术科、工艺科。

(4)经营管理部门:从事产品经营、生产和一般管理的部门,如经营科、生产科、财务科、行政科、检验科、安全科和教育科。

船舶配套业——与智能船舶的融合

船用设备配套工业是船舶工业的重要组成部分和基础。船舶是一个庞大并且复杂的综合系统,造船材料费成本由原材料和成套设备两部分构成。造一艘船,材料设备占到了整艘船产值的60%~70%。它涉及数以万计的零部件和数以千计的配套设备。随着智能船舶成为造船与航运业发展的必然趋势,船舶配套业的发展也正在与智能船舶融合。这里要介绍的是船舶配套业中的龙头企业——罗尔斯·罗伊斯公司(以下简称“罗罗公司”)。

罗罗公司成立于1906年,创始人是Charles Rolls(查尔斯·罗尔斯)和Henry Royce(亨利·罗伊斯),“劳斯莱斯”和“罗尔斯·罗伊斯”均由英文Rolls Royce翻译而来,但它们早在1973年就被拆分为两家独立的公司,劳斯莱斯汽车公司已于2003年成为宝马旗下全资子公司。

罗罗公司是英国著名的发动机公司,也是欧洲最大的航空发动机企业,为陆地、海洋、空中交通提供广泛的高技术动力系统,推进产品优化和优质服务。罗罗公司的业务涉及民用航空、国防航空、海运与能源。

为了顺应智能化发展的趋势,罗罗公司朝着智能化道路前行。罗罗公司将以物联网、大数据和工业4.0为基础的数字化技术认定为颠覆性变革,并紧随科技发展进行智能船舶系统的搭建。其着眼于远程遥控和无人驾驶,在2014年就开始开发名为“未来操作体验概念”的岸基遥控系统,并于2017年6月完成了世界上首次无人商用船舶远程遥控测试。

罗罗公司在智能船舶领域的专利申请数量快速增长,在全球15个国家和地区申请了132件相关专利(图5-16),主要集中在欧洲专利局(25件)、世界知识产权组织(25件)和美国(21

件)。近年来罗罗公司正加紧在中韩两国布局专利,作为应对和防御中国、韩国快速发展智能船舶技术的手段。罗罗公司自2016年以来在智能船舶领域的产品研发和技术宣传,可以鲜明地体现其“市场未动,专利先行”的企业战略。

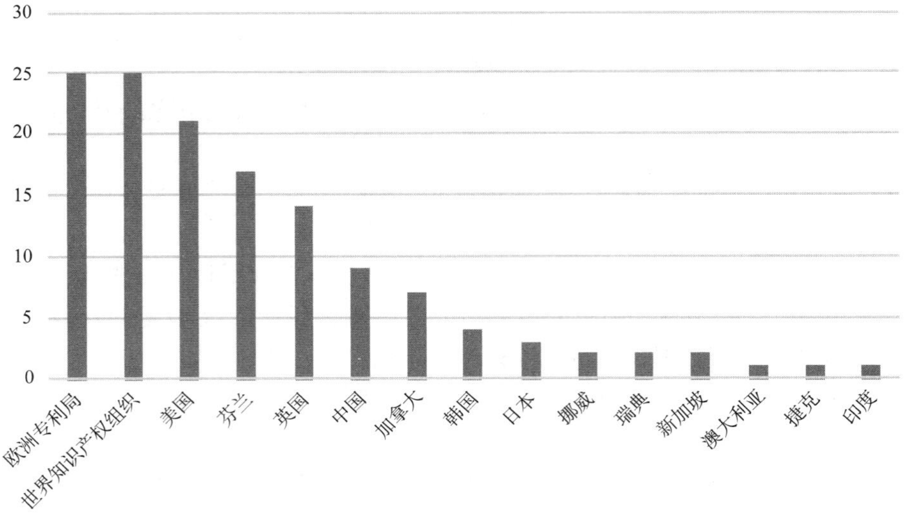

图 5-16 罗罗公司智能船舶专利区域布局

罗罗公司在智能船舶领域的专利布局可谓全面扩张:运用激光雷达等各类传感器实现船舶姿态信息感知;利用远程操作控制与船上传感器实现网络通信、信息集成与处理;综合电子导航数据与船舶周围信息制定导航规划并控制推进系统实现自主航行;同时通过优化电力分配、动力系统运行、全方位推进器运转实现能效管理。

在自主航行技术领域:综合利用传感器所获取的船舶位置、附近海况、天气、船舶装载以及周围船舶分布情况,通过计算机运算得到船舶航行路线,发送航路信息至船舶从而实现船舶的自主航行;根据船舶航行的规划路线,确定船舶推进器推力分配方法,将控制信号发送至推进器,通过对推进器的精确控制实现船舶的自主控制;在船队中指定一艘船作为领队,通过各船之间的通信,引领其他船实现自主航行;通过分布在船上的传感器,实时获取船舶姿态信息,通过船舶上设置的控制系统,实现船舶姿态控制,保障自主航行的顺利实施。

在网络通信技术领域:围绕远程操作中心进行专利布局,对远程操作中心的系统组成、分布、信号表示方法进行保护;围绕各节点之间的网络组成、通信方法、信号处理进行专利布局;围绕推进系统信号传输与控制进行专利布局。

在能效管理技术领域:围绕电力系统,主要保护电力分配与故障检测技术;围绕船舶动力系统,主要针对发动机、燃气涡轮机的运行状态检测和故障检测进行技术改进。

在信息感知技术领域:涉及各类传感器数据的获取与传输,重点针对激光雷达在船舶姿态检测、数据获取,以及配合照相机等各类传感器实现船舶运动姿态各类信息感知获取的技术进行创新。

(资料来源:魏剑,何新,李林泽. 基于跨国企业专利信息的智能船舶发展热点及趋势研究[J]. 中国发明与专利,2021,18(7):21-28. 略有改动)

5.5　造船生产管理标准化

造船生产管理标准化，是指依托现代造船模式，统筹生产管理系统中的各要素，并不断优化、创新造船生产管理体系，构建生产管理计算机网络系统，最终实现产品设计、生产和管理之间的平衡。

造船生产管理要实现标准化，需重视工业工程技术、计算机网络信息技术和质量管理技术等关键技术的发展与应用。

成组技术和系统工程技术，作为工业工程技术的两大分支，在现代造船模式的形成进程中获得了充分的验证。我国引入工业工程技术的时间不晚，但在初期并未获得造船业的高度重视，高校相关课程设置较少，毕业生专业知识储备匮乏，船厂对工业工程技术的研究和推广力度较小。为此，我们应正确认识工业工程技术的作用，及时研究并将其深入应用到造船生产管理中。

将计算机辅助设计系统与管理信息系统相结合，使生产技术信息与经济管理信息有机地联系起来，各部门共享互联，就能够实现造船生产管理的系统化和高效化。

由国际标准化组织推出的质量管理技术标准，使管理程序规范化、文件化、标准化，是当前船厂实施质量管理的主要依据。质量管理技术的融入能够保证船厂在原有质量管理体系的基础上，强化体系兼容覆盖能力，不同级别的工作人员均可自主操作，获取更多的工作经验，既可确保造船生产管理质量与效率，又可防止企业出现不必要的管理资源浪费。除此之外，构建造船生产管理标准化模型还需借助一定的管理理论与方法来实现，包括生产管理、计划管理、质量控制、安全管理、设备管理、物资管理、成本控制等各个方面的专业技术和管理方法。质量管理技术的实施，能够强化企业科学管理能力，为转换造船模式奠定基础，提高企业的生产发展能力和市场竞争能力，开拓企业的市场发展前景。

思考与拓展

(1)建造方案是造船总纲，它在哪项技术文件中阐明？为什么要在该文件中阐明？

(2)简要介绍船舶智能车间的关键技术及其特点。

(3)分段按外板长度两倍划分，分段超重怎么办？

(4)保持甲板舱口完整与列板端接缝矛盾时怎么办？

(5)船体分段划分的主要原则有哪些？

第 6 章　船体放样

6.1　船体放样概述

船体放样是将图纸上按一定缩放比例绘制的设计图，放大成 1∶1 的实尺图样（或 1∶10、1∶5 的比例图样），作为船体构件下料、加工的依据。船体放样是船体建造的第一道工序。

船体放样的内容主要包括理论型线放样、肋骨型线放样、船体结构线放样、船体构件展开和提供后续工序所需资料几部分。

船体放样分手工放样和数学放样两种，而手工放样又有实尺放样和比例放样两种。

（1）实尺放样是用 1∶1 的比例将船体型线转画在放样地板上的工艺过程。由于样图是按船舶的实际尺寸绘制的，所以它的精度高，型线很直观，可以直接从上面量取型位，进行壳板和内部结构的展开。此外，实尺放样过程中使用的工具和设备也很简单，还可以投入较多的人力，以加快放样工作的进度。但是，实尺放样需要占用很大的地板面积，同时放样的工作量和劳动强度都很大。

（2）比例放样是按 1∶5 或 1∶10 的比例，在放样台上完成船体放样的过程。其原理和方法与实尺放样相同，只是所用的比例比实尺放样要小。由于比例放样所描绘的是缩小了的船体线型，因此精度要求高，技术性强，需要使用一级线纹米尺等高精度的测绘工具。整个放样的工作量和劳动强度与实尺放样相当。而且这种放样方法只有与各种光电号料方法或光电路跟踪切割等工艺配合起来才有价值。随着数学放样与数控技术的发展，比例放样有被取代的趋势。

（3）船体数学放样，首先要建立船体数学模型，就是能够用数字来表示整个船体曲面的真实形状。建立了数学模型以后，就可以对船体表面进行分割，对整个船壳用电子计算机模拟人工放样过程，用数学方法把每一张外板零件的精确形状计算出来，同时用点、直线、圆弧等相交及拼接方法，与船体数学模型结合，就可以把船体结构零件的精确形状计算出来。

船体放样的主要作用：

（1）暴露和修正基本设计时的型线误差；

（2）补充和完善详细设计时的结构细节；

（3）检验和纠正生产设计时的施工缺陷。

船体构件号料就是依据放样提供的构件样板、草图、样杆和数据，在平直的钢板和型材上画（印）出构件的切割线及加工线等。同时，还要在材料上合理地排列各构件图样，以求省料省工，这一工作称为套料。船体构件号料是放样的后道工序。

虽然船体放样和号料的工作量与整个造船的工作量相比甚小，但却是一项技术性强、难度大、精度高的工种，它不仅是船体建造的首道工序，而且为船体建造的其他后续工序提供各种确切可靠的施工依据。因此，船体放样和号料的工作质量将直接影响到以后各道工序乃至最终产品的质量。

随着计算机技术的不断发展,船体放样经历了传统手工放样、数学放样和数字化设计三个阶段。船体放样的工作周期一般为 2.5~3 个月,而手工放样又是人工操作,数据量大、操作复杂,容易出差错,从而会影响放样的质量和精度。因此,用数学放样代替手工放样,可以加快船舶的建造进度,缩短造船周期。数字化设计发展至今,进一步缩短了造船周期,提高了我国造船业在国际市场上的竞争力。目前,船舶的设计、生产、建造均可通过专用的船体三维设计软件实现,如 NAPA、TRIBON、CADDS 5、CATIA、HDSPD 等。船体放样与号料也可由计算机来实现,其中,船体型线放样已经不再需要,船体结构线放样和号料可以在三维软件中实现,样板可以通过辅助制造系统生成。

6.2　船体数学放样

船体数学放样,是用数学方程定义船体型线或船体表面从而建立数学模型,然后通过电子计算机的高速运算完成船体放样工作,为建立一个造船自动化的完整体系奠定了基础。数学放样的内容基本上与实尺放样相同。

以"平、立、剖"为核心的二维工程图样,是工程界沿用至今的产品定义语言,它是在 1795 年法国科学家蒙日构建的画法几何理论基础上,逐步规范建立起来的。20 世纪 60 年代出现了 CAD 技术,计算机绘图逐渐替代图板手工绘图。进入 20 世纪 80 年代,三维建模技术不断发展,产品设计模式进入"以二维工程图为主、三维模型为辅"的阶段。

在 CAD 的发展应用过程中,计算机技术也在工程分析、辅助生产以及组织管理领域显现出巨大的应用价值,各种专业应用技术体系逐渐建立起来。例如,利用 NURBS、贝塞尔曲线等模型,人们突破了传统的线性束缚,可精确地表达更为复杂的非线性曲面造型;利用有限元分析软件对产品物理性能(如力学、光学、声学等)进行直观、系统的分析,逐步形成计算机辅助工程(CAE)体系。

面向产品生产过程,工艺设计人员可以利用相关软件进行工艺方案设计、计算机辅助工艺规划(CAPP),如工程建造中的施工深化设计;在某些机械化、自动化程度较高的工艺环节,将相关设计工艺转化为数控指令集合,直接驱动机械设备按设计工艺进行高效率自动化生产,发展形成计算机辅助制造(CAM)体系。

依据上述设计成果构建产品数据模型(Product Data Model, PDM),管理人员可以进一步生成物料清单(Bill of Material, BOM)、制订生产资源计划(Manufacture Resource Planning, MRP)和企业资源计划(ERP),实现企业与企业之间协作的供应链管理(Supply Chain Management,SCM)。

计算机辅助工程设计与生产,克服了传统纸质图纸表达产品的局限性,大幅提高了工程设计的工作效率。但是由于其依托的理论与方法基础仍然是二维投影图,在空间对象表达、信息集成和业务协同方面存在较大的局限性,面对规模较小且相对简单的工程产品尚可应对,对于工程规模大、复杂度高的工程产品,其缺陷显而易见:

(1)难以高效率表达和管理复杂空间对象;

(2)无法有效支持多主体协作;

(3)不利于实现工程全生命周期管理。

为了突破二维图样的束缚,发挥计算机技术在提升工程设计与生产综合效率方面的潜在价值,迫切需要三维乃至多维认知,将原本处于参考、辅助地位的三维模型,转变成表达产品设计的主导性方法。CAD/CAE/CAPP/CAM 的技术成果为这一转变奠定了技术基础。早期的 CAD 技术实现了二维设计信息的数字化表达,曲面造型技术实现了利用计算机技术描述产品外观。20 世纪 70 年代出现的实体造型技术,实现了在计算机中用一些基本的体素(Primitives)来精确构造产品几何模型、表达产品物理属性。20 世纪 80 年代中期出现的参数化特征造型技术,实现了从画法几何向基于模型定义的转变,并于 20 世纪 80 年代末在制造业掀起了一场三维 CAD 革命。

基于模型的定义(MBD),旨在充分利用三维模型本身的直观表现力,探索新的设计表达方式,将产品几何、材质、性能、生产工艺等相关信息有序地集成到三维模型中,实现异构信息的同构化,既能完整、直观地反映产品全貌,又能针对不同的应用业务主体准确交付合适的信息,为产品设计信息的高效利用奠定基础。

我国从 20 世纪 60 年代后期开始实行数学放样,当时全国主要工厂纷纷与大专院校联合研究数学放样。当时采用的方法是模拟物理样条推导出的分段三次多项式函数,使用的程序是手编程序。到 70 年代以后,数学放样已开始在实船上应用,程序的编制也从手编发展为算法语言。数学放样的研究工作已由全国各工厂集中到少数工厂和研究所统一进行。中船总公司成立后,组织了造船集成系统 CASIS Ⅰ~Ⅲ三期开发工程;数学放样的内容也从船体结构向舾装扩展,从纯粹的放样向生产设计发展。20 世纪 90 年代引进了国外的放样和生产设计程序,主要有 TRIBON、CAD、NAPA 等。国内的程序也随着硬件的发展而逐渐进步,从纯放样发展为兼顾生产、加工和设计的程序,主要有东欣公司的 EFSPD、HDSHM 系统和上海申博信息系统工程有限公司以及上海船厂联合开发的 SB3DS 系统。如今,我国正在基于企业资源计划(ERP)、产品生命周期管理(PLM)平台和制造运营管理(MOM)系统三个基本要素建立数字化船厂,进而实现数字化设计。

6.3 数字化设计

在基于模型的定义技术的支持下,越来越多的新技术正在融入工程设计,推动工程设计进入“数字化设计”时代。下面介绍几种典型的基于模型的工程设计方法:参数化设计、多主体交互式协同设计和生成式设计。

1. 参数化设计

参数化设计指的是通过定义参数的类型、内容并制定逻辑算法来进行运算、找形以及建造的设计控制过程。其基本思路是把影响设计的主要因素组织到一起,找到某种关系或规则,形成参数化模型,将工程设计的全要素变成某个函数的变量,并利用计算机语言进行描述,借助计算机图形引擎将参量及变量数据信息转换成图像。参数化设计传承了非线性涌现思维,强调利用新的软件工程方法延伸人的思维,将设计师从烦琐的计算和绘图中解放出来。但其仍然将人视为设计成败的关键,如果设计师判断设计方案存在不合理之处,只需调节参数,就可以不断调整和改善设计方案。

参数化设计方法,使设计师不再受传统技术的束缚而更自由地创作,甚至可以在计算机的支持下创造出意想不到的新形态。自 20 世纪 90 年代以来,参数化设计已经在工程建造领域得到应用,扎哈·哈迪德、弗兰克·盖里等人是这方面的积极倡导者。

基于模型的定义与参数化设计相结合，设计师可以在工程设计的任何阶段，通过参数的调整对工程设计形态和性能进行控制，从而实现更大范围和更高效的参数化设计应用，如将参数化设计应用于非线性船舶整体与结构体系的交互设计、内外空间的结合设计、表皮参数化、模型化以及设备管线设计与综合优化等。

2. 多主体交互式协同设计

协同设计是指在计算机支持下，各专业设计人员围绕同一个设计项目，在完成各自相应的专业设计任务基础上，实现高效率的交互与协同工作，解决传统设计面临的项目管理与设计之间、设计与设计之间、设计与生产之间的脱节问题，最终得到符合要求的综合设计成果。广义的协同设计是指市场人员、设计人员、工艺人员、采购人员、生产人员以及运营服务人员在工程全生命周期的任何阶段进行方案协同工作；狭义的协同设计，主要是指多个设计主体使用三维设计技术定义一个工程产品的过程。

协同设计的核心思想是提前发现问题，时刻考虑与周边组件和环境的干涉协调。这意味着多个专业主体需要密切配合。项目越复杂，设计周期越紧张，存在的不确定性因素就越多，所需进行的协调也就越频繁，不可避免会出现各专业反复提取数据的情况，一旦数据提取不准确、修改不及时就会造成大量的错、漏、碰、缺，陷入低效、低质的恶性循环。

为了实现协同设计，必须建立产品组件之间的系统联系，以保证专业设计人员能够准确地认知其所设计的组件与相关组件的关联作用。如机电专业的工程师在进行管路敷设方案设计时，必须能看到并参考他所设计区域的周边组件，即设计上下文信息，否则就有可能导致管线与周边环境的冲突。

协同设计还要求工程整体设计方案始终能够处于最新版本状态。在专业设计师进行设计工作时，常常需要浏览参考相关专业的设计成果，一旦参照引用了过期或错误版本，不可避免会出现设计错误，造成后期的返工。

在协同设计过程中，设计师打开任何专业的组件设计方案，该组件都应该与设计者的工作处于统一的坐标系下，设计师无须关注与相关组件的位置与装配逻辑。

在传统的工程协同设计实践中，由于主流设计组织模式多按专业进行部门划分，“部门墙”效应明显，沟通协同面临层层关卡，严重影响设计协同效率；以设计文档、任务书为主的文档协同模式，存在设计信息表达不直观、文字理解有差异、关联信息难一致、信息传递断点多、信息追溯不连贯、经验知识难复用、文档交互时效差、异构模型难集成等一系列问题。基于模型的定义为解决上述问题提供了新的可能。

交互式协同设计方法的主要特征如下。

（1）设计载体模型化：以模型作为协同的载体，一次建模，处处可用，作为多专业、多学科的沟通桥梁，通过统一的语言对系统进行定义描述，以减少理解上的分歧。

（2）设计过程有序化：将全新的建模方法、手段、标准融入设计研发流程中，通过流程引擎来驱动设计协作的有序开展。

（3）以虚拟仿真推进快速迭代：通过数字化仿真分析手段的分层级引入，构建产品各阶段快速迭代优化模型，不断提升设计质量。

（4）模型集成化：整合组织设计能力资源与成果，以业务连通为向导，构建基于模型的信息网络，确保设计信息在完整的设计体系中完整传递。

3. 生成式设计

在传统计算机辅助工程设计中,工程设计创意主要源自设计师或工程师个人,计算机仅限于扮演被动的工具角色。随着设计相关数据越来越丰富、计算机算力持续增长以及算法日趋智能化,计算机有可能作为一个独立的创意主体,与设计师或工程师建立起合作创意设计关系。一种新的工程设计方法——生成式设计应运而生。

所谓生成式设计,是一种模仿自然的进化设计方法,是建立在数字化条件之上的、基于协议与规则的、用户深度参与产品生成过程的设计方法,主要通过构建一系列设计规则和算法,充分发挥计算机强大的计算智能,在参与主体设计的互动中,持续快速迭代而获得设计解决方案。相对于传统的工程设计,其最大的改变在于为用户参与产品属性的定义提供可行的途径和新的契机,支持设计师改变自己的角色定位,更多地扮演算法和规则制定者角色。

相比于传统设计方法,生成式设计方法的优势体现在以下几个方面。

(1)省时。计算机在大数据支持下可以生成数以千计满足目标和约束的备选设计方案,并可以基于性能优劣对其进行快速筛选。

(2)激发灵感。通过创造数以千计的创意设计方案,生成式设计为设计师和工程师开启了一扇新的探索和创意之门,有助于更好地发掘设计空间中一些设计师用传统设计方法很难发现的创新性方案。

(3)经济。通过将仿真与测试嵌入设计过程,可以最大限度地保证设计的规范性与正确性,以防日后生产过程中产生高昂的变更费用。

(4)创造高品质几何形态。生成式设计软件有利于克服设计师或工程师在形态表达方面的局限性,使得构造复杂几何形态变成可能。

苏步青先生三赴江南造船厂

苏步青(1902—2003),中国科学院院士、数学家,有“东方第一几何学家”“数学之王”之称。“个人的成名成家是次要的,重要的是要根据时代发展的要求,努力使我国的科研教育事业发扬光大。”这句“口头禅”是苏步青一生践行的誓言。

20世纪六七十年代,苏步青先生曾三赴江南造船厂。他第一次到江南造船厂是接受批判的,第二次是接受劳动教育和进行调查的,第三次则是搞船体数学放样研究。

苏先生在逆境中奋起攻关,全身心地投入课题的研究之中。不久,他找到了突破口,提出了一整套方案,即应该从参数曲线和参数曲面着手,才能解决大挠度曲线(切线变化很大的曲线)、空间曲线和曲面的问题。

苏先生深感当时我国造船技术落后,特别是应用计算机的水平肯定比不过世界先进的国家。他埋头认真地学习国外先进的东西,利用厂休日回学校查阅资料,用曲面和曲线相结合的方法,而不是仅用曲线的方法来解决这个问题。根据这一思想完成的算法程序成功地计算了几条不同类型的船,效果良好。在苏先生的指导下,数学放样小组完成了线型光顺的课题,其中应用于船艏的一种光顺方法——平行圆面法的名字还是苏先生起的,如图6-1所示。

1978年,复旦大学数学系“船体数学放样”等项目获得了全国科学大会奖。苏先生在逆境中为这些项目做出了主要的贡献,令人更加敬仰他。

图 6-1　苏步青与青年教师讨论船舶数学放样课题

（资料来源：华宣积. 苏步青先生三赴江南造船厂[J]. 世纪，2018(6)：91-95. 略有改动）

第 7 章　船体钢料加工

从钢材仓库里领取出来的钢材和型材，需要经过矫正、表面清理与防护后，才能进行船体零件的号料工作，然后根据号料时所画的线条，依次进行切割，弯制成所需要的船体构件。号料前的钢材矫正、表面清理与防护称为钢材的预处理，而号料之后制造船体构件的工艺过程则称为船体构件加工。

虽然船体零件的种类繁多、形状各异，加工工艺过程也不尽相同，但从其构件特点和加工要求来看，可分为边缘加工和成形加工两大类。构件边缘加工包括边缘切割和焊接坡口加工。构件成形加工则是将切割好的平面钢板（或平直型材）加工成船体所需要的折角、折边和曲面形状（或曲形骨材）等。

7.1　钢材预处理

由于轧制、运输和堆放中的各种影响，船用钢材常常会生锈、变形并沾有各种油污和杂质，这不仅会导致钢材的性能降低，而且如果直接使用，会影响加工精度和生产速度，因此，露天堆放的钢材必须经过钢材预处理才能用于船体构件加工。

经过预处理的钢材不仅能有效地保护钢板在建造期间不受腐蚀，而且大大提高了除锈、除漆的工效和质量，减轻了二次除锈工作量，并能改善劳动条件和提高船体建造质量。此外，钢板和型钢必须首先进行除锈和喷涂底漆，才能进行船体零件的号科和加工，钢材预处理工作将直接影响船体建造的开工日期。

7.1.1　钢材的矫正

造船使用的钢板和型材，由于受轧制时压延不均、轧制后冷却收缩不均以及运输、贮存过程中各种因素影响，常常产生波浪形、局部凹凸和各种扭曲变形。这些变形将影响号料、气割及其他加工工序的正常进行，降低加工精度；而且在焊接时还会产生附加应力或构件失稳而影响构件的强度。因此，在号料前应进行矫正，消除这些变形。

钢材的任何一种变形都是其中的一部分纤维比另一部分纤维缩短些或伸长些导致的，因此矫正必须将较短的纤维拉长或是将较长的纤维缩短，使之与周围的纤维有同样的长度。由于压缩钢材纤维较困难，因此一般采用拉长纤维的办法。船厂的钢材矫正包括钢板的矫正和型材的矫正。

1. 钢板的矫正

矫正钢板成平直状态的机床，称为多轴辊式矫平机。船厂常用矫平机的工作部分是由上下两列工作轴辊组成的，一般有 5~11 个工作辊，如图 7-1 所示，下列是主动轴辊，由轴承固定在机体上，不能做任何调节，由电动机通过减速器带动它旋转；上列为从动轴辊，可通过手动螺杆或电动调节装置来调节上下辊列间的垂直间隙，以适应各种不同厚度钢板的矫平作业。钢板随轴辊的转动而啮入，并在上下辊列间承受方向相反的多次交变的小曲率弯曲，因弯曲应力超过材料的屈服极限而产生塑性变形，使那些较短的纤维伸长，使整张钢板矫平。因此，增加矫平机的轴辊数目，可以提高钢板的矫平质量。

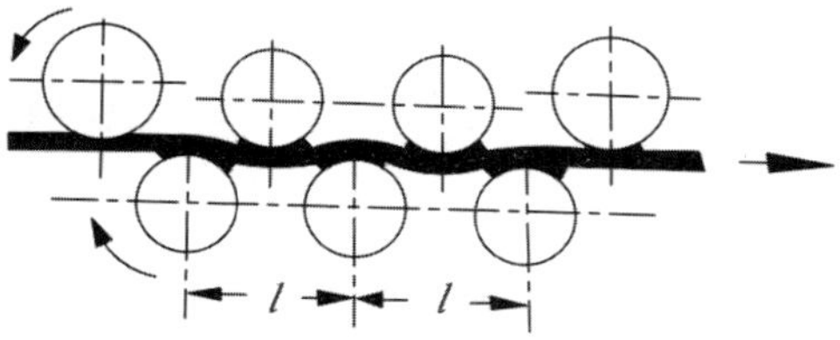

（a）

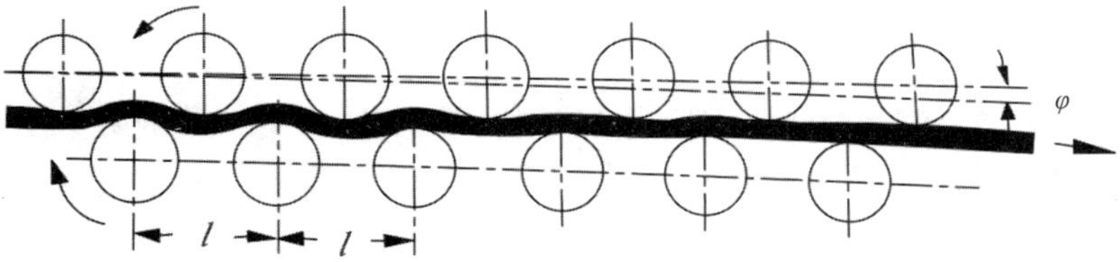

（b）

图 7-1　矫平机工作原理

根据轴辊的排列形式和可调节辊的位置，多辊矫平机有两种类型：一类是上下辊列平行且轴辊可以单独调节的矫平机（图 7-1（a）），另一类是上下辊列不平行的矫平机（图 7-1（b））。

对于第一类矫平机，轴辊排成互相平行的上下两列，上列轴辊除可在垂直方向上根据需要整体调节外，其前后两个轴辊还有单独调节的功能。这样，前辊可以根据钢板啮入的要求而调节其高度，故称前辊为导辊。而后辊则根据钢板的矫平情况来决定其高低位置。

对于第二类矫平机，上下两辊列的轴心连线之间呈很小的夹角 φ，辊列间的间隙沿出口方向逐渐增大，从而使钢板在辊列间交变弯曲的曲率逐步减小，使倒数第二个轴辊处的板材变形接近于弹性弯曲变形。这样排列轴辊免去了单独调节最后一个轴辊位置的必要。这类机床的特点是上列辅辊具有两种调节功能：沿垂直方向的调节和 φ 角的调节。在矫正钢板时，前几对轴辊使钢板进行正反向交变弯曲，其余各辊则产生拉力，使钢板在矫正时产生一定的附加应力，因而达到较高的矫正质量，这类矫平机主要用于薄板的矫正。

对于所需要矫平的钢板，钢板越厚，矫正越容易，钢板越薄，矫正越难。厚度在 3 mm 以上的钢板通常在五辊或七辊矫平机上矫正。厚度在 3 mm 以下的钢板，很难在这样的矫平机上矫平，必须在九辊、十一辊或更多轴辊的矫平机上矫平。若仍不满足要求，还可在大型三辊弯板机或液压机上进行矫平。

对于已矫正好的钢板，应根据规定的技术标准进行检验。表 7-1 所列数据为钢板在矫正后的允许翘曲度，供参考。

表 7-1　矫正后钢板允许翘曲度

钢板厚度（mm）	3~5	6~8	9~11	>12
允许翘曲度（mm/m）	3.0	2.5	2.0	1.5

2. 型材的矫正

型材一般使用型材矫直机进行矫正。型材矫直机的工作原理如图 7-2 所示。机床的工作部分由两个支撑和一个推撑组成。支撑没有动力驱动，两个支撑之间的间距可以调节；推撑安装在一个能做水平往复运动的滑块上，由电机驱动。矫正型材时，将型材的变形段靠在两个支撑之间，使其受到推撑作用力后产生反方向的变形，从而将变形段矫直。

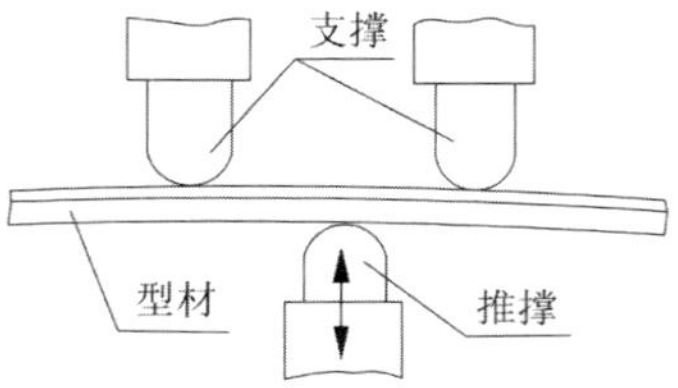

图 7-2 型材矫直机的工作原理

在没有专门型材矫正设备的情况下，小尺寸的型材可以在平台或圆墩上用手工敲击来矫正；大尺寸的型材可用水火矫正法矫正，也可以在液压机上进行矫正，在液压机上矫正时需要配置符合型材形状的压模。

7.1.2 钢材的表面清理

钢材的表面清理是指将钢材表面的氧化皮、锈斑和其他杂质清除干净（一般称为除锈），然后再喷涂防护底漆的工艺过程。钢材的表面清理可以保证后续涂层的施工质量。

常用的钢材表面清理方法有机械抛丸除锈法、化学除锈法、手工除锈法、高压水除锈法和带锈底漆法等。目前，在钢材预处理过程中常用的是机械抛丸除锈法和化学除锈法。

除了人工打磨、喷砂、高压水冲洗、化学清洗这些传统的清洗技术，随着国家对环保要求的不断提高，对施工人员健康安全的重视，形成了一种新的清洗技术——激光清洗技术。

1. 抛丸除锈法

抛丸除锈法是利用离心式抛丸机的旋转叶轮将铁丸或其他磨料高速抛射到钢材的表面上，使氧化皮和锈斑剥离的一种除锈工艺方法，如图 7-3 所示。抛丸除锈法一般用于原材料除锈，适合组建钢材预处理的流水线。

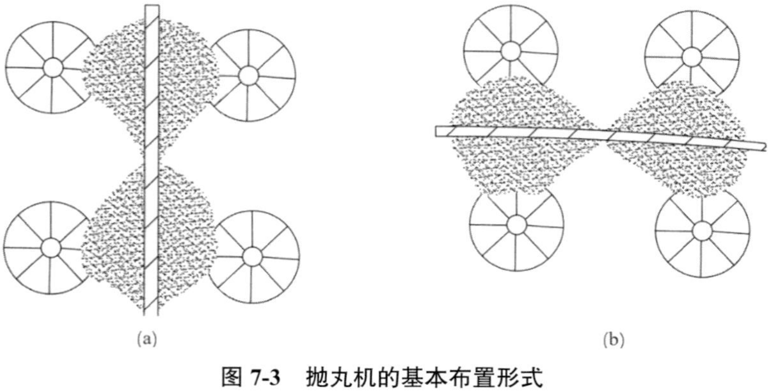

(a) (b)

图 7-3 抛丸机的基本布置形式

早期制造的抛丸机是立式的，如图 7-3（a）所示。它需要配置立板装置，较难形成连续生产，且因板材处于自由状态，对于较薄的板，抛丸时引起的变形较大，所以目前一般较少应用。现在使用的抛丸机多是卧式的，如图 7-3（b）所示。用这种设备除锈，其表面处理质量比较均匀。因其不需配置立板装置（若要求严格检验表面清理质量，可采用工业电视机检查），可直接用传送滚道送料，因此便于组建钢材矫正、清理与防护的自动生产流水线。采用卧式抛丸机除锈时，需要设置高压鼓风机组成的吹丸系统或采用机械式刮板，随时清除堆积在钢板上的铁丸，以保证抛丸除锈的效果和除锈作业的顺利进行。

抛丸除锈设备一般均设置有丸粒回收系统，以便丸粒的反复使用；并配置有通风除尘装置，以降低对环境的污染。

2. 化学除锈法

由于抛丸除锈时，丸粒对钢板的冲击力较大，容易使薄板产生变形，所以对于厚度在 5 mm 以下的钢板可用化学除锈法。化学除锈法通常指的是多工序的酸洗法，其基本工艺过程是：将脱脂并洗净后的钢材置于酸洗槽内，将氧化皮和铁锈除去，用水洗净后再用碱液将残余的酸液中和，防止其对钢材造成腐蚀，然后再用水冲洗干净。化学除锈法一般用盐酸、硫酸、磷酸或它们的混合液作为除锈液。

例如用硫酸进行酸洗，其化学反应为

$$FeO + H_2SO_4 \rightarrow FeSO_4 + H_2O$$

$$Fe_2O_3 + 3H_2SO_4 \rightarrow Fe_2(SO_4)_3 + 3H_2O$$

$$Fe_3O_4 + 4H_2SO_4 \rightarrow FeSO_4 + Fe_2(SO_4)_3 + 4H_2O$$

表层铁锈与酸液作用时，Fe 也溶于酸中：

$$Fe + H_2SO_4 \rightarrow FeSO_4 + H_2\uparrow$$

H_2 可将 Fe_2O_3 和 Fe_3O_4 还原成 FeO，使其溶于酸液；另一方面，H_2 的溢出有疏松氧化皮的作用。

为了避免过蚀，节约酸液，改善劳动条件，在酸洗除锈液中必须加入一定量的缓蚀剂，以控制腐蚀过程。

经过酸洗后的钢材，必须进行一定的防护处理，才能在以后的加工和贮存过程中减少或免于锈蚀。常用的防护处理方法是磷化处理。

我国成功研究出“酸洗磷化一步法”的除锈工艺，它能在除去铁锈和氧化皮的同时，在钢材表面形成一层致密的铁系磷化膜。该工艺大大简化了酸洗工序，在同一酸洗槽内可完成除锈和磷化过程，节省了人力、物力，改善了劳动条件，减轻了环境污染，为化学除锈的自动化创造了有利条件。

除用于薄板外，酸洗除锈法还主要用于处理管子、舾装件和形状复杂的零部件，可作为抛丸除锈法的补充手段。

3. 激光清洗技术

激光清洗是一种新型的先进清洗技术，采用脉冲激光照射待清洗部位，表面锈层、漆层和基材等吸收脉冲激光后，会引起熔化、气化、振动等一系列物理化学变化，最终达到污染层脱离基材表面的目的。

激光清洗的基本原理是利用瞬时高功率密度的脉冲激光在材料表面产生的高温、振动、膨胀等变化，使材料表面的污染物，如油污、旧漆、锈蚀、氧化层等脱离材料，从而达到清洗效果。其机理主要有激光烧蚀机制和热弹性膨胀机制，其他还有光化学消融、光压力等。图 7-4 为激光清洗机理示意图。

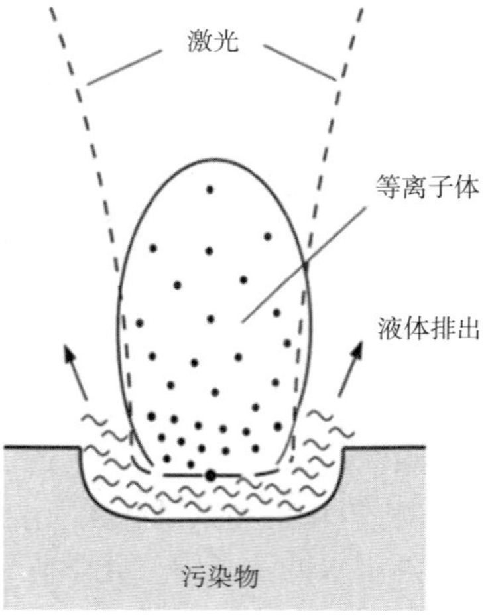

图 7-4 激光清洗机理示意图

1）激光烧蚀机制

当脉冲激光能量达到一定量，污染物在吸收能量后表面温度迅速升高，达到其熔点或气化点后，污染层便会产生熔化、气化、热裂解等物理状态，从而从基材表面脱离。在此过程中，气化物质会极速膨胀，产生强烈的冲击效应，挤压其他液体或固体污染物，使其溅射而出脱离基材，达到清洗的效果。激光烧蚀通常需要激光的功率密度达到 10^8~10^9 W/cm^2。

2）热弹性膨胀机制

基材或者污染物在吸收激光脉冲能量后，在极短的时间内受热产生瞬间热膨胀，继而在污染物与基底表面内部引起振动波，形成热弹性应力，当热弹性应力高于污染物与基材的结合力时，污染物便会脱离基材，达到清洗的效果，这就是脉冲激光的热弹性膨胀机制。当激光的功率密度小于 10^8 W/cm^2 时，热弹性膨胀是主要的激光清洗机制。

采用激光清洗，想要达到好的清洗效果必须选择一个合适的清洗工艺参数，激光器的类型、激光功率、脉冲频率、扫描速度等都需要被考虑。由于基体材料与污物对激光的吸收率不同，通常清洗污物所需的能量（清洗阈值）要小于损伤材料所需要的能量（损伤阈值）。图 7-5 为激光清洗阈值示意图。通过控制激光清洗的功率、脉冲频率、扫描速度和离焦量等工艺参数即可对激光清洗的能量进行调控，从而实现基材无损伤或轻微损伤的清洗效果。

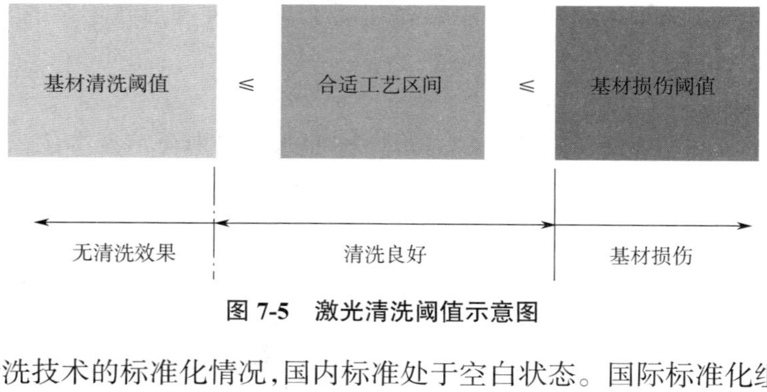

图 7-5 激光清洗阈值示意图

对于激光清洗技术的标准化情况，国内标准处于空白状态。国际标准化组织/色漆和清漆技术委员会/涂覆涂料前钢材表面处理分技术委员会（ISO/TC35/SC12）负责涂覆涂料前钢材表面处理领域的国际标准制定、修订工作，在船舶及海洋工程等钢结构建造腐蚀防护领域具有广泛影响力，目前已发布了国际标准 51 项，但未包含激光清洗相关标准。

在 2021 年 6 月 17 日至 21 日召开的 ISO/TC35/SC12 全会上，中国代表团根据国内应用新型环保方法开展钢材表面处理的成功经验，提出了“涂覆涂料前钢材表面处理 表面处理方法 第 6 部分：激光除锈”新工作项目提案，该提案获得全会认可，成功被列为预备工作项目（PWI），激光清洗标准化又向前迈进了一步。

与传统清洗技术相比，激光清洗有着诸多优点：

（1）与待清洗工件没有物理接触，不会对工件造成物理性损坏；

（2）激光方向性好，光斑尺寸可调，对清洗区域可实现精确定位且能够适应复杂曲面；

（3）具有一定的表面改性作用，可有效阻止二次氧化，且能提高表面力学性能；

（4）激光可通过光纤进行传输，操作灵活性高，易实现远程控制；

（5）清洗过程可控性强，满足多种类型污染物的清洗需求；

（6）除锈过程噪声低、无粉尘污染。

当然，激光清洗技术作为一种新型技术，存在着一些问题，其中包括成本、效率和工艺适应性等，在船舶工业推广应用仍需要一定的时间。相信不久的将来，激光清洗技术会在船舶领域占有自己的一席之地，为绿色船舶的发展添砖加瓦。

7.1.3　钢材预处理流水线

钢材预处理流水线（图 7-6）是指由钢材输送、矫正、喷涂底漆、烘干等工序形成的自动作业流水线。钢材预处理包括钢材的矫正（钢板矫平和型材矫直）、表面清理（去污、除锈等）和防护（喷涂底漆）。钢材预处理流水线通常分为钢板预处理流水线和型材预处理流水线两种，也有在同一流水线上既处理钢材又处理型材的情况。

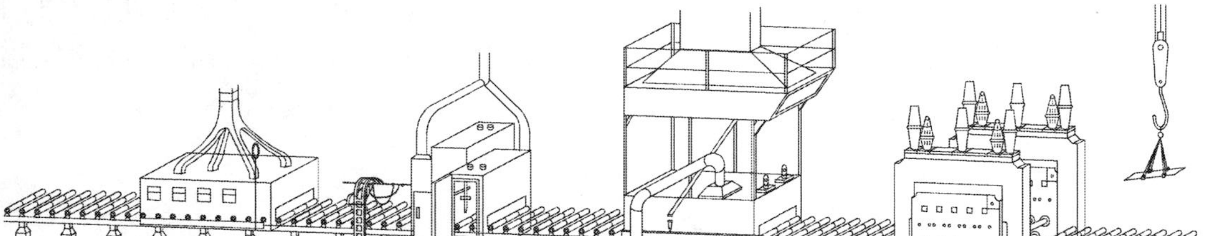

图 7-6　钢材预处理流水线

钢材预处理流水线的工艺流程如下。

（1）先用电磁吊车或自动装卸运输车将钢材吊放到输送辊道上。

（2）辊道以 3~4 m/min 的速度将钢材送入多辊道矫平机，对钢板进行矫平处理。

（3）矫平后的钢板由输送辊道送入加热炉，使钢材温度达到 40~60 ℃，目的是去除钢板表面的水分，并使氧化皮、锈斑疏松，便于除去，同时可增加漆膜的附着性。

（4）钢板进入抛丸室，抛丸装置自动向钢板两面抛射丸粒（丸粒可回收再使用），并用热风除去钢板表面的灰尘。

（5）钢材除锈并清洁后，进入喷涂室喷涂保养底漆。

（6）钢板离开喷涂室后，进入干燥室进行烘干。

（7）钢板烘干后从干燥室出来，进入高速辊道，以 20~30 m/min 的速度被送出预处理流水线。经质量检验合格后送入加工车间进行号料、加工。

钢材预处理流水线具有以下特点。

（1）生产效率高，大型流水线每小时处理钢板面积可达 800 m^2。

（2）劳动条件好，除锈过程密闭，全自动控制。

（3）除锈质量理想，表面粗糙度均匀。

（4）底漆附着牢固，预处理后的钢材，露天存放 10~12 个月不生锈。

应当指出的是，抛丸室及喷涂室中充满铁质粉尘和喷雾，为了维护良好的作业环境，并考虑防止向室外扩散有害气体，应对集尘、换气、防爆等方面予以特别关注，必须采取相应的环境保护措施和防火、防爆措施。

7.2 构件的边缘加工

边缘加工主要是指边缘切割和焊接坡口的加工。目前，边缘加工的方法有机械切割法、化学切割法和物理切割法。机械切割法包括剪切、冲孔、刨边和铣边等。化学切割法也就是气割，常使用氧-乙炔或者氧-丙烷切割。物理切割法包括等离子切割、激光切割和水射流切割等。

7.2.1 火焰切割法

1. 气割原理

火焰切割法指的是气割，通常是指氧-乙炔切割或氧-丙烷切割。其实质是金属在氧气中燃烧的化学过程，通常可分为预热、燃烧、去渣三个阶段。气割时首先用调节好的预热焰加热金属（工件），使割缝起点的温度逐步上升，直至达到被割金属材料的燃点，然后放出高压的纯氧气流，使金属燃烧（剧烈氧化），并将燃烧生成的熔渣（金属氧化物）迅速吹掉。连续不断地进行上述过程，就能在被割金属上形成一条光洁的割缝，从而达到切割材料的目的，如图 7-7 所示。

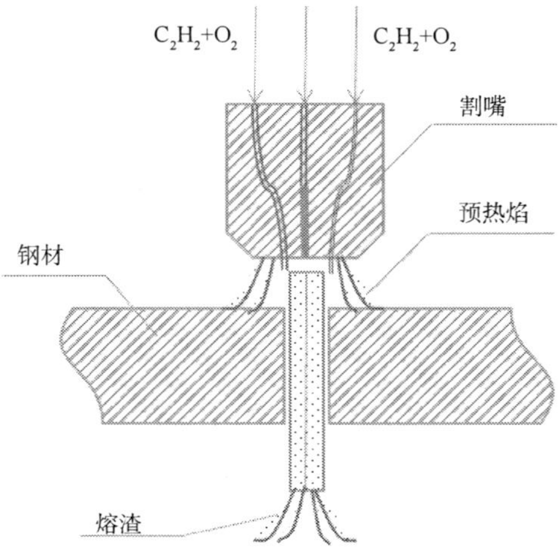

图 7-7 气割示意图

铁在纯氧中燃烧的化学反应式如下：

$$2Fe + O_2 \rightarrow 2FeO + 538\ \text{kJ/mol}$$

$$4Fe + 3O_2 \rightarrow 2Fe_2O_3 + 1\ 660\ \text{kJ/mol}$$

$$3Fe + 2O_2 \rightarrow Fe_3O_4 + 1\ 117\ \text{kJ/mol}$$

被割金属用氧炔预热火焰加热，常用中性焰（氧气和乙炔气正好完全燃烧掉）。这种预热火焰是利用可燃烧气体乙炔在助燃性气体氧气中剧烈燃烧时放出大量热能而实现的。其化学反应方程式为

$$2C_2H_2 + 5O_2 \rightarrow 4CO_2 + 2H_2O$$

碳化焰和氧化焰的燃烧温度比中性焰低，不仅过剩的乙炔气或氧气被浪费，而且这种预热火焰还会对金属表面产生渗碳或氧化作用而改变金属表面的组织与性能，故应使用中性焰来预热被割金属。

2. 气割要求

并不是所有金属都可以进行气割，即使是能气割的金属，其气割性能也各不相同。从气割的原理来看，气割需要满足以下要求。

（1）金属的熔点必须高于它在氧气中燃烧的燃点。例如，钢铁随着含碳量的增高，熔点逐渐下降，而燃点却不断升高，当含碳量 C=0.7 %时，两者相等。所以 C >0.7 %的高碳钢和生铁都不能气割，实际上因钢中还含有其他杂质，故当 C >0.5 %时便不能气割了。船用低碳钢和低合金高强度钢都属于可以气割的金属。

（2）金属的熔点必须大于其氧化物的熔点，且氧化物的流动性较好。这个条件是为了保证顺利地排除气割中生成的氧化物，否则就会发生粘渣现象而阻碍气割的进行。有色金属不能气割，如铝及铝合金的熔点小于其氧化物的熔点，所以用铝及铝合金制作船体构件时便不能气割，而低碳钢和低合金高强度钢可以进行气割。

（3）金属在氧气中的燃烧反应是放热反应，且含有较大的热能。在气割过程中，预热火焰加热金属的热量约占气割总热量的 30%，而金属氧化燃烧时产生的热量约占气割总热量的 70%，虽然能割穿金属和使气割连续进行，但如果金属的氧化燃烧是吸热反应或放出少量的热而达不到预热效果，则气割也无法进行下去。

（4）金属的导热率要低。否则，预热火焰的热量和金属氧化燃烧放出的热量散失太快，使切割区的温度达不到燃点，则气割就不能开始或中途会自己停止，若勉强进行则割缝太宽。

（5）金属中不应含有使气割过程恶化的杂质。因为有的杂质会使氧化物熔点升高，有的会妨碍金属燃烧，有的则使割缝处金属性能变坏而引起裂缝等。例如含碳量为 0.5 %~0.7 %的高碳钢，必须将其预热到 400~700℃时才能进行气割，否则会在割缝表面出现淬火组织，甚至出现裂缝。又如含硫量超过 1.0%~1.2%的钢材就不能气割。

船用低碳钢和低合金钢均能满足上述条件，具有良好的可割性。对于其他材料，则必须了解其性能是否符合上述条件，然后决定能否选用气割方法进行边缘加工。

3. 气割的工艺要求

（1）割前应根据构件厚度选择合适的割嘴。

（2）切割薄板时割嘴宜后倾 30°~45°，切割厚板时割嘴宜前倾 10°~20°。

（3）为了减少构件在气割时的热变形，操作中应遵循：大型构件的切割，应先从短边开始；

在同一张钢板上切割不同尺寸的构件时，应先割小件，后割大件；切割不同形状的构件时，应先割较复杂的构件，后割较简单的构件。总之，确定切割顺序时，一般应使被切割边缘处于刚性较大的约束状态下。

4. 气割设备

提高气割速度的主要途径是：强化对切口处的预热；提高切割氧气流的流速和动量，提高并保持切口区内氧气的纯度。这要求：一方面提高供氧的质量，另一方面改进割嘴的结构。国内外都从这几方面出发，研制出一些新型割嘴，如扩散型割嘴和具有氧气屏的割嘴等。

船厂常用的气割设备，按照切割割嘴的运动轨迹控制及驱动方式，可分为以下几种。

（1）手工切割机：割嘴的运动轨迹由操作者手工控制。事先应在钢板上经号料画出切割线迹，操作者控制割嘴沿切割线迹运动。切割精度主要取决于操作的平稳程度。

（2）半自动切割机：由切割部分（包括割嘴、气体管路及其调节装置等）、动力部分（行走电动机和减速装置等）和辅助设备（直线轨道和割圆圆规等）三部分组成，如图 7-8 所示。用半自动气割机切割钢板时，气割机由电动机驱动，沿直线轨道做匀速直线运动而实现构件直线边缘的切割。割嘴可以处于垂直位置，也可以倾斜一定的角度以便切割出 V 形或 X 形坡口。其割缝光洁，切割精度高。与自动气割机相比，它还具有设备简单、便于移动、容易操作、适应性强、投资少、易于扩大施工面等优点。

图 7-8 半自动切割机

（3）门式自动切割机：是在两根固定导轨上设置一个坚固的“门”形支架，在支架上装一套或数套切割装置，如图 7-9 所示。切割时，由电动机驱动门式支架以一定的速度（运动速度等于切割装置的切割速度）沿导轨做直线运动，切割装置随门式支架的运动而切出一条或数条精度很高的直线割缝。每套切割装置上都装有三个割嘴，除切割平直边缘外，尚可一次割出 V 形、X 形、K 形、Y 形焊接坡口。因此，应用高精度门式自动切割机切割直边构件，不仅加工精度高、切割速度快，而且还能将边缘切割和开坡口一次完成，可完成原来刨边机的全部工作内容，省去原来剪切和半自动气割中拼板构件的二次加工，缩短船体构件的加工周期，节省大量劳动工时。

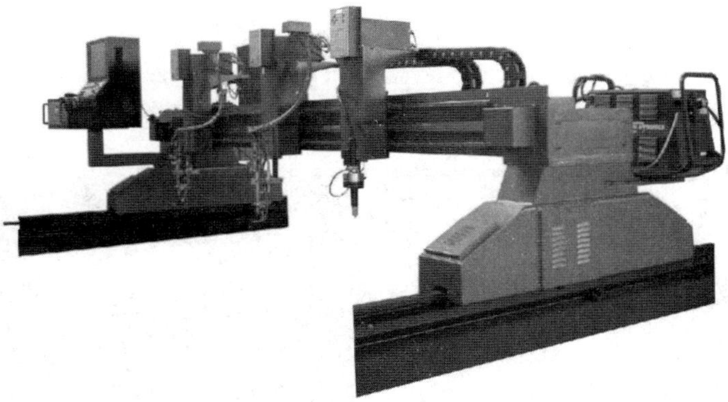

图 7-9　门式自动切割机

由于高精度门式自动气割机不需数控设备和光电跟踪装置，结构简单、使用方便、价格便宜，而且切割速度快、精度高，又便于同前后工序组成流水生产线，因此，它是船体加工车间切割中、厚构件比较理想的设备。

（4）光电跟踪自动气割机：由光电跟踪图纸台和气割执行机构两部分组成，如图 7-10 所示。它是根据仿形图，利用光电仿形跟踪系统进行工作的。工作时灯光聚焦后形成光点，投影到仿形图线条上，经反射到达光电管或硅光电池内而转变为信号电流，由于仿形图上的墨线和图纸反射光的能力不同，在光电系统中引起的电流强弱也不同，从而形成脉冲。将此电流脉冲放大，控制伺服系统就能使光点自动跟踪图纸上的线条，带动气割机按一定的比例切割出仿形图上所绘制的船体零件。光电仿形跟踪系统一般装设在专用的机房内，通过电缆与房外的气割机相连，以免相互干扰。采用光电跟踪气割，首先要绘制仿形图，并按钢板规格进行套料，再绘成零件套料仿形图。

图 7-10　光电跟踪自动气割机

另外，还有一种小型自动切割机，称为光电跟线切割机，它能自动跟踪钢板上的线条进行缓曲线零件的切割。这种设备外形尺寸小，灵活机动，是和手工号料、光学号料配合使用的自动气割设备。

(5)数控气割机(图 7-11):是把被切割构件的图形用图形处理语言编成构件程序,经过通用电子计算机进行处理、计算和对数控指令进行编码,得到数控切割程序(简单图形也可以手工编程),然后将其录入程序载体(纸带、磁盘等),再输入数字控制装置中,以控制气割执行机构进行切割的自动气割设备。它由数字控制部分和气割执行部分组成。

图 7-11　数控气割机

数控气割机执行部分的机架上安装有一套或数套切割装置。其机架多为悬臂式结构、门式结构或桥式结构。数控气割机的割炬在控制装置的控制下,除了能做平面移动外,还有自动升降和旋转等功能,因而能切割不同厚度和任意形状的构件。若切割装置为多割嘴割炬组,则可切割焊接坡口。若配置有画线装置,则还能在钢板上画安装线、加工线和各种符号。

和其他自动气割机相比,数控气割具有下述优点:

①根据船体计算机辅助制造系统提供的资料直接进行切割,可实现放样、切割过程自动化;

②切割精度高,其误差可控制在 ±0.5 mm 以内,另外,由于使用穿孔纸带或磁盘,故能长期保存准确的数据;

③切割效率较光电跟踪气割机高 15%以上;

④可省去号料工序,亦不需要绘制仿形图,若采用带有自动号料装置的数控气割机,还可取消手工二次号料,因而可以节省劳动力,改善劳动条件,并可消除各工序间的积累误差。

当然,数控气割机必须和计算机辅助制造系统配套使用,否则不能发挥其优越性。

7.2.2　物理切割法

1. 等离子切割

"等离子体"是完全处于电离状态的气体。利用一定的装置,可以得到高速、高温的等离子流,流速达 300~1 500 m/s、温度达到 15 000~33 000 ℃,这种高速、高温的等离子流从喷嘴喷射到被切割构件的表面后,遇到冷却物质便立即复合成原子或分子并放出能量,使割缝处温度迅速升高而熔化。同时高速飞出的粒子具有相当大的动能,产生较强的机械冲力,将被熔化的金属冲走而达到切割的目的。数控等离子弧切割可以切割氧乙炔焰所不能切割的铜、铝、不锈钢等各种高温难熔金属,尤其擅长切割薄板。其切割速度是氧乙炔焰的 3~6 倍。由于生产效率和质量较高,等离子切割在造船钢板切割中有取代氧乙炔焰切割的趋势。

自 20 世纪 50 年代中期等离子弧工艺出现以来，相当多的研究者曾致力于研究增加弧压缩而不产生双弧。那个时期应用的等离子弧切割现称为“传统等离子切割”。使用传统等离子工艺切割不锈钢和铝，需要使用不同的气体和气体流量，以求在上述两种金属上获得最佳切割质量。虽然传统等离子切割从 20 世纪 50 年代到 20 世纪 90 年代居主导地位，但这种工艺常常需要非常昂贵的氩氢混合气体。

双气流技术是在 20 世纪 60 年代发明的，它在等离子喷嘴周围增加了另一种保护气体。通常在双气流操作中，切割气（等离子气）是氮气或氩氢混合气，而保护气是按照所切割的金属选择的，切割低碳钢时用空气，切割不锈钢时用一氧化碳气体，而切割铝时用氩氢混合气。这种技术切割碳钢的速度要比火焰切割快。该方法的主要优点是喷嘴可以被隐藏在陶瓷气罩或保护罩内，阻止喷嘴和工件接触，减少了“双弧”产生的趋势。保护气覆盖了切割区域，提高了切割质量和切割速度，还能冷却喷嘴和护罩。空气等离子切割是在 20 世纪 60 年代早期引入用于切割碳钢的。空气中的氧气与熔化钢板的放热反应可以提供额外的能量。

20 世纪 70 年代早期，发现了工业可利用的铪和锆，它能抗拒在氧气等离子弧切割中因高温而导致的电极材料快速烧损。氧气作为一种等离子气体引起了人们的极大兴趣。之后氧气作为等离子气体成为可能，氧气等离子应用于碳钢切割成为等离子弧切割技术的最新发展。氧气等离子切割满足了大范围、无挂渣、高切割速度所需要的条件，在较低电流水平操作时，大幅提高切割速度，并且产生光滑、方正和更柔软的切口边缘。这种切口边缘更容易进行弯曲或焊接加工。所有钢板，包括高硬度低合金钢在内，用这种新技术都可以实现基本无挂渣切割。

20 世纪 90 年代初，“精细等离子”的概念出现，它通过极大地缩小喷嘴孔尺寸而产生极度压缩弧，获得了与激光产品竞争所需的高能量密度。

若等离子切割机直接在空气中工作，有害气体得不到有效排除，就会造成严重的环境污染。因此，常采用水下等离子切割。水下等离子切割具有以下优点：

（1）切割生产的金属粉尘有 99%沉淀在水中；

（2）噪声频率大大降低，强度大大减小；

（3）切割质量好，端面无圆角，无挂渣；

（4）割嘴寿命长；

（5）有害气体被水吸收；

（6）等离子弧发出的紫外线光有所减弱等。

2. 激光切割

激光切割是利用经聚焦的高功率密度激光束照射工件，使被照射的材料迅速熔化、汽化、烧蚀或达到燃点，同时借助与光束同轴的高速气流吹除熔融物质，从而将工件割开。激光切割精度是已知的所有热切割设备中最高的，可达 0.1~0.2 mm。千瓦级连续 CO_2 激光器研制成功以来，激光技术在钢料切割方面的应用得到迅速发展。激光切割与其他切割相比，具有能量密度高、热量输入低、热影响区小、易于控制等特点，可以对常规方法无法加工的材料与零件进行加工。

激光切割可分为激光汽化切割、激光熔化切割、激光氧气切割和激光划片与控制断裂四类。

1）激光汽化切割

利用高能量密度的激光束加热工件，使工件温度迅速上升，在非常短的时间内达到材料的沸点，材料开始汽化，形成蒸气。这些蒸气的喷出速度很大，在蒸气喷出的同时在材料上形成切口。材料的汽化热一般很大,所以激光汽化切割时需要很大的功率和功率密度。激光汽化切割多用于极薄金属材料和非金属材料(如纸、布、木材、塑料和橡皮等)的切割。

2)激光熔化切割

激光熔化切割时,用激光加热使金属材料熔化,然后通过与光束同轴的喷嘴喷吹非氧化性气体(氩气、氦气、氮气等),依靠气体的强大压力使液态金属排出,形成切口。激光熔化切割不需要使金属完全汽化,所需能量只有汽化切割的1/10。激光熔化切割主要用于一些不易氧化的材料或活性金属的切割,如不锈钢、钛、铝及铝合金等。

3)激光氧气切割

激光氧气切割原理类似于氧乙炔切割。它用激光作为预热热源,用氧气等活性气体作为切割气体。喷吹出的气体一方面与切割金属作用,发生氧化反应,放出大量的氧化热;另一方面把熔融的氧化物和熔化物从反应区吹出,在金属中形成切口。由于切割过程中的氧化反应产生了大量的热,所以激光氧气切割所需要的能量只有熔化切割的1/2,而切割速度远远大于激光汽化切割和熔化切割。激光氧气切割主要用于碳钢、钛钢以及热处理钢等易氧化的金属材料。

4)激光划片与控制断裂

激光划片是利用高能量密度的激光在脆性材料的表面进行扫描,使材料受热蒸发出一条小槽,然后施加一定的压力,脆性材料就会沿小槽处裂开。控制断裂是利用激光刻槽时所产生的陡峭的温度分布,在脆性材料中产生局部热应力,使材料沿小槽断开。

3. 水射流切割

水射流切割的原理是将水加压到数百兆帕的高压,然后高压水通过一个特殊设计的、外径较小的喷嘴,以大约3倍音速喷射出来形成水射流。这种具有极高动能的水射流可以用来切割各种材料,水射流切割可分为纯水水射流切割和添加磨料的水射流切割。水射流切割适用于切割一切材料,如特种钢、钛、铜、铝、铅、玻璃、橡胶、塑料、陶瓷和天然岩石等。水射流切割主要用于热切割无法进行或者需要采用昂贵的机械切割工具及割缝需要磨光的情况。

水射流切割与其他切割相比,具有以下特点:

(1)切割不产生热量,因此不会影响金属特征;

(2)可得到高质量的割缝,不会产生任何毛刺、挂渣,割缝边缘平直,表面光滑;

(3)水射流切割所形成的割缝较窄,可大幅度提高零件尺寸精度和材料利用率;

(4)水射流切割不会产生环境和冶金污染(如用铝-钢层压板等双金属切割);

(5)水射流切割生产效率高,可切割特殊规格大厚度钢板而不需要多道工序加工。

7.2.3 坡口加工

根据钢板厚度和工作条件,常用的焊接接头形式有对接、搭接、丁字接和角接等,焊接坡口形式一般有I形、V形、U形、X形等。构件边缘焊接坡口的加工,通常采用机械刨边(铣边)法和气割法。气割法拥有诸多优点,发展速度很快。

1. 机械刨边(铣边)法

船体加工车间的刨边机和铣边机都是加工构件边缘坡口的专用设备。一般经切割的平直船体构件,都可在刨边机上刨出坡口。只要更换不同的刨刀,旋转刀架至不同的角度,便可开出不同的坡口。也可在铣边机上铣出I形坡口,供要求板材边缘平直而整洁的自动焊使用。

由于刨边机设备大、加工效率低,而且只能加工坡口,所以随着气割技术的发展,多数船厂采用气割法来进行焊接坡口的加工。

2. 气割法

一般在进行构件边缘切割时,同时切割出焊接坡口。将两个或三个割炬组合成一个割炬组,利用割炬组来加工所要求的坡口形状。图 7-12 所示为利用气割法加工各种焊接坡口的情况。V 形坡口采用两个割炬,X 形和 K 形剖口采用三个割炬。

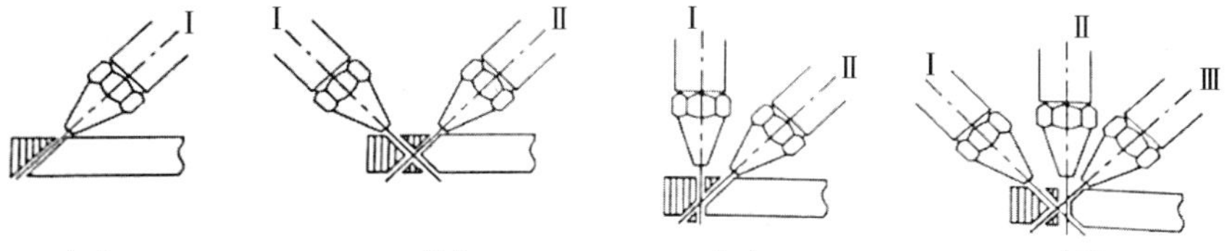

图 7-12　气割法加工各种焊接坡口

采用割炬组进行切割加工,可使船体构件的边缘加工(切割和开坡口)工作一次完成,既简化了船体构件的加工过程,又提高了工效。这种割炬组可直接安装在半自动气割机、高精度门式切割机、数控切割机等自动、半自动设备上。

7.3　板材构件的成形加工

平直的船体构件,一般经过边缘加工即可;对于非平直的船体构件,在边缘加工之后,还需进行弯曲成形,通常将这种弯曲成形的工艺过程称为船体构件的成形加工。成形加工分为板材构件的成形加工和型材构件的成形加工。成形加工也可分为常温下的冷加工和高温下的热加工。

板材构件的成形加工主要是指由钢板制成的船体曲形零件的加工,这些板材零件又可分为单向曲度板和复杂曲度板。单向曲度板的加工比较简单,通常只需冷加工即能成形;复杂曲度板往往需要经过冷、热加工才能成形。

目前主要的板材成形加工方法有机械冷弯法和水火弯板法,机械冷弯法包括辊弯、压弯和折弯。

7.3.1　辊弯

辊弯是一种冷加工弯曲法,主要设备是辊弯机(弯板机)。其中,三辊弯板机应用最为广泛。具有圆柱形和圆锥形的单向曲度板称为简单曲度板,如平行中体部分的舭列板等,通常用三辊弯板机加工成形。当双向曲度板的曲度不大时,也可用三辊弯板机冷弯成形。

普通三辊弯板机弯曲钢板时的情况如图 7-13 所示,其下轴辊是主动辊,安装在固定轴承内,由电动机通过减速器带动而旋转;上轴辊是从动辊,安装在可上下调节的轴承内。板材在辊弯机中的弯制是在三个旋转着的轴辊间进行的。当板材的一端送入上辊与下辊间后,降下上辊。使上、下辊之间的间距略小于板材的厚度,则支承在上、下辊之间的部分板材受到上辊集中力的作用,造成很大的塑性弯曲变形。当辅辊转动时,由轴辊和板材之间的摩擦力带动板材继续卷入轴辊内,顺次经过上、下轴辊之间的最大塑性变形区,使板材沿全长方向获得均匀的残余变形,达到冷弯加工的目的。在辊弯过程中,用内卡样板来检查成形情况,经过多次来回辊弯可获得满意的效果。

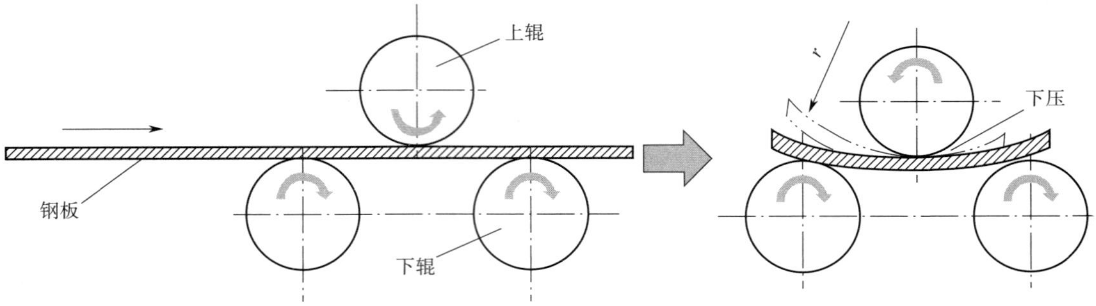

图 7-13　钢板的辊弯

三辊弯板机分为开式和闭式两类。开式三辊弯板机上轴辊的一端机架可以拆卸,以便能够取出弯制成形的封闭式圆柱形工件。闭式三辊弯板机的两端机架均不能拆开,一般用来弯制非封闭式的工件,船体外板大多采用这种弯板机加工。

普通三辊弯板机除上轴辊可做上下调节外,再不能做其他调节,这使其弯板功能受到很大的限制。例如,在弯制圆柱形或圆锥形板件时,板的边缘就有一段无法进行辊压,只好采用既浪费工时又浪费材料的工艺措施(如加垫块先辊弯好板边部分或先用液压机压好板边部分等)来补救。为了解决上述不足和缺陷,可采用以下几种新型的辊式弯板机。

(1)三根轴辊均可上下升降调节的三辊弯板机:这种弯板机的两根下轴辊不仅可以驱动,还可以单独或同时进行升降调节。图 7-14 为这种弯板机弯制构件边缘部分的过程。这种弯板机的工艺性能较好,操作方便,适用于简单曲度板的成形加工。

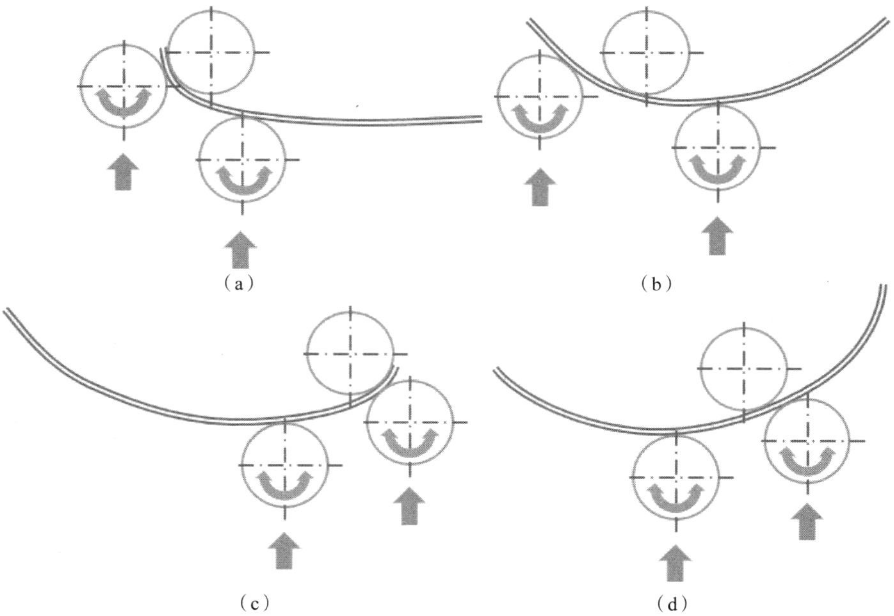

图 7-14　下辊可上下调节的三辊弯板机加工示意图

（2）轴辊可横向调整的三辊弯板机：这种弯板机分为两类。上轴辊可横向移动的开式三辊弯板机可以用来弯制封闭形筒体或锥体。图 7-15 为这种弯板机弯制封闭形筒体的弯制过程。弯制时，可使上轴辊做横向移动并进行升降调节，弯制出构件的边缘部分，然后再弯成封闭的筒体。下轴辊可横向移动的闭式三辊弯板机则是分别调节两根下轴辊的横向位置，弯制出构件边缘部分的曲度。

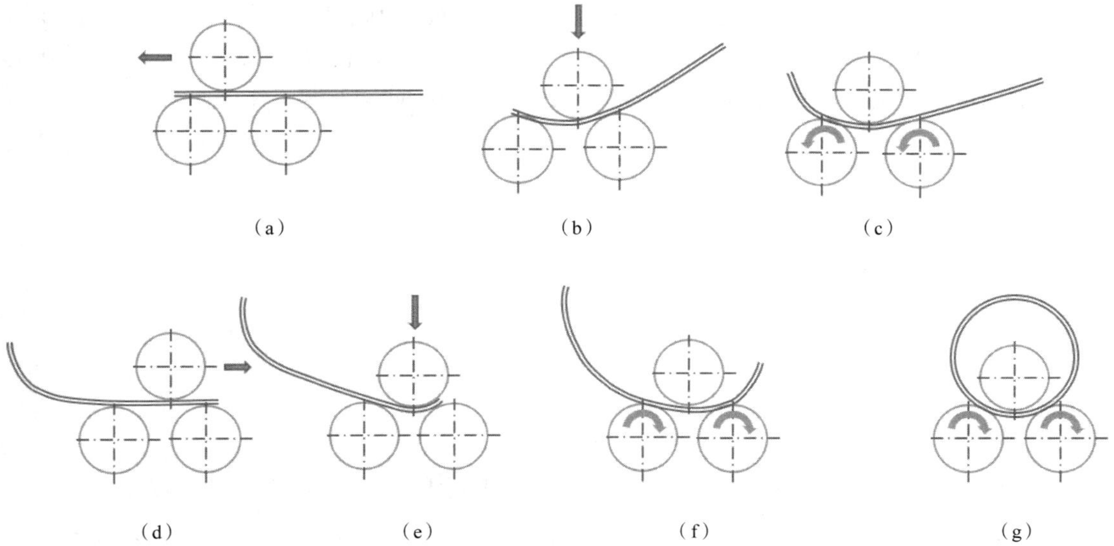

图 7-15　上辊可横移的开式三辊弯板机加工示意图

（3）四辊弯板机：其轴辊的布置如图 7-16 所示。轴辊 1 和 2 为主动轴，轴辊 3 和 4 为从动辊。轴辊 1 安装在固定的轴承内，其余三根轴辊被分别安装在可做升降调节的轴承内。弯制船体构件时，将要弯曲的钢板夹在轴辊 1 和 2 之间，通过对轴辊 3 和 4 做升降调节，将钢板弯制成构件所要求的曲度。

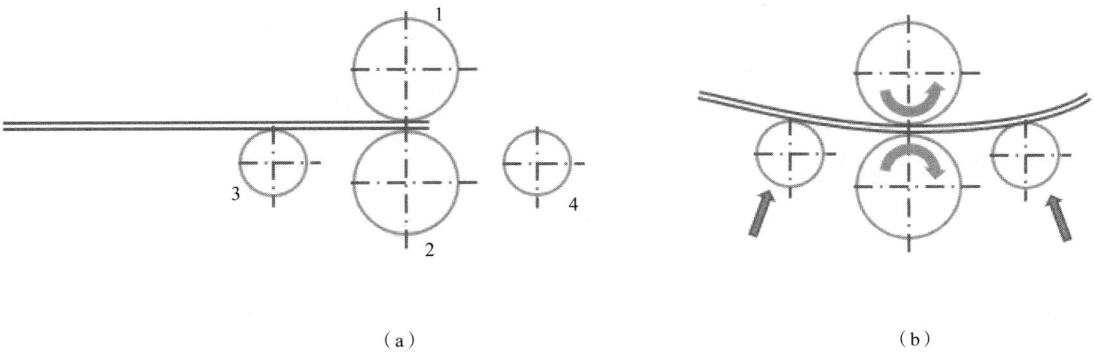

图 7-16　四辊弯板机弯板示意图

采用弯板机弯制圆柱形钢板时，先在钢板的两边和中间画出圆柱面素线，对弯板机各轴辊进行调节，使其轴线互相平行，然后按上述工艺方法先弯制钢板的边缘部分，后弯制钢板的中间部分。弯制时应使钢板上所画的直素线平行地对准下轴辊上的纵向槽子(图 7-17)，再调节上轴辊，使之压紧钢板，将钢板在弯板机上来回滚动。如果要求辊制钢板的曲率较大，则应当分次进行辊弯，每次上轴辊的下降量为 5~10 mm，板越厚，下降量应越小。在弯制过程中应经常注意钢板上所画的直素线与下轴辊纵向槽子是否平行，并用内卡样板检查钢板弯制的曲度，以检查结果来调节上轴辊的升降，直至钢板的曲度与样板型线相符为止。

弯制圆台形板时，应先将圆台形的展开面(扇形平板)用画直素线的方法分成 3~5 个区(图 7-18)。圆台形板的两边先行预弯，然后按照图上的顺序进行辊弯，即先将 1 区域的中心线对准下轴辊上的槽子，下降上轴辊，开动机床，进行这一区域的弯制工作。

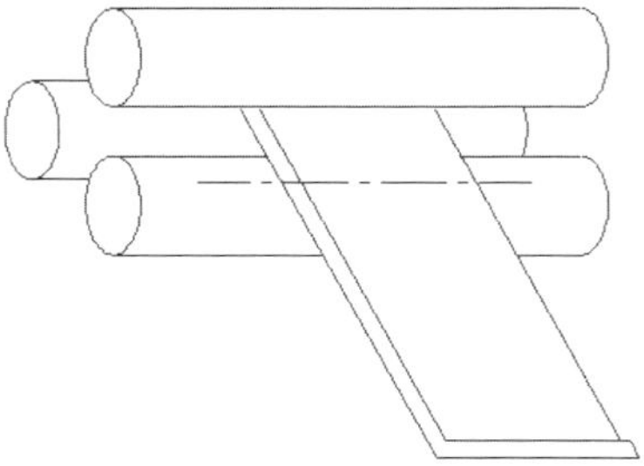

图 7-17　钢板中心素线对准下辊上的槽子

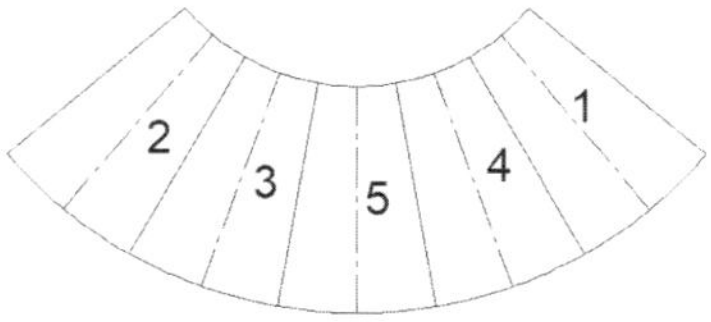

图 7-18　圆台形板分区及辊弯顺序

进行加工时，上轴辊的位置应处于倾斜位置，低的一端是圆锥台小直径的一端，高的一端是圆锥台大直径的一端，其倾斜度是随着钢板弯曲的程度而逐渐增大的。该区域的形状大致与样板相合后，进行其他各段的弯曲(图 7-19)。若不按上述程序辊弯，则在小口端分区交界处会出现折角。

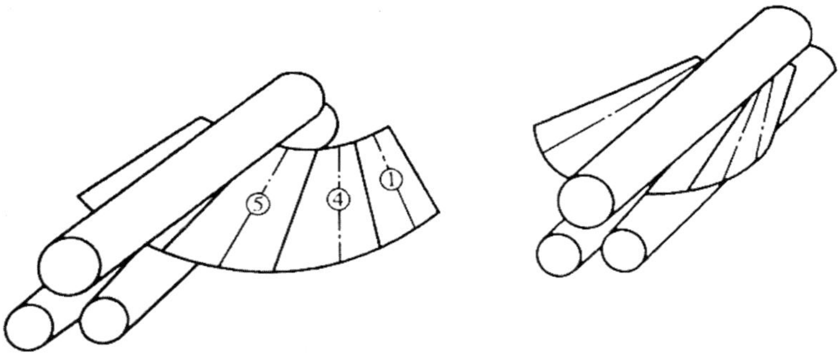

图 7-19　在三辊弯板机上辊制圆台形构件

7.3.2　压弯

压弯通常是指冷压弯曲成形，常用设备是液压机。具有双向曲度和多向曲度的板称为复杂曲度板，其冷弯成形设备主要是液压机。

根据使用的液体介质，液压机可分为油压机和水压机两类。油压机的压力是由油泵产生的，一般没有蓄压装置，所以结构轻巧简单。水压机一般都带有蓄压装置，能产生很大的压力，但机构庞大复杂。因此，如果油压机的工作压力能满足加工要求，则采用油压机较为经济。

液压机利用液体的不可压缩性及能传递等压强的特点，通过一定的机构产生巨大的工作压力。液压机的原理如图 7-20 所示。船体加工车间常用液压机的工作压力，中小型船厂多为（200~400）$\times 10^4$ N，大型船厂一般为（800~1 200）$\times 10^4$ N，有的高达 3 000 $\times 10^4$ N。

液压机的结构形式有悬臂式和框式两种。悬臂式液压机的工作面三面敞开，操作方便，但工作压力受到限制，如图 7-21 所示；框式液压机的工作空间受到一定限制，但其结构支承情况较好，因此大功率液压机多采用框式结构。

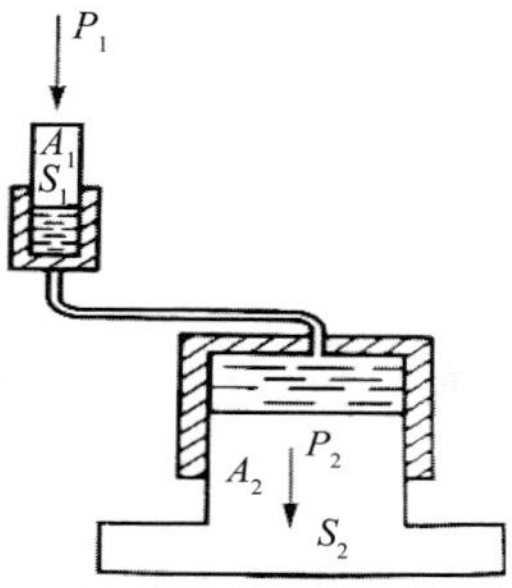

图 7-20　液压机的原理

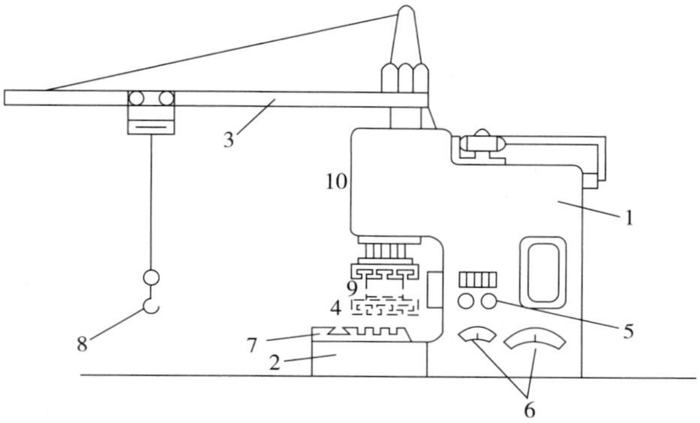

图 7-21　悬臂式液压机简图

1、10—悬臂式液压机本体；2—工作台；3—吊臂；4—上模；5、6—液压指示表；7—下模；8—吊钩；9—压头

还有一种是在框式液压机的基础上，研制成的可移压头压力机。其特点是压头和工件台均能根据使用要求进行横移和回转，这些动作既可单独进行，也可同时进行，如图 7-22 所示。这样可以调节构件加工时的最佳位置，不需人工搬移构件，而且能较为方便地加工各种复杂构件。因此，这种机型很适合复杂大型构件的压弯。

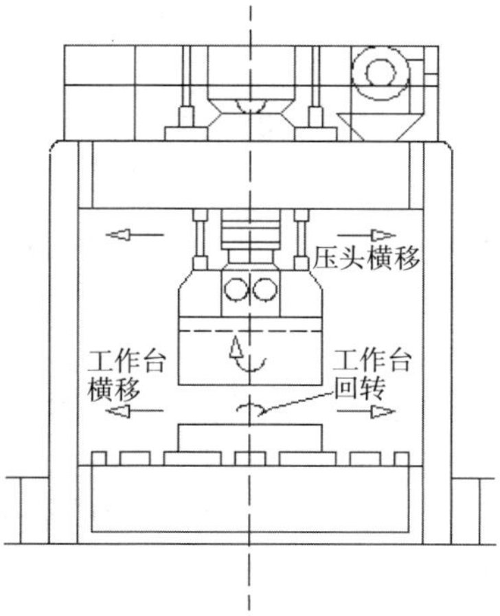

图 7-22　压头与工作台可做横移、回转动作的柱式液压机

液压机进行压弯加工时，必须在压头上装设压模。整个压模由上下两部分组成，上部分称

为上模，又称阳模。由于船体零件的形状与尺寸繁多，所以采用长度为 800~1 500 mm 的通用压模（图 7-23（a）），以便能够弯制不同曲形的构件。如果同形构件的批量较大，应设计制作专用压模（图 7-23（b）），这符合经济合理性，也可提高生产效率。

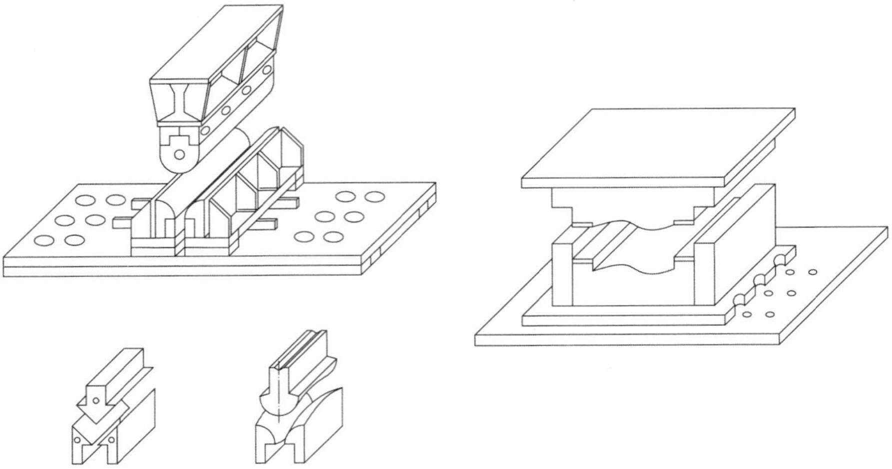

（a） （b）

图 7-23 压模

为了避免工件在弯曲过程中产生裂纹，在船体结构或模具设计时，构件或模具的弯曲半径应恰当选用。另外，材料在冷弯加工过程中会发生回弹现象，即工件欲恢复弯前形状。这时可适当改变压模形状，使工件产生过弯变形，以抵消回弹；也可使上模角度小于下模角度，使工件不产生回弹现象。在操作过程中，可以凭经验将工件压过头一点，使回弹之后达到所需的正确形状。在钢板号料时，则要画好冷弯加工线，如使用通用压模弯制单向曲度板时，加工线应为展开素线。

液压机不仅可以压弯各种不同曲形的船体构件，而且还可以进行钢板的折边、压角、预弯与矫平等工作，能满足船体零件的各种冷弯加工要求，是一种仅次于辊弯机的“全能设备”。因此，应该为其配备专用的吊运装置，以及钢材移动定位、送料及号料的辅助装置，实现辅助作业机械化，改善劳动条件，提高生产效率。

此外，也有应用液压设备进行热弯成形加工的。这时多采用水压机。压制之前先将工件放在炉内烧至通红，然后迅速取出。放在水压机下模上，开动机器，移下上模，将工件一次压弯成形。如球形零件就是采用这种加工方法热弯压制而成的，这种方法一般在批量加工时应用。

7.3.3 折弯

船体上的许多构件，如肘板、纵桁、肋板、强肋骨等，常采用折边的形式以增加其结构强度，尤其是内河中小型船舶。为此，在船体加工车间中一般都设有专用的折边机或借用液压机、三辊弯板机、万能弯板机等进行折弯。折边实际上是板材折弯的一种特殊形式。

图 7-24 为折边机对构件进行折边加工示意图。折边的角度一般为 90°，也有大于或小于 90° 的，要根据图纸要求进行不同角度的折弯加工。当构件尺寸不大且在折边机加工长度允许范围内时，可以数块零件同时进行折弯加工。由于折边机的功率有限，大型板件（厚件）的折弯，仍然要在液压机上进行。

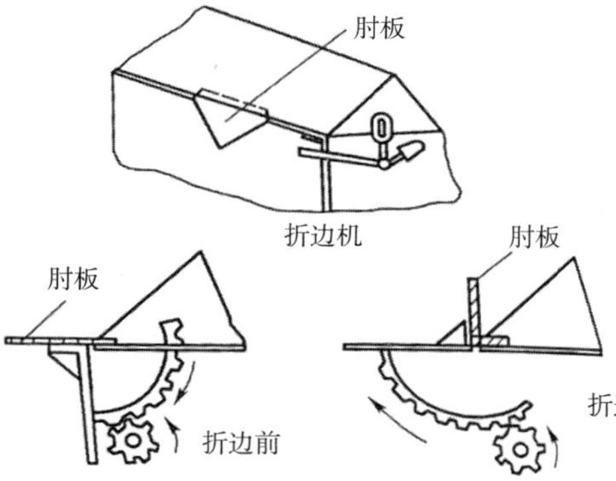

图 7-24　折边机对构件进行折边加工示意图

当所要折边钢板的厚度较厚且折角半径较小时，常在液压机上应用角形压模。上模装在液压机的压柱上，下模固定于液压机的工作平台上。将钢板放于下模上，利用液压机强大的压力将钢板的边进行折弯。零件长度超过压模长度时，需要分成数段和数次按顺序进行折弯加工，如图 7-25 所示。

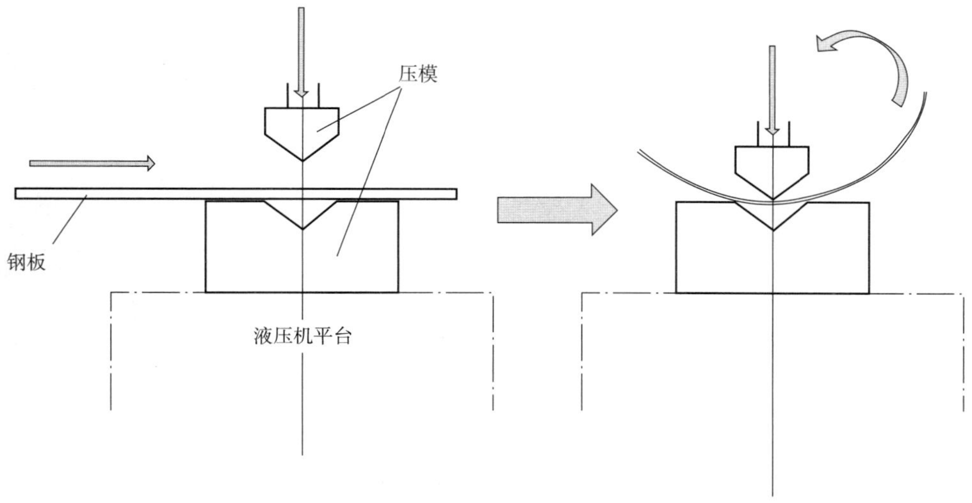

图 7-25　钢板的压弯

在大型三辊弯板机上，开有深约 100 mm 的纵槽，除了可作为辊弯板材时的对准线，还可利用纵槽进行折边，但折边宽度应不大于槽深。采用纵槽折边，加工效率较高，质量也可保证。此外，也可将三辊弯板机作为压力机使用，对板进行压力折弯加工。这时只要在上、下辊上分别安装上、下角形压模，便可利用上辊能升降调节的特点，对构件进行压弯折边。

7.3.4　水火弯板

水火弯板工艺是热加工的一种。热加工有两种基本工艺方法。一种是利用氧炔焰对工件进行局部加热，利用钢材热胀冷缩的原理，使工件产生残余塑性变形达到弯曲成形的目的，水火弯板即属此类。这种热加工工艺，俗称小火。另一种方法是将工件放在炉灶内进行整件或局部加热，利用钢材加热后塑性增大的特性，施加外力强迫工件弯曲成形，俗称大火。它是过去外板、肋骨热弯加工的主要方法。随着水火弯板工艺的出现,大火热弯工艺极少应用。

1. 水火弯板的原理

水火弯板是用氧炔焰对板材(或型材)进行局部线状加热,并用水进行跟踪冷却,使板材产生局部塑性变形,从而将工件弯成所需曲面形状的热加工方法。由于水火弯板时,加热火焰的移动速度较快,故在加热处工件的厚度方向存在较大的温差,加热面的温度高于背面的温度,这种热场的局部性,使加热面金属在膨胀时受到周围冷金属的限制,因而在加热区产生压缩塑性变形;热源移去后,在板厚方向产生大小不一的收缩变形,钢板加热面产生拉应力,这相当于作用在平板上的外加弯矩,结果使板件产生弯曲变形(图 7-26)。水火弯板就是利用板材在局部加热冷却过程中会产生角变形和横向收缩变形这一特点,来达到使板件弯曲成形的目的。用水跟踪冷却的作用在于加大这种变形,增加其成形效果。

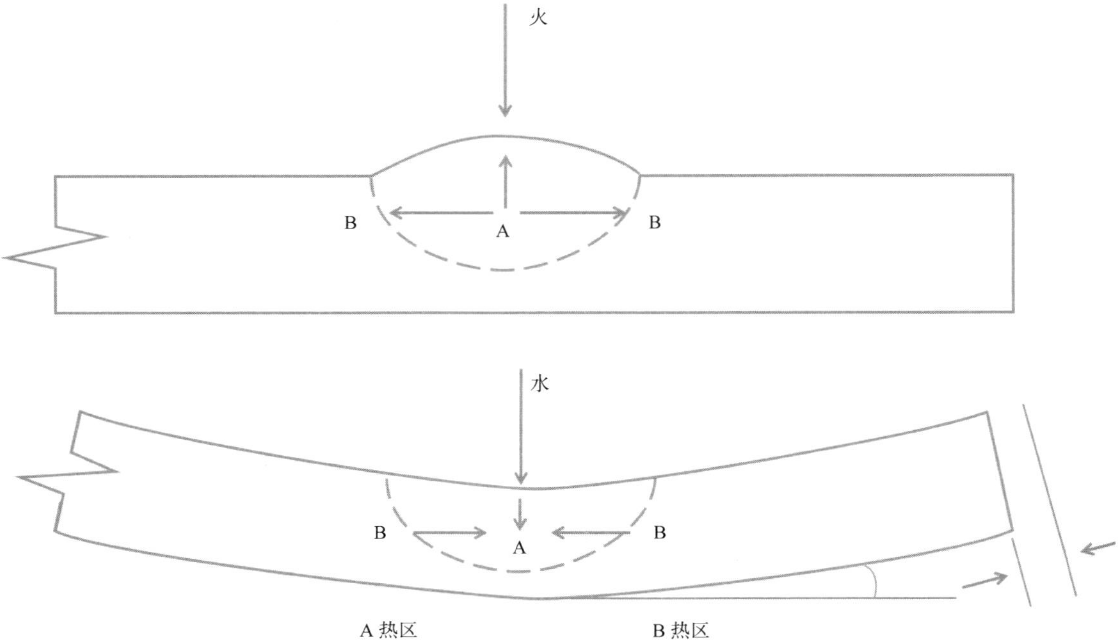

图 7-26　水火弯板原理

水火弯板过程是一个复杂的热弹塑性变形问题,影响变形的因素有很多,因此,我们需要找出钢板在水火加工过程中影响成形效果的主要因素加以控制。主要影响因素包括加热线、冷却方式、各种加热参数、加工板的初始形状、初始应力等。

经验丰富的工人往往通过对曲板的整体形状(以样板准线等为参考)的观察,估算出各部分(常以肋骨间距来划分单元)所需的收缩量,然后再进一步考虑如何布置加热线并确定其他工艺参数。同时,在加工的过程中,还需要不断检测已加工出的形状和目标形状间的差别,及时修正加热线的布置和其他工艺参数。

2. 各种工艺因素对成形效果的影响

1)加热线

水火弯板时,加热线的位置、长度和疏密对板材的成形效果影响极大。

加热线的布置正确与否直接关系到钢板能否产生正确的变形，对相同的钢板在不同位置上进行线状加热，成形形状会完全不同。大部分的船体外板可以分为帆形板和鞍形板两种类型，这两种板的成形，都是先用冷弯设备弯出横向曲度（因其曲率较大），然后用水火弯板法弯出纵向曲度。不同的是，帆形板由于其纵向曲度的方向与横向曲度的方向一致（都朝板的一面弯曲），故其加热线位于板的横剖面两侧（图 7-27（a）），弯曲时采用水火收边的方法，使构件两侧纵边缩短而得到构件的纵向曲度；而鞍形板则由于其纵向曲度的方向与横向曲度的方向相反（横向朝板的一面弯曲，纵向朝板的另一面弯曲），故其加热线位于板的横剖面的中部（图 7-27（b）），弯曲时应加热构件背面的中间部分，使其中间部分纵向缩短而得到纵向曲度。

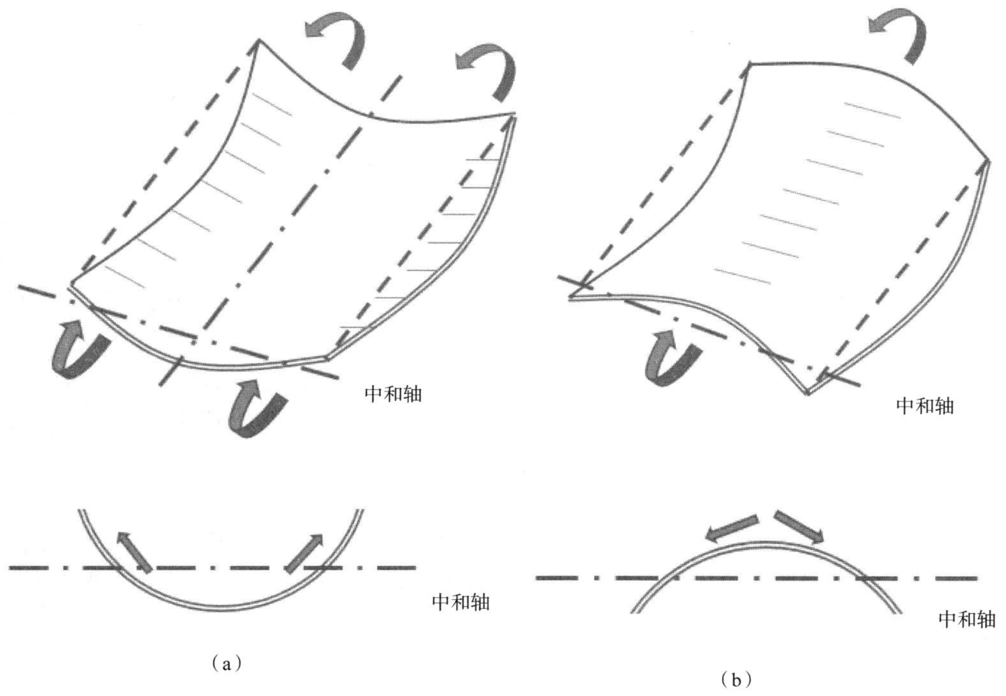

图 7-27　用水火弯板法弯制帆形板和鞍形板时的加热线分布

一般来说，加热线长度越长、分布越密，钢板变形越大、成形效果越好。在实际加工中需要注意的是，加热线的长度还与板宽有关，帆形板加热线布置在板边，加热线长度不要跨越横截面的中和轴，否则不利于成形，但也不可太短；鞍形板加热线布置在板中，同一条焰道上可以布置多条加热线，加热线长度要适中。

2）冷却方式

目前，水火弯板的冷却方式分为自然冷却、正面跟踪水冷却（简称“正冷”）和背面跟踪水冷却（简称“背冷”）三种方法。

自然冷却是在氧炔火焰对局部进行加热后，让工件在空气中自然冷却的一种工艺方法，简称空冷。图 7-28 为空冷法原理示意图。空冷法的优点是操作简单，缺点是成形速度慢，而且在产生角变形的同时会产生不必要的纵向挠度。

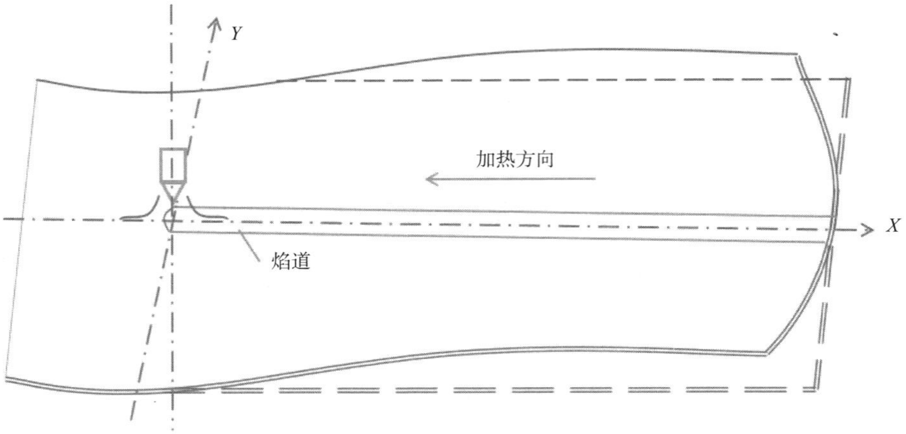

图 7-28　空冷法原理示意图

由于钢材本身的整体性,加热线上处在冷却过程中的金属收缩变形,必然会使正处在加热过程中的金属产生一种附加塑性变形。这种附加塑性变形对提高成形效果非常有利。但是,在空冷法中这种附加变形所起的作用,仅占最终成形的 10%~20%,为了进一步提高成形效果,在火焰后面进行跟踪强迫冷却,加剧已加热部分的收缩,使附加变形的作用加强,因此产生了跟踪水冷却的水火弯板工艺。

正面跟踪水冷却法(图 7-29):用冷水在正面喷射正在冷却的金属,加快它们的收缩,从而强化了对正在加热的金属的压缩作用,使其产生较大的附加变形,在火焰中心的附加变形可达最终角变形的 80%左右。但由于加热面的强制冷却,温度急剧下降,甚至使正面的温度低于背面的温度,出现负温差,从而降低角变形的效果。而且,在附加变形的反作用力作用下,使正处在冷却过程中的金属受到附加拉伸作用而抵消部分收缩变形。因此,这种方法的角变形效果一般不如空冷法好,但其横向收缩变形却比空冷法大,成形加工所不需要的加热线纵向收缩变形也远比空冷法小。

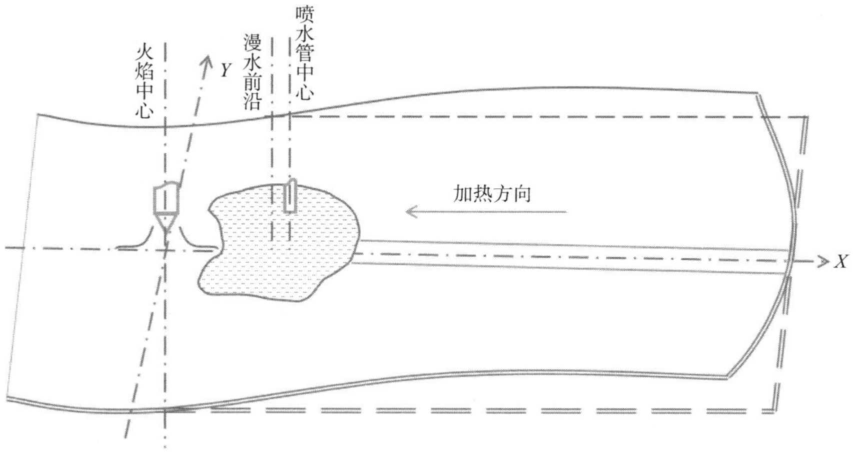

图 7-29　正面跟踪水冷却法示意图

背面跟踪水冷却法（图 7-30）：在构件正面用烘炬加热，而在背面用冷水跟踪热源进行强制冷却。因为它是背面强制冷却，因此增大了板材正反面的温度差值，比上述两种方法的角变形大，成形效率高。

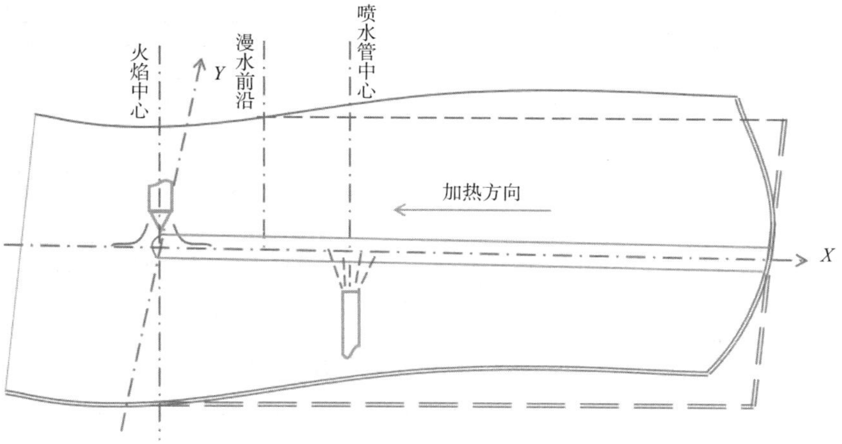

图 7-30　背面跟踪水冷却法示意图

综上所述，当加热速度等加热参数在一定范围内变化时，三种冷却方式相比较：角变形效果以背冷最大，空冷次之，正冷最小；而横向变形以背冷最大，正冷次之，空冷最小。总之，背冷的成形效率最高。但是，由于其在操作时需将板垫高，并在板下作业，十分不便，故在造船生产中应用较少，正冷角变形虽小于空冷，但它的横向收缩变形却大于空冷，总的成形效果还是比空冷好。因此，常见的复杂曲度板在水火弯板时，主要利用正面跟踪水冷却法的横向收缩变形来达到弯制构件纵向曲度的目的。它还具有操作方便等特点，故是水火弯板中最常见的冷却方法。

3）加热参数

加热参数主要是指加热速度、烘嘴口径、加热温度、加热深度和水火距（浇水点至火焰点的距离）。它们对水火弯板成形效果的影响见表 7-2，其中加热速度是一个主要参数，对成形效果影响较大，应特别注意，尽量选用与板厚对应的最佳加热速度，以提高成形效果。同时又要注意不要使一次成形的角度过大（以不大于 3° 为宜），以免使板面出现折角，影响板面的光顺、美观。

加热顺序对帆形板无影响，但对鞍形板有一定影响。因为鞍形板加热线布置在板中，同一条焰道上往往布置多条加热线，这些加热线的加热顺序对局部收缩量有一定的影响。加热顺序对钢板变形的影响，主要表现为同一条焰道上起始加工的加热线和其他加热线产生的变形大小存在明显的差异，在其他加热条件相同的条件下，同一条焰道上起始加工的加热线产生的变形小于其他加热线产生的变形。

表 7-2 各种加热参数对成形效果的影响

加热参数	对水火弯板成形效果的影响	
	横向收缩	角变形
加热速度（决定加热量）	速度越慢，收缩量越大，在同一加热速度下，薄板收缩大于厚板	在一定的速度范围内，速度越快，角变形越大。但速度过快时，板面加热不足，角变形反而减小。故对应于每一板厚有一最佳加热速度，在该速度时角变形达到峰值。通常随着单位线热能的增加，薄板较厚板更快达到峰值
烘嘴口径（决定火焰功率）	烘嘴口径越大，单位线热能越强，横向收缩量越大	烘嘴口径越大，角变形越大
加热温度	随温度增高而增大，当温度超过900 ℃时，收缩量增大不显著	随温度增高而增大。薄板达到一定温度（约 750 ℃）后，角变形的增大不显著
加热深度	收缩量随深度增加而略有增大	在 1/2 板厚内，角变形随深度增加而增大；超过 1/2 板厚后，随深度继续增加而逐渐减小
水火距（决定冷却速度）	收缩量随水火距的增大而增大，达到某一峰值后，继续增大水火距，则收缩量减小	角变形随水火距的增加而减小

4）钢板的厚度

加工板的初始形状对成形效果也有影响。比如在其他加热条件相同的情况下，钢板越厚，要使钢板产生变形越困难，钢板变形需要的能量越大，在加热线附近产生的变形越小，如图 7-31 所示。

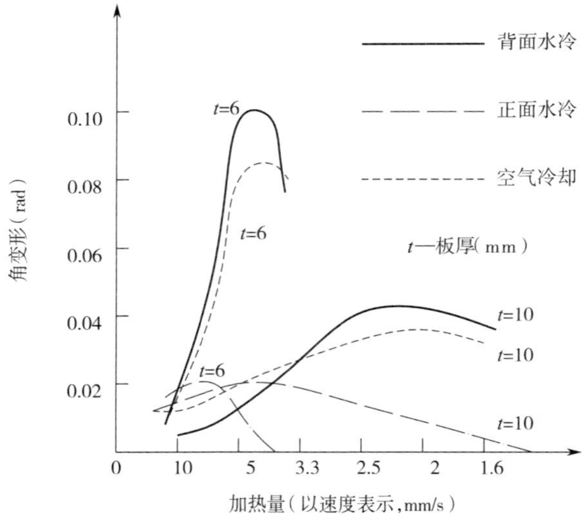

图 7-31 加热速度与角变形的关系曲线

3. 水火弯板的应用

水火弯板的主要工艺要求有以下几点。

（1）在水火弯板前应根据构件的成形要求，在钢板上画出加热线。各加热线的起点应相互错开，不可在同一条直线上。

（2）根据构件成形要求选择合理的加热参数（表 7-3）。

表 7-3　水火弯板工艺参数

项目		钢板厚度（mm）			
		<3	3~5	6~12	>12
烘嘴号码		1	2	2、3	4
火焰性质（氧炔比）		1.0~1.2			
加热温度（℃）		<600	650~700	750~800	750~850
最小水火距①（mm）	低碳钢	30~50	50~70	70~100	100~120
	低合金钢	50~70	70~90	90~120	130~150
加热速度（mm/s）		20~30	10~25	7~20	4~10
加热深度（mm）		$(0.6\sim0.8)l_1$②			
加热宽度（mm）		12~15			
氧气压力（MPa）		0.2~0.3	0.3~0.4	0.5~0.7	
乙炔压力（MPa）		0.04~0.08			
焰心距板面距离（mm）		2~3			

注：①水火距指正面跟踪水冷却的水火距；
② l_1 为板厚。

（3）左、右形状对称的零件，其加热线的位置、数量和长短应对称一致，操作也应对称进行。

（4）应尽量避免在同一部位重复加热，尤其是低合金钢。一般情况下，重复加热次数不得超过 3 次。否则，不仅影响成形效果，还会降低钢材的机械性能。

（5）新钢种采用水火弯板法需经过试验鉴定后才能进行。

相对于地炉大火热弯工艺，水火弯板工艺具有以下优点：

（1）改善劳动条件，减轻劳动强度；

（2）提高劳动生产率 2~3 倍；

（3）成形质量改善，无榔头印；

（4）设备简单、机动性好、适应性强，既可用来加工船体零件，也广泛用于船体结构变形的矫正。

因此，水火弯板工艺是我国各类船厂目前使用最为广泛的弯板工艺方法之一，90%以上复杂曲度船壳板都可以用该法进行弯曲加工。

运用水火弯板的方法还可以进行焊接变形的矫正，如 T 形梁焊接变形的矫正、板架焊接变形的矫正等，一般称之为水火矫正。其原理、影响因素及工艺参数均与水火弯板类似。

然而，水火弯板工艺也存在比较严重的缺点。一是影响成形的因素较多，成形规律较难掌握，目前主要依靠工人的实际操作经验进行加工或矫正，较难实现机械化、自动化；二是生产效率较低，不能适应现代化造船的需要。因此，需要进一步研究数控水火弯板，以期实现板件成形自动化，提高劳动生产效率，减轻劳动强度，彻底改变手工操作的形式。

船舶三维数控弯板机

三维曲面船板弯曲加工是船体构件加工中的重要环节，而船体外板加工的质量与效率将直接影响造船的质量与周期。三维曲面船板的成形加工一般采用的是机械横向压制与水火纵向弯曲的组合(通常简称“水火弯板”)加工、手控机械冲压或碾压加工等方法。其中,水火弯板在国内外船厂中最为常见,而手控机械冲压和碾压加工方式多见于欧洲船厂。这些加工方式依赖操作人员的技术水平和经验,存在着操作技术复杂、加工效率低、弯板质量稳定性差、劳动强度大、环境友好度小、标准化工艺规程实施困难等问题。

为解决三维复杂曲面弯曲的问题,由山东硕力机械制造有限公司、武汉理工大学、江南造船(集团)有限公司组成的产学研联合体研发团队,在数字加工的基础上进行智能研发,最终实现复杂曲面板材加工的数字化、自动化、智能化。他们研发的“复杂曲面船板三维数控弯板装备”集成了机、电、液、控、光技术,实现了造船领域从设计到加工的统一数据源的贯通,是造船领域的一项重大工艺变革,是世界上少有的大规模投入使用并且可以实现船体外板数字冷弯成形的成套装备。SKWB-2500 型船舶三维数控弯板机就是该团队研发的全球首台大型复杂曲面三维弯板机,如图 7-32 所示。

图 7-32 船舶三维数控弯板机

船舶三维数控弯板机由多压头冷压成形装置、液压系统、自动控制系统、数据计算系统、三维板形在线测量系统和进料装置等构成。

基于模具可重构技术,2008 年发明了新型方形压头可调活络模具板材曲面成形装置。机器设计了独特的上模压头群和下模压头群,其中上模压头为液压驱动,下模压头为伺服电机驱动,数据计算系统会自动生成调形数据并自动控制下模压头群的造型;上模压头群对船板进行施压,形成对板材的完整包络面。

在板材加工的过程中,上、下模压头群独特的排列方式,确保压合面大,防止板材失稳起皱,解决了船板冷弯中的皱褶变形和减小压痕的关键难题。上、下模实际组成了一个可任意造型的数控可变模具,满足各种复杂三维曲面船板成形的需求。

为解决冷弯回弹问题,采用逐步弯曲逼近法。在回弹控制过程中,在线实时检测回弹量,进行回弹智能补偿,进行 3~4 次的逼近弯曲,即可成形。与理论计算方法相比,无须进行复杂的回弹仿真计算和曲面重构等过程，就能实时、快速、简单、智能地解决船板成形加工的回弹难题。

该装备可以选择安装接触式的磁致位移传感器检测装置或非接触的激光检测装置，可以把测量的数据实时传输到控制系统中，为操作者提供板材加工是否达到要求的判据，并且提供下一步逐步逼近弯曲的造型数据。操作人员在控制屏幕前，可以清晰地看到板材实际成形与要求形状的吻合度，通常一块板材经过自动弯曲加工，会获得符合要求的成形状态。

在数据接口方面，该机与造船常用的 TRIBON、沪东 SPD 以及 CATIA 等软件有数据接口，可实现数据的无缝连接，满足用户的需求。船舶三维数控弯板机中板材的理论数据，也可依人工经验选取回弹系数进行数控造型，利用操作者已有的板材加工经验，进行难度大、小型复杂、曲度大的船板半自动冷弯加工，可扩大装备的使用范围。

（资料来源：袁萍，王呈方，胡勇，等. 大型船舶三维数控弯板机的研制[J]. 中国造船，2014，55(2):122-131. 略有改动）

7.4　型材构件的成形加工

7.4.1　型材构件成形加工概述

船体结构中常用的型材种类有角钢和球扁钢。型材构件主要有肋骨、横梁、纵骨等，其中以肋骨的弯曲工作量最大，因此这里主要介绍肋骨的成形加工。

船体肋骨弯曲成形的方法有很多，典型的有以下几种：

(1)手工热弯；

(2)中频加热肋骨弯曲淬火机热弯；

(3)型材矫直机冷弯；

(4)三轮辊弯机辊弯；

(5)多模头一次成形数控肋骨拉弯机冷弯；

(6)三支点肋骨冷弯机冷弯；

(7)纯弯曲原理肋骨冷弯机冷弯。

上述各种方法可按型材是否预热、型材的进给方式和加工时的受力状态进行分类。

按型材是否预热可分为冷弯加工（方法(3)~(7)）和热弯加工（方法(1)、(2)）。

按型材的进给方式可分为连续进给加工、逐段进给加工和一次成形加工三种类型。其中连续进给加工（方法(2)、(4)）较适用于加工圆形肋骨，但加工任意曲线形状的肋骨时，操作较复杂。一次成形加工不易预计型材弯曲时的回弹量，为了准确成形肋骨需要反复修正，同时该方法的设备庞大、投资多。逐段进给加工设备较简单，较易实现自动控制。

按型材加工时的受力状态可分为拉弯原理加工、集中力原理加工和纯弯曲原理加工三类。

应用拉弯原理的肋骨冷弯机比较少见，其特点是在弯曲的同时在型材两侧施加一定的拉力，其主要优点是型材在弯曲过程中不出现压应力，因而产生皱褶现象的可能性较小。但是若对高腹板的造船型材进行拉弯，容易使型材受到破坏。

应用集中力弯曲原理加工是一种传统方法。目前，多数肋骨冷弯机就是应用这种弯曲原理的。因集中力弯曲有三个受力点，故也称为三支点弯曲，图 7-33 为其受力情况，型材在集中

载荷 P 作用下产生剪切力 Q 和弯矩 M。采用这种原理弯曲的型材内部存在剪切残余应力。

图 7-34 是三支点逐段进给式肋骨冷弯机的工作部分示意图。在冷弯某一段型材时，安装在固定夹头（中间夹头）两侧的可动夹头连同所夹持的型材一起做如图 7-34 所示的进退和旋转，以对型材施加外力，将型材弯成所需要的形状。一段型材弯好后再进给一段，这样逐段冷弯出整根肋骨。弯曲时，夹头上的夹紧装置将型材腹板夹紧，以防止型材在弯曲过程中产生翘曲和皱褶。

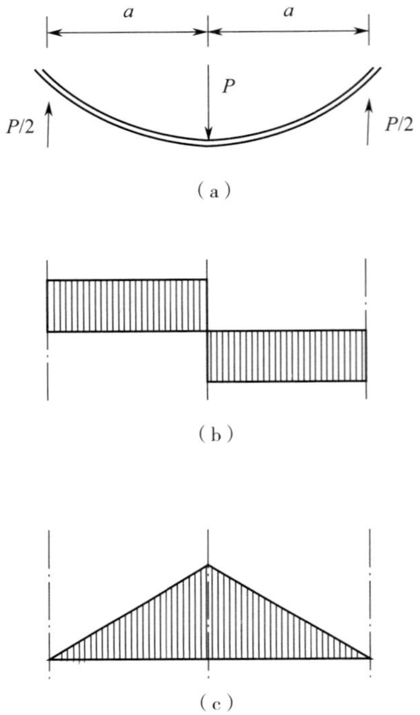

图 7-33 集中力弯曲时的受力情况

（a）受力示意图 （b）剪力图 （c）弯矩图

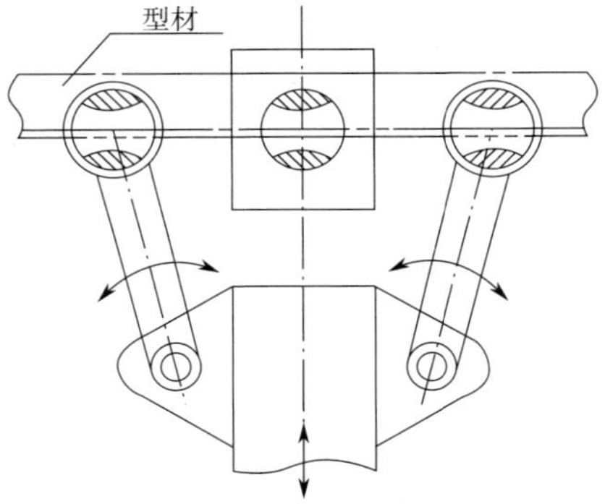

图 7-34 三支点逐段进给式肋骨冷弯机工作部分示意图

型材弯曲时分内弯和外弯两种，由于所受弯矩方向不同，所以内弯弯曲后出现下挠现象，外弯弯曲后出现上拱现象。产生的拱挠曲度则由中间固定夹头的垂向液压装置加垫片予以矫正，或预先给予反变形来防止出现下挠、上拱现象。

这种肋骨冷弯机优点较多，使用较普遍，但也存在诸如被弯曲的肋骨上压痕大，加工效率不高等缺点。

力学中的所谓纯弯曲，是指某一段梁截面上只受弯矩作用而不受剪力作用时产生的平面弯曲状态。为了得到梁的纯弯曲，按材料力学的方法，使简支梁对称地承受两个相等的集中载荷，使梁产生平面弯曲。图 7-35 为梁在纯弯曲时的受力情况，中间两个集中载荷间的 L 段梁内任意截面处的弯矩都为 $M=Pa$，而剪力 $Q=0$，故该段梁为纯弯曲状态。

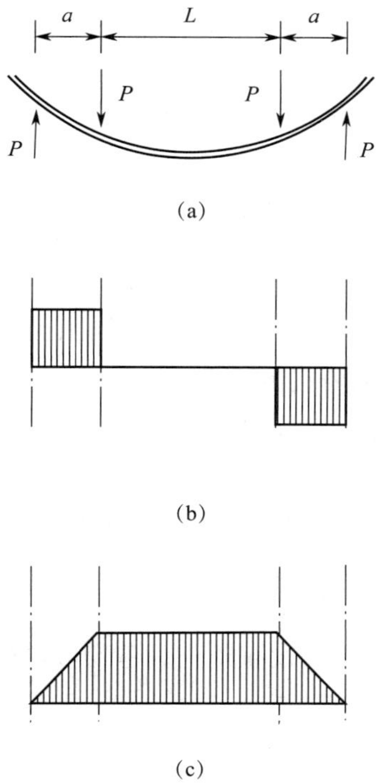

图 7-35　纯弯曲时的受力情况

(a)受力示意图　(b)剪力图　(c)弯矩图

图 7-36 为我国研制的 50 t 纯弯曲原理肋骨冷弯机的主要工作部分。该机适用于弯制中、小型船舶的肋骨和横梁等，采用四支点弯曲方法，其机械部分主要由水平弯曲机构、垂向弯曲机构、进料机构、正位机构及压印机构等组成。

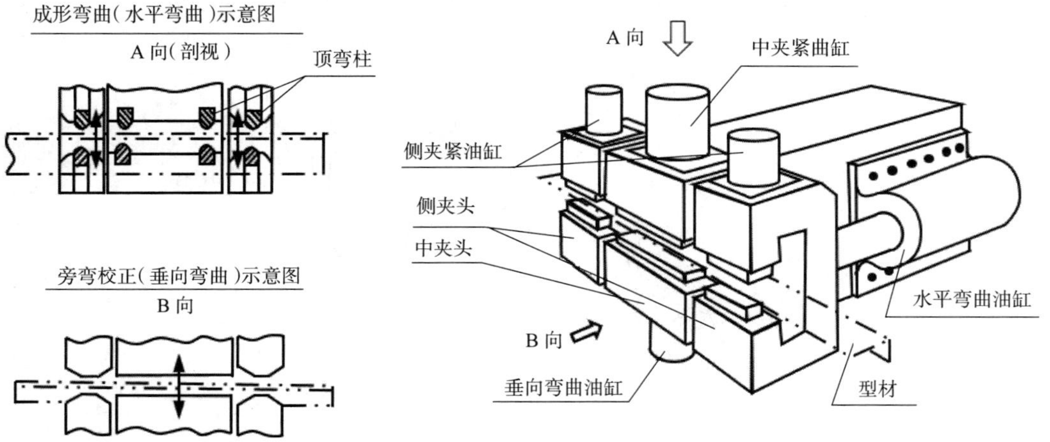

图 7-36　50 t 纯弯曲原理肋骨冷弯机

弯曲机构采用液压传动。弯制肋骨时，首先使三个垂直安置的夹紧油缸驱动三个夹头夹紧型材的腹板，然后由两个水平安置的大小相同的弯曲油缸分别驱动两个侧夹头体做水平方向的前后运动。由于中夹头体上设有两个顶弯柱，两个侧夹头体各设置有一个顶弯柱，使得型材受这四个顶弯柱的作用，在型材腹板所在的平面（机床的水平平面）内按纯弯曲原理进行弯曲，逐段进给、逐段弯曲成形。

由于被加工的型材多为非对称剖面型材，弯曲过程中会产生旁弯变形。为此，该机还设置了旁弯矫正（垂向弯曲）机构。

投产使用的情况表明，与目前国内外船厂普遍使用的三支点肋骨冷弯机相比，这种纯弯曲原理肋骨冷弯机具有如下优点。

1）加工质量好

一方面，载荷作用处型材上的压痕可显著减小。另一方面由于纯弯曲加工是用不同曲率的圆弧段来拟合肋骨曲线，故其光顺性较好；而三支点弯曲时，集中力作用处的弯矩最大，使得该处局部变形大，故肋骨的光顺性相对较差。

2）加工效率高

用纯弯曲原理加工肋骨，型材塑性变形区较大，故可增大每次的进给长度，提高加工速度。实践证明，纯弯曲原理肋骨冷弯机较三支点肋骨冷弯机可提高一倍以上工效。

3）机床性能比较完差

肋骨既可成对加工也可单根加工；设有矫正旁弯变形弯曲机构；型材进给操作灵便；另外，还可作为型材矫直机使用。

7.4.2 肋骨冷弯成形的控制与检测

肋骨弯制过程中，要想型钢的曲形与肋骨型线完全一致，就要不断进行检查和控制。对于未安装数控系统的肋骨冷弯机，在生产中应用较多的控制与检测方法有用铁样（样板）进行人工对样、逆直线法和仿形控制法三种，最常用的方法是逆直线法。下面介绍逆直线法。

型材弯曲加工中的逆直线是一条特殊的直线，如图 7-37 所示，它在弯曲前的平直型材上是一条曲线，当型材弯曲到其腹板边缘与成形型线吻合后，该曲线正好变为一条直线。这样，在肋骨弯曲过程中，可通过不断地检测该曲线是否变直来控制型材的弯曲成形。

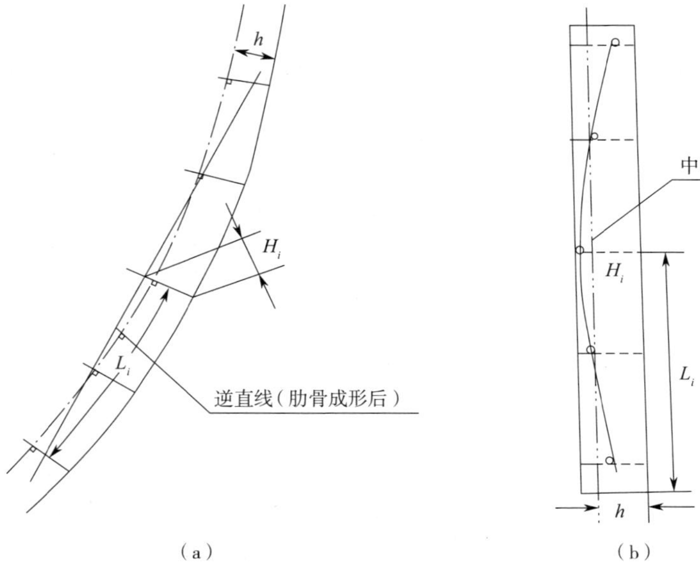

图 7-37 逆直线法及其作图法

准确地求取弯曲前平直型材上的这条曲线（逆直曲线）是采用逆直线法控制型材弯曲成形的关键，这种曲线可采用手工作图法或采用计算机计算求得。

采用手工作图法时，首先确定型材中和轴的位置（对肋骨加工精度要求不高的一般产品可用剖面重心位置近似代替中和轴的位置）和中和轴至腹板边缘的距离 h。再在放样台的肋骨型线图上作出肋骨型材的中和轴曲线，它为肋骨曲线的一条法向等距线（法向距离为 h），并在中和轴曲线附近画一条直线（逆直线，它与中和轴曲线应有两个交点）。然后将中和轴曲线分为若干等份，各分点到中和轴曲线端点的弧长为 L_i；过各分点作中和轴曲线的垂线与肋骨线及所配逆直线相交，两交点之间的距离为 H_i。

量取各分点的 L_i 和 H_i 值后，即可在未加上的平直型材上作出逆直曲线。其步骤是：先在平直型材上作出中和轴直线（距型材腹板边缘 H_i 处）；在该直线上（或型材腹板边缘上）量取各 L_i 值，得到对应的分点；过各分点作中和轴的垂线，在各垂线上以腹板边缘为起点量取对应的 H_i 值，得到一组离散点；用样条将这些点连成一条光顺曲线，即所求的逆直曲线。

已经实现了数学放样的船厂，在肋骨型线光顺工作结束后可借助计算机计算出各肋骨逆直线的参数 L_i 和 H_i。注意，对于较长且曲度较大的肋骨，有时需分段设置多条逆直线，并且各条逆直线间应交叉一定的长度，如图 7-38 所示。

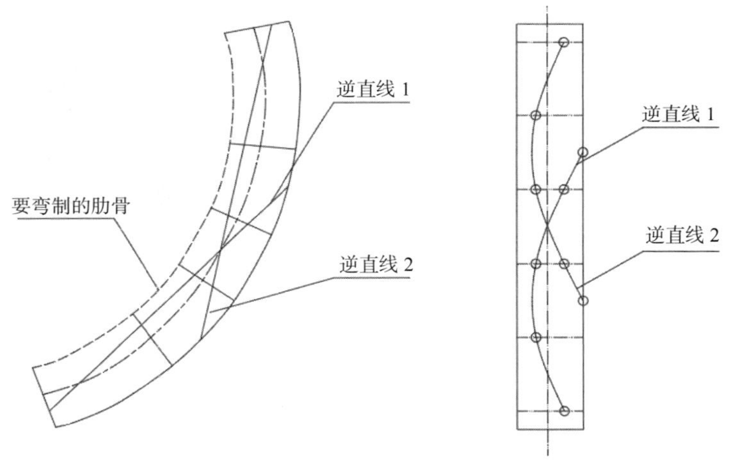

图 7-38　大曲率肋骨的逆直线法及其作图法

这种成形控制方法主要适用于腹板较高、曲度较小的肋骨。其主要优点是可以省去样板，即省去制作样板的材料及工时。但需要求作逆直曲线，肋骨加工时的检测也较繁复。

7.4.3　型材数控冷弯的控制方法

随着控制理论的不断发展、数控冷弯机的逐渐普及，型材成形控制的方法主要有端点测量控制法、适应控制法和弦线测量法。

1. 端点测量控制法

端点测量控制法由英国学者首先提出并成功应用于三点肋骨冷弯机上，它的控制原理是通过对肋骨上端点进行控制，使其在弯制过程中按照由肋骨型线唯一确定的轨迹运动，从而将原先的型材弯制成所需肋骨的形状。使用这种方法加工后的肋骨误差较大，不适合应用在肋骨形状要求较高的场合。

2. 适应控制法

日本学者提出适应控制法并研制出相应的数控冷弯机设备。这种方法成功地避开了弯曲回弹量的计算问题，以每小段肋骨的弯曲成形挠度作为控制量，基于型材的载荷挠度曲线，针对材料在经过超过屈服极限的载荷作用后卸载，其中弹性变形的部分会发生回弹，而塑性变形的部分保持不变的特点，在弯制过程中实时测量载荷和挠度以得到被加工型材载荷挠度曲线，以此来确定所需的弯曲加工量。这种方法实时测得的载荷挠度曲线的准确性取决于材料的材质、型材弯制过程中残余应力分布的均匀性和检测装置的精确性。

3. 弦线测量法

弦线测量法的控制量包括定弦长、进料长度和弯曲角度，其中，定弦长是肋骨冷弯机上两个检测杆之间的距离，进料长度和弯曲角度可以通过船厂提供的肋骨型值计算出来。这种方法具有进料误差对成形质量影响小、型材的整体和各段曲线成形精度高、检测简便准确等优点，实现了实时检测、实时控制功能，并采用逐步逼近法来处理型材弯曲中的回弹问题，用对控制量进行额外补偿的方法来消除逐段弯制带来的累积误差。

7.4.4 肋骨冷弯成形中的工艺问题

1. 旁弯变形

旁弯变形指腹板厚度方向上的弯曲变形。如图 7-39 所示，由于肋骨所用型材（角钢或球扁钢）的剖面不以 *XOY* 面对称，当肋骨在 *XOY* 平面内受弯矩 M_Z 作用进行成形弯曲时，腹板边缘所受到的拉、压应力在横剖面上产生的对 *Y* 轴的力矩不平衡，从而在 *XOZ* 平面上产生另一弯矩 M_Y，它会使型材在 *XOZ* 平面（腹板厚度方向）上产生变形（旁弯变形）。

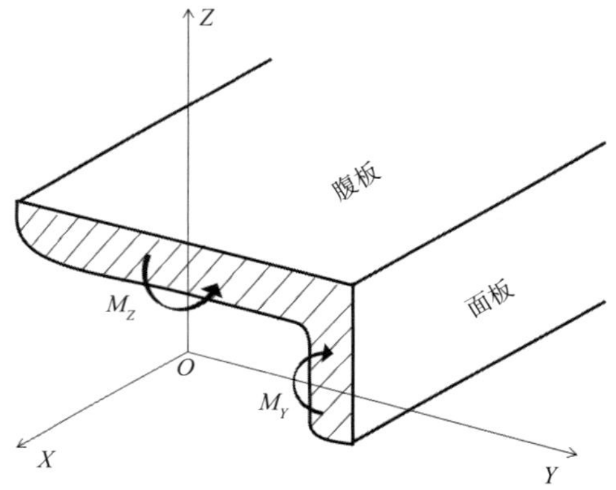

图 7-39 旁弯变形产生原因

消除旁弯变形主要采用以下两种措施。

（1）采用预置反变形措施：肋骨弯曲前，在肋骨可能出现旁弯变形的相反方向上先产生与旁弯相反方向的预变形。

（2）用垂向弯曲方法将已产生的旁弯变形消除：肋骨先成形弯曲合格，再实测出旁弯变形量，并进行垂向弯曲以消除之，直至成形弯曲和旁弯校正均合格。

2. 回弹问题

型材冷弯成形中不可避免地存在回弹现象，这是由于型材在弯曲成形过程中，其横剖面上不但存在塑性变形区，也存在弹性变形区。因此在弯曲力卸载后，弹性变形区会产生一定的恢复，产生回弹现象。回弹量掌握不好，将直接影响成形质量，因此在实际生产中需要采取措施来控制型材冷弯回弹。

根据材料力学和弹塑性力学的理论，可以用理论计算方法预计回弹量，但是在实际应用中只能初步估算，实际应用效果不甚理想。这主要是由于在理论计算中采用的一些力学假设、简化与实际情况有出入，而且实际材料的材质、性能不均匀以及弯曲加工受力情况复杂等原因造成的。

理论计算回弹量结果虽然精度不高，但是所揭示的回弹变化趋势是正确的。实际生产中常用的逐步逼近弯曲法就是以理论得到的回弹规律为指导、以型材回弹的实测数据为依据来控制回弹的。

理论研究和实验表明，对任意一段肋骨进行弯曲时，其弯曲角度和卸载后角度回弹量之间近似呈直线关系。图 7-40 所示为回弹曲率和弯曲曲率的关系曲线，型材弯曲卸载时回弹沿与 OS 平行的轨迹返回，SM 近似为直线。

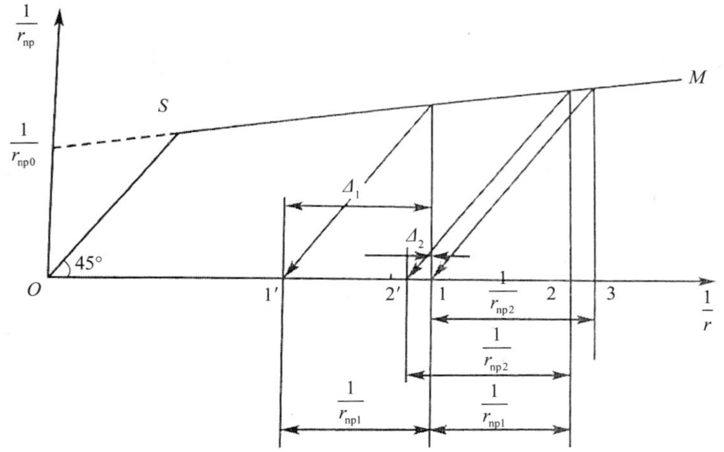

图 7-40　逐步逼近弯曲法图示

为使型材获得成形曲率$\frac{1}{r_1}$（图 7-40 中 1 点位置），首先进行第一次成形曲率$\frac{1}{r_1}$的逼近弯曲，卸载后回弹至 1′ 点，回弹曲率为$\frac{1}{r_{np1}}$；再进行第二次包含第一次逼近的回弹曲率在内的曲率为$\left(\frac{1}{r_1}+\frac{1}{r_{np1}}\right)$的逼近弯曲（图 7-40 中 2 点位置），卸载后回弹至 2′ 点，回弹曲率为$\frac{1}{r_{np2}}$，然后再进行弯曲曲率为$\left(\frac{1}{r_1}+\frac{1}{r_{np2}}\right)$的第三次逼近弯曲（图 7-40 中 3 点位置），然后再卸载回弹；以此逼近弯曲下去，回弹后的成形曲率越来越接近所需要的成形曲率。实际生产表明，一般逼近次数不超过 3 次,即可满足成形精度要求。

3. 倒边现象

图 7-41 所示的 T 型材弯曲剖面畸变,称为“倒边”现象。其他形式的型材弯曲加工时也产生类似现象,即弯曲成形后表现为面板与腹板夹角变小。以 T 型材为例说明这种现象产生的原因。

如图 7-42 所示, T 型材弯曲时,在面板上取一微体 E,此时微体 E 切向受切向压应力作用,两个压应力的合力为 N,该合力使面板产生下塌,使夹角变小。反向弯曲时,微体 E 受切向拉应力作用,两个拉应力的合力同样迫使面板下塌。这种现象也可用最小阻力定律来解释,即在弯曲时距离中性轴越远的材料,变形阻力越大,为减少变形阻力,材料有向中性轴靠近的趋向,于是产生了“倒边”现象。

图 7-41 T 型材倒边现象

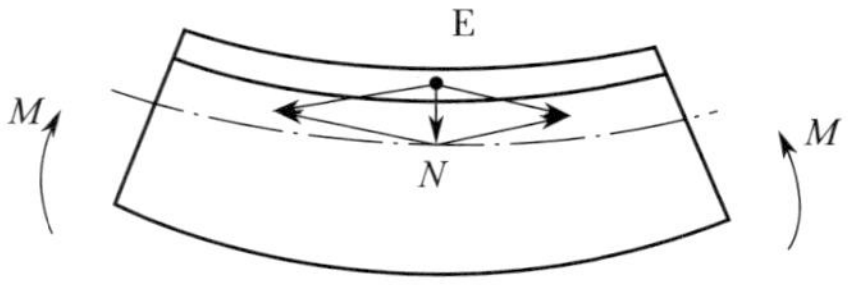

图 7-42 T 型材弯曲时倒边的原因

几种型材弯曲时的截面变形(倒边情况)如图 7-43 所示,自由弯曲时这种现象是难以避免的,因此实际生产中需要用一定夹具来限制倒边现象的发生。

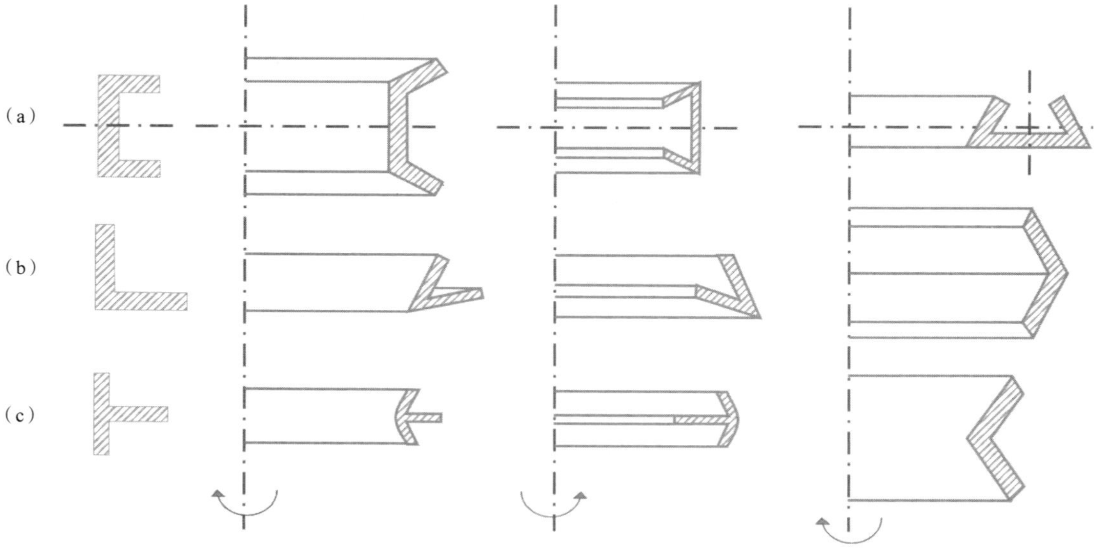

图 7-43 不同截面型材弯曲时的倒边情况

4. 腹板受压失稳

船用型材多是角钢、球扁钢、T 型材等,在弯曲加工时,腹板边缘一侧因受压应力作用,当弯曲曲率超过一定限度时就会发生失稳而产生皱褶，如图 7-44 所示。

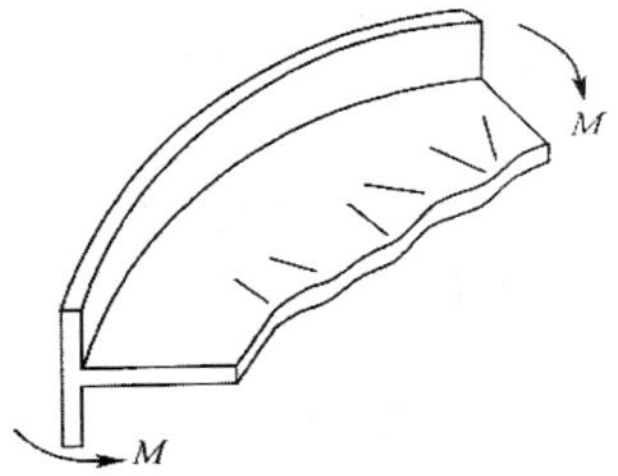

图 7-44　腹板受压失稳

克服腹板受压失稳变形的常用方法如下。

（1）将腹板的塑性变形区部分上、下用平面力夹持，施加抑皱力，防止其受压失稳拱起。但应注意，在夹持情况下有时因为弯曲曲率过大，会使变形转移到未夹持部位，也会发生因失稳而产生皱褶的问题。

（2）当弯曲曲率较大时，应考虑采用多次弯制成形，使作用点尽量加密。

为了防止型材剖面倒边变形太大和受压失稳，实际生产中对型材的弯曲半径有所限制，即各种截面的型材都有一个最小冷弯半径。

7.4.5　型材构件的热弯成形

在肋骨冷弯工艺出现以前，大多数大曲率的型材构件一般采用所谓的大火热弯法弯制。由于这种工艺不仅燃料耗费多，且劳动条件差、劳动强度高，后来被冷加工所取代，只有部分小型船厂仍在采用。但对于以热轧状态供应船厂的低合金钢型材，其弯曲成形后必须经过调质处理（淬火和回火）才能达到船体构件的性能要求。20 世纪 70 年代初我国研究成功一种中频感应加热弯曲淬火新工艺，彻底改革了旧的弯曲、淬火工艺，肋骨弯曲成形和淬火的质量好，生产效率高，大为减轻了劳动强度。这种新工艺将肋骨的弯曲和淬火合为一道工序，在一台中频加热弯曲淬火机床上完成，便于组成弯曲—淬火—回火的生产流水线。

这种工艺的原理及设备如图 7-45 所示。它利用频率为 2 500 Hz 的电流通过感应器产生交变磁场，当肋骨型材以一定的速度（2~3 mm/s）从感应器中穿过时，钢材在交变磁场作用下产生大量的热量，把肋骨型材局部加热到淬火温度。同时，钢材的塑性增大，在下压滚轮的作用下，肋骨型材在被加热区的狭窄带内发生弯曲，然后被位于感应器后的喷水圈喷出的水冷却（淬火）。肋骨型材经弯曲淬火后，还应置入大型回火电炉中进行回火，最后在液压机上矫形。

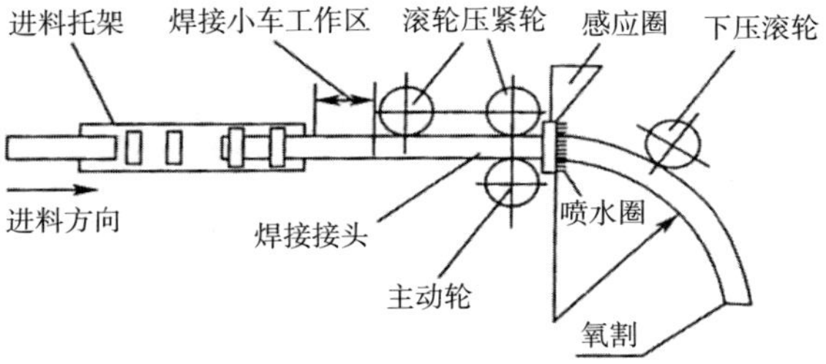

图 7-45　中频感应加热弯曲肋骨工艺

这种工艺具有如下特点。

（1）从感应器到喷水圈这一狭窄范围内的肋骨处于高温状态，而其两侧则处于冷态，弯曲只在这一加热窄带中进行，可有效地避免肋骨的起拱和皱褶；同时，机床本身不需要很大的弯曲功率和刚度。

（2）采用压力喷水冷却能使肋骨达到完全淬火的目的，故而淬火质量比水槽中淬火质量好，并且可以通过调节肋骨进给速度或中频电源的功率来调节淬火的温度。

思考与拓展

（1）试分别说明两类多辊矫平机的工作原理。

（2）钢材预处理的含义是什么？为什么要进行钢材预处理？什么是钢材预处理流水线？其基本组成是怎样的？

（3）船厂中常用的除锈方法有哪些？说明其原理及优缺点。

（4）试说明机械剪切、氧乙炔切割、等离子切割、激光切割和水射流切割的原理，并比较其优点。

（5）什么是数控自动切割机？它主要由哪两部分组成？数控切割有哪些优点？

（6）采用辊弯机弯制圆柱形板时，为什么要使板材上画的素线始终与下轴辊的纵向槽保持平行？

（7）为什么说用普通辊弯机弯制锥形板是一种近似的成形？需采取什么工艺措施？

（8）若要进行数控水火弯板，试考虑可以通过什么途径来进行热变形计算？

（9）肋骨冷弯过程中会产生哪些有害变形？如何预防？

（10）肋骨冷弯成形控制的方法有哪些？各有何特点？

（11）处理型材冷弯过程中的回弹，通常有哪些方法？它们的区别是什么？

（12）为什么船用低合金钢型材要采用热加工？中频弯曲机床的主要作用有哪些？

第 8 章　船体装配

船体装配就是将加工合格的船体零件组合成部件、分段、总段直至整个船体的工艺过程。船体装配工作量一般占船体建造总工时的一半以上。现代造船普遍采用分阶段装配的工艺，大致由下列四个步骤组成。

（1）将各个船体零件装配焊接成船体部件。

（2）由船体零件和部件装配焊接成各种船体分段。

（3）由平面分段、曲面分段和零部件装焊成立体分段或总段。

（4）在船台上（或船坞内）将分段、大型立体分段和总段组装成整个船体。

前三个步骤通常称为船体结构预装配工艺。这种分阶段装焊的造船方法称为“分段建造法”。船体零件是指经号料、成形加工后可供装配的船体构件，如肋骨、横梁、肋板、外板等。船体部件是指两个或两个以上的船体零件装焊成的组合件，如各种焊接列板、T 形梁、肋骨框架、艉柱、舵等。船体分段是由船体部件和零件组合而成的一部分船体，又可分为平面分段、曲面分段、半立体分段、立体分段和总段，如图 8-1 所示。

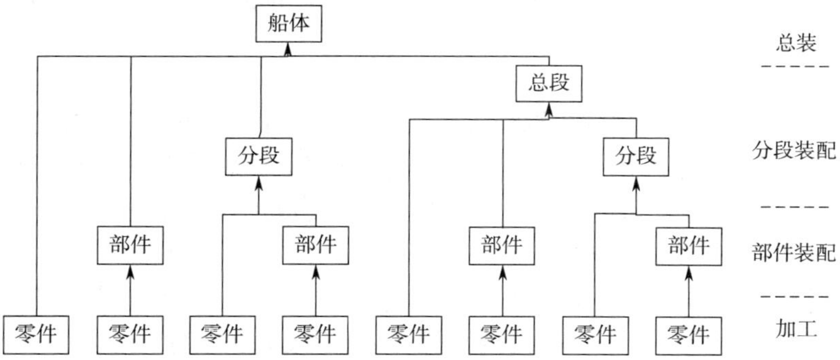

图 8-1　船体装配阶段划分

对于详细的阶段数量，不同船厂各不相同，随着船舶大小而变化。没有真正的“典型”船。例如一艘巴拿马型散货船，大约 10 000 t 钢，长约 250 m，宽度为 32 m，可以描述为以下装配阶段（只是举例，尺寸和重量将因较大或较小的船舶而异）。

（1）小型装配：肘板、断续肋板或纵桁、舷墙、二维组件等，有五个部件，最大尺寸为 2 m × 5 m，重量小于 2 t。

（2）子组件：平面板架或曲面板架，蛋盒结构或其他内部结构，最大约 12 m × 12 m，重量可达 20 t。

（3）单元组件：可以在船坞中总组的结构，通常是一个或两个板架和相关的内部结构，重量可达 60 t。

（4）分段：两个或多个单元装配成底部或舷侧分段，重量达 200 t。

分段建造法之所以得到推广使用，是因为它具有以下优点。

(1)能扩大施工作业面,把过去集中在船台上的工作分散到车间或平台上进行,因而可以缩短造船周期。

(2)有利于组织连续性和专业化生产,为组建生产线、实施"成组工艺"创造条件。

(3)可改善施工条件,将许多仰装仰焊工作改为俯装俯焊,变室外操作为室内操作,变高空作业为平地作业,因而有利于安全操作。

(4)可以提高产品质量,施工条件的改善为提高产品建造质量创造了条件。另外,由于分阶段作业,可以扩大自动焊应用范围,控制焊接变形,减小累积误差,这些都有利于提高产品质量。

(5)为实行分段预舾装创造了条件,使船体作业与舾装作业同步开展,从而达到缩短建造周期的目的。

8.1 船体结构预装焊的常用工艺设备

船体结构预装焊主要指船体部件、分段和总段的制造。在制造过程中,除了装配操作时需使用的工具与设备外,还必须配置便于确定基准画线、装配定位、焊接和检验的专用工艺装备,才能顺利地进行装配工作并确保装配质量。船体结构预装焊所使用的主要设备有起重运输设备、电焊设备、气割和压缩空气设备以及管道、平台和胎架等。其中,平台和胎架是船体结构预装焊作业所特有的主要工艺装备,也是决定装焊车间生产能力的重要工艺设备。

8.1.1 平台

平台一般是由水泥基础和型钢、钢板等组成的具有一定水平度的工作台,它的构造应根据装配作业的对象、工作特点进行选择,分为固定式和传送带式两大类。固定式平台主要用于装焊船体部件、组件、平面分段和带有平面的立体分段等,也可作为设置胎架的基础。为保证部件、组件和分段制造的质量,它应具有牢固的基础、足够的结构刚性和表面平整度。平台四角水平的偏差不得超过 ±5 mm,表面不平度不得超过 ±3 mm/m。传送带式平台设有相应的传送装置,既可用于部件、组件和平面分段的装焊,又可用来运送工件,是组建生产流水线的重要工艺设备。

1. 固定式平台

1)钢板平台

钢板平台又称实心平台,如图 8-2 所示,主要用于绘制船体全宽肋骨型线图,并装焊肋骨框架等部件。其工作面由钢板铺设而成,便于画线,装焊操作条件也较好。但经一段时间的使用后,容易因受热而引起平台变形,致使表面不平,同时耗用钢板也较多。

2)型钢平台

型钢平台又称空心平台,它的制造要求与钢板平台相同,区别仅在于其表面不设钢板,如图 8-3 所示。因此耗用钢板较少,且便于板列各处都能与平台贴紧,获得较高的平整度。型钢平台既可以用于拼板和装焊平面分段,也可作为胎架的基础。

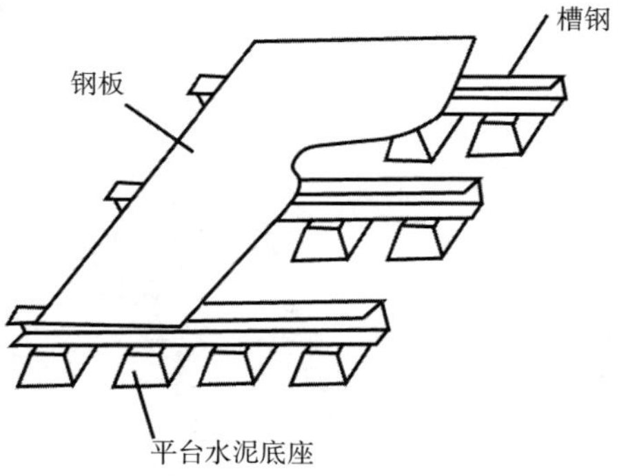

图 8-2　钢板平台

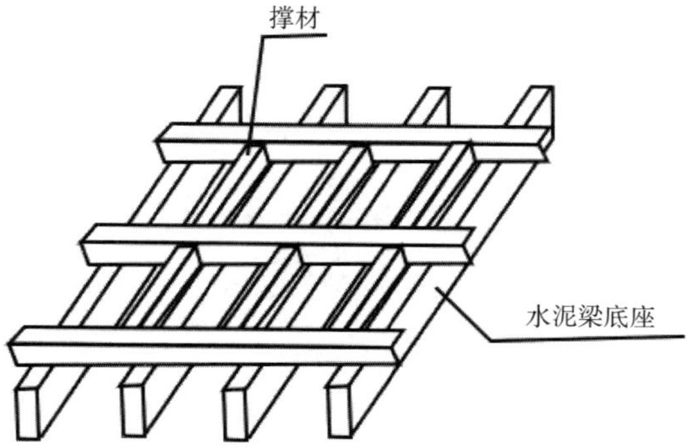

图 8-3　型钢平台

3）铸铁平台

铸铁平台又称蜂窝平台，由钢筋混凝土基础、型钢框架和开有蜂窝状圆孔的铸铁平板（或钢板）组成，如图 8-4 所示。平台表面的平整度高，同时由于铸铁块厚度、刚度大，受热后本身的变形极小，在平台上装焊主、辅机基座等精度要求较高的工件能有效地控制变形。这种平台还可以用来进行钢材、部件的火工弯曲加工或矫正，但制造成本较高。

4）水泥平台

水泥平台（图 8-5）用钢筋混凝土浇筑而成，并在其表面按 500~1 000 mm 的间距埋入扁钢或型钢，并要求钢材表面与平台表面平齐。这种平台用途广泛，型钢可作为电焊通路和安装拉桩固定胎架用，基础牢固不易变形，对控制工件的变形较有效，而且场地平整，画线方便，定位幅度可不受肋距的限制，所以适用于作为胎架的基础。但这种平台也有缺点，如受高温后易爆裂，预埋的钢材易锈蚀等。

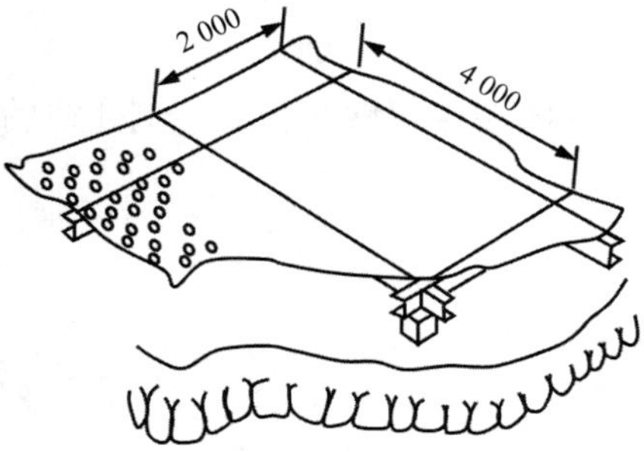

图 8-4　蜂窝平台

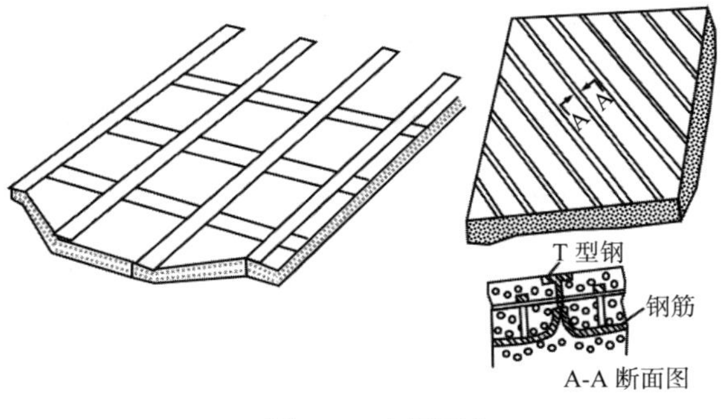

图 8-5　水泥平台

2. 传送带式平台

1）辊式传送带平台

用直径为 100~150 mm 的钢管制作辊筒，并将其按 1 000~2 000 mm 的相等间距平行地组装在开有缺口的钢板平台中，如图 8-6 所示。有的平台在辊筒支撑梁下面设置升降用油缸，使辊筒能上下调节，它主要用于平面分段机械化生产线上的拼板工位。

2）圆盘式输送平台

将直径为 150~200 mm 的圆盘按间距 1 500~2 000 mm 纵横交错地配置在钢板平台或水泥

平台上即构成圆盘式输送平台，如图 8-7 所示。该平台主要用于平面分段机械化生产线中分段的传送。

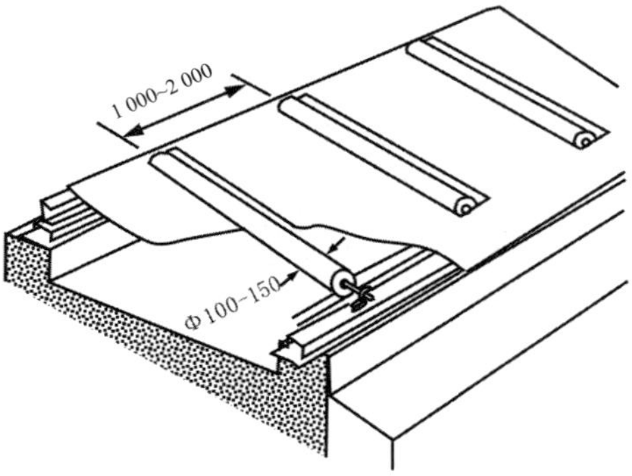

图 8-6 辊式传送带平台

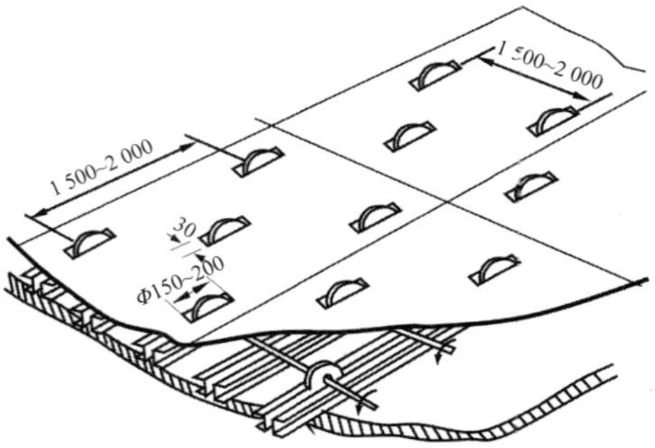

图 8-7 圆盘式输送平台

3）链式传送带平台

在槽形钢筋混凝土基础上，按 1 500~2 000 mm 的间距铺设角钢或槽钢构件，并在其上安装链条导向轨道，再在轨道上配置链条，即构成链式传送带平台。该平台主要用于流水线上改变运送方向的横向传送带。

4）台车式平台

台车式平台在分段支撑台之间敷设两条轨道，并在其上配置有油缸升降机构的台车，主要用于分段的运输。

8.1.2 胎架

胎架是装配焊接船体曲面分段和带曲面的立体分段及总段的工作台，它的曲形工作面与分段或总段外形曲面相符合。

1. 胎架的组成和作用

胎架是船体预装配工作重要的工艺装备，下面以正切基准面支点角钢式胎架为例介绍胎架的组成，如图 8-8 所示。

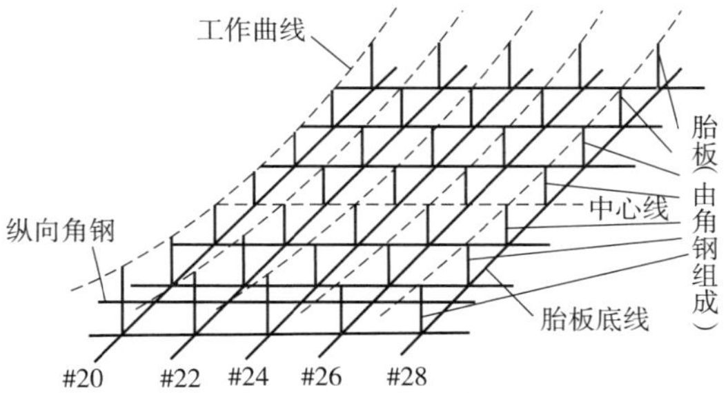

图 8-8 胎架的组成（支点角钢式胎架）

（1）模（胎）板：由横向布置的多根角钢组成，为了防止胎架在使用过程中产生变形而影响施工质量，必须具有足够的刚性和强度。

（2）胎架基准面：用来确定胎架工作面的基准面，胎架基准面的选择应使分段和总段装配焊接时具有良好的工作条件。

（3）胎架工作曲面：由胎板上缘工作曲线组成，曲形工作面应与分段或总段外形曲面相符合，保证分段或总段的型线和尺度。

（4）纵横向连接构件：有纵横向牵条、边缘钢等，其作用是使胎板和胎架成为一个整体，提高整个胎架的刚性。

胎架的主要作用有以下三点：

（1）保证分段获得正确的线型并控制其焊接变形；

（2）改善施工条件，提高装配质量；

（3）改善焊接条件，提高焊接质量。

2. 胎架的分类

1）按结构形式分

胎架按结构形式可分为固定胎架和活动胎架。

固定胎架的胎架是固定于平台上的。

活动胎架可以改变胎架工作面的空间位置，使分段的焊缝处于平焊位置，如摇摆胎架可使分段做 180° 以内的转动，又如回转胎架可使分段做 360° 的回转。

2）按适用范围分

胎架按不同适用范围可分为供不同船舶、不同分段使用的通用胎架和专供某一船舶的某一分段使用的专用胎架（如底部、舷侧、甲板分段和艏艉柱分段等）两大类。由于制作胎架需耗费许多材料和工时，在单件和小批量的造船生产中，专用胎架对生产成本和造船周期的影响极大，故应尽量使用通用胎架以降低生产成本。

通用胎架包括框架式活络胎板胎架和套管式（支柱式）胎架。

框架式活络胎板胎架：由角度框架和活络小胎板组成，如图 8-9 所示，一般有 30°、40°、50° 和 60° 四种不同的固定角度框架，角度框架的斜向角钢上开有螺孔，用于固定小活络胎板。通过更换角度框架和调节小胎板高度位置，可获得不同的工作曲面。

套管式（支柱式）胎架：这种胎架的支柱由内、外两根不同直径的钢管套接而成，在内、外钢管上各按不同间距钻有数排销孔，使用时按胎架型值调节支柱高度，并用销轴插入销孔加以固定，如图 8-10 所示。由于支柱的调节范围有限，故此类胎架适用于建造各类平直和曲度较小的分段。

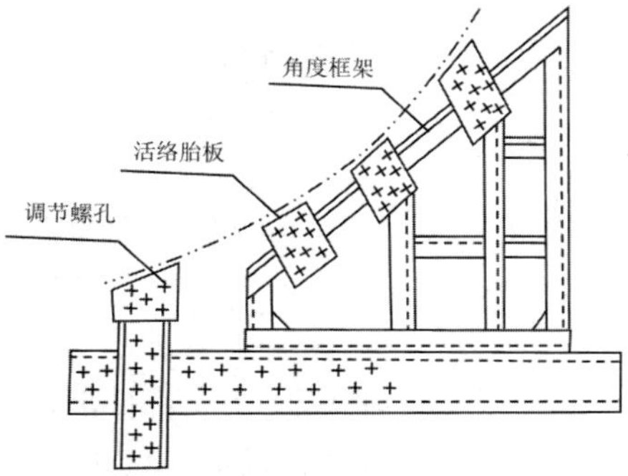

图 8-9　框架式活络胎板胎架

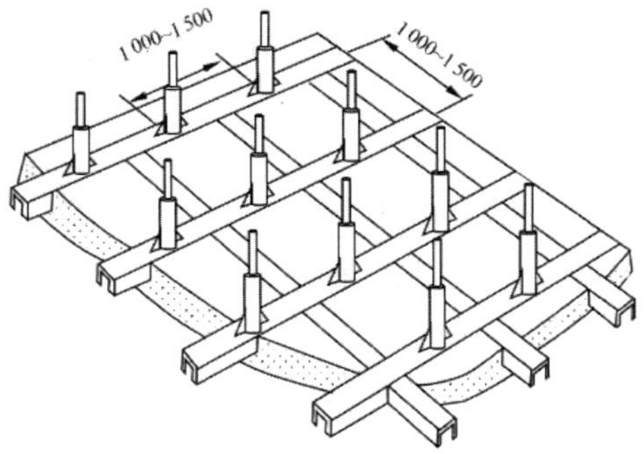

图 8-10　套管式胎架

专用胎架包括单板式胎架和桁架式胎架。

单板式胎架:由整块胎板组成,为使胎板与分段外板的接触面紧贴且接触面积小,并使分段在焊接时有自由收缩的可能,胎板的型线通常制成锯齿状,如图 8-11 所示,单板式胎架刚性好,有利于控制变形,但耗材多,通常用于军品或技术要求高的批量生产中。

桁架式胎架:由桁架和型线胎板组成,如图 8-12 所示,相比于单板式胎架,它节省材料,但刚性相对较弱,常用于一般船舶,尤其适用于单船或小批量建造。

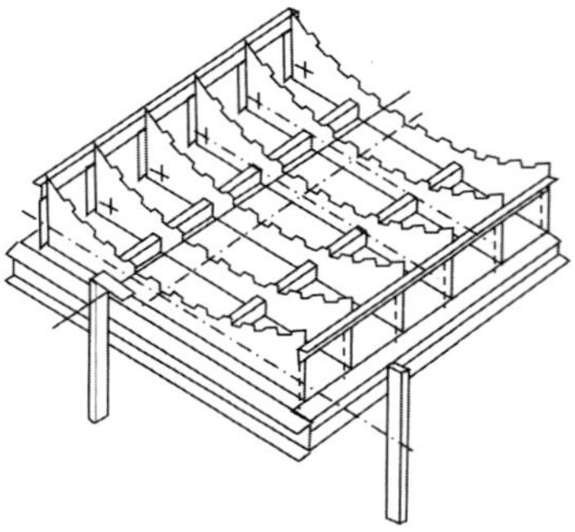

图 8-11　单板式胎架

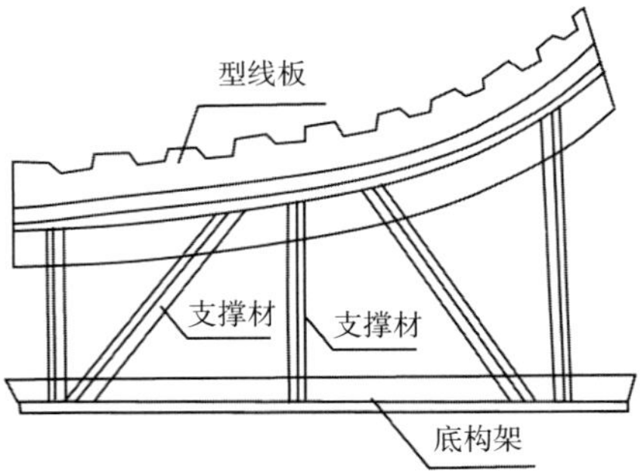

图 8-12　桁架式胎架

8.1.3　胎架的设计与制作

1. 胎架基面的确定

胎架基面是用来决定胎架工作曲面型值的基准面。胎架基面的选择主要根据型线及其在肋骨型线图上的位置、施工条件、胎架用料等因素,经过综合分析后确定。根据胎架基面与肋骨剖面和基线面的相对关系,胎架基面通常分为以下几种类型,如图 8-13 和表 8-1 所示。

1)正切胎架

在肋骨型线图中,正切胎架的基面平行于基线面或中纵剖面,因而也垂直于肋骨剖面,如图 8-13(a)所示。正切胎架制作容易,分段装焊和画线工作都比较简便,多用于甲板分段,中间底部分段和平行中体部位的舷侧分段等纵向曲度变化较小的分段制造。

2)正斜切胎架

在肋骨型线图中,正斜切胎架基面垂直于船体基线面或纵中剖面,但与肋骨剖面成一倾斜角度,如图 8-13(b)所示。其制作较麻烦,胎架上分段的横向构件画线和安装均要考虑胎架基面的倾角,主要用于纵向型线变化大的艏、艉底部分段制造,以达到节约材料、降低工作高度的目的。

3)斜切胎架

在肋骨型线图中,斜切胎架的基面与船体基线面构成一倾角,而与肋骨剖面垂直,如图 8-13(c)所示。其制作较容易,适用于纵向曲度变化小的舷侧分段。

4)斜斜切胎架

在肋骨型线图中,斜斜切胎架基面与船体基线面成一倾角,且不垂直于肋骨剖面,如图 8-13(d)所示。其制作和使用特点类似于正斜切胎架,主要用于曲度变化较大的舷侧分段。由于切取基面的自由度大,在降低分段制造高度的同时,可使胎架的四角基本处于相同高度范围内,增强施工安全性,并有利于扩大自动焊和半自动焊的使用范围。

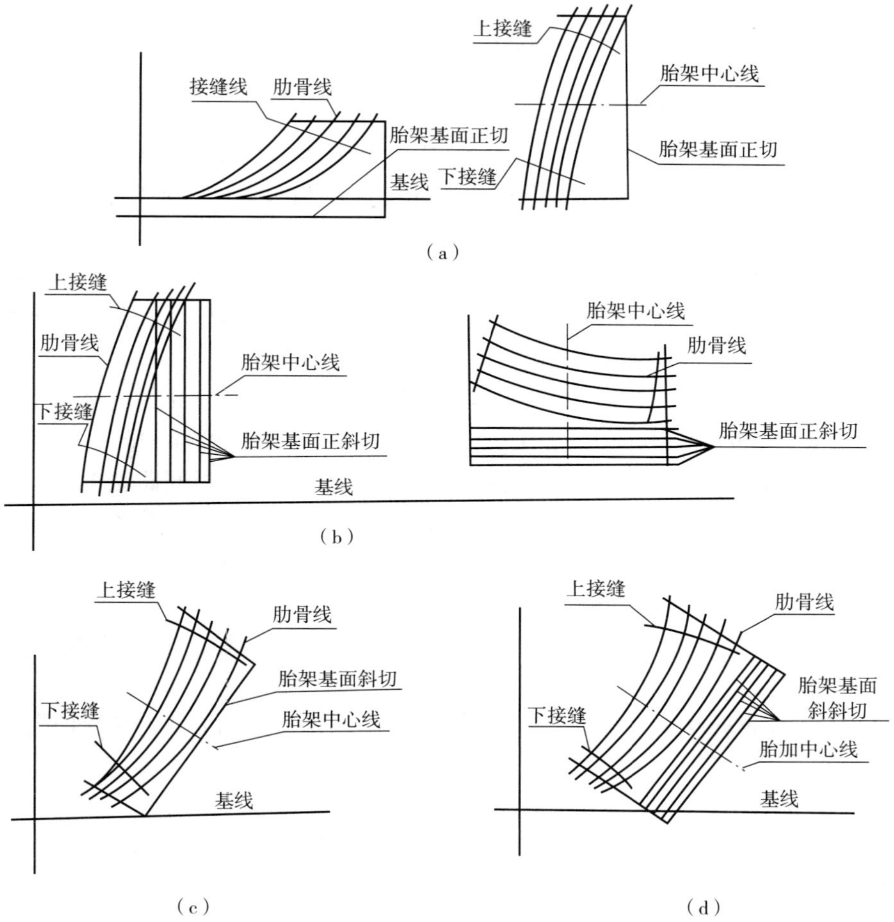

图 8-13　胎架基面的切取

(a)正切胎架　(b)正斜切胎架　(c)斜切胎架　(d)斜斜切胎架

表 8-1　四种类型的胎架基面

胎架基面	正切胎架	正斜切胎架	斜切胎架	斜斜切胎架
平行或垂直于基线	√	√	×	×
垂直于肋骨剖面	√	×	√	×

2. 胎架型值的确定

首先在肋骨型线图上作出胎架基面的投影线(或胎架基面与各肋骨剖面的交线),再根据胎架支柱间距在胎架基面投影线上求出支柱点,然后过这些支柱点沿胎架基面投影线的垂直方向,量取到对应肋骨线的距离,并减去板厚,即得到胎架的高度型值。

3. 胎架结构形式的确定

(1)军品及精度要求较高、批量大的产品宜选用刚性好、结构强的单板式胎架。

（2）一般产品、单船建造可选用桁架式胎架。

（3）型线比较平坦的分段可用支点式简易胎架。

（4）如有条件，应尽可能扩大支柱式通用胎架的使用范围。

4. 胎架的制作

1）胎架设计与制作的原则和要求

（1）胎架结构要具有足够的强度和刚性，以支承分段的重量，保证装配线型。

（2）胎架模板或支柱顶点型值，所形成的工作曲面应与分段的外形相符合，同时，应考虑预防变形而施放的纵、横向反变形数值和外板的厚度差。

（3）根据生产批量、场地面积、劳动力分配、分段制造周期等因素，选择适当的胎架形式和数量，并根据船体型线确定合理的胎架基面，以满足生产计划的要求，改善施工条件，扩大自动、半自动焊和其他高效焊接方法的应用范围。

（4）制作胎架应考虑节约钢材、节省工时、降低成本，尽量利用废旧料和边余料。同时，还要考虑胎架搬移、堆叠的方便性，以及在一定范围内的通用性和改装的可能性。

（5）胎架的模板间距一般为肋骨间距的倍数。一般情况下模板间距按肋距设置，平行直线部分允许按 2 个肋距设置，分段的对接缝及大接头处应根据实际情况另设模板。

（6）胎架应具有一定的高度和孔度，胎架基准面距型线最低点不小于 800 mm，为方便施工人员进出，胎架应具有一定的孔度。

（7）胎架上应画出肋骨号、分段中心线（或假定中心线）、接缝线、水平线、检验线等必要的标记。

（8）对于工作面离开平台基础面较高的胎架，应安装脚手架和上下的梯子（或踏步），以确保工人生产的方便和安全。

2）胎架的制作程序

胎架制造有型值法和样板法两种。随着支点式简易胎架或支柱式通用胎架的推广应用，用型值法制造胎架日趋增多。现以支点式简易胎架为例，说明胎架制造的主要程序。

（1）在平台上画线：如肋骨位置线、胎架中心线、辅助线以及接缝线等。

（2）竖立支杆：一般每隔一档肋骨，在肋骨线和辅助线、中心线的交点上竖立支杆。

（3）找出水平面：用水平软管或激光经纬仪找出水平面，并在支杆上做标记。

（4）量取型值：在各支杆上，以水平线为基准，向上量取该处的型值，然后割去其余量并焊上支撑材。

胎架制作完毕后，需要对胎架进行检验。例如：按设计要求检验胎架的刚性、结构完整性；检验模板的平直度；用样板或用型值草图、水平仪检验模板型线的准确性与光顺性，当有甲板胎架脊弧时用脊弧样杆检验；用吊锤（或角度样板）检验模板安装位置的垂直度（或倾角）；用卷尺检验模板安装位置的间距；用样杆、样板检验胎架中心线（或假定中心线）、检查线、板缝线的准确性；用水平软管和水平仪检验胎架的水平度等。

8.1.4 智能胎架

目前，国内外船厂采用的胎架大多数耗时耗力、浪费大量物资。同时，因为在焊接等装配过程中产生一系列变形，无法获得实时数据和做到动态管控，从而造成胎架支撑精度低、无法提供实时数据反馈，导致分段建造“设计—工艺—制造”过程中存在间隙。因此，应将当下的物联网和大数据技术应用于船用胎架，从而使得船用胎架支柱能够根据每个曲面分段模型的不同而移动与智能升降，均衡支柱的受力，提高船用胎架的使用寿命。同时在局部或不被使用的情况下，它可集中在轨道一侧，减少船用胎架的堆放场地，提高船厂场地的利用率，具有较好的经济效益和社会效益。通过对船舶分段建造过程中智能胎架的研究，其具体意义如下：

（1）减少分段建造准备时间；

（2）降低劳动成本，提高船舶分段建造效率；

（3）为造船工艺优化提供数据支撑；

（4）提高船舶分段建造的智能化水平。

基于智能胎架的船舶分段建造流程如下：智能胎架可预先存放于胎架库中，在分段建造开始前，基于移动小车和胎位布置算法，智能胎架通过轨道位置等约束条件可布置于相应位置；其次，基于船舶分段拟合曲面实现智能胎架静态调整，各个胎架在分段建造的准备阶段可举升至预设高度；然后，基于分段吊装规则，将待装焊的船舶分段吊装、放置至智能胎架上；最后，在船舶分段进行内部构件装焊过程中，智能胎架系统基于建造工艺信息，可实现装焊过程中的动态联合调控，从而保证建造精度，提高分段建造质量，图 8-14 所示。

1. 智能胎架胎位布置

现有胎架采用等间距排布的方式，使用的胎架数量较多，导致在分段建造过程中，部分胎架存在无效支撑问题，造成大量浪费，因此，需要优化胎位的布置。

进行胎位布置需要考虑的约束条件如下：

（1）胎架轨道位置；

（2）胎架支撑载荷；

（3）最小胎架数量；

（4）胎架活络头选装角度；

（5）船体外板形状。

通过以上约束条件，进行胎位布置能够解决胎架排列冗余问题，达到节约人力、物力的目的。

2. 智能胎架静态调控

目前胎架高度值的计算主要通过经验法或船舶型值表获得，导致胎架高度调整精度较差。为此，介绍一种基于船舶分段拟合曲面的船用胎架模型创建方法，通过计算胎位坐标和胎架高度，实现分段建造准备阶段胎架补偿，达到静态控制胎架的目的。

该模型创建方法如下：运用最小包围盒算法，将分段构件规则化，获取船舶分段上各构件的体积，然后查询各构件的材料和密度，从而获得各构件的质量，得出船舶分段的质量。通过依次遍历各个包围盒获取各个构件体积，得到对应质量，从而获得船舶分段的面密度，根据面密度模型，可计算出胎架胎位布置的平面坐标。对于胎架高度模型，需要通过重构分段外板曲面的方法间接建立模型。

由于分段建造准备阶段，胎架只需根据已知待调整高度升高即可，但各个胎架调整高度不同，调整时需逐个单独调控，导致分段建造准备周期较长。因此，可以通过智能胎架系统静态联合控制方法，实现分段建造准备阶段胎架系统的联合调控。

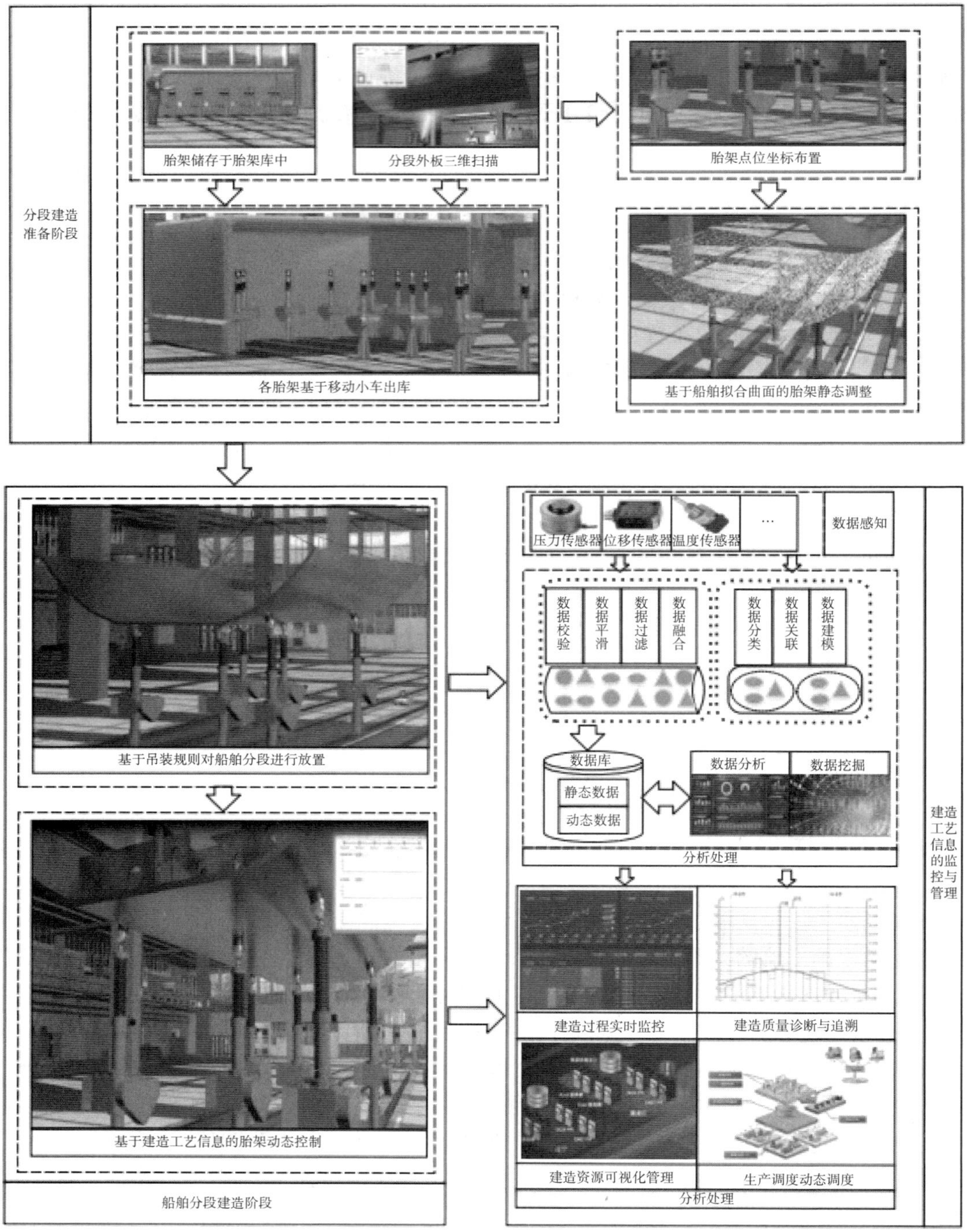

图 8-14　智能胎架系统工作流程

智能胎架系统静态联合控制方法需要通过无线传感网络关系实现，根据胎架系统静态关联关系以及分段补偿模型，建立胎架系统联合调整方法，通过控制基准胎架的高度，根据基准胎架与从属胎架的关系实现对其的间接控制，达到建造准备阶段船舶分段精度的静态补偿目的。

3. 智能胎架动态控制

基于胎架间的关联机制创建胎架间的关联关系，将各胎架聚合为整体，基于船舶分段建造物联网系统获取实时建造工艺信息，通过模糊 PID（比例积分微分）和神经网络算法，实现智能胎架系统在分段建造过程中的动态控制，从而达到智能胎架系统动态管控的目的，推动胎架智能化的发展。

分段建造工艺信息的应用有如下几个方面：

（1）制造资源优化管理；

（2）建造过程调控；

（3）造船过程调度优化；

（4）建造质量检测与溯源；

（5）智能服务与保障。

在进行船舶装配的过程中，不可避免地产生分段变形，此时，需要胎架高度进行自适应调控，从而实现对船舶分段的变形补偿，保证建造精度，提高分段建造质量。

常用的自动控制方法主要有 PID、模糊控制、预测控制以及基于各类算法的智能控制等。其中 PID 控制需要具备精确的数学模型，而模糊控制算法正好可以弥补这一缺陷。但其不具有积分环节、不能消除静态误差，且需要根据现场操作人员的经验和数据总结成较为完善的语言控制规则。智能控制中，神经网络算法具有自组织、自学习等能力，可实现对参数的优化。因此可以将神经网络算法、模糊控制算法和 PID 算法相结合，将模糊控制的模糊化过程和模糊推理过程用神经网络表示，利用神经网络的自组织、自学习以及自适应性对模糊 PID 控制器的三个参数进行调整优化。

8.2　部件装焊工艺

船体部件装焊主要包括平板拼接、T 形梁装焊、肋骨框架装焊、主辅机座装焊、艏艉柱装焊和舵叶装焊等内容。部件装焊是船体装焊最基本的阶段，通过部件或组件的预装焊，有助于扩大作业面、改善装焊条件、及时矫正焊接变形、减小船体累积误差、加速船体建造进程。因此，在考虑船体建造方案时，凡条件允许的，都应尽可能将零件先组合成部件或组件。其中一个重要概念——装配线指的是零部件以一定的速率连续、均匀地通过一系列装配工作，并按照一定要求装配成小中大组立的生产线。

8.2.1　平板拼接

拼板是船体装配作业的第一道工序，平直的板列经过拼装、焊接，再送往部件装配区和分段装配区。船体结构零件按照加工系列号完成各道加工作业后，进入配套区，依据零件编码进行分类和配套。其中平直的板材以分段为单位，首先进入拼板工序。拼板焊接后的板列质量与部件和分段安装的工作效率和完成精度密切相关。

拼板在钢板平台或型钢平台上进行，并广泛采用埋弧自动焊，可以显著地提高装焊效率。因此一般船厂均设置这一工序，在船体结构的外板、甲板、平台、双层底、纵横隔壁、上层建筑和甲板室等部位都有大量的平板需要焊接。平板零件可分为边缘全部为直线的零件和具有部分曲线边缘的零件。

平直板列的装焊步骤：拼装—焊接—矫正—画线—翻身吊运或滚道输送。

1. 板列拼装

（1）按施工图样或拼板草图将钢板铺放在平台上，注意钢板上所标注的零件号、艏艉方向、肋位号、钢板的正反面及焊缝坡口。通常零件上号料写字的一面就是构架安装面。所写字符的上下方就是零件的上下方。铺放时尽量将钢板排列到位，以减少定位时的撬拉调整。

（2）清除接缝边缘的铁锈和油污。手工焊接的板缝用钢丝刷除锈。采用单面焊双面成形时，由于焊接电流较大，清锈要求较低，只需用风刷除净黄锈。若为普通自动、半自动焊，则必须用砂轮打磨，使焊缝处钢板露出金属光泽。

（3）将各张钢板正确定位。一般是将拼板图上注明的零件长度方向无余量的一端对齐，见图 8-15，若板的两端都有余量，则按板上预设的基准线定位。在宽度方向，使纵缝的间隙符合各种焊接方法的相应要求。自动焊和单面焊的间隙为 0~1 mm；手工焊的间隙为 0~2 mm；CO_2 半自动单面焊的间隙为 4 mm。

（4）正确定位后，先在接缝的两端和中间定位焊，然后再将定位焊按要求加密。两板不平处用马板铁楔压平，使其误差不超过 1 mm。定位焊后在板缝两端装好厚度和母材相同的 100 mm × 100 mm 的引（熄）弧板。

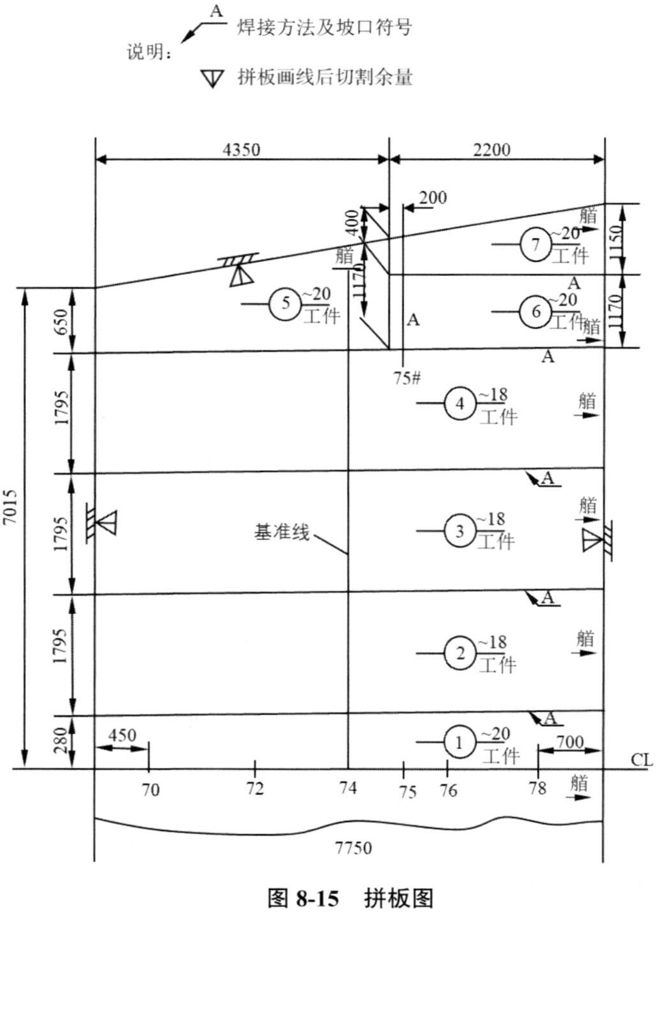

图 8-15　拼板图

2. 板列焊接

进行自动焊时应将焊机对准焊件接缝预先行走一次,确保接缝中心和焊机行走轨迹准确吻合。封底焊前将板列翻身,板缝碳刨扣槽。

3. 板列画线

板列拼装焊接后,在进入部件或分段装配工位前,要进行画线和标注各种施工符号,作为安装构架和边缘切割的依据。图 8-16 为一拼板画线草图。线型平直的分段,拼板完工后一般只留焊接补偿而不留余量,以减少分段和船台装配时的切割作业。画线作业的过程如下。

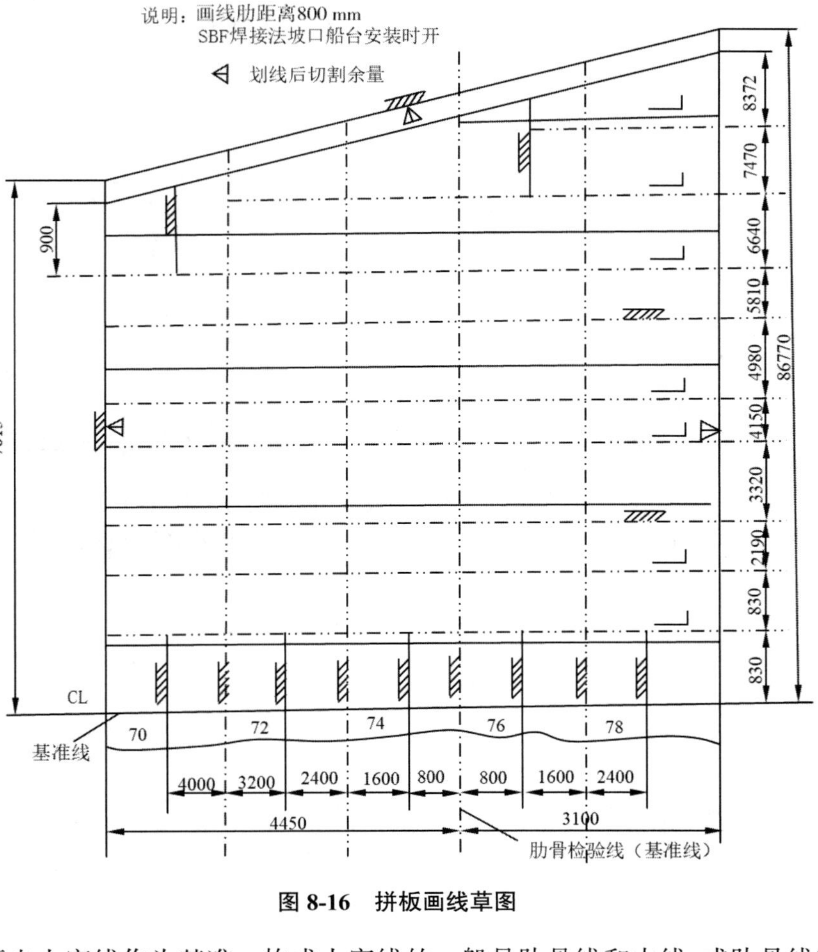

图 8-16　拼板画线草图

在板上画出十字线作为基准。构成十字线的一般是肋骨线和中线,或肋骨线和水线或纵剖线。以十字线为基准,在板上画出全部纵横骨架位置线,如肋板、肋骨、横梁、纵桁、纵骨,画出与其角接的板材位置线,画出板上的开孔,同时画出板列四周的切割线及其内侧 100 mm 的检验线。画线后用对角线检查其误差,一般应控制在 ±2 mm 以内。标注板列所属的分段号、板材构件和型材构件的厚度位置。有倾斜角度的构件,在位置线上注明安装角度,以减少查阅图纸的时间。

4. 拼板中常见缺陷及预防方法

(1)长度和宽度比值较大的单件板材,进行端缝拼接时,容易造成直线度超差,给下道工序带来困难。完工精度高的拼板件,拼接前应将边缘四周在平台上用马板固定,同时横焊缝采用退焊法焊接,如图 8-17 所示。封底焊时,施焊方向和主焊缝方向相反,以达到控制焊接变形量的目的。

(2)拼板零件的纵缝边缘有局部凹凸变形时,会造成对接缝平面高度差超过 1 mm,因此拼焊前应检查零件边缘的直线度,有缺陷的材料应经过校正处理。

(3)5 mm 以下的薄板大拼板,其边缘波浪形过大(俗称宽边),应用校平机整平,超过公差标准的应该改做构件套料用钢材。

(4)板列的纵向对接焊缝经常容易产生角变形,原因是两面焊缝的收缩力不相等造成变形,或是拼板时进行板列层叠后施焊,具有初始角变形,因此完工质量差。消除的方法是板厚 8 mm 以上的板列用火工线条形校正或机械整平,如图 8-18 所示。

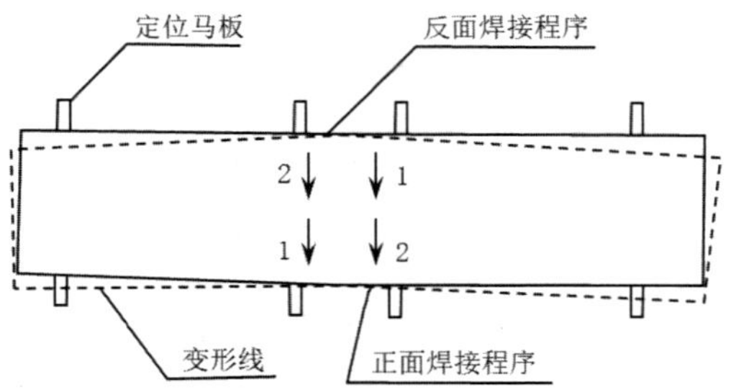

图 8-17 变形控制图

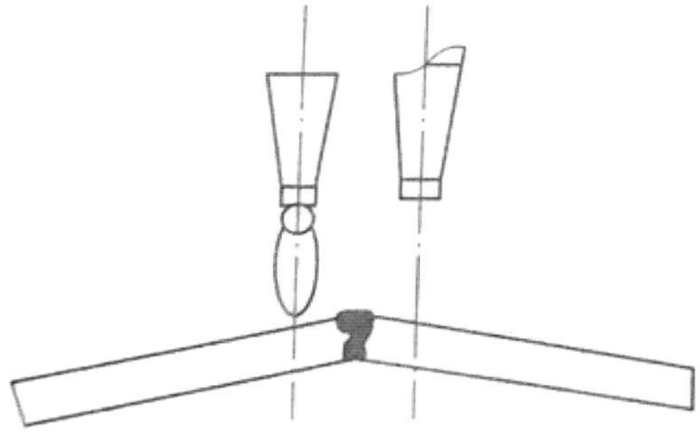

图 8-18 火工线条形校正示意图

(5)当板列中既有纵缝又有横缝时,一般应先拼接纵缝,以免因横缝先拼接影响纵缝的直线度,造成过大的装配间隙。但板列焊接时则应先焊横缝后焊纵缝以减小焊接应力,如图 8-19 所示。

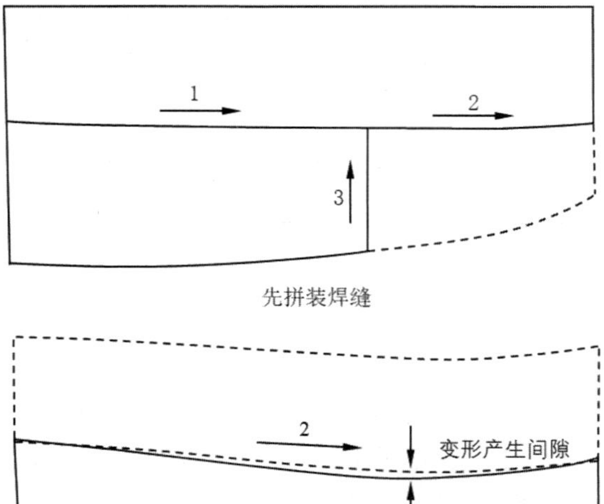

图 8-19 板的拼接顺序

(6)大面积板列拼接时,可先分块拼接,再进行块与块之间的横向拼接,如图 8-20 所示。

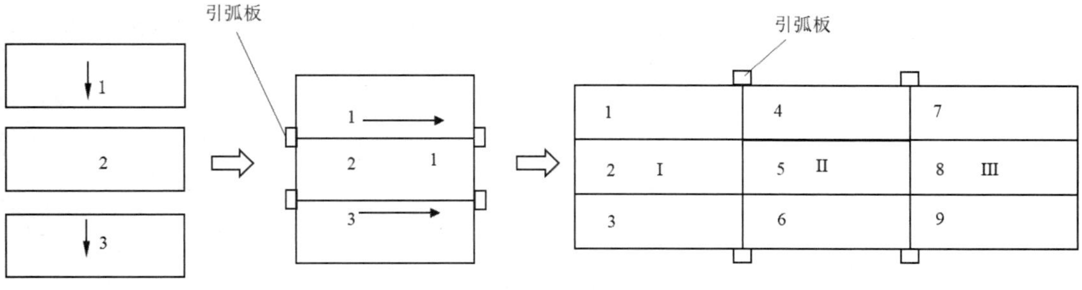

图 8-20 大面积板列的分块拼接

(7)板厚 3 mm 以下的薄板拼焊后,挠曲严重,无法整平,一般应该在拼板定位焊(安装构架)后,焊接拼板对接缝,由此可以利用构架的刚性来控制薄板的变形。

(8)拼板采用单面焊工艺方法时,焊缝的终端会产生裂缝,这是特有的工艺性缺陷。需要选用正确的焊接规范和坡口型号,进行认真的操作,以减少终端裂缝的发生。一般在接缝终端 300 mm 处采用无损伤探伤后,进行修补。

8.2.2 T 形梁装焊

T 形梁由腹板和面板组成,有些宽腹板的 T 形梁,其腹板上还装有一定数量的角钢或扁钢扶强材。船体结构中的焊接 T 形梁数量很大,其中 T 形直梁有中内龙骨、旁内龙骨、直舷侧纵桁、舱壁水平和垂直桁材、平直的宽板肋骨、机座纵桁和 T 形肘板等,如图 8-21 所示。T 形弯梁有宽板肋骨、宽板横梁、舷侧纵桁、甲板纵桁、肋板等,其特点是 T 形梁的面板呈弯曲状态,如图 8-22 所示。

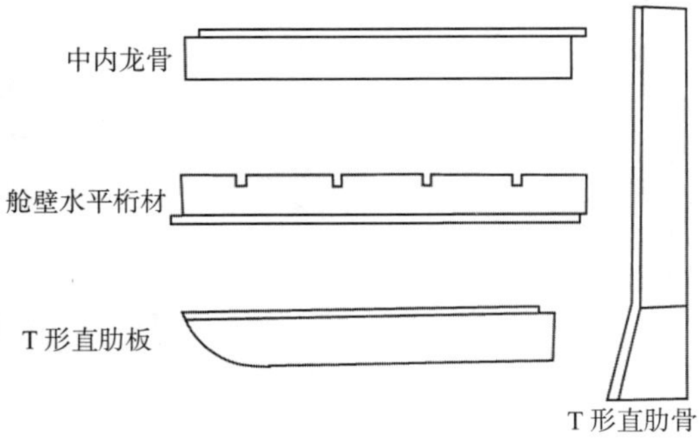

图 8-21 T 形直梁

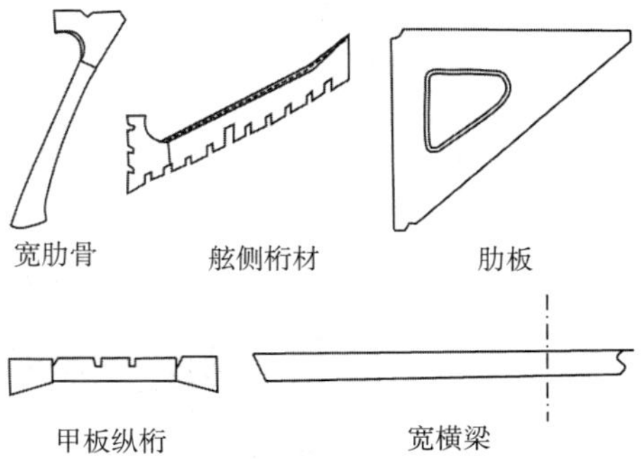

图 8-22 T 形弯梁

T 形梁一般在平台上进行装配焊接,T 形直梁多采用倒装法,T 形弯梁则采用侧装法,对具有腹板扶强材的 T 形直梁,待腹板与面板组装妥后,将其翻倒,按其扶强材的位置线来安装腹板扶强材。

1.T 形直梁的装焊

T 形直梁的主要装焊步骤:铺面板—面板画线—腹板安装—焊接—检验—矫形。需要注意的是,在面板上画出腹板的安装位置线,一般对称 T 形梁是在距离面板边线 1/2 面板宽度

± 1/2 腹板厚度的位置画线，只画一条即可。尺寸较大的 T 形梁，填角焊缝收缩变形较大，在定位焊后应设支撑板临时加强，如图 8-23 所示。腹板和面板的装焊目前普遍采用自动焊或半自动焊，由于焊接会使面板产生角变形，可以先将面板预先轧出反变形角度，以消除焊接角变形，这些反变形数值可由计算或者经验确定。

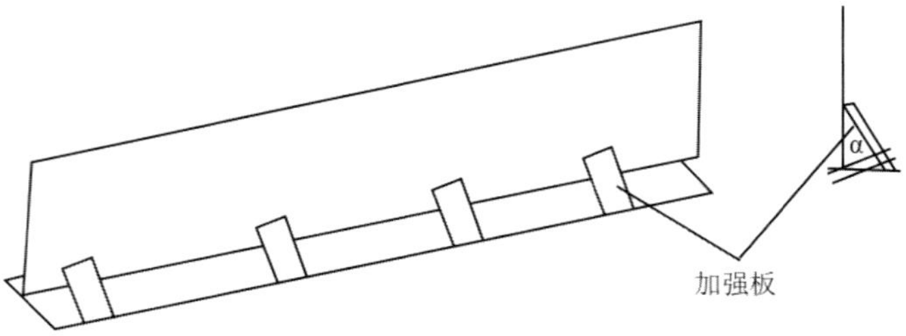

图 8-23 临时加强

对具有腹板扶强材的 T 形梁，待腹板与面板组装妥后，再安装扶强材。

2.T 形弯梁的装焊

T 形弯梁的主要装焊步骤：胎架准备（马板）—铺腹板—面板上画线—面板安装—焊接—检验—矫形。T 形弯梁的装焊需要按照 T 形部件的形状制造搁架马板，装配时，先将腹板铺在马板上，然后将面板插入并焊接。曲率较大的 T 形部件，如艏艉部的宽板肋骨，为保证部件的正确型线，并便于矫正焊接变形，装配时在腹板上预先画出一条辅助检查线。若有变形，矫正到腹板上的检验线恢复成直线为止，如图 8-24 所示。

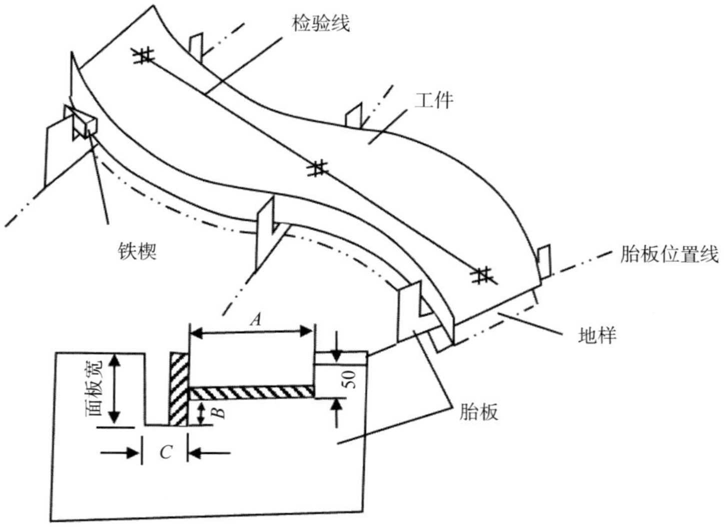

图 8-24 T 型弯梁的装配

由于 T 形弯梁的装焊工艺复杂，现在实际生产中很多 T 形弯梁是在 T 形直梁的基础上，经过型材弯曲的成形加工得到的。T 形梁的各种变形，一般都用火工进行矫正。

8.2.3 肋骨框架装焊

框架是船体的一种典型结构，以横向居多。它是由船体零件组成的一个平面型或立体型部件。在分段装配时,常以框架作为成形内模,以保证分段或总段完工时具有良好的线型。框架分为平面框架和立体框架两类。平面框架如图 8-25 所示,有肋骨框架、半肋骨框架、斜肋骨框架和边舱框架等。由底纵桁、肋板、底纵骨和内底纵骨组成的双层底框架,由边舱横向构件和纵骨组成的边舱框架则为立体框架。

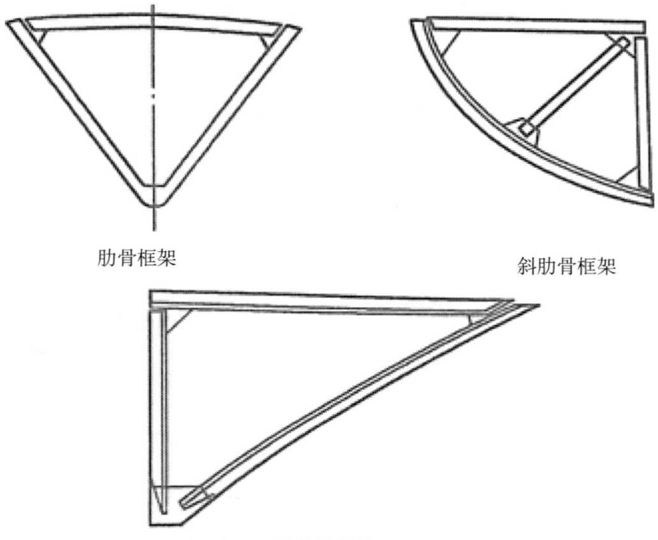

图 8-25　肋骨框架

肋骨框架分为普通肋骨框架和强肋骨框架。普通肋骨框架是由肋板、普通肋骨、普通横梁、梁肘板、舭肘板等组成的环形框架,而强肋骨框架是由肋板、强肋骨、强横梁、肘板等组成的环形框架,两者都采用侧装法。在肋骨框架装配前,还应该先在钢板平台上画出左右对称的全宽肋骨型线图,作为肋骨框架装焊时对线定位和检验的依据。

1. 普通肋骨框架的装焊

普通肋骨框架的装配焊接如图 8-26 所示,步骤为:肋板、肋骨、横梁定位—安装横梁肘板和舭肘板—画线—临时加强—焊接—检验。

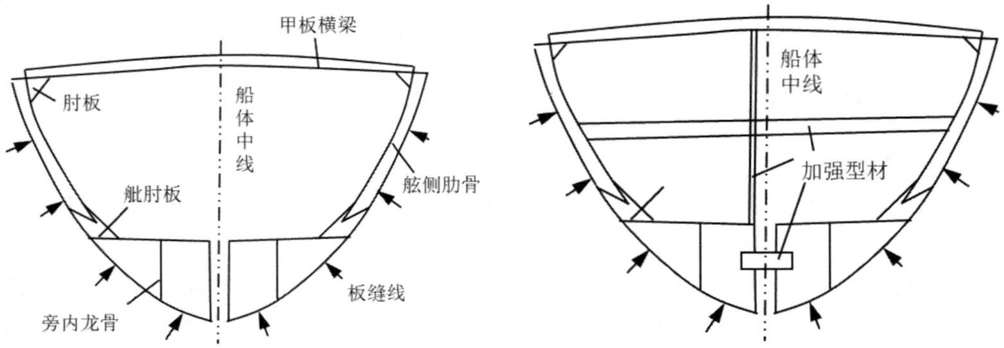

图 8-26　普通肋骨框架装焊

安装时整个框架应平整无扭曲现象。在装配甲板舱口处的肋骨框架时,因横梁是反向的,装配时应特别加以注意。为了防止吊运时产生变形,对舱口区域的间断横梁及被中内龙骨断开的肋板均需做临时加强。

2. 强肋骨框架的装焊

强肋骨框架的装配焊接如图 8-27 所示,步骤为:肋板、梁肘板定位—强肋骨、强横梁定位—嵌装肋板、梁肘板—复查肋骨框架外形与型线是否吻合—临时加强—画线—焊接—检验。

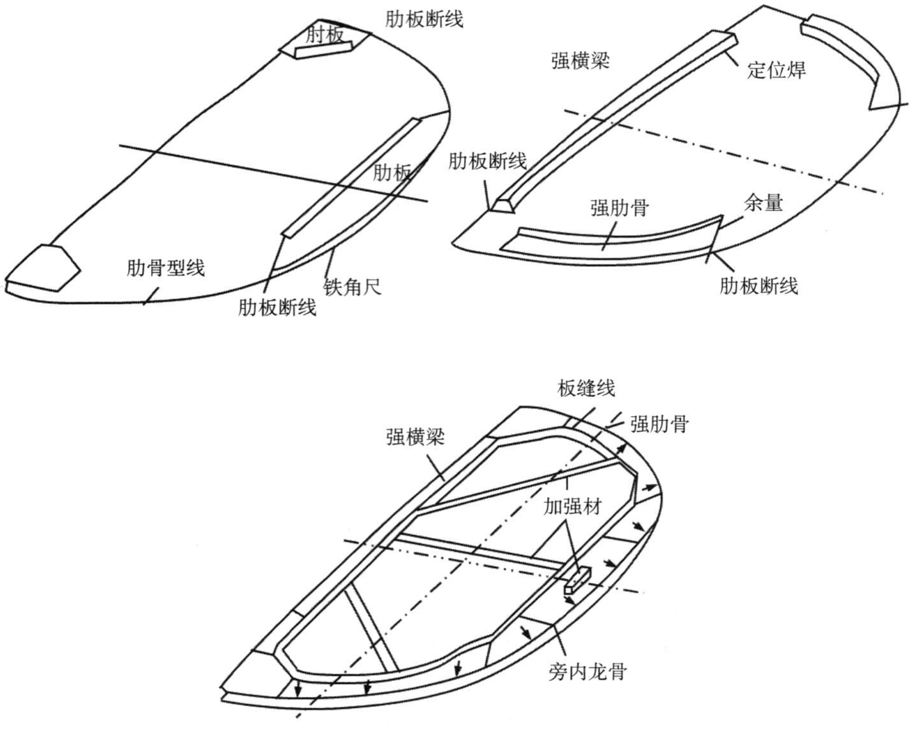

图 8-27 强肋骨框架装焊

各种肋骨框架的外形应与型线吻合,允许误差为 ±1 mm,考虑焊接收缩变形,装配时零件要放在肋骨型线的外缘,使其收缩后仍能符合型线要求。

肋骨框架拼装时应保持平整,不应有歪斜,肋骨框架装焊后,在吊运翻身时产生变形,则需进行矫正,并再次按肋骨型线进行复验,合格后才能吊离。

8.2.4 主机、辅机基座装焊

1. 主机基座的装焊

主机基座是专为船舶上的动力设备——主机设置的一个底座,使主机能与船体牢固固定而又便于安装拆卸。主机基座的结构形式因主机机型不同而异,常见的类型有两种:一种是纵向桁材式主机座,由左右两列纵向桁材和多个横向隔板及加强肘板等组成,作为一个整体可直接安装在船底板或双层底上,这种类型的主机座多数用于中小型船舶,如图 8-28 所示;另一种是箱形桁材式主机座,由两列纵向箱形桁材、多个横向隔板及加强肘板,连同主机润滑油舱一起构成主机座的结构整体，安装于外底板上，其左右两列纵向箱形桁材与机舱双层底结构相连，成为机舱双层底结构的组成部分，这种类型的主机座多数用于中大型船舶，如图 8-29 所示。纵向桁材式主机座和箱形桁材式主机座装焊时大都采用倒装法。

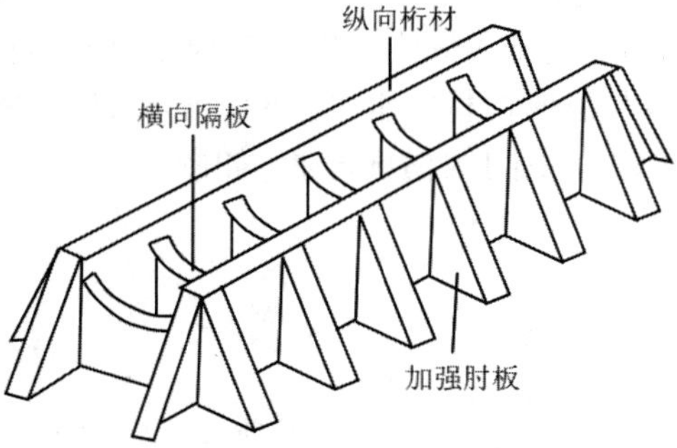

图 8-28　纵向桁材式主机座

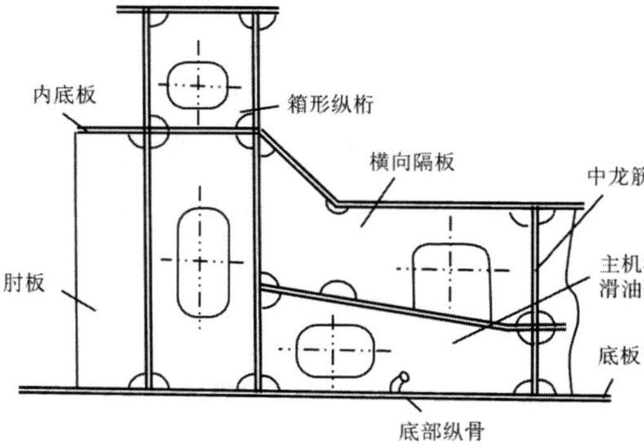

图 8-29　箱形桁材式主机座

由于主机座要安装主机，在长期使用过程中，将承受主机的剧烈振动，因此主机座的装配质量要求很高。本节以纵向桁材式主机座为例说明其装焊工艺。

1）小部件装焊

主机基座的纵向桁材、横向隔板和加强肘板都是 T 形小部件，其装配方法与前面介绍的 T 形梁的装配方法相似，但作为主机基座又有它的特殊要求。

主机基座上表面的平整度要求较高，纵向桁材在装成 T 形小部件时，要认真检查腹板上口的平直度。纵向桁材的腹板与面板的相对位置（图 8-30）是腹板不在面板的分中线上，在拼装时要注意左、右两列纵桁材的对称。由于每列纵向桁材本身不对称，在电焊之前要采取加强措施，以防焊接变形及确保腹板与面板垂直。横向隔板和加强肘板的腹板安装在面板的中线上。小部件焊接以后，要经过火工矫正，特别是纵向桁材的矫正，其要求较高，需仔细复验，以确保机座上表面平整。

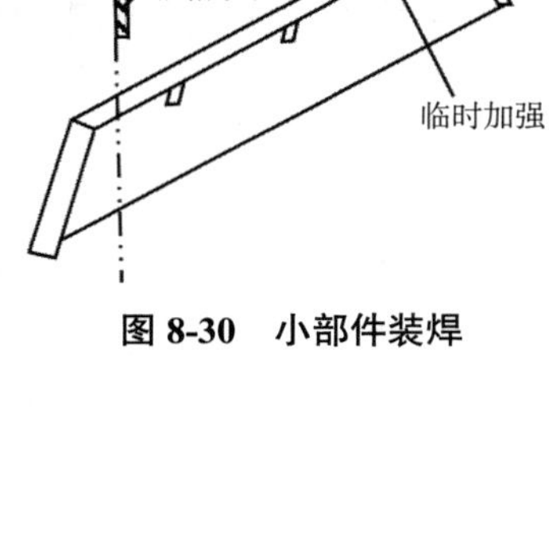

图 8-30　小部件装焊

2)主机基座的装配

主机基座的外形尺寸要求很高,特别是基座上表面的平整度。先是胎架准备,胎架基准面的平整度要求高,胎架高度为 500 mm 左右;在胎架基准面画出各理论线;将一个机座纵桁倒吊上胎架,使纵向桁材与平台上纵向桁材的理论线完全吻合;将机座纵桁与胎架固定,并用角钢支撑;将另一个机座纵桁倒吊上胎架,不要与胎架固定,公用角钢做临时支撑;安装艏、艉横向隔板。先将艏、艉两块隔板装上纵桁,使主机基座的宽度基本固定。安装时根据纵向桁材上的横向隔板安装线进行,并使横向隔板的水平检验线与纵向桁材的水平检验线吻合;用松紧螺丝固定横向隔板,复验两列纵桁间距,定位焊;最后嵌入中间的横向隔板,如图 8-31、图 8-32 所示。

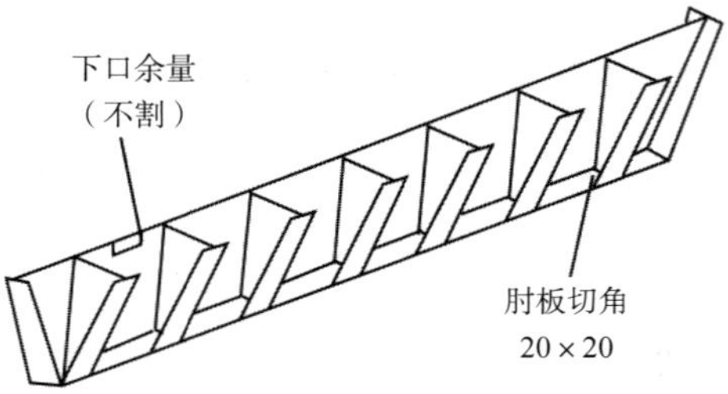

图 8-31 安装加强肘板

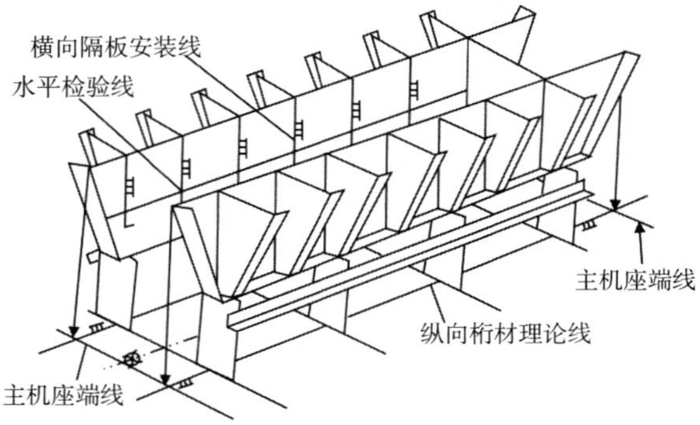

图 8-32 安装横向隔板

3)主机基座的焊接

全部装配完毕后,即可进行焊接工作。由于主机基座的制造精度要求较高,因此在焊接时必须严格遵守焊接程序。

主机基座纵向桁材与横向隔板、加强肘板的角焊缝,焊接顺序如图 8-33 所示,立角焊缝应采用逐步退焊法、跳跃焊法或交替焊法焊接。当主机基座上船安装时,先定位于内底板上,准确画出下口余量线并正确切割,落位后进行主机基座纵横骨架与内底板连接的双面连续焊,其焊接顺序如图 8-34 所示。

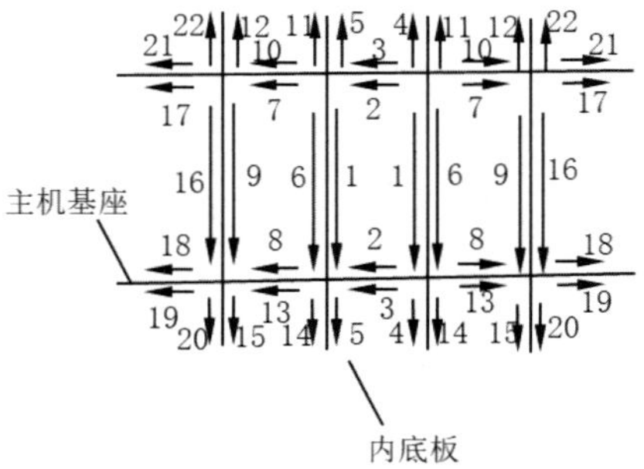

图 8-33 主机基座纵桁与横隔板的角焊缝焊接顺序

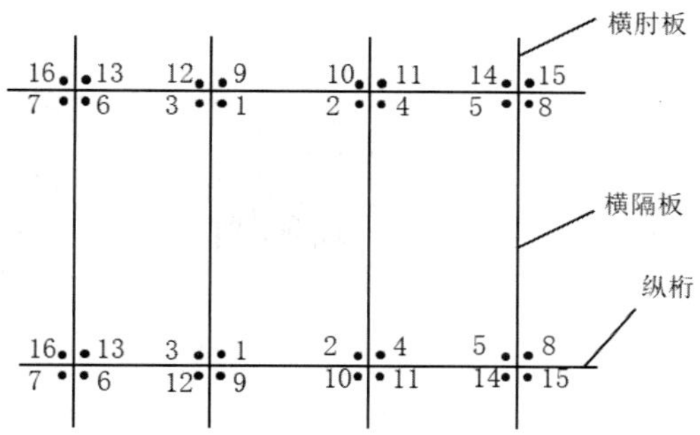

图 8-34　主机基座与内底板的焊接顺序

有些不设横向隔板的主机基座，只有纵向桁材和加强肘板，这类机座的装配较简单，可直接在平台上装配而不必在胎架上装配。

主机基座在装配焊接结束后，拆去胎架上的定位焊，还需按照主机基座的水平检验线进行复测，然后根据变形情况，采取措施进行矫正，使之符合主机安装的要求。

2. 辅机基座的装焊

辅机基座结构较简单，机座面积较小，一般不用胎架，而是直接在钢板平台上进行装配。但辅机的种类很多，各种机座的结构形式差异很大，安装的位置也各不相同，有的安装在内底板上，有的安装在舷侧板上，有的倒置于甲板下面，也有的安装在舱壁上，甲板机械和设备则安装在甲板上。所以，在装配前应对辅机基座的安装部位有所了解，还要明确是安装于右舷还是左舷，是艏部还是艉部。另外，造两个同一类型的辅机基座时，需考虑是否在左右舷对称等情况。

辅机基座的装配步骤与主机基座基本相似：

（1）组合 T 形小部件，焊后并予矫正；

（2）在平台上画出辅机基座的理论线；

（3）取辅机基座的底面或顶面作为基准面，在平台上正装或倒装，为了防止焊接变形，应进行必要的加强；

（4）装焊结束后要进行复测并矫正变形。

8.3　分段与总段装焊工艺

船体分段与总段的装焊是船体建造过程中工作量最大而又极为重要的一个工艺阶段，因为分段装焊的实现，能够减小焊接变形，保证船体的装焊质量，改善劳动条件，便于同时投入较多的劳动力，缩短船体的建造周期。同时，分段制造的质量和时间还直接影响船台合拢的质量和船台周期。因此，在船体建造中，分段装焊是一个关键环节。

8.3.1　分段与总段装焊工艺概述

1. 分段的类型

分段是由零、部件组装而成的船体局部结构。它的种类很多，按其外形特征大致可分为以下几类，如图 8-35 所示。

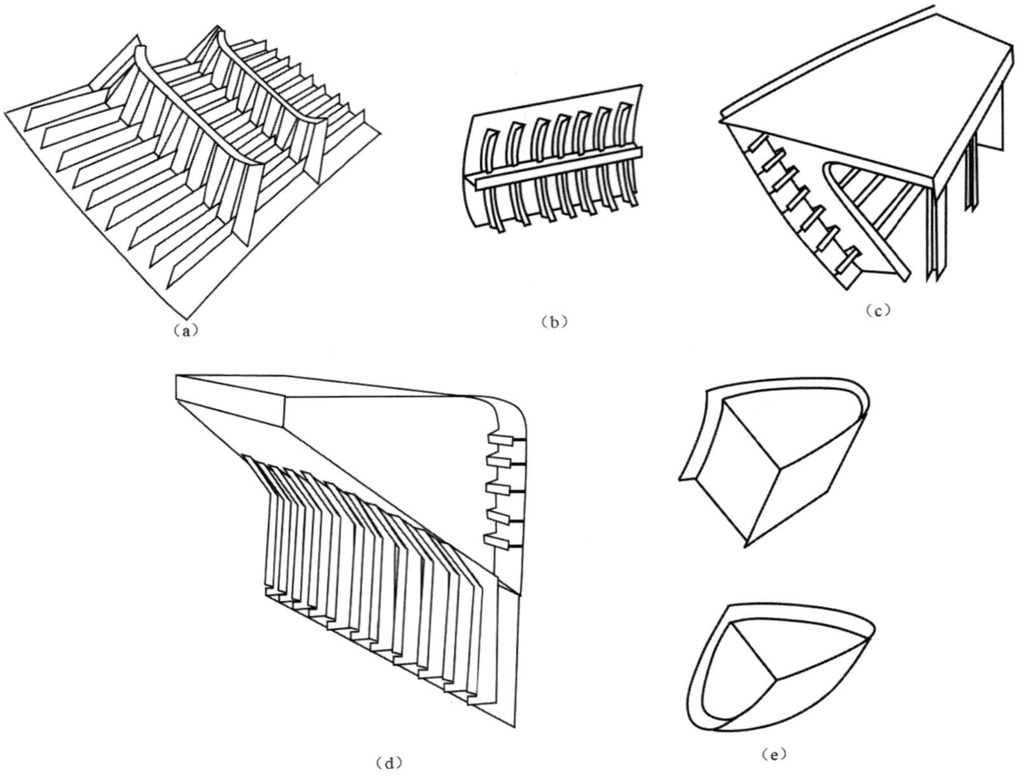

图 8-35　分段的类型

（a）平面分段（油船上甲板分段）（b）曲面分段 （c）半立体分段（机舱外板 L 形分段）（d）立体分段 （e）总段

（1）平面分段：平直板列上装有骨材的单层平面板架，如舱壁分段、舱口围壁分段、平台甲板分段、平行中体处的舷侧分段等。

（2）曲面分段：曲面板列上装有骨材的单层曲面板架，如单底分段、甲板分段、舷侧分段等。

（3）半立体分段：由两层或两层以上板架所组成的封闭分段，或者是由单层板架带有一列与其成交角的板架所构成的分段，如带舱壁的甲板分段、带舷侧的甲板槽形（门形）分段、甲板室分段等。

（4）立体分段：由两层或两层以上的板架所组成的封闭分段，或者是由平面（或曲面）板架所组成的非环形立体分段，如双层底分段、边水舱分段、艏立体段、艉立体段等。

（5）总段：主船体沿船长方向划分，其深度和宽度等于划分处型深和型宽的环形立体分段，如艏尖舱总段、上层建筑总段等。

2. 分段装焊工艺的基本内容

（1）选择分段装配基准面和工艺装备。

（2）确定合理的装配顺序。

（3）确定合理的焊接程序。

（4）提出施工技术要求。

其中，分段装焊顺序是否合理将直接影响分段制造的质量、装焊作业的难易程度、辅助材料的消耗量以及分段制造的周期等。由于同一分段可采用不同的制造方法和装焊顺序，不同的分段更可有各自不同的制造方法和装焊顺序。因此，确定适合某一分段的最佳制造方法和装焊顺序是此工艺阶段的重要工作内容。一般按以下标准衡量确定的装焊工艺程序是否合理：

（1）能否保证分段的型线与尺寸准确；

（2）是否便于装配操作，辅助材料和工时消耗是否少；

（3）是否便于焊接操作，合理的工艺应是水平焊缝和俯位焊缝数量多、长度长，有利于扩大自动焊、半自动焊与俯位焊范围，尽量减少仰焊；

（4）是否缩短分段的建造周期；

（5）是否有利于舾装工程与船体工程的平行作业；

（6）能否处理好单船、小批量与批量生产的矛盾。

3. 分段建造方法

分段建造方法一般有两大类：一类是按分段装配基准面分，主要有正造法、反造法、侧（卧）造法等；另一类是按构件装焊顺序分，主要有散装法和框架法，而散装法又分为分离装配法、放射装配法、插入装配法、拉入装配法等。

1）按分段装配基准面分类

Ⅰ. 正造法

分段建造时的位置与其在实船上的位置一致，如图 8-36（a）所示。其优点是制造时分段处于正态位置，以外板为基面在胎架上铺板焊接和画线后，在上面安装和焊接构架，外板的主焊缝是俯位作业，不仅工作效率高，而且焊工的劳动条件好。在安装构架时，以外板为基准，操作简单，装配方便。其缺点是支撑曲面的外板需要制造专用的胎架或采用支柱式通用胎架，前者辅助材料消耗量大。同样，在装配构架时因外板对接缝的焊接变形而增加了零件边缘的修割工作量。

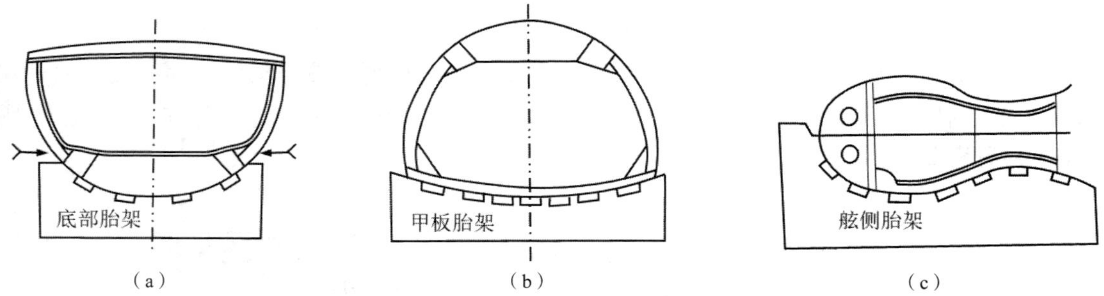

图 8-36　分段建造方法

（a）正造法　（b）反造法　（c）侧（卧）造法

Ⅱ. 反造法

分段建造时的位置与其在实船上的位置相反，如图 8-36（b）所示。其优点是胎架简单，以平面构件作为基面，在通用平台上就可以制造，省去了制作正造线型胎架的材料和工作量，而且在平板上进行构架画线和装焊工作，效率高，可一次翻身，且可改仰焊为平焊。如果外板仰焊或整体拼焊后安装，可以只进行一次翻身，总的分段制造经济效益比正造法高，因此各船厂广泛采用。其缺点是施工条件稍差、型线易产生误差。这种方法常用于双层底分段、以甲板为基面的分段及单船生产。

Ⅲ. 侧(卧)造法

分段建造时的位置与其在实船上的位置成一定的角度或垂直,如图 8-36(c)所示。其优点是改善施工条件,缺点是胎架数量多,通常用于舷侧分段、舱壁分段等。如艏艉大型立体分段的曲面外板,由于曲率小、安装工作难度高,特别是艉立体分段的轴中心线的几何精度高,允许的偏差值小,因此往往以隔壁为基准面进行安装工作,简化胎架的制造工作,构件安装定位方便,分段不需要翻身,完工后仅做 90° 角旋转后就可以上船台安装。

2)按构件装焊顺序分类

Ⅰ. 散装法

(1)分离装配法和放射装配法。从纵、横构件在板列上的装焊顺序看,主要有分离装配法和放射装配法。

①如图 8-37 所示,在分段装配基准面的板列上,先安装布置较密的主向构件并进行焊接,再安装交叉构件并进行焊接,这种方法称为分离装配法。这是一种装配与焊接交替进行的装焊方法,有利于扩大自动焊、半自动焊的范围。但装配、焊接工作分离,使装配工作不连续。由于在装焊主向构件时,板列另一个方向刚性相对较小,所以容易产生焊接变形,因此,这种方法比较适用于结构刚性大、钢板厚、以纵骨架式结构为主的大、中型船舶的分段制造。

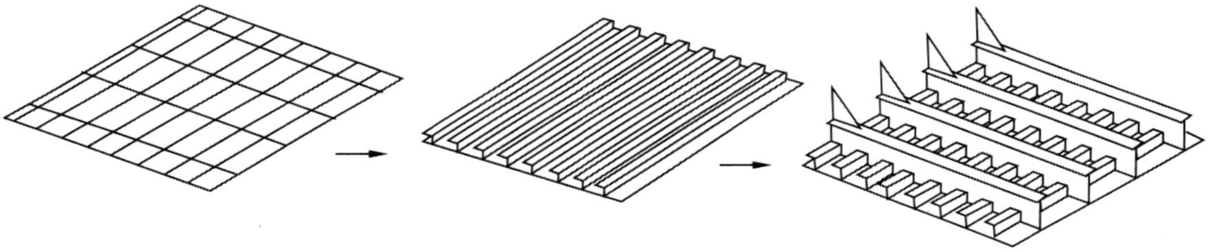

(a) (b) (c)

图 8-37 分离装配法

(a)画线、切割 (b)纵骨安装、焊接 (c)横向构件安装、焊接

②如图 8-38 所示,放射装配法是在分段装配基准面的板列上按照从中央向四周的放射状方向,依次交替地装配纵、横构件和焊接。这种方法引起的分段变形小,适用于曲率变化大、钢板稍薄的分段制造。

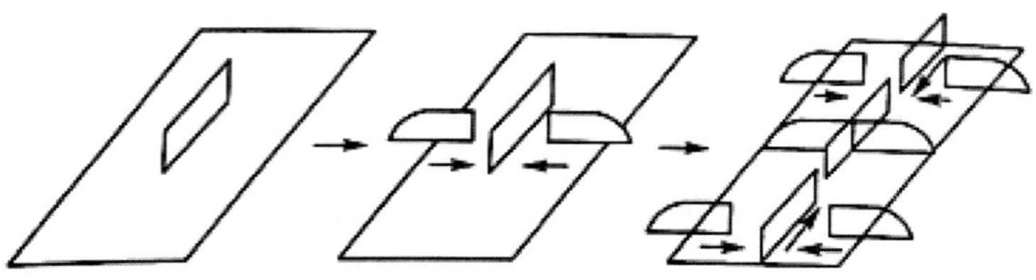

图 8-38 放射装配法

(2)插入装配法和拉入装配法。

①如图 8-39 所示,在分段装配基准面的板列上先安装小构件,再从上往下插入大构件,最后进行焊接,这种装配方法称为插入装配法。

②如图 8-40 所示,如果大构件是从一侧拉入安装,则这种装配方法称为拉入装配法。

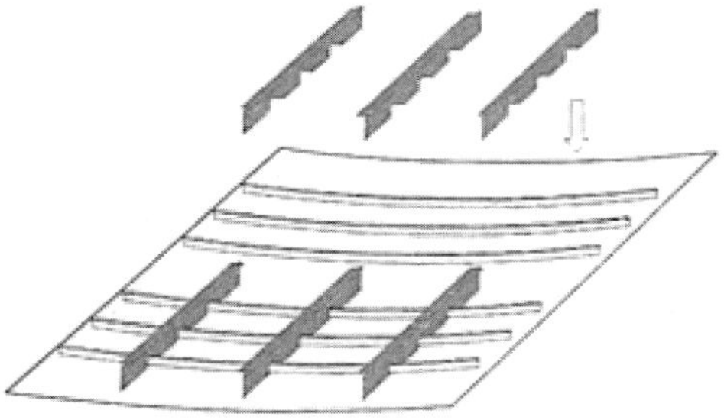

图 8-39　插入装配法

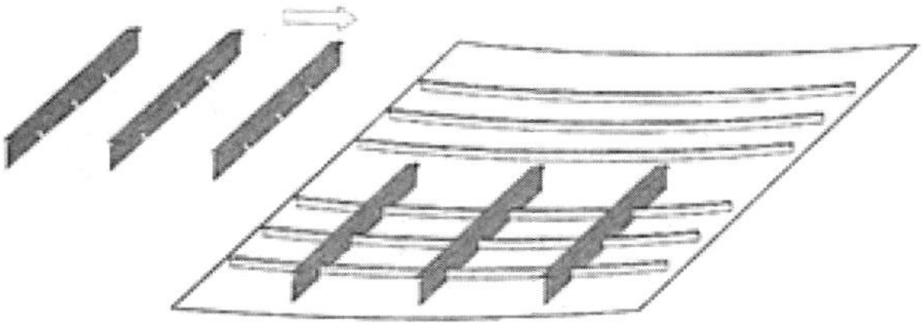

图 8-40　拉入装配法

此外,二者的主要区别还有(以纵骨穿越肋板为例):拉入装配法是在纵骨穿越肋板处采用 T 型切口,传统的插入法是在纵骨穿越肋板处采用 R 型切口。R 型切口的肋板必须使用补板与纵骨焊接,而 T 型切口的肋板则不需要补板就可以直接与纵骨焊接,这种连接形式不仅节省了补板材料,节约了补板切割时间,减少了装配和焊接长度,降低了造船成本,而且提高了生产效率,同时 T 型无补板连接方式,有利于提高船体结构强度。

拉入装配法是降低造船成本、提高经济效益的有效方法之一,不仅能够提高船舶生产效率,同时也是衡量企业管理水平、精度控制水平和建造工艺技术水平的重要标志之一。要保证拉入装配法的顺利实施,对纵骨制作的精度、纵骨装配的精度、肋板的切割精度等都有严格的要求。

Ⅱ. 框架法

先将所有的纵、横构件组装成箱形框架并焊好,再与板列组装在一起形成分段,如图 8-41 所示。这种方法可变立焊为俯焊,便于框架焊接采用机械化;工作面得以扩展,有利于缩短分段制造周期;有利于减小焊接变形,适用于大型平直分段制造。

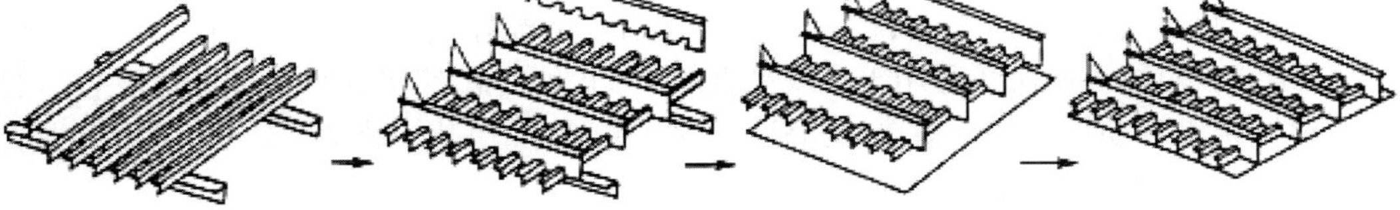

图 8-41　框架装配法

4. 分段装焊的技术要求

（1）检验胎架的中心线是否垂直于肋骨检验线，以保证分段画线和装配的准确性。

（2）纵、横骨架的画线，应先画分段中心线和肋骨检验线，再画其他安装线。

（3）板列和胎架应拉牢贴紧，其间隙应小于 3 mm，拉马与胎架之间的定位焊如图 8-42 所示。

（4）分段两端大接头处的焊缝应留出 200~300 mm 不焊，以提高大接头的柔性，便于船台总装。

（5）当分段的基面与内部构件不垂直时，应保证其相对位置的正确性。

（6）型钢构件的定位焊应焊在型钢的内侧，以便于在型钢外侧进行焊接。

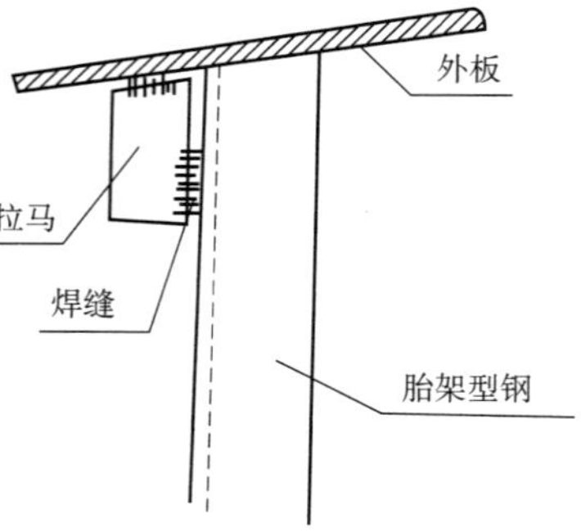

图 8-42　拉马固定示意图

（7）分段装焊完工后，应画出分段轮廓线和检验线，以便余量切割和船台总装。

（8）吊环应设置在主要构件交叉处，否则应做临时加强，应保证吊环的焊接质量，避免发生吊运事故。

（9）对控制船体重量有特殊要求的分段必须进行分段称重。

（10）纵横骨架的连接须平齐，以便板与骨架能紧密贴合。

5. 总段装焊工艺

总段是指主船体沿船长方向划分的其深度和宽度等于该处型深和型宽的环形立体段。目前，为扩大舾装作业面，实现壳舾涂一体化的区域建造，也常把两个或两个以上分段组合而成的大型立体分段称为总段。

典型的总段有艏总段、艉总段、机舱总段、货舱总段、上层建筑总段等。通常，总段制造过程有以下两种。

1）分段建造法

零、部件→分段→分段舾装+零、部件→总段→总段舾装。此方法是以底部分段为基础，在其上安装舱壁、舷侧和甲板等分段，并进行总段舾装，这种方法主要用于装配船中总段。各个分段在组装成总段之前，分别先在平台上或胎架上进行装配焊接工作，然后再在底部胎架上采用正造法组装成总段。此法最适用于型线平直的中、小型船舶，它既充分发挥了分段装焊能改善工作条件、扩大自动焊及半自动焊、提高装配焊接质量、加快装焊速度等优点，又能减少船台装配焊接和舾装的工作量而缩短船台周期。

2)整体(框架)建造法

零、部件→总段→总段舾装。此方法最常见的是以甲板胎架为基础,以甲板为基准面反造而成。先装甲板、肋骨框架、舱壁和纵向构件,再安装船体外板,最后进行总段舾装。此法主要用于装配艏、艉总段。

艏、艉总段一般采用反造法制造,如果艏、艉总段重量太大,还可沿第二甲板处切开而成上下两个立体分段,其装配方法与总段反造法基本一样。艏、艉总段反造可简化胎架,改善工作条件,但总段翻身比较复杂。

8.3.2　底部立体分段装焊工艺

底部分段从结构形式上分为双底和单底两大类。内底边板又可分为平直的、向下折角的、向上折角的、阶梯形的等四种形式,如图 8-43 所示。由于底部分段的结构及钢板的厚度不同,因此装配方法有正造和反造两种。正造法是以外底板为基准面,一般在胎架上装焊,因此能够保证底部的型线正确。对于单底结构或壳板较薄的底部分段,特别是成批生产这类结构的产品时,多采用正造法。但正造法所用的胎架需耗费较多的辅助钢材和一定的工时,增加建造成本。反造法是以内底板为基准面,在型钢平台上进行装焊的,它是利用肋板、桁材等纵横骨架来保证底部型线的,其正确性比正造法要差些,但可省去胎架,故大多用于双底结构或单船生产。

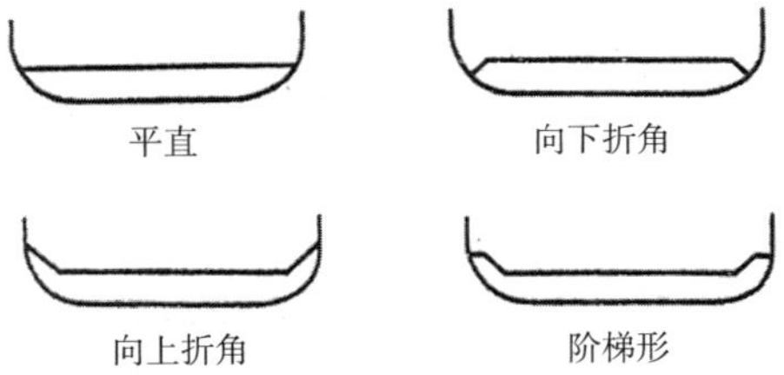

图 8-43　双层底形式

1. 双层底分段正造法

双层底分段正造法选取外底为装焊基准面,装配顺序如下:胎架的准备工作—外板的装配与焊接—在外板上画出纵横骨架安装线—安装中底桁—纵横骨架的装配—焊前加压排—焊接骨架之间和骨架与外板间的接缝—拆排、矫正变形—分段舾装—吊装内底板—画出分段安装定位线—装焊分段吊环—分段的吊运和翻身—焊接纵横骨架与内底板间的接缝—外底板的封底焊—分段变形的矫正、分段焊缝质量的检查、分段轮廓线的画线及切割余量—密性试验(同时进行完工测量)—验收。

外板的装配应对准胎架上标出的接缝线标记,可采用自动焊接;纵横骨架的装配先装#38肋板,再装其前后的旁底桁,左右同时向两端进行安装,最后装内底边板和舭肘板;焊前加压排是为了减小结构变形;吊装内底板时,内底板先在平台上拼好再吊装,并与骨架拉紧、定位焊;分段翻身后放置在平台上并用墩木垫好,保持分段水平。

外底板和内底板的拼板焊接有两种方法:一种是钢板在平台上先行拼好或部分拼好,并采用单面焊双面成形的自动焊把它焊好,然后吊上胎架;另一种是钢板需在胎架上进行外板及角隅板的拼装焊接。如果是后者,拼接的底板需要切割掉余量并进行板边平整后才能进行定位焊。如遇板缝不平,可用马板和铁楔揳平。板缝定位焊后应用马板使外板与胎架固定,但切忌与胎板直接用定位焊固定,以免分段完工后割除定位焊时割坏胎板型线,或漏割定位焊后在分段吊离胎架时发生严重事故。凡外板与胎架贴紧的部位,可用扁铁马或麻花马固定。这两种马板都能保证分段与胎架具有弹性连接的作用,要求其与胎板连接的焊缝焊在马板的下端且为一小段。对于脱空的部位,可用调节的螺杆马或弓形马拉紧,如图 8-44 所示。

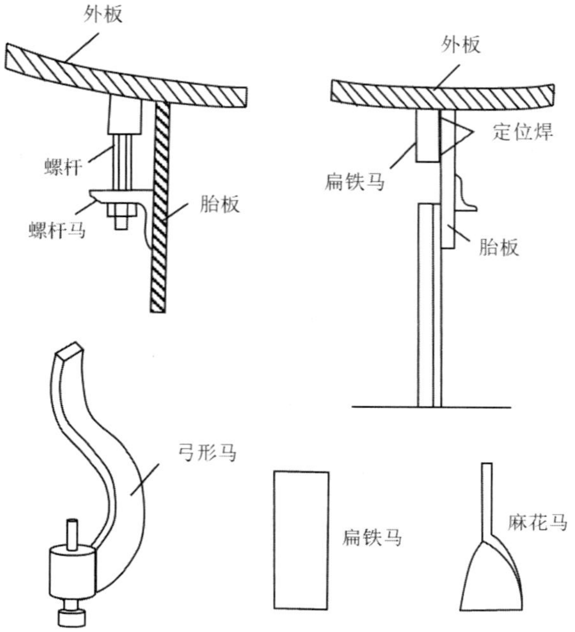

图 8-44　底板与胎架的固定方式

底板的拼装与固定应交错进行。平直底板可待全部拼装妥后,再用马板固定;曲形底板与胎架的固定方式板必须安装与固定交替施工。否则,全部曲形底板装配完毕再用马板拉紧,会导致曲形不尽相符,强行拉紧时产生过大的内应力,致使底板接缝处定位焊崩裂开。

同前文所述的甲板分段一样,双层底分段还可以有各种不同的装焊顺序,不再一一列举。下面仅就其装焊顺序的选择进行分析。

(1)内底边板的装配顺序:内底边板是靠在肋板端部的纵向连续构件,它必须在肋板和旁底桁装配结束后进行。正造时,如果先装内底边板,因其内倾使肋板插入困难,本身定位安装难度也大,影响工效和装配质量。反造时,虽然肋板插入并不困难,但其本身的定位安装仍很困难,故无论采用何种建造方法都不宜采用先装内底边板后装肋板和旁底桁的顺序。

(2)对双层底分段还可以采用分离法装配,装焊中底桁→装焊全部肋板→装焊旁底桁。它具有缩短工期、提高自动化程度等优点,尤其对纵骨架式的大、中船舶的双层底分段,其优越性更为明显。但对于小型船舶来说,由于其结构较弱,若采用此方法会产生局部变形,由此增加的矫正工作量往往会超过此法节省的工作量。所以,应视具体情况决定是否采用分离法。

(3)把分段舾装放在纵横骨架装焊结束,吊装内底板之前进行,给舱内舾装作业提供了良好的工作空间,有利于提高舾装工作效率。

(4)骨架焊接顺序是先焊接骨架间的角焊缝,后焊骨架与外板间的角焊缝,并应从分段中间开始向四周对称进行施焊，以便控制焊接变形。

2. 双层底分段反造法

由于双层底分段的内底板一般为平面，所以可以选择内底面为装配基准面的反造法进行建造，并可在平台上进行，省去胎架的制作时间和费用。双层底分段反造法的装配顺序与正造法类似，区别是先铺装内底板，在内底板上装焊纵横构架，然后再吊装外底板。反造法的双层底分段只需翻身一次，节约吊车的使用时间和工时。双层底分段反造法的其他工艺过程同正造法类似，不过反造法安装时，无论构件还是舾装件，上下左右都是颠倒的。

3. 双层底分段质量检验

双层底分段完工后，应进行如下项目测量，作为检验其制造质量的一项指标。

(1)测量分段长度(分段中心线处)。

(2)测量分段两端宽度。

(3)测量分段中纵剖面处和两端宽度测量点处的高度。

(4)测量内底板的四角水平度。

图 8-45 所示为用激光水准仪测量上述第(3)项的情形。注意测量值应减去板厚值后才可计算实际型值与理论型值的误差。其他分段的完工测量与双层底分段类似。

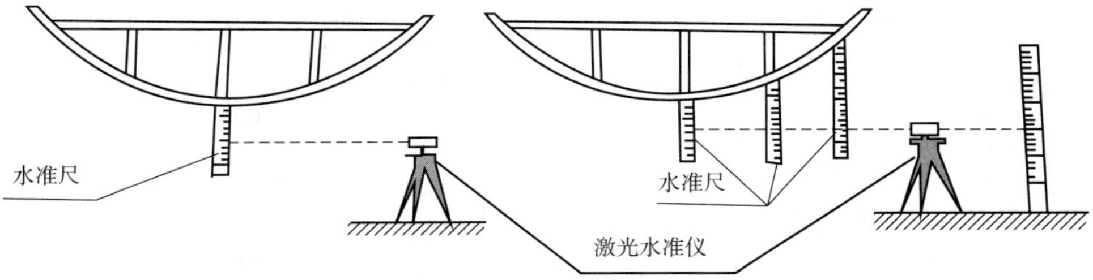

图 8-45　分段完工测量

8.3.3　甲板分段装焊工艺

甲板分段由甲板板、横梁、强横梁、甲板纵桁、舱口围板等组成。由于甲板有梁拱和脊弧，所以甲板面是具有双曲度的曲面，但是曲率变化和缓，所以甲板分段一般选择甲板面作为装配基准面进行反造。胎架一般选择支柱式胎架，如果甲板钢板较薄，可以采用框架式胎架，因为框架式胎架的模板与甲板板接触面积大，控制薄板变形的效果较好。表 8-2 列举了甲板分段四种不同的装焊工艺方案。

对于横骨架式分段，一般可采用插入法，即先装横(主向)骨架后再装纵骨架(第三方案)，但该分段两端强横梁的剖面尺寸与纵桁材的剖面尺寸相同，受强横梁面板和甲板纵桁腹板上开口位置等因素影响，插入装配较困难，影响装配效率和质量，故第三方案不可取。

第四方案与第一方案的区别在于第四方案是直接在胎架上拼装甲板板列，这种方法虽将分段舾装工序提前，但延长了分段制造周期，增加了分段焊接变形。由于甲板梁拱和脊弧很小，当板厚较小时，将焊好的整块平直板列吊到胎架上定位，可依靠板列的自重或稍加拉力就能获得甲板所要求的曲形，这时第一方案优于第四方案。但是，当甲板板列厚度较大时，则应采用第四方案。

表 8-2 甲板分段装焊工艺方案

第一方案	第二方案	第三方案	第四方案
胎架准备工作	同第一方案	同第一方案	同第一方案
将预制好的甲板板列吊到胎架上定位	同第一方案	同第一方案	吊装各甲板板列（从中间向两侧）定位、割余量、固定
画纵、横骨架安装线	同第一方案	同第一方案	同第一方案
安装#78~#80 普通横梁	同第一方案	安装全部横骨架	同第一方案
	焊接#78~#80 普通横梁		同第一方案
安装纵桁材	同第一方案	安装全部纵骨架	同第一方案
安装#77~#81 强横梁	同第一方案		同第一方案
骨架间焊接、骨架与板列焊接	骨架间焊接、除普通横梁外的骨架与板列焊接	同第一方案	同第一方案
拆除拉马、矫正变形	同第一方案	同第一方案	分段舾装 拆除拉马 分段临时加强及翻身 甲板板列封底焊 矫正变形
焊缝和结构性检验	同第一方案	同第一方案	同第一方案
画分段轮廓线、装配检验线，割除分段余量	同第一方案	同第一方案	同第一方案
分段舾装	同第一方案	同第一方案	—
分段完工检验	同第一方案	同第一方案	同第一方案
分段临时加强及吊运	同第一方案	同第一方案	分段吊运

第二方案和第一方案的区别仅在于，第二方案采用了分离装配法，对于大、中型船舶的甲板分段，因其钢板较厚，应采用第二方案以便于施行自动焊和半自动焊。但对于板厚较小的甲板分段则应选用第一方案以便于控制焊接变形。

8.3.4 船中总段装焊工艺

表 8-3 是按分段建造法进行船中总段装焊的一般工艺过程。现就其中的某些工艺问题进行分析讨论。

（1）底部分段的完工程度一般有两种情况：一种是底部在胎架上正造，不进行翻身封底焊及纵横骨架与内底板间的焊接便进行总段组装；另一种是底部分段制造竣工，经完工验收后再进行总段组装。前者虽然在分段制造时不必进行翻身和重新调整定位等作业，但由于总段翻身比底部分段困难得多，因此，总段组装结束后还需进行大量的仰焊作业，从而导致总段的焊接变形量增大，显然不及后者合理，应采用后种方法进行总段组装。

（2）保证总段装配质量的技术关键，在于各分段的准确定位。若将总段置于空间直角坐标系中，则各个分段的定位可在长、宽、高三个方向上选定其安装的对准面，加上前后和左右水平即可定出其正确位置。生产中是用肋骨检验线确定分段长度方向的相对位置；用中心线（或纵剖线）确定分段在宽度方向的相对位置；用水平检验（某一水线）确定分段在高度方向上的相对位置和分段水平，从而将分段控制在正确的位置上。

表 8-3　船中总段装配焊接的工艺过程

工序说明		操作示意图	操作要求
1	各个分段的装配焊接	—	—
2	横舱壁分段的装配	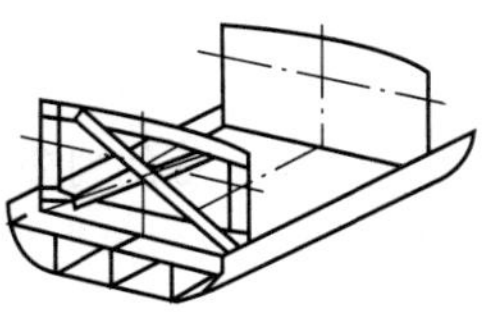	1. 横舱壁的安装位置应和内底板下横骨架一致，错开位移不得超过舱壁板厚的一半； 2. 水平检验线必须在同一水平面内，中心线应和内底板中心线对齐； 3. 舱壁应保证与基线垂直，高度应符合图纸要求
3	舷部分段的装配	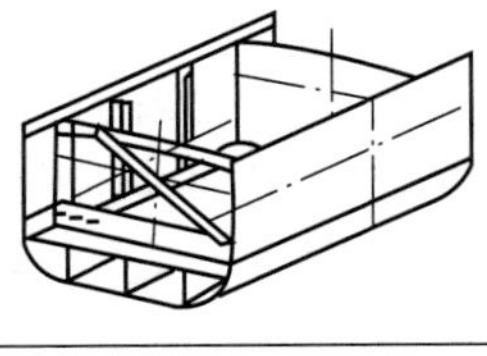	1. 舷部肋骨检验线应与底部肋骨检验线对齐； 2. 水平检验线应与舱壁水平检验线在同一水平面； 3. 肋骨检验线顶部半宽等于该号肋骨的船体半宽
4	甲板分段的装配	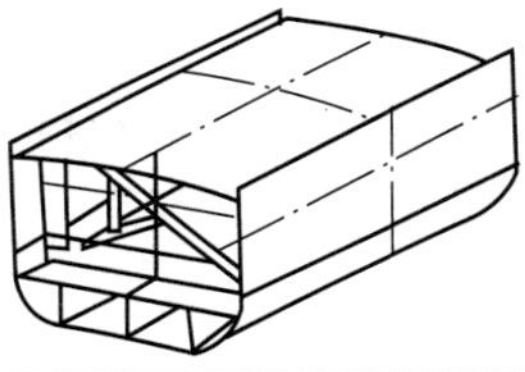	1. 甲板中心线应与内底中心线相吻合； 2. 甲板肋骨检验线应与舷部肋骨检验线对齐； 3. 甲板边高应与舷部所画甲板理论线吻合； 4. 应保证梁拱高度
5	总段接缝的焊接	—	1. 焊接舷侧板与舭板的对接缝； 2. 焊接横舱壁与内底板、舷侧板、甲板的角焊缝； 3. 焊接甲板与舷侧板的角焊缝； 4. 焊接内部结构的接缝
6	总段画线和结构性检验	—	画安装定位线、轮廓线、焊缝并进行结构性检验
7	总段舾装	—	安装总段内的舾装单元、各种舾装件及其附件
8	总段吊运	—	—

用于分段定位的测量工具很多，常用的有吊线锤、软管水准仪、水准尺、激光水准仪和激光经纬仪等。

(3)带有中间甲板的总段装焊工艺，一般有先装中间甲板分段和先装舷部分段两种方法。若采用前者，则需对甲板分段做临时支撑，这有利于舷部分段的定位，但对嵌进肋骨之间的甲板边板要加工成小块板件，在总段组装时散装，增加了总段内的零、部件装焊工作量。如采用后者，则可将中间甲板的边缘部分装焊在舷侧分段上，如图 8-46(a)所示。这样既避免了吊装中间甲板分段的插入装配，又增加了舷部分段的吊运刚性。当然，用后者舷部带甲板边板，将接头形式略做修改，则第一种方法也可获得良好的操作顺序，如图 8-46(b)所示。

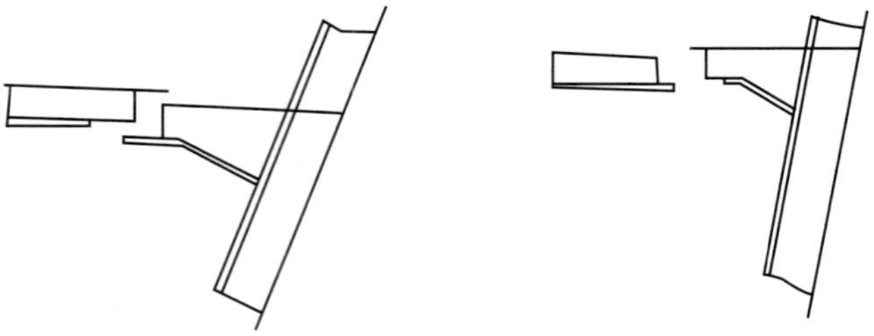

（a） （b）

图 8-46 中间甲板的划分

（a）先装舷部分段，不带甲板边板 （b）先装舷部分段，带甲板边板

8.3.5 艏、艉总段装焊工艺

一般而言，艏、艉总段型线曲率变化大，底部较瘦削，为了便于施工，常采用整体建造法，如果艏、艉部总段重量太大，还可沿第二甲板处切开而成上下两个立体分段。艏、艉部总段反造可简化胎架，改善工作条件，但总段翻身比较复杂。表 8-4 是艏总段反造的装焊工艺，艉总段的装焊方法与此类同。

表 8-4 艏总段装配焊接工艺过程

工序说明		操作示意图	操作要求
1	准备工作	—	全面检查并矫正胎架
2	甲板板列的装配焊接	—	—
3	画甲板骨架安装线	—	1. 甲板中心线；2. 肋骨检验线； 3. 纵横骨架线；4. 外形轮廓线
4	舱壁、肋骨框架和纵桁材的安装		1. 中心线与甲板中心线吻合； 2. 水平检验线应在同一水平面内； 3. 纵桁材的安装位置在舱壁前后应对齐
5	安装舷侧顶列板	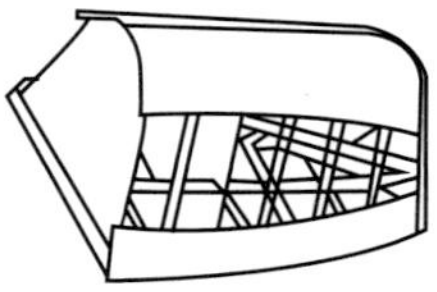	—
6	舱内舾装件及其附件的安装		—
7	安装托底分段		1. 托底中心线应与甲板中心线吻合； 2. 托底前、中、后至甲板的高度应正确
8	外板安装	—	应保证肋骨间距的正确
9	总段焊接	—	1. 焊接骨架间接缝，骨架与甲板间的接缝； 2. 焊接外板的对接缝； 3. 焊接骨架与外板的接缝，骨架与托底骨架的接缝
10	满挡铁板的装配焊接	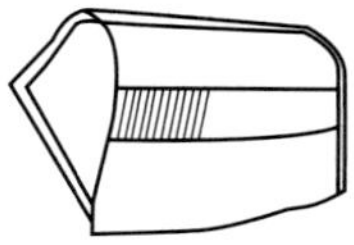	—

续表

工序说明		操作示意图	操作要求
11	总段翻身、甲板封底焊和满挡铁板封底焊	—	—
12	总段画线和检验	—	画安装定位线、轮廓线、焊缝和进行结构性检验
13	总段舾装	—	安装舱面舾装件及附件

（1）一般情况下，横舱壁和肋骨框架可一起依次吊装，然后装纵向构件，但当艏总段内配置有锚链舱、挡水板等内部构件时，则其横舱壁的吊装应在内部安装完毕后进行。

（2）大多数艏总段的底部型线瘦削，在反造时，其底部工作空间狭窄，装焊施工条件差，可将艏总段底部划分成一个独立的托底分段预先在胎架上制造，如图 8-47 所示，再吊运到总段上安装。

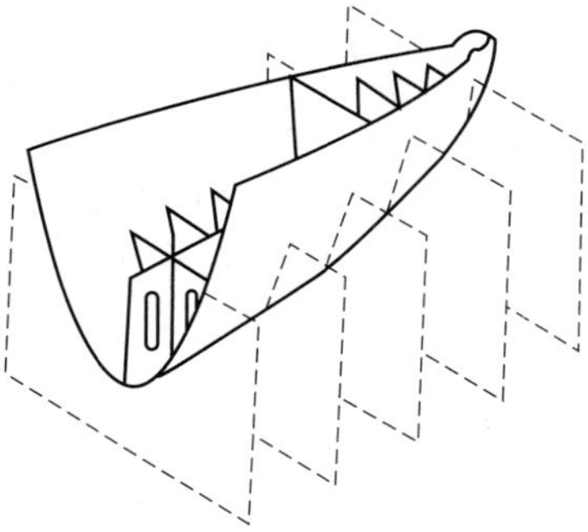

图 8-47　托底分段

（3）焊缝的刨槽作业，即使应用碳弧气刨，其施工条件仍较差，应在装焊顺序方面设法创造良好的作业环境。就艏总段而言，可先在总段内部进行外板对接缝和所有内部骨架的焊接，再装焊满挡铁板，最后在总段外部进行外板对接缝的刨槽和封底焊，以改善刨槽的作业环境。

（4）满挡板是艏总段反造时最后安装的一块外板，其上、下纵缝均要留余量。为了便于画线，可在外板周围事先画出距接缝 50~100 mm 的辅助线。在满挡板初定位后，先修割上纵缝和横缝，并定位和施焊（先焊横缝后焊上纵缝，最后焊外板与肋骨的角焊缝），然后修割下纵缝，并定位和施焊。采用此工艺的目的是便于焊接时自由收缩，减小焊接应力。

（5）总段舾装分两步进行，即托底段安装前的舱内舾装和最终舱内舾装，这样有利于改善艏、艉总段舾装作业的施工条件。

8.3.6　船体分段制造生产线

实现船体分段制造机械化和自动化存在的困难有产品种类多样、批量小、制造方法繁杂等。推进分段制造机械化和自动化的基本趋势有以下几种：

（1）机械化和自动化；

（2）平行作业；

（3）大型化；

(4)综合机械化。

对机械装置的研制应做好以下两方面的分析研究工作：

(1)制定便于实现机械化的工艺方法；

(2)设计能完成其工艺操作和装焊要求的工作机构。

1. 平面分段生产线

船体装配和焊接的工作量占全船总工时的12%~18%；占船体建造总工时的50%~70%。实现装配焊接工作的机械化和自动化，形成生产流水线作业，对缩短造船周期、降低造船成本、改善产品质量、减轻劳动强度，有着极为重要的意义。

平面分段装焊流水线是实现装配焊接工作机械化、自动化的重要途径之一。平面分段由平直板列和平直交叉骨架组成。因此，其制造机械化可分为机械化拼焊板列和机械化装焊交叉骨架两部分。板列的机械化装焊，按采用的焊接方法可分为双面埋弧自动焊接和单面焊双面成形自动焊接法。前者在拼板流水线上要增设板列翻身工位，以便进行板列的翻身及封底焊。后者可省去翻板工位。

骨架的机械化焊接按骨架装焊顺序可分为主向构件先装法和箱形框架组装法。目前，主向构件装焊和板列的移动、定位均已实现了机械化，但次向构件的装焊，多数仍采用手工作业。而箱形框架间的角焊缝的焊接，一般都专设工位，由专用自动角焊机施焊；箱形框架与板列之间的装焊，可启动板列下面的油压千斤顶，使板列与框架贴紧，然后施焊。

图8-48所示为箱形框架组装法的平面分段机械化生产线的主要工艺流程实例。

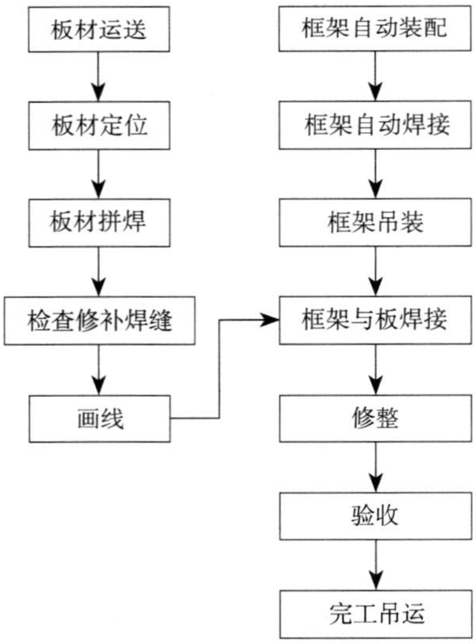

图8-48 箱形框架组装法的主要工艺流程

平面分段装焊流水线的优点有：

(1)提高效率，在单位时间内能生产较多的分段；

(2)由于在车间室内生产，改善了工作环境，工位布置合理，实现了自动化、机械化操作，提高了单位面积产量；

(3)采用辊道传送，提高了运输效率，从而节省了运输费用和工时；

(4)实现了专业化施工，提高精度与装配焊接质量，有利于船台总装；

(5)消除了定位焊及其焊疤的批铲、修补工作,可节约人工和材料;

(6)生产能按顺序有规律地进行,符合现代化管理方式。

平面分段流水线对船体设计和工艺有以下要求。

(1)主向构件的布置应相互平行,呈直线和连续排列,构件布置方向应平行或垂直于板列接缝线。

(2)采用封闭型排水孔,以保证骨架与板列焊接的连续性。

(3)主向构件间距在整个分段内应相同,非对称型钢构件的翼缘应朝向同一侧。

(4)骨架应布置在板列的同一侧。

(5)设计时应尽量扩大平面分段的数量。

2. 曲面分段制造机械化研究

曲面分段的形状和构件配置因分段不同而异,零部件的装焊位置非常复杂,而且其装焊基准面是空间曲面,所以实现其制造工艺的机械化要比平面分段困难得多。曲面分段制造机械化研究涉及装配工艺装备(胎架)的通用化及其工作曲面的自动调节、曲形板列的装配和焊接的机械化、自动化等问题。

3. 船体分段生产线

为了改革造船业长期以来以单件生产为主的作业方式,推进分段制造工艺过程标准化和机械化作业进程,国内外造船业进行了大量的探索研究。

(1)应用成组技术改革船体分段制造方式,对生产的各类船舶进行结构分解,按照相似性原理(形状相似、材料相似、加工工艺过程相似),对其分类成组。

(2)根据船厂条件规划和组建相似分段组的制造生产线或作业区。

(3)在该生产线(或作业区)内可以制造分段尺寸和结构不同的同类型分段,使作业方式接近于专业化和批量生产,从而达到大幅度降低生产成本、提高产品质量和生产效率的目的。

潘际銮——30 年只为一焊

91 岁的潘际銮,骑着电动车带着老伴在清华校园里穿梭,掩不住灿烂的笑容,空气仿佛都变得温暖,那一刻,惊艳了时光。这一幕被人拍摄下来发到网上,使他突然成为“90 后”网红院士。很多人还不知道,老人获得过太多重量级的第一:他是全国第一条高铁的铁轨焊接顾问;中国第一座自行设计核电站的唯一焊接顾问;成功研制居于国际领先水平的爬行式弧焊机器人,获国家创造发明一等奖,科研成果价值高达千亿元。

焊接的研究绝不仅局限于实验室。从接触焊接起,他就经常跑工地,和工人师傅们共同解决技术问题。这项工作的辛苦,他再熟悉不过。

曾师从潘际銮的福州大学前校长吴敏生清楚地记得, 1979 年 5 月,潘际銮赴成都参加全国焊接学术会议,回来后一度寝食难安,不厌其烦地向学生们描述:一位工人使用传统的焊机,从内外双面焊接大直径合金钢罐体。罐体管壁厚 100 mm 以上,为达到工艺质量要求,管件必须预热到 200 ℃。因此工人必须身穿厚厚的石棉服蹲在一个小小的铁笼里,铁笼被吊车吊进罐内。200 ℃的高温可以使水瞬间变成蒸汽,但工人们硬是要在这里坚持十几分钟。灼人的高温使狭小的空间里聚集了大量有害气体,救护车必须一直在场,随时准备抢救休克的工人。从那时起,潘际銮就萌生一个想法:总有一天,要实现大型工件的焊接自动化。

一次考察期间,潘际銮看到美国一家公司研发的焊接机器人,可以像跳蚤一样沿轨道爬到工件上焊接,他由此得到启发,产生用爬行式焊接机器人解决大型结构焊接自动化的构想。他对清华机械系焊接教研室的高力生等人说:“这是我们的研究方向,将来我们焊球罐、军舰、巨轮,也要让机器人爬上去焊,不用焊接工人再那么辛苦,而且不需要再铺轨道。”

如果想要摆脱轨道,只会爬还不行,爬行机还需要一套跟踪机构。经过长达 10 年的研究,潘际銮团队终于研制出无轨导全位置爬行焊接机器人,并申请获得了美国专利。2003 年 11 月,经过国内焊接行业院士和数名顶尖级专家对项目的鉴定,认为其成果的技术集成与创新处于国际领先水平。

到 2016 年底最后一项“863 计划”课题结题时,潘际銮团队研发的这种机器人所涵盖的技术已经横跨机械、物理、数学、控制、软件、焊接等多个领域,其中光数学算法就多达上百项。他说:“现在全世界的大型结构,火箭也好、航母也好,绝大多数都还是人工焊。而我们却实现了机器人自动焊接,只有少量作业需要人工参与。”

除油罐等超大型工件外,潘际銮还把他研发的机器人用在了高铁、我国第二艘航母(图 8-49)、航天器等“大家伙”上。在垂直或弯曲的金属板上,这些聪明的机器人可以自己寻找焊缝,自主计算焊缝中央位置,最后完成精确“缝合”。

图 8-49 山东舰

(资料来源:尹平平. 潘际銮:30 年只为一“焊”,90 高龄不辍攻关[J]. 创新时代,2018(4):48-49. 略有改动)

8.4 分(总)段的吊运翻身

船体分段在制造过程中需要翻身或移位,完工后要吊运至分段堆场堆放,再按作业进度进行大型分段或总段组装,或直接进行船台装配。这些作业主要依靠起重和运输机械来完成。各种分段的构成和内部骨架布置不同,使得某些分段在纵向或横向的刚性较弱,或在高度方向存在刚性较弱的自由边等。因此必须要制定质量和安全措施,以避免分段在吊运、翻身和搁置过程中因分段自重或吊运时的外力作用而产生失稳和变形。

一般应注意以下几个方面的问题：

(1)分段(总段)的临时加强措施；

(2)分段(总段)的重量大小、重心位置及吊车许可负荷；

(3)吊运和翻身的方式；

(4)吊环数量及安装位置；

(5)吊环形式和尺寸；

(6)钢索的许可负荷、钢索间的夹角。

8.4.1　防止分(总)段失稳和变形的主要措施

为了防止分(总)段吊运过程中的失稳和变形，一般采用两种方法。一种是通过安装临时加强材来增大分(总)段的刚性，使其能承受翻身和搁置时的外力而保持分段的正确形状。另一种是采用吊梁(吊框)来吊运。

分段的临时加强是通过安装临时加强材来增大分段的刚性，使其能承受翻身和搁置时的外力而保持分段的正确形状。由于各个分段的形状和结构各不相同，翻身的方式也不一样，其受力情况是较为复杂的。所以，临时加强材的布置应视各分段的具体情况确定。以下通过舱壁分段的临时加强来说明。

舱壁分段是设有多根竖向扶强材的平面分段，具有良好的竖向刚性和较弱的横向刚性。吊运前在舱壁上缘设置两个吊环，起吊后吊索在分段重量 W 的作用下，分别承受负荷 T，两吊索与水平面形成夹角 α 而产生水平分力 T_1，如图 8-50 所示。

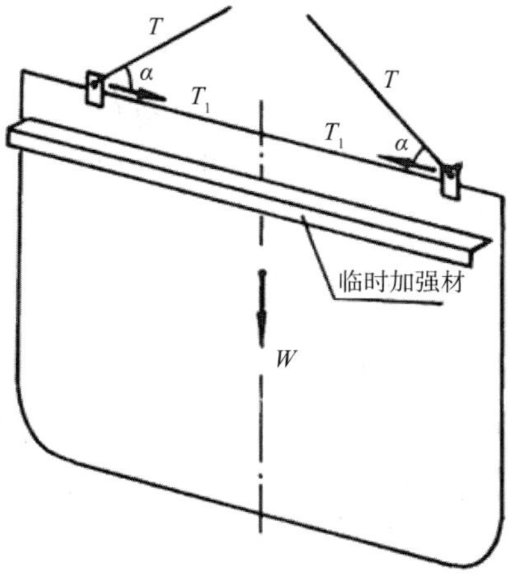

图 8-50　舱壁分段的临时加强

由此分析可知，在舱壁刚性最弱的横向难以承受水平分力的作用，所以应在此方向进行临时加强。设置图 8-50 中所示的临时加强材，以保证分段不发生永久变形。

另外，还可采用吊梁来吊运这类分段，如图 8-51 所示。因吊梁的吊索相互平行而在舱壁分段上不产生水平分力，故可对舱壁分段不进行临时加强。

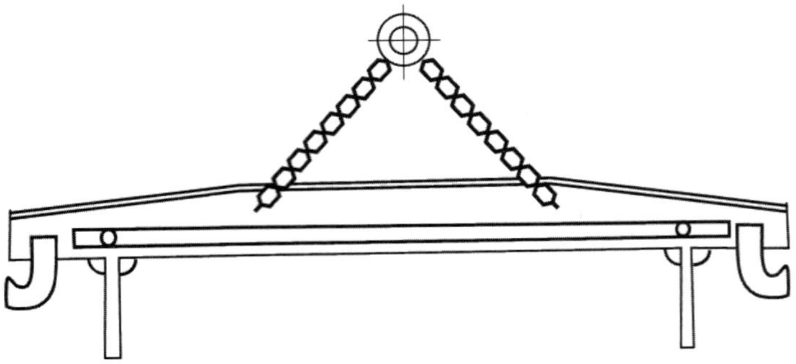

图 8-51 吊梁

甲板和舷侧等曲面分段的临时加强，则应根据分段结构形式和翻身方法来选定。对于纵骨架式分段，因其长度较大，宜做横向翻身，但由于其横向刚性较弱，所以一般要做横向临时加强；对于横骨架式分段，情形则正好相反，故应做纵向临时加强。此外，甲板和舷侧等曲面分段虽然采用吊梁作业来消除吊索张角引起的水平分力，但由于其曲面受力情况较舱壁平面要复杂得多，仍可能出现分段在翻身吊运中因受力失稳而变形的现象，故仍需进行临时加强。

此外，对船体其他位置来说，如：船体立体分段艉柱处需要加强；单底底部分段纵向强度不够时，需沿肋板上表面用两根槽钢对称加强，槽钢距船中的宽度应与吊环一致；在进行大型分段组装时，若其中某边呈自由边时，则必须进行临时加强以保证其刚性，环形分段虽然没有自由边，但如果两端无舱壁或强框架，则仍需对其四边形的横剖面进行对角方向上的临时加强。

除了上述为保证分段整体刚性进行的临时加强外，为了保证分段在吊运翻身过程中不发生局部结构破坏，还需进行保护性临时加强，如：吊点处内部结构的局部临时加强；分段自由边受吊索挤压处的局部临时加强。

综上所述，对分段进行临时加强，首先应分析分段形状和结构特点，找出其刚性薄弱环节，然后根据分段翻身和吊运方法，分析分段在吊运翻身中的受力情况，检查受力部位的结构状况，最终确定临时加强材的合理布置。

8.4.2 吊环规格、数量及安装位置的确定

吊环是分段吊运和翻身的主要属具，一般用钢板制成，包括无肘板和有肘板两种形式，如图 8-52 所示。前者只在一个方向上呈现较大的刚性，一般与分段骨架搭接，对重量较轻的分段也可垂直安装在分段表面上；后者在两个方向上均具有较大刚性，一般可垂直安装在分段表面上。有时根据分段结构特点和吊点位置，可将内部构件作为吊环，如在构件腹板上开孔并装焊加强腹板，则可免去吊环的安装和拆装作业。

吊环的数量需根据分段形状及吊运翻身的方式来确定。例如：舱壁、平直舷侧分段等平面分段在装焊时不用翻身，吊装时也只将分段吊成直立状态便可进行安装定位，故只需在分段上侧安装两个吊环；甲板分段既需要翻身，吊装时又要求吊平，故一般需安装四个吊环；在舷侧分段上组成大型分段的甲板分段，因在大型分段组装时只要两个吊环，故其数量应由是否需要翻身确定；对于艏、艉部的舷侧曲面分段，若按吊运要求只需两个吊环，但为了便于船台吊装，也可在分段下侧安装 1~2 个副钩用吊环；立体分段、总段一般都需安装四个以上的吊环。

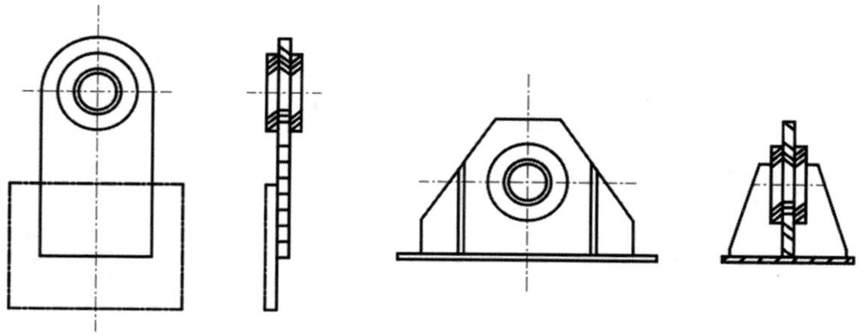

图 8-52　吊环形式

吊环强度只需校核其剪切强度，不必考虑其抗拉强度。吊环尺寸和类型的确定，取决于分段总重量和吊环数量，可参考起重吊环尺寸和分类的标准化手册。

起重吊环的允许负荷可按下式计算：

$$P=\frac{CW}{n}$$

式中：P——吊环允许负荷；

W——分段总重量（含临时加强材等）；

C——不均匀受力系数，C=1.5~2；

n——同时受力吊环数。

吊环剪切强度校核公式为

$$\tau=\frac{P}{A_{\min}}<[\tau]$$

式中：$A_{\min}$——平行于 P 方向最小截面面积（mm^2）；

$[\tau]$——材料许用剪应力（Pa），取$[\tau]=0.6[\sigma]$，$[\sigma]=\frac{\sigma s}{K}$，$K$=2.5~3。

当采用的吊环材料不同时，应按下式换算允许负荷：

$$P'=P\frac{\sigma_s'}{\sigma_s}$$

式中：P——按原钢种计算的允许负荷；

P'——按新钢种换算的允许负荷；

σ_s——原钢种的屈服应力；

σ_s'——新钢种的屈服应力。

吊环的孔眼宜用钻孔加工，若用气割加工则应磨光，以免损坏索具。在孔眼周围可加焊腹板，以增加其剪切强度。吊环安装后采用碱性焊条焊接，并严格检查焊缝。

吊环的布置应满足以下要求：

（1）吊环安装位置应与分段重心对称，以保证吊环负荷均衡，保持分段吊运平稳和吊装状态正确；

（2）吊环安装位置一般设在分段的纵、横骨架交叉处或分段的刚性构件上；

（3）吊环安装方向应与受力方向一致，以免吊环产生扭矩；

（4）采用落地翻身方法时，吊环位置应尽量设在分段重心平面内；

（5）吊环安装处的船体内部构件应有长约 1 m 的双面连续焊。

8.4.3 吊运和翻身的方式

分段翻身之前应做如下准备工作：

（1）分段的临时加强；

（2）吊环及索具卸扣等的选定；

（3）吊点布置及吊环装焊；

（4）翻身场地选择及布置分段搁置墩木；

（5）起重机起吊高度校核、起吊能力校核和数量配置等。

分段翻身方法按起吊形式分为空中翻身和落地滚翻两种。当一台起重机的起重能力大于分段重量时，可采用空中翻身作业；当分段重量大于一台起重机的起重能力时，可采用落地滚翻作业，此时应在分段上设置滚翻装置。

分段翻身方法按分段朝尺度小的方向翻身分为纵翻和横翻两种。对于只作横向划分的分段，主要使用纵向翻身；而作纵向划分的分段则主要作横向翻身；艏艉立体分段或总段，因其宽度较窄，一般也采用横向翻身。

8.5 船舶总装

船舶总装是在部件装焊、分（总）段装焊及预舾装、预涂装的基础上，于船台（船坞）完成船舶整体装焊、舾装和涂装的工艺阶段。船舶总装俗称大合拢，由于船舶总装一般需要在船台或船坞里进行，而船台和船坞是船厂非常有限的重要资源，因此，船舶总装的质量和速度对保证船舶的建造质量、缩短造船周期有着很大的影响。

8.5.1 船舶总装设施

船台（船坞）是将分（总）段组装成整个船体的工作场所，它应具有坚实的地基，一般设置在船体装焊车间附近同时又靠近船舶下水水域的地方，以缩短分（总）段的运输路线，便于船舶下水。

船台是陆地上造船的场所，能够依靠下水装置将船舶移至水域，一般可分为倾斜船台、水平船台和半坞式船台。

1. 倾斜船台

倾斜船台又包括纵向倾斜船台和横向倾斜船台，决定船舶重力式下水的方向。倾斜船台平面与水平面具有一定的倾斜度（称为船台坡度），一般取 1/24~1/14，纵向倾斜船台如图 8-53 所示。

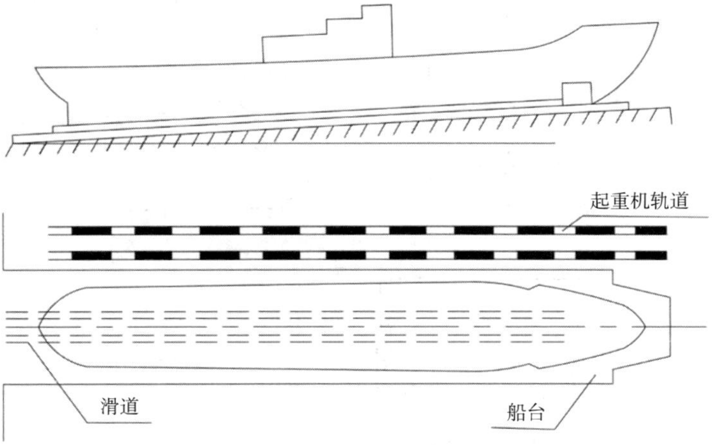

图 8-53　纵向倾斜船台

这种船台适用于各类船舶，具有如下特点：

(1)造船与下水在同一位置，建造场地较紧凑；

(2)一般情况下不必移船，因而不需要专用的移船装置；

(3)船舶在倾斜状态下建造，施工操作不如水平船台方便；

(4)船台的使用没有水平船台灵活。

为了保证船舶总装作业的顺利进行，此处以纵向倾斜船台为例，介绍在船台上必须配置的工艺装备。

1)船台中心线槽钢

船台中心线槽钢由槽钢或钢板条制成，嵌埋在船台中心线处的地面上，其长度要比所建造的最大船舶的船长还要长 6~10 m，宽度为 100~150 mm，供造船时画船台中心线和肋骨检验线使用，作为合拢时分段和总段定位的依据。

2)高度标杆

高度标杆垂直于水平面设置在船台两侧，其上刻有基线、水线、甲板线以及其他高度理论线，作为船台上应用激光经纬仪和激光水准仪进行船台铺墩、分(总)段定位和检验的高度标准。高度标杆分为塔式标杆(由金属架制成)和杆式标杆(由型钢制成)两种类型。

3)船台拉桩

船台拉桩又称为“地牛”，埋置在船台两侧及中线面处，供分(总)段定位时拉曳用。

4)脚手架(或作业台)

船舶总装作业多数是高空作业，必须设置供人员往来和作业用的工作台架，其称为脚手架或作业台。脚手架通常有舷外脚手架和舱内脚手架两种，图 8-54 所示是固定式舷外脚手架和固定式舱内脚手架。这类脚手架的铺设和拆除工作量大，使用也颇为不便。因此，近年来研制出多种形式的可调节脚手架和自动作业台。

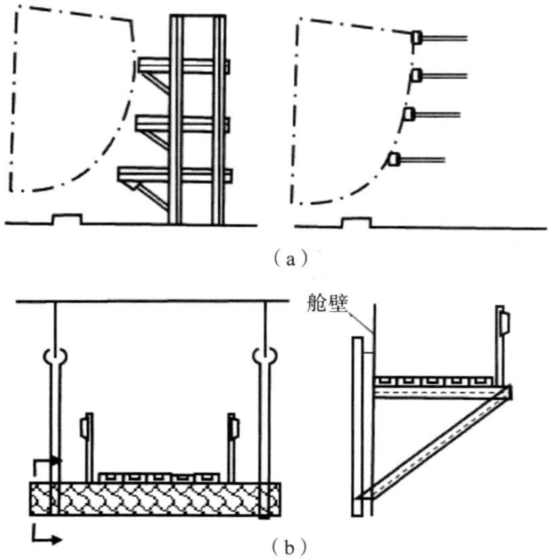

图 8-54 固定式脚手架

(a)固定式舷外脚手架 (b)固定式舱内脚手架

图 8-55(a)是一种积木型框式万向脚手架。它具有专门的配套底座，既能安放在船台上使用，又可借助吊挂装置，悬挂在舷边。安装时只要调节斜杆上的松紧螺旋扣，便可使立方框架侧面形成各种平行四边形。把这些立方框架一节节地接高或接宽，即可得到所需要的脚手架形状。再在其上架设脚手板，就可得到理想的通道和工作场所。

图 8-55(b)是一种舱内吊杆式作业台。它在行走台车上装设一根立柱和两根悬臂梁，悬臂梁首端装有作业箱，操作者在作业箱内进行作业。由于它能在铺设于舱内的轨道上前后移动，悬臂梁和立柱均能伸缩调节，悬臂还可进行俯仰调节，故可将作业箱调整到任何作业位置。

图 8-55(c)是一种轻便自行式作业车。当上部作业台升高后，操作者可在台上用手柄调节作业台的高度，控制作业车的行走和转向，使其到达作业位置。

5)墩木

墩木是船台上支撑船体的主要装备，按布置位置可分为龙骨墩和边墩，按材料分为金属墩、水泥墩和木墩，如图 8-56 所示。龙骨墩铺放在中底桁的下方，由水泥墩(或金属墩)上安放的木墩组成。它的高度为 1~1.8 m，以便在船底进行作业，间距为 1~1.5 m，数量由船长和下水重量确定，但承载能力不得超过 50×10^6 Pa，边墩的高度随船型而定，间距为 4.5~6 m。若船舷或艏艉某些部位的高度太大，可用斜撑代替边墩。

为了改善铺墩和拆墩的劳动条件，提高作业效率，已研制出多种可调节式墩木，如图 8-57 所示。其中，图 8-57(a)是一种活动升降钢墩木，图中右半边表示升高的情形；左半边表示降低时的情形。图 8-57(b)是一种机械调整式墩木，在液压千斤顶带动下斜楔平移，使上斜楔做升降移动，以调节墩木高度。图 8-57(c)是一种船底千斤顶。需要注意的是，在使用这些装置时，在分段定位和纵横焊缝焊好后，必须加上普通墩木支顶船舶，以免千斤顶产生集中载荷。

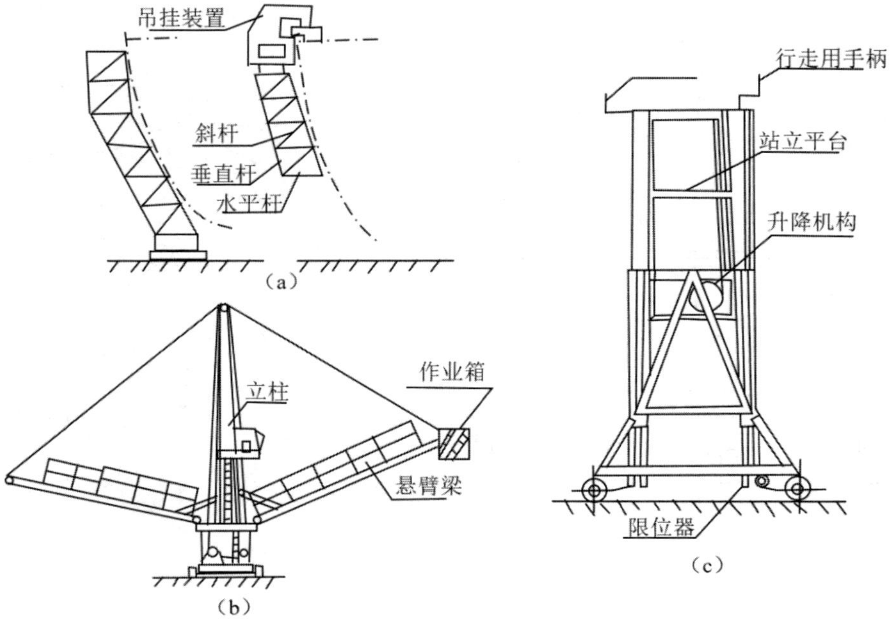

图 8-55　可调节脚手架和自动作业台

（a）积木型框式万向脚手架　（b）舱内吊杆式作业台　（c）自行式作业车

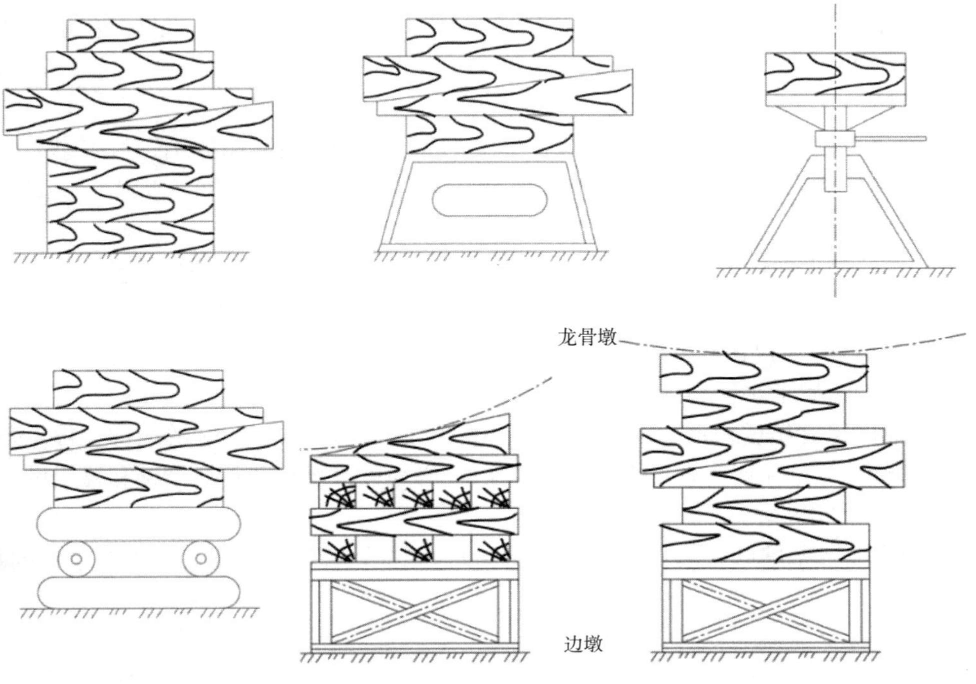

图 8-56　墩木

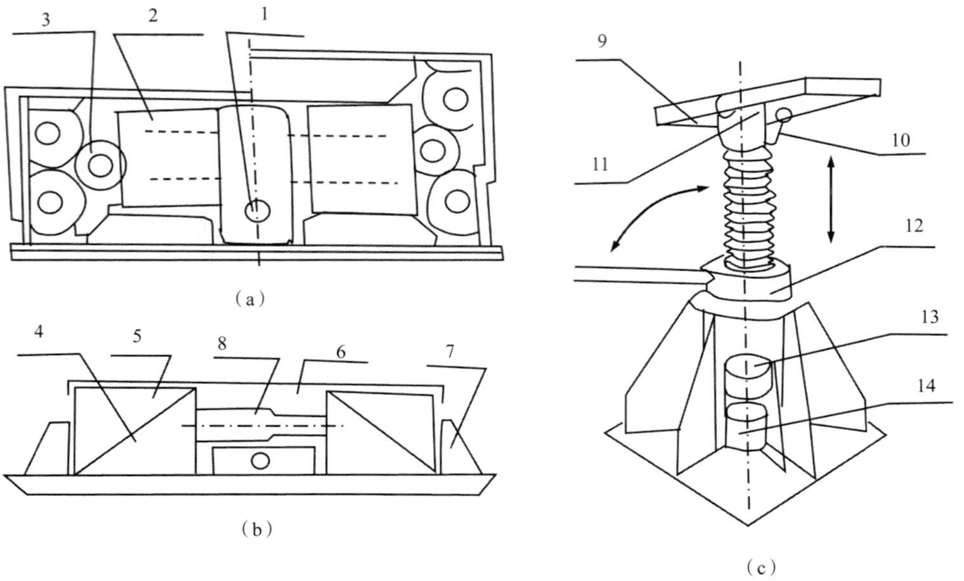

图 8-57　可调节式墩木

（a）活动升降钢墩木　（b）机械调整式墩木　（c）船底千斤顶

1—作用蜗杆轴；2—作用螺母；3—作用滚轮；4—下斜楔；5—上斜楔；6—拉紧板；7—支撑板；8—液压千斤顶；9—船底支撑台；10—头球部；11—支撑；12—安全螺母；13—螺杆；14—可移液压千斤顶

船台上除了配置有足够起重能力的高架吊车及主要工艺装备以外，还必须配置电力、压缩空气、氧气、乙炔、水及蒸汽等的动力供应设施。

2. 水平船台

水平船台的地基与水平面平行，地基上铺设供船台小车（或随船架）移动的钢轨。水平船台一般与机械化滑道、升船机、浮船坞等下水设施结合使用。水平船台广为中、小型船厂所采用，其特点如下。

（1）船舶处于水平状态建造，施工方便；下水安全可靠，并可以双向使用，能下水也能上排。

（2）便于船体零部件和分段的吊运、装配、定位、测量和检验工作的进行。

（3）可布置较多的船位，经济性好且使用灵活。

（4）需专门设置下水横移区，并配备移船装置。

（5）当船舶尺度超过一定范围后，下水装置（特别是横移区的装置）的结构会很复杂。

水平船台除了拥有倾斜船台的工艺装备外，还必须设置船台肋骨线槽钢和移船设备。

1）船台肋骨线槽钢

它是沿全船的基准肋骨线横向嵌埋在船台两侧的槽钢，供分段或总段安装定位时确定其纵向位置用。

2）移船设备

移船设备一般由船台小车和钢轨组成（或用钢柱滚道代替船台小车），船台小车分为自动船台小车和非自动船台小车两大类。

3. 半坞式船台

半坞式船台是由纵向滑道和倾斜船台派生出来的一种船台，即在使用纵向滑道的倾斜船台上建造大型船舶时，为了充分利用船台水上部分，又不使船台前端部超出厂区的地面过多，减小分（总）段的起重高度，将船台尾端伸入水中，在滑道后端加一坞门，以免船台后端浸水而影响操作，如图 8-58 所示。在建造船舶时，只要关闭坞门、将水抽干，即可进行船舶总装作业。

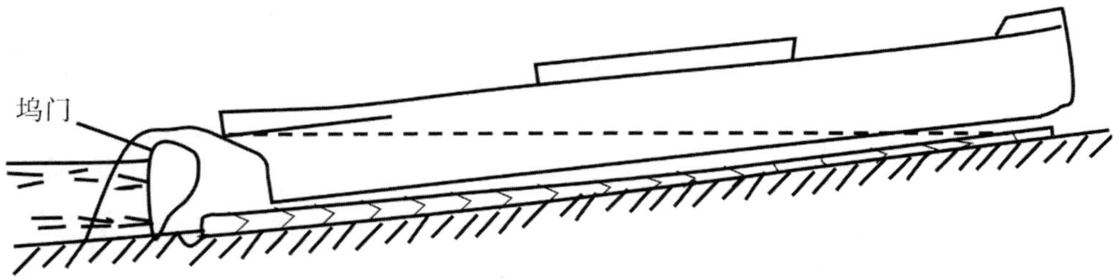

图 8-58　半坞式船台

半坞式船台滑道常采用钢珠下水装置，这是因为在下水前需要预先将船舶由船台墩木转移到滑道上，然后开启坞门，引水入船台内，待潮水涨至平潮时下水，故滑道承受船重的时间较长。这对钢珠下水装置并无影响，但对于油脂却有极大的影响。因为油脂承压时间长，静摩擦系数会增大，甚至将油脂挤出滑道，影响船舶的顺利下水。

4. 船坞

船坞是低于水面、端部设有闸门、在闸门关闭后能将水排干以从事船舶修造的水工建筑物。它具有水平船台的一些优点，船舶也是呈水平状态建造，而且由于建造船舶的坞底低于地平面，降低了分（总）段的起吊高度，可配置横跨船坞和坞侧预装焊区的大跨距、大起重量的龙门式起重机，这大大提高了造船的机械化程度。船坞下水的方式能大大简化船舶下水工艺，适合建造大型船舶。

船坞根据坞的深度分为两种：一种称为浅坞，只能用于造船，称为造船坞；另一种称为深坞，既能用于造船又能用于修船。由于大型船舶的发展，船坞造船也日益增多。造船坞一般都配置了横跨船坞和一侧总段装配区的大跨距龙门式起重机。

船坞中总装所采用的工艺装备基本与船台相同。

8.5.2　船台装焊的准备工作

船台装焊的准备工作是保证施工进度和产品质量的重要措施，分为船台上的准备工作和船体上的准备工作两部分。

1. 船台上的准备工作

1）船台中心线绘制

通常可用激光经纬仪在船台中心线槽钢上画出船台中心线，如图 8-59 所示。操作时，将激光经纬仪安置在船台中心线的端点（应超越船的尾端）处，对中整平后发射激光点到槽钢上，每隔 1.5~2 m 定出一点，然后将所有点连成直线，即为船台中心线。在没有激光经纬仪的船厂中，则可用拉钢丝吊线锤的传统方法来画出船台中心线，如图 8-60 所示。

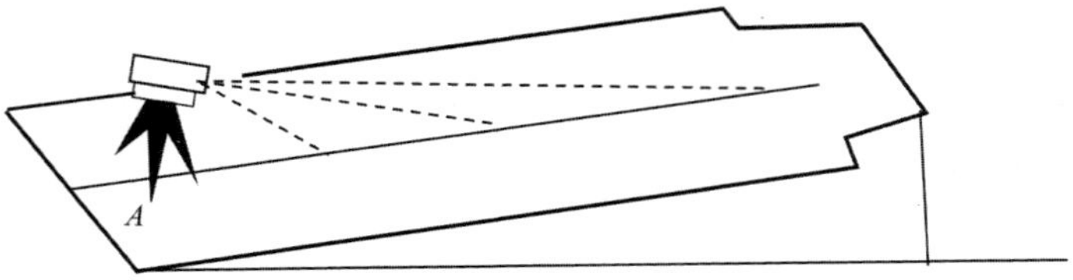

图 8-59 用激光经纬仪画船台中心线

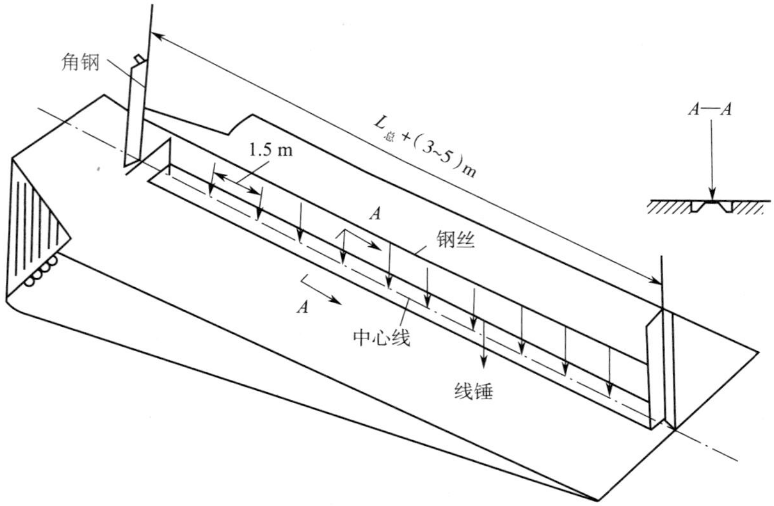

图 8-60 拉钢丝吊线锤画船台中心线

船台中心线画好后，要在它的上面确定艏、艉尖点，画出艏、艉尖点位置线。在艏、艉尖点间拉钢卷尺，将分段大合拢前后肋骨位置画在船台中心线上，并作出标记，用色漆写上肋骨号码。

2）船台半宽线绘制

为方便船台合拢对宽度的测量，应绘制船台半宽线，一般船台半宽线应小于船舶的半宽值。船台半宽线通常也是采用激光经纬仪来绘制的，首先在船台艏、艉尖点位置线上确定左右半宽点，过该点用画船台中心线的方法作出船台半宽线，并在半宽线上画出合拢缝前后肋骨位置，作出标记，用色漆标上肋骨号码。

3）肋骨检验线绘制

肋骨检验线用于分段纵向位置的定位，按船台安装定位线图，在中心线槽钢上画出肋骨检验线，并用色漆标上肋位号。当船体基线倾斜时，由于它不平行于船台中心线，必须注意所画的肋骨间距不等于理论肋距，这时应根据龙骨坡度与船台平面间的夹角来确定肋骨检验线的位置。

4）高度标杆上的高度线绘制

根据放样间提供的高度数值，在船台的高度标杆上画出基线、水线、甲板边线等高度线，作为使用水平软管、激光水平仪或激光经纬仪进行船台铺墩、分段吊装定位和检验的高度标准。

在水平船台上，根据激光水平仪的转站测量要求，在船台中部的左右两侧各设置一根高度标杆即可。但是在倾斜船台上，船体基线和水线等都是倾斜的，高度标杆是垂直于水平面设置的,高度标杆的数量应根据测量方法确定,如图 8-61 所示。

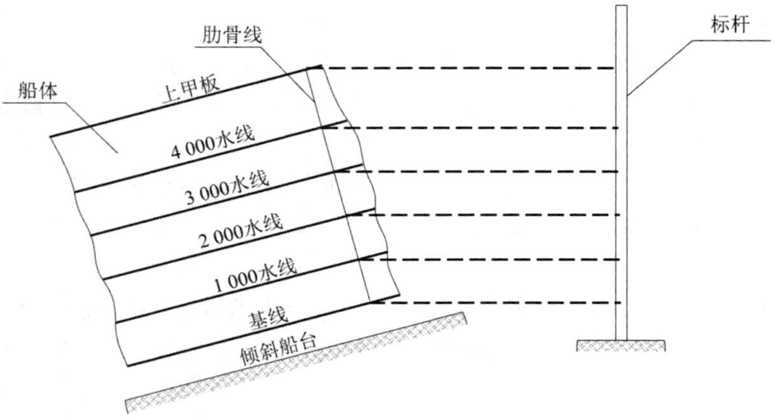

图 8-61　高度标杆

其各高度线距基线高度值 h 的计算式为

$$h=H\cos\alpha$$

式中:H——实船各高度线距基线理论值(mm);

α——船体基线与水平面的倾角。

至于各高度标杆的基线,可利用激光经纬仪根据龙骨坡度将望远镜仰角调至所要求的倾角 α 来画出,如图 8-62 所示。

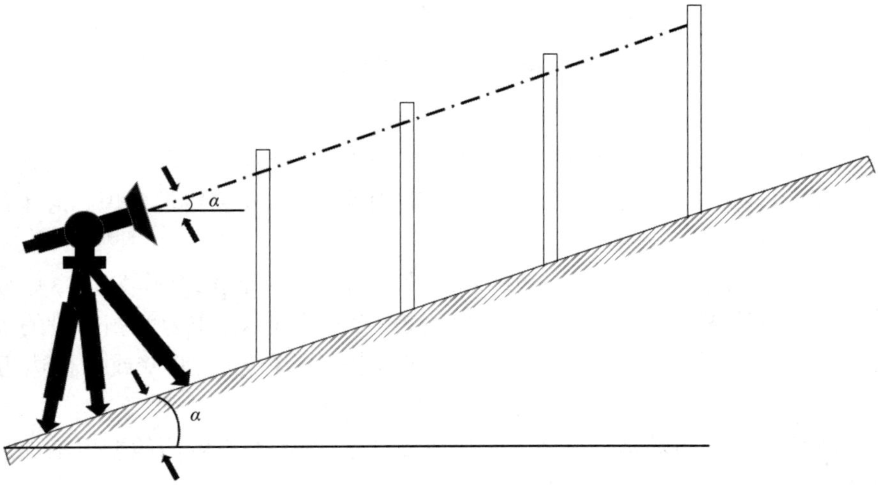

图 8-62　倾斜船台基线高度的绘制

此外,船舶总装前,均须对船台两侧设置的高架吊车以及施工用的压缩空气、水管、电路、乙炔、氧气等系统管路进行检查。

2. 船体上的准备工作

1)画出分(总)段的船台安装定位线

这项工作属于船体结构预装焊的作业内容,用于确定分(总)段在船台上的位置,以保证船体尺度的正确性。因此,在船舶总装前必须检查是否已画出各分段或总段上的船台安装定位线。

现将各种典型分段的船台安装定位线列出如下。

船底分段:分段中心线、分段肋骨检验线、分段水平检验线、内底板上舱壁位置线。

舷侧分段:水线1~2根(高的舷侧分段上下边各画1根)、甲板边线、分段肋骨检验线(与船底同号)、舱壁位置线。

甲板分段:分段中心线、分段肋骨检验线(与舷侧同号)、舱壁位置线。

舱壁分段:分段中心线、水线1~2根。

2)画出分(总)段的船台安装对合线

分段对合线是分段与分段对接时对准用的,一般在分段两端左、右(或上、下)各画一条与分段接缝线垂直的短直线。如图8-63所示,对接的两个分段对合线的位置应统一,以便对准定位。

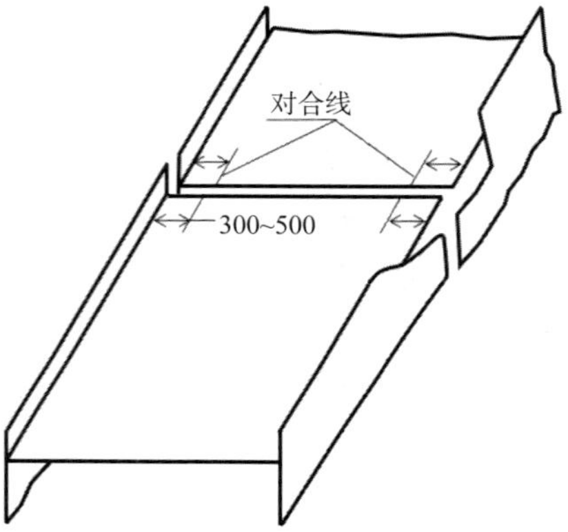

图8-63 分段对合线

3)安装吊环

吊环是分(总)段吊运翻身的主要设备,根据分(总)段重量及吊运翻身方式确定吊环数外板量,根据分(总)段结构和重心确定吊环位置和吊环形式,按安装要求装焊好起重吊环。

4)船台装配临时支撑的准备

临时支撑的作用是保证分(总)段在船舶总装时的位置和型线,并作为分(总)段的支撑装置。例如,当舷侧分段未跨及舱壁时,则需要安装1~2道假舱壁,作为舷侧分段的吊装定位和支撑;安装甲板分段时,如果甲板分段没有适当的支撑结构(支柱、舱壁或甲板边板),则需设置适当数量的临时支撑,作为吊装甲板分段的支撑。

采用总段建造法时,如果总段端部无舱壁或强框架,便需要设置假舱壁以增加总段吊运时的刚性,保持总段大接头处型线的正确性。

假舱壁一般用废旧钢材制成,根据需要可以制作半假舱壁和整体假舱壁。临时支撑可以用废旧钢管或型钢制成。临时支撑的制作、安装和拆除都需要耗费大量的材料和工时,应尽可能少用。

8.5.3 船舶总装方式

由于产品对象和船厂生产条件各不相同,船舶总装方式(称为建造法)也种类繁多。这些方式都是根据船舶的结构特点和船厂的生产条件，按有利于平衡生产负荷、提高效率、缩短造船周期和改善劳动条件等原则确定的。最常用的方式有单艘船建造的总段建造法、塔式建造法、岛式建造法和批量船建造的串联建造法。

1. 单艘船建造

1）总段建造法

总段建造法如图 8-64 所示，首先将船中部（或靠近船中）的总段（基准总段）吊到船台上定位固定，然后依次吊装前后的相邻总段。当两个总段的对接缝焊接结束后，即可进行该处的舾装工作。

把总段作为船体总装单元的建造方法，由于总段较大、刚性好，并有较为完整的空间，因此能减少船台工作量和焊接变形，提高预舾装和预涂装作业的完整性，将工作量前移，缩短船台建造周期。但是总段的大小和重量一般受船台起重能力的限制。

2）塔式建造法

建造时以中间偏后的底部分段为基准分段（对于中机型船，也可取机舱分段），基准分段先吊上船台定位固定，然后向艏艉和两舷自下而上依次吊装各分段。由于建造过程中所形成的安装区域呈下宽上窄的宝塔形状，故称为塔式建造法，如图 8-65 所示。这种建造法的分段安装较简便，但船台周期较长，并且由于焊接合拢缝较多，焊接变形不易控制，完工后艏艉上翘较大。

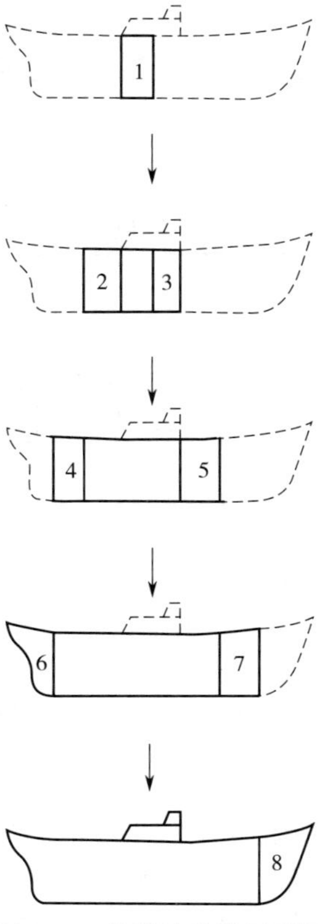

图 8-64　总段建造法示意图

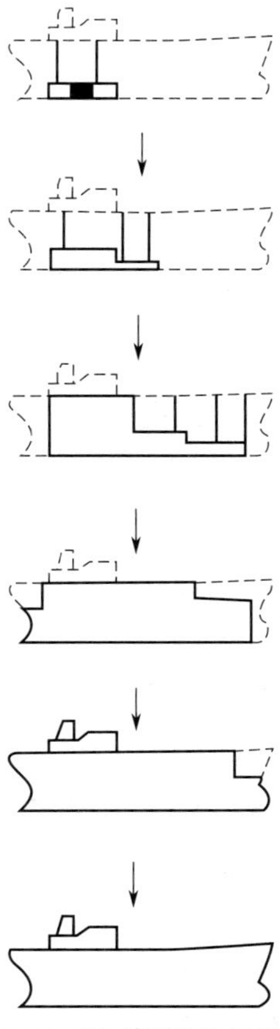
图 8-65　塔式建造法示意图

3)岛式建造法

由于塔式建造法只有一个建造区,具有在装配初期船台面积不能充分利用、船台周期较长、完工船舶艏艉上翘较大的问题。因此,如果将船体划分成 2~3 个建造区(简称“岛”),每个岛选择一个基准分段,按塔式建造法的施工方法同时进行建造,岛与岛之间用嵌补分段连接起来,这样能够充分利用船台面积,扩大施工面,缩短船台周期。而且其建造区长度较塔式建造法短,船体刚性较大,所以它的焊接总变形比塔式建造法小,这种建造方法称为岛式建造法。将船体划分成两个建造区的建造方法称为两岛式建造法;划分成三个建造区的称为三岛式建造法。但是其嵌补分段的装配定位作业比较复杂。图 8-66 所示为两岛式建造法,其中分段为嵌补分段。

2. 批量船建造

有的船厂在使用较大的船台建造较小吨位的船舶时,往往采用串联建造法来组织生产,提高船台的利用率。串联建造法即在船台(坞)尾端建造第一艘船舶的同时,就在船台首端建造第二艘船的艉部,待第一艘船下水后,将第二艘船的艉部移至船台(坞)尾端,继续吊装其他分段形成整艘船体。与此同时,在船台首端建造第三艘船的艉部,依次类推,如图 8-67 所示。

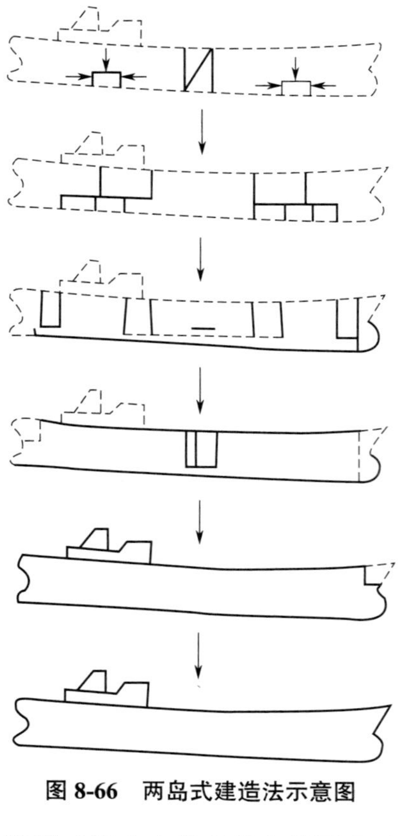

图 8-66　两岛式建造法示意图

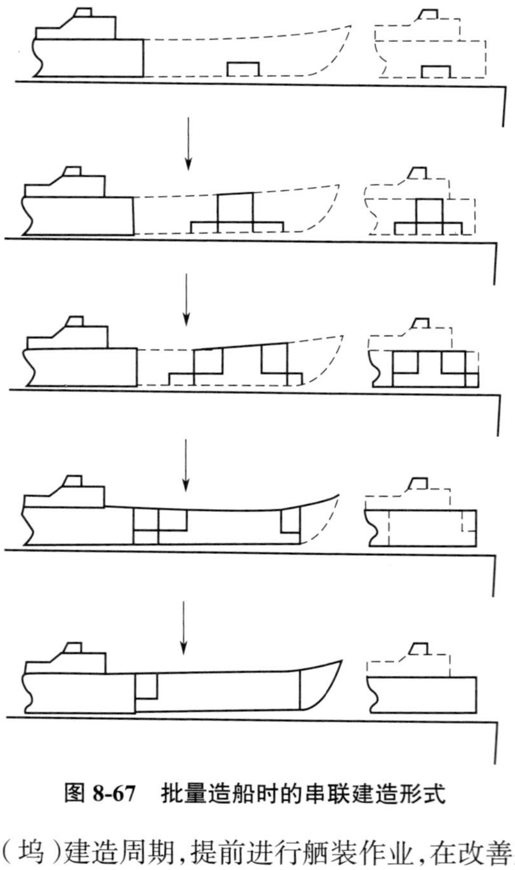

图 8-67　批量造船时的串联建造形式

这种形式能大大提高船台利用率,缩短船台(坞)建造周期,提前进行舾装作业,在改善生产管理、均衡生产节奏方面具有许多优势。但是,它只能在船台长度大于建造船舶的长度(约等于 1.5 倍船长)时才能采用,且在倾斜船台上采用此法时,还必须配置移船设备。

同样,如果用大船坞建造小吨位船舶时,如果船坞的尺度能够放下多艘船舶,则往往在船坞内同时建造多艘船舶。当有船舶总装完毕需要下水时，打开坞门船坞进水，其他未建造完工的船舶通过压载等技术手段限制位置，下水船舶利用浮力上浮并被拖至坞外，关闭坞门船坞排完水后，再继续建造其他船舶。

8.5.4　船台总装工艺

船舶总装常用塔式、岛式等建造法，虽然在建造方法上有所不同，但在一个建造区内的分段吊装顺序和分段定位固定方法却是相同的。同时，通过对分段安装工艺的讨论分析，亦可得出总段建造法的总段安装工艺。所以，现以塔式建造法为例，讨论船台装焊顺序和船台装焊工艺的有关问题。

通常，塔式建造法的船台装焊顺序如下。

（1）吊装基准分段。吊装基准分段是船台合拢的起始点，其选择应使船台上舾装作业与船体建造能同时完成。由于机舱舾装工作量大，因此常把起始点选在机舱及其附近，以便尽早完成机舱部船体合拢，尽早开展舾装作业。

（2）吊装基准分段上的舱壁分段和前后的底部分段。

（3）吊装舷侧分段，向艏、艉方向继续吊装底部分段和舱壁分段。

（4）吊装甲板分段，继续吊装底部分段、舱壁分段和舷侧分段，对已形成环形船体段部分，进行分段大接缝的焊接。

（5）继续向艏、艉方向吊装底部分段、舱壁分段、舷侧分段和甲板分段，对装配完工的分段大接缝进行焊接，并对分段大接缝已施焊结束的舱室开展舾装作业。

（6）吊装艏、艉分（总）段，继续完成分段大接缝的焊接工作和舱内舾装作业。

（7）吊装及焊接上层建筑，继续进行舾装作业。

采用岛式建造法时，每个建造区的装焊顺序同塔式建造法，只是在最后增加吊装嵌补分段的工作，将各个建造区连接起来。生产实际中，有时由于分段供应、起重设备的合理利用以及其他临时因素的影响，要求调整某些分段吊装的前后顺序。对此，应从实际出发，只要不导致船台装焊困难，可以允许做出适当的调整。

表 8-5 至表 8-8 列出了底部分段、横舱壁分段、舷侧分段和甲板分段在船台上的装配工艺。从表中可以看出，分段的定位、余量画线及切割、大接头固定要求、大接缝焊接等是共性的技术问题，现在分别对它们进行讨论分析。

表 8-5　底部分段的船台装配工艺

船台形式	在水平船台上	在倾斜船台上
草图	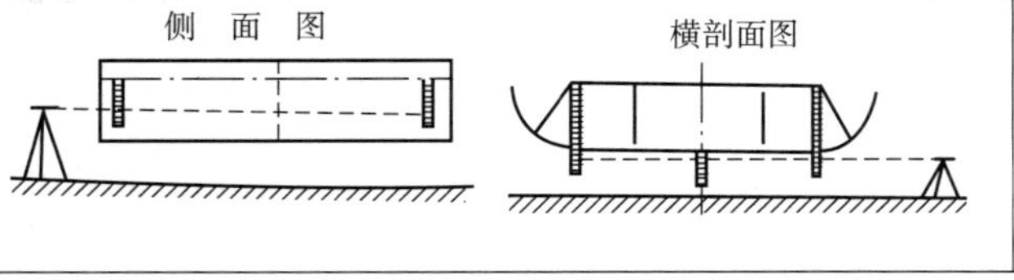	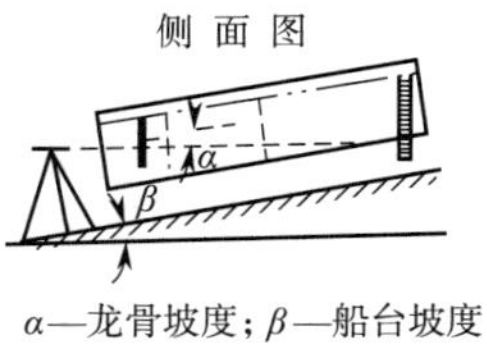

续表

	工艺说明	施工要求	施工要求
主要内容	吊运底部分段到船台上	—	—
	底部分段定位	1. 使分段肋骨检验线对准船台上相应的肋骨检验线； 2. 使分段中心线对准船台中心线； 3. 使分段船底基线高度与规定的船底基线高度符合； 4. 分段纵横向均应处于水平	1. 同左； 2. 同左； 3. 同左； 4. 使分段纵倾度与龙骨坡度相符，横向处于水平
	分段余量画线和切割，并与相邻分段配合	在进行分段拉拢配合时，应重新定位，使分段全部位置对准正确	在进行分段拉拢配合时，应重新定位，使分段全部位置对准正确
	固定分段以待焊接	—	—

表 8-6　横舱壁分段的船台装配工艺

船台形式	在水平船台上		在倾斜船台上
草图	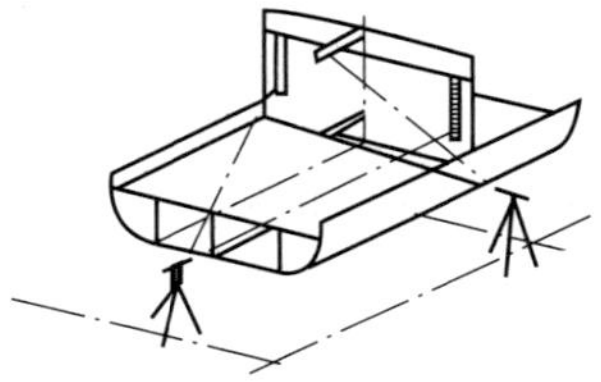		侧面图 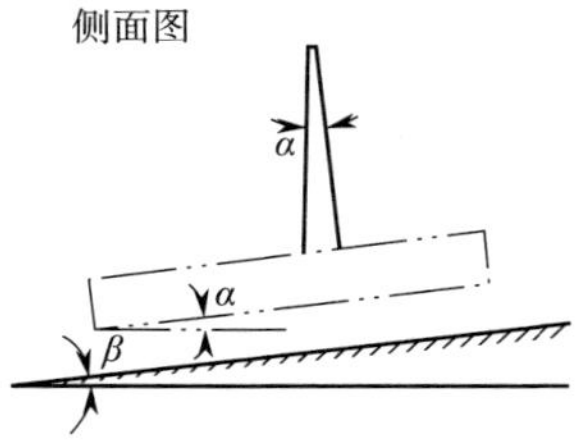
主要内容	工艺说明	施工要求	施工要求
	吊运舷侧分段到船台上	—	—
	舱壁分段定位	1. 使舱壁上的中心线对准船底上的中心线； 2. 使舱壁左右呈水平； 3. 使舱壁垂直； 4. 检查水平检验线高度与理论高度的偏差值	1. 使舱壁上的中心线对准船底上的中心线； 2. 使舱壁左右呈水平； 3. 使舱壁与铅垂线的交角等于龙骨坡度； 4. 检查水平检验线高度与理论高度的偏差值
	分段余量画线和切割	—	—
	固定分段以待焊接	1. 分段固定前应复查定位是否正确； 2. 固定时应使分段对准底部上的安装线	1. 分段固定前应复查定位是否正确； 2. 固定时应使分段对准底部上的安装线

表 8-7　舷侧分段的船台装配工艺

船台形式	在水平船台上		在倾斜船台上
草图	侧面图 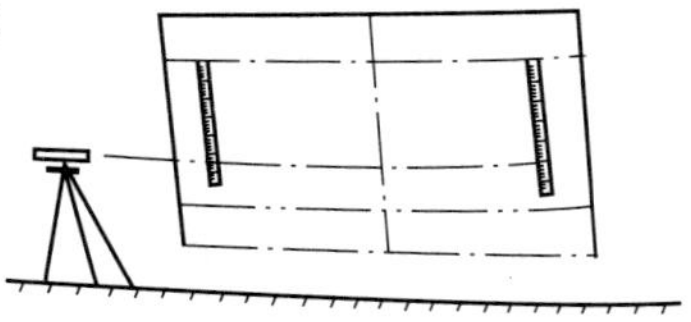		侧面图 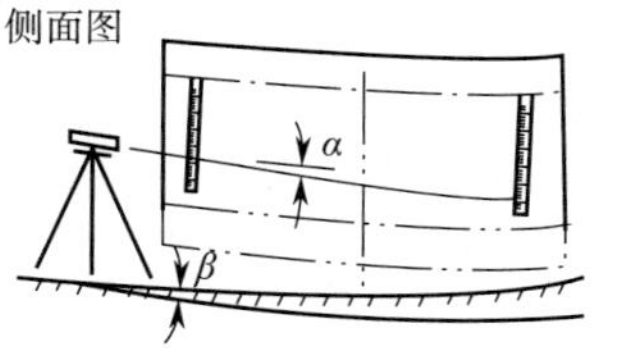
主要内容	工艺说明	施工要求	施工要求
	吊运舷侧分段到船台上	—	—
	舷侧分段定位	1. 舷侧分段的肋骨检验线对准船底对应的肋骨检验线； 2. 甲板理论线处半宽应符合要求； 3. 使水平检验线在同一水平面内； 4. 检查水平检验线高度与理论高度的偏差值	1. 舷侧分段的肋骨检验线对准船底对应的肋骨检验线； 2. 甲板理论线处半宽应符合要求； 3. 使水平检验线与水平线的倾斜度符合龙骨坡度； 4. 检查水平检验线高度与理论高度的偏差值
	分段余量画线和切割，并与相邻分段配合	在进行分段拉拢配合时，应重新定位，使分段全部位置对准正确	在进行分段拉拢配合时，应重新定位，使分段全部位置对准正确
	固定分段以待焊接	—	—

表 8-8　甲板分段的船台装配工艺

船台形式	在水平船台上		在倾斜船台上
草图	侧面图 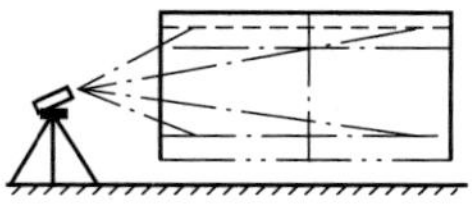	横剖面图 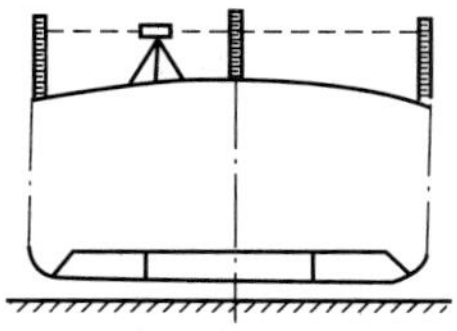	侧面图 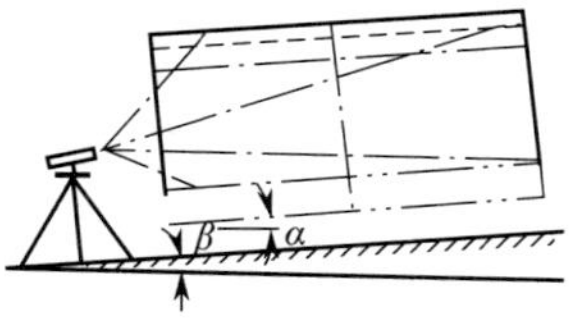
主要内容	工艺说明	施工要求	施工要求
	吊运甲板分段到船台上	—	—
	甲板分段的定位	1. 使甲板中心线对准船底上的中心线； 2. 使甲板肋骨检验线与舷部肋骨检验线相符合； 3. 使甲板边线高度符合舷部甲板理论线高度； 4. 使甲板梁拱符合图纸要求	1. 使甲板中心线对准船底上的中心线； 2. 使甲板肋骨检验线与舷部肋骨检验线相符合； 3. 使甲板边线高度符合舷部甲板理论线高度； 4. 使甲板梁拱符合图纸要求
	分段余量画线和切割，并与相邻分段配合	在进行分段拉拢配合时，应重新定位，使分段全部位置对准正确	在进行分段拉拢配合时，应重新定位，使分段全部位置对准正确
	固定分段以待焊接	—	—

注：若将分段余量切除后再吊上船台，则可取消余量画线、切割及分段二次定位等作业。

1. 分段在船台上的定位

1)一次定位

直接借助该分段在船体中长度、宽度、高度方向所处的位置以及水平检验线四个要素来确定分段在船体中的正确位置。例如双层底分段的定位:使分段上的肋骨检验线对准船台上相应的肋骨线以确定分段沿船长方向的位置;使分段中心线对准船台槽钢中心线以确定宽度方向的位置;以高度标杆为基准确定分段高度方向的位置;测量分段左右水平检验线以确定分段左右水平度。定位完成后再对分段予以固定。

2)二次定位

如果分段带余量上船台进行装配,则往往需要二次定位。以舷侧分段带余量上船台为例,首先,将分段吊上船台,并把该分段的水平检验线对准已装配完毕的前一舷侧分段上的同一水平检验线,画出高度方向上的余量线,移开该舷侧分段并割除余量。其次,再将该分段吊上船台,将分段的肋骨检验线对准底部分段上同一肋骨检验线,画出长度方向上的余量线,移开并切除余量。然后,再将该分段吊上船台,根据肋骨检验线、水平检验线完成分段,最后定位。

2. 确定余量、画余量线、切割余量

1)分段大接头余量的布置原则

在实施精度控制的船厂中,都是采用分段无余量上船台进行装配,即在分段胎架上就将分段大接头的余量切除,然后再吊上船台,这样可取消余量画线、切割及分段二次定位等作业,减轻船台装配作业量和作业难度,缩短船台总装周期。

但是,有些船厂因受技术条件的限制,尚未实施船台装配的精度控制,则分段大接头需要留有余量,在合拢时再进行余量画线和余量切割。这种分段大接头余量的布置原则为:

(1)两个分段对接的大接头边缘只许一边留余量,另一边不留余量,以便在分段安装定位时进行余量画线和切割工作;

(2)基准分段(包括吊装的第一个舷侧分段和甲板分段)横向大接头不留余量;

(3)其余底部分段、舷侧分段、甲板分段均在朝向基准分段的一端留余量,另一端不留余量;

(4)岛式建造法中的嵌补分段两端都留余量;

(5)舷侧分段与底部分段对接的纵向接头,底部分段不留余量,舷侧分段留余量;

(6)舱壁分段与底部连接的下口边缘留余量,其余边缘不留余量;

(7)上层建筑分段纵向大接头下口留余量,横向大接头留余量原则与主体相同;

(8)甲板分段两舷不留余量,但是,当中间甲板的边板划分归舷侧分段时,则甲板分段两侧的纵向大接头应留余量;

(9)总段大接头留余量的原则与底部分段相同。

2)分(总)段余量画线方法

分(总)段余量的画线方法有两种。

(1)叠盖法:如图 8-68(a)所示,以舷侧分段为例,从已装配完成的舷侧分段的合拢缝开始取一段 70~150 mm 的距离,做好标记画出辅助线,将要装配的分段吊上船台进行定位,并将大接头叠盖在已装配的舷侧分段上,从辅助线向反方向量取同样的距离,就能找到合拢焊缝位置,画出余量线并割除余量。

(2)分离法:如图 8-68(b)所示,以底部分段为例,将待合拢的分段吊上船台,并距离已装配的底部分段 30~50 mm，这时量取分段上肋骨检验线与船台上相应的肋骨检验线的距离差，然后从已装配分段的对接缝向待装配分段量取 Δ 的距离，即合拢焊缝位置，画出余量线并割除余量。

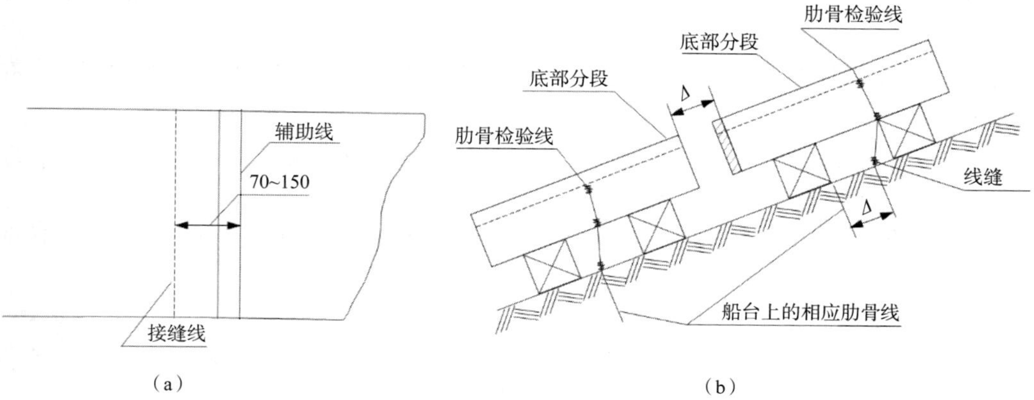

图 8-68　分段余量画线

3. 分段拉拢、对接和定位焊

分段余量切割后，对坡口进行正确加工，然后拉拢分段，进行分段安装位置及接缝间隙的检查，符合定位焊要求后，再进行分段定位焊，安装大接头附近的内部骨架。先对分段内部骨架定位焊，再对外板定位焊。

分段拉拢配合时，底部分段和总段一般采用弹子盘液压千斤顶（图 8-69）支承分段，并用松紧螺旋扣（又称为花篮螺丝）拉拢和定位。其他分段都是用松紧螺旋扣将其拉拢配合的。

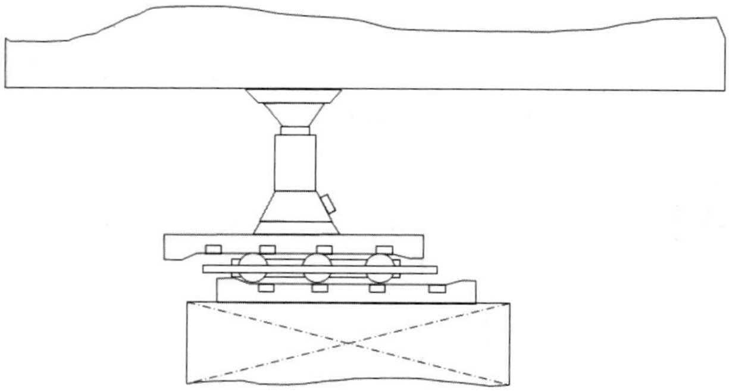

图 8-69　弹子盘液压千斤顶

分段接缝在进行定位焊时，往往会产生骨架与骨架对不准的现象，这时可将一根骨架与板间的定位焊拆去约一档肋距，或将对接的两根骨架与板间的定位焊都拆去，使其借直或借对。

4. 船台装配中的焊接工作

为了防止焊接变形，外板定位焊后应加梳状马，并左右对称地进行焊接。焊接前应装配好若干个分段，以增大船体刚性，使之不易产生焊接变形。焊接时内面先焊，外面封底焊。

分段大接缝的焊接作业是与分段吊装作业平行进行的。这样不仅有利于合理组织船台装配和焊接的生产过程，而且在建造区长度较短的情况下进行施焊，还能减小船体的上翘变形。

为了减小船体焊接总变形，焊接作业应在已形成环形船体段的区域内进行，使之有较强的船体结构刚性，也便于实现对称施焊。

1）分段纵向大接缝的焊接

（1）先焊横向构件间的连接焊缝，如梁肘板与横梁或肋骨，舵肘板与肋骨、肋板或内底边板。

（2）再焊板与板的舱内纵向大接缝，如甲板边板与舷侧顶板、舭部列板与舷侧外板、内底边板与外底板。

（3）三焊骨架与板材的角接焊缝，如肋骨框架与外板、甲板及内底边板在纵向大接缝处的角接焊缝。

（4）最后在外板外表面碳弧气刨开槽后焊接板材纵向大接缝，如甲板与舷侧顶板、舭部列板与舷侧外板。这样便形成了环形总段。

2）总段横向大接缝的焊接

（1）总段环形接缝焊接前，先将总段间的纵向构件的对接焊缝焊完，然后才进行环形接缝焊接，最后焊接内部构件与船体外板、甲板、内底板等的角接焊缝。

（2）环形接缝在十字接头的焊接程序，应先焊纵向焊缝，后焊环形焊缝。

（3）船体外板的对接焊，先焊接有构件一侧的内面焊缝，焊完后，再将外板外表面接缝采用碳弧气刨开槽，吹净焊根，然后进行手工封底焊。内底板和甲板对接焊，如果采用坡口向下，应先采用手工仰焊焊接有坡口一面的焊缝，焊完后采用埋弧自动焊进行平焊封底焊；如果采用坡口向上，正面焊缝采用埋弧自动焊时，应先用手工焊打底。焊完正面焊缝后，用碳弧气刨在反面接缝开槽，吹净焊根，再进行手工封底焊。

（4）焊接总段环形接缝时，应由双数焊工在船的左右同时对称施焊。总段环形接缝的典型焊接程序见图 8-70。

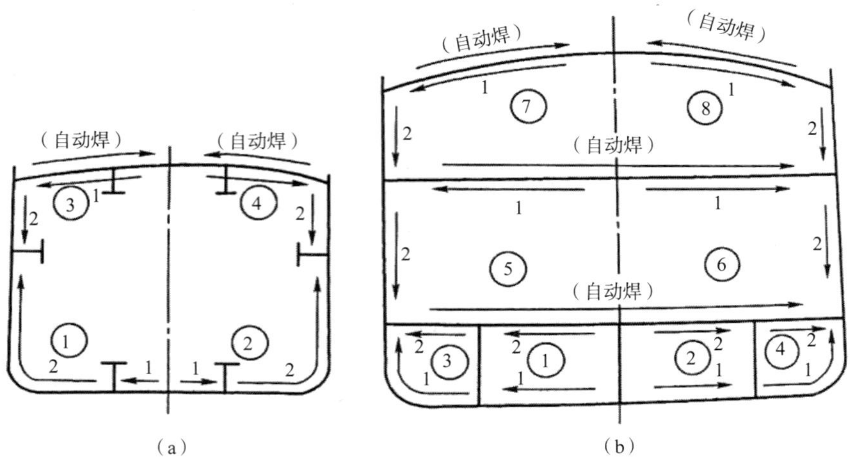

图 8-70　总段环形接缝的焊接程序

5. 上层建筑的安装顺序

前文所述塔式建造法的船台装焊顺序将上层建筑的吊装安排在最后，是以上层建筑整体吊装或上层建筑分段预舾装为前提的。否则，就应该在建造区形成环形船体分段处，立即吊装上层建筑分段，以实现提前舾装。

船厂在船台起重能力允许的情况下，往往会采用整个上层建筑在胎架上建造并舾装好后，再整体吊装上船台合拢的工艺。在起重能力不足或者船厂工艺水平不高时，也可采取上层建筑分层吊装的工艺，其具体程序如下：

（1）在甲板上画出围壁位置线；

（2）将上层建筑分段吊上甲板定位，可借助拉撑螺丝、油泵等工具，对准中心线、肋位线、围壁位置线，并调整左右、水平、前后高度；

（3）根据高度差画出下口余量切割线，割去余量，去除熔渣；

（4）放下分段进行定位焊，最后进行分段接缝的焊接。

龙门吊倒塌事故

2001 年，南方某造船厂一座正在安装的龙门吊轰然倒塌。这起事故不仅造成了 1 亿元的经济损失，还带走了 36 条宝贵的生命，付出了惨重的代价。

当时，施工人员按某公司现场指挥的布置，通过陆侧和江侧卷扬机先后调整刚性腿内、外两侧的两对缆风绳，现场测量员通过经纬仪监测刚性腿顶部的基准靶标志，并通过对讲机指挥两侧卷扬机操作工进行放缆作业。放缆时，先放松陆侧内缆风绳，当刚性腿出现外偏时，通过调松陆侧外缆风绳减小外侧拉力进行修偏，直到恢复原状态。通过 10 余次放松及调整后，陆侧内缆风绳处于完全松弛状态，并已被推出上小车机房顶棚。此后，又使用相同方法和相近的次数，将江侧内缆风绳放松调整为完全松弛状态。当地面人员正要通知上面的工作人员推移江侧内缆风绳时，测量员发现基准标志逐渐外移，并偏离经纬仪观察范围，同时现场人员也发现刚性腿不断地向外侧倾斜，直到刚性腿倾覆，主梁被拉动横向平移并坠落，另一端的塔架也随之倾倒（图 8-71）。

图 8-71　龙门吊倒塌

经过调查,发现事故原因如下。

1. 刚性腿在缆风绳调整过程中受力失衡是造成事故的直接原因

调查小组重点对刚性腿在缆风绳调整过程中受力失衡问题进行了深入分析,认定造成这起事故的直接原因是:在吊装主梁过程中,由于违规指挥、操作,在未采取任何安全保障措施情况下,放松了内侧缆风绳,致使刚性腿向外侧倾倒,并依次拉动主梁、塔架向同一侧倾坠、垮塌。

2. 施工作业中违规指挥是事故的主要原因

电建公司第三分公司的施工现场指挥在发现主梁上小车碰到缆风绳需要更改施工方案时,违反规定,未按程序编制修改书面作业指令和逐级报批,在未采取任何安全保障措施的情况下,下令放松刚性腿内侧的两根缆风绳,导致事故发生。

3. 吊装工程方案不完善、审批把关不严是事故的重要原因

由电建公司第三分公司编制、电建公司批复的吊装工程方案提供的施工阶段结构倾覆稳定验算资料不规范、不齐全;对造船厂 600 t 龙门起重机刚性腿的设计特点,特别是刚性腿顶部外倾 710 mm 后的结构稳定性没有予以充分的重视;对主梁提升到 47.6 m 时,主梁上小车碰刚性腿内侧缆风绳这一可以预见的问题并未予以考虑,在此情况下如何保持刚性腿稳定的这一关键施工过程更无定量的控制要求和操作要领。吊装工程方案及作业指导书编制后,有关人员及单位均未发现存在的上述问题。

4. 施工现场缺乏统一、严格的管理,安全措施不落实是事故伤亡扩大的原因

施工现场组织协调不力。在吊装工程中,施工现场甲、乙、丙三方立体交叉作业,但没有及时形成统一、有效的组织协调机构,对现场进行严格管理。

安全措施不具体、落实不到位。在工程各方参加的"确保主梁、柔性腿吊装安全"的专题安全工作会议上,在制定有关安全措施时,没有针对吊装施工的具体情况由各方进行充分研究并提出全面、系统的安全措施,有关安全要求中既没有对各单位在现场的必要人员做出明确规定,也没有关于现场人员如何进行统一协调管理的条款。

这次事故的最大教训是"以包代管"。为此,在工程的承包中,要坚决杜绝以包代管、包而不管的现象;要严格市场准入制度,对承包单位必须进行严格的资质审查。在多单位承包的工程中,发包单位应当对安全生产工作进行统一协调管理。在工程合同的有关内容中必须对业主及施工各方的安全责任做出明确规定。高等院校教职员工介入工程时,需要全面掌握有关安全规定,提高施工风险意识、自我保护意识。

(资料来源:刘枫. 方案有缺陷,吊装酿惨祸[N]. 中国安全生产报, 2005-11-03(5). 略有改动)

8.6 船体焊接与变形

船舶加工制造业中焊接技术的应用水平和生产效率直接对生产周期以及成本费用、制造质量等产生重要的影响。

1. 焊接工艺基本知识

造船业中以焊接代替铆接如同以钢材代替木材一样,是造船工业的一次划时代变革。自 1921 年世界上出现第一艘全焊结构的船舶(载重量为 500 t)以来,焊接工作者通过大量的实践与研究使船舶焊接工艺得到迅速发展。现在焊接工艺不仅完全代替了铆接,而且形成了较

完整的船舶焊接工艺系统,为造船向自动化、大型化、专业化发展提供了可靠的技术保证。焊接之所以能迅速取代铆接并成为船舶结构最主要的连接方法,是由焊接结构所具有的特点决定的:

(1)可节省大量金属材料;

(2)可改变结构设计;

(3)结构强度高;

(4)焊接结构密封性好;

(5)成本低、经济效益好;

(6)改善生产劳动条件。

船舶焊接工艺具有下列诸多特点。

(1)船舶焊接材料需要严格按照使用范围来确定。对于普通的船体钢结构,要用酸性焊条焊接;而对于船体环形对接焊缝、各种型材和骨材对接缝、机座及其相连接构件、艏艉柱及各种管材和开孔结构等,则要采用低氢型焊条(碱性焊条)或者相同级别的二氧化碳焊丝进行焊接;而对于埋弧自动拼板,需要根据不同的板厚选择不同直径的焊丝焊接。

(2)船舶焊接过程需要遵守相应的规则。总体来讲,船舶焊接要求施工者严格按照焊接规格表进行施工;整体建造部分和箱体分段等应从结构的中央向左右和前后逐个对称地进行焊接;在建造过程中,先焊接对接焊缝,后焊接角焊缝;船体艏、艉外板的对接缝,先焊接横向焊缝,后焊接纵向焊缝;在焊接过程中,先焊接收缩变形量大的焊缝,再焊接变形量小的焊缝。

(3)船舶焊接方法较多,每种焊接方法都有其相应的使用范围(图 8-72)。这些焊接方法主要包括:

①手工电弧焊,主要用于全船不能实现自动焊的位置,包括各种角接焊缝及少量的对接缝和局部困难位置;

②埋弧自动焊,主要用于全船板材的焊接,包括内外底板、舷侧外板、甲板、舱壁板以及上层建筑甲板等;

③气体保护自动焊,主要用于各种型材和骨材及其与平直板材的焊接,包括纵骨与甲板、内外底板、舱壁等的焊接,以及各种平直型材构件的焊接;

④气体保护半自动焊,主要用于非平直板材与骨材和型材间的焊接,包括所有环形大合拢对接焊缝、有线型的角焊、长度和位置不适合进行自动焊的角接焊缝等。

(4)局部需要加强的地方,其焊接要遵守相应的规定。这些规定一般包括:

①各种构件的切口、切角、开孔的两端应按相应长度进行包角焊,各种构件对接接头的两侧应有一段对称的角焊缝;

②组合桁材、强横梁、强肋骨的腹板与面板的角焊接缝在肘板区域内应为双面连续焊;

③骨材端部削斜时,其加强焊长度不小于削斜长度,在肘板范围内应双面连续焊;

④用肘板连接的肋骨、横梁、扶强材的端部的加强焊,在肘板范围内应双面连续焊;

⑤桁材、肋板、强横梁、强肋骨的端部加强焊长度应不小于腹板的高度,纵骨切断处端部的加强焊长度应不小于一个肋距。

(5)特殊部位的焊接,需要遵守特殊的规定。这些特殊规定包括:

①间断焊的角焊缝要求在施焊的部位点焊,不施焊的部位不能乱点焊;

②主机座腹板与面板开 K 形坡口,中间留钝边,左右对称施焊,焊前要打磨清理坡口;

③锚机座、链闸、系缆桩底座、桅杆底座等受力部位的甲板与横梁、纵骨等要采用双面连续角缝；

④中段箱体甲板边板与舷顶列板的角焊缝采用单边开坡口，留钝边，并保证全熔透或深熔焊；

⑤艏、艉甲板与舷侧旁板、艉封板的平角焊缝要等上层舷侧板装好后，焊好对接缝后才施焊。

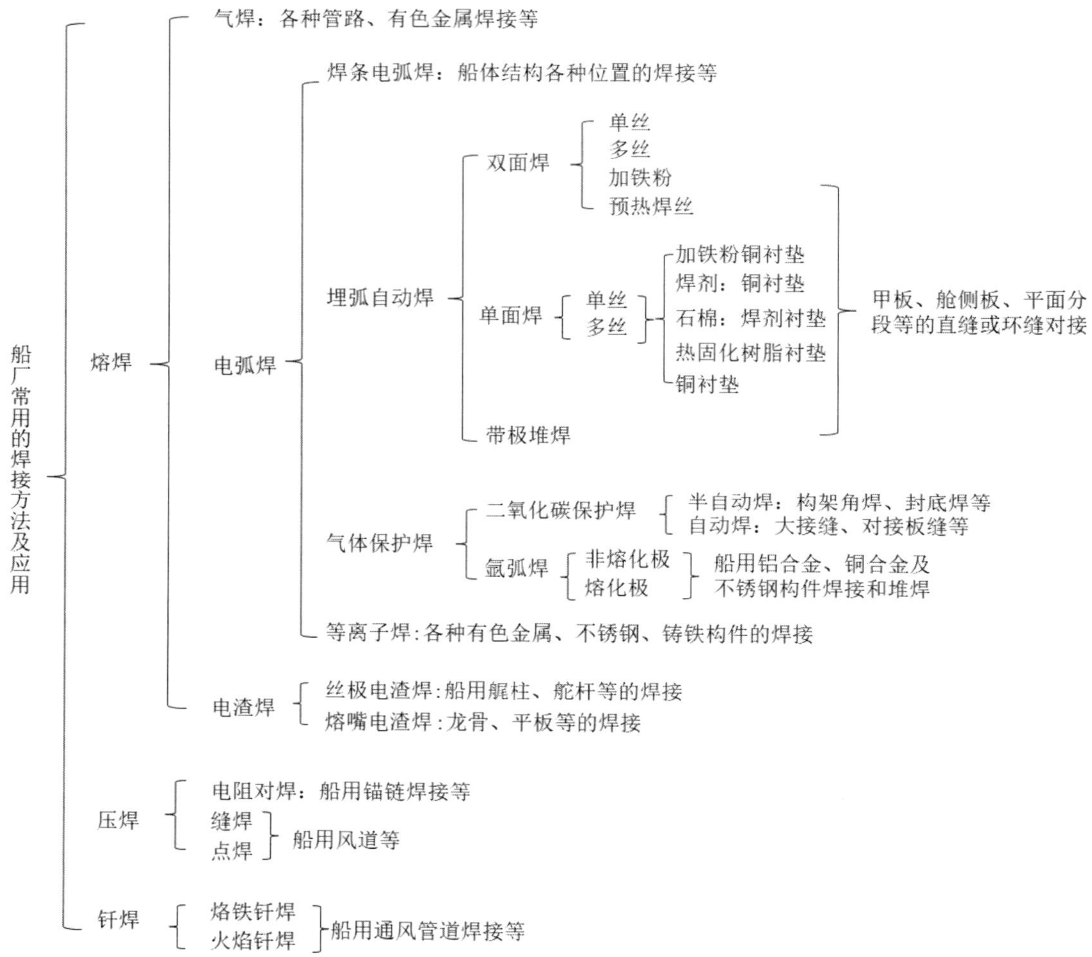

图 8-72　焊接方法

船舶焊接过程中需要注意的事项及要求有以下几项：

（1）要保证焊缝的干燥，在焊缝受潮时要用火焰烘干后才能够施焊；

（2）点焊应尽量选在焊件的端面和背面；

（3）对于不同厚度板的搭接焊缝，两板的搭接宽度应为较薄板厚的三倍左右；

（4）装配间隙应符合工艺规定和图纸要求，焊缝应保证平直；

（5）薄板焊接要注意焊后变形及焊缝成形等不良现象。

除了这些需要注意的事项外,在船舶焊接中还应当满足下列具体要求。

(1)焊接材料有以下几项要求:

①船上使用的焊接材料必须具备相应船级社认可证书,使用前必须是经检验合格的产品;

②点焊、补焊所使用的焊材要与原焊缝所用的焊接材料一致;

③埋弧自动焊的焊剂使用前必须经过烘干方可使用,焊丝必须是干净、无杂物、无锈的合格品;

④使用碱性焊条施焊时,焊条必须放于保温筒中保温,不能露天放置;

⑤使用气体保护焊时,气体纯度应达到要求,使用前应进行放水处理。

(2)焊前预热及焊后热处理要求。以下各项焊接,施焊前必须采取预热措施,预热温度根据板厚确定:铸钢、锻钢之间以及它们与其他结构钢间的焊接;工件刚性过大时;气温过低时;材料碳含量过大时。焊后热处理主要包括局部位置需要去除应力的、加热与冷却速度要求缓慢的构件。

(3)潮湿条件下的焊接要求有以下几项:

①一般强度钢在没有与水直接接触情况下才能焊接;

②应停止雨天露天环境下的焊接施工,除非焊接区域、焊接设备、焊接材料及焊工都有有效遮挡且有防风雨措施时才能施工;

③下雨、冷空气或其他原因使空气湿度大、焊接接头出现潮湿时,必须用火焰将坡口两侧一定范围内和接头间隙之间的水分彻底烘干方可焊接。

(4)焊缝表面的修整要求:从理论上来讲,焊接后焊缝表面应为非磨削面。但是焊缝表面及周围的焊接飞溅应使用工具或尖锤铲除掉。不论角焊缝还是对接焊缝,其表面的不平整度超过一定程度时,应将其打磨至符合要求为止。

(5)焊工资格及施焊要求:从事船舶焊接施工的焊工必须具备相应船舶社认可的相应位置资格证书,并且施工范围不能超出证书规定的工作范围,施工时要求持证上岗,并随时接受验船师的检查。

(6)焊接质量要求:焊缝的外观尺度必须满足焊接规格表的要求;焊缝内部质量按照入级规范的要求进行检查;无损探伤数量、部位及质量等级由验船师与设计部门共同协定。

2. 焊接变形产生的原因及分类

电弧焊是一个不均匀的快速加热和冷却的过程,焊接过程中及焊后,焊接构件都将产生变形。影响焊接变形最根本的因素是焊接过程中的热变形和焊接构件的刚性条件。焊接过程中的热变形受到了构件刚性条件的约束,出现了压缩塑性变形,这就产生了焊接残余变形。

焊接热变形对焊接变形的影响如下。

(1)材料的热物理性能。不同的材料,导热系数、比热和膨胀系数等均不相同,产生的热变形也不相同,所以焊接变形也不相同。

(2)焊缝数量和断面大小。焊缝数量越多,断面尺寸越大,焊接变形越大。

(3)焊缝接头形式。对接焊和角接焊的温度场不同,产生的热变形也不同。通常对接焊变形较大,角接焊变形相对较小。

(4)焊接参数,即焊接电流、电弧电压和焊接速度。线能量越大,焊接变形越大。焊接变形随焊接电流和电弧电压的增大而增大,随焊接速度增大而减小。在这三个参数中,电弧电压的作用明显。因此,低电压高速大电流密度的自动焊变形较小。

(5)施焊方法。连续焊、断续焊的温度场不同,产生的热变形也不同。通常连续焊变形较大,断续焊变形较小。

(6)焊接工艺方法。不同的焊接方法,将产生不同的温度场,形成的热变形也不相同。一般来说自动焊比手工焊加热集中,受热区窄,变形较小。CO_2 气体保护焊焊丝细,电流密度大,加热集中,变形小,比手工焊更适合薄板结构的焊接。

焊接构件刚性条件对焊接变形的影响如下。

(1)构件的尺寸和形状。随着构件刚性的增加,焊接变形变小。

(2)胎夹具的应用。采用胎夹具增加了构件的刚性,从而减小了焊接变形。

(3)装配焊接程序。装配焊接程序能引起构件在不同装配阶段刚性的变化和重心位置的改变,对控制构件的焊接变形有很大的影响。一般来说,焊接构件在拘束小的条件下,焊接变形大;反之,则变形小。

任何焊接结构的焊接变形总是由一些基本类型的焊接变形组成的,船体结构也不例外。焊接变形可分为整体变形和局部变形。

整体变形指的是整个结构形状和尺寸发生的变化。这是由于焊缝在各个方向收缩所引起的。整体变形包括直线变形、弯曲变形、扭曲变形等。直线变形是由于焊缝的纵向和横向收缩,使整个结构的长度缩短、宽度变窄。弯曲和扭曲变形是由于焊缝在结构中布置不当,焊接程序和施焊方向不合理而造成的。通常弯曲变形、扭曲变形与纵向和横向收缩变形相伴发生,使整个结构的尺寸和形状发生变化。

局部变形指的是结构某部分发生的变形,包括角变形和波浪变形。角变形主要是由于温度沿板厚方向分布不均匀和熔化金属沿厚度方向收缩量不一致而引起的,因此一般多发生在中、厚板的对接焊及角接焊中。波浪变形多发生于薄板结构中,是由于纵向和横向的压应力使薄板失去稳定而造成的。有的结构因产生连续的角变形,在外观上形成了波浪形。

图 8-73 为船体结构焊接变形的两个实例。其中,(a)为船底立体分段产生的纵、横向缩短和弯曲变形;(b)为舱壁平面分段产生的波浪变形。

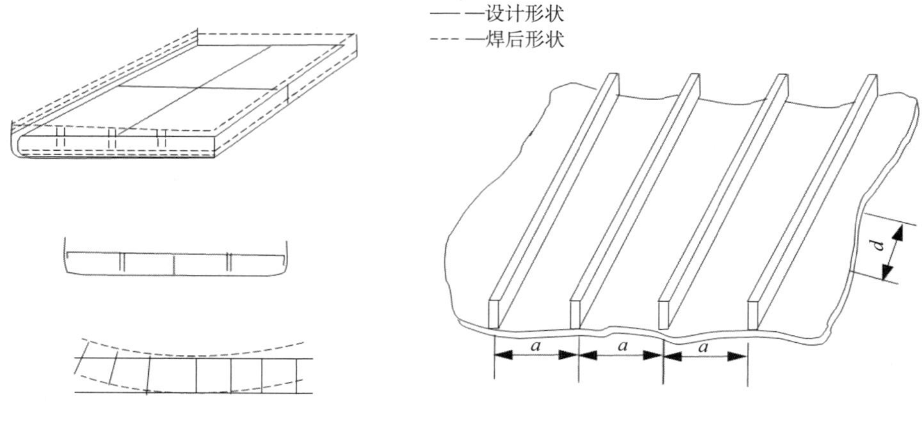

(a)　　(b)

图 8-73　船体结构焊接变形实例

(a)船底分段的变形　(b)舱壁分段的变形

3. 焊接变形的控制与矫正

焊接过程中的热变形和施焊时焊接构件的刚性条件是影响焊接变形的两个主要因素。根据这两个主要因素可以认为焊接变形是不可避免的,即不太可能完全消除焊接变形。控制焊接变形必须从船体结构设计和施工工艺两个方面同时采取措施。

1)从船体结构设计方面采取措施

在船体结构设计上除了要满足船舶的强度和使用性能外,还必须满足造船中焊接变形最小及耗费劳动工时最低的要求。焊接工艺是船体施工中的重要工艺之一,合理的焊接工艺是减小焊接变形和应力集中的有效方法。船体结构不按照焊接工艺特点进行设计,将带来过大的残余变形,削弱船舶强度,影响船舶的使用性能。

在船体结构设计方面,为了控制船体焊接变形,设计院、船厂在设计中采取了各种措施。如将船体分为若干小部件与船体分段,使焊接变形分散在各个部件上,便于船体变形的控制与矫正;使船体焊缝的布置与船体分段剖面中性轴对称或接近剖面中性轴,避免焊接后产生扭曲和过大的弯曲变形;对每一条主要焊缝尽可能选择小的焊接尺寸和短的焊缝;避免焊缝过分集中和交叉布置;尽可能采用宽而长的钢板或能减少焊缝数量的结构形式(如槽形舱壁)等。

2)从船体施工工艺方面采取措施

在施工工艺方面,为了控制船体焊接变形,应做到以下几点。

(1)在无装配应力强制下进行船体装配。

(2)采用埋弧自动焊和其他气体保护焊工艺。

(3)合理选择焊接规范参数和装配焊接顺序。

(4)采用刚性固定法。刚性固定法是船厂施工中常用的一种控制变形的方法,是将构件固定在具有足够刚性的平台或胎架上,待焊接构件上所有焊缝冷却到室温时再去掉刚性固定。这时焊接构件产生的变形将大大小于在自由状态下焊接的变形。船体装配焊接中广泛使用各种形式的刚性固定法,如临时加强筋板、临时点焊加强角铁、分段四周定位焊、船体分段和胎架螺栓连接、各种直线拉马和弧形拉马等。

(5)采用反变形法。反变形法即在船体装配焊接前,预先给船体分段或构件一个反变形值,其大小应等于或大于船体分段焊后变形,但方向相反。利用此法可使船体分段变形消除或最小。如放样时预放反变形量、装配时加放焊缝收缩余量等都属于反变形法范畴。

虽然在船体结构设计和施工工艺上采取措施来控制施工中产生的焊接变形,但由于焊接过程的特点和船体施工工艺的复杂性,在船体建造过程中会不可避免地产生焊接变形,对出现的超过设计要求的焊接变形必须进行矫正。

矫正工艺只限于矫正焊接构件的局部变形,如角变形、弯曲变形、波浪变形等,对于船体结构的整体变形如纵向和横向收缩(总尺寸缩短)只能通过下料或装配时放余量、补偿量来调整。矫正变形的方法有两种,即机械矫正法和火焰矫正法。

(1)机械矫正法。机械矫正法是在室温条件下,对焊接构件施加外力,使构件压缩塑性变形区的金属伸展,减少或消除焊缝区的塑性变形,达到矫正变形的目的。机械矫正法容易引起金属冷作硬化,消耗材料一定数量的塑性储备,因此,只能用于塑性良好的材料,不允许对塑性较差或脆性材料进行机械矫正。实际生产中,机械矫正法的矫正过程可以使用专用的大型油压机、水压机、顶床或人工利用大锤进行矫正。

(2)火焰矫正法。这是利用局部加热与急冷所产生的收缩变形来矫正变形的一种方法,比机械方法简单有效，因而得到广泛应用。但该方法同样要消耗材料的一部分塑性，对脆性材料或塑性差的材料要谨慎使用。加热温度越高、冷却速度越快，效果越好。但要注意控制温度，温度不能过高，以防止对材料性能产生不利影响。加热的方式有点状加热、线状加热、三角形加热等多种方式。从目前的应用情况来看，由于点状加热方式工效低、质量差，已逐渐被线状加热方式所代替。三角形加热面积大，收缩量也大，通常适用于厚度大、刚性大的结构变形矫正。

在矫正薄板结构的变形时，为了提高矫正效果，在火焰加热的同时用水急冷。在一般情况下，这样做对低碳钢和部分低合金钢的性能没有不良影响，但对于厚度较大而又比较重要的构件或者淬硬倾向较大的钢材，不能采用水冷。为了提高矫正效果，在加热过程中可施加外力。采用机械矫正法与火焰矫正法并举的综合矫正变形法，往往可以得到更好的矫正效果。

世界造船界皇冠上的明珠——超级 LNG 船

不经一番寒彻骨，哪得梅花扑鼻香。历经 20 多年，我国大型 LNG 运输船（图 8-74）从无到有、从小到大、从弱到强，走出了一条自主创新的高质量发展之路。其中蕴含的很多艰辛、曲折以及进取精神令人钦佩。虽然我国大型 LNG 船的制造水平与韩国还有一定差距，但无疑进入了世界先进行列，成为在高端造船领域取得重大突破的一个标志。这不仅是新中国造船进程的一道亮丽风景线，也是我国不断迈向造船强国的有力表现。

图 8-74　LNG 运输船

为什么大型液化天然气船这么难造呢？主要有以下几个难点。

（1）储存罐。由于所运货物为 −163 ℃的低温液体，同时装卸时，温度会由 −163 ℃升高到 5 ℃（温差大），这就需要液货舱不仅有可靠的低温绝热性能，还要有耐低温深冷性能。

（2）特殊焊接技术。一般来说，147 210 m^3 的大型液化天然气船全船的殷瓦钢（Invar 钢，不膨胀钢)焊缝长度达到 130 km,大部分殷瓦钢的厚度只有 0.7 mm,所有焊缝不能有丝毫的泄漏。

(3)绝缘箱。需要通过全船安装的二层绝缘箱使液化天然气和船体保持绝缘。在 147 210 m^3 的大型液化天然气船上,需要 1 100 多种不同类型的绝缘箱 55 000 只,箱子的精度必须控制在 0.5 mm 公差范围内。

(4)殷瓦预制件。在大型液化天然气船上约有 400 只殷瓦管和殷瓦三面体, 60 000 只殷瓦小零件,所有这些殷瓦预制件的生产不仅有量的要求,还有严格的精度控制要求。

我国从 1997 年开始研发 LNG 船,采取引进、消化、吸收和自主研发创新的办法,经过艰苦奋斗、攻坚克难,由沪东中华造船(集团)有限公司建造的 14.7 万 m^3 薄膜型 LNG 船“大鹏昊”号于 2008 年成功交付。这是我国建造的第一艘 LNG 运输船,但“大鹏昊”号还没形成自主设计、建造能力。为此,沪东中华造船(集团)有限公司又开启了更加艰难的探索,终于在 2015 年建成了由我国自行设计建造、具有完全自主知识产权的全球首艘 17.2 万 m^3 薄膜型 LNG 船“巴布亚”号。

除了沪东中华造船(集团)有限公司,江南造船(集团)有限责任公司在该领域也有着不俗的成绩,曾建造了全球最大的 30 000 m^3 C 型 LNG 运输船“海洋石油 301”号。另外,上海外高桥集团股份有限公司、大连中远海运重工有限公司、扬子江船业集团、厦船重工、新乐造船集团有限公司、丰顺船舶重工有限公司、惠生海工等船企也加入了对 LNG 运输船的研发,并承接了多艘 LNG 运输船、FLNG 的建造。目前,世界 LNG 运输船建造市场呈中、韩、日三足鼎立的现状。

(资料来源: [1]吕龙德. 我国大型 LNG 运输船研制走过怎样一条路? [J]. 广东造船,2021, 40(4): 14-15. [2]杨震,枫月. 大型液化天然气船——LNG 船,你了解多少? [J]. 世界博览,2020(23):58-61. 略有改动)

8.7　船体建造精度管理

船体建造是根据设计图纸资料,经过放样、号料、加工、装配和焊接等一系列工序完成的。由于船体结构体积和重量大,构件数量多,形状和尺寸规格繁多,加工工序和工艺复杂,加之手工作业量大,因此在整个施工过程中,船体零件、部件、分段、总段和整体主尺度等不可避免地会发生尺寸偏差,其主要根源如下。

(1)放样与号料的偏差:包括双曲度板展开、样板与样箱的制作、比例放样的投影以及号料画线等方面的误差,其差值可达 10 mm。

(2)加工偏差:因钢板剪切、气割、折边等冷热加工造成的偏差。如冷加工误差可达 10 mm,热加工的收缩量约 20 mm。

(3)装配偏差:装配边缘的修割和装配间隙可达 10 mm;分段和总段的累计装配误差为 5~30 mm。

(4)焊接收缩:热影响区收缩因钢板厚度、焊接规范和焊接顺序而异。如一般钢板的对接收缩为 0.3~1.0 mm;每档构架间的填角焊缝其横向收缩为 0.3~0.8 mm。

(5)火工矫正收缩;通常在分段建造完成后进行火工矫正,每档构架间的自由收缩量为 0.3~0.5 mm。

（6）测量误差：常用的测量工具存在一定的误差，如软管水平仪偏差为 2~2.5 mm；弹粉线为 2~3 mm；线锤在 3 m 以下时误差为 1~3 mm。如高度增大，则误差更大。

其他如钢板的不平度以及气候情况等也会带来影响。这种尺寸偏差产生的相关因素太多，要精确求取造船尺寸偏差的余量补偿值是相当困难的。所以，在船体建造中，一般都留有大于余量补偿值的造船工艺余量，装配中经过定位后再切除实际多余的余量，以保证作业顺利和建造质量。但是，这些多余的余量势必造成对尺寸的预修整（在零部件组装前修整准确后再行组装）或现场修整量增大。这些修整工作包括重新测量、画线、切割、装配和矫正等，几乎都是手工作业。据统计，它所消耗的工时约占船体建造总工时的 1/4，因此近几十年来各国都十分注重修整工作的减少和消除，在取得大量生产实践测量数据的基础上，运用数理统计方法，不断研究、制定、修改和完善船体建造公差标准，采用无余量造船方法，以减轻劳动强度，缩短造船周期，即利用公差标准来控制施工精度，利用加放工艺余量来补偿施工变形。

8.7.1 船体建造精度管理的一些基本概念

1. 船体建造精度管理的含义

船体建造精度管理以船体建造精度标准为基本准则，通过科学的管理方法与先进的工艺技术手段，对船体建造进行全过程的尺寸精度分析与控制，以最大限度减少现场修整量，提高工作效率，降低建造成本，保证产品质量。

2. 一些基本概念

（1）基本尺寸：设计给定的尺寸，描绘船体工件几何形态的一种量值，由尺寸、形状和位置三部分组成。对于机械制造，基本尺寸就是设计图纸上标明的公称尺寸。而对于船体建造，基本尺寸是指经船体型线放样后在工作图（施工图）上给定的尺寸。

（2）实际尺寸：工件完工后，通过检测得到的尺寸，由于存在检测误差，所以实际尺寸也并非反映尺寸的真值。

（3）尺寸偏差：工件完工的实际尺寸与其基本尺寸的代数差。实际测量结果表明，在正常生产条件下制造一批同类型零部件或分（总）段时，虽有同一公称尺寸，但其实际尺寸的测量结果却不一样，这种现象称为误差分布，用零、部件或分（总）段的最大与最小实际测量尺寸之差来表示，它表明了尺寸偏差的变化范围。船体建造中常见的偏差（误差）有随机性误差、系统误差。

（4）随机性误差（也称偶然性偏差）：指在相同条件下随机测量一批同类型工件时出现的误差。这种误差是各种生产因素的综合结果，具有一定的数值范围并集中分布于某个误差分布中心附近，且服从概率统计规律，可以作为控制尺寸的依据。

（5）系统误差（也称规律性偏差）：指在同一施工条件下，工件在制造时尺寸发生有规律的偏差，这种偏差的发生规律可以用理论计算和实验确定，并可用补偿措施加以消除。

（6）尺寸精度：船体建造中主要是指尺寸的准确度，另外还表达船体工件在各个工艺阶段有效配合的程度。精度的高低取决于施工方法、工艺过程的机械化和自动化程度、工装设备的类型与质量、技术和管理水平以及检测工具与测量方法等。

（7）尺寸公差：工件尺寸允许的变动量作为船体建造公差，既要满足船舶设计的性能要求，又要满足建造过程中工件组装式的有效配合，并用以控制船体建造各道工序的质量。

（8）补偿量：补偿构件在各工序中所产生的尺寸偏差规律而留的一定尺寸裕度。补偿量是在可认识的规律性偏差基础上制定的，可细分为加工、分段装配、船台装配以及焊接变形等补偿。

（9）修整量：完成修整作业的工作量，指在船体建造过程中，工件的实际尺寸不满足公差（包括装配公差）要求，所进行的画线、切割、焊补、几何形状的矫正和二次定位等工作。修整作业可分为现场修整和预修整两类。修整工作包括重新测量、画线、切割、装配和矫正等，几乎都是手工作业。

3. 船体构件余量

船体构件余量是指为补偿构件在各工序中所产生的误差而留的尺寸裕度。船体构件余量可分为总段余量、分段余量、部件余量、零件余量和其他要求余量等。

1）总段余量

总段余量用以保证总段组成船体后的主尺度，具体数值可根据船体主尺度公差、船台装配反变形值以及焊接和火工矫正收缩量确定。除特殊要求外，各总段余量值力求统一，以便施工。一般在总段对接处放 50 mm 左右余量。

2）分段余量

分段余量用来保证分段合成总段后的尺度。其数值按分段和总段制造公差、总段反变形值以及焊接和火工矫正收缩量确定。一般平直分段四周约放 30 mm 余量；底部与舷部等分段对接处，按线型情况确定，较平直的放 30 mm 余量，变化较大的放 50 mm 余量。

3）部件余量

部件余量用来保证部件在装配焊接后，经过矫正仍能保持应有尺寸。其数值要使部件安装于分段或总段时能良好配合，而部件在分段或总段对接缝处的余量值，应与分段或总段余量一致。

4）零件余量

零件余量用来保证零件加工后的正确尺寸，以满足各装配阶段的需要。除应保证其装配成部件或分段所需的余量外，还应考虑零件安装于分段或总段时对接缝处的余量以及冷热加工的影响。例如位于总段对接缝处的零件，其余量值应为：零件余量≥部件余量≥分段余量≥总段余量。

因此，零件余量是整个船体结构余量的基础。

5）其他要求余量

其他要求余量为满足设计或工艺的特殊需要而设，应在图纸或工艺文件中专门标出。

确定船体构件余量是个较复杂的问题，例如大小和结构不同的船舶，焊后变形不同；船厂的设备、操作条件与习惯又有差别，故不能简单地规定余量，而必须通过实际工作中积累的经验来确定。但是，设置余量毕竟是一种事后补救措施。余量留得少，不足以满足弥补的要求；留得多则浪费大。而且，留有余量的构件，在现场配合定位后，需要经过重新测量、画线、切割等修正工序，这些修正作业基本上都是手工操作。据统计，修正作业的工时占船体建造总工时的 1/10~1/6，而因为余量造成钢材的浪费达船体钢材需要量的 2%~5%。

因此，为了提高造船的质量和效率，必须制定最佳的工艺余量和建造公差，即在船体建造的一系列工序中确定必需的最小余量和合理的最大公差，以确保船体构件的尺寸精度。

船台装配俗称“大合拢”，是船体结构整体装配的工艺阶段。在船体建造中，船台装配是一道技术性强、质量要求高的关键工序。长期以来，世界各国的一些船厂一直采用在分段一端放 20~50 mm 的余量，吊上船台后定位（两次）、画线、切割、合拢的工艺。船台装配工艺费时最多、劳动强度最大、工作环境最差，它对船台周期和船体建造质量有着很大的影响。因此，世界各船厂都在积极探索、寻求一种既省时又省力的船台装配工艺。船台无余量装配（分段无余量上船台合拢）工艺就是在这种寻求探索中发展起来的。

分段的预修整工艺对于分段法造船（无论在坞内合拢还是水上合拢）具有很重要的意义。船台无余量装配工艺相对于原来带余量合拢两次定位工艺的优点是很明显的。船台无余量装配工艺的优点可以具体归纳为如下两方面。

（1）保证船体建造质量。推行船台无余量装配工艺有利于控制船体分段合拢的尺寸精度，对保证船体建造质量起到重要作用。

（2）节省工时、缩短船体建造周期。推行船台无余量装配工艺能较大幅度地减少船台吊装作业时间和船台装配中的现场修整作业。船台吊装及现场修整作业工时的减少，会大幅度提高船台装配工效，从而大大地缩短船体建造周期。

8.7.2 船体建造精度标准与管理

1. 船体建造精度标准的内容

船体建造精度标准一般分为“标准范围”和“允许极限”两级，其主要内容包括：对钢材表面缺陷的规定；放样、画线和号料的精度；零部件制造的精度；分段制造的精度；船台合拢精度；焊缝质量及外形质量等。

施工误差的变化与施工条件和施工方法的变化密切相关。如果企业管理落后，施工条件和施工方法便可以随意改变，想通过调查统计手段找出施工误差的规律性，并对其进行定量分析就变得极为困难，更不可能通过对影响施工误差的各种因素进行分析，找出影响施工误差的主要因素，据此研究提高施工精度的工艺方法。所以，从某种意义上说，实现企业管理（包括生产计划管理、工艺技术管理和产品质量管理）科学化，生产工艺过程标准化，使船体建造生产处于相对稳定的状态，是研究施工误差规律性和贯彻船体建造精度标准的前提。

2. 船体建造精度管理的内容

船体建造精度管理的理论基础是数理统计、尺寸链理论；技术核心是尺寸补偿量的加放，以补偿量替代余量；管理的内容是健全精度保证体系、建立精度管理制度、完善精度检测手段和方法、提出精度控制目标、确定精度计划、制定预防尺寸偏差的工艺措施等。

船体建造精度管理的目的是，根据造船的最终质量要求，应用统计分析的原理和方法，制定出各工序中每个零件、部件、分段直至总段的最合理的公差，以控制和掌握零件与分段的尺寸精度，保证制造精度均在公差范围以内。

3. 船体建造精度管理的特点

船体建造精度管理需要控制和掌握零件与分段的尺寸精度，保证制造精度均在公差范围以内。相对于机械制造上的精度管理来说，船体建造精度管理还有其自身的一些特点：

（1）船体建造周期长、工序多，建造过程中的累积误差大；

（2）由于工件大，其形状尺寸所允许的误差绝对值虽然比机械制造中工件的大，但其相对值却很小；

（3）船体建造过程中的变形情况要比机械制造复杂，要掌握由切割、冷热加工、焊接、矫形以及吊运等所引起的弹塑性与热塑性变形的规律较困难；

（4）工件在制造过程中的手工作业量要比机械制造大得多，且有很大一部分工件是在高空室外相互交叉、冷热加工相互交叉、各种工序相互交叉的施工环境中进行，工件完工后的误差难以控制。

4. 造船精度管理的关联技术

精度管理是一项系统工程，其包括建立和健全精度管理体系和精度管理制度、完善精度检测手段与方法、提出精度控制目标、确定精度计划、制定精度标准、事先提出预防尺寸偏差的工艺技术措施和精度超差后的处理措施等。因此，造船精度管理势必成为一门交叉学科，涉及多方面的工艺和技术，其相关联的技术有数字信息技术、船舶设计技术、装配搭载技术、焊接技术、切割技术、成形及矫正技术、测量技术等各个方面。

1）数字信息技术

实施船舶精度管理的企业应配置船体三维设计软件、精度数据处理软件、有限元强度计算软件。TRIBON、SPD 等船舶设计软件，能够在船体零件模型上进行余量、补偿量加放，实现计算机三维建模、放样和检查。精度数据处理软件用于船体精度测量数据的处理，从而修正精度补偿量的数值，实现持续改进。有限元强度计算软件用于刚性不足的船体分段、总段在搁置、吊运时的受力分析，根据分析结果改进吊运和搁置加强方案，避免船体分段、总段的变形超差。产品数据库技术和无线网络技术能方便和加快船体精度测量数据的统计、分析和处理。

2）船舶设计技术

船舶设计技术中型线的简化、结构工艺、船体分段（总段）划分技术、船体外板排板技术和零件套料技术等都与船体精度直接相关，这些技术在应用时都要兼顾考虑对船体精度的影响。

3）装配搭载技术

装配搭载技术是指船体零件、部件和分段（总段）的装配搭载工艺和工装技术，强调装配搭载效率和质量，装配质量与船体精度关系密切。当前的装配搭载技术随着吊运技术和工装设备的快速发展有了长足的进步，如船体搭载采用扩大总组和巨型总段建造等技术。

4）切割技术

钢板切割技术发展迅速，数控等离子切割和高精度门式切割已取代原来的手工切割，较高的切割精度满足了造船精度的要求。

5）焊接技术

从控制焊接变形方面来看，船体分段的焊接顺序、焊接方式对焊接变形影响很大，采用正确的焊接顺序、焊接方式可以减少船体结构的焊接变形，从而保证船体建造精度。

6）成形及矫正技术

成形及矫正技术包括热加工和冷加工技术。消除船体分段焊接应力的火工矫正技术非常重要，可以减小焊接应力和变形，保证船体的建造精度。从冷加工技术来看，不少船体零件都需要冷弯成形加工，曲型船体零件精度决定了船体线型精度。

7）船体精度测量技术

船体精度测量技术的发展是造船精度管理技术发展的直接推动力。船体精度测量技术和手段从直尺、卷尺发展到激光经纬仪、全站仪等激光数字三维测量技术，测量的精度和方便性都有了很大的提高，大大提高了造船精度控制水平。

5. 船体建造精度管理的实施

我国从 20 世纪 70 年代初期就开始了对船体建造精度管理技术的研究和实践，国内各大船厂均不同程度地取得了一些成果和经验。精度管理的实施，在生产技术上是为了减少装配工序的现场修正，缩短建造周期，提高造船生产效率；在质量上则是通过提高精度使生产稳定，以确保造船质量。在工艺技术方面，船体建造精度管理经历了以下三个发展阶段。

（1）分段上船台前进行修正以适应船台装配的尺寸精度要求（分段无余量上船台装配）。

（2）平直分段进行建造全过程的尺寸精度控制与曲面分段进行预修正后上船台相结合。

（3）对全船所有分段进行建造全过程的尺寸精度控制。

目前，国内船体建造精度管理水平已经基本上达到内部构件无余量号料、全船分（总）段无余量上船台合拢，但实现全船建造全过程的尺寸精度管理还需一定的时间。

实施造船精度管理必须做好下列各项基础工作，船体建造精度管理的工作流程如图 8-75 所示。

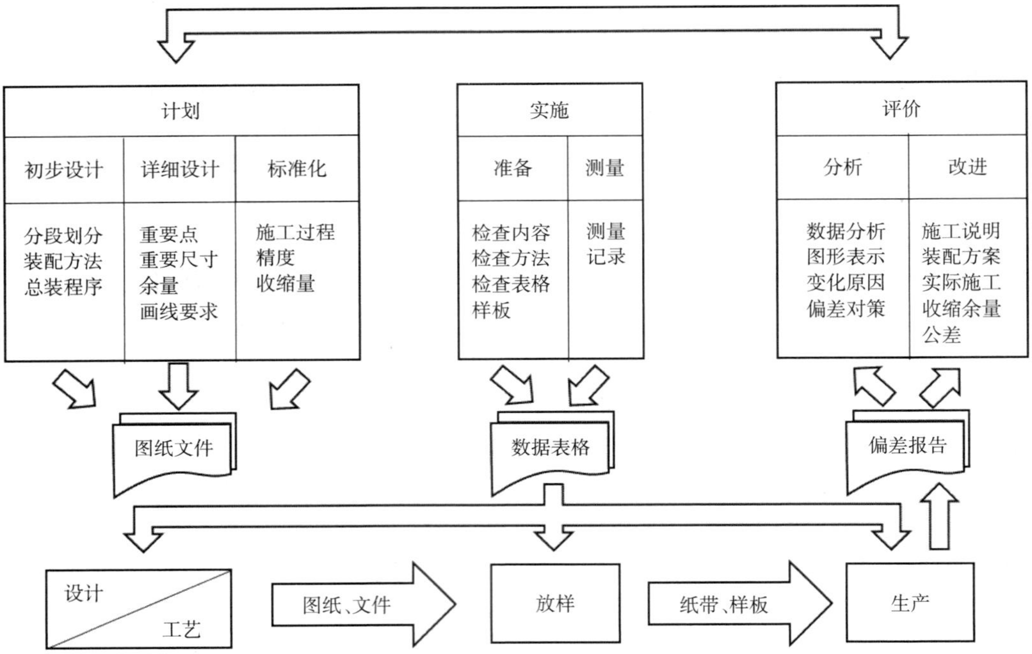

图 8-75 船体建造精度管理工作流程

（1）检定加工设备的精度。根据设备的不同精度，合理使用和编制零件的加工工艺，保证零件的加工质量。

（2）检定和统一检测量具的精度，以保证尺寸的正确传递，减小测量误差，提高精度。

（3）测定气割割缝值，以确定零件切割割缝的补偿值，保证零件的切割尺寸精度。

（4）测量各种焊接变形，掌握各种收缩变形的规律，计算焊接的系统补偿值。

（5）测量热弯成形外板的变形，以便掌握热变形规律，计算加工补偿值。

（6）编制各种工艺文件和标准。以船体结构焊接操作规程和焊接标准为例，有焊接材料（如焊条、焊丝、焊剂等）标准；焊接接头标准；焊缝间隙、尺寸标准；焊缝外表面质量标准；焊缝射线探伤标准;焊缝超声波探伤标准;焊缝缺陷修补标准;手工焊操作规程;埋弧半自动焊操作规程;埋弧单面自动焊操作规程;埋弧单面焊双面成形自动焊操作规程;船体结构部件焊接操作规程;船体分段焊接操作规程;船台大接头焊接操作规程等。

(7)建立各种必要的规章制度,以提高工作效率和保证产品质量。

(8)加强技术培训和教育工作,不断提高操作者、管理人员的专业技术和业务水平。

应在船厂建立健全精度管理体制,施工中严格遵守工艺规程,研究和确定精度检测范围与标准,发展检测技术,积累大量准确的实测数据,并加以分析与整理,对施工方法做出评价。另外,在设计和生产准备过程中需注意改进船体结构设计,完善施工工艺,促进生产过程机械化,以稳定和提高精度。

8.8　密性试验

在船体建造完毕或船体某一区域内的装配、焊接及火工矫正等工作全部结束后,即可进行相应船体部位的密性试验。

密性试验的目的是检查外板、舱壁等的焊缝有无渗漏现象,以保证船舶的航行安全;通过密性试验,还可分析焊接缺陷产生的原因,为某些工序提供改进意见。其次,对于船舶设计上要求做强度试验的船体结构,还具有检验其在静载荷作用下船体结构强度的作用。

需要做密性试验的船体结构主要分为以下两大类。

(1)在船舶运营过程中装载液体的舱柜,除底部、舷侧的燃油舱和水舱外,还有艏尖舱、艉尖舱和海底阀箱等。

(2)所有其他不储存液体但要求具有密性的舱柜。

密性试验的条件如下。

(1)船体舱壁甲板以下及船舶下水后无法进行检验和修补缺陷的部位,应在下水前进行密性试验。个别特殊部位可允许例外。

(2)试验前应先检查受试舱室的完工程度,完工内容包括以下几点。

①结构的装配和焊接工作全部完成,焊缝经检查合格,不合格的焊缝已经返修并使之符合要求。

②舱内人孔盖的安装。

③舱内钢质直梯的安装。

④舱口围板、支柱及水密舱口盖的安装。

⑤伸入舱内的通风管主体的安装。

⑥位于舱室密性构件上的属具、座架、管子法兰等的安装。

⑦平台、甲板和舱壁上木板紧固螺钉的安装。

⑧火工矫正。

⑨装配“马脚”的清除、焊补。

若以上某项工作必须在密性试验后才能完成,则位于该部分的船体应按规定标准进行补充试验。

(3)具有覆盖的钢质甲板和围壁,应在其覆盖安装前进行试验。

(4)密性试验可在分段完工后进行,即分段密性试验;也可在某个舱室的工程完工后进行,即单个舱室密性试验。

(5)试验部位的焊缝,在试验前不应涂油漆、水泥、沥青或其他涂料。对于长期暴露在大气中受到侵蚀的部位,除接缝本身及其附近区域外,允许涂保养底漆。

(6)试验部位的焊缝应清除焊渣、油污、锈蚀等,并保持清洁。

密性试验常用的方法有水压试验、冲水试验、气压试验、冲气试验、煤油试验和油雾试验等。近年来,还出现了适应分段预舾装要求的负压试验、超声波和X光射线等无损探伤试验。

1. 水压试验

水压试验是各国船级社认可的密性试验方法之一,即逐舱灌水并在舱外观察焊缝处有无渗漏现象。其技术要求如下。

(1)试验压头必须满足规范要求,见表8-9。

(2)试验时,当外界气温低于0 ℃时,则应采取加热措施,使试验介质温度保持在5 ℃。

(3)试验时,水压达到规定值并在10 min内保持水位稳定后,才能进行渗漏检查。若经1 h后,水面无下降现象,且未发现漏水或水滴渗漏等情况,则认定为合格。

表8-9 水压试验要求

序号	试验部分		试验压头要求
1	艏、艉尖舱,双层底舱,底边舱(作水舱时)		至空气管顶高度
2	做空舱用的尖舱		至满载水线高度
3	深舱、燃油舱、顶边舱		至舱顶以上2.4 m或溢流管高度,取较大者
4	液货舱		至舱顶以上2.4 m高度
5	隔离空舱		至舱顶以上2.4 m高度
6	泵舱		至满载水线高度
7	海底阀箱	无吹洗设备	至干舷甲板以上1 m高度
		有吹洗设备	至干舷甲板以上2.4 m高度
8	舵、导流管		至顶板以上2.4 m高度(舵叶可横放)
9	舱壁水密门		至干舷甲板高度,可于安装前试验

水压试验同时可达到强度检验的目的,且其渗漏效应比较直观,因而安全可靠,一般船厂均积累了较为丰富的实践经验。但水压试验必须在舱室完整的情况下才能进行,通常在船台上或船坞内作业,因此会受脚手架、照明、天气、温度和湿度等因素影响;舱室注水需增加对船体附加墩木、临时支撑等的辅助作业;相邻舱室要交叉注水,而每一舱室的注水和排水消耗很长时间,使舱室内不能进行其他工作;舱室注水后,若发现严重的渗漏缺陷,必须排水修复缺陷后,重新注水检查;试验完毕排水后,在骨架之间留有不易排净的积水会增加焊缝的锈蚀。所以,水压试验适用于新设计的新型船舶需要做强度试验的舱室,此时密性试验和强度试验共同完成,一举两得。水压试验作为单纯的密性试验,船厂普遍用得越来越少了。

2. 冲水试验

冲水试验也是各国船级社认可的密性试验方法之一,即在板缝一侧冲水,在另一侧观察焊缝处有无渗漏现象。其技术条件为:

（1）冲水软管喷嘴处的最小压力应至少等于 2×10^5 Pa；

（2）喷嘴内径应不小于 12 mm；

（3）距接头的垂直距离应不大于 1.5 m。

冲水试验主要用于水密门和窗、舱盖、舷侧板、甲板、轴隧、舱壁、甲板室顶的露天部分和外围壁等水密构件的密性试验。由于冲水使大量自来水流失，造成船舶及船台上的环境污染，不利于文明生产，近年来逐渐被冲气、油雾试验所代替。

3. 气压试验

气压试验同样是各国船级社认可的密性试验方法之一，即密封试验舱并充以一定压力的压缩空气（通过压力调节器或减压阀充入），在焊缝另一面涂以起泡剂（肥皂液），观察有无渗漏起泡现象。其技术要求如下。

（1）板厚大于 6 mm 的试验构件，只要强度许可，可用气压试验代替水压试验。

（2）试验时，应在试验构件上安装两只压力表和一只安全阀，试验压力不小于 1.5×10^4 Pa，时间不少于 1 h。1 h 后气压下降小于试验压力的 5%，且焊缝检查面上未出现气泡（在涂肥皂液后），则认为试验结果合格。

气压试验与水压试验相比，可以大大简化密性试验过程，降低成本，节省时间，效果可靠。但一定要在舱室完整的情况下进行，试验前要对船体结构最弱部分的受力情况进行核算，并采取限压及安全装置，以避免试验压力过高而发生舱室破损事故；查漏时，需涂起泡剂（肥皂液），注意不能遗漏；当外界气温低于 0℃时，应将肥皂液加热后使用，或采用不冻溶液。

4. 煤油试验

煤油试验是各国船级社认可的密性试验方法之一，即在焊缝的一侧先涂上白粉，然后在另一侧涂上煤油，过一定时间后观察白粉上有无油渍。其技术条件如下。

（1）试验前，焊缝反面涂上宽度 40~50 mm 的白粉溶液，待干燥后方可检查。

（2）船体结构中煤油试验的作用时间应符合表 8-10 的规定，试验时周围气温低于 0 ℃或焊缝为双面焊时，煤油作用时间应比表 8-10 所列的规定时间增加一倍。

（3）焊缝厚度在 6 mm 以下时，应在涂煤油后立即进行一次检查，并按表 8-10 中的规定时间进行第二次检查；焊缝厚度在 6 mm 以上者应在涂煤油 10 min 后进行第一次检查，并按表 8-10 中的规定时间进行第二次检查。

表 8-10　煤油试验时间

焊缝高（mm）	温度在 0 ℃以上时经受煤油作用时间（min）			
	水平焊缝		垂直焊缝	
	油密	水密	油密	水密
<6	40	20	60	30
6~25	60	30	90	45
>25	90	45	120	60

（4）在白粉层上不出现煤油痕迹为合格。

煤油试验，在试验前要做充分的准备工作，试验时间较长，试验后还需清除白粉，试验工作较为烦琐。大面积采用显然不经济，所以煤油试验多用于中、小型船舶和焊缝的二次检验。

各国的造船规范对密性试验几乎都有一条相同的规定，即“在船体未经密性试验之前，不应对水密焊缝进行涂刷油漆或敷设绝缘材料”。这条规定对船厂采用分段建造工艺造成很大影响，即当分段（或总段）装焊完工除锈后进行涂漆时，要将水密焊缝（自动焊焊缝可例外）处留出，或用胶纸覆盖，待船台合拢直到结束密性试验后，再进行手工除锈、涂漆。这样既影响涂装效率，费时费工，又难保证水密焊缝处的除锈、涂装质量。而且，如前所述，密性试验全部在船台上进行，还会受脚手架、照明、天气、温度和湿度等的影响，直接影响着造船周期和建造成本。为了解决这一问题，近年来国内外船厂不断寻求新的密性试验方法，在分段建造中就对水密焊缝进行密性试验。例如，日本一些船厂采用负压密性试验法以及用空气检验的密性试验法，对水密焊缝进行密性试验，再进行分段除锈、涂漆工作，仅在分段大接头处留出一定宽度（一般为 200 mm 左右）不涂油漆。分段上船台大合拢后，仅进行大接头处的密性试验。这样，分段上的涂装效率就可以大大提高，而且分段上船台合拢后省掉大量除锈、涂装工时，船台密性试验范围大幅度减少，对缩短船台周期极为有利。

5. 冲气试验

冲气试验是在焊缝的一侧冲气，在另一面涂上起泡剂（肥皂液），若发现起泡，即表明该处焊缝存在缺陷。我国规范规定：冲气试验用的气压不应低于 0.4~0.5 MPa，气流应直冲焊缝，空气软管末端应有喷嘴，喷嘴离焊缝不大于 100 mm，要求同一段焊缝两面均冲气和涂肥皂液，以保证试验质量。同时规定：只有短而直的焊缝方可用冲气试验代替冲水试验。实践证明，冲气试验检查焊缝缺陷的敏感性胜过煤油试验，特别是对检查水密舱壁纵骨穿过处的补板焊缝较为敏感，有其独到之处。冲气试验的技术条件可归纳如下。

（1）冲气前用测压表检查压缩空气管内的气压，必须大于或等于 0.5 MPa。

（2）冲气时，喷口距焊缝应为 50~100 mm；喷管必须反复来回五次以上，逐段冲气，反面涂起泡剂（肥皂液），涂起泡剂者必须与冲气者协调一致，并仔细检查焊缝上是否有气泡产生，起泡处作标记，以便修整。

（3）肥皂液应有适当浓度，即 20℃时，表面张力系数为 40×10^{-2} N/m。

（4）如气温低于 0 ℃，则应采取适当防冻措施后方可进行冲气。

6. 油雾试验

油雾试验是用煤油和压缩空气通过喷雾装置产生具有一定压力的油雾，利用压力油雾的强渗透作用检查焊缝是否渗漏。试验时，将油雾喷射到被试验焊缝处，在焊缝反面检查是否有煤油渗出。该试验操作简便，试验效果比冲水试验和煤油试验好，可以像冲水试验那样应用于分段建造中。油雾试验的技术条件如下。

（1）焊缝油雾密性试验所用的煤油须经过滤清除杂质。

（2）焊缝在试验前除去水渍、油漆、焊渣及其他覆盖物。

（3）喷油嘴口径不大于 16 mm，喷嘴距离焊缝 50~100 mm，喷嘴移动速度为 5~10 m/min。

（4）管路中压缩空气的压力不小于 0.3 MPa。

（5）喷油后 3~5 min（气温在 20℃以上）或 10~15 min（气温在 20℃以下），在焊缝另一面检查有无渗漏现象。

综上所述，建造中、大型船舶时，船体的密性试验最好能在内场或平台上趁分段制造完时进行。可选择冲气试验、油雾试验和煤油试验等方法；在船台上只进行大接头部位的密性试验，双层底或艏、艉尖舱区域可采用气压试验（当建造批量生产的第一艘船时，应采用水压试验），舷侧板、甲板区域及水密舱壁可采用油雾试验。船体密性试验的提前，可以将大部分在船台上或船坞内进行的难度较大的密性试验作业，移到分段装配阶段进行，大幅度地减少船台密性试验范围，对缩短船台周期极为有利；其次，由于密性试验在工作条件良好的内场或平台上进行，所以能提高密性试验的质量，减轻劳动强度；另外，在分段装配过程中已完成密性试验的地方可立即进行舱室涂装，所以能提高舱室的涂装质量，同时可以提高涂装工作的生产效率。

LNG 船围护系统的突破

LNG 船是海上远洋运输超低温液化天然气的专用船舶。这种船舶都配备了专门的货物围护系统（Cargo Containment System，CCS），作为一种液舱保护措施承装超低温液货。国际海事组织（IMO）的《国际散装运输液化气体船舶构造和设备规则》（IGC Code）对其进行了严格的规定与种类划分。从 1959 年，Methane Pioneer 号成功地进行了世界上第一次液化天然气海上运输，直到 1965 年至 1970 年间，国际天然气航运市场确立了主流的三种 LNG 罐的储存形式，即球罐型（Moss）、薄膜型（GTT）和 SPB 型（前身为 Conch 型）。

LNG 船的货物围护系统的主要功能是贮藏温度为-163 ℃的液态 LNG，主要作用如下。

（1）完全致密的金属薄膜确保 LNG 无泄漏。

（2）良好的绝热绝缘能力，避免船体被冷却而失去强度和韧性。

液货舱由主次两层绝热绝缘层和相应的两道保护薄膜组成，绝缘层由多个绝缘箱构成，保护薄膜为被称为“不变钢”的殷瓦（Invar）材料。主次绝缘层起有效的隔热作用，以在运输途中保持舱内货物的温度。在正常装载时加入氮气以确保安全。另外，还有一个液体穹顶和一个气体穹顶，分别用于 LNG 货物的装卸和挥发气体的回收利用。图 8-76 所示为双体罐样式液货舱。

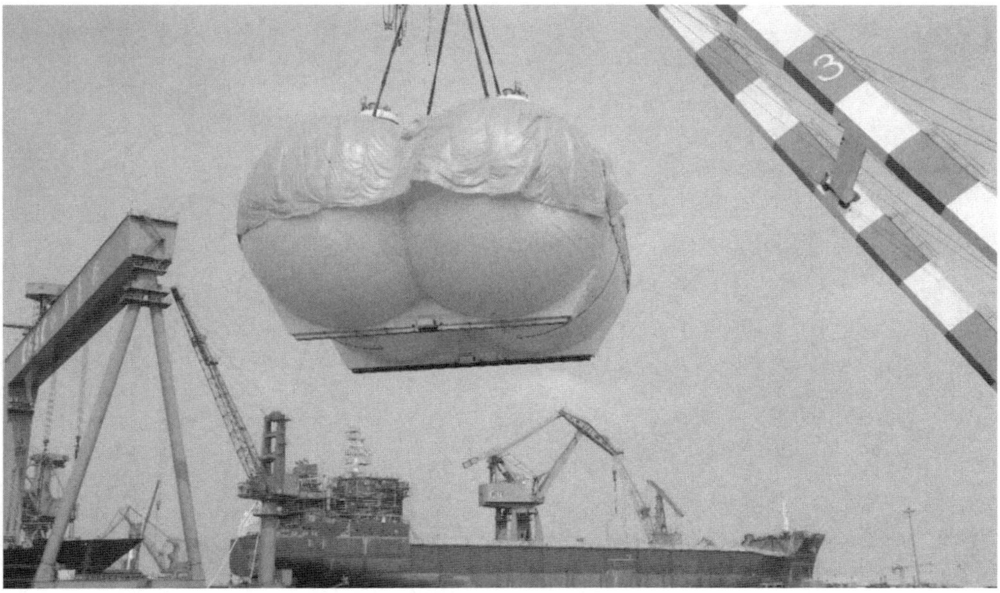

图 8-76　双体罐样式液货舱

全球 LNG 船建造水平最高的韩国大宇等船企，围护系统密性试验平均漏点在 7~8 个，而我国沪东中华造船（集团）有限公司的 LNG 船攻关团队将工匠精神落实到每个细节，平均漏点只有 2~3 个，多次实现无漏点，创造了世界第一。优秀的围护系统使得 LNG 船减少了大量维修费用，受到船东们的一致好评。

挥发率更低、运营成本更优的 MARK Ⅲ型薄膜围护系统燃料舱越来越受到船东青睐。由于中国缺少这项核心技术，数百亿订单擦肩而过。2018 年，沪东中华造船（集团）有限公司扛起了制造 MARK Ⅲ型薄膜燃料舱的重任，编制了上百万字的中国 MARK Ⅲ型薄膜燃料舱制造方案。2019 年，沪东中华造船（集团）有限公司成功建造 4 个高质量 MARK Ⅲ型薄膜燃料舱，首次货舱次层粘连全部实现了密性试验零漏点，成为这项技术在世界范围内的领跑者。

（资料来源：赵竺安. 何江华成就中国 LNG 船的奇迹[J]. 科学大观园，2021（11）：42-43. 略有改动）

思考与拓展

（1）试列出反造法制造纵骨架式双层底分段的装焊顺序。

（2）舷侧分段能否和甲板分段划分为一个相似分段组？

（3）研制分段制造中的机械装置与分段制造的工艺分析有何关系？

（4）请用横剖面图表示圆弧形梁拱的甲板分段（纵骨架式结构）的横向临时加强。

（5）总段建造法、塔式建造法、岛式建造法和串联建造法的特点和共同点是什么？

第 9 章　船舶舾装和涂装

船舶舾装是指船体结构之外的所有设备、装置和设施的安装工作，也可定义为对船体进行系统化处理和安装的生产活动。

船舶涂装是为了防止材料腐蚀，延长船舶寿命，对原材料、器件和船体等进行除锈、清理和涂漆等处理的工作，它还具有外表装饰和船底防污等作用。

9.1　船舶舾装

9.1.1　船舶舾装的内容

船舶舾装的内容，一般包括机舱内各种装置、系统和属具；船上控制船舶运动、保证航行安全和营运作业所需要的各种设备和用具等。按其功能一般可分为以下十类。

1. 机舱设备

机舱设备指船上产生动力用的各种设备和附属设施，例如，主机和轴系装置，发电机和附属装置，各种辅机、泵、锅炉、箱柜和各种铁舾装件等。

舾装作业大致可分为机械安装调试和舾装件装焊两类，前者如主机、轴系装置、发电机和锅炉等大型机械设备的安装、调整和试车；后者如管系、基座、箱柜和通道装置等的装焊，以及机舱和设备的绝缘工作等。

这里简要介绍一下轴系装置（图 9-1）的安装。

轴系是船舶推进装置的主要组成部分，它将主机发出的功率传给螺旋桨，又将螺旋桨产生的推力传给船体。轴系装置一般包括推力轴、中间轴、螺旋桨轴、推力轴承、中间轴承、尾轴管和螺旋桨等。轴系找中和安装的目的是使各段轴准确地安装到轴系中心线上，使各轴承负荷均匀，以保证轴系安全可靠地运转，不会引起强烈振动和轴承发热等现象。轴系装置的安装包括轴系中心线测定、轴系镗孔、端面加工、安装尾轴管、安装螺旋桨和轴系的矫中与安装。

轴系安装时，通常先吊装中间轴承，并初步定位，此后须待船舶下水使船体处于漂浮状态之后，重新测定其轴心线，然后以艉轴中心线为准，向艏逐段安装各轴，并以调整中间轴承的安装位置和高度来控制偏差，最后将中间轴承固定。

对于某些船型而言，严格保证轴系中心线的直线性，可能不利于船舶满载条件下的轴系运转。例如，中机型船舶在满载条件下船体呈中拱变形，轻载时为中垂变形。所以在轴系安装时可凭经验采取反变形措施，就是将各对法兰安装成略带倒 V 形的方式，以使船舶满载时轴系中心线接近直线。

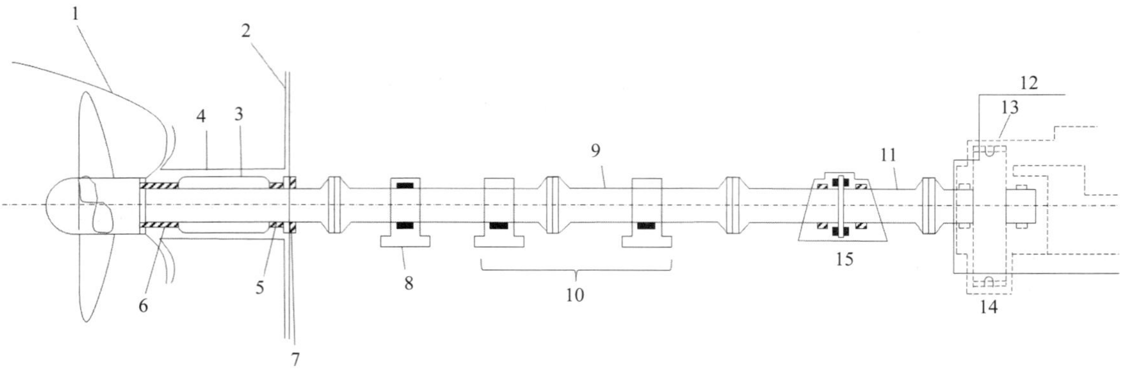

图 9-1 轴系装置

1—艉柱框；2—艉尖舱舱壁；3—尾轴；4—尾轴管；5—前轴衬；6—后轴衬；7—填料函；8—后轴承；9—中间轴；10—中间轴承或轴隧轴承；11—推力轴；12—直接驱动柴油机；13—齿轮传动汽轮机或柴油机；14—主机；15—主推力轴承轴系装置

2. 航行设备

航行设备指船舶航行用的各种设备，包括各种航海仪器，通信设备以及声、光、形（如球形、锥形等）和旗等信号装置。

3. 舵设备

舵设备指船舶操纵用的设备，包括舵叶、舵轴、舵柄、舵机和转舵机构等。

4. 锚设备

锚设备指船舶在锚地停泊用的设备，包括锚机、锚链、掣链器、导链轮、弃链器、锚链管和锚等。

5. 系泊与拖曳设备

系泊与拖曳设备指船舶在泊位停泊和在航行中拖带用的设备，包括导缆孔、导缆器、带缆桩、卷车和绞车等系泊设备；拖钩、弓架、承梁、拖缆孔、拖柱和拖缆绞车等拖曳设备。

6. 起货设备

起货设备指船舶装卸货物用的设备，包括起货机、起重桅、吊杆、钢索、滑车和吊钩等。

7. 通道与关闭设备

通道与关闭设备指船上通行和通孔关启用的设备，包括梯子、栏杆、各种门窗、人孔盖、舱口盖和货舱盖等。

8. 舱室设备

舱室设备指船员和旅客生活用的各种设备，包括家具、装具、卫生用具、厨房设备、冷库设备和空调装置等。

9. 救生设备

救生设备指船舶在海难中救生用的设备，包括救生艇、吊艇架、起艇机、救生筏、救生圈和救生衣等。

10. 消防设备

消防设备指船上发生火警时报警和灭火用的设备，包括报警装置、自动喷水灭火系统、消防水龙、灭火器和消防杂件等。

此外，诸如横向侧推装置、防摇鳍、滚装跳板和集装箱绑扎装置等设备，通常称为特种设备。

使用各种材料对船体表面直接进行工程处理的工作,称为船体表面工程。它涉及的材料很多,如油漆、合成树脂、有机溶剂、水泥、瓷砖、陶砖、橡胶、塑料、玻璃纤维、陶瓷棉、岩棉、珍珠岩棉、硅酸钙板、木材、钢铁和有色金属等。根据工程处理的不同目的,船体表面工程可分为三大类,即防腐蚀处理、防火绝缘处理和舱室装饰处理。其中,防腐蚀处理是船舶涂装的作业内容,防火绝缘处理和舱室装饰处理则是船舶舾装的作业内容。

(1)防腐蚀处理:船体里外表面根据不同要求涂上各种涂料,使钢材表面与腐蚀介质隔离。同时还在船底部安装牺牲阳极或采用外加电流保护装置,使船体表面极化而免遭腐蚀。

(2)防火绝缘处理:船体舱壁、甲板、甲板顶面和隔壁等表面涂敷防火材料或隔热隔音材料,使舱室与火源、热源和噪声源等隔离,为船员和旅客提供安全、舒适的工作和休息环境。

(3)舱室装饰处理:围壁、天花板和地板涂敷适当的涂料或敷料,或者选用合适的预制板或复合板,以便美化环境,增强舱室的适居性。

近年来国内外普遍采用复合岩棉镶板系统来分隔居住舱室,这种镶板系统同时具有防腐、绝缘和装饰功能,已成为舱室分隔工程的新材料、新工艺。

9.1.2　船舶舾装的作业模式

区域舾装是把整艘船按空间而不是按系统划分成区域,对属于某一个区域的所有舾装件,按单元舾装、分段舾装、船上舾装三个作业阶段(方法)进行舾装件安装的作业方法,即按区域进行预舾装的舾装方法。

区域舾装的基本特征有以下几点。

(1)区域舾装是按区域(块)组织,在综合安装图上表示出一个区域内的所有系统和设备,由一个综合施工组织或者复合技能工完成该区域内的一切舾装作业。

(2)舾装不再是船体的后续作业,而是与船体作业并行。

(3)设计好综合布置图,综合布置图是开展区域舾装的依据。通过贯彻造船方针,在详细设计的后期阶段就开始初步的构思,到生产设计开始时已设计好综合布置图,这就是舾装生产设计。

(4)尽可能扩大分段总段舾装和单元模块舾装工作量,尽量减少船上舾装作业,以缩短造船周期。

(5)舾装生产设计的全盘考虑,使得区域舾装的施工环境、通风、照明等作业条件得到改善,有效地保证了文明生产,减少了事故发生,提高了产品质量,减少了返工和浪费。

(6)按区域设计和按区域生产,促使舾装生产组织合理化。

现代造船模式采用以区域/类型/阶段为导向,壳舾涂一体化的区域造船法。它首先按船舶的大区域和作业内容将船舶舾装划分为甲板舾装、住舱舾装、机舱舾装和电气舾装。舾装设计和舾装生产都采用区域导向型的组织方式,如图 9-2 所示,这种方式便于按区域协调设计与生产的关系。

现代造船的舾装作业任务,在根据区域舾装法划分为几大类之后,每一大类再按中间产品导向型的原则进行作业任务分解,将舾装任务分解为舾装单元、分段舾装或总段舾装、船内舾装,然后进一步细分为各种舾装托盘,最后分解出组成每个托盘的各种舾装件。其组合方式则以舾装托盘为单位,根据壳舾涂一体化和区域舾装法的原则,按舾装制造级逐级进行组合。它的组合流程和工艺阶段如图 9-3 所示。

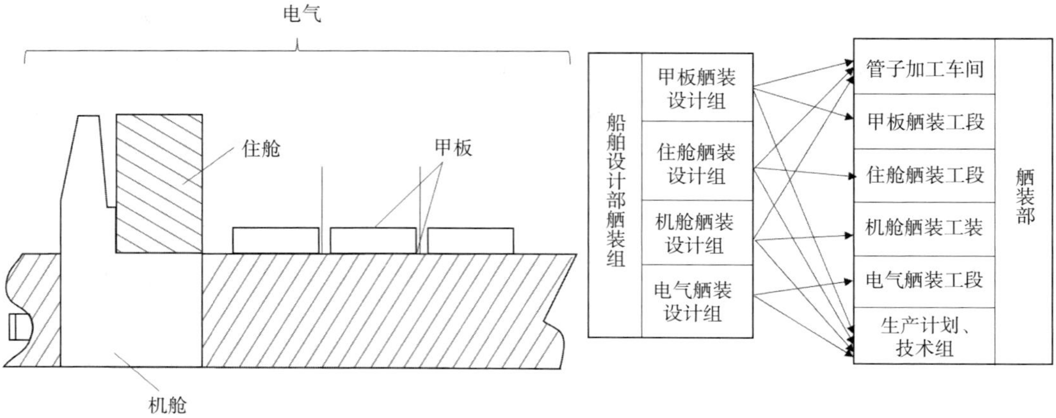

图 9-2　区域舾装法

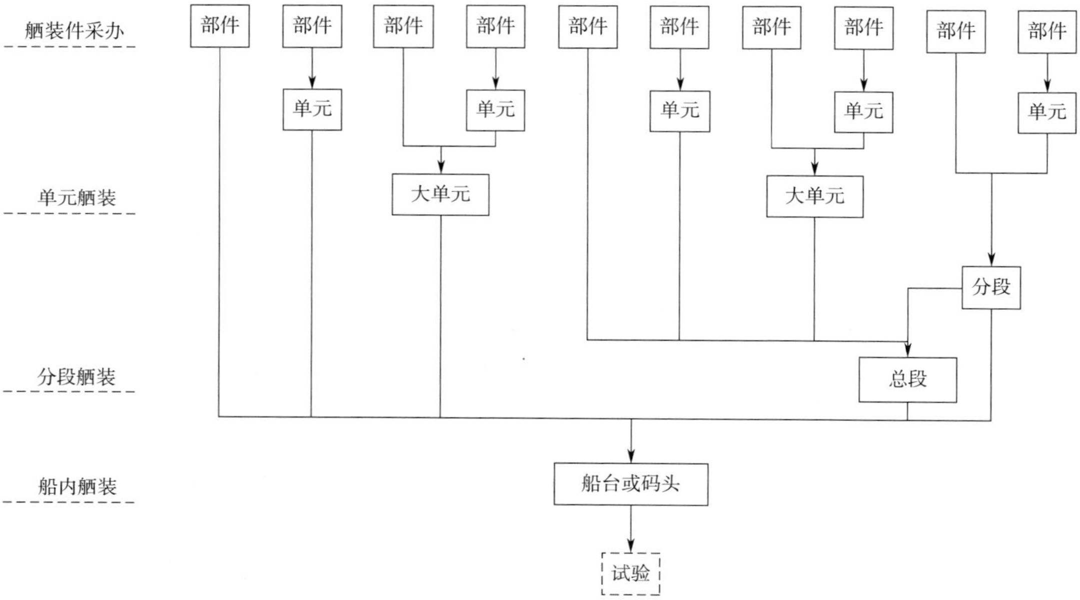

图 9-3　舾装组合流程及工艺阶段

1. 舾装件采办

舾装件采办应包括舾装件的订货、外协和自制等工作。舾装件采办入库后,根据所属单元、分段或总段、船内的区域,按托盘出库指示来集配和装入托盘,并按指定日程运往施工现场,交付施工人员。

2. 单元舾装

舾装单元是由若干个舾装件组合而成的舾装组合体。单元舾装是在车间内专门的舾装平台上，将单元中的舾装件组装成舾装组合体的工作。船舶舾装可划分为舾装单元的有设备单元、管件单元、箱柜单元、阀件单元、配电板单元等。

3. 分段舾装

分段舾装是在分段或总段制造的适当阶段，将分段或总段所属的舾装件或舾装单元安装在分段或总段上。分段舾装以船体分段或总段为舾装区域，按中间产品组装的作业顺序，在内场或外场的平台上进行安装工作。分段舾装与船台和码头上的船内舾装相比，改变了作业环境和作业姿势，变高空作业为地面作业，具有提高生产效率、安装质量和作业安全性，减少脚手架铺设量和缩短舾装周期等优点。采用分段舾装工艺必须在船体分段划分时充分考虑舾装件的区域性，必须划断的舾装件在船舶总装时连接的可行性和连接施工方便性等，而且分段的重量应计入舾装件的重量，还要详细规定船体作业与舾装作业的顺序，以形成合理的一体化装焊工艺流程。分段舾装的典型实例有在双层底分段内装入各种管件、阀件及附件等；甲板分段的顶面安装管件、阀件及附件、风管、电缆及其固定架等；上层建筑总段内进行各项内舾装作业。

4. 船内舾装

船内舾装指船台舾装，理想的船内舾装作业内容仅限于以下几项：

（1）过大或过重而不能在分段或总段上安装的舾装件或舾装单元；

（2）容易碰坏和易受天气影响，在舱室遮蔽之前安装可能损坏的舾装件；

（3）分段与分段之间的舾装件或舾装连接件，单元之间的舾装连接件。

船内舾装应根据舾装件在船舶上的集中位置划分舾装区域。例如，机舱区域、舵机舱区域、甲板区域和上层建筑区域等，按区域平行地进行舾装作业。由于机舱区域的舾装工作量大，舾装周期长，所以，当船舶总装形成机舱敞开区域时，就开始进行船内舾装作业。

5. 托盘管理

托盘是一个作业单位，又是一个供安装用的器材集配单位。托盘管理是以托盘为单位来组织生产、进行物资配套和工程进度安排的一种科学管理方法。它包括托盘划分、托盘集配和托盘发送等三项工作。

1）托盘划分

在划分托盘时，首先进行舾装区域的划分，这样既符合区域舾装法的要求，又有利于贯彻托盘划分的基本原则。

舾装区域的大区分，就是按船舶上的位置将船舶舾装划分为甲板、住舱和机舱三大区域。艏尖舱、艉尖舱和货舱等属于甲板区域。舾装区域的中区分和小区分，由各大区域分别做出规定。例如，住舱和机舱区域是先按竖向的层次划分中区分，同一层次再按左、右舷和前、中、后划分小区分。甲板区域首先按船上位置划分为艏部、艉部、货舱和上甲板等大区分，然后再对大区域划分中、小区分。

必须指出，在对舾装区域进行中、小区域划分时，应充分考虑船体分段划分和船舶总装方案对区域划分的影响。同时，应把舾装单元作为相应区域的小区分，并尽可能扩大舾装单元的划分数量。

在舾装区域划分确定后，即可对区域内的舾装件进行托盘划分工作，划分托盘时应遵循的基本原则为：

（1）必须按阶段时间划分托盘，同一托盘的器材必须是属于同一工序和同一作业阶段的；

（2）必须按安装位置划分托盘，同一托盘的材料设备必须属于同一安装区域；

(3)必须按作业顺序的先后划分托盘;

(4)必须按工作量大小划分托盘,每个托盘的工作量原则上为两个工人一周的工作量。

托盘划分一般分两步进行。首先,在详细设计阶段,结合船体分段划分和船舶总装计划编制工作,按工艺阶段和舾装区域,初步制定托盘划分方案。其次,在生产设计阶段,以区域舾装综合布置图为基础,根据托盘划分初步方案,按作业顺序和工作量,最终确定托盘划分,并编制托盘清单和各种托盘管理表。托盘划分的示例如图 9-4 所示。

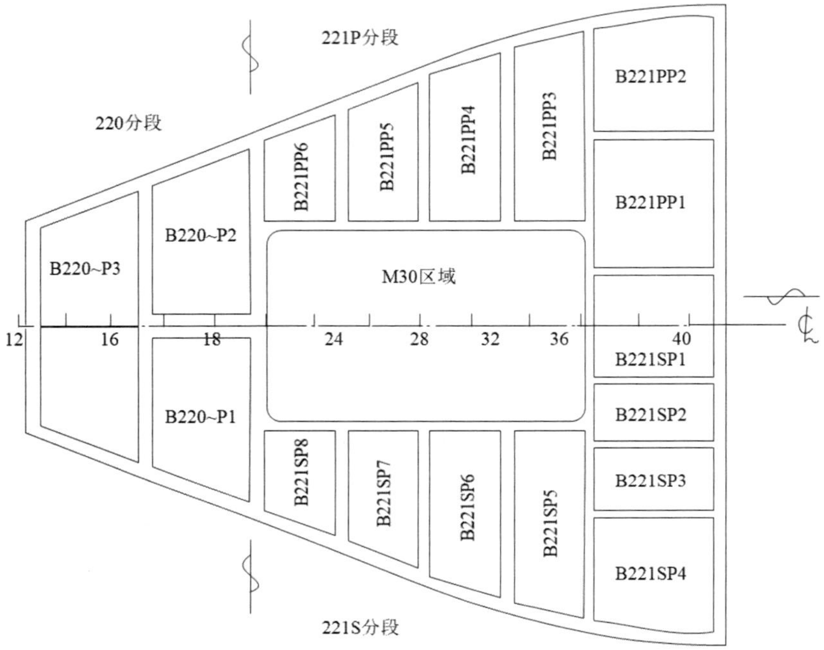

图 9-4 机舱下平台舾装托盘划分图

在划分托盘时,还必须区分托盘对象品和非托盘对象品,见表 9-1。非托盘对象品乃是一些不宜列入托盘的物品,例如,过大过重的物品、贵重物品、过小或易损的物品等。对它们的备料和交付等工作是采用其他方式进行管理的。

表 9-1 托盘对象品的区分

专业	托盘对象品	非托盘对象品
机装	管件、贯通件、箱柜、设备、基座、格栅、扶梯、栏杆、泵、阀、支架等	主机、发电机、辅锅炉、地轴等大件,仪表、仪表管、螺栓、螺母、垫片等小件
外装	起锚系统、系泊系统、舱机系统、舱口盖装置、舷梯装置、桅杆、天桥、扶梯、栏杆、阀件、箱柜基座、支架、管件等	甲板敷料、螺栓、螺母等
内装	冷库设备、厨房设备、房间设备、消防设备、救生设备、基座、管件、风管、空调等	全船木作、家具、绝缘材料、仪表、螺栓、螺母等
电装	配电设备、变压器、分电板、接线盒、开关、控制台、一般设备、岸电箱、灯具、电缆等	精密仪器、易损物品、船东供应品、常用物品、消耗品等

2）托盘集配

托盘集配包括托盘器材的准备和集中两个阶段。器材准备就是根据器材交付期计划，及时做好器材订货、采购工作和自制件的生产安排。器材集中就是舾装件入库后，根据托盘交付期计划的日程要求，按生产设计编制的托盘材料表将所有舾装件装入托盘。

3）托盘发送

托盘发送就是根据托盘交付期计划的日程安排，按时将舾装托盘运至生产现场，交给施工人员。

舾装工作中托盘器材和非托盘器材的流程如图 9-5 所示。图中的配套清册包括非托盘对象品和托盘对象品。

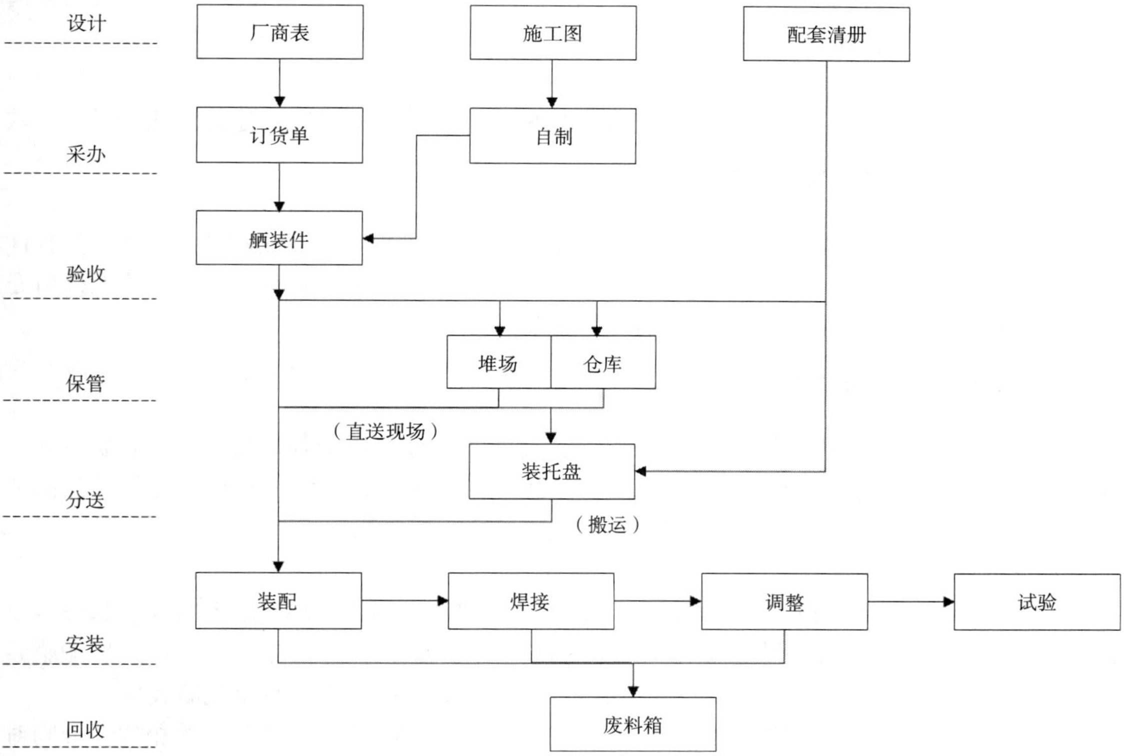

图 9-5　舾装器材的流程

9.1.3　预舾装

船舶机舱底部舾装区空间狭小，但却是整个船舶管路舾装件分布最为密集的区域，大量的管系和机电设备在此进行布置与装配。因此，以机舱预舾装为例进行介绍。

以机舱设计为重点，以增加单元模块数量为设计任务，以提高生产效率、节约制作成本为出发点，大量考虑单元模块设计。如机舱底部区域，因其空间狭小，又有大量的泵、阀门、滤器及大口径管子布置，安装密度高、施工难度大，采用预舾装模块设计对节约生产成本和提高生产安全水平有着非常重要的作用，从传统的船内舾装件散装转型为分段盆舾装工艺，后来又转变为区域性的单元预舾装工艺，施工方式的转变很大程度上提高了该区域的预舾装效率。

盆舾装是指在机舱双层底分段、舷部分段、隔舱分段组成的盆形区域分段上进行的正装舾装,其目的是使内底板以上密集布置的设备、管子安装完整。由于在盆舾装工艺中,舾装作业避开了上部的船体作业,使得大量的管路、设备可以在较好的环境下进行施工,有效地提高了该区域的舾装质量,是实施区域造船的有效手段之一。

区域性的单元预舾装工艺根据单元模块的不同特征,可以分为区域性单元、功能性单元和系统性单元。

1. 区域性单元

区域性单元根据全船总体布局和设备应用的特点及建造工艺流程划分,大小不等,按所在区域位置划分、组成单元体,主要集中在机舱、主甲板区域。单元模块以大口径管路及其附件为主、兼附其他舾装件,如电缆、风管、铁舾件平台等,这些管路和舾装件按工艺流程制作,在模块里统一安装,组成大模块后再整体吊装、安装。

2. 功能性单元

功能性单元以专用设备为主体,通过设备底座或支撑结构来固定其他管路、阀附件、小铁舾件等,具有一定的独立性,体积较小,可单独运输,操作方便。

3. 系统性单元

系统性单元是主要由相同或类似系统功能的若干管附件与支架组成的单元体。此类管件一般管径较小、数量多又密,设计单元便于在内场统一下料、组装,制作简单,同时还能提前完成单元内管路及接头密性工作,提高船上安装的效率和减少返工量。

9.1.4 船舶舾装智能管理

在进行船舶舾装管理的过程当中,使用智能化管理手段可以很好地提升船舶舾装设计以及生产制造的效率,也可以使得船舶行业获得更多的经济效益。接下来,从设计和工艺标准化、布局、仓储、下料控制、集配信息化几方面来进行讨论。

1. 设计标准化

舾装件设计标准化是舾装件自动化生产的前提,目前舾装件自动化生产、智能化管理难以推进,主要原因是舾装件设计标准化程度低。船舶的生产是单个或小批量生产,因此船舶舾装件自动化生产的重点是做好舾装件设计标准化,利用好成组技术,形成批量化舾装件。

成组技术是对零件相似性进行识别和应用的技术,它的核心是按照一定的相似性准则对零件分类和编组,将材料规格、制造工艺相同或相似的一组零件组成一个零件族,同族零件采用相同工艺或工序制造,从而减少产品的制造种类,提高生产效率,实现批量生产。

舾装件设计的标准化,很大程度上取决于船体功能和结构。目前舾装件设计标准化主要体现在现有规范和设计的基础上,逐步统一各设计院、船厂企标,在规格、种类上进行归类优化,减少个性化设计。固定标准件设计生产模式在国内现阶段造船模式下逐步推进研发。

2. 工艺标准化

舾装件生产工艺按“集、分、集”的生产模式:设计按区域集中托盘化出图,生产前对区域舾装件图纸进行分类,分为梯类、栏杆、桅杆、基座、风管、排烟管、门窗盖、系泊救生、舱盖、电舾件、管舾件、箱柜等多种类型;分区域制作,利于工作人员熟悉图纸和制作工艺,提高制作质量和进度,产品集中形成完整托盘交货;在此基础上推行自动化生产,主要针对部分物量较大的标准件。根据现有船舶设计生产模式,可阶段性地实现部分批量标准舾装件的自动化生产,研究开发智能化管理系统。

从总体模式改进推进自动化生产，需要船体和舾装件基本结构形式趋于统一。船舶行业自动化生产理想模式，可参照大飞机生产模式，划分各船厂主要船舶类型和吨位，设计主推标准化船型，推广批量预定销售，排序生产；设计研发人员不断优化改进产品，每隔几年推出一种主力产品，逐步淘汰落后船型。在此模式下，可显著提升船舶及内部舾装件整体标准化，持续批量制作，满足自动化和数字化加工需要，为智能化制造奠定基础，在此基础上的部分个性化设计不影响自动化生产。

3. 布局

改造或新建车间的整体布局，要综合考虑数字化智能车间要求，根据长远规划布局新设备，确保在规划期内能有效生产；规划旧场地改造，要兼顾实际生产，综合考虑最佳布局，减少对现有施工的影响。

4. 仓储

船舶舾装件智能化仓库的总体架构如图 9-6 所示。

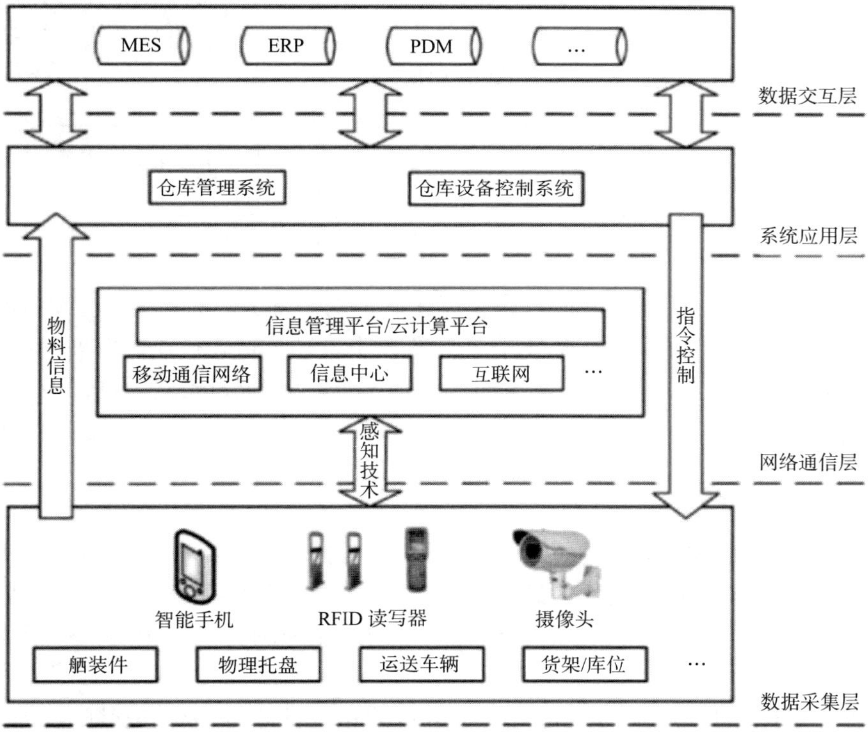

图 9-6　船舶舾装件智能化仓库的总体架构

数据采集层主要运用二维码、RFID、视频监控等技术对船舶舾装件仓储管理中的海量数据进行识别和采集，是实现信息共享和管理的基础。

网络通信层是数据采集层和系统应用层之间数据传递和信息共享的通道，由移动通信网、互联网以及其他专用网络组成的网络体系，连接着手机终端、车载终端、主控计算机等终端设备，让数据在系统与设备、设备与设备之间安全可靠地无障碍传输。

系统应用层则是面向船厂实际需求，实现仓库智能化管理、数据分析和查询、管理者决策等具体的应用，对数据采集层发出指令和控制。

数据交互层是指仓库管理系统（WMS）与船厂其他系统平台之间进行数据交互，从而实现设计、生产、管理信息一体化，让下游使用方了解仓库的货物信息，让企业管理层了解仓库的运行状况和库存信息，为企业决策提供参考。

5. 下料控制

下料控制的前提是优选物料种类，保质保量地准时供应；在此基础上保证下料精度以满足后续自动化生产使用要求；板材切割沿用等离子和激光切割设备；型材加工以数控自动化加工设备代替人工机械冲剪设备；实现程序编制、自动化下料，信息化管理、控制变形，进一步开发可调柔性工装，实现柔性生产线，扩大加工范围，实现 80%以上物料自动化加工。

6. 集配信息化

集配信息化要融入舾装件设计、物资采购、生产、集配交付整个过程中，及时了解需求和生产进度，及时发现运作流程存在的问题，无论是本厂生产，还是委托外厂生产，都需要纳入信息化管理系统，制订详细的计划，及时跟踪，提升舾装件集配交付及时性和完整性，产品完成进入集配场地后施行信息化管理、自动化打码及自动录入信息库，便于随时查找进行集配送货，满足智能化制造需要。信息化集配流程如图 9-7 所示。

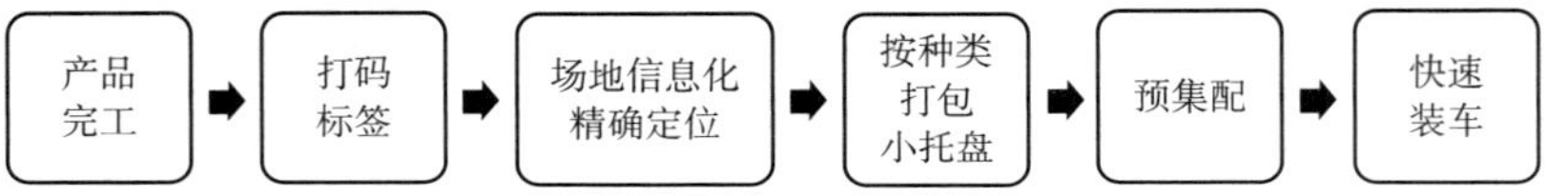

图 9-7 信息化集配流程

自动化工厂是数字化工厂的基础，是智能化制造的一部分。智能船舶舾装不仅可以有效控制能源损耗，同时也节省了人力资源，在一定程度上推动了造船行业的发展。在进行智能船舶舾装系统建立的过程中，工作人员需要对实际情况进行综合分析，对数据以及信息进行收集之后，及时地进行录入工作，可以更好地应对突发事件，同时也可以保证后续工作顺利开展。

9.1.5 极地船舶舾装

对于不同用途的船舶，舾装的要求也是不同的。为了增强我国在南极大陆和极地海域的实质性存在，建造了新一代极地科考破冰船，加强了南极大陆架勘测、海洋资源调查和环境调查研究的能力。接下来将以“雪龙 2”号极地科考破冰船为例，介绍在极地环境下舾装防寒设计的要点。

防寒设计是依据船级社防寒规范的要求进行的相关设计，其中最关键的前提条件是确定设计服务温度。设计服务温度是指为船舶设定的用于衡量材料、设备和系统在低气温环境下服务性能的一个温度指标。考虑到去极地执行考察任务的时间分别是南北极的夏天，基于这个时间段的环境温度统计数据，最低日均低温不低于-20℃，因此将设计服务温度确定为-30℃。

防寒设计属于系统设计，涉及总体、结构、舾装、轮机、电气等多个专业，对于舾装专业来说，相关内容主要包括以下几方面。

1. 设备材料的选择

设备材料包括金属和非金属材料。对于金属材料(主要是指可能在露天环境下工作的设备所选用的钢材),需根据材料级别、设计服务温度、板厚等参数来确定所适用的钢材钢级;对于非金属材料(例如橡塑制品、液压油等),在选择时需充分考虑到材料在低温环境下的适用性。

2. 设备设计中的防寒考虑

以甲板吊机为例,采取的防寒措施主要包括:吊机操作室采用电加热玻璃;在吊机基座、液压泵站和油箱等处设置加热器;起升绞车配有电伴热和保护罩;吊机液压油缸、活塞杆设有除冰措施;室外控制箱配有防冰钢质保护罩等。

3. 通道设计中的防寒考虑

室外逃生路线上的斜梯、露天逃生小舱盖及部分通道区域设置电伴热电缆;主要的室外通道和直升机甲板区域设置防滑涂层;艏楼甲板货舱左舷通道区域下方设置不冻液加热系统等。

4. 其他除冰防冰措施

例如:在艏部和艉部露天甲板设置固定的、可快速连接的蒸汽接头;在直升机甲板设置热水除冰措施;室外甲板设备根据需要设置帆布罩;在船上配备手动除冰工具,如除雪铲、木槌、冰镐、刮板等。

5. 人员防护

除了对设备采取防护措施,还应为船员和科考队员配备足够数量且适合极地环境的个人防护套装;此外,还根据《国际海上人命安全公约》(SOLAS)规范和极地规则的要求,配置保温救生服、个人求生设备和集体求生设备等。

9.2 船舶涂装

人们将涂料的涂覆称为涂装。为使涂料能良好地附着于被涂的表面,需要对被涂表面进行认真的表面处理。目前,造船界将船舶的涂料涂覆和涂覆前的表面处理的整个工艺方法与过程以及与此相关的技术、管理等全部活动统称为船舶涂装工程。船舶涂装除了防腐蚀以外,还有外表装饰和防污等作用。船舶涂装作业在造船的过程中有着非常重要的地位,它的作业流程贯穿整个造船的生产过程。据统计,涂装作业工时占造船总工时的12%~18%。

9.2.1 船舶涂装的特点

不了解船舶涂装的特点,就不能根据它的特点设计、制造出高质量的涂层,因而就不能很好地保护船舶。

1. 船舶涂装贯穿于整个造船过程

造船是一个非常复杂的过程,要经历分段制造与预舾装、船台或坞内合拢、下水、码头舾装与系泊实验、试航等过程。而船舶的涂装则要与整个造船工艺过程相适应。在每一个造船工艺阶段应确定其相应的涂装工作内容。从钢材落料加工开始,一直到交船,涂装工艺贯穿整个造船过程。图9-8是船舶涂装的工艺程序。

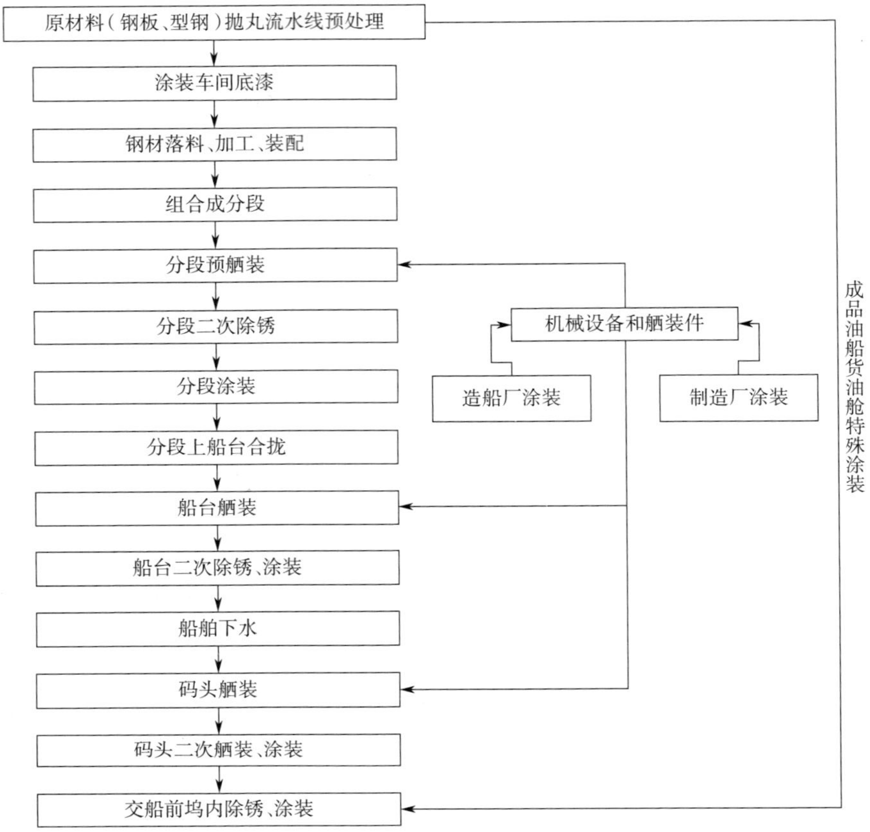

图 9-8　船舶涂装工艺程序

从船舶涂装工艺程序来看,造船的第一道工序是涂装,且造船的全过程中自始至终贯穿着涂装,所以涂装工作必须十分重视。

2. 涂料的多种性

船舶是一个庞大的活动于海洋之中的构筑物,船体的各部位处于各种不同的腐蚀环境之中(有常浸没于海水之中的船底区,有海水干湿交替、含氧充足的水线区、干舷区,有处于海洋大气之中的甲板、上层建筑外部,还有处于特定腐蚀条件下的各种液舱等)。这对不同部位的涂层提出了不同的要求,由此决定了一艘船的涂料不能仅仅使用一两种底漆和一两种面漆,而往往需要几十种涂料加以合理配套。

船舶涂料的多种性决定了施工条件、施工方式、施工工艺和工具设备的不同,需要制定一系列的工艺条件、工艺方法,在不同工艺阶段进行施工,才能保证其配套的合理、施工的科学和质量的良好。

3. 涂装管理的复杂性

由于造船的过程比较长,造船过程中自始至终都贯穿着涂装,加上船舶涂料品种繁多,因此应合理地安排涂装作业,既能使工作量在整个造船过程中分布得较为均匀合理,又不影响其他工种的工作进程;既要保证涂层的厚度和质量,又不造成材料的过多耗费;既要抓紧时机施工、缩短整个造船周期,又要符合涂料的工艺要求以确保涂层质量。这就需要对涂料的合理应用,仓库贮存,涂层保护,涂装工器具的使用、保养,涂装作业计划安排,劳动力的使用与平衡,涂层质量的检查与验收以及涂装作业的安全与卫生等进行系统科学的管理。

4. 涂装安全的重要性

种类繁多的船舶涂料，几乎都含有易燃有毒的有机溶剂，而船舶的涂装作业往往要在狭小的通风不良甚至几乎密闭的舱室内进行，且造船过程中几乎处处有明火作业（电焊、气割、火工等），这些作业经常不可避免地与涂装作业在同一时间、相近区域内交叉进行，故船舶涂装作业时的燃、爆危险性很大，工作人员中毒的危险性也很大。所以船舶涂装较之于其他工业产品、钢结构物的涂装，更要有严格的防尘、防毒、防火、防爆的安全措施，做到防患于未然，确保人身和船舶产品的安全。

9.2.2　常用的涂装方法

1. 常用的涂装方法

常用的涂装方法有以下三种（表 9-2）。

（1）刷涂：用漆刷涂装时，涂刷方向应先上下后左右，漆刷蘸漆不能过多以防滴落。刷涂重防腐涂料时，漆刷距离不能拉得太大，以免漆膜过薄。遇有表面粗糙、边缘弯角和凸出等部位更应特别注意，最好先预涂一道。

（2）滚涂：用滚筒涂装（简称“滚涂”）时，滚筒上所蘸的油漆应分布均匀。滚涂时要保持一定滚动速度，不可太快。切忌过分用力压碾滚筒。对于焊缝、切痕等凹进部分，尤应小心处理，最好先预涂一道。

（3）高压无气喷涂：这是最快的涂装方法，而且可以获得很厚的漆膜。因此，为了达到规定漆膜厚度，最好采用高压无气喷涂的施工方法。在实际涂装时应采用先上下后左右或先左右后上下的纵横喷涂方法。使用高压无气喷涂需要更高的技巧，喷枪与被涂物面应维持在一个水平距离上，操作时要防止喷枪做高距离或弧形挥动。

2. 注意事项

为了使重防腐涂料发挥其最佳的性能，足够的漆膜厚度是极其重要的。因此，必须严格控制漆膜的厚度。用漆刷或滚筒涂装得到的每道漆膜厚度较薄，其涂装道数至少要比高压无气喷涂的喷涂道数多一倍，才能达到所规定的厚度。对于边、角、焊缝、切痕等部位，在使用高压无气喷涂之前，应先刷涂一道，然后再进行大面积的涂装，以保证凸出部位的漆膜厚度。

施工时应按实际使用量进行涂装，经常使用湿膜测厚仪测定漆膜厚度。漆膜厚度未达到要求处，必须进行补涂。

不同类型的涂料间隔各有不同，在施工时应按每种涂料的各自要求进行施工。特别要着重指出：环氧煤沥青厚浆型漆、环氧煤沥青重防腐涂料、环氧防腐面漆涂装过程中，最好在漆膜未完全干透时，就接连地把下一道漆涂完，这样上下层涂料之间稍有互溶，不会产生层间附着力的问题。若在涂料完全固化后再涂装，要用砂纸打毛。

通常说明书中的使用量为理论值，是指在理想条件下，在漆膜厚度均匀一致时，通过理论计算而得到的单位面积的油漆用量。而涂装时油漆的实际耗量要视漆膜的厚薄、涂装时的损失、涂装方法、被涂物面的粗糙状况等情况而定。在估计油漆的实际使用量时，一般应该在理论使用量基础上多计算 50%~80%的油漆使用量。

表 9-2 各种涂装方法

涂装方式	原理		特征	用途	作业环境	公害
刷涂	在刷子上蘸涂料进行涂漆		不需要特别的设备,方法极为简单,但涂漆效率低,容易产生刷痕、斑点	使用很广泛,各领域中都可以使用	不会形成涂料粉尘,作业环境良好	因为不形成涂料粉尘,故无公害之虑
滚涂	在用海绵等材料制成的圆筒上蘸涂料进行滚动涂漆		与刷涂相比,虽然效率高,但有漆膜表面不光滑、曲面处不能涂的缺点	用于建筑物的外壁、内壁	跟用刷子涂漆一样,作业环境好	几乎不存在公害问题
喷涂	压缩空气喷涂	用压缩空气使涂料雾化,同时喷到被涂物表面形成漆膜	设备价格便宜,使用范围广,操作简单,但有雾的飞散和涂料损失多的缺点	在各领域中都可以使用	由压缩空气引起的涂料飞散及溶剂蒸发很多,需要水洗间等排气装置,要特别注意火花	涂料粉尘特别多,因此必须考虑周围环境,另外烟囱至少要高出屋顶,把废水排出下水道时,必须注意不使溶剂蒸气积存起来
喷涂	无气喷涂	用泵加 10~20 MPa 的液压,从细孔喷射雾化,跟压缩空气喷涂一样形成漆膜	涂料中不含空气,雾的飞散较少,效率高,但在漆膜表面及操作方面不如压缩空气喷涂好	适用于大量涂漆,各领域中都能使用,但小件及以装饰为重点的作业使用起来有困难	虽比压缩空气喷涂较好,但飞散、溶剂挥发还是存在的,因此仍需要同压缩空气喷涂时一样的装置	同压缩空气喷涂一样,因此室外喷涂有风时粉尘会附着在汽车、晒干物上面,故有风情况下进行室外作业时,应多加注意

9.2.3 涂装作业的方式

根据中间产品导向型的壳舾涂一体化的现代造船模式,船舶涂装作业方式应与船体建造的分段建造法和船舶舾装的区域舾装法相协调。所以,船舶涂装作业有钢材预处理、分段涂装、船上涂装和完工涂装等制造级,如图 9-9 所示。其中的舾装件涂装作业,与船体连接的支架、基座、马脚等舾装件的涂装,属于分段涂装的范围;其余舾装单元和舾装件的涂装,均应在单元舾装和舾装件制作的后期完成相应的涂装作业,所以它们都是内场作业。

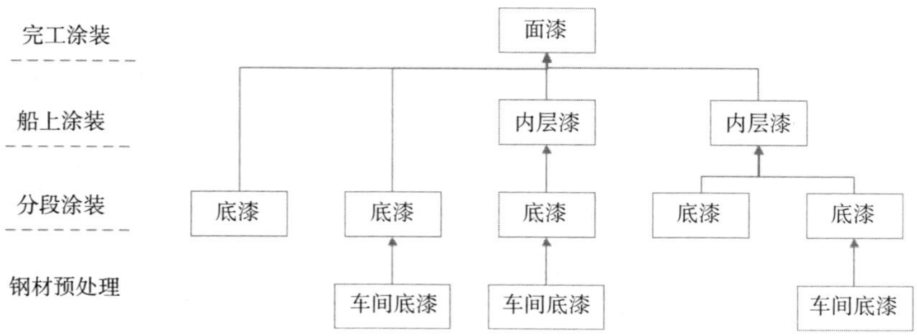

图 9-9 涂装工艺阶段及流程

1. 钢材预处理

钢材预处理是对钢材进行矫平、除锈（含氧化皮）和涂防护漆等作业。前文中已详细论述了钢材预处理的工艺方法和工艺流程，并简要介绍了钢材预处理自动流水线，故不再赘述。

钢材除锈质量的指标为钢材的表面清洁度和表面粗糙度。表面清洁度是衡量清除氧化皮、锈斑和其他污物的程度，是表面清理的主要指标；表面粗糙度是在表面清理时因磨料的撞击，使钢材表面获得的粗糙度，它有利于底漆对钢材的附着作用。全国海洋船标准化技术委员会制定的专业标准，对钢材除锈质量规定了四个等级，并可用样板照片对照评级。四个等级分别为：Sa1 级，轻度的喷射或抛射除锈；Sa2 级，彻底的喷射或抛射除锈；Sa2.5 级，非常彻底的喷射或抛射除锈；Sa3 级，使钢材表观洁净的喷射或抛射。具体内容见表 9-3。

表 9-3　除锈等级

除锈等级	具体要求
Sa1	钢材表面应无可见的油脂和污垢，并且没有附着不牢的氧化皮、铁锈和油漆涂层等附着物
Sa2	钢材表面应无可见的油脂和污垢，并且氧化皮、铁锈和油漆涂层等附着物已基本清除，其残留物应是牢固附着的
Sa2.5	钢材表面应无可见的油脂、污垢、氧化皮、铁锈和油漆涂层等附着物，任何残留的痕迹应仅是点状或条纹状的轻微色斑
Sa3	钢材表面应无可见的油脂、污垢、氧化皮、铁锈和油漆涂层等附着物，表面应显示均匀的金属色泽

车间底漆的漆膜厚度一般为 10~15 μm，保养期可达 10~12 个月。

2. 分段涂装

预处理后的钢材经构件加工和结构预装焊而制成分段后，钢结构表面不可避免地会产生锌盐、铁锈，沾染油污和水分等，所以要进行二次除锈，然后再根据分段的不同要求进行底漆喷涂。对分段的二次除锈和底漆喷涂作业称为分段涂装。

为了控制涂装作业的环境条件，保证涂装质量，分段涂装宜采用室内作业，所以分段二次除锈最好选用在喷丸房内作业的喷丸除锈法。它是利用风管中高速流动的压缩空气的压力（一般为 4.9×10^5 Pa）使铁丸冲击金属表面的锈斑等而实现除锈的。喷丸除锈的铁丸直径一般为 0.8~1.5 mm（厚板可用 2 mm）；风压为 3.92×10^5~4.9×10^5 Pa；喷射距离根据喷射压力、出丸量、工件厚度、表面锈蚀状况等加以调节，多数在 200~500 mm；喷射角则以 50°~75° 为宜。

喷丸房内除有喷丸装置外，还设有轨道和分段装载车、铁丸回收装置和抽吸锈尘装置等，以保证喷丸作业条件和除锈质量。房外则配置有分段吊运设备和供分段喷涂底漆的室内工作场所。在分段除锈后应立即喷涂底漆，否则，容易产生黄锈而影响除锈质量。

有时由于各种条件的限制，不得已在外场平台上进行分段涂装作业，这时分段除锈多数使用风动工具，如风动砂轮、风动钢丝刷等；底漆喷涂则采用便携式无气喷涂设备。

3. 船上涂装

船舶下水前在船台上（船坞内）和下水后在码头边的涂装作业称为船上涂装。船上涂装作业包括船体大接缝处的除锈、清理、补漆和船体外表面各部位内层漆和面漆的喷涂等。船体内部的油舱、水舱等液舱若无后期舾装工作，则可在船台上（船坞内）完成涂装作业。但船体甲板因船内舾装工作繁忙，容易磨损漆膜而留至码头舾装后期进行涂装。

4. 完工涂装

交船前的涂装作业称为完工涂装。完工涂装一般在试航结束到交船之前这一段时间内完成，以便让船舶以崭新的形象交付给船东。但是，只要船东同意，完工涂装作业也可以提前进行。完工涂装作业包括上层建筑外围壁、甲板、甲板机械等表面的清理和补漆，以及船体外表面最后一道面漆的喷涂。补漆时先用有机溶剂清理油脂等污渍，然后进行补漆。主船体外表面各部位的最后一道面漆通常在船坞内喷涂，首先用清水冲洗船底部，除去盐分和泥土，干燥后先进行补漆（如艏部漆膜常因抛锚试验而受损），然后再喷涂最后一道面漆。

9.2.4 船舶漆

船舶漆可根据其基料类型、使用部位、作用特点、施工方式等进行分类。目前比较通用的分类是按使用部位分类，见表 9-4。

表 9-4 船舶漆分类

<table>
<tr><th colspan="2">名称</th><th>涂料类型</th><th>备注</th></tr>
<tr><td colspan="2">车间底漆</td><td>1. 磷化底漆（聚乙烯醇缩丁醛树脂）
2. 环氧富锌底漆
3. 环氧铁红底漆
4. 无机硅酸锌底漆</td><td>—</td></tr>
<tr><td rowspan="2">水线以下涂料</td><td>船底防锈漆</td><td>1. 沥青船底防锈漆
2. 氯化橡胶类船底防锈漆
3. 乙烯树脂类船底防锈漆（氯醋三元共聚树脂）
4. 环氧沥青船底防锈漆</td><td rowspan="2">船体外部轻载水线以下涂层厚度应大于 250 μm；
船体外部轻载水线以上，满载水线以下涂层厚度应大于 180 μm</td></tr>
<tr><td>船底防污漆</td><td>1. 溶解型（沥青、松香、氧化亚铜）
2. 接触型（氯化橡胶、乙烯树脂、丙烯酸树脂、氧化亚铜）
3. 扩散型（氯化橡胶、乙烯树脂、丙烯酸树脂与松香、有机锡）
4. 自抛光型（有机锡高聚物或无机锡高聚物）</td></tr>
<tr><td rowspan="3">水线以上涂料</td><td>船用防锈漆</td><td>1. 红丹防锈漆（油基、醇酸树脂、酚醛树脂、环氧酯）
2. 铁红防锈漆（醇酸树脂、酚醛树脂、环氧酯）
3. 云铁防锈漆（油基、酚醛树脂、环氧树脂、环氧酯）
4. 铬酸盐防锈漆（油基、醇酸树脂、环氧脂、酚醛树脂）</td><td rowspan="2">船体满载水线以上、舷墙顶线以下的外表面，涂层厚度应大于 150 μm</td></tr>
<tr><td>水线漆</td><td>1. 酚醛水线漆
2. 氯化橡胶水线漆
3. 丙烯酸树脂水线漆
4. 环氧水线漆
5. 乙烯树脂水线漆
6. 水线防污漆（接触型、扩散型、自抛光型）</td></tr>
<tr><td>船壳漆</td><td>1. 醇酸船壳漆
2. 氯化橡胶船壳漆
3. 丙烯酸树脂船壳漆
4. 聚酯树脂船壳漆
5. 乙烯树脂船壳漆
6. 环氧树脂船壳漆</td><td>船壳漆主要用于船舶干舷、上层建筑外部和室外舾装件</td></tr>
</table>

续表

名称		涂料类型	备注
水线以上涂料	甲板漆	1. 醇酸、酚醛甲板漆 2. 氯化橡胶甲板漆 3. 环氧甲板漆 4. 甲板防滑漆	涂层厚度应大于 150 μm
	货舱漆	1. 银舱漆(油漆、醇酸树脂与铝粉) 2. 氯化橡胶货舱漆 3. 环氧货舱漆 4. 环氧沥青漆	4 项常用于货/压载水舱 4 项用于谷物舱时应采用漂白型环氧沥青漆
	舱室面漆	1. 油基调和漆 2. 醇酸磁漆	用于机舱,上层建筑内部
液舱涂料	压载水舱涂料	1. 沥青漆 2. 环氧沥青漆	—
	饮水舱涂料	1. 漆酚树脂漆 2. 纯环氧树脂漆	—
	油舱漆	1. 石油树脂漆 2. 环氧沥青漆 3. 环氧树脂漆 4. 聚氨酯树脂漆 5. 无机锌涂料	1 项适用于燃油舱 2 项适用于原油船货油舱 3 项常以酚醛树脂改性 3、4、5 项适用于成品油船货油舱
其他涂料		耐热漆、耐酸漆、阻尼涂料、屏蔽涂料	

1. 漆膜厚度规定

船体各部位所使用的各种涂料的干膜厚度,通常由涂装说明书做出规定,被规定的膜厚称为规定膜厚。

规定膜厚一般指必须基本得到保证的膜厚值,但并不意味着被涂表面的任何一处的干膜厚度均要达到或超过这一数值。判断膜厚是否达到规定要求,应该根据干膜厚度测定值的分布状态经过分析认定。

对于干膜厚度分布状态,各个国家以及不同船东的要求不尽相同。《船舶涂装膜厚检测要求》(CB/T 3718—2016)规定:85%以上的检测点干膜厚度不小于规定膜厚,其余检测点的干膜厚度不小于规定膜厚的 85%。

2. 湿膜厚度控制

每种涂料,对于一定的干膜厚度均有相应的湿膜厚度,为使干膜厚度既符合规定膜厚,又不至于超厚,必须在涂装时严格控制湿膜厚度。湿膜厚度的控制方法有两种。

(1)定量的涂料用于一定面积的被涂表面。每种涂料,对于规定的膜厚都有其单位面积的理论涂量,据此可计算出一定面积涂装中,理论上所需要的涂料量。

在实际施工中,由于被涂表面状态不平整、风速的影响、环境条件和表面粗糙度的影响、使用工具的种类差异等,涂料必有不同程度的损耗。因此,一定面积的被涂表面的涂装,在计算涂料用量时,必须将损耗因素考虑在内。通常,实船涂装用量为理论用量的 1.5~1.8 倍。

涂料实际用量可按下式计算:

$$P=(1+a)QS$$

式中 P——涂料实际需用量,kg;

a——涂料的损耗系数;

Q——理论涂量,kg/m^2;

S——涂装面积,m^2

涂料的损耗系数 a 是由各种因素综合决定的,与船舶种类、被涂表面状态、膜厚分布要求、采用涂料品种等有关。一般情况下 a 值的具体确定可参见表 9-5。

表 9-5 涂料损耗系数参考值

作业方式	平整表面	复杂表面
高压无气喷涂作业	0.6~0.8	0.8~1.0
手工辊刷涂作业	0.3~0.4	0.4~0.6

在计算出涂料实际需用量以后,操作人员应努力使这些涂料均匀地覆盖于整个被涂表面。

这种湿膜厚度的控制方法,常用于船底防污涂料的施工中。为减少人为因素引起的误差,在大面积施工时,应划分成一块块较小的面积来进行控制。

(2)湿膜厚度现场检测:涂装作业人员在施工时应利用湿膜厚度计边检测、边施工,随时调整湿膜厚度。施工中,湿膜厚度的检测频数可以是任意的。在喷涂大而平整的表面或操作比较熟练时,检测频数可以小些。反之,被涂表面构造复杂或操作不很熟练时,检测频数应当大些。通过不断检测湿膜厚度,随时调整喷涂量,则可用较少的涂料,获得较均匀的符合规定膜厚要求的涂层。

3. 干膜厚度检测

干膜厚度检测必须在涂层干燥以后利用干膜测厚仪进行测定。

在粗糙的钢板上涂有较薄的底漆(如车间底漆)时,用干膜测厚仪直接测定则显得误差较大。此时需用胶带固定光滑的试验板,让试验板与钢板同时涂装,然后测定试验板上的漆膜厚度。通常膜厚测定可在涂层上直接进行。

检测时,测点的选择要注意分布的均匀性和代表性。船体的平整表面(如船体外板、甲板、上层建筑外表面等),应每 20 m^2 左右取一点检测其厚度。船体结构复杂的表面(如液舱内部、双层底内等),应每 10 m^2 左右取一点检测其厚度,且有 1/3 以上的构架型材,其表面、两侧面应有均匀分布的 2~3 个检测点。对于狭小舱室、小型液柜等面积较小的区域或部件,需保证每一面应有 3 个以上的检测点。而焊缝表面,距自由边 30 mm 的范围内和检测困难处不必进行检测。

4. 漆膜厚度控制

在对钢材进行预处理后,其表面的粗糙度一般会在 40~75 μm 之间,要使漆膜厚度满足防锈要求,那么其厚度就要控制在 100~150 μm 之间,所以,漆膜的最小厚度应控制在 140~195 μm 之间。

在船舶涂装的每个涂层中都会存在临界厚度值,它会受到多项因素的影响。比如,溶剂的性质和用量、成膜涂料的性质、表面处理情况等。单道涂层的厚度越大,涂装效果就会越好,还能够使涂刷道数减少,从而减少涂装时间。但是,如果厚度太大,漆膜就会增加内应力,降低膜的厚度，还会影响膜的附着力。所以，在选择涂装保护涂层的时候，要确定好漆膜的厚度，其应该具有较小的内应力和较强的附着力，并具有较高的强度。

漆膜的总厚度要比最小厚度大，在对漆膜总厚度进行确认时，要综合参考以下因素：

（1）船东所要求的坞修间隔期；

（2）船舶的航行区域；

（3）船舶的部位；

（4）涂料的种类。

通常情况下，漆膜总厚度为各道涂料的单道涂层漆膜厚度的总和。

涂料在对船体发挥保护作用时，借助的是漆膜的致密性特点，其可以阻断海水对钢材的侵蚀。漆膜固化后，会形成三维网状结构，能够在一定程度上对海水起到阻断作用。但是，单道涂层在漆膜干燥以后会形成针孔，所以，需要涂刷多道涂层。在进行多道涂装的过程中，上一道漆膜的针孔能够通过下一道的涂料进行填补，这样能够降低膜的透水性，从而增强其防锈能力和附着力。比如，船底的涂层应大于 4~5 道，上层建筑的涂层最少应为 3~4 道。只有少部分的舱室可以只涂两道：一道为底漆，另一道为面漆。

在选择涂料的时候，要注意涂料之间的配套性，使上层涂料与下层涂料之间能够黏合得比较好。如果两层涂料不能良好地配套，漆膜就可能出现固化现象，会有大片的漆膜出现龟裂、分化等情况，也可能会起泡。上下层涂料结合力不好，还会造成大片的漆膜脱落。比如，当底漆为沥青系时，不能在其上面涂装油基面漆，沥青系中含有酚类化合物，会对油的干燥产生不良影响。并且，沥青能够溶解在油漆涂料中，使面漆漆膜的颜色发生改变。所以，在选择涂料的品种时，要全面考虑各个涂层之间的配套性。

9.2.5　船舶涂装的精益化管理

1. 涂装作业制造执行管理系统

涂装作业制造执行管理系统（MES）主要是对涂装作业过程进行优化管理，当船厂发生实时事件时，涂装作业制造执行管理系统能够做出反应及报告，并且能通过收集的数据对实时事件进行分析和处理。通过对涂装业务、管理流程的分析、整理以及对涂装管理的需求分析，把涂装作业制造执行管理系统分为七个功能模块，包括任务派工管理、作业计划管理、质量管理、设备管理、成本管理、综合查询、基础数据管理。其中，以任务派工管理为主线，以作业计划管理、质量管理、设备管理等为重点，构成涂装作业制造执行管理系统，如图 9-10 所示。

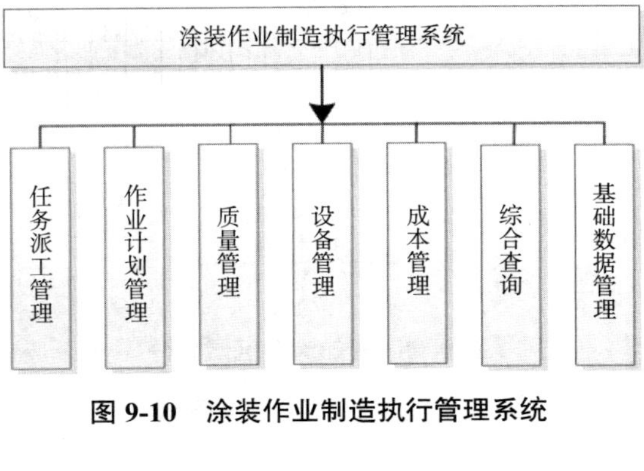

图 9-10　涂装作业制造执行管理系统

任务派工管理包括任务的派发、反馈、调整、管理配置等；作业计划管理包括双周滚动计划以及日程计划的编制、发布、管理配置等；质量管理包括自检、内检、外检管理，膜厚管理以及质量管理配置等；设备管理包括生产设备管理、生产设备维修等；成本管理包括结算单管理、易耗品管理、膜厚管理、考勤管理；综合查询包括主功能模块的各类报表、进度查询等；基础数据管理包括基本配置、权限设置等。

涂装管理人员将任务派发给班组长，班组长需要选择作业人员、场地，并进行实时反馈；质量过程的管控；涂装生产设备的日点检、维修申请、查询，以上都可以通过微信移动平台来实现。

2. 精益化涂装物料清单（BOM）管理

船舶不同功能区域的表面处理、油漆种类都是不同的，所以需要将船舶划分成不同的涂装区域，一般船舶涂装区域划分如图 9-11 所示。船舶涂装区域分为大区域、中区域、小区域，其中大区域包括外板、甲板、上层建筑、机舱、艏尖舱、艉尖舱、空舱、隔离舱、液舱、干货舱、液货舱、特殊区域等；中区域是以大区域为基础的进一步细分，因为不同部位对冲砂和涂装的要求不一样，外板可以分为船底区、水线区、干舷区，甲板分为露天甲板、下层甲板；部分中区域还需进一步细分，上层建筑内部又可以分为裸露钢材表面和有覆盖的钢材表面。

船舶产品分解是将船舶分成不同区域、总段、分段的中间产品，涂装区域分解是将船舶的涂装按功能分成不同区域。通过将这两种分解结构结合起来，再结合涂装规格表，就可以知道各个分段的涂装部位以及各个部位的涂层系统。由此就可以得到船舶涂装精益化涂装 BOM 结构，精益化涂装 BOM 结构如图 9-12 所示。

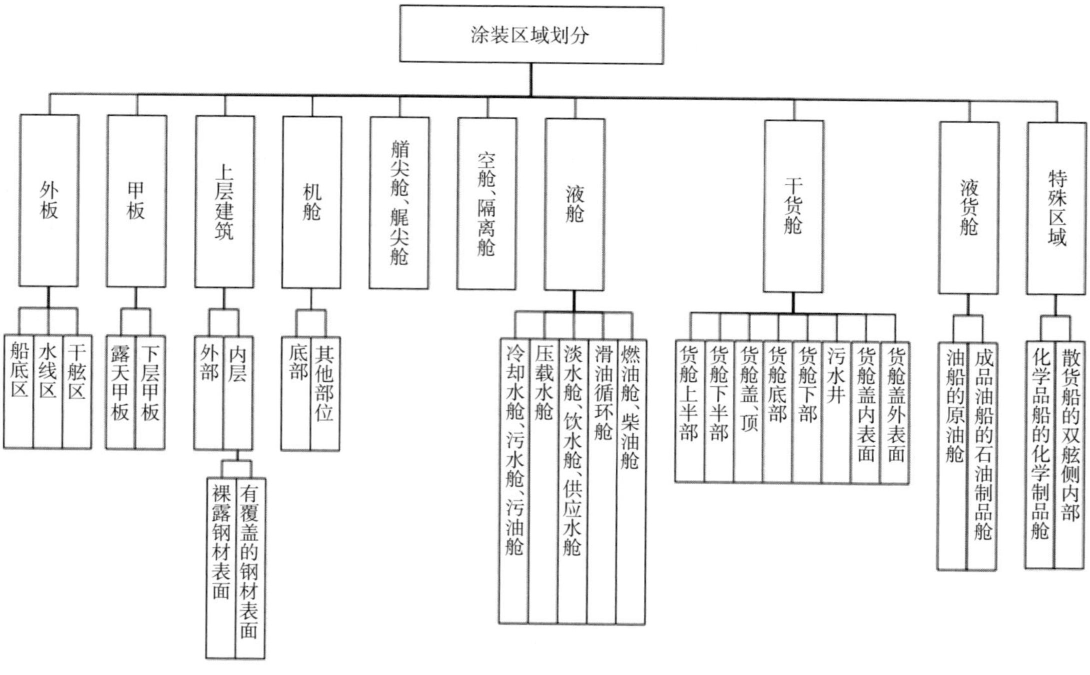

图 9-11　船舶涂装区域划分

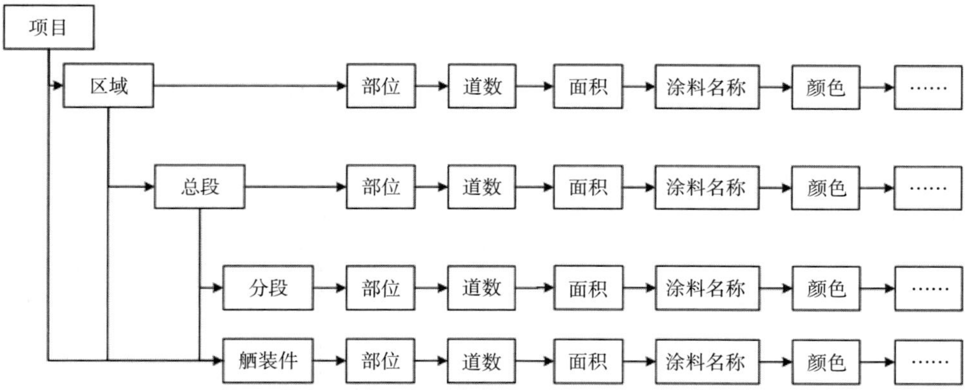

图 9-12　精益化涂装 BOM 结构

各个涂装阶段的涂装图册均需要注明所有涂装部位并在明细表中详细列出各个涂装部位的油漆度数，以及相应的设计和工艺信息。

在造船合同签订之后，就开始涂料订货技术协议的谈判，各个油漆供应商根据船舶涂装需求表提供油漆配套表，最后经过船厂和船东的协商确定最终油漆供应商，签订油漆订货合同。油漆供应商应提供详尽的油漆配套表、技术规格书等技术资料。

船厂设计部门从船舶三维模型中可以得到分段、区域的各个涂装部位的名称和面积。根据油漆供应商提供的技术资料编制油漆明细表、涂装间隔表、油漆定额表等工艺文件。

最终根据三维模型和工艺文件制作除锈涂装图册，这就是涂装设计 BOM 表。将涂装设计 BOM 表与 PBS 关联，就形成了完整的涂装设计 BOM。采购部门根据涂装设计 BOM，并添加上采购信息生成涂装采购 BOM。生产部门根据涂装设计 BOM，并添加上涂装生产信息生成涂装制造 BOM。

3. 精益化涂装物资管理

涂装施工的主要物资就是涂料，只有保证涂料供应及时准确，才能保证涂装项目顺利有序实施。科学合理的物资供应链是造船的重要支撑。涂装物资管理人员不仅要明确现有涂料管理状态，更重要的是要深入全面地了解船厂各个项目的进度以及涂料需求计划。在此基础上，合理分配涂料库位，将最先使用的涂料放置在易取到的位置，保证涂料先进先出。或者按照涂料保质期先出保质期剩余时间短的，确保油漆在保质期内使用完毕。同时，制定快速的涂料集配和配送方式，进而不断提高工作效率。

1）精益化涂料采购流程

涂装采购介于涂装设计与生产之间，涂装采购需要满足涂装设计 BOM 的要求，按需采购；同时，还需要满足涂装生产的要求，按时采购。为了实现涂料准时化（JIT）采购，首先要梳理采购流程，然后找出不必要的环节，去除不必要的环节。

涂装车间的主管在设计部门下发图纸后，结合生产计划制订涂装施工计划，再结合施工工艺要求，制定涂装施工程序，根据船厂设计中心提供的设计 BOM，编制涂装任务包。涂料的采购流程包括采购申请、采购审批、采购执行、采购控制、涂料到货、延期到货等。

采购申请由涂装主管提交，部分船厂由设计部门根据生产计划进行申请。由于采购部对涂装施工的了解程度并不高，所以在实际采购过程中，导致所买非所需。由涂装主管进行油漆采购的申请,可以实现设计、采购、生产的关联,采购数据来源于设计 BOM,采购涂料服务于生产,采购负责采购整体流程。

通过制订采购计划、调整到货后处理流程、制订检验和入库计划等措施缩短等待时间,使得涂料的采购流程更加精益化。精益化涂料采购流程如图 9-13 所示。

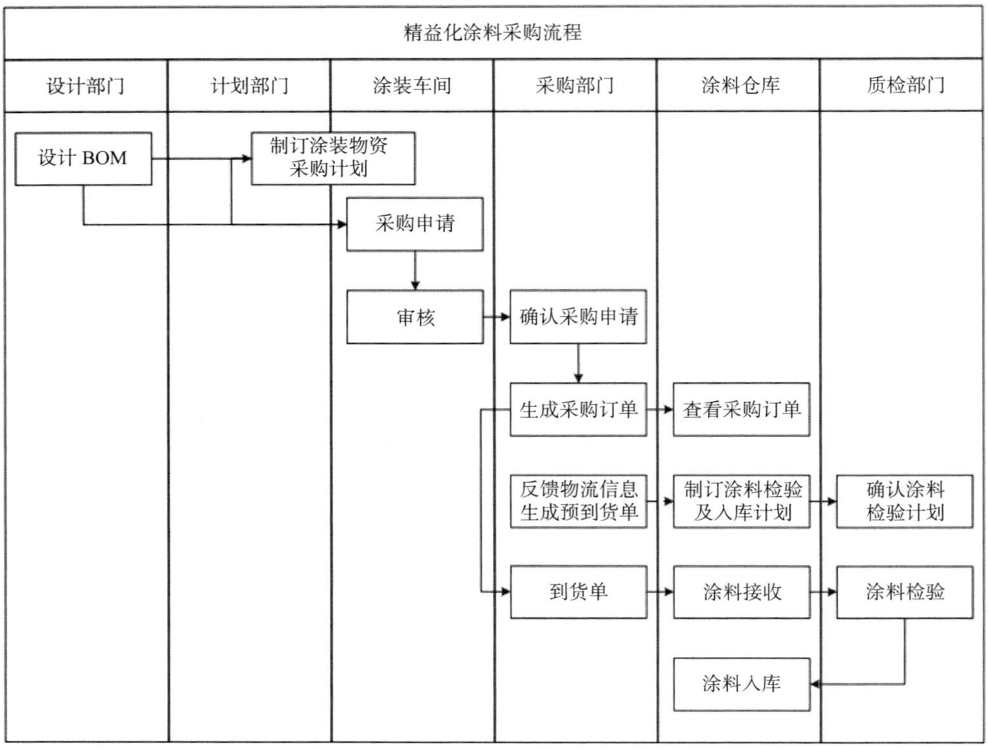

图 9-13 精益化涂料采购流程

(1)采购申请:涂装主管根据设计 BOM 和生产日程计划,制作涂料采购申请单。根据涂料采购的到货周期,提前一个到货周期进行采购,采购量为连续两个到货周期涂装生产需要的涂料用量,下一个采购周期再次进行采购。若采购周期为一周,第一周开始采购第三、四两周生产需要的涂料;第三周采购第五、六两周生产需要的涂料。

(2)采购申请审核:涂装车间主任审核采购主管提交的采购申请单,审核通过则将采购申请发送至采购部,若审核不通过,则需要退回修改,重复递交进行审核直至成功。

(3)确认采购申请单、生成采购订单:采购部接到涂装车间发来的采购申请单,将属于一个供应商的多个项目的采购申请单生成采购订单并发给供应商,待供应商确认订单后,将信息反馈至涂装车间。

(4)采购过程管理:采购部在涂料采购过程中,根据供应商反馈信息,及时生成预到货单,内容包括到货时间、到货数量、送货车辆等信息,并安排车辆进场等手续。

(5)检验、入库计划:涂料仓库管理员根据采购部反馈的预到货单,制订检验、入库计划,并将涂料检验计划发给质检部门,仓库管理员需要规划仓储位置和叉车、操作员等。

(6)生成到货单:涂料到厂前采购员根据采购订单生成到货单,并安排涂料进厂。

(7)到货检验:涂料到达涂料仓库时,质检员根据计划及时对涂料进行检验并发检验合格证,检验合格后仓库管理员根据计划及时安排涂料入库。

2)精益化涂料库存管理

Ⅰ.涂料入库流程

涂料采购单生成后,采购责任人根据采购单送货状态,下推生成到货单,涂料仓库管理员根据到货单,并与涂料仓库现有库存量进行匹配,生成预入库单。预入库单包括到货单内所有的涂料及指定的涂料详细库位。在涂料到货前一天提交涂料检验申请。涂料到货并检验合格后生成入库单,现场根据入库单将涂料送至指定库位。

实施预入库管理可以有效缩短涂料检验、入库时间,通过预入库管理可以提前上报涂料检验计划、叉车使用计划,做到涂料即到即检,检验完成直接入库,减少等待时间,符合精益管理要求。

涂料入库包括采购到货入库、退货入库。入库作业标准主要包括卸货标准、车辆出入库标准、货物检验标准、不合格产品处理标准、货物编码标准、库位规划标准等。

Ⅱ.涂料库存盘点

在实现精益管理要求的“零库存”之前,库存盘点是保持涂料库存台账与仓库实际一致的最有效方法。所以,库存盘点是涂料库存管理的工作重点之一。在未实现涂料管理信息化的船厂,涂料仓库管理员先统计好仓库实际涂料数量,然后再与库存台账进行对比,这种做法工作量大、耗时长、人为失误率高。

通过在涂料仓库实施信息化管理,物资管理系统数据与涂料仓库实物保持高度一致,严格控制涂料出入库是保持系统数据准确性最有效的方法。并且涂料库存数据在多个终端上可读,在库存盘点时,仓库管理员通过比对手持终端与实物库存即可完成盘点。该方案可以有效降低单次库存盘点时间、盘点次数。

Ⅲ.涂料领用流程

在船舶涂装生产过程中,各个施工班组每天需要根据项目生产计划进行涂料的申请领用,在此过程中仓库会收到很多的油漆出库申请单,用于记录油漆调配的动态信息。但是油漆出库申请单分项目分施工班组,仓库在油漆出库集配时是不区分项目的,在集配过程中按照施工班组、油漆品种进行出库,这样油漆仓库管理员在集配时就比较分散。如果应用信息管理系统,将油漆出库申请单转化成油漆出库集配单,按照集配业务执行过程中的关键数据表单进行动态整合和查询。

造船企业现有的涂装物资配送流程是各个施工班组自己的物资配送人员,根据施工班组的生产计划每天去仓库领用所需物资。这种物资配送方式随意性大、计划性差,每天都会出现各个施工班组扎堆在仓库等料的情况,造成涂料领用时间长,无法满足需求物资及时送达的要求。这种物资配送方式表面上看每个生产部门投入的人力及时间成本较低,但对整个企业而言投入的人力及时间成本巨大,造成很大的人力及时间成本浪费。

实施涂料出库集配管理可以有效提高涂料出库效率,减少等工时间。各个项目的涂装主管在施工当天或前一天提交出库计划,涂料仓库管理员汇总涂料出库任务,制订涂料集配计划。在实施信息化管理时,可以由信息系统自动输出集配计划,涂料仓库操作员根据涂料集配计划,将待出库涂料提前放置在备料区,在集配完成后,即刻通知涂装施工班组领料,通过实施涂料出库集配管理,实现涂料有序、准确地出库。

出库作业标准主要包括涂料信息标准、出库单标准、涂料集配标准等。

Ⅳ.涂料废桶回收流程

钢材、型材、管材等原材料在出库完成之后,仓库管理工作就结束了。但是,涂料仓库的管理还需要负责涂料被使用完之后,涂料废桶的回收工作,只有当涂料废桶回收完成后,涂料仓库的工作才算结束,这是涂料与钢材、型材、管材等原材料管理的区别之一。

涂料废桶回收也是困扰涂装生产的一大难题,据调查某船厂每天大约消耗 700 桶涂料,巨大的涂料用量造成涂料仓库管理压力大,而且涂装施工结束后,涂料废桶的回收难度高。其中一个原因是涂装完成后涂料废桶被工人随意丢弃,涂料属于危险化学品,在运输、仓储、施工等环节中都有严格的规定,废旧油漆桶同样属于危险化学废料,随意丢弃会严重污染环境,更有甚者会将废桶直接丢进江河,对船厂附近水体造成严重污染。此外,涂料废桶会残存油漆,依然具有可燃性,在厂内随意丢弃,有造成火灾的隐患。另一个原因是,涂料从仓库领出去后,废桶不回收会导致最终去向不明,可能会出现涂料被盗用的情况。

在涂料仓库实施信息化管理之后,可以根据涂料编码、库存编码、所属项目等确定每一桶涂料的唯一性,在涂料出库之后,打印涂料二维码张贴到桶身作为其标识,待涂料废桶回收时,扫描此二维码确认回收。

通过实施涂料废桶的回收信息化管理,可以追溯到涂料领用班组,废桶回收可以有效地进行控制。施工班组在施工完毕后将废桶保存好,待下一次领料前将废桶送去指定回收地点。

4. 精益化涂装作业管理

涂装作业贯穿造船的整个周期,从钢板切割到交船,涂装作业与船体、舾装作业交织缠绕。涂装作业包括钢板预处理、内场涂装、外场涂装,钢板预处理是在钢板切割前,对钢板进行打砂并涂车间底漆;内场涂装是指分段在砂房和涂装房内进行打砂和油漆;外场涂装包括总组涂装、船坞涂装、码头涂装三大作业区。

1)涂装生产计划管理

精益计划管理分为预测计划、综合计划、日程计划、计划控制及计划总结五个阶段,是一个完整的 PDCA(Plan,计划;Do,执行;Check,检查;Act,处理)循环,精益计划管理架构图如图 9-14 所示。

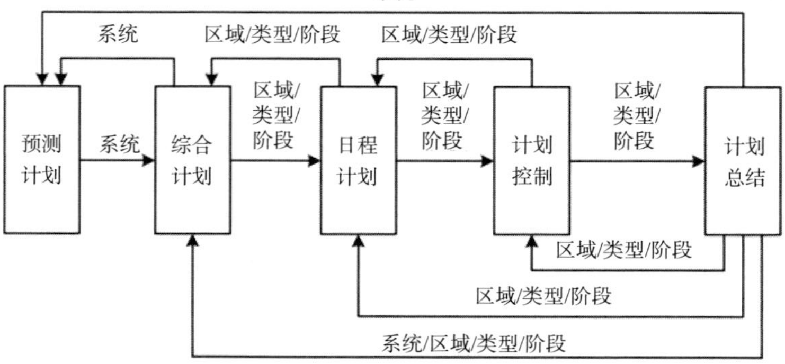

图 9-14 精益计划管理架构图

在精益计划具体实施时，建立“四级五段”计划管理体系。“四级”包括线表计划、大日程计划、中日程计划、小日程计划；“五段”包括合同签订期、合同签订后一个月、开工前半年、开工前三个月、开工前一个月、开工前一周。“四级五段”计划管理体系是精益管理在计划管理中的具体体现，结合船厂的生产流程和工艺要求，四级计划在执行时与其对应的四个执行层分别是公司级、部门级、作业区和班组级。有关涂装的生产计划主要受到主要节点计划、大中小日程生产计划的约束，分段涂装计划必须满足船坞搭载计划，船坞涂装必须满足船舶下水节点计划，码头涂装必须满足交船节点计划。

涂装生产计划的编制依据是上级计划信息、场地负荷信息、人员负荷信息、标准作业周期。涂装生产计划主要是指涂装车间的月度生产计划和双周滚动计划，涂装车间的月度生产计划必须符合船厂的先行中日程计划，双周滚动计划必须满足月度计划。在双周滚动计划之下各个工位还有自己的日工作计划，日工作计划主要由涂装主管及各个场地的主管根据车间的双周滚动计划进行编制。

2)涂装作业派工管理

Ⅰ. 涂装作业分解

船舶涂装作业阶段主要包括分段涂装、总段涂装、船台/船坞涂装、码头涂装。针对涂装的这四个阶段进行详细的作业分解，涂装作业分解方案见表 9-6。

表 9-6　涂装作业分解方案

作业阶段	作业对象	作业类型	任务包	派工单
分段阶段	分段	舾装件	舾装件涂装	舾装托盘冲砂、油漆
		分段	冲砂	冲砂前保护、冲砂、油漆
			结构修补	修补报验
			油漆	油漆前保护、预涂、喷涂、PSPC 和漆口保护
总段阶段	总组缝、破损区	总段涂装	舱室涂装 总组缝涂装	打磨、油漆、涂装检验 打磨、油漆、涂装检验
船台/船坞阶段	区域、搭载缝、破损区	船台/船坞涂装	合拢涂装 舱室/区域涂装 完工涂装	合拢缝打磨、油漆、检验 舱室密性、完整性检验打磨、油漆、检验 围壁、甲板及甲板机械表面处理
码头阶段	区域、破损区	码头涂装	舱室/区域涂装 完工涂装	舱室密性、完整性检验打磨、油漆、检验 围壁、甲板及甲板机械表面处理、补涂、检验

四个阶段的作业分解均以产品分解结构的末级为源头，在此基础上将涂装作业详尽划分成不同的作业任务包，任务包下一级再分解成更详尽的涂装作业任务。在进行任务分解时，考虑涂装施工质量、涂装进度管理、涂装成本管理等多个维度，实现对涂装作业进行精细化划分。

Ⅱ. 涂装任务包编制

涂装作业必须被分解到任务包层次才能够使涂装任务包成为一个有效的管理工具。因为任务包是作业分解结构的最底层单元，一个任务包就是一个可交付的成果，任务包包含活动、成本、组织以及资源信息。为了最终得到涂装任务包，首先要分析编制涂装任务包的关键信息，如图 9-15 所示。

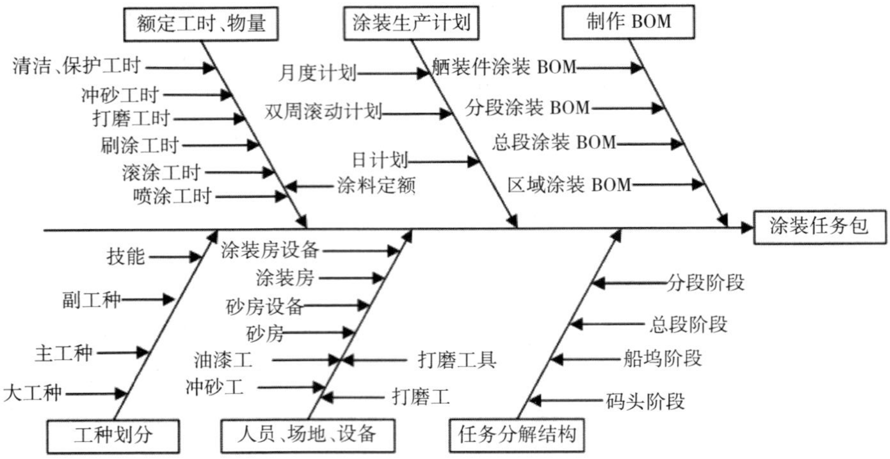

图 9-15 涂装任务包关键信息

为了得到涂装任务包，要搞清楚涂装工种划分，涂装额定工时、物量，涂装作业人员、设备、场地，涂装生产计划，涂装任务分解结构和涂装制作 BOM。

Ⅲ. 涂装作业派工管理

在完成任务分解后，需要与之相匹配的组织结构来实现，涂装组织分解结构如图 9-16 所示。

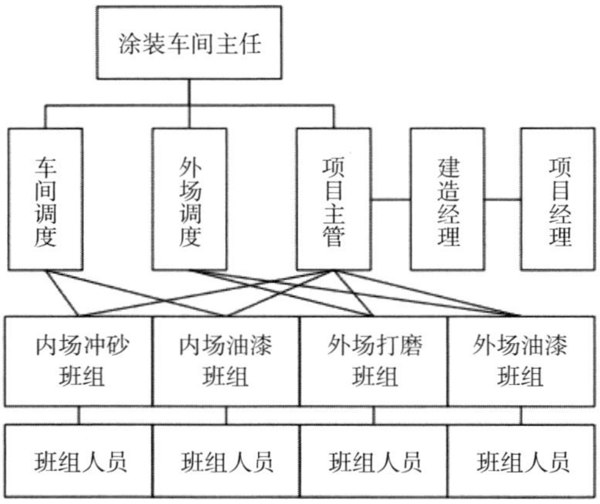

图 9-16 涂装组织分解结构

从图 9-16 中可以看出，涂装作业派工管理是行政管理和项目管理矩阵管理模式，纵向的行政管理组织对船厂各个项目的涂装进行整体把控；横向的项目管理针对单个项目，保证其按时、按质、按量完成，不影响项目整体进度。涂装车间由车间调度负责所有项目的分段冲砂和油漆的计划、人员、物资、场地、设备、质量、安全等管理；外场调度负责外场涂装生产作业计划、人员、物资、场地、设备、质量、安全等管理。涂装项目主管本质是涂装车间的一员，但是，在新项目建立伊始，会为每个项目安排一到两名涂装项目主管，涂装项目主管既受涂装车间管理，又对项目组负责，涂装主管参与分段涂装过程的施工进度与质量的监控。

组织结构分解是对涂装车间的人员进行管理,细化到管理具体某一个人。将最小的涂装工作分派到具体的人去完成,是涂装精益化派工追求的目标。通过派工可以知道人员、工时、资金、资源的投入。

3)涂装质量安全管理

Ⅰ.涂装质量管理

涂装施工环境差、劳动强度大、涂装作业人员的素质不高,这就导致涂装施工要求的严格与施工人员素质低下之间的矛盾越来越突出。针对这样的问题,首先,提高船舶涂装从业人员综合素质,并且对涂装作业人员在上岗前要进行系统的涂装作业培训;然后,制定涂装质量管理要求;最后,制定涂装质量控制标准。

涂装质量直接影响船舶的寿命,所以涂装并不是一项可有可无的工艺,需要给予足够的重视。在涂装施工过程中有些质量要求不容任何马虎,所以需要制定涂装质量管理高压线。第一,作业环境湿度大于 85%,或钢板温度高于所在环境露点 3 ℃以上,或者下雨天和大雾天均严禁施工;第二,冲砂前所有管口必须做保护,涂装前要将电缆做好保护,不得将涂料涂到电缆上;第三,涂装预留区域、合拢区和密性焊缝要用胶带做保护;第四,涂装施工前油和水必须清楚;第五,双组分涂料在混合时要严格按照工艺配比;第六,打砂和漆膜厚度严格依据设计要求,膜厚不得超过规定的一倍。

船舶涂装的质量要求主要由三部分构成。第一部分:表面处理的质量标准以及对结构边缘处理、结构表面缺陷处理和涂装前结构表面清洁的要求等。第二部分:涂层涂装质量的标准与规定,如涂装规格、膜厚以及对涂层外观和涂层缺陷修整的有关要求等,其中涂装规格和膜厚由涂装设计确定。第三部分:为保证前两部分的质量要求而制定的技术条件、工艺要求或特别规定,如涂料性能、露点管理等。

Ⅱ.涂装安全管理

这里引入涂装安全网格化管理的理念来研究涂装安全管理,并制定相应的部门管理规定及公司规章制度。网格化管理是指将部门所有的管辖区域合理划分为若干个单元,并对划分的单元落实各个层级的安全管理人员。网格化管理的特点是立体化、全面化、层次化。通过实施涂装安全网格化管理,解决目前涂装生产中出现的安全责任不明确和全面管理制度存在漏洞的问题。

首先,要配置足额的安全督查员,而且安全督查员要隶属于船厂的安全管理部,脱离涂装车间的管理;涂装车间组建三级安全管理组,组长由涂装车间一把手担任,安全管理员由生产主管担任,安全员由班组长担任。

然后,要分清各个角色的安全责任。安全督查员负责监督所在区域的涂装日常生产中存在的所有安全问题,包括安全培训、处罚违规者等;组长对涂装车间的所有安全问题负有监管责任;安全管理员负责传达公司有关规定,并确保规定在涂装车间贯彻执行,检查日常工作是否符合安全生产管理规定,以及处理已经发生的安全事故;安全员对所在班组的生产安全负有直接责任。

最后,将涂装作业区域进行网格划分,根据涂装作业区域将安全网格划分成内场涂装车间、总组涂装场地、船坞涂装场地、码头涂装场地,其中船坞和码头需要按在建项目进行划分。

涂装安全网格化管理能够成功实施的核心是船厂制定与其相适应的管理制度,关键是建立一支专业化的安全管理督查队,并树立安全督查员的威信。

思考与拓展

（1）在舾装工艺阶段中如何体现壳舾涂一体化和区域造船?

（2）请说明托盘划分与船体分段划分、船舶总装方案的关系?

（3）若管系跨越前后两个分段（如甲板分段），在分段上安装管系时应注意哪些问题?

（4）船体的船底部、水线部和外舷部各自对涂料有哪些技术要求？为什么?

（5）在船舶上已经进行了技术要求相当高的船舶涂装，为什么还要求对船体采用阴极保护?

第 10 章　船舶下水

船舶下水是将船舶从建造区域移向水域的工艺过程。船舶的建造区域是船台或者船坞，因此，船舶下水泛指船舶由船台或船坞移向水域的工艺过程。通常前者称为下水，后者称为出坞。

船舶下水前应完成的造船工作如下。

（1）应能保证船舶下水时具有足够的纵向强度和横向强度。

（2）应完成船体上甲板以下的船体密性试验，并检验合格。

（3）必须完成船体内部与船底板、舷侧外板直接连接的设备（如海底阀等）和推进器、舵、尾轴出口处等一切水下工程，以及下水前必需的带缆设备、救生设备等的安装工作。

（4）完成船体型线和主尺度的测量检验工作，船体外壳水下部分的油漆工作，载重线和吃水标志的绘制工作。

（5）下水资料完整。

10.1　船舶下水的方法与设施

根据下水原理，船舶下水可分为重力式下水、漂浮式下水、机械化下水和衬垫式下水四大类。根据船舶移动方向，下水又有纵向下水和横向下水之分。根据下水的工艺方法，下水又可分为涂油滑道下水、钢珠下水以及小车下水等。对上述方法按可行性进行组合之后，船舶下水方法便有很多种，而每一种方法都需要特定的下水设施，详见表 10-1。

表 10-1　下水方法的分类

下水原理	移船方向	下水设施
重力式	纵向下水	涂油滑道 钢珠滑道
	横向下水	涂油滑道 橡木滑道
漂浮式	垂直浮升	造船坞（或修船坞） 注水式船坞 浮船坞
机械化	纵向下水	纵向船排滑道 纵向两支点滑道 纵向斜架滑道 摇架纵向滑道 变坡横移纵向滑道 变坡转盘纵向滑道

续表

下水原理	移船方向	下水设施
机械化	横向下水	横向高低轨滑道 横向高低腿滑道 横向梳式滑道 横向斜架滑道
	垂向下水	升船机 起重机
衬垫式	—	—

10.1.1 重力式下水

船舶在倾斜船台上建造。下水时,船舶通过下水架坐落在滑道上,并依靠自身重力的斜面分力滑行入水,因而称作重力式下水。

重力式下水有纵向下水和横向下水之分。船舶下水的滑行方向与船体纵剖面平行时称为纵向下水。重力式纵向下水比较常见。为了获得较大的浮力,纵向下水通常是艉部先入水。船舶下水的滑行方向与船体纵剖面垂直时称为横向下水。横向下水时舷侧先入水,因而下水时阻力较大,自由漂程短,适用于狭窄水域处船舶下水。

1. 纵向下水

重力式纵向下水采用的纵向倾斜船台也是船舶的总装场所。根据船台的标高,纵向倾斜船台可分为干式船台和半坞式船台。船舶在干式船台上建造时,艉部船底在下水设计水位以上(图 10-1);船舶在半坞式船台上建造时,艉部船底在设计水位以下,因而需要设坞门将水挡住(图 10-2)。干式船台造价低,工艺设备简单,是国内外常见的一种下水设施。但其下水工艺较复杂,水域宽度要求大于船长的 3 倍。半坞式船台的造价较高,但可以降低船台标高,有利于船舶总装,适用于建造数万吨以上的大型船舶。

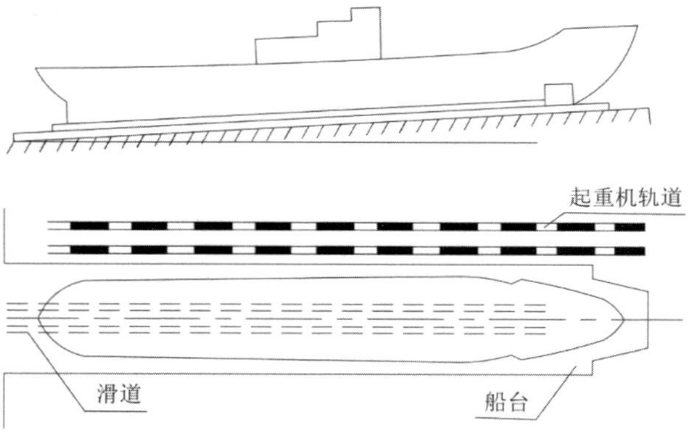

图 10-1 纵向倾斜船台

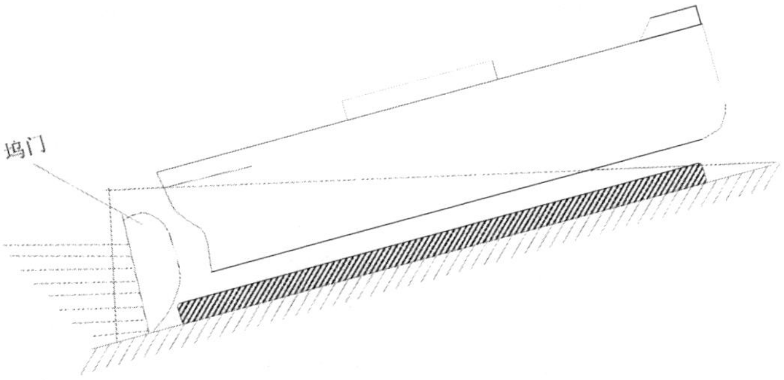

图 10-2　半坞式船台

纵向倾斜船台的滑道根据其几何形状，可分为直线坡度滑道和弧形滑道两种。直线坡度滑道的坡度是固定的，弧形滑道的坡度不固定，如 1/20 弧形滑道是圆弧的一部分，圆弧上各点的切线与水平线的夹角是变化的，因而弧形滑道是变坡度滑道。对于相同的水平滑程，弧形滑道比直线坡度滑道可获得更大的吃水（图 10-3），从而有利于船舶尽早漂浮。根据滑道设置的数量，纵向倾斜船台又分为单滑道型、双滑道型和多滑道型。单滑道型在船台中心线上设置一根滑道，其宽度较大。双滑道型在船台中心线两侧各设一根滑道，两滑道的中心距通常取产品型宽的 1/3。多滑道以上述单滑道或双滑道为主滑道，两旁增设副滑道。副滑道一般较短、较窄。

根据滑道的滑动介质，纵向倾斜船台滑道又可分为涂油滑道、钢珠滑道和船台小车滑道三种。

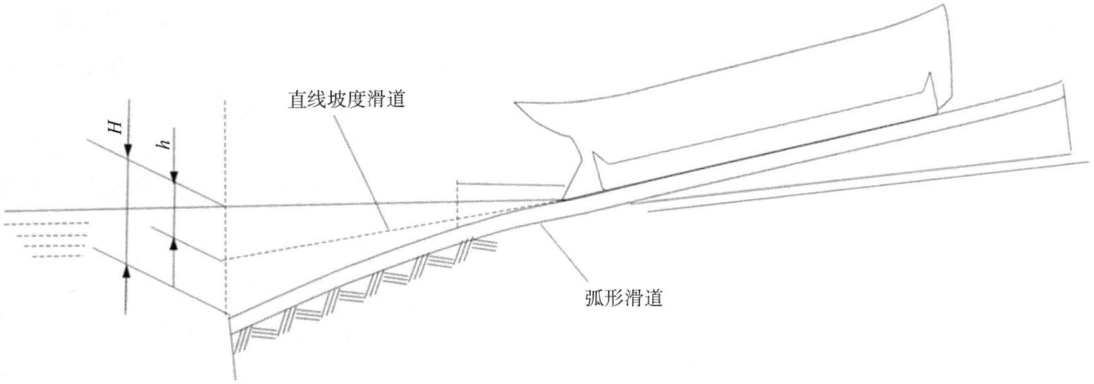

图 10-3　弧形滑道末端

1）纵向涂油滑道下水

船舶采用纵向涂油滑道下水时，先要在木质滑道和滑板的接触面上分别浇涂石蜡（含硬脂酸、松香和机油等成分）作为承压层，然后在滑道承压层上面涂抹牛油，作为润滑层（图 10-4），以减少滑道的摩擦作用。下水前，船舶由滑板、墩木和木楔组成的下水架支撑。因为滑板与滑道间涂有牛油，所以当下水止滑器解锁后，船舶在其重力的作用下能顺利地随着滑板下滑入水。涂油滑道下水的准备周期较长，油脂消耗多，对作业环境和水域有污染。由于牛油没有承压能力,因此要求在下水前才能敲紧木楔,拆除建造墩木,这就增加了下水前的工作量。但是涂油滑道的建造成本较低,工艺装备简单,对产品的适应能力较强。

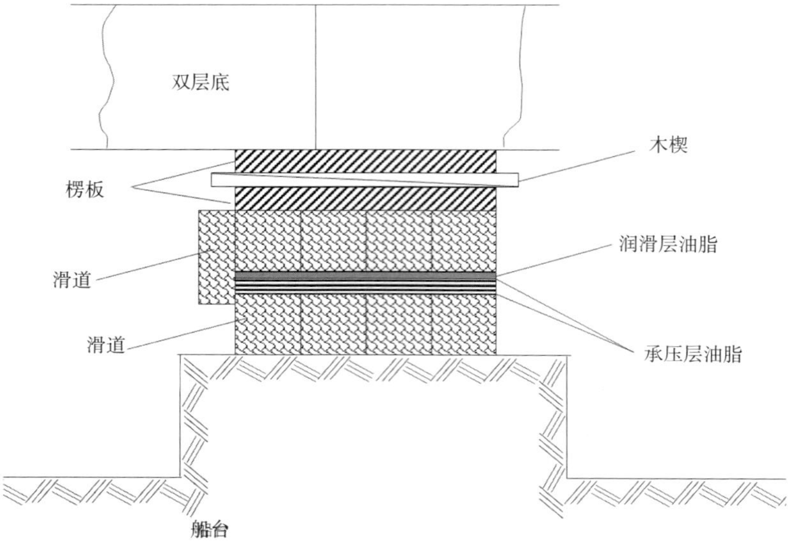

图 10-4 纵向涂油滑道示意图

2)纵向钢珠滑道下水

钢珠滑道在滑道与滑板之间用球形钢珠作为滚动媒介,使滑板能沿滑道下滑。为了防止钢珠在承载时被压入木质滑道和滑板,滑道的上表面和滑板的下表面都安装了厚钢板,称为轨板。钢珠用高铬钢制成,直径为 90 mm,平均许用载荷为 29.4 kN。钢珠由保距器来保持其间的相对位置,以合理分散船舶的下水重力。为了减少保距器与滑道轨板之间的摩擦力,保距器上可安装滚轮。普通型的保距器每块可放 12 个钢珠,分成三列(图 10-5),并在滑道轨板上焊有导向方钢,以免钢珠出列。为了回收钢珠和保距器,在滑道末端分别设有回收箱和回收网。与涂油滑道相比钢珠滑道能承受较大的压力,因此在船舶下水前几天就可先拆除中墩和大部分边墩,以分散下水作业。钢珠可回收使用,其生产费用较低,也不污染环境。此外,由于钢珠的摩擦系数一般不受气候条件的影响,从而大大提高了下水计算的准确性。但其初始投资较大,下水过程中的振动、噪声也较大。

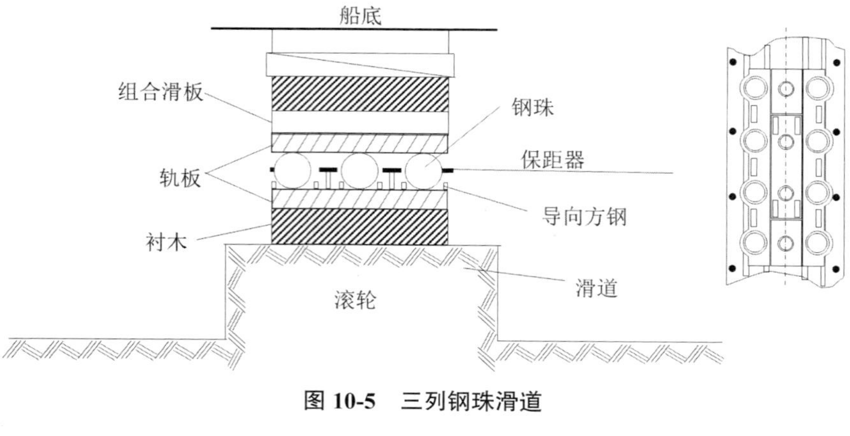

图 10-5 三列钢珠滑道

3）纵向船台小车滑道下水

纵向船台小车滑道下水是指在船台上铺设钢制轨道，若干船台小车在轨道和船体间起支撑作用，依靠船体重力使小车沿轨道下水的方式。船台小车一方面支撑船体，起着支架作用；另一方面滚轮在轨道上保证下水的运动性。一般若干船台小车串联来支撑船体，各小车之间连接比较灵活，可以根据船长和船重来增减小车数量，船台轨道可以铺设在平地和船台一直延伸到水下，有利于发挥船舶合拢的流水线作用，提高船台利用率，如图 10-6 所示。该下水方式可以适应不同质量的各种船型，下水过程稳定，安全性较高，船台坡度较缓，可以配合拖船等来控制下水速度。

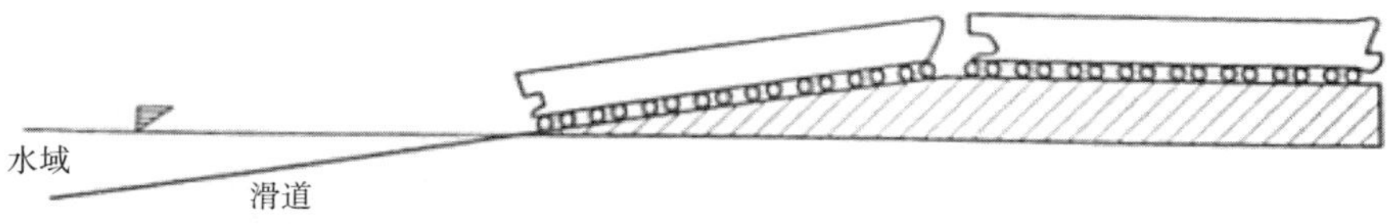

图 10-6　可以连续造船的纵向小车滑道下水

2. 横向下水

重力式横向下水通常采用平行于岸线布置的水平船台。船舶在建造时，龙骨处于水平状态，总装较为方便。下水时，船舶通过楔形下水架坐落到倾斜滑道上，或者在水平船台上临时架设下水滑道与固定下水滑道对接。横向下水的滑道坡度比纵向下水的大。一般取 1/10~1/16，因此船舶更容易下滑入水。滑道间距对大型船舶通常取 3~5 m，小型船舶应略小些。滑板布置可以与船体纵剖面平行，使一组滑板跨及两条或三条滑道，也可以与滑道平行，此时应在滑板边上装置护条，以免滑板脱离滑道。

根据滑道的长短，横向下水大致可分为两种。一种是长滑道，即滑道伸入水中一段距离，船舶在长滑道上横向下水，这种方式称为浮起式横向下水（图 10-7（a））。另一种是短滑道，即滑道末端在下水设计水位以上。船舶在短滑道上横向下水时，将连同下水架一起坠入水中，然后依靠船舶的浮力和稳性趋于平衡。这种方式称为横向坠落式下水（图 10-7（b））。采用重力式横向下水所需的水域宽度较窄，但占用的岸线较长，还需设置大量滑道。由于各滑板的下滑速度可能不一致，容易造成船身偏转，甚至发生滑板脱离滑道事故，下水的安全性较差。另外，采用横向坠落式下水时，船体承受很大的冲击力，并且横摇剧烈，因而对船体强度和稳性要求很高。重力式横向下水通常适用于万吨以下的小船。

图 10-7　重力式横向下水

（a）浮起式　（b）坠落式

10.1.2 漂浮式下水

该法的原始形式在我国早有应用，即利用江河的枯水季节在滩头将船造好，当洪水季节到来时船即可自行浮起。这样便不需任何下水设施。现代漂浮式下水的主要设施是船坞，下水方法有如下几种。

1. 干船坞下水

如图 10-8 所示，利用坞门将坞室和水域隔开，把坞内的水抽干，根据建造船舶的结构与线型，在坞底布置好坞墩（龙骨墩及边墩），便可在坞内造船。船舶建成后，将水注入坞室，船靠浮力浮起。当坞内外水位相平时，移开坞门，即可将船拖曳出坞。

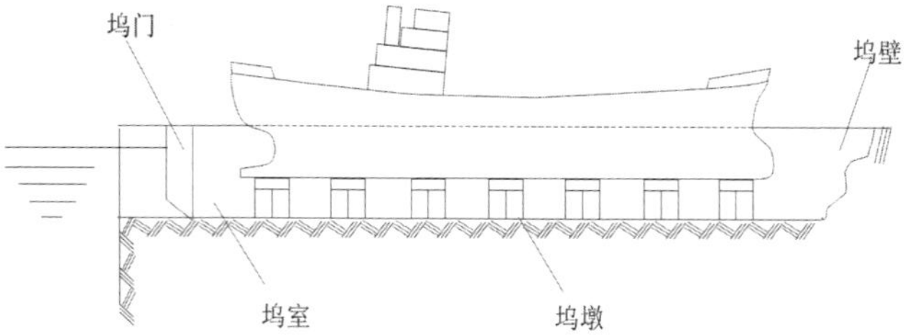

图 10-8 船坞修造船

与重力式下水相比，干船坞下水工艺简单、安全性较好，同时可以兼顾重力式下水所要求的水域宽度。而且由于坞底低于水平面，可以适当降低起重设备的起吊高度。此外，船舶在干船坞内建造时处于水平状态，使施工操作较为简便。如果在坞内中间加分隔坞门，还可以采用串联造船法，但是，干船坞的建筑工程量大，投资费用很高。

干船坞不仅能用于船舶的建造和下水，还能用于船舶进坞修理，船舶进坞上墩的过程与下水正好相反。首先在坞内铺好墩木，在大潮位时打开坞门将水注入坞室，当达到足够水深时，将船舶拖曳至坞内，然后关闭坞门，逐渐将水抽干，使船舶逐渐坐墩。

2. 造船浅坞下水

由于新造船舶空船重量较旧船修船时的排水量小，如只需满足新船漂浮的要求，则可将船坞造得比上述船坞浅些，以节省投资。这种船坞为造船浅坞。国外建造大型船舶时采用此方式居多。

3. 浮船坞下水

浮船坞原来主要用于船舶修理，作为船队或工厂的浮动修船基地。但如与水平船台联合使用，亦可作为船舶下水设施。使用时，先把浮船坞对准岸上移船轨道，再将下水船舶沿轨道移入坞内，然后将浮船坞拖至深水区，在注入压载水后下沉，船舶即能在坞内自行浮起。根据船舶入坞的移动方向，浮船坞下水可分为纵移式与横移式两种。

浮船坞下水作业平稳安全，而且不占用陆地面积，下水作业更加灵活，但是浮船坞一般造价较高，而且利用浮船坞进行修船、造船作业时，起重能力往往会受到较大的限制。

10.1.3 机械式下水

随着造船技术的发展，下水操作的机械化程度不断提高，出现了名目繁多的机械化下水方式,其中还有结合我国国情的独特形式。根据布置特点,机械化下水可分为纵向滑道机械化下水、横向滑道机械化下水及垂直升船机三种主要形式。它们均借助机械化设备完成船舶下水和上墩作业。为提高修造船能力,一般均配置移船区和多船位的船台区。现选取几种形式分述如下。

1. 纵向滑道机械化下水

1)纵向船排滑道机械化下水

船舶在带有滚轮的整体船排或分节船排上,下水时,用卷扬机通过钢索和滑轮牵引承载着船舶的船排,沿着倾斜船台上的轨道将船舶送入水中,直到船舶完全浮起为止,如图 10-9 所示。

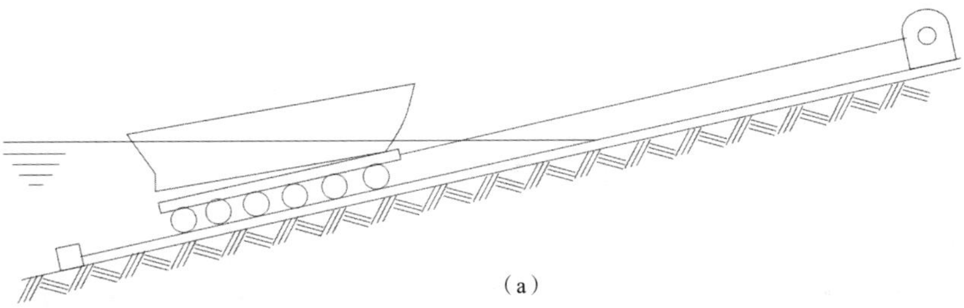

(a)

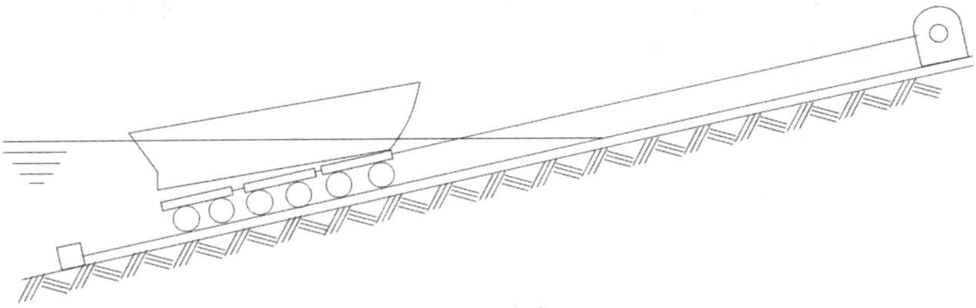

(b)

图 10-9　纵向船排滑道

(a)整体船排　(b)分节船排

因为船排架面与轨道平行,而且高度较小,所以,滑道水下部分可以缩短,滑道末端的水深也可以较浅。如果采用挠性连接的分节船排,因船舶尾浮后船排可在滑道末端靠拢,从而可以进一步缩短滑道水下部分长度和降低滑道末端水深。这种滑道投资较少、技术要求不高,土建施工较简单,下水平稳安全,是一种适用于小型船厂的下水设施。但是,它在船舶艉浮时会产生较大的艏端压力,而且由于船排高度较小,使得在船底下的作业很不方便。

为了提高船排滑道的利用率,出现了带有横移坑和多船位水平船台的纵向船排滑道,在多个水平船台上建造的船舶都可以使用同一条船排滑道下水。图 10-10 所示是一种带液压摇架和横移区的纵向船排滑道布置图,下水时,首先将船舶从水平船台移至横移车上,拖曳横移车将船舶移至滑道区与液压摇架对准(此时的液压摇架呈水平状态),将船舶移到液压摇架上,然后调整摇架两端的千斤顶,使摇架倾斜成与滑道相同的坡度,即可将船舶移入水中。

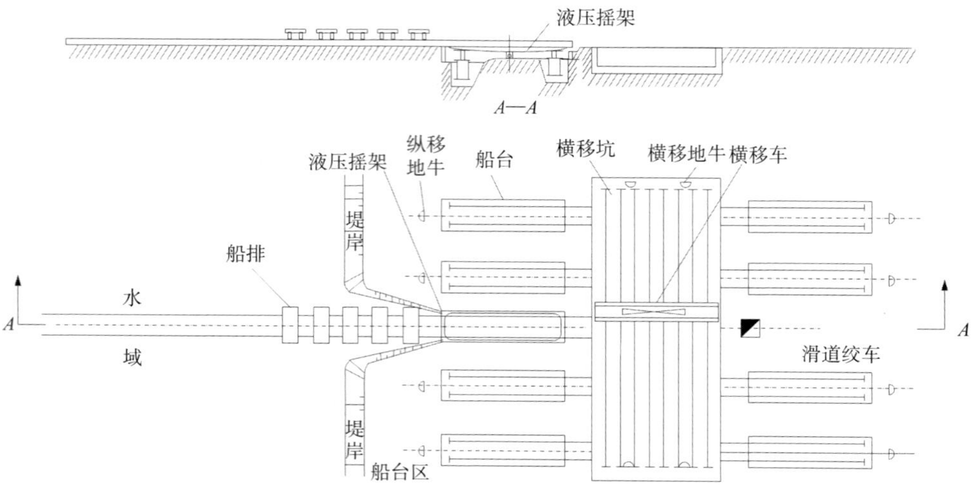

图 10-10　带液压摇架的船排滑道

2)两支点纵向滑道机械化下水

这种滑道是用两辆分开的下水车支承下水船舶,可以直接将船舶从船台的水平部分拖曳到斜坡部分,并将船舶移入水中,如图 10-11 所示。这种滑道用圆弧部分将水平部分与斜坡部分连接起来,以便移船时能平稳过渡。

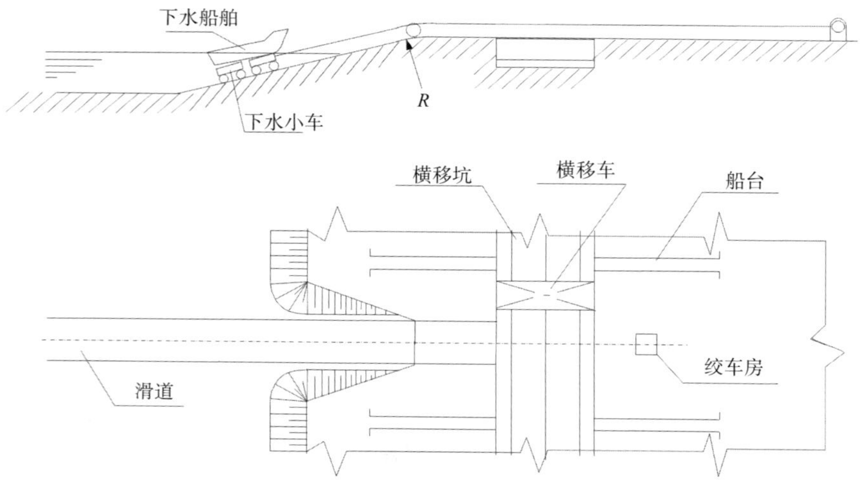

图 10-11　两支点纵向滑道

这种滑道设备简单、施工方便、操作容易,但因其沿船长仅由两辆小车支承,船舶因自重引起的作用力相当于简支梁的受力状态。当船较长和下水重量较大时,对船体纵向强度影响较大,而且在尾浮时会产生较大的艏端压力,所以,此方法只能适用于有足够纵向强度的小型船舶下水。

3)楔形下水车滑道机械化下水

这种滑道下水车是架面呈水平或近似水平(微向后倾斜)的楔形车,如图 10-12 所示。因此，采用这种方法下水的船舶在下水时不会产生艏端压力，而且下水工艺简单可靠，适用于大型船舶的下水和上墩。把它用横移区和多船位船台连接起来，可以提高滑道的使用效率。这种滑道的主要缺点是下水车尾端过高，要求滑道末端有较大的水深，因而导致水下建筑工程量较大，从而增加了投资。另外，由于滑道末端容易被淤泥覆盖，因此在选择滑道地点时应充分考虑水域的水文条件。

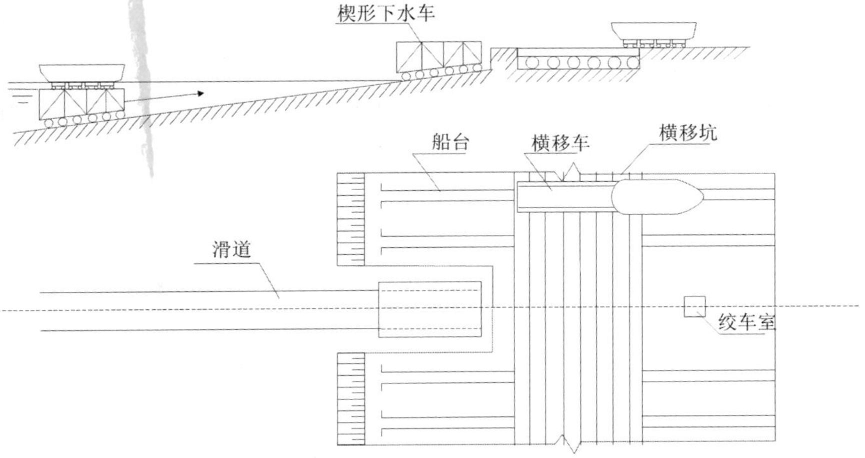

图 10-12　楔形下水车纵向滑道

4）变坡度横移区纵向滑道机械化下水

这种滑道的特点是横移区由水平段和变坡段两部分组成，如图 10-13 所示。船舶在水平船台上建造，在纵向倾斜船台上下水，因此，在船舶从水平船台移到纵向倾斜船台的过程中，既要横移，又要有纵向倾角的变化。横移车具有变坡功能，在水平段可以实现与水平船台衔接，也可以在变坡段末端实现与纵向倾斜船台和滑道的衔接。

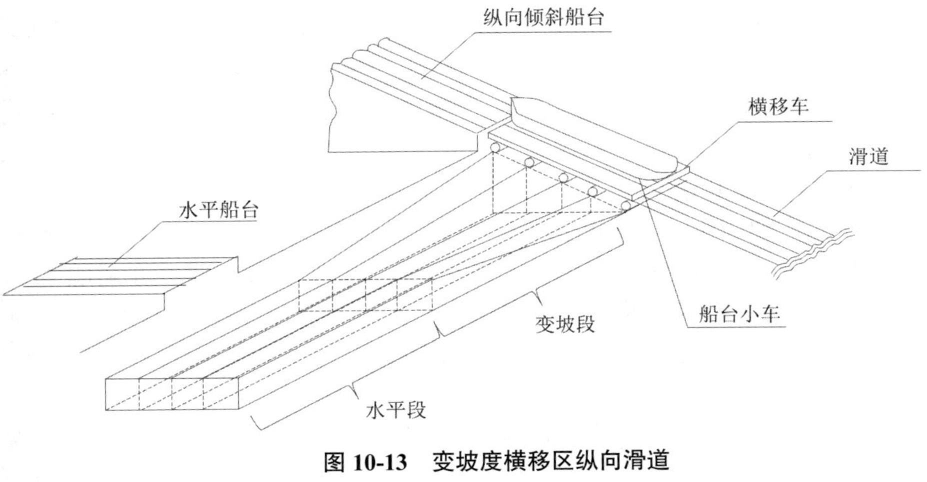

图 10-13　变坡度横移区纵向滑道

为了使横移车在变坡段能保持横向水平，变坡度轨道均采用高低两层轨道的形式，此外，这种滑道是用船台小车兼作下水车，故滑道水下部分可较短，滑道末端水深可较浅，滑道建设投资较低，但是在船舶尾浮时有较大的艏端压力，这种滑道比较适用于中小型船舶的下水和上墩。

2. 横向滑道机械化下水

1）高低轨横向滑道机械化下水

这种滑道由滑道斜坡部分与水平横移区组成，如图 10-14 所示。当下水车在斜坡部分移动时，临水端和靠岸端的下水车走轮分别在高低不同的两条轨道上行走，以保持下水车的架面处于水平状态。为此，斜坡部分的高轨和低轨与横移区的相应轨道应该用相同半径的圆弧平滑地连接起来，高轨和低轨的高度差应保证临水端和靠岸端的走轮轴处于同一水平面。此法机械化程度较高，操作简单可靠，对水域宽度和深度的要求都比纵向下水方式小得多，但斜坡部分轨道基础复杂，铺轨精度要求高，所以造价较高。

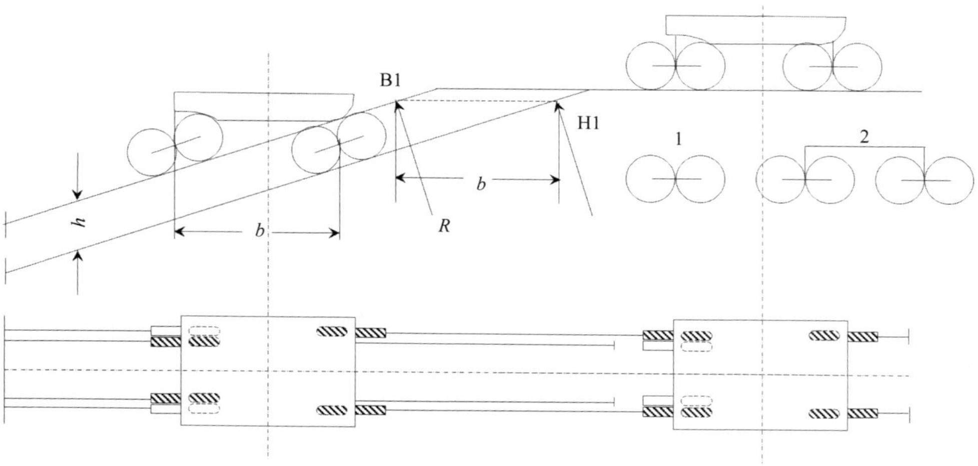

图 10-14 高低轨横向滑道

2）高低腿横向滑道机械化下水

这种滑道是在高低轨横向滑道的基础上发展起来的，如图 10-15 所示。过渡段每组分设两条轨道，一条是横移区的水平轨道，另一条是滑道区的斜坡轨道。对应每组轨道，下水车均设一组走轮。图 10-15 中走轮 1~6 为低腿走轮，走轮 7、8 为高腿走轮。当下水车在水平横移区移动时，走轮 1~4 在水平轨道上行驶，走轮 5~8 悬空；当下水车进入过渡段时，走轮 1、2 先脱轨，然后走轮 3、4 脱离水平轨道，与此同时，走轮 8、7 与 6、5 相继进入斜坡轨道。为了保证下水车缓慢过渡和下水车架面在斜坡轨道上呈水平状态，过渡段轨道应该用适当的圆弧衔接，高低腿走轮高度差由滑道坡度和轮距求得。此方法既适用于船舶下水，又适用于船舶上墩。

采用高低腿滑道，可以减少斜坡部分每组轨道的数量，简化水工建筑物，减少水下施工工作量。特别是对水位差较大的船厂，因其滑道的水下部分较长，采用这种滑道更为有利。

3）梳式滑道机械化下水

梳式滑道也是一种机械化的下水和上墩设施，由斜坡滑道和水平横移区两部分组成，横移区侧翼为多船位的水平船台，船台小车和下水车是单独使用的。在斜坡滑道部分设若干组轨道，每组轨道上有一辆单层楔形下水车，每辆下水车由单独的卷扬机牵引。水平横移区轨道和斜坡滑道的轨道错开排列，形成高低交错的梳齿，便于水平船台上的下水船舶可以由船台小车转载到楔形下水车上，因此这种滑道称为梳式滑道。

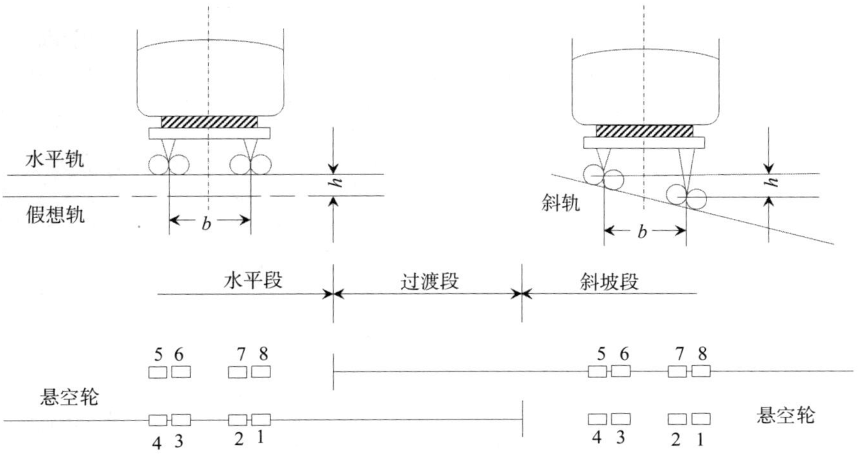

图 10-15　高低腿横向滑道

船舶下水时，船台小车将船由船台移到横移区纵、横轨道交接处的适当位置，启动小车下部的液压千斤顶将小车走轮悬空，旋转 90° 后，再落下千斤顶使走轮落到横移轨道上，然后开动船台小车将船移到交接区，启动船台小车上部液压千斤顶将船略微升高，使楔形下水车托住船底，随后降下船台小车上部千斤顶并移开船台小车，即可用楔形下水车将船沿斜坡轨道移入水中，如图 10-16 所示。由于这种下水工艺需使船台小车转向，并且在交接区需要换车，故操作麻烦。船台小车结构复杂，维修保养烦琐，此法适用于中、小型内河平底船舶的下水和上墩。

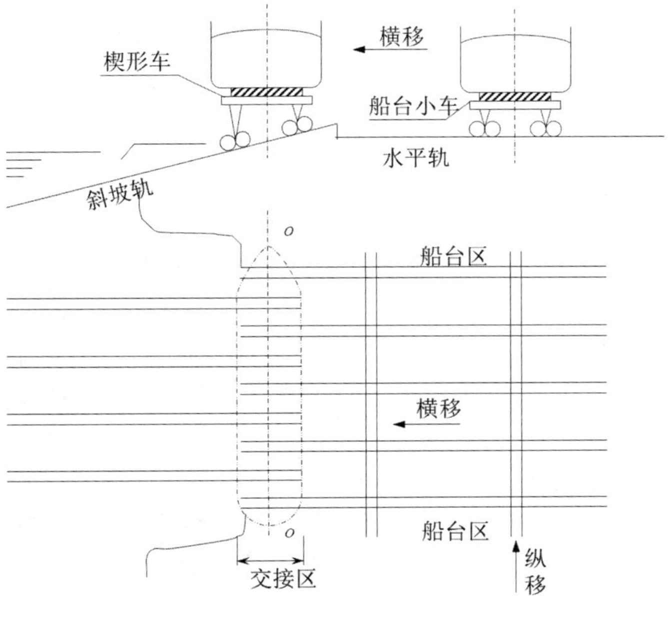

图 10-16　梳式滑道

3. 升船机下水

升船机是紧靠下水岸壁设置的一个承载船舶的升船平台,可利用液压或卷扬式绞缆机使平台垂直升降,以供船舶下水或上墩,如图 10-17 所示。船舶下水时,首先借助绞缆机使升船平台与船台轨道对准并固定,再将船舶从船台移至升船平台上,解除固定,然后开动绞缆机,将升船平台连同下水船舶降入水中,船舶逐渐吃水浮起完成下水。反之,亦可用于船舶上墩,在升船平台的升降过程中,必须保证多台绞缆机同步工作,使升船平台始终保持水平。

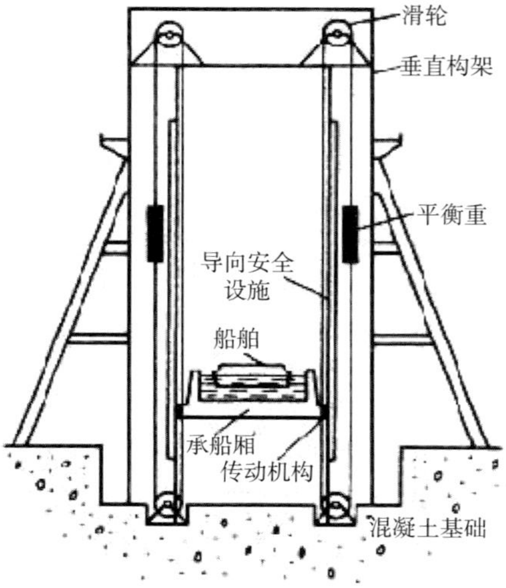

图 10-17 升船机

升船机结构紧凑,占地少,特别适用于厂区狭小、岸壁较陡、水域受限制的船厂。此外,升船机还具有作业平稳可靠、适合定型批量生产等优点。但是,升船机对下水船舶的主尺度和重量限制较大。

10.1.4 衬垫式下水

以气囊、水垫等作为船舶下水过程中的支撑和滑动介质的下水方式称为船舶衬垫式下水。

1. 气囊下水

船舶下水时,先用若干直径较大的支承气囊将船舶抬高,拆除造船时所用的龙骨墩和边墩,再置入滚动气囊,并将支承气囊中的空气放掉,然后利用绞车使承载在滚动气囊上的船舶移向水域。这种方法适用于小型船舶的下水,或将船舶从水域拖上船台。由于在下水过程中,可以很方便地调整船舶移动方向和移动速度,因此适用于水域狭窄、水位变化较大的船厂。

2. 水垫下水

这种下水方式主要采用设有水垫装置的墩木,水垫装置与高压水管相连。下水时,水垫装置通入高压水,使喷射出来的高压水流在装置与地面之间形成水垫,将船舶微微托起,再将船舶拖曳入水。此法要求岸边滩地有足够的承压能力,以防水压损耗过大、过快。

10.1.5 船舶下水的工艺设施

要保证船舶下水工艺的顺利实施,必须有相应的工艺设备,这里以船舶重力式下水为例,简要介绍其主要工艺设备。

1. 下水墩木

船舶下水前，需将船舶从建造墩木移到下水墩木上，并对建造墩木处的船底板补涂油漆。下水墩木既要能够临时支撑下水船舶的重量，又要便于迅速拆除，以便船舶能够安全、迅速地坐落到下水支架上，常见的下水墩木有砂箱下水墩木和活络铁墩。

砂箱下水墩木由一个侧面开有插门的凸底铁箱组成，箱内装满砂石，拆墩时，只要打开插门，砂石即自行外流，砂箱上方的墩木随之下降，船舶安全、迅速地坐落到下水支架上。这种墩木具有拆墩迅速、安全可靠、拆墩劳动强度低等优点。但是，由于拆墩时砂石撒满船台，增加了下水后清理船台的工作量。

活络铁墩的构造与组成如图10-18所示。拆墩时，只要将安全插销拉开，并用手锤将止动闸刀向上击开，脱离拉力铰链的约束，滑箱即沿箱体座上的斜面滑下，使墩木高度降低100 mm左右。这种活络铁墩拆卸方便，不需装填砂石，并可同时作为建造墩木实现一次排墩，不仅缩短了下水准备和下水作业的时间，而且可以避免沙尘飞扬，降低了下水后清理船台的工作量。

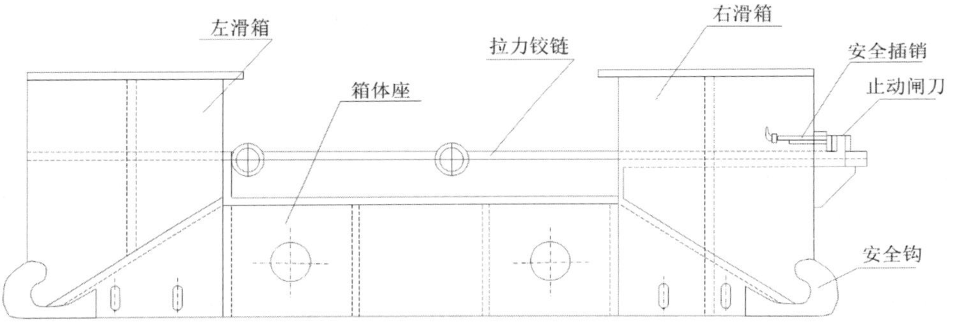

图10-18　活络铁墩的构造与组成

2. 滑道

滑道是支承滑板、下水支架和船舶等的基础，也是船舶下水的轨道。决定纵向滑道的主要参数有滑道坡度、滑道中心距、滑道末端水深、滑道长度、滑道宽度和滑道的荷重分布等。这些参数在修建倾斜船台时已经确定，因而在船舶下水时都是已知的定值。所以在船舶下水时，要根据滑道参数值和下水计算结果来讨论是否采取必要的工艺措施，以保证船舶下水的顺利进行。

滑道通常有两条，其中心线之间的距离约为船宽的1/3，滑道坡度一般较小，使船艏部分离地不至于过高，便于施工，但也不宜过小，否则船舶下水时不容易滑动。

3. 滑板

滑板是船舶下水时承载船舶和下水支架的下水装置，它由200 mm × 200 mm或300 mm × 300 mm的松方木用螺栓连接而成。每块滑板长度为6~8 m或3~4 m。其端部下缘都加工成圆角，以免在下滑时被滑道卡住。

使用时，可以根据需要的长度把一块块滑板用连接件连接起来。为了防止滑板从滑道滑出，在两根滑板之间要求装设适当数量的撑木或松紧螺栓扣，以保持两根滑板之间的距离。

滑板的总长度（包括各块滑板之间的间隙在内）应略大于全部下水支架的长度，通常取船舶垂线间长的 80%~90%。

4. 钢珠

钢珠应具有足够的承载能力，能够承受下水船舶的重量和船舶滑行时的冲击力，尤其是艏支架部位的钢珠，需要能够承受船舶下水尾浮时的瞬时艏压力。钢珠的材料一般有高铬钢和优质碳素钢，这样的钢珠负载能力强，而且韧性好，不容易破裂，但是造价较高。为了降低成本，也可以选用铸铁铸造的钢珠，但是这样的钢珠负载能力较低，而且受铸造工艺水平的影响较大，往往需要事先用压力机进行钢珠试压。

5. 保距器

由于滑道在接缝处的不平度以及制作钢珠的误差，船舶在滑行过程中，很多因素会引起某些钢珠负荷不均，彼此负荷相差很大，甚至有的钢珠无负荷，使其滚动混乱，从而失去应有的相对位置。保距器就是为了防止钢珠发生混乱滚动，而用来保持各钢珠的相对位置的。

6. 钢架网袋

随着船舶的滑行入水，部分的钢珠装置也会从滑道末端落下，为了防止钢珠在水中滚失，需要在滑道末端设置钢架网袋，以承接下落的钢珠。

钢架网袋应在滑道向下的延伸面以下，以免滑板碰落钢架网袋，滑道开端设置钢架网袋处的水深应满足承接钢珠装置的要求，并且绝不能阻碍船舶下水。船舶下水后，可用吊车取出钢架网袋和落下的钢珠装置。

7. 止滑器

当拆除下水墩木，使船舶重量转移到滑板上时，为了对船舶下水进行有效的控制，保证下水操作的安全，必须在滑板外侧装设止滑器。常见的止滑器有手动止滑器、机械止滑器和液压止滑器。

止滑器的安装位置对保证船舶安全下水是极为重要的，通常止滑器都是对称地布置在船舶重心附近。若止滑器位置过于偏向艉部，则会影响操纵灵敏性，甚至可能导致左右舷止滑器动作失调，造成滑板与滑道卡住的事故；若止滑器过于偏向艏部，位于止滑器前面的下水支架与船体间的摩擦力及滑板间连接件的纵向极限拉力的总和可能比船舶下滑力小，导致滑板连接件被拉断，酿成船舶自动提前下水的严重事故。

10.1.6 船舶下水方法的选择

影响选择船台类型、下水方法和设施的因素很多，主要有以下六点：

（1）厂区面积和地形特点；

（2）厂区岸线及其地质情况；

（3）厂区水域宽窄及水文特点；

（4）水位变化规律；

（5）船厂生产纲领（建造船舶的最大尺度、年建造量等）；

（6）造船工艺流程的总方案。

各种下水方法均有其不同的优缺点和适用范围，选择时应从船厂的实际条件出发，进行认真的分析论证，才能选出合适的下水方法和设施。

对于内河小型船厂，由于其建造船舶的主尺度和重量均较小，而且内河水位差较大，所以，纵向机械化下水滑道与水平船台配套使用是比较理想的下水方法和设施。这种方案不仅下水安全可靠，操作简单，还可以采用多船位水平船台造船（设置横移区与下滑水道连接），便于实施定型批量生产，为内河小型船厂实现专业化生产创造了比较有利的条件。同时，如果采用变坡度横移区，其基本建设投资也比横向机械化下水滑道少得多。

对于中型以上的内河船厂，因其建造船舶的主尺度和重量相对较大，若仍采用纵向机械化下水滑道，则滑道部分的地质条件和滑道末端的水深都不容易满足要求，而且滑道水下部分较长，水下施工工程量大。因此，选择横向机械化下水滑道与水平船台配套使用比较合理。如果厂区河岸陡直，则可选择卷扬式升船机与水平船台配套使用。

对于建造中型船舶的沿海船厂，因其水位差比较小，下水方法及设施可根据船厂的实际条件，在纵向涂油滑道、横向机械化下水滑道和升船机之间进行选择。但是，从改进造船方法、提高船台装配焊接机械化程度等方面看，纵向倾斜船台比水平船台差，所以横向机械化下水滑道（或升船机）和水平船台配合使用是比较合适的。

大型远洋船舶的建造和下水，从目前的发展动向来看，主要是采用造船坞造船和漂浮式下水，而且造船方法的改革和研究，主要也是以船坞造船为前提的。这是因为船舶的主尺度和重量都很大，在采用其他下水方法时，对临岸水深或水域宽度要求很高，水工建筑工程量很大。而漂浮式下水则可克服这些缺点。同时，目前的船体分段吊装定位作业，主要采用空中吊运方式，而船坞造船可以降低分段吊运高度，简化起重设备结构，下水安全可靠，优点较多。

10.2　纵向滑道下水

纵向下水一般是船艉先入水，这是因为艉部比较肥大，可以获得较大的浮力而易于浮起；船舶在水中滑行时，艉部在前则阻力较大，可以缩短冲程。因此，可以将下水分为四个阶段：船舶开始滑动到刚与水面接触（岸滑）；从与水面接触到开始尾浮（入水）；从开始尾浮到完全漂浮（尾浮）；从完全漂浮到船舶停止滑行（全浮）。从下水过程可知，为保证船舶顺利下水，必须具有相应的下水设施和工艺措施。

采用纵向滑道下水时，其下水装置如图 10-19 所示。船舶支撑在下水支架上，而下水支架则由置于滑道上的滑板来承托。在滑道两侧设有止滑器，可以有效地控制船舶下水启动。

船舶下水时，首先拆除下水墩木，使船舶重量落在下水支架上，再松开止滑器，滑板便载着下水支架和船舶沿着滑道滑入水中。

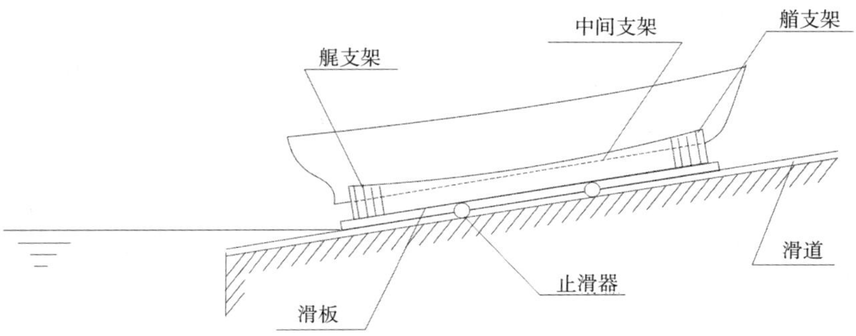

图 10-19　下水装置示意图

10.2.1 纵向滑道下水设施

纵向滑道下水设施包括下水墩木、滑道、滑板、下水油脂、下水支架和止滑器。其中下水墩木、滑道、滑板和止滑器前面已有介绍，这里仅介绍下水油脂和下水支架。

1. 下水油脂

从下水过程第一阶段的分析可知，下水油脂的静摩擦系数 μ_0 是船舶能否自行下滑的重要条件，由于下水总重量所引起的滑道单位面积压力相当大，所以下水油脂必须满足下列技术要求。

（1）具有足够的承压强度，要求油脂在各种气候条件下，其静压强度不低于（15~25）$\times 10^4$ Pa，以保证在下水总重量的作用下，油脂层不被破坏。

（2）具有较小的摩擦系数，即油脂在各种压力情况下的静摩擦系数不得大于 0.035，以保证船舶能够自行下滑。

（3）油脂对滑道和滑板的附着力强，浇涂后不产生龟裂和剥落。

（4）在气温变化时具有良好的性能稳定性。气温超过 30℃时，油脂不软化；低于−5 ℃时，不产生龟裂。

（5）与海水接触时不起化学反应。

（6）配制时对杂质的敏感性不大。

必须指出，下水油脂摩擦系数的大小和滑道材料、滑道表面粗糙度、油脂成分、气温、湿度及滑道单位面积压力等许多因素有关。所以，准确的摩擦系数都是通过滑道模拟试验测定，再通过下水实践加以修正得到的。

下水油脂一般分为承压层和润滑层两层，也有分为承压、过渡和润滑三层的。承压层的主要作用是承受船舶下水时的压力，并保持表面平整，有助于润滑。根据地区和下水季节的气温，承压层由不同重量比例的石蜡、硬脂酸、松香等调制而成。润滑层的主要作用是保证滑板与滑道间的润滑，减小它们之间的摩擦力。

2. 下水支架

下水支架是支承下水船并保持船舶平稳下滑的重要下水装置，它对船体支承的长度约为船长的 80%，船艉约 10%左右的船长悬空，船艏悬空长度一般大于船长的 10%，其具体数值应根据艏端压力的要求来确定。下水支架按其所处的位置可分为艏支架（用普通墩木）、中间支架和艉支架三部分。

1）中间支架和艉支架

它们的主要作用是承受下水船舶的重量，而不承受特殊荷重，因而其结构形式的确定是以其所在部位的船体型线特点为依据的。图 10-20 所示是中间支架结构形式示意图；图 10-21 所示是艉支架结构形式示意图。

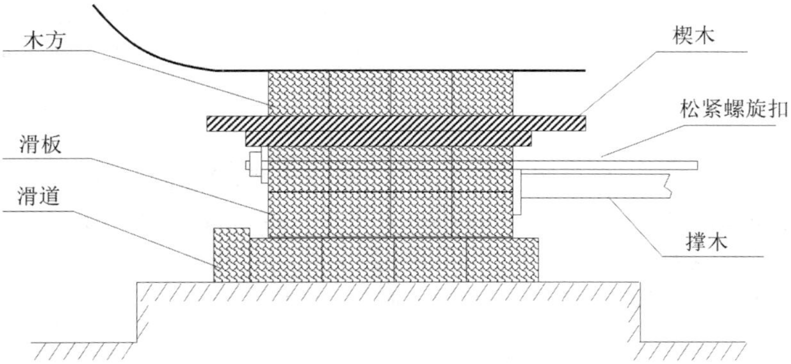

图 10-20　中间支架结构形式示意图

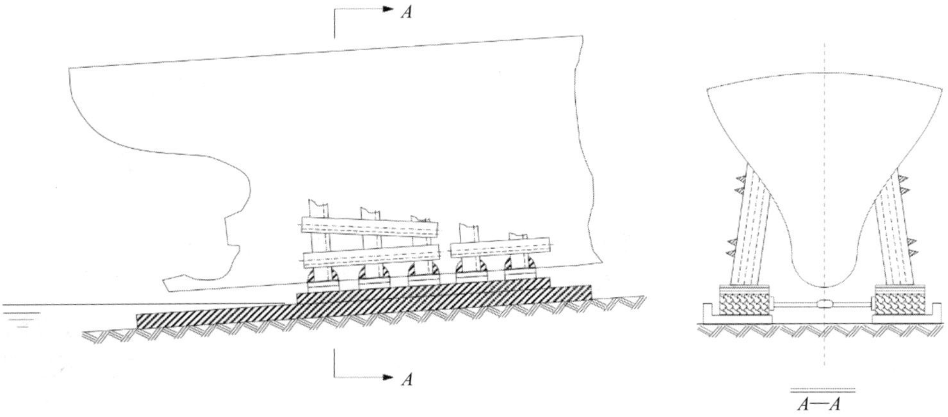

图 10-21　艉支架结构形式示意图

下水支架一般应布置在结构较强的内部骨架交叉处，以便将所受的压力分散到较大的承压面积上。

2）艏支架（用普通墩木）

过去一直把船舶下水看作刚体运动，因而为了使艏支架能承受船舶尾浮时的巨大艏端压力，保证船体和艏支架不被破坏，要求艏支架结构特别坚固。实际上，船体和下水支架都不是刚体，尾浮时船体在中垂弯矩的作用下会产生变形，下水支架在艏端压力的作用下也会产生变形，从而使得艏端压力分布在比较大的支承面积上，于是便提出了取消艏支架的可能性问题。上海交通大学和沪东造船厂对此成功进行了试验和研究，并已在国内推广使用。船舶取消艏支架下水就是完全取消艏支架，不需任何下水横梁，而只使用普通墩木的下水新工艺。根据船体艏部线型适当缩短艏部滑板长度，使下水支架首端第一个墩木的位置适当后移到船体较丰满处。这样可将尾浮时巨大的艏端压力分布在很长范围内的弹性支座上，即较为均匀地分散到较大面积的普通墩木上，使墩木所承受的压应力处在许用压应力范围内。

10.2.2　纵向滑道下水工艺措施

在纵向滑道下水过程中可能发生的事故，除了前面已经讨论过的艏支架受损和止滑器未松即下滑等事故外，还有松开止滑器后不能自行下滑或中途停滑、仰倾、艏跌落和水中冲程过大等事故。因此，在下水准备中必须采取有效的工艺措施，以防止事故发生或在事故发生时能及时进行处理。

1. 不能下滑或中途停滑

在解除止滑器后，有时会发生船舶不能自行下滑或在滑行中途突然停滑的事故。事故发生的主要原因是下水静摩擦系数太大、油脂涂层不平整、油脂承压能力不足、油脂龟裂或起壳、滑道护板与滑板的间隙太小、滑道变形、钢珠破碎过多等。

为了避免发生这种事故，在浇涂油脂前必须仔细检查滑道的变形情况，掌握油脂配方，严格遵守浇涂油脂和安装滑板的技术要求，保证施工质量。如果使用钢珠滑道，需要事先对钢珠做试压实验，保证钢珠的负载能力达到要求，并且合理地选择钢珠数量和布置钢珠位置。为了一旦发生事故能及时处理，常在滑板首端安装推动滑板的油压顶推装置，或在船台上安装拖带用的钢索滑轮组。

2. 仰倾和艏跌落现象

如果在下水计算中发现将会产生仰倾或艏跌落，必须采取有效措施消除。

消除船舶仰倾的常用措施有以下几种。

（1）加大滑道坡度（当采用固定滑道时，可加大龙骨坡度）。这种方法虽然不能改变滑道末端水深，却能增加船舶纵倾度。在相同的滑程下，其浮力力矩增加较快，而船舶重力矩却不变，可能使前者大于后者，从而消除仰倾。但是这种方法却使尾浮时间提前，增大了艏端压力，甚至可能产生艏跌落，需要进行校核。

（2）艏部加压载或艉部加浮箱。前者是使重心前移，相应地减小重力力矩，方法简单易行；后者是加大浮力力矩，但工艺复杂。两种方法都可以起到消除仰倾的作用，不过都会增大艏端压力，甚至可能产生艏跌落，也要进行校核。

（3）大潮位下水。相当于加长水下滑道，增加船舶重心离开滑道末端时的艉吃水，达到浮力力矩大于重力力矩的目的。

消除船舶艏跌落的常用措施有以下几种。

（1）艉部加压载。其目的是使船舶重心后移，加大船舶尾倾，减小艏吃水，保证船舶顺利全浮。但是由于重心后移，有可能产生船舶仰倾，需要进行校核。

（2）大潮位下水。相当于滑道末端水深增加，使滑板首端离开滑道末端时的浮力增加，从而达到消除艏跌落的目的。

综上所述，用来消除仰倾或艏跌落的工艺措施，除了等待大潮位下水以外，其他措施对于消除仰倾、艏跌落和减小艏端压力的作用是相互矛盾的。所以在确定具体措施时，应对三者的影响进行综合分析，以做出正确的决策。

3. 船舶在水中冲程过大

为了将船舶在水中的自由冲程限制在一定的范围内，必须采取一些制动措施，常用的制动措施有以下几种。

1）盾板制动

盾板制动就是在舵后或艉部两侧安装制动平板，如图 10-22 所示，依靠其入水后所产生的水阻力而起制动作用。但是由于盾板的制动作用只有在入水后才能产生，而且盾板的宽度和入水深度都不大，因而一般难以达到所需的制动要求。

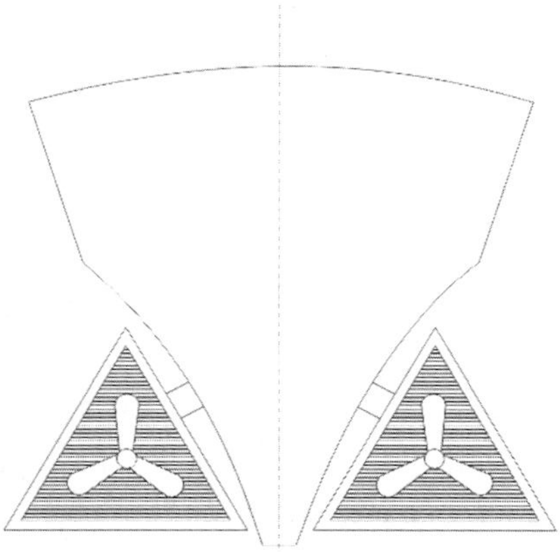

图 10-22　盾板示意图

2)缆索制动

将主索(锚链或钢丝绳)的一端固定在岸上,另一端固定在船艏,在主索上每隔一段距离用麻质制动索将其与甲板或地上的木桩相连,如图 10-23 所示。船舶下滑时,绳索依次被拉断,吸收了船舶滑动的能量而达到制动目的。

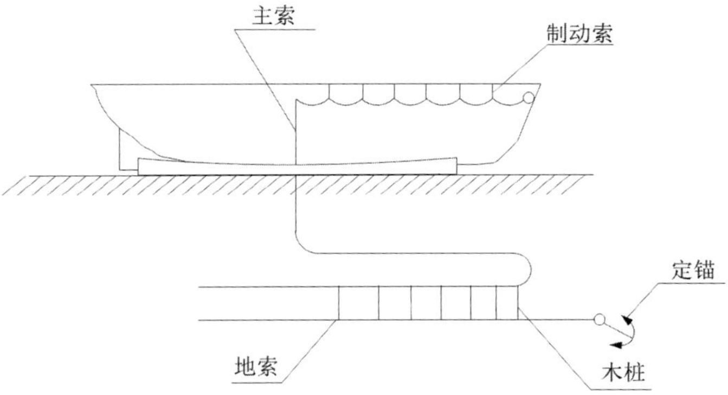

图 10-23　缆索制动示意图

3)阻荷制动

如图 10-24 所示,将锚链或废铁块置于下水船舶两侧的地面上,以串联法(图 10-24(a))或并联法(图 10-24(b))与船体相连。当船舶下滑时,借助拖动阻荷消耗船舶滑行的能量。

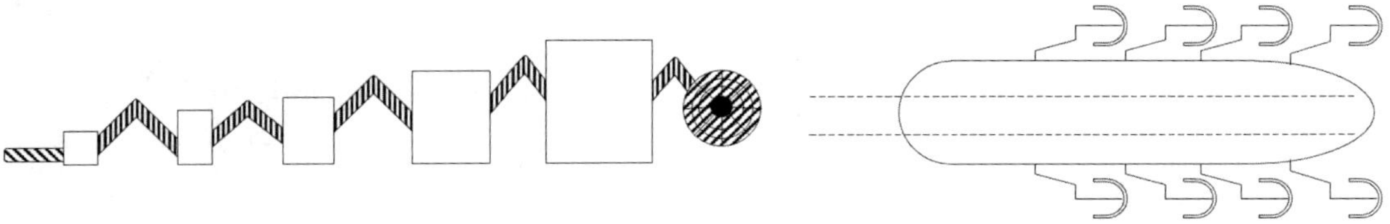

(a)　(b)

图 10-24　阻荷制动示意图

(a)串联法　(b)并联法

阻荷的摩擦力计算式为

$$R_f=fw$$

式中 R_f——阻荷的摩擦阻力（N）；

f——摩擦系数，取 0.45~0.65；

w——阻荷总重量产生的重力（N）。

它的安装作业比缆索制动简便，而且船舶开始滑动后不久即可起到制动作用。但是，它会破坏船台两侧的地面。

4）锚制动

采用锚制动有两种方式。一种是抛锚制动，当船舶离开滑道冲入水中后，将预先准备好的艏锚抛出，借助锚与河床的摩擦力以达到制动的目的。采用这种方法时要有丰富的经验，准确地掌握抛锚时间，才能获得较好的制动效果。另一种方法是将锚预置于水底，其作用与抛锚制动相同。

5）钢丝绳制动

这是一种利用钢丝绳收紧而使船舶转弯的制动方法，如图 10-25 所示。下水前事先在船体上系上钢丝绳 1、2、3、4，钢丝绳 1 的另一端固定在水下，钢丝绳 2、3、4 的另一端固定在码头上，钢丝绳长度应根据所要求的船舶滑行轨迹来确定。船舶下水后依次拉紧钢丝绳，使船舶沿着由钢丝绳所控制的方向滑行，最终到达与拉紧钢丝绳成直角的位置，船舶滑行即终止。这种方法制动效率高并且安全可靠。

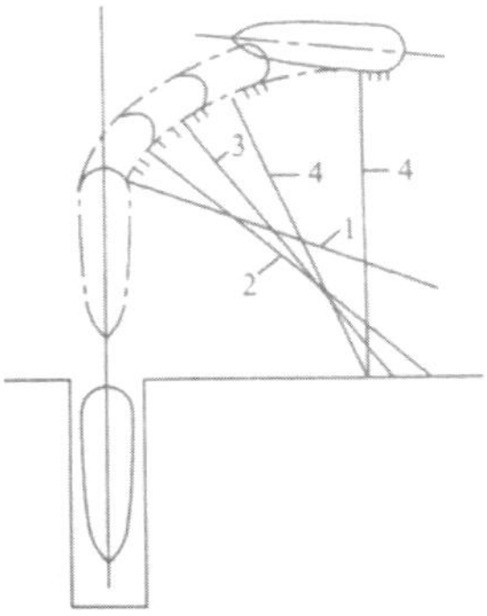

图 10-25 钢丝绳制动示意图

10.3 干船坞下水

干船坞三面接陆一面临水，其基本组成部分为坞口、坞室和坞首，如图 10-26 所示。坞口用于进出船舶，设有挡水坞门，船坞的排灌水设备常建在坞口两侧的坞墩中；坞室用于放置船舶，在坞室的底板上设有支承船舶的龙骨墩和边墩；坞首是与坞口相对的一端，其平面形状可以是矩形、半圆形和菱形，坞首的空间是坞室的一部分，在这里拆装螺旋桨和尾轴。干船坞配有各种动力管道及起重、除锈、油漆和牵船等附属设备。当船舶进入干船坞修理时，首先用灌泄水设施向坞内充水，待坞内与坞外水位齐平时，打开坞门，利用牵引设备将船舶慢速牵入坞内,之后将坞内水体抽干,使船舶坐落于龙骨墩上。修完或建完的船舶出坞时,首先向坞内灌水,至坞门内外水位齐平时,打开坞门,牵船出坞。

图 10-26　干船坞

10.3.1　干船坞下水设施

1. 坞首与坞室

坞首是将坞室同水域隔开的挡水建筑物,其上设有坞门。坞室是由坞首和坞墙围成的空间,是修造船的场所。坞首和坞室多为钢筋混凝土结构,船坞分重力式、锚碇式和减压排水式等类型。结构和类型的选择,主要根据地基条件,考虑如何处理地下水作用在坞底板上的浮托力问题。各种类型都有与之相对应的处理办法。重力式船坞利用钢筋混凝土坞体的自重抵御水的浮托力,早先的船坞多是这种形式。锚碇式船坞利用打设在坞底板下良好地基内的锚碇结构抵御水的浮托力,一般用于摩阻力大的土中。减压排水式船坞利用排水管道系统排出坞底板下的地下水,从而消除或减少水浮托力,一般用于透水性较小的黏性土中,对于砂性土,由于透水性大,地下水排不胜排,不宜采用这种形式。由于船坞的尺度越来越大,以船坞自重解决水的浮托力问题,所需费用越来越大,所以大多数船坞设计优先考虑减压排水式结构。船坞结构的发展趋势是由重型向轻型发展,由坞墙和底板连成一体的整体式结构向两者分开的分离式结构发展。

2. 坞门

坞门是船坞在抽水、修船和造船时用来挡水,承受坞外水压力的设施。坞门类型有叠梁式、人字式、横拉式、浮箱式、卧倒式。叠梁门是最原始的形式。这种坞门是叠放一根根方木,方木两端卡在门槽中,结构简单,造价低,但操作麻烦。人字门是在垂直门轴上转动的两扇门,关闭时两扇门呈人字状。人字门水密性较差,用得不多。横拉门在门的底部和一侧的上缘装有滚轮,启闭时门沿上、下水平轨道左右移动。横拉门须建造能容纳坞门的门库,因而占地较多,且增加造价。浮箱式坞门又称浮坞门,是可沉浮的箱形结构,使用维修均较方便,不易出故障,应用最广。卧倒门是在门底设两个铰同坞槛连接,开门时门向外倒向水底门坑,不影响船舶进出,但在含沙量较大的水域,门坑易淤,不宜采用。

3. 灌排水系统

灌排水系统是向坞室灌水和将坞室内的水排空的设施。坞室灌水,最早多是靠设在坞门上的灌水阀门。船坞尺度增大后,改在坞墙内或底板中设置灌水廊道,廊道上设有阀门。排水系统有主泵、副泵和排水管系。主泵用来排空坞室内的水,常用离心泵、轴流泵等;副泵也称疏水泵,用来排除雨水、地下渗水、生产废水,并在坞室排空的最后阶段代替主泵工作,一般取主泵容量的2%~5%。

4. 附属设施

附属设施主要有龙骨墩和边墩,用于支承船体的重量。设在坞底板的中心线上的称为龙骨墩,两边的称为边墩。它们应有适当的高度,彼此间有适当的间距,以便修理船底。墩一般用生铁制造,上覆方木。修理局部船底板时,坞墩可局部拆除,修好后再支上。老式的边墩与船底的线型斜度相一致,大船的底面多是平的,故多数边墩与龙骨墩同高。近年来多采用机械化边墩,它们的横向位置和顶面高度可在坞室内有水的情况下远距离操纵调整。一艘船出坞后,另一艘待修的船可随即进坞,边抽水边调整机械化边墩,使之适应船底线型。这样可少抽一次水,节约能源和时间,提高船坞利用率。

船坞还配备有起重吊车,烧割焊用的动力管线,敲铲油漆用的工具设备,牵引船舶进出坞用的、沿坞墙顶设置的小车和驱动绞车,淡水和海水的供应管道等。

10.3.2 干船坞下水工艺措施

为了提高干船坞的稳定性和防渗透性,应采取一系列措施。

1. 坞室墙加固

由于坞室墙面裂缝较多、渗水严重,为防止裂缝形成通缝,将宽度大于0.3 mm的裂缝采用环氧树脂灌浆加固,然后将墙面用0.2 m厚现浇钢筋混凝土护面。混凝土内掺入改性聚丙烯纤维。具体做法是:在墙面裂缝灌浆完成后,将墙面清洗、凿毛,并打锚筋孔,埋设拉筋与护面钢筋网拉结,锚筋孔间距为1.0 m × 1.0 m;侧墙护面竖向钢筋应打锚筋孔,锚入底板,使新老混凝土紧密结合,形成防护墙,可防止裂缝开展,阻挡墙面渗水;沉降缝渗水处理,拟在沉降缝渗水处用JSP橡胶嵌缝。

2. 坞室底板加固

(1)截渗措施:考虑在坞室内打地下连续墙,虽可减小坞室透水面积,减少渗水量,但坞室墙底板下渗透力较大,不利于坞室墙稳定。而在坞室墙外侧增设一道连续墙,可形成地下围封屏障,拦截坞室墙后地下水,减少墙后地下水对坞室的影响;另外由于坞室墙外增设地下连续墙,降低了坞室墙后的地下水位,有利于坞室墙的稳定。

(2)坞室排水:坞室底板下设置反滤层,反滤层自上而下为小石子、中石子、黄砂,其下铺土工布一层,根据底板下格梁布置,横向每块底板下设置透水软管,底板东、西侧各设一道排水沟,透水软管与排水沟连通,地下水和地表水通过排水沟排入集水坑,由机泵抽排出坞室。

(3)船坞改造:在坞室中龙骨墩下增设两排灌注桩基础,边龙骨墩下增设一排灌注桩基础。灌注桩具有抗拔作用,可增强坞室底板抗浮性能。坞室底板板缝间均采用橡胶止水,为满足止水布置要求,坞室墙前趾与底板间水平止水采用JSP膨胀橡胶。

思考与拓展

（1）各种下水方法的优缺点及适用范围是什么？

（2）怎样选择船舶下水方法和设施？

第 11 章　船舶试验与交船

当造船即将完工时，各种设备与系统的试验工作便开始严格、全面地展开。船舶试验的主要目的是检查、评价和调整设备与系统的安装质量和工作状况，以便确认新建船舶是否满足设计任务书和有关规范的要求，以期获得船舶检验机构签发的相关证书，保证船舶安全可靠地投入运营。

试验工作由船厂主持。规定的试验项目必须请验船师和船东代表到现场参加并验收，并会签相关试验记录、文件和证书作为交船文件。在各方代表确认船舶的各项性能指标基本满足合同要求后，即可举行交船仪式。通常，交船并不是合同的结束，船厂在交船后的规定期限内仍负有保修责任。

11.1　试验与交船的组织及要求

为了尽可能缩短船舶试验与交船的周期，应该在造船的各工艺阶段将一些可以提前进行的试验工作适时地分阶段进行。这样不仅减少了后期的试验项目，并且为系泊试验、倾斜试验和航行试验做好充分的准备。

11.1.1　船舶试验工作的组织

船舶试验与交船工作通常涉及船级社、船东和船厂三方，对于同一设计的首制船舶还应有设计方参加。

1. 船级社

船级社是制定规章制度、执行监督检查和签发船舶证书的法定组织机构。我国船舶检验机构的主要职权如下。

（1）制定有关船舶检验、船舶入级、船舶发证、船舶检验费用等事项的规章制度和造船、吨位丈量、载重线、乘客定额、各种航行安全设备、各种机械设备等的规范，经中华人民共和国交通运输部批准后公布施行。

（2）对建造、修理和运营中的船舶执行监督检验，技术条件符合规定要求的，发放船舶适航的证件和运用各种机械设备的证件。

（3）对制造中的主要船用产品和材料执行监督检验，技术条件符合规定要求的，发放检验合格证件。

（4）对到达中国港口的外国船舶执行监督检验。

（5）对申请入级的船舶进行入级检验，符合入级条件的，授予船级并发给船级证书。

（6）接受申请，办理有关船舶的鉴定、公证等检验业务。

（7）根据中国参加的相关国际公约和国际协议，代表政府签发有关公约或者协议所规定的船舶证书。

我国船检机构根据工作需要，在主要港口、造船厂和船用产品制造厂设置办事机构或派驻验船师,并对下属验船机构进行业务指导。

2. 船东代表

为了使船舶的技术条件获得我国(或国际)有关法令、法规和条例的认可,船东自愿申请接受某个船级社和验船机构规定的检查,并要求获得有关证件。

航运部门或用船单位通常还派出自己的技术人员到船厂负责合同船舶的检验和认可工作。在航行试验阶段,船东还会派出接船队到船厂参加试航验收并驾船离厂。

3. 船厂交验组织

船厂检验部门是直属厂长领导的工作部门,与生产部门并列。它根据国家、专业和企业标准进行质量检验,并参与制定试验大纲的检验项目,代表船厂向船级社和船东代表提交检验项目,负责向船级社申请入级检验、法定检验和认可工作。

在航行试验阶段,船厂从有关车间和部门抽调一些技术人员和工人组成交船队,负责最后的试验工作。交船队的主要负责人有交船队长、交船轮机员、试验组长和交船船长等。交船船长可由船厂厂长任命,也可由船东一方的接船队船长担任。

11.1.2　各试验阶段的工作内容及要求

船舶的交船试验通常分为试验准备、系泊试验(包括倾斜试验)、航行试验、设备拆检和检查性航行试验等阶段。

1. 试验准备

试验准备包括仪器及设备的调试工作,具体为船用设备的启封、清洗,管路和系统的检查,电路通电,以及各种仪器设备的调试等。

2. 系泊试验

系泊试验的目的是检查船体、机械设备、电气装置及动力装置的制造和安装情况,并鉴定其质量,使船舶具备试航条件。

系泊试验通常在船厂的码头上进行。试验开始前,船厂(或设计单位)应根据相关类别船舶的系泊及航行试验大纲(国家标准)中规定的试验内容、方法和要求,编制试验大纲和具体的试验项目,提交船东代表确认和船检部门批准,以此作为试验的执行依据。对规范、标准或规程中尚未规定的新设备,应按产品技术条件进行试验。对后续航行试验中无特殊工况要求的设备(如系泊装置等),在此阶段中就可以做最后试验并交接。对诸如主动力装置等在系泊试验中无法全面检查其各种规定参数的设备,应在航行试验中进行试验。

试验中,应随时记录船用设备的各种参数、缺陷和意见,并将其载入试验记录表内,作为以后办理证明书的原始材料。

3. 航行试验

航行试验通常在海上或江河中进行,试验区应有必要的水深、水面宽度和可供各种船用设备进行专门检查的技术保障。航行试验的目的是根据造船合同书和批准的技术设计,对建造船舶的技术性能指标进行全面考核。试验开始前,试验组长应代表船厂确认航行试验一切准备就绪,并向船级社和船东提交航行试验大纲和有关文件。

航行试验中,各种机械、装置、系统和设备的验收工作必须严格按照试验大纲和航行试验履历簿规定的内容进行。航行试验履历簿为航行试验阶段的完工文件,故各种试验结果应整理成图表形式的证明书,并达到试验规程的要求。

对于同一设计的首制船舶，还应进行扩大航行试验。其目的是通过扩大航行试验全面检查新设计船的快速性、操纵性、适航性及其他特殊性能。试验中应测定下列内容：

（1）螺旋桨在低、中、高几种常用转速下的航速及尾轴功率；

（2）船舶在低速、中速、高速航行时，采用各种不同舵角时的操纵性；

（3）船舶在风浪中的适航性；

（4）船体振动；

（5）轴系扭振；

（6）特殊用途船舶的专用设备工作性能。

综合航行试验主要在首制的特种舰船（如医疗船、渔业加工船、航空母舰和供应船等）上进行，目的是考核设备作业能力、与飞机和其他舰船的配合能力、风浪对作业的影响程度及在各种环境条件下维护、修理、应急更换设备的方便程度。

4. 设备拆检

设备拆检是对部分船用设备（通常是试验中发现有问题或有疑问的设备）进行检查性拆卸，拆检的对象由船东代表或船检机构代表确定，目的在于进一步了解其内部状况和有无隐患。

设备拆检通常于系泊或航行试验结束后在船厂进行。拆检的同时，还应尽快消除检查中发现的所有缺陷，并完成舱室和全船的最后装饰和涂装工作。

5. 检查性航行试验

检查性航行试验必须在上述各项工作结束后进行，目的是检查拆检后的设备运转情况，并使接船人员进一步熟悉船上的各种设备，增强他们的操纵和维护能力。该项工作可以通过实际航行来完成，也可以在船厂采用模拟的方法完成。

检查性航行试验为交接试验的阶段，它的完成标志着造船过程的结束。

典型的正式试航要试验的主要项目列于表 11-1。这些项目不必按表中所列的先后次序进行试验。试航期间，试航项目的进度往往因天气、推迟和日光等原因而多次修改。试航中要以经济航速试航一些航次，主要是确定耗油率和检验机械设计、热平衡等。

表 11-1 典型试航进度表上的主要项目

序号	项目
1	驶离船厂
2	压载加到试航吃水
3	校正磁罗经
4	校正无线电测向仪
5	航速标定试航
6	4 小时常用工况下的正车经济航速航行
7	1 小时耗水率试验
8	1 小时锅炉超负荷试验
9	2 小时最大工况下的正车自持力试验；回转航行试验
10	“之”字形操纵试验

续表

序号	项目
11	满舵到满舵的正车操舵试验
12	全速急停车,测量正车惰性滑距
13	1 小时全工况下的倒车自持力试验;满舵到满舵的倒车操舵试验;全速急停车,测量倒车惰性滑距
14	2 小时期望工况下的正车试验
15	锚试验
16	卸压载
17	返航回厂

11.2 系泊试验、航行试验

11.2.1 系泊试验

系泊试验是在船舶停靠在码头上的静止状态下进行的,船舶应该具备下列条件:管路、电路接通,燃油、滑油、液压系统已经清理,主配电板已经完工等。首先,可对管路和电路进行试验。管路的试验压力通常为其工作压力的 150 %;电路的绝缘电阻必须符合有关规定,工作电压在 100 V 以上的设备,其绝缘电阻一般要求大于 1 MΩ。然后,在油、水、气、电均接通的情况下,就可以对各种设备进行试验。在安排试验项目时,一般原则是:主要的、复杂的、新型的、应急施救的机械设备先试验;同一动力来源的设备同时试验;在整个试验中,应以试验时间较长的设备为主体,交叉地进行其他设备的试验。要试验的设备中,比较重要的是所谓的“四机一炉”,即主机、发电机、舵机、锚机和锅炉,因为它们是船舶生命力的所在。

1. 主机码头试车

主机是船舶推进的动力源,是系泊试验和航行试验的主要考验对象。主机码头试车的目的是检查船舶动力装置的制造和安装质量,为航行试验奠定基础。

主机动车应具备以下条件:

(1)为主机服务的燃油、滑油、海水和淡水系统已经验收;

(2)主机及轴系安装工作已验收;

(3)发电机组已验收,能正常供电;

(4)必须使用的燃油、滑油和清水已备好;

(5)码头有一定的水深。

由于码头坚固程度有限,主机码头试车通常在低马力状态下进行。为了尽可能提高试车马力,可使船舶处于逆流的条件下试车,或者在船舶的外侧用拖船倒拖。

主机负荷试验的试验工况及试验时间见表 11-2。试验时检查主机在各个工况下的情况,各部件是否出现异常响声、发热和振动现象。在工况 4 中,每隔 1 h 测量并记录燃油、滑油、冷却水、排气等的温度和压力,在其他工况中,每个负荷点试验结束时即进行测量并记录。

表 11-2 主机试验工况及试验时间

工况序号	扭矩比值	试验时间
1	39%	0.5 h
2	63%	
3	83%	
4	100%	2~4 h
倒车	正车额定转速的 70%	10 min

2. 发电机组的试验

发电机组为全船提供电源,分主发电机组和应急发电机组两种。发电机组由原动机(如柴油机)和发电机两部分组成。

柴油发电机组试验应满足下列条件:

(1)发电机组的安装及有关电缆的铺设验收合格;

(2)柴油机在额定负荷下各缸的负荷均匀性调试合格;

(3)安全保护装置及报警装置调试合格(或有产品厂合格证件)。

试验内容如下。

1)柴油发电机组启动试验

(1)压缩空气启动试验,试验时辅空气瓶(若设有)的空气应充至额定工作压力,且中途不补充充气的情况下,柴油机从冷态开始连续启动直至空气压力不能启动柴油机为止,记录其启动次数及最小启动压力,由主空气瓶供气的柴油机做启动效用试验。

(2)电启动试验,先将启动蓄电池充足,在中途不补充充电的情况下,柴油机从冷态开始按规定的次数连续进行启动试验。

2)柴油机安全报警装置试验

(1)额定功率大于 220 kW 的柴油机超速保护器试验。当柴油机的转速达到超速保护动作值时,超速保护器应能可靠动作。

(2)柴油机滑油低压及冷却水高温报警保护装置进行模拟效用试验。效用试验时,报警器动作应准确可靠,淡水出口高温报警温度及滑油低压报警压力以及它的保护整定值按产品技术说明书进行调整。

3)柴油发电机组负荷试验

柴油发电机组负荷试验的工况及试验时间见表 11-3。

表 11-3 柴油发电机组试验工况及试验时间

工况序号	发电机负荷(%)	试验时间(h)
1	25	0.25
2	50	
3	75	0.5
4	100	2
5	110	0.5

负荷试验时柴油机的燃油、滑油、冷却水的温度及压力、排气温度等，应做好测量记录。其中满负荷每隔 1 h 记录一次，其他工况在试验结束时记录。

电机部分则应将各种负荷下的电压、电流、功率因数、转速做好测量记录。试验后测量记录热态情况下的绝缘电阻值。

发电机于 100%负荷试验结束后，应测量调压器及发电机各部分的温升，并做好记录。

负荷试验时，检查柴油机及发电机的运转是否有异常敲击、高温、低压等现象，各轴承等运动部件是否有异常发热现象，直流发电机换向器及交流发电机的滑环及电刷的工作情况是否正常。

复激直流发电机的静态调压特性试验：发电机组发热试验后，在额定负荷下将柴油机转速调整至额定转速，然后以 20%负荷为始点使发电机的电压偏差在额定电压的 1%以内，再将负荷分别调整为 50%、75%、100%，记录负荷点的电压偏差。

交流发电机的静态调压特性试验：在额定负荷下，将电压和频率调至额定值，然后按顺序 100% → 75% → 50% → 25% → 50% → 75% → 100%改变负载，同时测量各负荷点的电压和频率。

直流发电机的手动电压调整器电压调节范围试验：在发电机允许工作温度范围内，当负载在空载和额定负荷之间变化时，对电压进行调整，测量并记录各负载点的电压。

3. 舵机的检查与试验

舵机的作用是通过它对舵进行操纵来控制船舶的行驶方向。舵机检查与试验的目的是确认舵机工作的可靠性和操舵的灵活性与轻便性。

舵装置及舵机试验应满足下列条件：

（1）舵机及操舵系统安装完好，舵机机械零位正确无误，操舵器与舵机之间的指示误差符合产品技术条件的要求；

（2）液压系统的溢流阀、缓冲阀、程序阀等按图纸要求调试完毕；

（3）安全阀校验合格；

（4）舵装置的报警系统，包括动力源失电、断相、过载、控制电源失电、油泵失压、油柜低液位及自动偏舵等模拟试验合格。

具体的试验内容如下。

（1）电动、电动液压舵机应进行不少于 30 min 的空载运转试验，并进行如下检查。

①检查舵角指示器、操舵器与舵叶之间的误差，检查时自中间位置向两舷转舵，舵角每增加 5° 核对一次，并做记录。

②检查舵角电气限位器动作的正确性及机械限位器的安装位置。

（2）电动、电动液压操舵装置应进行连续操舵试验。试验时每路电源、每套控制系统及每套动力源均应连续使用不少于 30 min，试验时检查操舵装置的电气设备、液压泵及液压系统的工作情况；检查电动机的换向（对直流电动机）、轴承温升及振动情况；检查油泵工作时是否有异常响声和泄漏现象。连续操舵试验时应按 0° →左（右）35° → 0° →右（左）35° → 0° 交替进行，并应不少于 10 个循环。试验时，初步测定自一舷 35° 转至另一舷 30° 所需的时间。

（3）电动、电动液压舵机应在驾驶室和舵机室分别做操舵效用试验。

（4）若设有辅助操舵装置，应进行主操舵装置转换到辅助操舵装置的试验，并以辅助操舵装置进行操舵 15 min。

（5）对有独立应急电源的舵机应进行应急电源操舵试验、自动启动及自动供电试验。

4. 锚设备试验

船舶停泊时，锚和锚链受到周期性的高拉伸负荷和海水的严重腐蚀，在抛锚与起锚时，还受到附加的冲击负荷和强烈的磨损。因此，锚和锚链在安装上船之前，必须经过严格的试验以确认其具有良好的质量和足够的强度。

锚设备及锚机试验应满足下列条件：

（1）锚机装置及其系统、锚、锚链、止链器、弃锚器等安装完好；

（2）安全阀、减压阀及过载保护等校验合格。

试验内容包括锚机空载运转试验和锚设备效用试验。

锚机空载运转试验内容如下。

（1）液压锚机进行正、倒车空载连续全速运转 20~40 min，试验时每隔 5~10 min 正、倒车变换一次，观察传动装置及各运动部件有无异常发热及敲击现象（如有液压制动器，观察其可靠性），并检查液压马达、液压油泵及液压系统阀件的工作情况。

（2）电动锚机进行正、倒车空载运转各 15 min。观察锚机各运转部件有无异常发热及敲击现象。同时检查电气控制设备各挡调速和电磁制动器的可靠性，对防水型电动机的放水孔和空间加热器的工作情况进行检查，若为直流电动机应检查其换向情况。

锚设备效用试验内容如下。

（1）将锚分别抛出，同时用制动器刹车 2 次，然后用锚机将锚绞起，检查离合器操纵的方便性、刹车装置工作的可靠性，锚链和卸扣通过锚链筒、止链器和链轮的情况，锚链在链轮上应无跳链和扭曲现象；并检查止链器位置是否正确以及锚收起时锚爪与锚唇的贴合情况。

（2）检查锚链冲水装置的工作情况。

（3）将每根锚链装入时，检查锚链标记、根部固定情况，并做弃锚装置脱钩试验。然后收起，观察锚链在锚链舱内的自然堆放情况。

5. 燃油锅炉试验

以柴油机为主机的船舶，其锅炉的作用是产生蒸汽以供船上人员生活用热和供主机燃油加热。

燃油锅炉试验应满足下列条件：

（1）锅炉及其管路系统的布置和安装合格；

（2）锅炉及其管路系统密性/水压试验合格；

（3）锅炉安全阀校验合格。

燃油锅炉试验包含以下内容。

（1）锅炉阀件、附件的效用试验。

①检查各水位表所示水线的一致性，并做水位表冲刷的效用试验。

②检查蒸汽压力表的准确性，必要时以标准压力表进行对比校验。

③上、下排污阀及系统进行排污操作试验。

④锅炉本体上的各阀件，做启闭操作效用试验。

⑤燃油管的速闭阀及燃油泵的舱室外应急关闭装置进行效用试验。

（2）安全阀试验。

①锅炉安全阀进行起跳试验。

②对安全阀的手操纵开启传动装置做操纵效用试验，检查其操纵灵活性。

③安全阀调试完毕后，关闭锅炉所有蒸汽阀，并在炉膛内充分燃烧的情况下，测定烟管锅炉在安全阀开启后 15 min 内的蒸汽压力升高值和水管锅炉在安全阀开启后 7 min 内的蒸汽压力升高值。

（3）锅炉自动控制设备效用试验。

锅炉燃烧自动控制试验，包括喷油器点火前炉膛及烟道的定时扫气、点火、点火失败和故障熄火时喷油器的进油阀自动关闭，以及燃油喷油压力下降、风机故障或断电时燃油自动切断等自动控制动作。各种控制动作应进行两次效用试验，并记录预扫气及故障熄火自动切断燃油的时间，燃油切断后，检查喷油器是否有漏油现象。

（4）蒸汽压力自动控制燃烧效用试验。

①使锅炉蒸汽压力在规定范围内波动，检查燃油燃烧的情况，此时燃油喷油量及空气量的自动调节，应使燃烧稳定。

②使蒸汽压力超出规定值，试验自动切断燃油和按规定程序自动切断空气的动作两次；使蒸汽压力低于规定值，试验锅炉自动点火燃烧的动作两次。检查压力自动控制动作是否准确可靠。

（5）给水水位自动控制效用试验。

①使锅炉水位低于设计规定的低限水位，做两次燃油自动切断试验。检查自动切断燃油的动作及报警装置的工作是否准确可靠。

②使锅炉水位低于及高于正常水位的设计规定值，做两次给水泵自动启动及自动停止工作的动作试验。检验给水泵的自动控制动作及报警装置的工作是否准确可靠。

③使锅炉水位在正常范围内变化，检查给水泵自动工作的情况，检验给水泵能否按水位的变动灵活反应。

（6）锅炉燃油加热器温度自动控制试验。

①使燃油加热器所加热的燃油温度低至设计规定值的下限，试验燃油装置自动切断燃油动作的可靠性。当加热温度超限时试验报警的功能。

②燃油加热自动控制油温的效用试验，检查燃油加热温度的情况，油温度应处在设计规定的调节范围内。

（7）锅炉各自动控制报警装置效用试验。

各报警装置进行模拟触发报警器试验，检查其声光报警效能，并配合各自动控制的效用试验，检查报警器能否正常工作。

6. 倾斜试验

船舶倾斜试验是通过船舶横倾来求得船舶完工后的实际重量和重心高度的一种有效方法。根据国内外造船业通行做法及政府主管部门的有关规定，对于新建船舶、稳性变差的船舶和对其稳性产生怀疑的船舶应做倾斜试验。

船舶倾斜试验对象有以下几个。

（1）所有船舶完成后应进行倾斜试验，以确定其稳性要素，以便给船长提供能在船舶各种营运状态下迅速而又简便的方法获得船舶稳性数据。

（2）如果货船具有其系列船（或姐妹船）倾斜试验所得的基本稳性数据，以确保获得免除船舶要求的可靠稳性资料，船级社在征得船旗国主管机关同意后，可不再进行倾斜试验。如果与其系列船（或姐妹船）的数据相比，空船排水量偏差对船长 160 m 或以上船舶超过 1%以及船长 50 m 或以下船舶超过 2%，对中间长度按线性内插法确定，或空船重心纵向位置偏差超过 0.5%L，则仍应进行倾斜试验。

（3）如果一艘船舶或一类船舶，如专门设计用于装载散装液体货物或矿砂的船舶，经参考类似船舶的现有数据，清楚表明其尺度比例和布置，在一切可能的装载条件及营运条件下，具有足够大的初稳性高度，船级社在征得船旗国主管机关同意后，可不再进行倾斜试验。

倾斜试验应在下列条件下进行。

（1）建造或修理完工后，试验时应为空船状态，凡属正常航行时应备有的各种设备、仪器及备件等均应按规定上船，并按规定位置安装完工。

（2）试验应在平静的天气进行，风力一般不大于 2 级。

（3）试验时船舶应尽可能位于平静无潮流水域，周围应没有或少有来往航行的船舶。有条件时应在船坞内进行试验。

（4）船舶四周应有适当的水空间，以便船舶在试验过程中处于自由浮动状态，并保证船舶不致碰到船坞、码头、海底或其他船舶。

（5）如条件限制只能在有潮流的水域进行试验，应经船舶检验机构同意，船艏要正对风向，系船索尽可能放长，并系于船艏的中线面上。

7. 其他试验

系泊试验的内容很多，除了“四机一炉”外，还有很多设备、装置与系统有待检查与试验。例如：

（1）航海仪器的检查与试验；

（2）居住设备的检查与试验；

（3）救生设备的检查与试验；

（4）起货设备的检查与试验；

（5）系泊（和拖曳）设备的检查与试验；

（6）通道装置的检查与试验；

（7）关闭装置的检查与试验；

（8）声、光信号设备的检查与试验；

（9）杂用辅机及其系统的检查与试验等。

只有当船体各部分以及所有机电设备都做了仔细的检查和试验，并对发现的缺陷做修正之后，船舶才具备出航条件。由于航行试验费用巨大、时间紧迫，因此船舶的试验工作应尽量在系泊试验阶段完成，以便集中精力按规定完成要在试航阶段进行的各项试验任务。

11.2.2 航行试验

船舶航行试验的项目、内容、方法、程序和试航计划应该会同船东和船级社等有关方面预先商定，并由船厂、船东和船检机构三方代表组成领导小组，负责实施。对于首制船舶，船厂通常还要请设计单位参加试航，以便考核设计指标，取得第一手资料，作为今后完善和改进设计的依据。船舶出航前应带足燃料、滑油和淡水，掌握气象预报情况，准备好测试仪器。试验一般在指定的航区内进行。

1. 主机航行试验

在船舶航行试验中，主机是主要的试验设备。主机航行试验的目的是在船舶处于航行状态下全面、切实地检查主机以及直接为主机服务的各种辅机、系统的安装质量、运行稳定性和工作可靠性，并测知主机实际发出的功率和滑油、燃油的消耗率。主机航行试验包括平衡试验、负荷试验和性能试验。

1）主机平衡试验

主机平衡试验就是对主机各缸进行调整，使各缸发出的功率接近相等。由于汽缸发出的功率与其热工参数有关，因此各缸的平衡可通过调整各缸的热工参数来实现。

平衡试验是在主机全负荷的工况下进行的。主机经过 0.5 h 左右的运转后停车，在停车前将各缸的热工参数记录下来，比较各缸的热工参数，并与原设计参数进行对照。如各缸的热工参数相差较大，则必须进行调整。调整的方法是提前喷油（增加燃烧时间，提高热工参数）或滞后喷油（减少燃烧时间，降低热工参数）。经过调整后可基本上达到平衡。

2）主机负荷试验

主机负荷试验应在汽缸平衡试验符合要求后进行。主机负荷试验的目的是考验主机持续运转的可靠性，确保船舶投入运行后有较好的续航能力。主机负荷试验根据被测试主机单台额定功率分几种工况依次进行，见表 11-4。

表 11-4　主机负荷试验

工作序号	工况特性			试验时间（h）		
	功率（%）（额定值的百分比）	扭矩（%）（额定值的百分比）	转速（%）（额定值的百分比）	<220 kW	220~735 kW	>735 kW
1	75	83	91	0.5	0.5	0.5
2	100	100	100	2	2~4	4
3	110	—	103	0.25	0.25	0.25
4	倒车	—	70	0.25	0.25	0.25

对有条件测量主机的功率或扭矩者，按功率或扭矩各工况进行试验；若不具备条件，可以按各工况转速进行试验。

3）主机性能试验

主机性能试验包括操纵性能、使用性能和可靠性能三个方面。操纵性能试验有启动、换向、调速和限速等试验内容。使用性能试验有最低稳定转速、临界转速和停缸试验等试验内容。可靠性能试验有超速和倒车等试验内容。

Ⅰ. 启动试验

主机启动试验在冷态下进行。启动方式分压缩空气启动和电启动两种。试验前，压缩空气瓶压力达到额定工作压力（或电池具有足够的容量），按规定，在中途不充气（或电池不充电）的情况下，启动次数应不少于 12 次，并且正车启动与倒车启动要交叉进行。对于不可换向的柴油机，启动次数可以减半。启动时间的测定从开始操作到柴油机运转为止。

Ⅱ. 换向试验

主机换向试验在热态下进行。试验时，用换向机构操纵的换向次数不少于 10 次，用手动操纵的换向次数不少于 3 次。换向时间为：在最低稳定转速下，从操纵开始到主机在相反方向运转为止。换向时间一般不超过 15 s。

Ⅲ. 最低稳定转速试验

为了进出港的安全，常需要船舶以最低速度行驶。最低稳定转速就是船舶主机能稳定运转的最低转速。一般低速机、中速机和高速机的最低稳定转速应分别不高于额定转速的 30%、40%和 45%。最低稳定转速的维持时间应不少于 15 min。

Ⅳ. 临界转速试验

主机临界转速就是使船体产生共振的主机转速。显然，船舶航行中应避开这一转速。测定方法是从低速起每次以 5 r/min 的增量逐渐提高，或从全速起以同样的增量逐渐降低，反复几次，用共振仪或凭人的感觉确定主机的临界转速。

Ⅴ. 停缸试验

停缸试验的目的是考验主机在个别汽缸发生故障后能否继续工作。七缸以下的柴油机试验时要求轮流停一缸，八缸以上的柴油机要求同时停两缸。停缸时间为 5 min，要求主机在停缸后能继续运转，且单缸功率不小于停缸前的 98%。

航行试验结束后，主机还必须进行拆检。通常至少要拆检 1~2 个汽缸，对缸套、活塞、轴承等零、部件进行检查，如有损坏应及时调换和修复。当主机拆检装复后，还需要在码头上进行 2~3 h 全负荷试验。

2. 速率试验

速率试验应使主机达到每一工况的稳定转速再进行测试。对于批量建造的姐妹船可只测定 100 %额定负载下的速率，但此时船舶的装载情况和吃水应与首制船一致。

1）速率测定方法

速率测定一般在试验水域的测速段上进行。如图 11-1 所示，在岸上 F_1、R_1、F_2、R_2 处设置四个立标。要求 F_1、R_1 两点的连线应与 F_2、R_2 两点的连线平行，并垂直于测速段航线；两连线之间的距离为 1 n mile（海里，旧称浬），称为测量浬。船舶沿箭头所示方向行驶，只要测得船舶驶过测量浬的时间 t，就可求得船舶的速率：

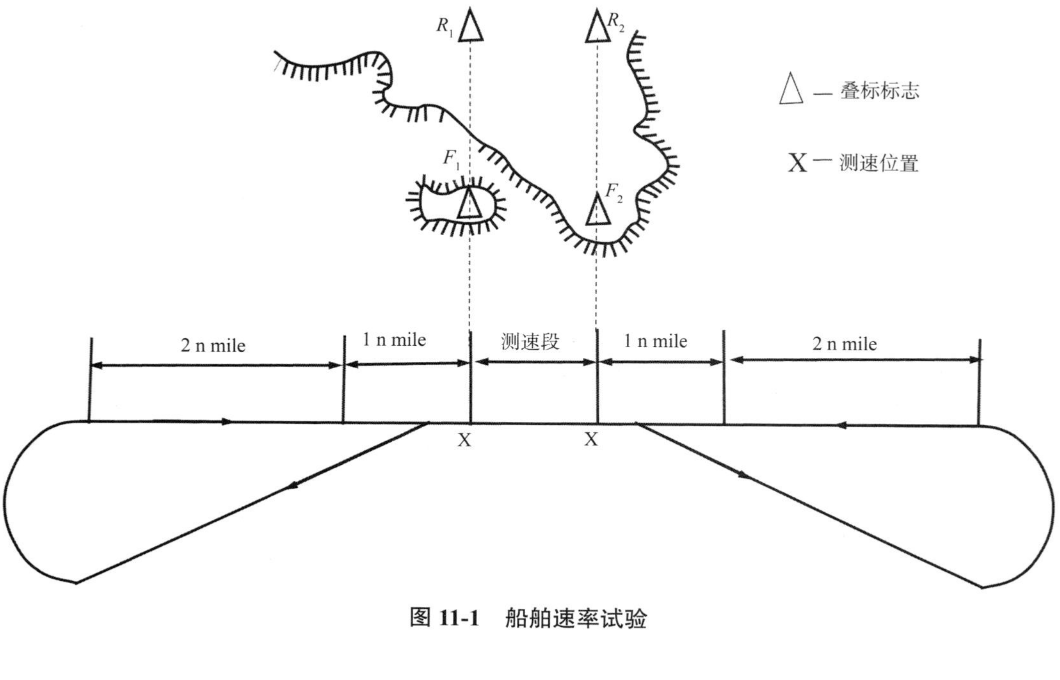

图 11-1 船舶速率试验

$$V=\frac{1}{t}(\mathrm{kn})$$

试验时，测速人员在船上某固定位置用望远镜观察立标，当立标 F_1 与 R_1 重叠时立即按下秒表开始计时，至立标 F_2 与 R_2 重叠时按动秒表终止计时，测得的时间就是船舶行驶过测量浬所用的时间。船舶经过测速段时，其航向应与立标的连线垂直；船舶进入测速段之前，主机转速必须保持稳定。

2）对水流的修正

上述方法仅能测得船舶相对于陆地的速率（外观速率）。显然，因受水流的影响，船舶往返行驶的速率不尽相同。为了得到正确的测速结果，必须在同一主机转速或同一功率下多次往返航行（最好测试 3~5 个航次）。在主机转速稳定、水流速度变化不大的情况下，船舶的实际速率可按下列方法计算。

三航次：

$$V_a=(V_1+2V_2+V_3)/4$$

四航次：

$$V_a=(V_1+3V_2+3V_3+V_4)/8$$

五航次：

$$V_a=(V_1+4V_2+6V_3+4V_4+V_5)/16$$

式中：V_a——平均速率；

V_1~V_5——各航次的外观速率。

3）速率试验的一般要求

（1）船体浸水表面和螺旋桨表面应十分光洁，不应有严重的海生物附着。

（2）试验时的排水量应为设计排水量，并处于正浮状态。

（3）试验时，天气晴好，风力不大于蒲氏三级，波浪不大于二级。

（4）试验水域的水深应大于船舶吃水的 5 倍，水域宽度应满足船舶在额定转速下进行满舵回转。

（5）船舶经回转再进入下一测量航次前，应行驶 3~5 n mile 的预备航程，以期测量区水面恢复正常和主机转速重新稳定。

（6）主机转速与规定转速间的误差不应超过 1~2 r/min。

（7）测速观察站应不少于两个，以便相互校对，两个观察站测的时间差值应小于 0.5~1 s。

3. 操舵试验

操舵试验的目的是评价舵操纵的轻便性、灵活性和工作的可靠性，为驾船人员提供船舶航行、回转、进港和起锚时的操纵依据。试验包括主用操舵装置和备用操舵装置两项。

1）主用操舵装置的操舵试验

船舶尽可能处于设计吃水和设计航速的工况下进行试验，程序如下：

（1）正舵 0° →右满舵 35°，保持 10 s；

（2）右满舵 35° →左满舵 35°，保持 10 s；

（3）左满舵 35° →右满舵 35°，保持 10 s；

（4）右满舵 35° →正舵 0°，保持 10 s；

（5）正舵 0° →左满舵 35°，保持 10 s；

(6)左满舵 35° →正舵 0°。

还应测定舵角由一舷 35° 至另一舷 30° 所需的操舵时间。对于海船,操舵时间一般不超过 28 s;对于内河船航行于急流航段,操舵时间不应超过 15 s,对于其他航段则不应大于 20 s。

航行于急流航段的船舶,为了评价船舶对舵的响应程度,应作 Z 形操舵试验。试验以全速正车完成下列操舵:

(1)正舵 0° →右舵 15°,保持舵位直到船舶航向从原有航向向右偏 15°;

(2)右舵 15° →左舵 15°,保持舵位直到船舶航向从原有航向向左偏 15°;

(3)左舵 15° →右舵 15°,保持舵位直到船舶航向从原有航向向右偏 15°;

(4)右舵 15° →左舵 15°,保持舵位直到原有航向恢复,即回至正舵。

若确因航道限制,操舵角度可适当降低。

试验中,应测定舵开始转动至停止的操舵时间和舵保持在舵位至改变船的航向到规定值为止的时间。Z 形操舵试验应不少于 30 min。试验中要记录舵角、航向、侧向位移等随时间变化的数据,以便绘图表示。

2)备用操舵装置的操舵试验

船舶一般均具有双重操舵装置,因而要进行由主用操舵装置转换为备用操舵装置的应急转换试验。

试验时,假定主用操舵装置在某一舵位失灵,操舵人员(2~3 人)立即以最快的速度赶到备用操舵装置的位置,迅速将舵轮转至相应舵位;继而以最敏捷的动作啮合离合器,将备用操舵传动轴接合;然后将舵归至零位,并用电话通知驾驶室领航人员。从主用操舵装置宣布失灵到通知备用操舵装置可用,这一转换时间应不超过 2 min。

在系泊试验的舵试验基础上,船舶以半速或不少于 7 kn 的速度进行备用操舵装置的操舵试验。其试验程序与主用操舵装置的操舵试验一样,所不同的是左、右舵角只控制在 15°(而不是满度 35°)。试验中,应测定舵从一舷 15° 至另一舷 15° 的操舵时间和舵轮手柄力。一般情况下,海船的操舵时间应不大于 60 s,内河船则应不大于 40 s;舵轮手柄总力应不大于 294 N。

3)航向稳定性试验

为了全面评价舵的性能,除了舵的操纵性试验外,还要进行舵的稳定性试验,亦即航向稳定性试验。试验可按下列两种情况进行。

Ⅰ. 舵角不变

船舶保持正航不变,以全速或经济航速行驶一定距离或一定时间,从罗经指向的偏差(每隔 10~15 s 记录一次)可知舵的稳定性能。

Ⅱ. 航向不变

船舶保持一定航向,并以操舵的方法将船舶校正于这一航向上,测定在一定时间内的操舵次数和操舵角度,便可评价舵的稳定性能。在正常的气象和水面条件下,操舵次数为 10~12 次/min,操舵角度在 2° ~3° 之间。

航向稳定性试验应在顺、逆流情况下各做一次。试验时要求天气良好、水面平静,并力求使船舶航向与风向、水流方向相同或相逆,以便消除或减小水流、波浪和风力的影响。

以上操舵各试验可适时地插入主机航行试验一并进行,以节约时间和开支。

操舵试验时,还应测量和记录风速、风向、潮流方向、水面状况、水深、航速、主机功率和转速以及转舵时船身的最大横倾角等。如有必要，还可测定不同操舵情况下舵杆的扭矩值。对于电动舵机，尚应测量电流、电压、运转速度等工作参数及各部分的温度。

4. 抛锚试验

锚设备在系泊试验时已做了初步试验。在航行试验阶段，锚设备还必须在足够的水深处（一般规定海船不小于 50 m，内河船不小于 10 m 或枯水浅航道可允许在 10 m 以内）做抛锚试验。抛锚试验可分为首锚抛锚和尾锚抛锚两项。

1）首锚抛锚试验

Ⅰ. 首锚抛锚试验

试验内容有两个，即单抛单起（左、右锚轮换）和双抛双起。试验时先做机械抛锚，再做自由抛锚。双锚双起时，要防止左、右锚链绞在一起。双抛锚时，应先后将锚分别抛落入土，然后同时放链；双起锚时，应先后将锚自泥土中一一拔出，然后同时将锚绞起。试验时，应测定锚单起、双起的速度以及锚机原动机的工作参数。锚单起的速度应不小于 12 m/min；双起的速度应不小于 8 m/min。当锚接近船舷时，应将速度降至 3~4 m/min。另外，试验中还要考验锚机的刹车性能，在抛锚和起锚过程中还应观察运动机构的运转情况等。

Ⅱ. 掣链器强度试验

抛锚入土后，掣链器将锚掣牢，船以倒车慢行（急流航段上除外）将锚链拉紧，以便检查掣链器强度、掣链作用和甲板的局部强度。此外，还应检查在航行中掣链器的持链情况和船舶在风浪中锚在锚孔中的稳定情况。

Ⅲ. 人力应急起锚试验

抛锚入土后，用人力应急起锚装置起锚，一般起 1/2 节链长（5 m）即可，以便检查其起锚的轻便性和可靠性，同时确认其起锚速度和操纵的人数。

2）尾锚抛锚试验

尾锚抛锚方法也有机械抛锚和自由抛锚两种。试验时应测定绞盘机起锚的速度及绞盘原动机的工作参数。起锚速度应不小于 8 m/min，当尾锚收起接近船艉时，起锚速度应降为 3~4 m/min。另外，抛锚时应使绞盘做刹车试验，以检查制动带的制动效能。试验过程中，还应检查绞盘操作时的尾部振动情况、绞盘工作情况以及绞盘止动爪的止动作用等。

5. 回转试验

回转试验的目的是求得船舶回转一周的航迹，从而获知船舶回转纵距、回转横距、回转外距、漂角、回转直径和回转周期，如图 11-2 所示，以便今后船舶在港湾或狭窄航道上的回转操纵。

回转试验通常以全速（海船）或以主机最大功率的 85%的航速（内河船），左、右满舵各回转一周。对于双桨船舶，尚应测量一桨正车、一桨倒车满舵回转一周的直径和回转时间。试验时要求天气晴好、风力缓和、水流平稳、水深足够。

回转直径的大小一般都以船长的倍数表示。不同类型船舶的回转直径有所不同，但一般为船长的 3~7 倍。小型导管桨船舶的回转直径往往小于船长的两倍。一般内河船的回转直径小于海船，双桨船的回转直径小于单桨船。

回转航迹有多种测定方法。在此介绍一种利用岸上的灯塔、航标或其他固定标志进行测量作图的方法。试验时由三人在船上分别观测船舶航向、岸标方位和船舶与岸标之间的距离。船舶航向和岸标方位可用标准罗经测得；船舶与岸标之间的距离可以用测距仪或雷达测得。

当进行回航测量时,测量指挥者在回航过程中定时发出一次次记录命令,三位观察者逐次分别记录发令时的船舶航向、岸标方位和船舶与岸标之间的距离(人工测录工作也可由无线电记录仪代替)。根据每次记录的数据,在以岸标为坐标原点的极坐标图上能方便地绘制出船舶的回转航迹,如图 11-3 所示。

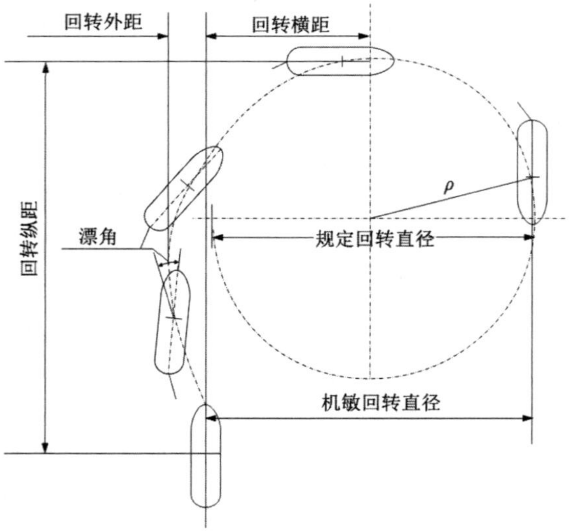

图 11-2 船舶回转航迹

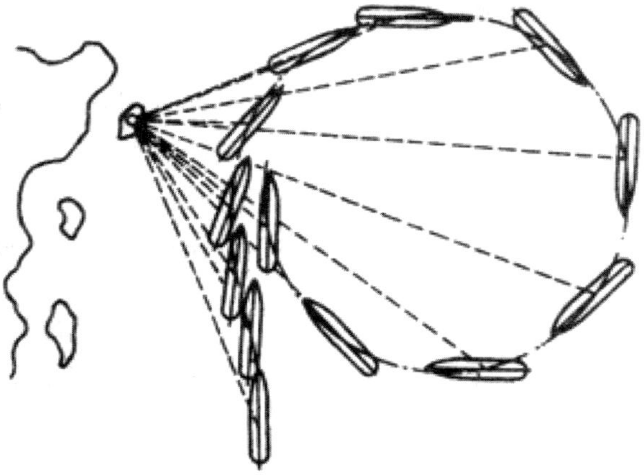

图 11-3 回转航迹的测绘

6. 惯性试验

惯性试验的目的是测知主机停车或倒车后船舶因惯性而自由滑行的距离,即惯性冲程及滑行时间。这些数据有助于船舶避撞和安全靠岸。

惯性试验可分为四种:

(1)全速正车转为停车;

(2)全速正车转为全速倒车;

（3）全速倒车转为停车；

（4）全速倒车转为全速正车。

试验中要测定的项目除了惯性冲程和滑行时间以外，还有命令发出到命令执行和命令实现（停车或反车）的时间间隔，以及船艏方位偏转度数等。

试验内容如下。

（1）全速惯性停船试验：船舶在预定的航向上，以规定的航速稳定直线航行，记录初始航向、航速、主机转速；从船舶发出停车令开始至船舶接近对水移动停止为一次试验完成，试验过程中应保持舵角为零。

（2）全速倒车停船试验：船舶在预定的航向上，以规定的航速稳定直线航行，记录初始航向、航速、主机转速；从船舶发出倒车令开始，按主机操作规程操作，直到船速低于 5 kn 为一次试验完成，试验过程中应保持舵角为零。

惯性冲程通常以船长的倍数来表示。一般而言，全速正车转为停车时船舶的滑行行程约为船长的 5~7 倍。而全速正车转为全速倒车时船舶的滑行行程约为船长的 4~5 倍。

惯性冲程可利用岸标测距方法来求得。试验时船舶对准岸标航行。发出命令时应立即测量船舶与岸标之间的距离；船舶停止或反向行驶时再次测量船舶与岸标的间距。这两个距离之差便是惯性冲程。另外，惯性冲程也常用抛掷木块的方法来求得。试验时，两个观察组分别位于船艏与船艉的舷边。当驾驶室发出命令时，船艏观察组立即投下第一块木块，当该木块路经船艉时，船艉观察组立即通知船艏观察组，船艏观察组随即抛出第二块木块。以后按同样方法抛掷木块，直到船舶停止或反向行驶。计算抛出木块的数量和观察最后一块木块在船旁的位置就可得出惯性冲程的数值。

7. 几种常用导航设备的试验

1）磁罗经

磁罗经利用地球磁场的作用来正确地指示方向，如图 11-4 所示。一艘船通常设有两台磁罗经：位于罗经甲板上的标准罗经和装于驾驶室的操舵罗经。前者可消除自差（按规定，剩余自差不应超过 ±5°）；后者不行，只能根据标准罗经进行校对，故误差较大。

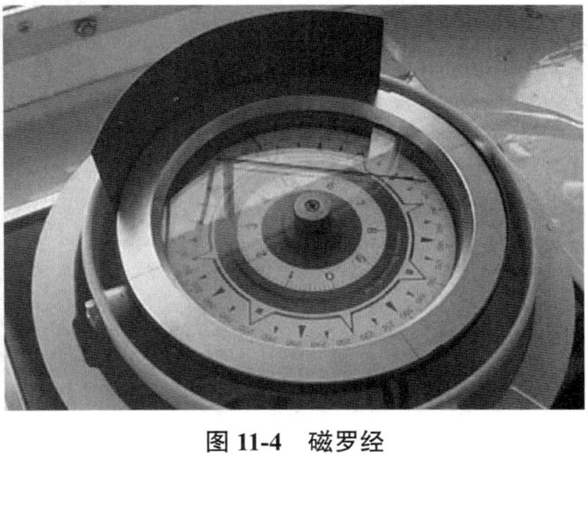

图 11-4　磁罗经

2）电罗经

电罗经指北的原理是利用力学中的陀螺原理，如图 11-5 所示。在适航时应测出其在制造和安装中产生的偏差。除此之外,适航时还应测出由于船舶转向、加速或减速对罗经产生的附加力作用而导致的偏差。

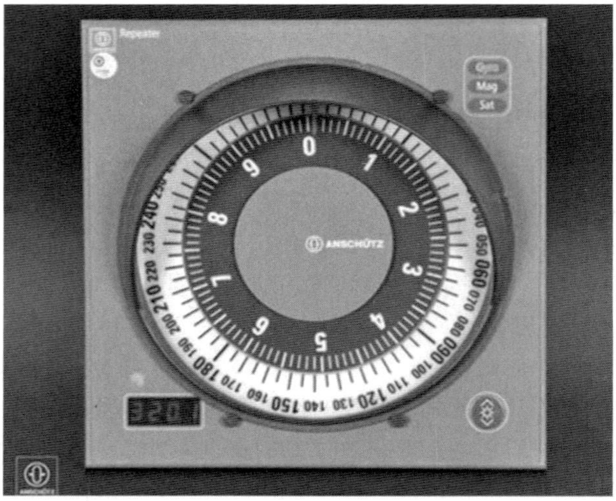

图 11-5　电罗经

3)测向仪

测向仪是利用岸上的专门测向台测定船位并引导航行的仪器,如图 11-6 所示。它由于制造误差而往往指示不太准确,需进行校对、调整,使相对于船舶任一方向的指示偏差不大于允许值,并得出偏差曲线,供航行驾驶使用。

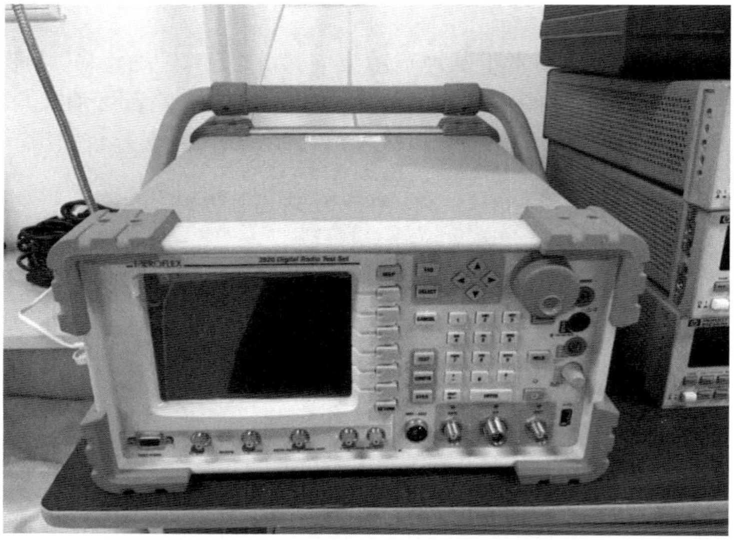

图 11-6　无线电测向仪

4)计程仪

计程仪是测定船舶航速和记录航程的仪器,如图 11-7 所示。它根据水压与船速的平方成正比这一关系,通过测定水压来测定航速和航程。航行试验时应测定计程仪的误差并消除之。

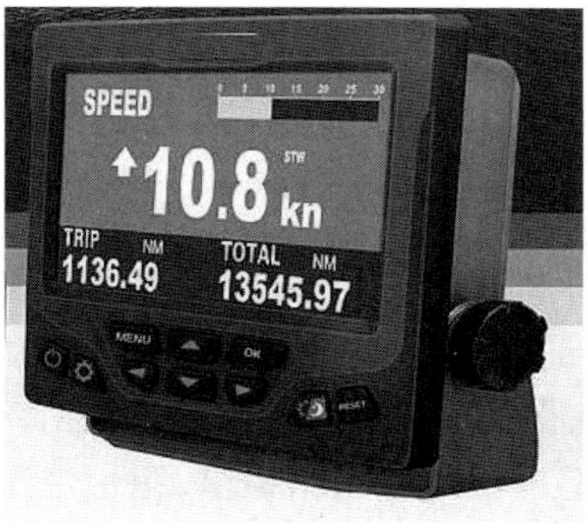

图 11-7　计程仪

5）测深仪

测深仪是测定船舶所在位置水深的一种仪器，如图 11-8 所示。航行试验时应测定其指示水深的准确性。

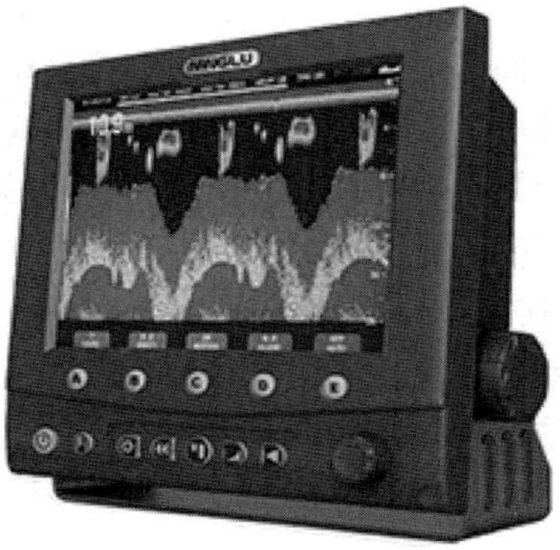

图 11-8　测深仪

8. 其他试验

对于某些船舶，根据船东和建造规范的要求还应做其他试验。例如，对沿海交通艇的首制船做适航性试验，应考验其抗风浪能力；各类拖船要求做动力拖载试验，应测定其拖力、拖速、拖曳效率等；《钢质海洋渔船建造规范》要求对首制渔船或第一对渔船进行捕捞试验，应评价其技术性能；另外，货船还常做重载试验，应考验起货设备等相关功能。

11.3　交船

交船是一项程序性工作，即通过一些移交手续，船厂把船舶交付船东使用。因此，交船是造船合同的总结，具有合同的法律效力，必须维护双方的正当权益。

11.3.1　交船事项

1. 不完善项目

在造船过程中，特别是在船舶试验和住舱完工与检验的后期阶段，船东和船检机构应该对不合格或不满意的合同项目编制清单，及时向船厂提出。编制清单时，将项目分成船体、舾装、机械和电气四类，分别编号，顺次列表，以防遗漏和重复。

船厂应对提出的不完善项目及时进行处理，使问题最小化。不完善项目改正后，船检机构和船东应及时检查，如果合乎要求就应签字认可。

2. 备件清单

为了便于船东认可、签收，通常船厂按规定准备一份完整的备件清单。备件清单上不仅包括备件和工具，而且还包括交船时船上所有的便携式和可移动设备。备件清单也可由船东代表和船厂双方联合编制。通常在交船前三个月就开始编制清单，以便在交船前完成。

一般要求将备件放置在船上带锁的特制箱柜里，箱柜位于设备附近的方便处。编制备件清单时，首先将这些箱柜编号，随后将箱柜封存，以免未经许可而挪动备件。不便安全存放的便携式和散放船具，应该推迟到交船前放置。交船前，应测量所有油舱，各种油、脂等容器应共同盘点，以便确定由船厂提供的消耗品是否满足规定的要求。

3. 交船日期

在计划交船日期的前一周，船东代表和船厂应该联合对船舶进行检查，查明尚未完成工作和不完善项目的状况。根据实际条件，在正常情况下可望达成确定的交船日期。

船东当然希望船舶在各个方面都已完工，包括各种试验、清理、油漆等，以及所有不完善项目的改正和备件清单上缺项的补全。但是，为了让船舶早日航运营利，上述问题也常有商量余地。在有大量托运货物和运输计划中急需船舶补充的实际情况下，交船中的问题就容易商榷。这时，船东对许多非重要的不完善项目可能会放弃改正要求，其他项目则可能同意推迟到交船以后改正。在这种情况下，船厂在交船日期上所面临的困难较少。

但在另一种情况下，如果船东并不急需用船，那么每一个不完善项目都可能成为其拒绝接船的正当理由。为避免出现这种不利情况，许多合同条款中会注明：当所需的试验都已通过时，船厂至少在五天之前向船东发出书面通知要求交船。这些条款可解释为：除少数不影响船舶运营使用的项目外，其余都已完工。

4. 交船文件

典型的建造合同应当包括这样的条款，即所交的船舶应该符合指定国家的有关法令和各章节中指定的各种法规；并且还进一步要求船厂必须获得各种必要的证书和文件，用以证明建造过程的属实和所获得的各种认可。

有关交船文件的种类和签发单位，各国均有自己的规定。我国国家标准《提交船舶产品完工文件的规定》（GB/T 6300—2007）规定了海洋和内河船舶完工时，船厂应向船东提交的完工文件项目和要求。

交船时船东总希望能无条件、无例外地获得所有文件。实际上，由于主管部门的行政手续等多种原因，不太可能在交船的同时递交一套完整的证书。为此，在接到正式的文件之前，习惯上由临时发信来取代。在这种情况下，船厂必须向船东提供适当的文件以保证不会影响船舶的运营与保险。

5. 交船前会议

交船前一两天，应该召开由船厂、船东和船检机构代表参加的工作会议，为最终交船创造条件。典型的议事日程通常为：

（1）审议船检机构认为未解决的不完善项目，并证明这些项目或备件清单上的缺项不妨碍船舶投入运营；

(2)审议文件清单,提出交船时尚不能获得证书的项目,并证明这不妨碍船舶运营和保险等级,船检机构的代表在这一点上可以回避;

(3)讨论所有尚存的不完善项目,提出一致的处理意见。

但是,往往也会出现僵持局面,妨碍对某些项目取得一致的意见。为了按期交船,任何有异议的项目可以用声明或特殊附件的形式附在交船证书中,以备查考。这些分歧可以在保证期结束时解决。

在进行上述审议并取得一致意见后,便可以确定交船日期,举行交接仪式。

6. 交船仪式

交船仪式通常包括下列内容:

(1)船厂向船东提交规定的各种证书和文件,经核对后,双方在文件提交凭据上签字,证明可供使用的文件都已提交;

(2)船东签收随船图纸及说明书;

(3)船长签收船舶钥匙和保险柜密码等;

(4)船厂和船东在交船与完工证书及其异议附件上签字,附件的定稿复本应事先提交船厂,以便有时间确认厂方对所有列入附件的不完善项目能承担的责任。

交船仪式结束后,船舶就归船东使用或处理。船舶的建造工作虽然已经结束,但是,船舶的建造合同尚没有终止。

7. 保证期

保证期是合同船舶在交船以后船厂承担质量保证义务的一定时间。保证期的长短由建造合同规定。现在比较普遍的做法是,对整艘船舶规定一年保证期。

在保证期内,船厂对交船与完工证书附件中有异议的项目承担改正责任,并对船舶在正常使用过程中所产生的故障也承担修理责任。合同可以规定船舶返回承造厂修理,也可以请就近的船厂修理,但承造厂应派代表到场。在保证期结束后的第一个航运间隙,通常应安排一次保证期检验,解决建造合同所有尚未解决的问题,并就检验单上所有项目的责任问题达成协议。协议书以保证期检验报告为文件初稿。双方代表签字以后,保证期检验报告便成了记载合同中保证条款所规定的厂方未尽义务的正式文件。若无申诉或诉讼,船厂一旦尽到了这些义务并使船东满意,造船合同便告完成。

11.3.2　延迟交船的法律问题

在造船的实践中,存在两个交船日期:合同交船期和实际交船期。

合同交船期是合同双方当事人在造船合同中明确约定的交船日期,这个日期不一定就是造船合同中最初规定的时间,当事人达成意向之后可通过补充协议的形式对其进行更改,或者是在发生造船合同中允许延误的事件后,由船厂发出通知更改交船日期,并且这项通知是经船东认可的。这两种方式对交船日期所做的更改视为对造船合同条款的变更,是合法有效的,后者确定的时间才是真正意义上的合同交船期。

实际交船期是船厂实际将船舶交付给船东的日期。在船舶交接时,买方与建造方会签订交接议定书,上面会注明实际交接船舶的日期,该日期为船舶的实际交付日期。

由此可知,如果实际交船期晚于合同交船期,将会构成延迟交船。船厂和船东一般还会在造船合同中约定一个宽限期,超过合同交船期而在宽限期内交船的,船厂除了交付船舶外,还需支付合同约定的赔偿(议定赔偿);如果超过宽限期船厂还未交付船舶,船东则有权解除造船合同。

导致延迟交船的原因有以下几方面。

1. 允许的推迟

交船期推迟的第一类原因是买方、船级社、主管当局和不可抗力等原因。在此情况下,建造方是无过失的,不需承担任何法律责任,这些统称为允许的交船期推迟。

1)买方原因导致的推迟

在建造方没有过失的情况下,可能出现某种或者某些偶然因素,阻碍造船合同的顺利履行。例如,在造船过程中,由于采购合同上规定的材料或船用机电设备等原因受阻,建造方需改用替代材料和机电设备。在此种情况下,建造方就需要征得船东的同意,否则船东有权拒绝验收船舶。同样,买方基于某种原因,要求建造方修改原造船合同的条款,对于买方提出的修改要求,建造方应当尽量满足。但是这种修改如果造成建造方的成本上升或者造船合同规定的交船期延迟的话,建造方有权要求提高合同约定的船价和延长交船期,而不需承担违约责任。

2)船级社或主管当局导致的推迟

当船级社或主管当局颁布一项新的适用于在建船舶的法规,或对相应建造规范进行修改和补充时,建造方应当立即采取措施贯彻执行并通知买方,与买方协商执行相应措施引起的合同价格和交船期的变动。

3)不可抗力事件导致的推迟

不可抗力事件是指合同当事人不能预见、不能避免和不能克服的事件。由于造船工程周期较长,可能发生很多合同双方无法控制的事件,所以,在造船合同中,双方当事人会明确规定不可抗力事件的内容。但是,对于发生的事件是否属于不可抗力事件,这是一个事实判断的问题,建造方如果想依赖合同约定的不可抗力事件主张交船期顺延,其有义务进行举证,证明该事件属于合同规定的不可抗力事件,并且实际造成了交船延误。比如,日本造船协会造船合同(SAJ Form)规定了不可抗力事件的定义,主要是以下三个方面:一是政治上的不可抗力事件,如政府行为、战争、封锁、革命等;二是技术或者施工上的不可抗力事件,如罢工、物料短缺、进口限制、延误供应设备、电力短缺、物料或设备上的内在缺陷等;三是自然灾害上的不可抗力事件,如洪水、台风、地震、火灾、爆炸等。

2. 不允许的推迟

这类延迟是完全因为建造方自己的原因造成了交船日期的延迟,如设计推迟、生产进度安排不当、质量出问题而不得不返工等。上述问题导致的交付延迟,建造方要承担法律责任。

延迟交船会对买方造成一定的损失,因此,当发生延迟交船时,会对买方进行一定的法律救济,有以下两点。

1)宽限期内的议定赔偿

议定赔偿是指当事人同意并确定在发生特定违约情况下,违约方应向合同另一方支付的损害赔偿数额,而不论违约实际上给对方造成了多少损失。

在造船合同中约定议定赔偿有以下好处。

(1)议定赔偿在一定程度上可以算是一种责任的限制。议定赔偿一般约定每日需要支付的费用,但通常会有一个最高限的规定。这是为了防止发生一些船厂不可控制的情况,通过这种约定将船厂的风险控制在一定范围内，降低船厂的生产成本。

（2）议定赔偿在很大程度上避免了计算和证明真实损失的琐碎步骤，减少了相应的费用。由于合同中对于类似情况已有约定，在发生相应违约事件时，合同双方不需要费时费力地计算真实损失，也避免了可能发生的诉讼争议。

（3）议定赔偿赋予了船厂预知即将面临风险的能力，便于其对一些风险进行投保。

当然对于买方主张议定赔偿也是有限制条件的。

（1）买方应在合同规定的宽限期内主张议定赔偿。

（2）买方对于延迟交船这一损害事实的发生是没有过错的，即延迟交船是由于建造方的过错所导致的，也就是不允许的推迟。

（3）如果建造方在合同规定的宽限期内交付了船舶，买方只能主张议定赔偿，即使实际损失大于议定赔偿的数额。

2）宽限期外的合同解除权

当合同约定的宽限期满后，买方选择解除合同时，要给建造方发出书面通知。该通知自建造方收到之日起产生效力。

但是实践中，买方是否会解除合同很大程度上取决于当时航运市场的状况。即使买方没有解除合同的打算，也可能不会马上告知建造方。这就将建造方置于一个十分被动的地位：到底是继续完成已构成延迟交船的造船，还是放弃该船舶的建造转而建造其他船舶。对此，标准合同格式赋予建造方向买方发出通知的权利：在买方可以解约但尚未解约的时候，建造方可以要求买方做出选择，到底是解除合同还是接受一个新的交船日期。

买方解除合同的法律后果有以下几个。

（1）建造方应当返还预付款和利息。

（2）建造方应当返还船东供应品。

（3）买方可以主张损害赔偿，要求建造方赔偿损失。

第 2 篇　海洋工程装备智能制造

第 12 章　海洋工程装备制造模式

海洋工程装备制造是衡量一个国家海洋资源开发能力的产业，我国的海洋工程装备制造起步较晚，与发达国家相比有一定的差距。但经过几十年的探索与实践，加之先进技术、先进管理理念的引进，至今发展也已经初具规模。今后，探索海洋资源已成为全球共识，各沿海国家纷纷制定海洋开发战略，我国也必须抓住海洋工程装备制造的机遇，全力发展具有自主知识产权的海洋工程装备，为海洋资源开发提供设备保障。

12.1　概述

海洋工程装备是指海洋油气资源及其他资源在勘探及开采、加工、储运等过程中需要的大型工程装备以及在管理、后勤服务等方面的辅助装备，具有技术要求高、投入高、产业辐射能力强，对国民经济带动作用大等特点，是集先进制造、新材料等高新技术于一体的朝阳产业。

世界经济的高速发展使能源和资源问题日益突出，世界范围内的海洋资源争夺战愈演愈烈，原油价格催生了海洋油气开发的热潮。因而，各国对海洋工程装备的需求不断增长，全球海洋工程装备业的前景非常乐观。随着陆地及近海油气资源逐渐减少，为满足强劲增长的能源需求，世界先进技术国家将油气资源的开发重点投向了深海，深海油气钻采技术及装备已成为国际海洋工程界的研发热点。

1. 全球海洋工程装备制造业发展趋势

海洋工程装备属于高投入、高风险产品，从事海洋工程装备建造的厂商需具有完善的研发机构、完备的建造设施、丰富的建造经验以及雄厚的资金实力。目前，全球主要海洋工程装备建造商集中在新加坡、韩国、美国及欧洲部分国家。其中，新加坡和韩国以建造技术较为成熟的中、浅水域平台为主，目前正在向深水高技术平台的研发、建造方向发展；美国、欧洲国家则以深水、超深水高技术平台装备的研发为核心。随着海洋开发步伐的加快，越来越多的国家认识到海洋工程装备制造业将迎来广阔的发展机遇，纷纷进入这一领域，海洋工程装备产业的竞争将更加激烈。我国应该加强研发力度，加快发展步伐，进入世界海洋工程产业的第一阵营，为我国海洋开发和参与海洋国际竞争提供高科技装备。

2. 海洋工程装备产业已列入我国高新技术产业

海洋工程装备制造业已成为为我国海洋开发及国防建设提供技术装备支持的战略性高新技术产业，发展海洋工程装备是国家海洋开发的首要任务与战略重点。海洋工程装备需求传导图如图 12-1 所示。当前，世界海洋工程装备技术正向深水化、大型化、集约化、智能化、清洁化和水下生产体系方向发展。我国在海洋工程技术方面，特别是深海装备领域与世界先进国家仍存在一定差距，密切跟踪国际深海海洋工程装备技术的发展现状及趋势，是我国大力发展海洋开发事业必须先期进行的工作。

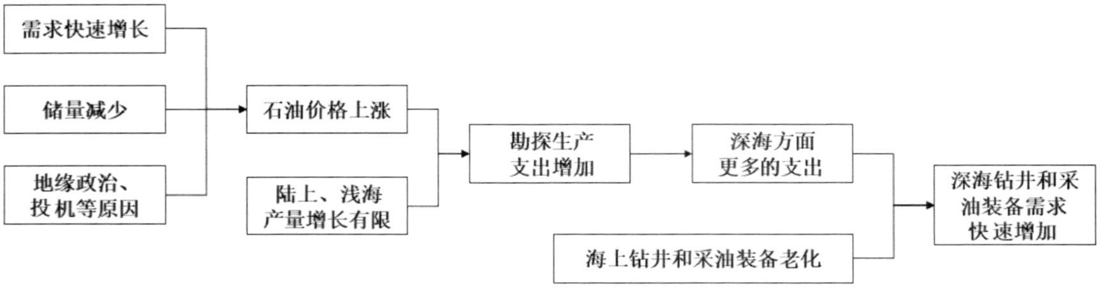

图 12-1 海洋工程装备需求传导图

3. 新概念海工装备设计开始出现

随着投产的海工装备越来越多地出现在全球各大油气海域，已有越来越多的国家和企业掌握了现有各类海工装备的设计建造技术。因此，面对深水化、综合化、数字化和绿色化的海工装备技术发展趋势，不仅各种新型的深海油气开发装备不断被推出，而且一些新概念的、针对可燃冰及海洋风浪波能开发的海工装备也被陆续研制出来。

海工装备制造工艺技术的不断发展，能够提高生产效率、缩短建造周期和降低建造成本，同时也可以改善工人的作业条件和环境。我国的海工装备制造业要想在激烈的国内外竞争中脱颖而出，制造工艺技术的不断创新无疑将起到关键性作用。海工装备制造技术的发展趋势主要体现在以下方面。

1）制造工艺技术发展趋势

Ⅰ. 数字化制造技术

自动化、柔性化和计算机集成化，提高生产过程的技术水平，建立工艺阶段和制造流水线的柔性自动化生产方案。应用精度控制或质量保证的计算机辅助系统对生产过程进行严格控制，以改进生产工艺流程，提高效率，增加产量。

Ⅱ. 绿色制造、全生命周期制造技术

借助各种先进制造技术不断创造新的海工装备制造模式、资源、工艺和组织等，使产品从设计、制造、营运到报废拆解的全生命周期中，做到废弃物最少、对环境的负面影响最小、对原材料和能源的利用率最高，实现企业经营和社会效益协调优化。

2）制造模式的新发展——总承包技术

海洋工程装备项目采用总承包模式（EPCI，Engineering Procurement Construction and Installation）已成为海工项目管理的大趋势。国家有关部门也提出了“总包牵引，专业发挥，着力提高装备的总承包能力和总装集成能力”的要求。

总承包模式即建设单位在工程实施阶段只对应一个设计施工总承包企业，这一模式在资源节约、质量安全、节省投资、缩短工期等方面显示出明显优势，取得显著成效。总承包技术能够实现设计、采购、施工、试运行的深度合理交叉，让技术、人力、资本、资源环境等因素高效组合，克服了各市场主体分阶段、分部位、发散型管理的弊端，大大提高了工程建设的整体效益和技术水平。

12.2　海工装备与船舶的区别分析

1. 海工装备与船舶的主要差别

海工装备是海洋资源开发的技术装备，典型装备包括自升式钻井平台、半潜式钻井平台、浮式生产储油卸油装置（FPSO）等；一般民用船舶（油轮、散货船、集装箱船）主要用于海上运输，虽然存在一定的相似性，但是在产品性质、使用材料、结构、系统等方面存在明显差异，详见表 12-1。

表 12-1　海工装备与船舶的主要差别

分类	一般民用船舶	海洋工程装备
产品性质	利润相对较低 批量性、产品 对可靠性和质量要求相对较低 可进船坞维修	高投资、高技术、高风险、高附加值 个性化、项目 对可靠性和质量要求高 大部分无法进坞，采取海上维修方式
材料	普通船用钢，高强度钢很少使用	大量使用高强度钢
结构	大型船舶高度在 70~80 m 外部轮廓呈流线，型线复杂 内部管线相对较少	海工装备高度一般超过 140 m 外部轮廓比较规则，没有复杂的型线 内部管线密集
系统	系统相对简单，设备相对较少	系统复杂，设备繁多

海工装备需要根据作业海域、环境、地质条件等因素量身设计制造。同一海上油田同一型号的最多不超过 10 个，不同海域的结构、设备都有一定的差异。因此，海工装备建造作为具有较大独立性的工程项目进行。

海工装备要长期在某固定海域作业，设计使用寿命一般为 25~30 年，由于大部分海工装备无法进坞维修，如半潜式浮体下部装有动力定位推进器，导管架平台固定在海上不能移动，这对可靠性、安全性和质量提出了更高的要求。建造规范和标准也远高于船舶建造规范和标准。

海工装备大量使用高强度钢，内部管线密集，系统复杂，设备繁多，这对加工、焊接、精度控制、系统集成、系统调试等方面的技术提出了更高的要求。

典型的海工装备，如自升式和半潜式钻井平台，高度一般超过 140 m，总段、大型模块重量几千吨，甚至超过 1 万吨，需要具备较强提升、移动能力的设备。如大型浮吊、大型履带吊或其他滑移提升装置，还需制造特殊工装。高强度钢、大厚板的加工设备投入也比较大，如三芯辊、五芯辊、大型机加工设备等。另外，海工建造在理论计算、试验、风险评估、安全、环保等方面也需要必要的投入。

2. 海工装备建造与造船的主要差别和特点

海工装备在产品性质、材料、结构、系统构成、规范标准等方面与船舶相比存在较大差异，这些决定了海工装备的建造理念、建造方式、施工习惯与船舶相比具有明显不同。因此，海工装备在设计、建造和管理各环节中，诸多方面与造船均存在着明显差异，详见表 12-2。

表 12-2 海洋工程装备建造与民用船舶建造的主要差别

分类	一般民用船舶	海洋工程装备
总体	流程固定,批量生产,建造周期短,整体可采用流水线建造	流程不固定,单件生产,建造周期长,整体不采用流水线建造
设计	国内行业设计规范和标准较完善	国内缺乏行业设计规范和标准
	具备船型开发、合同设计、详细设计和生产设计能力	尚不具备概念设计、基础设计能力,具备详细设计和生产设计能力
	二维和三维设计	三维设计
	详细设计送审、退审周期相对较短	详细设计送审、退审周期长
	设计高度标准化,图纸修改量少	边设计、边送审、边施工,图纸修改量大
	工时物量数据积累充分,便于设计和精细化管理	工时物量数据参考造船,设计无法做到精细,不能精细化管理
	生产技术准备相对比较充分	生产技术准备周期短,准备不充分
建造	我国已建立了 CSQS 行业建造标准体系	我国没有海工行业建造标准体系
	结果控制	过程控制
	区域一体化建造方式,模块相对简单,集成容易	模块化建造方式,模块集成工作量大,难度高
	普通船用钢的加工、焊接	大厚度、高强度钢的加工、焊接
	检测拍片量相对较少	检测拍片量大,是造船的几十倍
	建造精度要求相对较低	建造精度要求高
	国内系统调试技术比较成熟	系统调试及联调难度大,国内几乎不能做
	码头靠泊无须特殊工装	码头靠泊需要制造特殊工装
	虚拟仿真应用相对较少	干涉检查和方案评估大量应用虚拟仿真
管理	工程管理	项目管理
	结果控制管理模式	过程控制管理模式,可追溯性强
	需要满足船舶质量体系要求	需要同时满足 HSE 和海工质量体系要求

12.3 海工装备总装制造模式

海工装备总装制造模式的内涵为:以系统工程先进制造理念为指导,以项目总包为牵引,以系统集成为主线,以模块化制造为核心,以项目管理和信息技术为手段,按结构/模块/功能进行工程分解,组织专业化的并行设计和生产,使结构制造、模块安装、系统集成、联调海试等作业有序可控,实现海工装备的健康、安全、环保、优质、高效的总装制造。

1. 模式适用范围、产品对象

产品对象:主要针对半潜式钻井平台、自升式平台、浮式生产储油卸油装置等典型海工装备。

适用范围:研究提出的模式可直接应用于半潜式钻井平台、自升式钻井平台和浮式生产储油卸油装置,对于其他技术复杂度和难度相对较低的海工装备的建造,同样具有参考价值和指导意义。

2. 模式释义

一是以系统工程先进制造技术的先进理念为指导，运用并行工程等基础理论，根据海工装备建造项目总包等个性化特点，在对标分析研究国内外海工装备建造模式的基础上，结合我国海工建造实践，提出我国海工装备建造模式。

二是项目总承包作为总装建造的前提条件，无论是采用设计—采购—施工（EPC）/交钥匙总承包，还是采用设计—施工总承包（DB），都将设计、采购、施工、供应等方面有机整合，因此可以提高项目质量水平，降低项目成本，提高项目执行效率。

三是为提升我国海工装备建造整体水平，以总装建造和系统集成为主线，以功能模块的设计建造安装为核心，按结构/模块/功能进行工程分解和组织生产，使结构制造、模块制造、系统集成、联调海试等作业，做到有序有控；在工程管理上以项目管理和信息技术为手段，强化全过程的质量控制和风险控制，提升海工总装厂的核心竞争力。

四是给企业提供一种指导，使海工总装厂能够结合自身条件，构建一种适合本企业发展的效率最高、周期最短、成本最低的海工总装建造模式。

海洋工程装备具有高风险、高技术、高投入、高附加值等特点，建造中存在着设备及系统集成化程度高、建造工艺复杂、项目管理难度大以及建造进度不易控制等特点。因此，海工装备总装制造模式以并行工程为基础理论，具备以下基本特征：

（1）项目管理体系健全；

（2）模块化设计建造；

（3）结构、模块并行建造；

（4）总装建造系统集成；

（5）海上安装系统联调；

（6）信息化与制造技术高度融合；

（7）项目总包下的全过程控制；

（8）风险控制贯穿全过程；

（9）强调全生命周期质量可靠性；

（10）强调安全、环境和健康。

实现海工装备总装制造模式有着以下基本标志。

（1）生产设计：详细设计与生产设计交叉融合；详细设计为生产设计三维建模提供依据，三维生产设计为详细设计提供验证，降低设计差错与修改。生产设计按区域/托盘设计，按区域/阶段/类型出图，图面工艺/物量基础信息完整，按系统生成调试文件。

（2）总装建造：充分利用国际/内资源，合理确定总装深度，实现主体/模块并行建造，壳、舾、涂、调协调有序，建造过程均衡、可控、高效，逐步达到总段巨型化、模块集成化、建造总装化。

（3）工程管理：实行项目制管理，实现设计、生产、进度、物资、质量、安全、成本以及沟通协调等集成管理和控制，具有拉动式工程计划管理体系、完整的工时/物量统计分析系统、成本控制系统和质量安全管理体系等。

（4）作业流程：总装作业主流程、工序流程清晰顺畅，无迂回，实现各总段/模块完整性制造、安装、调试以及总装（可利用平地、船坞）搭载合拢。

（5）生产组织体制：机构设置扁平化、精简高效；充分体现岗位复合技能；能适应总装建造和一体化综合管理。

（6）信息集成化：有完整的 PDM/EPR/工时/物量基础数据库；CIMS 信息集成系统能有效运转。

第 13 章　海洋工程装备智能制造及关键技术

海洋工程装备具有研制周期长、研发投入大、产业辐射能力强等特点。为了应对这一大型复杂系统的挑战，本章以目标和问题为导向深入分析海洋工程装备的关键技术，结合智能制造对信息化、数字化执行系统技术，智能板材下料技术，智能型材下料技术，智能组对技术，智能焊接技术和智能物流运输技术进行阐述。

13.1　信息化、数字化执行系统技术

本节从信息化、数字化执行系统技术的重要性、背景需求、应用意义和实现目标来进行阐述。

1. 信息化、数字化的应用是打造现代化企业的必经之路

要站在统筹中华民族伟大复兴战略全局和世界百年未有之大变局的高度，统筹国内国际两个大局、发展安全两件大事，充分发挥海量数据和丰富应用场景优势，促进数字技术和实体经济深度融合，赋能传统产业转型升级，催生新产业新业态新模式，不断做强做优做大我国数字经济。

要推动产业数字化，利用互联网新技术新应用对传统产业进行全方位、全角度、全链条的改造，提高全要素生产率，释放数字对经济发展的放大、叠加、倍增作用。

信息化、数字化管理是将现代信息技术与先进的管理理念相融合，重新整合企业内外部资源，转变企业生产方式、经营方式、业务流程、传统管理方式，提高企业效率和效益、增强企业竞争力的过程。

2. 海洋装备制造对信息化、数字化应用的背景需求

传统海洋装备制造存在诸多业务痛点，诸如设计引领不足（设计在生产全链条中的作用发挥不足），制造环节存在信息孤岛（缺乏系统的数据采集环境和单元，全生命周期数据集成和关联分析能力不足），人工成本居高不下（人工成本逐年递增，用工荒问题明显，同行竞争优势不复存在），经营管控能力不足（定额数据源头缺失，数据掌控不强，成本核算不准确）等。

与常规船舶产品相比，海洋装备产品在型线设计、局部结构设计、总布置要求、组对技术、焊接技术、检验要求、分段与终端建造方法和精度需求等方面均存在特殊要求。

海洋装备制造的特点是大型单件小批量生产，核心业务管理特点主要包含以下几个方面：

（1）交货期要求严格，且每次订单上所需求的产品多有不同；

（2）产品结构复杂，生产周期长，标准化产品较少，因此较难采用流水线作业的生产方式；

（3）产品生产工序上存在较多约束关系，排布工序要求严格，因此关键设备的利用率是生产控制的关键环节；

（4）生产工序多，组织协调复杂，需要多部门、多工种、多设备资源有序协调，生产和作业计划安排占用成本较大，易存在信息沟通不及时、生产资源冲突、物资供应不及时等情况；

（5）质量精度要求较高，全工序流程下来，因多重因素的叠加，存在质量、精度上的较大偏

差，生产过程的精度、质量控制难度较大；

(6)生产成本控制难度大，能源消耗等不能精益追溯。

3. 信息化、数字化的应用意义

以解决业务痛点为目标，全流程“智能海洋装备制造”以产品设计、项目管理、生产执行为中心骨架，通过标准化的不断提升，以数字化设计成果、标准化管理模型、生产工单为链接纽带，生产、管理等一线信息通过自动化设备、手持终端等现场终端实时、准确地提供给上层，最终汇入公司大数据中心，实现数据的互联互通、管理的无缝链接，为公司运营、决策提供准确、透明的数据支持。

4. 实现目标

以企业管理软件为生产管理核心，各主要部门/生产线生产执行系统为延伸，构建车间协调管控信息化平台，以资源管控运维系统为保障，实现制造环节全链条的数据互联互通，形成“工厂化生产+工单制执行”管理模式，打造基于单一数据源的一体化系统平台，可生成基于建造生产环节的数字孪生基础建设，数字化带来的生产透明化、作业协同化、决策智能化可为生产提质增效提供坚实的基础。

部门级管控信息化平台可以为企业提供制造数据管理、计划排程管理、生产调度管理、库存管理、质量管理、人力资源管理、工作中心/设备管理、工具工装管理、采购管理、成本管理、项目看板管理、生产过程控制、底层数据集成分析、上层数据集成分解等管理模块，为企业打造一个扎实、可靠、全面、可行的制造协同管理平台。

通过信息化、数字化执行系统技术，能够达到以下预期效果：

(1)提升产品质量；

(2)提升建造效率；

(3)缩短建造周期；

(4)减少生产过程缺陷；

(5)降低成本。

信息化、数字化执行系统技术可实现以下价值提升点。

(1)设计引领生产，依托信息化、数字化手段，实现设计“一贯到底”，生产追随设计。

(2)统一真实数据中心，所有角色在此基础上透明写作，实现材料、施工、质量、完工等阶段的一体化协同管理。

(3)在线应用数字化高级作业计划管理，可在生产建造过程推进有序、有效、透明且可量化的管理模式，提高施工效率，保证质量和进度。

(4)以数字化工作包及工单为基础，下达生产任务到班组和个人，实现计划指挥生产、以工单为核心的任务安排。

(5)精益的生产运营管理，通过引入高级排程，实现从单项目到多项目的精益生产管理转变，利用物联网，实现生产数据真实、实时的采集和反馈，实现生产可视化，直观、准确掌握一线生产动态。

(6)整合多系统数据，实现业务数据的交叉分析，以工单制管理和工程量清单为抓手，强化数据统计与分析，让企业面向实时的数据进行企业运营的管控和决策。

(7)信息化助力报检、完检、数据实时采集和透明展现，质量控制与建造过程相融合，提升建造过程合规性、可追溯性及与生产的协同。

（8）精确计量能源消耗使用数据，实现能源计量数据的自动采集和处理，统筹规划后勤保障工作。

信息化、数字化较传统方式可以带来如下转变。

（1）管理数字化：传统行业基本已进入工厂化管理模式，生产模式发生转变；各项数据互联互通，生产过程数据采集及时、客观；实现质量全流程追溯，数据充分共享。

（2）生产自动化：提高了各项设备的运转使用率，改善了工人的作业环境，大幅降低了工人的劳动强度，提升了生产作业效率。

（3）能源精益化：精确统计能源耗能流转信息，形成主动化、精益化的能源管理模式，为工厂降本、公司节能。

（4）厂区智慧化：充分利用物联网等新技术，打造智慧安全的厂区，实现管理数据、人员数据、工艺数据、设备数据等的实时准确传递，实现人机互动。

（5）数据标准化：建立统一的数据标准体系，编制一套企业内部的数据字典，为实现企业内各类数据的互联、互通、互理解提供保障。

13.2　智能板材下料技术

海工装备制造中的钢板切割下料是最重要的环节之一，切割质量会影响后续组对精度及焊接的难易程度，同时会影响材料的利用率。

在海工装备中，钢板加工需求量极大，除了常规的甲板板需求外，还包含了制管、吊点制作、筋板制作等。

智能板材下料技术主要用于钢板零件的切割、分拣及配盘生产。整条线需包含各种专门定制设计与制造的硬件、设备，在覆盖全部作业流程的信息化管控系统的协调管理下，可实现钢板的自动输送、自动读入信息、自动装卸物料、智能库管、自动切割、自动打码等多数钢板切割相关流程。

1. 设备设施准备

1）预处理钢板输送辊道

功能：将经过预处理的原材料钢板输送到智能板材下料区域内。

设备：预处理辊道系统、自动化改造设备、扫码设备等。

2）智能桥式起重机

功能：识别、吊装、转运原材料钢板。

设备：智能桥式起重机（图 13-1）、对中装置、电永磁吊具、扫码设备等。

3）钢板装料输送装置

功能：用于原材料钢板的切割、装料、转运。

设备：钢板装料输送装置、钢板转运托盘等。

4）切割机工位（图 13-2）（多台切割机协作）

功能：原材料钢板的切割下料、坡口加工、喷码或打码。

设备：等离子/火焰切割机、除尘设备、自动清渣装置、喷码/打码设备等。

图 13-1 智能桥式起重机

图 13-2 切割机工位

5）钢板卸料输送装置

功能：用于原材料钢板的切割、卸料、转运。

设备：钢板卸料输送装置、钢板转运托盘等。

6）托盘输送线

功能：将分拣完成的托盘运回到装料工序中，开始下一步物流动作，同时可用来转运余料。

设备：托盘运输装置、转运托盘等。

7）零件分拣工位

功能：用于切割完成的钢板零件分拣。

设备：分拣门架、分拣输送线、电动葫芦及吊具、扫码设备等。

8)零件/废料存放区

功能:存放分拣后的零件或废料,根据扫码信息,分类托盘存储,方便转运。

设备:零件托盘、废料斗或废料托盘。

2. 实现基本流程

预处理后的钢板材料通过辊道自动运输到对中作业区进行对中,为智能起重机提供吊运的数据基础,然后进行钢板吊装、转运与储存,读入钢板信息,线边库管理,材料确认报检等。

对中装置可保证后道工序起重机的平稳起吊,提高作业安全性,防止钢板冲出辊道造成伤害,并消除因钢板较长、较柔或摆放不规则带来的安全隐患。

起重机支持自动化运行、远程遥控和人工驾驶室操作,适应性较强;起重机取板、读取信息、堆垛、倒运、装料等工序可自动化运行也可遥控进行,降低人力投入,减轻人员工作压力。起重机配置的扫码枪,可读取钢板的条形码、二维码等信息,自动进行钢板库管,减轻人员操作复杂程度,人力投入较传统方式可减少 50%以上。

钢板经板材输送装置运送至板材切割作业区,该区域设置火焰切割机、等离子切割机(可根据切割需求配比火焰及等离子切割机数量),主要完成板材的切割、坡口加工,打二维码及钢印等工作。

薄板使用等离子切割,厚板使用火焰切割,分区进行,避免互相影响,提高工效。切割机可自动巡边,信息化管控系统远程装入切割程序,自动核对信息,远程控制点并切割。切割机上配有喷码/打码设备,可自动完成零件切割、坡口加工、打二维码与钢印,提高钢板切割效率,减轻打码工作压力。生产线配备的除尘设备、自动清渣设备,可以降低生产中的环境污染,减少人员伤害,消除环保隐患,改善工作环境。

切割后的板材通过托盘输送线运输至零件分拣作业区,完成零件的分拣工作。该工作区域配置分拣门架及半门式起重机,零件托盘遥控运到分拣区,通过门架或吊车配合进行分拣,无须核对排板图即可分类,自动报检人工监控。零件可配盘或配货配盘,便于跟踪。

任务通过看板发布,通过移动终端操作,任务发布、执行与结束清晰明确,降低分拣作业复杂性;兼顾需保证分拣效率的小型零件与保证载荷及安全性的大型零件的分拣需求,减少作业区隐患,提高分拣效率;零件按类分拣,托盘绑定方便运输的同时,加强对材料的跟踪能力,提高材料交接的准确性与效率,使零件持续具有可追溯性。

3. 传统板材切割下料方式与智能板材切割下料方式的对比

传统下料方式具有以下特点。

(1)首先需要按照设计图纸并结合板材原材料尺寸进行板材套料排板。设计人员既要考虑材料利用的最大化,又要考虑到后续组对减少双面板拼缝的出现,进而减少焊接量。人工套料方式工作强度较大、容易出现错误,而且后续余料利用率较低,成本损耗较大。

(2)人工使用行吊吊运板材,需要多人协作,同时也需多种设备配合完成,安全性较低,成本居高不下,且效率较低。

(3)人工识别物料,对板材的身份进行人工确认。

(4)人工对即将进行切割的板材进行线边存储,由人工进行理料并记录。

(5)人工吊装板材上切割台,上台后需人工进行切割前粗略定位。

(6)人工找原点并控制机器进行巡边;巡边完成后开始进行切割作业。

(7)切割后的零件身份由人工用记号笔写,使用刚冲或打标机手工打码。

（8）控制切割机器人时，一名工人只能操作一台机器人，先切断再倒运出切割台后切坡口。

（9）切割台上残留的铁渣需要人工定期清理。

（10）通过模型抽出的零件进行规则排板，工艺需要自定义，无法自动添加每个零件的坡口。

（11）零件切割完成后无法整盘运出，零件占用原切割台，需清理完成后才能进行下一张钢板的切割作业。

（12）切割完成后的零件需要人工利用车间行吊进行分拣，利用钢板卡子或手动电磁吊分拣，占用车间设备资源。

（13）在生产管理方面，各环节均由工作人员进行手工填写、提交，上报的数据时效性较差，影响指令执行和进度反馈的准确性、有效性。

智能板材切割下料方式具有以下特点。

（1）使用自动辊道完成对板材的接收、输送，彻底释放车间行吊等设备资源，减少吊装及运输的安全风险及人力成本，提高运输效率。

（2）被接收的板材上均有上道工序赋予的物料码，设备可以自动进行扫码识别。

（3）即将进行切割的板材进行线边存储，利用智能设备对板材进行自动对中摆放，信息化管控系统对每张板材均有记录，板材可有序存放。

（4）待切割的板材由 RGV（有轨制导车辆）自动输送，自动精确定位。

（5）机器自动对待切割板材进行巡边，并自动定位。

（6）机器自动对板材零件打激光码及钢印，赋予其唯一零件编号，对应施工图纸或模型。

（7）钢板进行切割时，机器可全自动切割，一名工人可同时值守多台机器，机器一次完成坡口切割。

（8）机器可定期进行自动清渣。

（9）套料软件可智能识别零件、工艺，甚至坡口类型，支持板次、批次零件调整以提高材料利用率。

（10）切割完成的板材零件由 RGV 自动整盘运出，切割台可以进行下一张钢板的切割作业。

（11）配有 KBK 柔性起重机及电磁吊具，根据工件大小、吊具分布配合使用，并分类进入托盘。

（12）车间执行系统对板材切割全流程进行监控，覆盖了所有报检点和交接点，并能实现材料跟踪报检、材料交接的自动完成。信息准确、及时，减轻了作业人员的劳动强度。

4. 车间信息化管控执行系统的应用

该系统由车间资源管理、生产任务管理、车间计划与排产管理、生产过程管理、生产监控管理、物料跟踪管理、库存管理、质量管理、统计分析等功能组成，涵盖了制造现场管理等方面。

通过现场看板、操作一体机、手持移动终端、中控室等的使用，实现了车间无纸化生产。将工作人员从图纸等纸质文档频繁更新和管理中解放出来，降低了生产和管理成本；促进了生产数据采集的效率且促进了工作过程的规范化和标准化；彻底解决了单一数据源问题，使得数据保持高度的准确性、唯一性、完整性；同时给生产和管理带来了模式的转变，突破了传统各个生产相关系统的定位，实现以业务本身为核心，通过单一系统进行业务整合。

13.3　智能型材下料技术

海工装备制造中的型材切割下料与板材切割下料同等重要，是海工装备制造中的第一道重要工序。无论是切割效率还是切割质量，均可影响到整个装备的制造情况，如分段尺寸、单片尺寸、整体尺寸、焊接效率、焊接难易程度等。

1. 设备设施准备

1）型材输送系统

功能：将型钢材料在相关工序中进行自动传输并改变姿态。

设备：输送辊道、升降移缸机、型钢翻转机、旋转辊道装置（根据输送路线配置）、缓存料架等。

2）型材倒角

功能：将型钢材料在切割前进行自动倒角，减少后续人工倒角环节，降低人员工作强度（图13-3）。

设备：倒角机、输送辊道、升降移缸机、型钢翻转机、定位装置等。

图 13-3　型材倒角

3）读码、打码

功能：读取原材料的身份信息，匹配信息化管控系统所对应的工作指令，并按照要求进行型钢杆件码的赋予和打钢印，杆件信息与设计模型一一对应，且具有唯一性。

设备：扫描仪、激光打码设备、针式打标机等。

4）型钢切割工位

功能：根据信息化管控系统所传达的工作指令对型钢材料进行等离子及火焰切割（图 13-4）、画线。

设备：型钢切割机、切割输送辊道、定位装置、除尘设备、控制室、监控系统、缓存料架等。

图 13-4 火焰切割

型钢切割生产线根据管控系统的指令，自动完成型钢的倒角、送料、定位、检测、切割、坡口加工、打码、出料。

可完成弯曲变形的测量并通过信息化管控系统指导与之有交集的工件的切割补偿、画线补偿等容差作业，切割完成后通过物流系统输送至下一工位。

2. 实现基本流程

型材经预处理后，进入型钢进料区。通过输送辊道系统将型材输送至倒角机位置或寄存于缓存区。型材进料工位具备翻身、旋转、缓存、理料、输送等功能，保证型材预处理线与型材切割工位间的生产衔接，如图 13-5 所示。

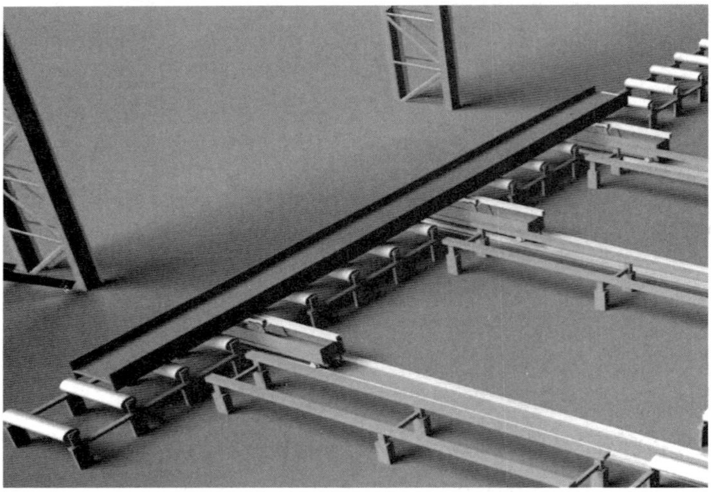

图 13-5 型钢运输及翻转

根据型材切割的生产需求及计划，材料通过辊道等方式运至型材切割工位的型钢倒角机，自动完成倒角，如图 13-6 所示。

图 13-6　型钢倒角

从型钢进料区运输来的型钢经过型材翻身机进行 90° 翻身，由卧式变为立式进入型钢倒角机，进行 H 型钢单侧翼板的倒角加工；一侧翼板倒角完成后，通过翻身装置进行 180° 翻转并进行另一侧翼板的倒角加工。

倒角后经翻转机将型材由立式变为卧式输送到切割工位进行型钢切割。型材切割机根据生产执行系统的指令，自动完成型钢的送料、定位、检测、切割、坡口加工、打码、出料。同时，此处可以完成弯曲变形的测量并通过生产执行系统指导与之有交集的工件的切割补偿、画线补偿等容差作业。

型钢切割作业区有数控等离子切割机、除尘设备、自动清渣设备、激光打码设备等设备。型钢切割作业区的型钢切割、坡口加工、打二维码与钢印可自动完成，有效提高了型钢切割效率，减轻了打码的工作压力。使用等离子数控切割方式，切割精度高、速度快，如图 13-7 所示。

图 13-7　型钢切割

型钢切割设备使用机器人式全自动型钢加工设备，切割方式为等离子和火焰切割，设备可以自主选择等离子和火焰两种切割方式，实现组合切割。可任意进行斜线、圆弧、椭圆弧切割（含坡口），切割坡口形式为单 V 形、I 形。切割工件截面尺寸可满足 JIS、ASTM、GB、AS 及 EN 等标准的型钢截面要求。切割完成后通过物流系统输送至下一道工序。

分拣工作任务通过看板发布，通过移动终端操作，任务发布、执行与结束清晰明确，降低了分拣作业的复杂性。每根型钢杆件均有唯一身份标识，如二维码、钢印等，根据车间信息化管控系统所提供的材料需求信息，使用移动终端扫描型钢杆件上的二维码，然后按照后端工序需求将杆件有序摆放至托盘上，由车间物流设备自动完成运输，如图 13-8 所示。

图 13-8 二维码信息识别

3. 传统型钢切割下料方式与智能型钢切割下料方式的对比

传统型钢切割下料方式有以下特点。

(1)切割程序的编制：编程人员利用离线编程软件进行切割程序的编制，使用 U 盘等方式将切割程序拷贝至切割机。

(2)材料信息的转移需要现场操作人员根据图纸逐一进行手工打钢印或写入杆件号。

(3)切割上下料：需起重指挥、辅助工、吊车司机、理料员等多人配合，并占用场内吊车设备资源，吊装速度慢且安全风险较大。

(4)人工使用电动砂轮机进行型钢倒角，作业强度大、效率低。

(5)进料出料均需使用叉车、板车、吊车等资源，设备成本较高。

(6)材料及杆件的报检需人工赴现场进行确认，填写各种报检单据，程序烦琐、费时。

(7)切割完成的杆件使用吊车资源码放至料架，并使用叉车等将物料输送至各施工点位。

(8)在生产管理方面，各环节均由人员进行手工填写、提交，上报的数据时效性较差，影响指令执行和进度反馈的准确性、有效性。

智能型钢切割下料方式有以下特点。

(1)编程人员完成套料编程后，可直接进行线上传输至切割机端，设备可根据项目生产计划安排执行工单任务。

(2)通过扫描及打码设备，自动识别前端输入的材料信息，根据线上传输的切割程序自动进行二维码打码及针式打钢印，最终的信息与设计模型和图纸保持一致。

(3)采用物流辊道运输的方式进行物料传输，仅需一名工人操作输送辊道即可完成物料的输送，降低了安全风险及劳动强度。

(4)物料在切割前可完成自动倒角工作，仅需一名工人操作自动倒角机即可。

(5)通过输送辊道的方式，经预处理的型钢可直接进入倒角及切割环节，省去了大量的人力资源、车辆资源以及物料存放场地。

(6)线上实时反馈材料信息及切割数据，仅需在电脑端进行确认操作即可。

（7）使用 AGV（自动导向车）等自动运输设备完成型钢杆件的运输。利用信息化管理功能，将后端智能组对环节所需的物料，通过托盘运转至组对缓存区。

（8）车间执行系统对型材切割全流程进行监控，覆盖了所有报检点和交接点，并能实现材料跟踪报检、材料交接的自动完成。信息准确、及时，减轻了作业人员的劳动强度。

4. 车间信息化管控执行系统的应用

该系统包含车间资源管理、生产任务管理、车间计划与排产管理、生产过程管理、生产监控管理、物料跟踪管理、库存管理、质量管理、统计分析、制造现场管理等功能。

在智能型材下料技术方面，信息化管控功能主要有以下几点优势。

（1）图纸模型均由线上传输共享，数据为单一来源，即使存在更新，系统也将进行统一更新，保证数据的完整性、准确性。

（2）型钢切割及套料编程程序均由线上进行传输，信息与图纸模型可一一匹配，减少因线下操作而出现的失误。

（3）通过扫描产品二维码，可追溯其完整生产过程信息，主要包括计划信息、工艺规程信息、物资信息、质量信息、加工信息等。

（4）具备计划执行情况的监控功能，可根据零件号、日期等条件过滤，以直观的方式显示车间作业计划的执行进度、异常情况、逾期情况、质量情况、详细的生产加工过程信息（工位、班组、设备、加工时间、工艺信息、物料信息、检验信息等）。

（5）支持各生产订单自动分派至对应班组、工作中心，支持生产订单的新建、修改、下发、终止、暂停及拆分、合并等，支持对班组人员派工、可调用其他班组人员，可通过订单状态对执行情况进行不同的控制。

（6）生产订单完成情况的数据记录与汇总，包括生产订单的完成时间、产品数量、产品质量、物料消耗、设备使用情况等信息。

利用信息化实现整个生产过程的可视化管控及无纸化办公；现场通过操作面板可随时观看项目图纸，通过 PDA 设备可读取当前物料信息，并接收工单、接收图纸、报检、物料转移、出库、物料追踪等；实时采集的现场数据通过有线或无线网络上传至信息化协同制造管控平台，为计划编制、车间调度、生产物流以及生产监控提供支撑，可满足生产制造现场的数字化、自动化以及智能化管理需求。

13.4　智能组对技术

传统的海洋装备制造基本上为人工及设备密集型作业。人员利用吊车、叉车、手工或半自动焊接设备，辅以工装、工具等，多人、多设备协作进行海洋装备甲板片的组对工作。生产中，施工人员需详细了解图纸内容，并具备丰富的生产经验和一定的操作技能，对施工人员的业务能力要求较高；同时多工种、多设备需要密切配合，在计划执行、质量控制、工序衔接、安全管理等方面皆存在较大的难度。

传统制造多采用人工正造方式进行作业（正造模式为甲板平面在上方），甲板片完成组对焊接后可直接按原状态运输至下一工序，本节所述因采用了智能化及自动化相关设备，因此甲板片为反造模式（反造模式为甲板平面在下方，后续整体进行翻转，图 13-9）。

图 13-9 单片模型图

1. 甲板梁布置图

甲板梁的主、次梁布置如图 13-10、图 13-11 所示。

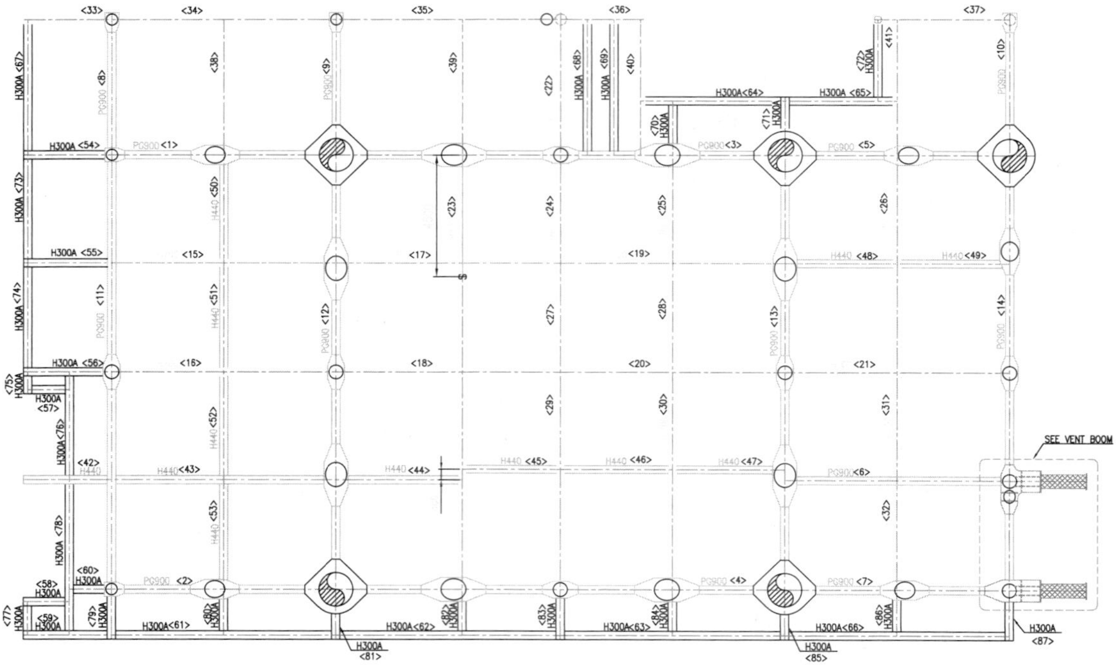

图 13-10 主梁布置图

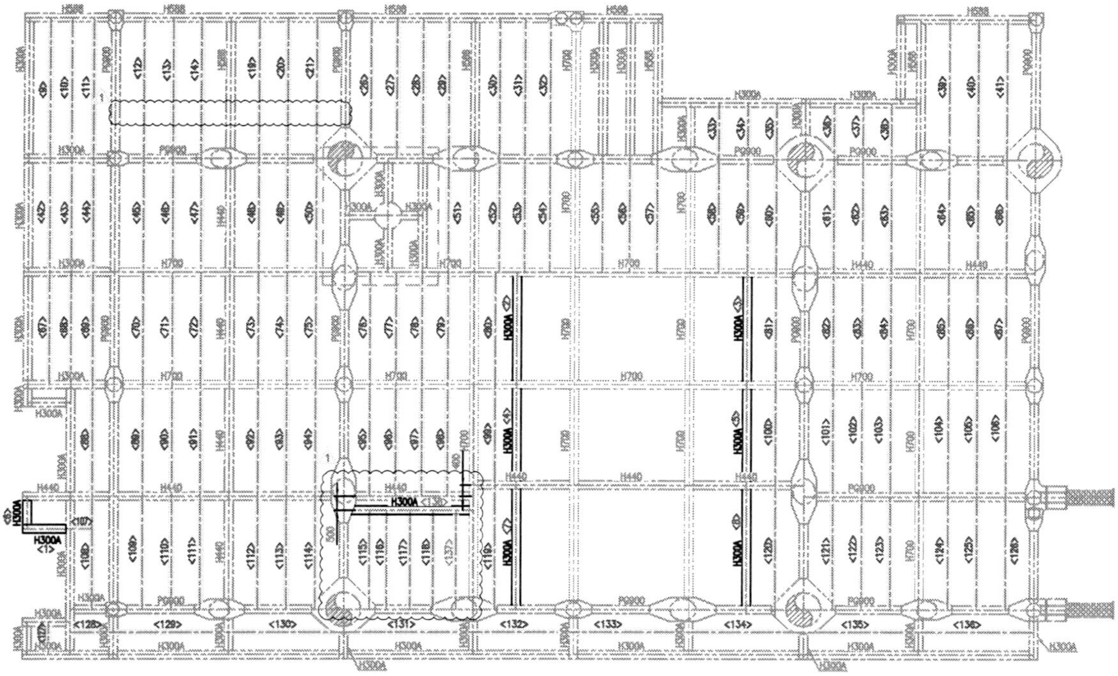

图 13-11　次梁布置图

2. 甲板梁的组对焊接

1)H 型钢的主要规格及分布位置

H 型钢的主要类别、规格、安装位置见表 13-1。

表 13-1　H 型钢的主要类别、规格、安装位置

类别	项目	规格(mm)				主要安装位置
		高度	宽度	腹板厚度	翼板厚度	
极限规格	最大规格	1 800	650	38	50	组合梁
	最小规格	150	150	6	10	次梁
常用规格	1	700	300	13	24	主梁
	2	588	300	12	20	主梁
	3	440	300	11	18	主梁
	4	300	300	10	15	主梁
	5	400	200	8	13	次梁
	6	300	150	6.5	9	次梁
	7	350	175	7	11	次梁

2)梁的相交方式、焊缝分布及焊接要求

梁的相交类型、端头类型、焊接形式等见表 13-2。

表 13-2　梁的相交类型、端头类型、焊接形式

序号	相交类型		端头类型	焊缝形式	焊接要求	焊接工作量占比估算
1	等高工字钢正交	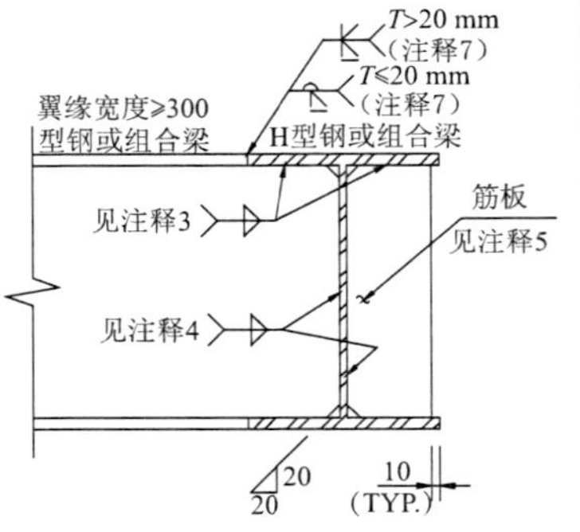	高度相同的工字钢相交	坡口+角焊缝	翼缘全熔透，腹板填角焊	10%
2	不等高工字钢正交	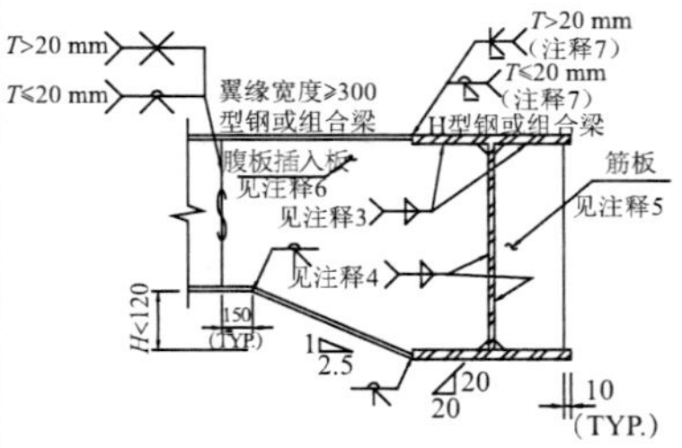	高度不相同的工字钢相交，有过渡	坡口+角焊缝	翼缘全熔透，腹板填角焊	5%
3	不等高工字钢相交	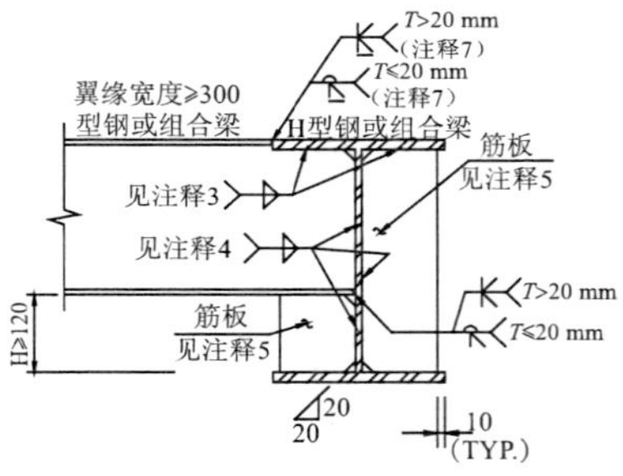	高度不相同的工字钢相交，无过渡，带筋板	坡口+角焊缝	翼缘全熔透，腹板填角焊	20%
4	不等高工字钢相交	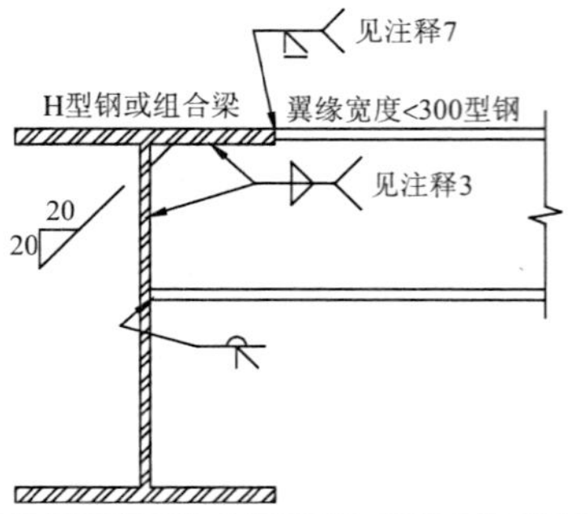	高度不相同的工字钢相交，无过渡，不带筋板	坡口+角焊缝	翼缘全熔透，腹板填角焊	60%

续表

序号	相交类型		端头类型	焊缝形式	焊接要求	焊接工作量占比估算
6	工字钢与立柱相交	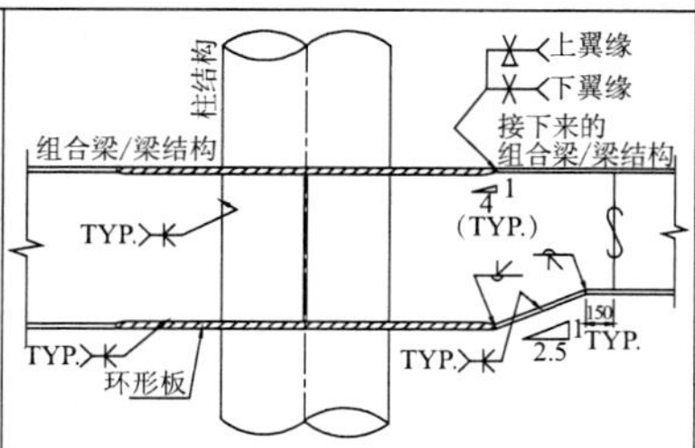	工字钢与立柱、环板相交	坡口	全熔透	1%
7	工字钢与管相交	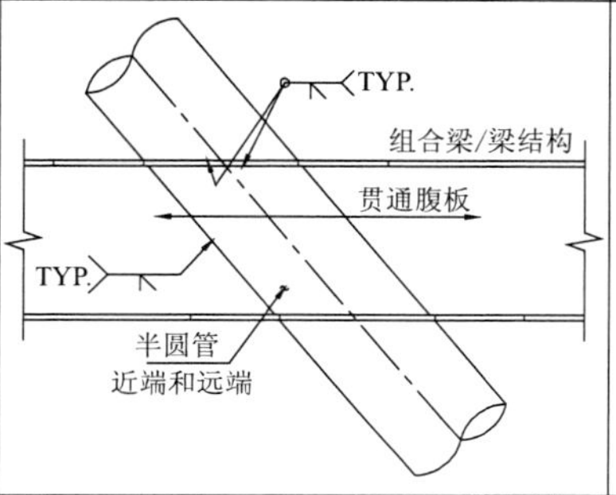	工字钢与管相交，工字钢贯通	坡口	全熔透	1%
8	工字钢与管相交	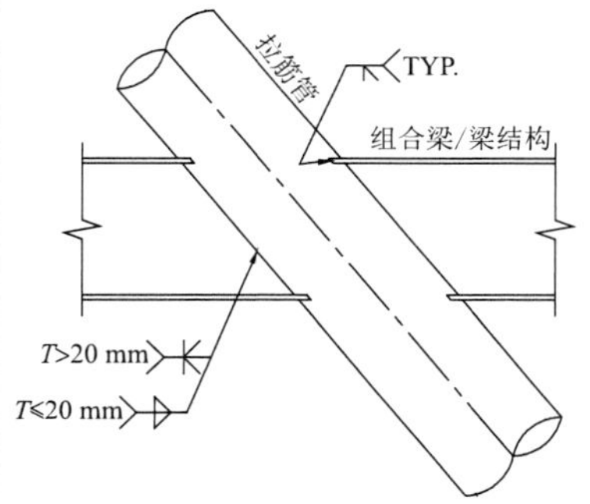	工字钢与管相交，管贯通	坡口+角焊缝	翼缘全熔透，腹板填角焊	1%

注：“TYP.”表示“标准的”。

3. 智能组对技术所需的设备设施准备

1）组对平台（图 13-12）

设备：带有磁吸装置的平台。

功能：用于甲板片体的组对及摆放。

图 13-12　组对平台

2)人工吊运设备

设备:行吊、磁力吊。

功能:用于甲板板吊装铺设及组合梁、异型梁等的吊装。

3)地面物流系统

设备:自动导引运输车、甲板片运输车、顶升装置等。

功能:用于材料的输送及已完成组对甲板片体的运输工作,如图 13-13 所示。

图 13-13　自动导引运输车运送物料

4)智能组对主体设备

设备:智能组对吊运设备、板材画线机、控制室、吊运调度系统、控制系统、扫描装置、吊具等。

功能:完成甲板板的工艺线喷画,并针对 H 型钢的组对粗定位,实现从 H 型钢托盘中自动抓取并放置 H 型钢到指定区域,并实现型钢识别、抓取、旋转方向、送至指定区域、收放等整个过程的无人全自动化操作,如图 13-14 所示。

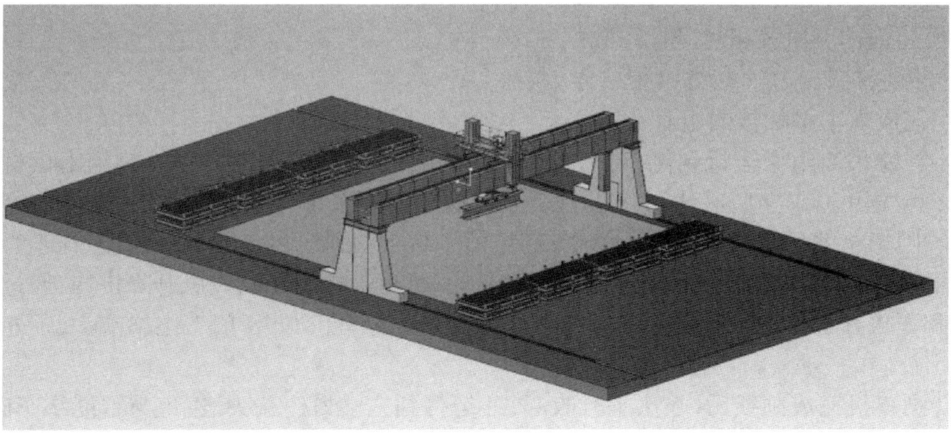

图 13-14　智能组对设备示意图

5)其他辅助设备、工装

设备:托盘、组对工装、焊接设备、打磨设备、测量设备等。

功能:用于物料承载运输、钢材表面处理、人工精确定位等。

3. 智能组对技术的实现方式

利用智能行吊实现甲板片 H 型钢的定位组对。该设备根据车间信息化执行系统下发的模型自动分析,实现自动对已铺设的甲板板进行画线,并自动进行甲板片组对分析,分析完成后自动从 H 型钢托盘中抓取型钢杆件并将 H 型钢放置到指定区域,整个过程包括自动画线、型钢身份识别、自动抓取、旋转方向、送至指定区域、收放等,实现了无人的全自动化操作。智能组对吊装后人工进行精确定位,整个过程对吊车等设备完成了有效释放,减少了吊车等设备的资源占用,降低了设备成本及人工成本。

以下为工作流程。

(1)甲板片组对开始前,将待组对甲板片的模型图纸通过车间信息化系统传输至智能吊运设备系统上,智能吊运系统上位机的软件系统进行解析。解析内容包括:H 型钢的 ID 号、吊装序号、外形尺寸、在图纸中的 X 与 Y 坐标、打码位置等。设备系统所采用的是由建模软件导出的 IFC 格式文件。

IFC 是采用 EXPRESS 语言定义的实体关系模型,由几百个实体对象组成。文件中规定了项目的维度空间、坐标系中各个轴的方向、区分点与点的坐标精度单位以及在此坐标系体系下各个实体对象的模型信息和坐标信息。

主体项目信息有以下几项。

①主空间的空间维度数。

②轴线方向。

③坐标点精度。

④长度单位。

实体信息（H 型钢模型信息）有以下几项。

①零件号。

②唯一识别编码 ID。

③模型形状信息（包含长、宽、高数据）。

④模型坐标点以及相对坐标系数据。

⑤二维码打码位置（与坡口相结合）。

（2）完成人工甲板板的组对及定位。

（3）智能吊装门架运行到位，对已组对完成的甲板板材进行扫描，可以扫描出板材的相对高度、长度、宽度（或异型尺寸），将板材尺寸传送给控制系统，控制系统将数据反馈给门架调度系统。门架调度系统对数据进行分析，传送信号给自动画线装备（画线装备悬挂于行车主梁一侧的下方），画线机系统控制门架运行机构、画线机运行机构和画线机升降机构，通过三维运动控制和喷头开关控制进行钢板喷画线，此时的吊装小车自动处于门架主梁端头，不能与画线装备有干涉。

（4）画线机完成画线后，喷头上升收起，并运行到主梁另一端头，避免与智能小车碰撞，画线工序完成，并将工序完成信号反馈给智能吊装门架系统，智能吊装门架系统执行型材组对工序。此时画线机系统交回智能吊装门架系统大车运行机构驱动控制，门架大车运行机构由门架组对控制。

（5）先由人工对主梁进行摆放，然后智能吊运设备系统开始进行次梁组对工序。智能吊装门架系统调度给出型材的摆放工艺流程（规格顺序位置 A，B，C，D，…，Z），并把工艺数据传输给设备控制系统。设备控制系统将 H 型钢需求顺序反馈到车间信息化系统，由前道工位根据智能吊运的需求进行物料输送，按要求将已切割打磨完成的型钢杆件摆放至托盘上，再由自动导引运输系统根据信息将对应的托盘运送至组对区域，整个过程由车间信息化系统进行串联传递。

（6）识别置于托盘上的 H 型钢零件，开始扫描备料区的不同 H 型钢，扫描时，三维激光测量型材长、宽及顶面高度，并计算出型材中心点。

（7）智能吊装门架的识别系统移动到型材端部，通过二维码读码器，读取型材上表面的二维码信息，获取到型材规格型号和零件编号，用于核对零件编号和型材型号及尺寸。

（8）按智能吊装门架调度系统给出的装配组对次序和工艺要求，找出对应的型材。按工艺顺序（摆放位置有 A，B，C，D 先后顺序），抓取对应 H 型钢型材。对于需要抓取的 H 型钢型材没有到位的情况，系统能够跳过此 H 型钢型材后，抓取下一根 H 型钢型材。

（9）智能吊装门架系统的智能小车的抓取机构移动到型材中心（重心）点位，此时抓取机构处于打开状态，垂直下降。根据型材顶部高度坐标及下降高度差，下降到抓取偏差值允许范围，闭合抓取机构，抓住所需的 H 型钢，确认抓取到位后，将 H 型钢提升、转运到焊接区域指定位置，如图 13-15 所示。

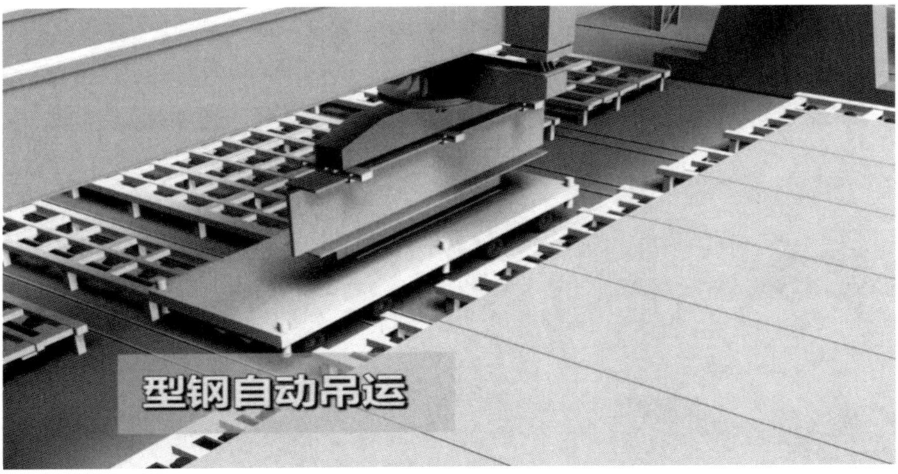

图 13-15　抓取型钢

（10）转运工序：通过门架运行机构、小车运行机构和小车升降旋转机构组合运动，控制系统智能规划的最佳运动路线转运。转运过程中，抓取机构按工艺要求和计算机控制程序，自动水平旋转调整 H 型钢角度，避免碰撞障碍物，按照图纸设计的位置调整好装配方向，如图 13-16 所示。

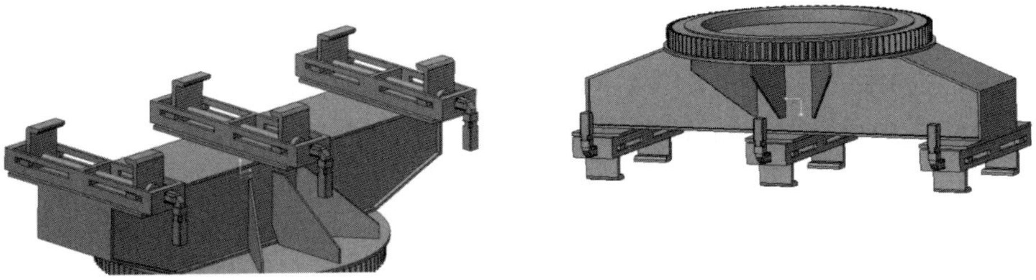

图 13-16　吊具形式（可水平旋转）

（11）小车运行到位后，小车升降机构垂直下降，按要求将 H 型钢装配组对到甲板片体。下降过程控制程序：按型材的高度、底板高度，计算出下降高度；下降到位后，到位信号反馈给组对门架控制系统，抓取机构松开 H 型钢，小车升降机构上升，预备执行下一个 H 型钢抓取组对。小车升降机构设有下降到位缓冲和检测开关。

（12）组对门架根据控制程序和施工次序，按照抓取、转运和组对作业次序，计算机智能程序自动检测和控制，将不同的 H 型钢按照不同要求装配到甲板片体结构的不同位置，多机构联合运动完成 H 型钢作业循环。直到完成所有 H 型钢组对装配或布置。

（13）智能吊运系统完成同一甲板片体结构的 H 型钢组对工序后，工人根据所画的工艺线校正型材位置和组对精度，并进行精确定位及定位焊。人机配合，共同完成组对工作，如图 13-17 所示。

图 13-17 H 型钢组对

(14)根据工艺效率要求,可以在扫描型材时(第(6)步),完成对型材的全部识别,包括二维码读取。

(15)组对完成后进入报检环节,后续通过甲板片运输台车将待焊工件运送至焊接工位进行焊接。

4. 传统组对技术与智能化组对技术对比

传统组对技术有以下特点:

(1)传统组对技术需要多人员、多设备配合实施,用工成本及设备成本较高;

(2)对人员技术水平要求苛刻,依据纸质图纸从无到有进行施工组对,出错概率大,返工率高;

(3)不能高效利用物流设备,需要的物料缓存空间大;

(4)与前端工序的信息传导不及时,前端工序下料与后端组对计划易脱节,可能存在需求物料提供不及时的问题或易出现物料积压现象;

(5)生产效率低,每根型钢杆件都需要施工人员进行识别、选取,时间成本增加;

(6)施工人员劳动强度大,全程参与物料运输、识别、选取、吊装、组对等工序,且易出现安全风险。

智能化组对技术有以下特点:

(1)单个甲板片中,多数型钢杆件由智能组对设备进行吊装组对,释放大量人力、物力;

(2)对工作人员的技术水平要求较低,智能吊运设备吊运的型钢基本已到位,仅需人工定位即可,出错率较低;

(3)按照需求进行物料的运输,可充分发挥物流设备功能,用则来,不用则勿动,无须提前规划场地进行物料储存;

(4)与前端工序可有效衔接,下料和用料可有序进行;

(5)型钢的识别、抓取、旋转、行走运输、环境识别等均由设备自主一次性完成;

(6)物料运输、识别、选取、吊装、组对等多数工作由车间信息化系统及智能组对系统下达指令,由各设备自动完成相应动作,工作人员仅需少量参与监控设备即可,大大降低劳动强度。

智能组对技术高度集成自动化，可实现大部分的工件识别、寻位、抓取、提升、旋转、定位、装配组对等运行控制，具备全面检测感知、自动识别对比、系统自主寻位、自动路径规划、多机构联合动作协同控制、最优决策运算及检测反馈、组对过程各相关点载荷检测控制等集成控制功能。智能组对控制系统可与车间信息化管理系统数据接口互联和数据共享，与生产线其他工位数据互联共享，控制中心可实时检测监控组对设备在结构组对过程中的运作情况。

13.5　智能焊接技术

1. 背景概述

进入 21 世纪以来，随着老一代焊工逐渐退出，制造行业的焊工资源紧缺程度逐年递增。由于焊接环境恶劣，工作强度极大，多数年轻人无意加入这个行业；另一方面，我国经济发展迅速，制造业的焊工需求量庞大，进而造成了焊工用人成本逐年递增的现象，且达到了无人力资源可用的地步，因此大力发展智能焊接技术，利用智能设备代替人工，已是企业发展的必要抉择。

2. 应用前景

智能焊接技术在 20 世纪就已在汽车等流水线作业中得到了广泛应用，智能焊接设备基本上以焊接机器人为主导。随着技术的发展，机器人的技术应用水平、控制精度、可靠度也不断提升。因此，增加焊接机器人的数量来弥补焊工人员的缺失，在两者的支出达到一个平衡点的时候，使用机器人进行焊接就会比人工焊接的方式为企业带来更大的利润。这样不仅可以提升生产设备的自动化水平，还可以提升劳动效率与产品质量，从而提升企业的核心竞争力。

3. 智能焊接技术发展难点

汽车制造行业中产品品种单一、批次大、单件质量小、加工质量差异小，可以发挥机器人重复点焊的优势；反之，在海洋装备制造行业中，由于产品多为离散型、多品种小批次、单工件质量大、尺寸偏差概率大等，对焊接机器人的使用存在较大难度，因此应用较少。

根据海洋装备制造的形式特点，结合光学扫描技术、三维模型技术、智能识别技术、机器人自主纠偏技术等，焊接机器人可应用于甲板片的焊接生产中。

4. 海洋装备制造智能焊接技术介绍

1）智能焊接设备的选择

结构部分：因海洋装备甲板片单工件质量、尺寸较大，结构形式复杂，结合反造形式，智能焊接设备可选用门架式，行走方式为轨道。

传动部分：通过双伺服电机带动六级齿轮在齿条上旋转，车轮在轨道上平面滚动，从而带动整体机构移动，轨道增加齿条及滑动导轨的链接机构来保证稳定性及精度。

焊接部分：单个门架上安装两台焊接机器人，每个机器人均配备独立的焊接电源、激光扫描设备、激光传感设备、原点校正装置、除尘系统、冷却系统、清枪系统、弧光防护装置、安全防碰撞装置等。通过管控软件两台机器人可单独作业，也可协同作业，如图 13-18 所示。

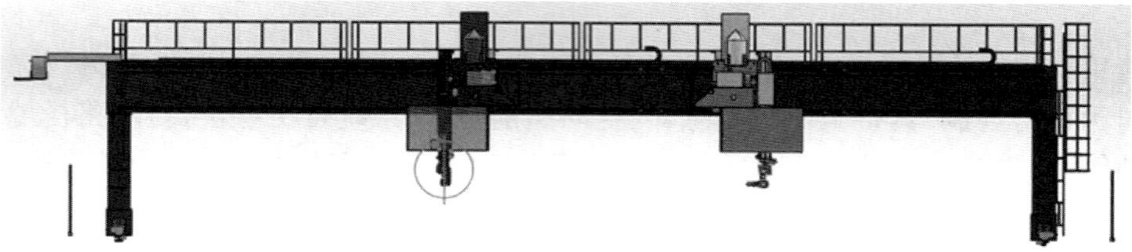

图 13-18 智能焊接设备示意图

软件系统:软件集成了机器人通用算法包,包括运动学、动力学、轨迹规划、轨迹优化、碰撞检测等,可以实现机器人、工作站以及生产线的建模仿真。编程结果可以生成不同机器人的指令语言,下传到实际的控制器运行,如图 13-19、图 13-20 所示。

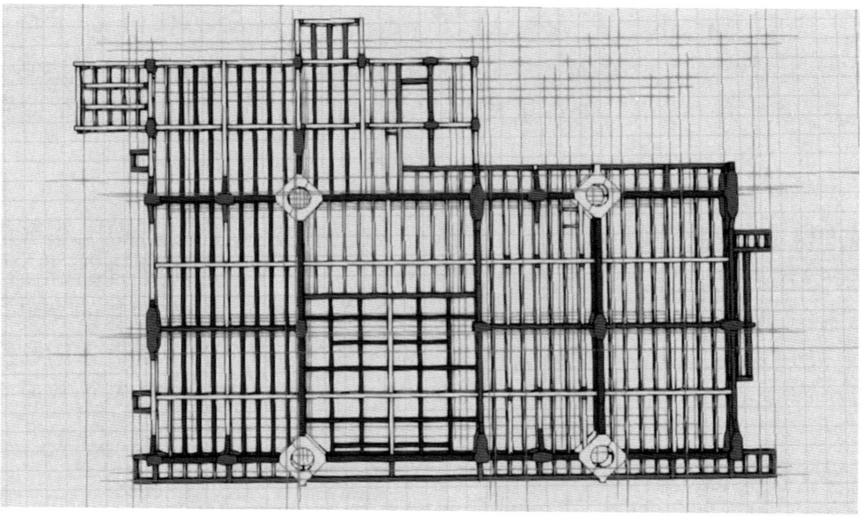

图 13-19 模型分析

图 13-20 模型编程

2)智能焊接技术实现方式

甲板片自动焊接区主要完成反造甲板片分段的焊接,通过数模自动生成焊接程序,并能下发至机器人,门架式焊接机器人按照设定好的焊接次序完成型钢组对接头、梁格与甲板板、甲板板拼缝的自动焊接,自动焊接完成后采用半自动焊接设备对焊接机器人无法覆盖的焊接节点进行人工焊接。

焊接系统的软件,直接将 3D 模型导入,自动生成焊接程序和机器人碰撞躲避路径。此系统软件能够自动识别所有焊缝,并根据焊接工艺顺序,筛选出该焊接工位应焊接的焊缝,自动匹配焊接工艺数据。如焊接方向、焊接路径、焊枪角度、跟踪传感和所有机器人运动等预定义规则,均由软件系统自动生成。机器人通过传感器来识别每个焊缝的装配位置误差,并进行实时补偿。在焊接过程中,进行焊缝跟踪控制,保证焊接质量。

机器人系统软件可以根据甲板片体的结构和焊接密度,自动分配每个机器人的工作任务和工作区域,两个机器人可以协同工作。在机器人出现故障的时候,余下的机器人可以针对剩余工作量,由软件自动重新计算,并将新的工作任务分配给无故障的机器人,继续完成余下的工作任务。

配备焊接专家数据库,并开发适合当前合同所述自动焊接范围内工件的专家数据库。专家数据库包含但不限于在不同焊接阶段的最佳焊接参数、焊接方法、控制方法、控制策略、控制参数等,能适应各种焊接要求。系统根据焊接板厚、焊接接头形式和焊接位置,可在专家数据库中直接调用焊接参数,进行单层单道及多层多道焊接。

5. 智能焊接技术的优点

(1)提高生产效率,可连续进行作业。

(2)提高产品质量,保证焊缝均匀性。

(3)降低企业用工成本,解决用工难问题。

(4)降低对工人操作技术的要求。

(5)降低工人的劳动强度,改善劳动条件。

(6)精确地计算生产时间,编排生产计划。

(7)生产完成后,可以储存所有的焊接工艺数据,做到生产前可精确规划,过程中完全监控,生产后可完全追溯,对每一条焊接的焊接工艺数据,能够在系统中保留并查询。

13.6 智能物流运输技术

物流运输是企业制造生产中不可缺少的环节,主要指原材料、外购件、零部件等从初始端进入生产加工过程各个环节的动作。从上道工序进入下道工序,不断会发生搬运、吊装、运输、装卸等活动。

在传统的海洋装备制造中,自动化、智能化设备利用率较低,多数厂区的物流设备基本上皆为叉车、拖车、吊车等。由于海洋装备重而大的特点,结构物品在几米范围内的移动也需要用到各种工程车辆,设备使用及时间成本一直占据较大的支出比例。

以下按照几个海洋装备制造流程工序点对传统物流和智能物流进行对比分析。

1. 原材料输入

传统的原材料输入方式是外部车辆将原材料成批运至仓储单位,生产单位根据需要提领料申请，获批后再通过吊车、叉车、货车等进行物料的吊装、上车、运输等，到达生产场地再规划临时物料存放点，进行卸货及临时存储。整个过程极其烦琐，耗时耗力。

采用智能物流运输理念，将仓储位置与生产车间就近规划设计，利用自动化辊道传送机等将两个单位串联，通过信息化管控系统在线统一接收发料单及生产工单，两者并行，无缝衔接，减少了中间环节，如图 13-21 所示。

图 13-21 仓储区和生产区无缝衔接

2. 钢板、型材加工前的上料运输

传统的上料方式为原材料在线边暂存，待用时先由人工进行物料的信息识别，挑取物料后使用吊车设备将材料送上加工台面，后续进行材料的喷涂、打磨和切割作业。

智能物流运输设备可直接由仓储单位将待加工且带有信息码的材料，通过自动化输送辊道或者 RGV 设备运送至加工台面，如图 13-22 所示，加工设备通过对信息码的读取，应用信息化系统所传达的工单指令执行相应的材料加工程序。同一工位的各项加工工序也可按照该方式对物料进行传递。

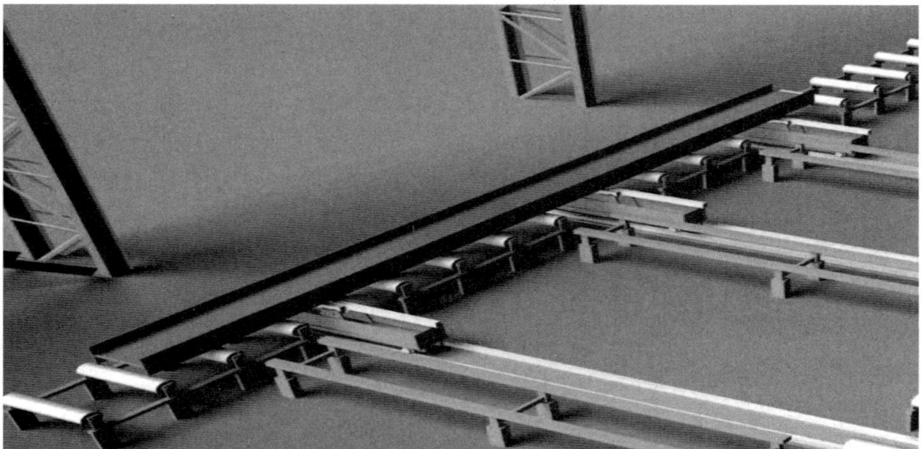

图 13-22 钢材辊道运输

第 14 章　海洋工程装备制造工艺

海工装备制造工艺技术不断发展,能够提高生产效率,缩短建造周期和降低建造成本,同时也可以改善工人的作业条件和环境。目前,海工装备逐步趋向于模块化设计及制造,整个海工装备按功能设计分割成若干个超大模块,各个模块分别建造,建造完成后运输至总装基地,进行整体组装。其中,上部组块较为复杂,对应的制造工艺是其中的关键工艺,本章以此为主,介绍其中涵盖的各种技术。

14.1　正反造工艺

合理的分段框架进行正反造可以显著提高结构的建造质量,缩短建造周期。在海洋工程中反造法更多适用于甲板片部分,其他结构则用传统的正造法。

14.1.1　甲板片概述

组块甲板片建造工艺以陆丰 13-2 组块为例进行分析。陆丰 13-2 油田位于南海珠江口海域,距香港东南约 210 km,水深约 132 m,距已成熟开发的陆丰 13-1 油田西北约 12 km。LF13-2 DPP 组块为八腿桩基钻采生产平台,总重约 8 064 t,共有 8 根立柱, 2 根吊机立柱,另外有一个火炬臂,一个栈桥。组合梁预制工作量约为 1 100 t,卷管工作量约为 1 250 t。陆地建造分东块、中块、西块、MSF 块 4 个块,其中东块约 3 207 t,中块约 1 661 t,西块约 1 625 t, MSF 块约 1 393 t。

该组块共 4 层,分为 EL.(+)24 500 层甲板片、EL.(+)34 000 层甲板片、EL.(+)38 000 层甲板片、EL.(+)42 000 层甲板片,共 4 层甲板片。图 14-1 为组块整体立面图,图 14-2 为组块西块立面图。

根据现场的吊装能力、组块分块及场地布置情况,甲板片共分 10 个分片(5 #~14 #)进行预制,如图 14-3~图 14-6 所示。

甲板片的预制技术要求如下。

(1)水平片预制场地应平坦。

(2)组块相邻立柱的水平距离误差<10 mm;不相邻立柱的水平距离误差<10 mm。

(3)所有杆件的整体或单独的尺寸偏差应<10 mm。

(4)焊缝高度应≤3 mm。

(5)支撑和甲板梁接长的最大弯曲度为:1/1 000 构件长度,构件长度超过 12 m 时,最大弯曲度不得大于 10 mm。

(6)接管、接梁及拼板最大允许错皮≤3 mm。

(7)节点筋板的安装位置公差为 ±3 mm 或者 $t/10$,两者取小值。

(8)非节点筋板的安装位置公差为 ±6 mm 或者 $t/6$,两者取小值。

(9)甲板焊后两梁间局部不平度≤3 mm。

3. 远距离、跨工位的零件运输

当加工后的零件需要远距离、跨工位运输至下一工序时，传统模式采用的方式是零件装盘，叉车、拖车集中运输。当企业处于生产高峰期时，叉车和拖车资源会显得捉襟见肘，若进行采买补充，一旦进入生产平缓期，又会产生设备闲置问题。因此在多数情况下，合理调度车辆成为大难题。

在智能物流运输中主要采用自动导引运输设备，它通过车间信息化系统接收后道工序的物料需求，前往零件下料区域进行取料运输；下料区根据后端需求加工零件，加工完成后装盘并将任务完成信息传回信息化系统，由信息化系统进行工作任务的统一调配，调度自动导引运输设备将已装盘的零件运输至需求工位，如此往复。

在此期间，车间信息化系统为中枢大脑，人员利用手持移动终端或操作面板进行各项信息的传输，整个作业流程利用物联网，实现真实、实时地采集和反馈生产一线数据，实现可视化的施工过程监控，直观、准确地掌握生产动态。

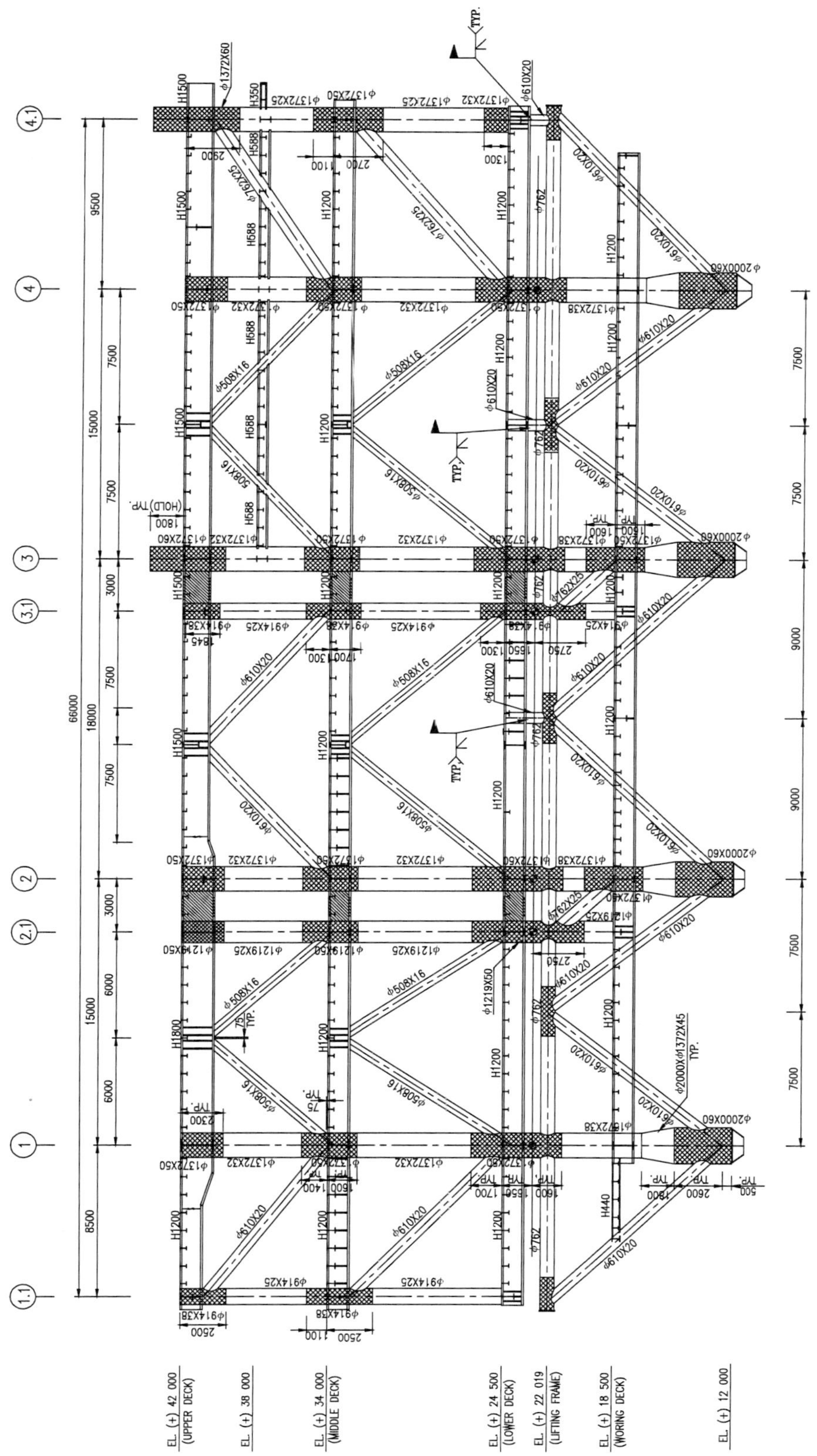

DECK ELEVATION AT ROW "B"

图 14-1　组块整体立面图

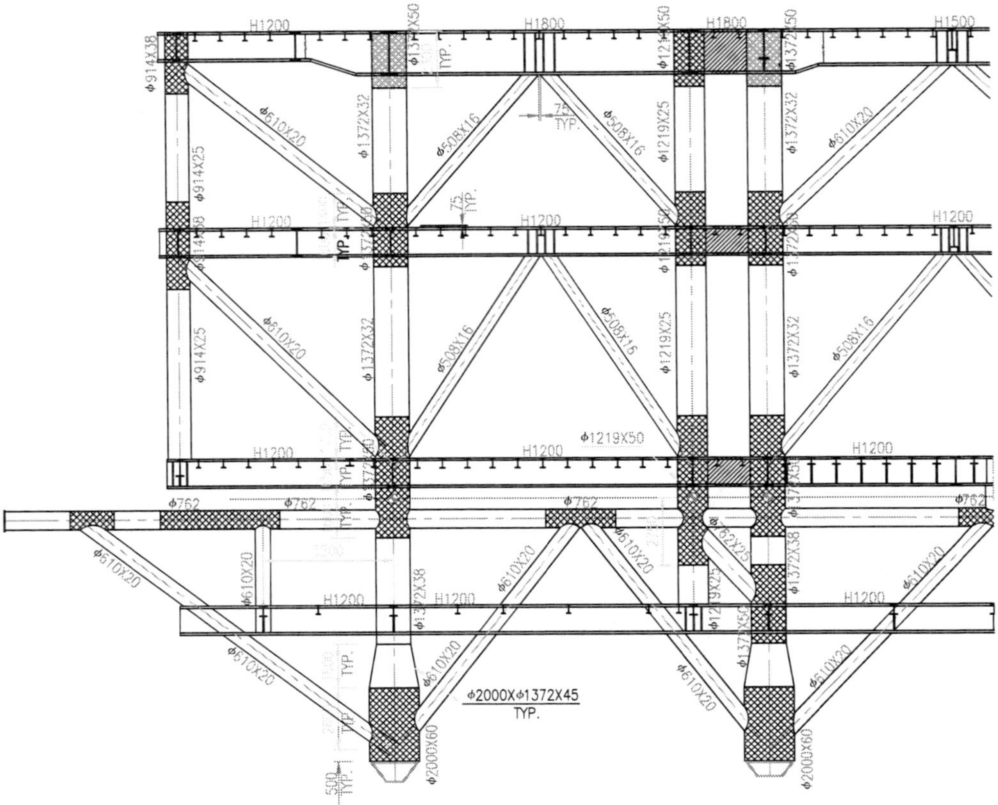

图 14-2 西组块立面图

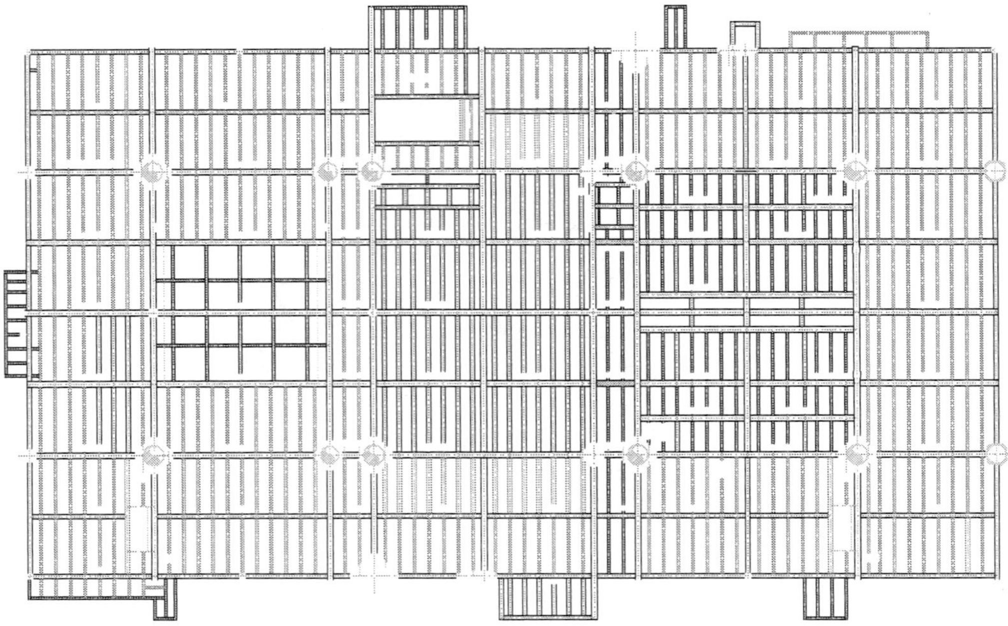

图 14-3 陆丰 13-2 组块(+)24.5 m 甲板片平面图

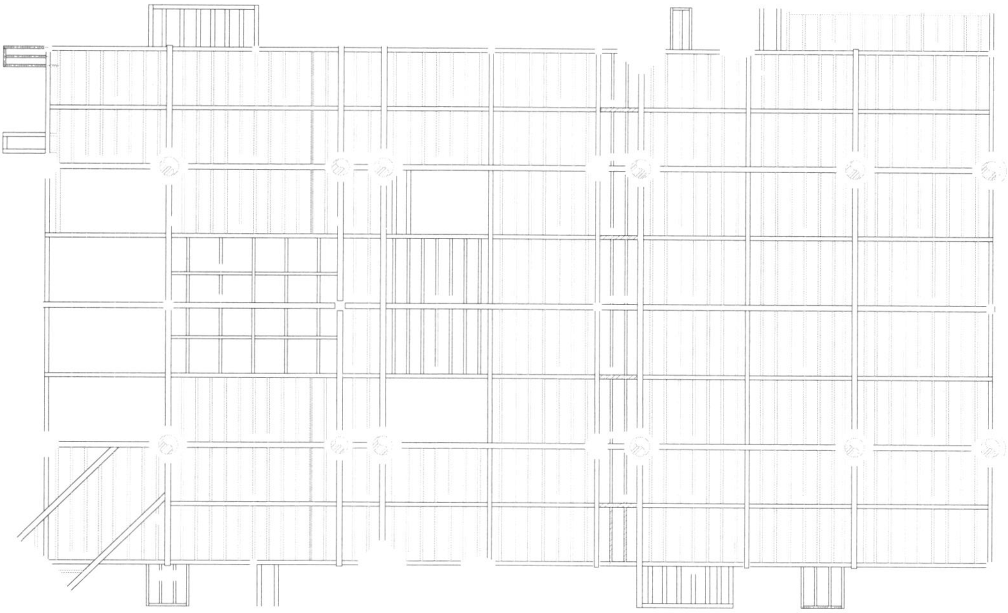

图 14-4　陆丰 13-2 组块(+)34 m 甲板片平面图

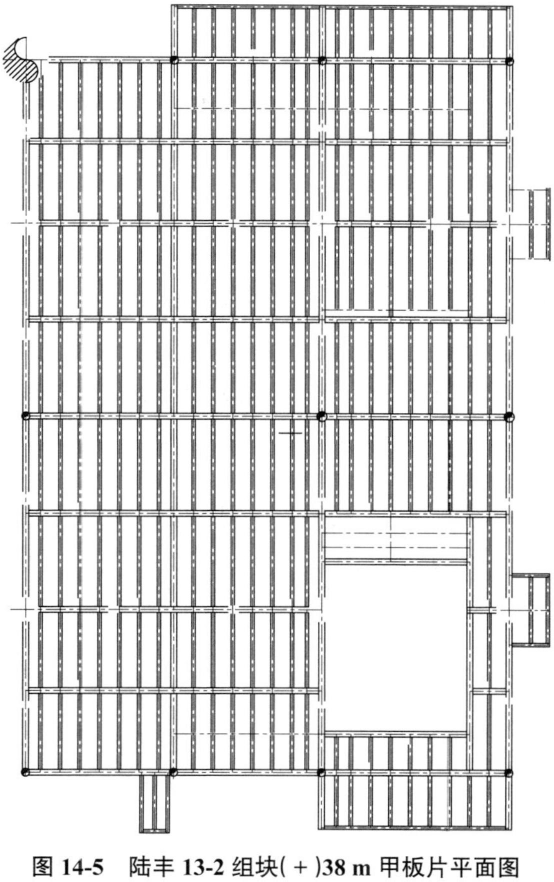

图 14-5　陆丰 13-2 组块(+)38 m 甲板片平面图

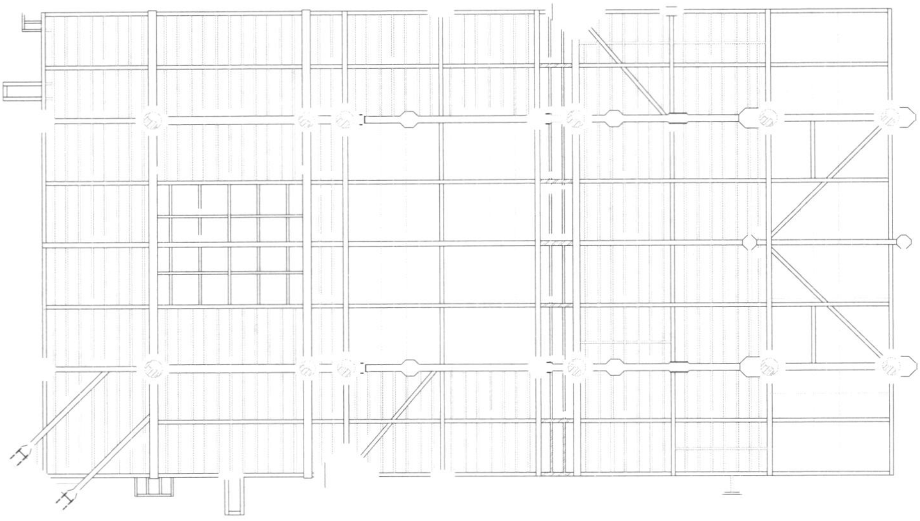

图 14-6 陆丰 13-2 组块(+)42 m 甲板片平面图

(10)甲板梁中心线在端点处与图示位置的偏差≤13 mm。任意面内对角线误差≤10 mm。

(11)临时焊件切除时保留 3 mm,然后打磨平。

(12)水平片工字钢上插入板、傍板等有被交位置的杆件的位置偏差应≤6 mm。

对应采用的规范及技术规格书如下:

(1)ST-SP-101 建造技术规格书;

(2)API RP 2A-WSD《海上固定平台规划、设计和建造的推荐做法》;

(3)API Spec. 2B《结构钢管制造技术规范》;

(4)AWS D 1.1《钢结构焊接规范》。

14.1.2 甲板片建造正反造工艺

甲板片主要由组合梁、H 型钢、槽钢、角钢、甲板板、立柱和附件组成,如图 14-7 所示。一座固定式平台组块可能包括 2~5 个甲板层,根据组块的大小每层甲板片的重量为 60~300 t 不等。一般甲板片上组合梁为 P900~P1500, H 型钢为 H350~H700,焊接的主要坡口形式为单 V 坡口,焊接量较大,容易引起较大的焊接变形。

1. 甲板片的反造法工艺

甲板片的预制,根据总体建造方案、水平片预制方案要求以及现场实际情况确定是采用反造法还是正造法。反造法特点:周期短、节省机械台班、施工相对较安全、需要翻身。

甲板片反造法是将甲板片在地面预制时反面预制,预制完成后再翻身进行后续的完善工作直至预制完成。主要的施工工序如下。

(1)施工准备。主要包括图纸、工机具和场地准备。选择一块平整度较好的施工场地,场地的面积要考虑甲板片的尺寸、吊车行走通道等。

(2)附件预制。进行吊点、临时吊点等的预制。

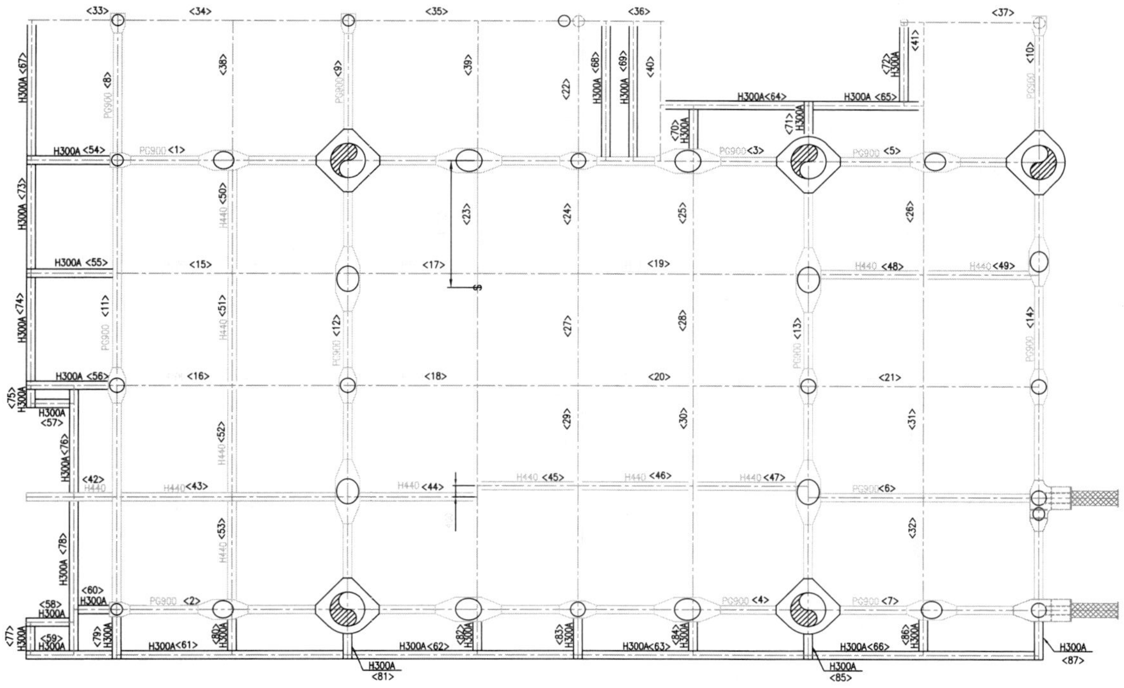

图 14-7　一般甲板片结构图

(3)下料。主要包括型材和板材下料。型材下料时需要找一块专门的下料区域。在现场摆放相应的胎架，胎架高度以 250 mm 为宜，将型材依次摆放在胎架上。依据画线方案、型材排板图、型材单件图、样板图进行画线，依据画线方案的要求来确定杆件预留余量，确保焊接收缩后，尺寸满足要求。型材与立柱及吊机立柱相交的端部加 50 mm 余量。按照焊接工艺要求确定坡口形式。例如与环板相交的大梁开 K 形坡口等。每根杆件上应标注杆件号、炉号、规格、两端所交杆件、两端坡口形式及其他必要标记。

(4)甲板板拼接。依据甲板板排板图及画线方案，进行画线下料。画线时应预留出足够的焊接收缩量。将甲板板按甲板铺板图拼接，甲板板之间点焊成形。

(5)梁格画线。在甲板板上用经纬仪找好一个十字基准线。按甲板片图及画线方案要求，在拼接好的甲板板上画出梁格的被交位置。

(6)甲板板整边，甲板板开孔。依据画线方案和甲板铺板图对甲板板进行整边。甲板板在遇舱口以及吊装吊点时，相应的位置需要开孔。甲板板在遇立柱、拉筋和主梁 H 型钢相交时，相应的位置需要开孔，在甲板就位后与 H 型钢一起现场切割。

(7)梁格组对。将下好料的型钢挑出来，依次摆放在胎架上，找出型材、筋板等被交位置，打好冲眼作为标记，打磨处理光滑。吊装中间主梁，由内到外、由主到次依次就位。

(8)角钢、槽钢等筋板组对。依据甲板片图、立片图、甲板片及立片剖面图和节点详图，组对角钢、槽钢、筋板等。

(9)翻身吊点安装。翻身吊点形式、材质依据甲板片预制方案的要求进行预制。翻身吊点必须直接焊在工字梁上。

(10)甲板片翻身。根据甲板片翻身方案，用吊机将甲板片旋转 180°，使甲板片平稳翻身至水平。

（11）甲板板焊接。甲板板焊接，原则上自中间向四周对称施焊。

（12）总装吊点安装。总装吊点形式、材质依据甲板片预制方案的要求进行预制和安装。

甲板片反造的施工顺序为：杆件下料→铺甲板板→甲板板上梁格画线→组合梁摆放、组对焊接→H型钢组对、焊接→槽钢、角钢组对、焊接→甲板片翻身→插立柱→安装附件。

2. 甲板片的正造法工艺

甲板片正造法是将甲板片在地面预制时正面预制，正造时一般距离地面800~1 000 mm。正造法特点：甲板变形小、不用翻身、完工状态好、甲板焊接需要仰焊。主要的施工工序如下。

（1）施工准备。主要包括图纸、工机具和场地准备。选择一块平整度较好的施工场地，场地的面积要考虑甲板片的尺寸、吊车行走通道等。

（2）下料。主要是型钢和板材下料。

（3）梁格组对。吊装中间主梁，由内到外、由主到次依次就位。先组对大梁框架，再组对中间小梁。杆件长度误差超出允许误差的，根据实际情况进行处理，直至满足要求。火焰矫正需根据火焰调直程序要求执行。次梁依次按画线的被交位置就位。次梁原则上由中间向四周顺序组对。次梁安装时注意安装次序，以免遗漏放不进去，造成不必要的返工。

（4）上下环板组对。环板组对前，画出被交位置，打好冲眼，打磨处理光滑。将环板置于甲板片相应位置，切割梁格多余的翼板，将翼板切割坡口，打磨处理光滑。

（5）筋板组对。依据甲板片图、立片图、甲板片及立片剖面图和节点详图，组对筋板。

（6）焊接。焊接时注意焊接的主次顺序。原则上自中间向四周施焊，先焊接小梁与甲板的角焊缝，再焊接大梁与甲板的角焊缝，再焊接节点。节点焊接时先焊接腹板与翼板的焊缝，再焊接腹板与腹板，最后焊接翼缘与翼缘。甲板板焊接，原则上自中间向四周对称施焊。

（7）甲板板铺设。依据甲板板排板图及画线方案，进行画线下料。画线时应预留出足够的焊接收缩量。将甲板板按甲板铺板图拼接。

（8）总装吊点安装。总装吊点形式、材质依据甲板片预制方案的要求进行预制。总装吊点可重复使用。

甲板片正造的施工顺序为：杆件下料→垫墩摆放→组合梁摆放、组对焊接→H型钢组对、焊接→槽钢、角钢组对、焊接→甲板板安装、焊接→插立柱→安装附件。

3. 两种建造工艺的比较

甲板片正造法和反造法因施工工序不同，在地面条件要求、吊机设备投入、施工效率、施工周期等方面存在较大的差异，对此分析如下。

（1）地面条件要求不同。甲板片正造在垫墩上进行，对地面条件要求不高，满足受力条件即可。而甲板片反造需要在地面上铺设甲板板，所以对地面平整度要求较高，一般在水泥平台上进行。

（2）吊车台班投入不同。甲板片正造在垫墩上进行，垫墩高度一般为800~1 000 mm。甲板片组对时就具有了一定的高度，在进行组对作业时，每根梁都需要吊装到位，而且梁格均需要焊接挡板，然后挂到大梁上，施工稍显复杂，吊车吊装作业时间长，投入吊车台班时间较长。而甲板片反造在地面进行，所有梁格只需基本吊装到位即可，不需要焊接挡板，组对时可以通过倒链设备调整精确到位，建造过程中吊车使用时间短、施工效率高。

（3）焊接变形不同。甲板片正造的甲板板焊接是在甲板梁焊接完毕后进行的，因为甲板板焊接之前甲板梁已经形成了一个刚体，所以甲板板焊接完毕后变形较小。而反造的甲板板是在甲板梁安装之前进行的，在后续梁格的焊接过程中会产生较大的焊接收缩，所以甲板板会产生较大的变形。目前甲板片反造对甲板板的焊接顺序进行了改进，甲板板在梁格组对前不进行焊接，只进行点焊，待梁格焊接完成后再进行焊接，无法焊接的部位等甲板片翻身后再进行补焊。

（4）完工状态不同。甲板片正造完工状态较好，吊装前的施工作业不需要翻身等大型作业。而甲板片反造过程中部分型钢无法清根焊接，需要翻身，翻身后再进行补焊。

（5）施工周期不同。正造甲板片施工周期较长，以一个普通的重达 100 t 左右的甲板片为例，施工周期为 1 个月。而反造甲板片施工周期较短，施工效率高，以 100 t 左右的甲板片为例，施工周期为 20 天左右。

（6）施工安全风险点不同。甲板片正造在组对阶段因施工相对复杂，涉及高空作业，所以组对阶段安全风险较大。而甲板片反造需翻身，吊装风险较大。

综合以上分析，由于甲板片反造法具有效率高、施工周期短且安全性高的特点，所以在地面条件允许的情况下建议多采用。特别对于结构紧凑、外形较小、重量小的甲板片，如生活楼甲板片或小型组块的甲板片建议采用反造法。

同时，在甲板片反造工艺中通过进行吊装安全风险分析和加强吊装管理来降低翻身作业风险。另外，针对反造中甲板板变形较大的问题，在施工中，甲板板可以先点焊，在进行画线组对翻身后再进行焊接，这样就可以保证甲板板的平整度。

14.1.3　甲板片吊装吊点的设计比较

甲板片正反造因工艺不同，吊点设计也不尽相同。反造甲板片因反面建造，增加了翻身吊点。两种建造工艺吊点设计如下。

1. 正造甲板片吊装吊点的设计

正造甲板片吊装吊点一般根据甲板片的重量和吊机的吊装能力，设计在甲板片主梁格上，能够承受吊装甲板片的强度。以 LF13-2 组块的 EL.（+）34 000 8#甲板片的吊装方案设计为例。

LF13-2 组块东块 EL.（+）34 000 的水平片在预制时，分成 4 个水平片分别预制，其编号为 5#、8#、11#、12#。8#甲板片重约 254.0 t，在 2#滑道西侧预制场地按正造法建造，无须翻身。8#甲板片吊点布置如图 14-8 所示，吊装时环板等位置需局部加强，其加强图如图 14-9~图 14-11 所示。

8#片重约 254.0 t（其中包括 1.05 的重量不确定系数，重力加速度为 9.8 m/s^2）。吊装时不带立柱和拉筋，所有的开孔在空中进行，陆地预制时相交立柱节点位置组合梁腹板贯穿连接，待空间组对后再切掉多余部分，插入立柱。

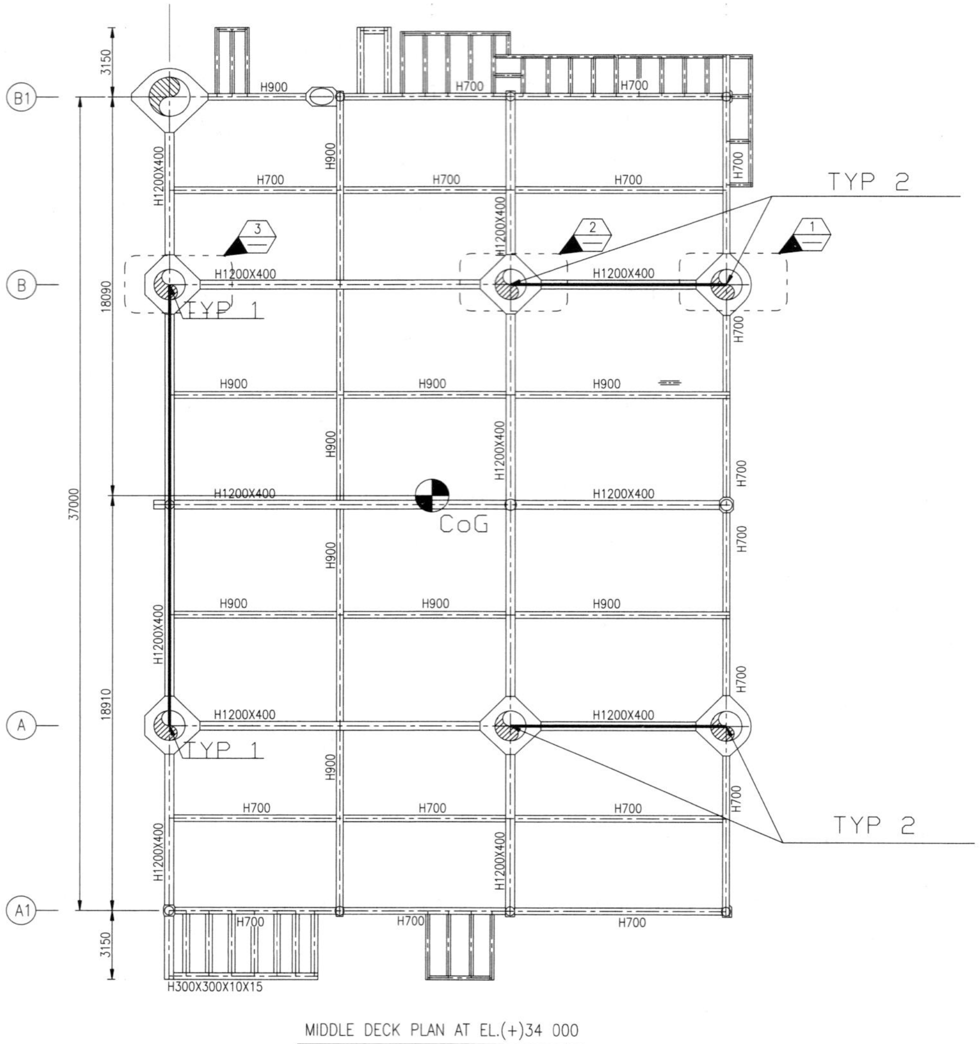

图 14-8　8#甲板片吊装吊点布置图

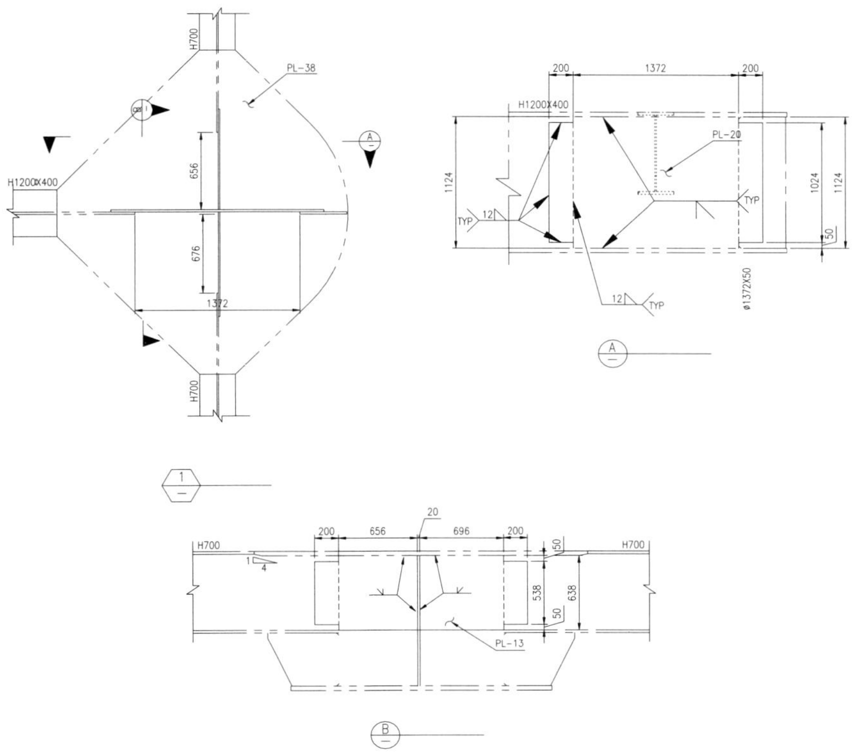

图 14-9　节点 1 位置局部加强图

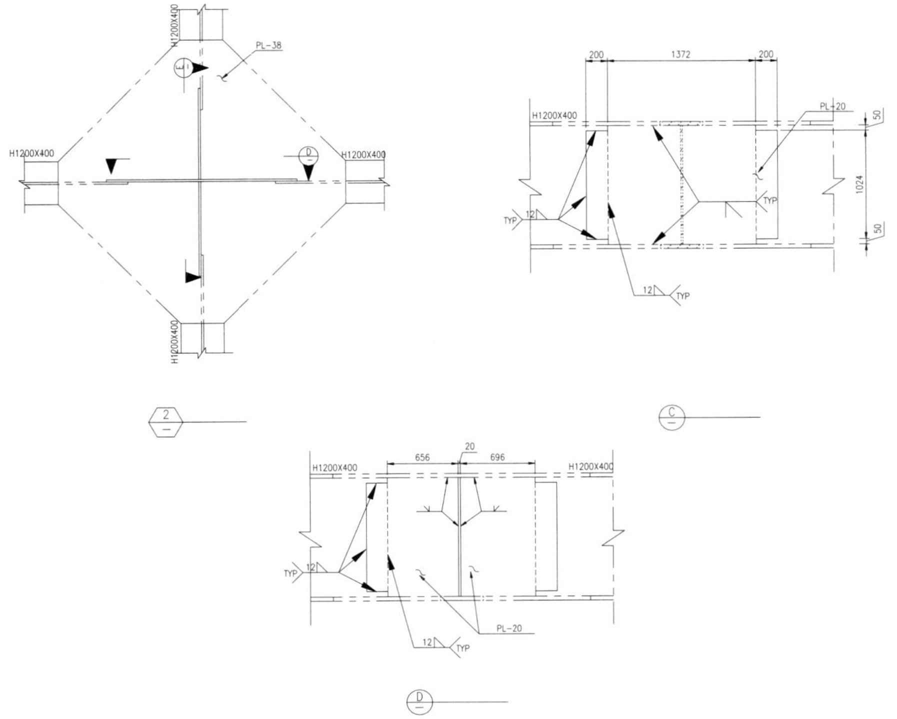

图 14-10　节点 2 位置局部加强图

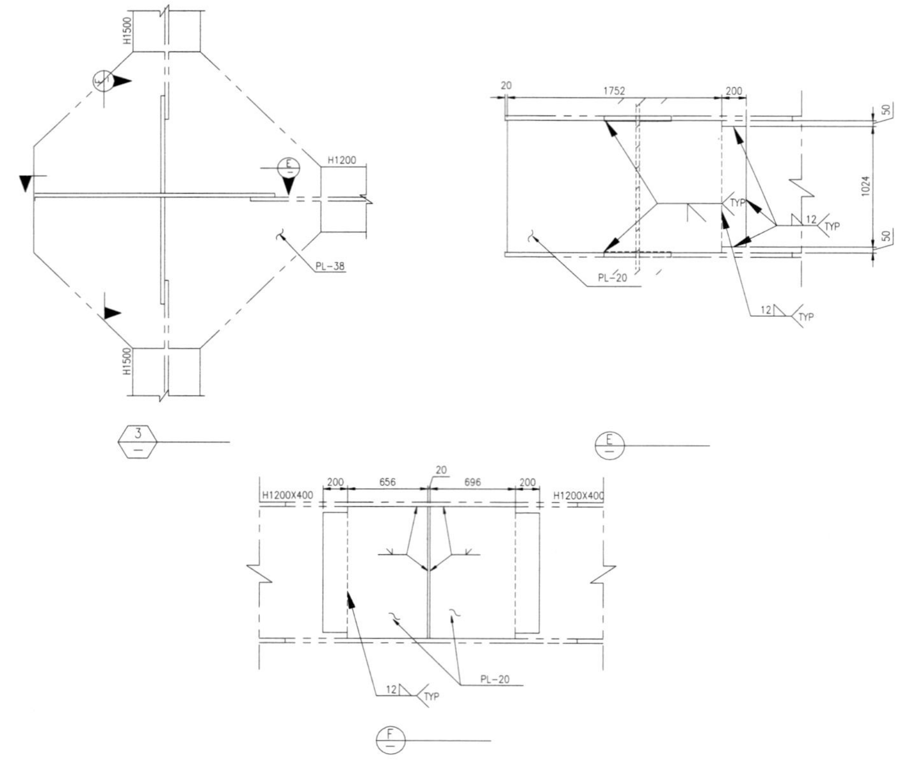

图 14-11　节点 3 位置局部加强图

吊点设计图如图 14-12、图 14-13 所示，吊装能力为 120 t 的吊点 2 个，吊装能力为 85 t 的吊点 4 个。

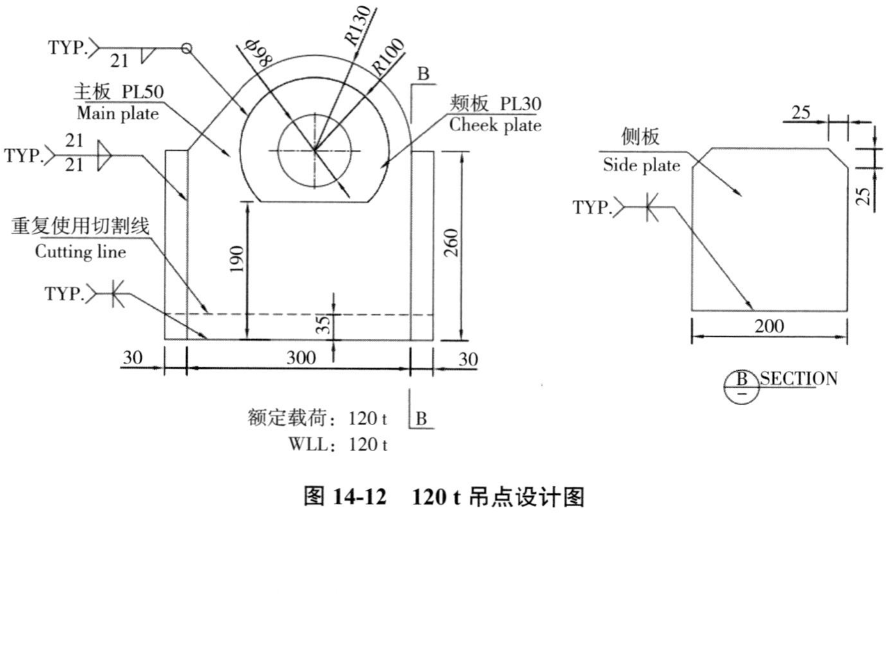

图 14-12　120 t 吊点设计图

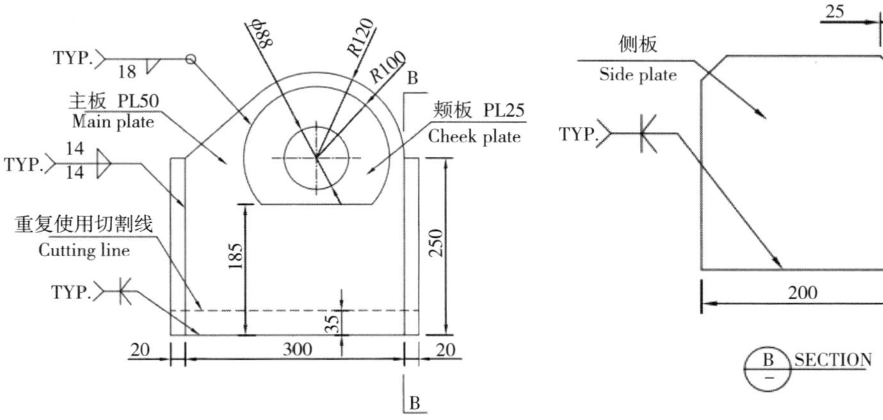

图 14-13　80 t 吊点设计图

吊点设计说明如下。

(1)无其他说明外,吊点主板局部加强材料等级为 D36 或 D36 以上。

(2)吊点所用材料应进行 100%超声检测。吊点主板轧制方向应和吊点的受力方向一致,并且在钢板上做方向钢印。

(3)所有焊缝吊装前要做磁粉检验,吊点主板和侧板与组合梁翼缘板焊接后要做 100%超声检测。

(4)与吊点主板和侧板相接的组合梁上翼缘板需要在吊点安装前检查纹理结构。

(5)以吊点孔中心为吊点定位点。

2. 反造甲板片吊装吊点的设计

反造甲板片以惠州 25/3-1 项目的 DSM 钻机模块甲板片的翻身方案为例。

惠州 25/3-1 项目的 DSM 钻机模块在青岛场地制造。根据预制方案的要求,4 片甲板片分别为 1#、2#、3#、4#,各水平片的重量见表 14-1。其中 1#、3#、4#甲板片采用反造法进行建造。

表 14-1　钻井模块各层甲板片重量

甲板名	甲板片编号	重量(t)	预制方式	备注
EL(+)33300	1#	114	反造	—
EL(+)38400	2#	83	正造	—
EL(+)43000	3#	35	反造	—
	4#	114	反造	—

场地布置:所有水平片在车间预制,到场地根据实际情况选择吊车翻身并组对吊装。

场地要求如下。

(1)场地应符合 600 t 吊机在满负荷及全旋转作业下的承载要求,并满足所有配合吊机在进行水平片吊装作业时的承载要求。

(2)施工前,应将现场车道清除障碍、清扫干净。

水平片翻身吊装描述:1#、3#、4#需要翻身。注:为了避免临时吊点承受过多的面外力,翻身时要使用撑杆。吊点和垫墩位置如图 14-14 所示,吊点具体形式见图 14-15~图 14-17。

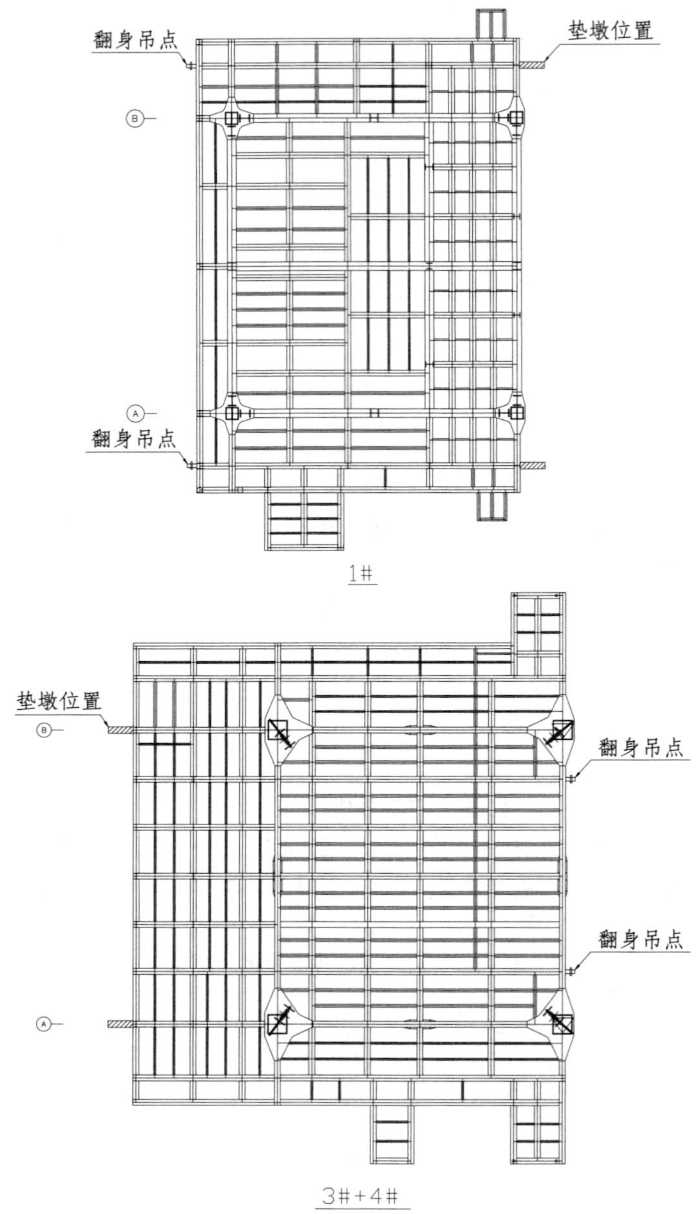

图 14-14　吊点和垫墩位置

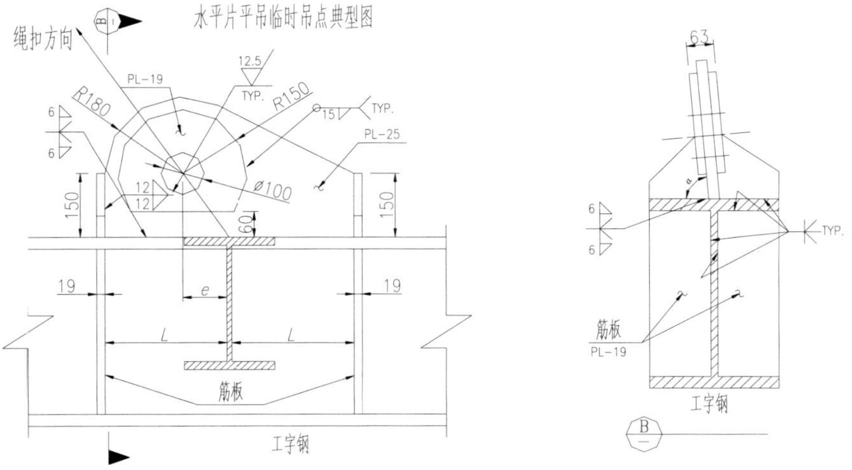

图 14-15　吊装吊点设计图

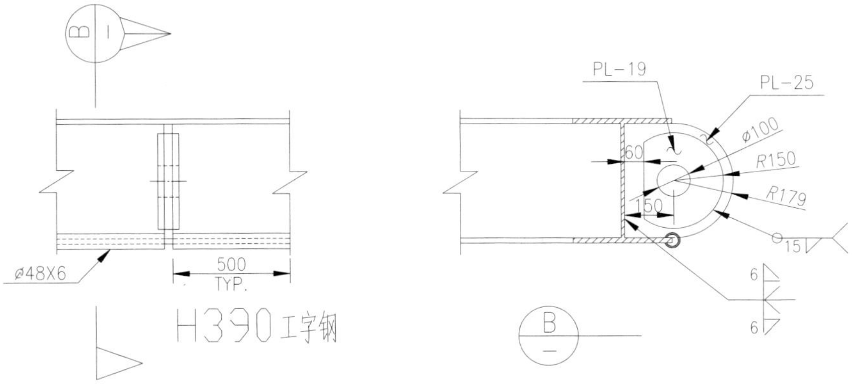

图 14-16　1#水平片翻身吊点典型图

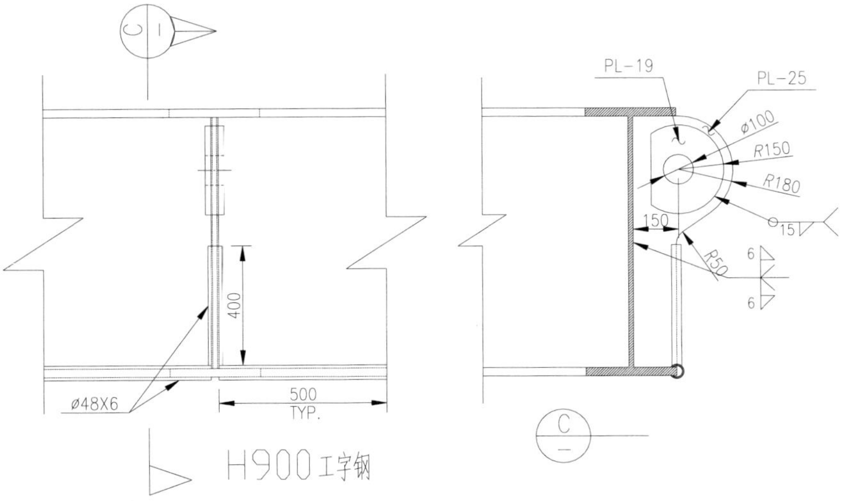

图 14-17　3#、4#水平片翻身吊点典型图

翻身/吊装注意事项如下。

(1)尽量避免在大风天气进行作业。

(2)方案中表示的垫墩位置仅为水平片翻身计算中的支点位置,其余垫墩的摆放以不影响翻身作业为宜。

(3)除吊装方案中的要求外,当一台吊车挂钩的两吊点跨距大于 16 m 时,应尽量使用加长钢丝绳,以减小结构内力。

(4)吊点典型图中的吊点形式仅为典型示意,在吊装位置有主吊点的情况下,尽量利用主吊点吊装。

施工机具有如下几种。

(1)履带吊:600 t 吊车一台(主臂 79.2 m,无副臂;配重 110 680 kg)。

(2)吊装索具要求:全部吊索具要有合格证。具体吊装说明如下。

1#片:在车间整体反造,由天车吊至平板车上,运到场地翻身,由等候在模块旁的一台 600 t 吊车吊装就位。

2#片:在车间整体正造,由天车吊至平板车上(利用平吊吊点及位置示意),运到场地滑道旁,由等候在模块旁的一台 600 t 吊车吊装就位(吊车配重 110 680 kg,利用组对吊装吊点及位置示意)。

3#+4#片:在车间整体反造,吊至平板车上,运到场地翻身,由等候在模块旁的一台 600 t 吊车吊装就位(吊车配重 110 680 kg,利用组对吊装吊点及位置示意)。

另外,为了在组对吊装时吊点能更好受力,请将吊点面向水平片的重心侧倾斜;平吊及组对吊点的焊接位置是在工字钢上,铺板时先在吊点位置留洞,等到吊装完成,切下吊点之后,再用钢板补齐。

14.2 分段建造与整体建造工艺

甲板片正造法还分为两种建造方法:一种为甲板片分段建造工艺法;另一种为甲板片整体建造工艺法。甲板片分段建造即将甲板片按主梁框架分割成多个小分片,将小分片单独预制完成后再组装成一个整体。甲板片整体预制为甲板片不分片预制,直接作为一个整体进行组装,组装完成后按整体焊接的方法进行建造。

两种不同的建造工艺建造工序如下。

(1)甲板片分段建造顺序:甲板片分割成几段建造→甲板片分段合拢成整体。

(2)甲板片整体建造顺序:甲板片不分段直接整体建造。

14.2.1 甲板片分段建造和整体建造的比较

甲板片分段建造和整体建造在控制焊接变形、控制尺寸、吊机设备台班投入等方面有所差异,分析比较如下。

1. 控制焊接变形上的比较

在甲板片整体建造工艺中,由于存在焊接变形,所以主梁画线时要在长度方向上的每个梁格之间预留 2~4 mm 的预留焊接收缩量。整体焊口多,焊接量大,而横向焊接收缩与焊接量成正比,因此焊接收缩就大,焊接后甲板片会发生较大的横向收缩变形,应用整体建造工艺不易在横向控制收缩变形。

分段建造易于控制横向收缩变形。以图 14-18 所示分段为例，此分段横向有四个小跨距，组对尺寸容易控制。建造时将 ROWA 与 ROWB 之间的两个跨距焊接完毕，也容易控制横向焊接变形。分段建造完毕后，将两组分段对到主梁上形成整体，如图 14-19 所示。在形成整体的过程中，已经将焊件组合成刚性较大的结构，增大了结构的刚度，减少了在整片上焊接焊缝的数量，所以在工字钢 H700 和 CDGA-3 的焊接收缩量控制上就较为容易。由此来看，分段建造后连接到主梁上形成整体，减少了在整片上焊接焊缝的数量，增大了结构的刚度，因此易于控制跨距横向焊接变形。

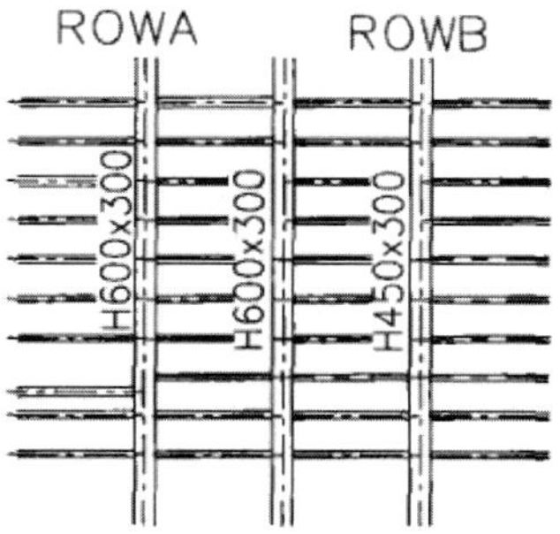

图 14-18 分片平面图

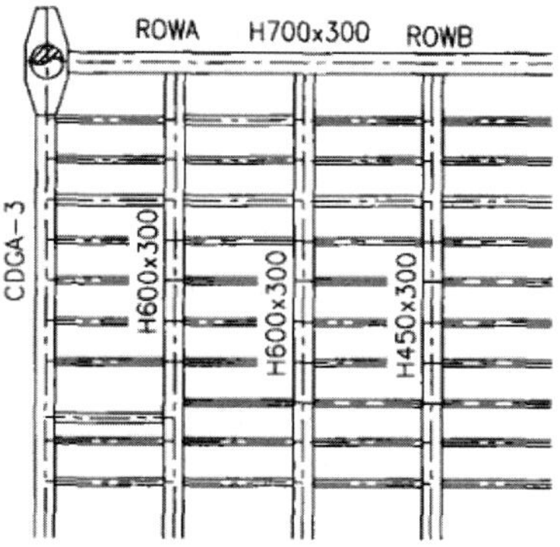

图 14-19 分片于主梁组装连接

2. 控制尺寸上的比较

控制组对尺寸主要是通过控制焊接收缩量来控制焊接收缩变形，最终使甲板片焊后达到理论尺寸。对于分段建造来说，近似一半的焊接量已经完成，这样就减小了主梁之间留有的焊接收缩余量，保证了较好的组对尺寸。在控制焊接变形和保证组对尺寸的基础上，分段建造工艺易于控制焊后尺寸，从而保证了甲板片的焊后尺寸。

3. 其他方面的比较

（1）分段建造施工方便。将结构规则的小梁组合建造为一个分段，这样的分段具有重量轻、占地空间小、易于施工等特点，降低了施工难度。

（2）分段建造通过流水线作业提高了工作效率。分段将整体细化，充分利用工作时间和操作空间，减少非生产性劳动消耗，提高工作效率。

（3）整体建造场地占用较集中，整体成形状态好，吊装吊运作业较少。

（4）整体建造预热效果较好，而由于分段建造在地面作业，地面吸附热量的能力较强，导致工字钢散热比较快。

（5）分段建造需要较多的人员投入和工机具投入，因此受到施工人员和工机具客观条件的限制。

14.2.2 实例对比

以陆丰 13-2 组块甲板片的施工为例，东块（+）24.5 m 甲板片是整体预制，而西块（+）34 m 是分片预制而成。对这两个甲板片在施工周期、人力投入、吊机台班等方面进行比较，见表

14-2。

表 14-2 陆丰甲板片分片与整体建造分析对比

对比项	预制方法	重量(t)	施工周期(天)	人力投入（工日）	工效(工日/t)	吊机台班(台班)
陆丰东块(+)24.5 m 甲板片	整体	220	45	1 200	5.4	38
陆丰西块(+)34 m 甲板片	分片	200	40	1 050	5.2	30

从表中可以看出以下几点。

(1)对于两个基本相同的甲板片，分片预制的效率更高。分片预制因将部分预制焊接工作提前，使组装工与电焊工的人力投入在时间上更均衡，同时降低了施工难度，工效相对较高。

(2)分片预制使用的吊机设备台班较少。因为分片在地面直接预制而成，型钢、次梁用吊机集中吊装大概到位即可，随后通过精确定位，使用工具即可将其组对到位。所以分片预制使用的吊机台班较少。

(3)分片预制的施工周期相对较短。因分片在地面预制而成，与主梁分开，因此受主梁的影响较小。同时分片预制完成后，焊接工作可以提前，使得工效更高，因而施工周期较短。

14.2.3 探讨适用分段建造的几种可能

(1)在甲板片中，主次梁之间呈现井字或鱼刺片状的形式，外形尺寸不大，工字钢为小于 H588 的小型工字钢，且工字梁较密集，如图 14-20 所示。

(2)妨碍吊装工作的外弦可以作为一个分段建造。

(3)组块甲板片材料部分到货，可以先进行分段的建造，不耽搁工期。

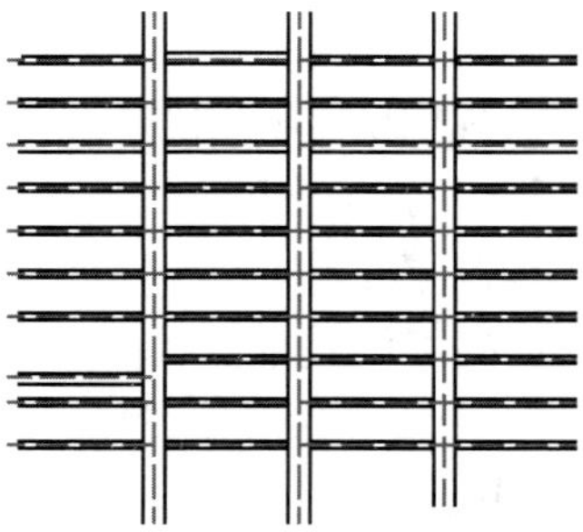

图 14-20 普通鱼刺片

甲板片的建造工艺对组块乃至海洋平台的建造具有重要意义。通过比较组块甲板片几种不同的建造工艺，从控制焊接变形、完工状态、生产效率、安全、焊接等方面进行对比，探讨甲板片的建造工艺，提出在不同情况下可采用的几种工艺，根据现场实际情况，采用更合理的工艺，可以提高工作效率和工程质量，缩短工期。这对海洋平台组块建造工艺的改进有一定的借鉴意义和推进作用。

14.3　焊接控制工艺

钢结构平台甲板片由主梁、次梁、甲板板等构件组成。这些构件一般采用焊接组合梁、箱形梁、H 型钢、钢板、槽钢、角钢以及节点位置的异型钢、箱形等结构形式，如图 14-21 所示。

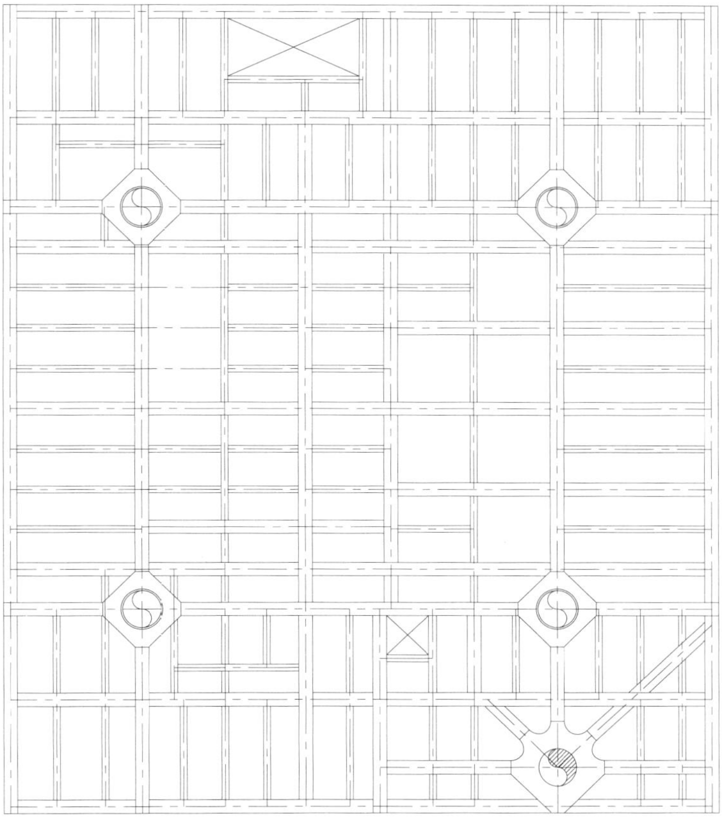

图 14-21　甲板片结构图

14.3.1　甲板片焊接变形的主要形式

甲板片焊接变形的主要形式有两种：一种为焊接过程中产生的焊接变形；另一种为焊接后产生的残余变形。这两种焊接变形中第二种变形对甲板片的影响更大，在甲板片的施工中更为常见，影响更为深远。

焊接变形按对甲板片整体结构的影响程度，可以分为两种：一种为整体变形；另一种为局部变形。

变形按特征可分为扭曲变形、收缩变形、弯曲变形、角变形、波浪变形、错边变形和扭曲变形等。在这些焊接变形中，有两种结构局部变形：一种为角变形；另一种为波浪变形。在甲板片的建造过程中，运用较多的是甲板片整体结构焊接变形。

焊接产生变形的主要原因有两种：一种为焊接过程中存在局部不均匀加热；另一种为在焊

接过程中产生了不同程度的热胀冷缩。热胀冷缩对甲板片产生了一定的约束和影响,使甲板片不能自由地释放应力,因而产生了焊接变形。

14.3.2 影响甲板片焊接变形的主要因素

1. 焊缝布置

焊接变形产生的第一个主要因素是焊缝的不对称分布。甲板片的构件分布不对称在焊接时所产生的变形主要是弯曲变形。例如:主梁与次梁连接、梁格上翼板与甲板焊接。这两种情况使得焊接中性轴偏上,从而会引起甲板片的整体上挠变形。

2. 结构刚性

焊后焊缝通常情况下会产生两种收缩:一种为纵向收缩,另一种为横向收缩。相对于整个甲板片的整体变形和限制,这些收缩会因此产生一种"收缩力",即相对于甲板片整体刚性而产生的收缩力和形变。这种收缩力在遇到刚性较大的甲板片整体结构时,就会产生较小的形变;当这种收缩力遇到刚性较小的甲板片整体结构时,就会产生较大的形变。

钢结构平台甲板片变形的大小取决于主梁的尺寸、板材的厚度和甲板铺设板方向。这些变形是多种变形的综合形式,情况较为复杂,所以控制变形的方法也有很多种,通过多种办法可控制甲板片的焊接变形。

14.3.3 控制甲板片焊接变形的方法

1. 优化组装及焊接顺序

从结构刚性的角度看,整体刚性比分部件的刚性大,因此结构整体比分部件的抗形变能力强。所以,从组装的角度来说,最优的办法是将甲板片主体框架组对完成合格后再进行焊接,这样甲板片结构呈一个整体,抗变形的能力就会比局部结构组对完成再进行焊接要强。这是控制甲板片变形的前期阶段,也是非常重要的一个方面。

2. 甲板片框架焊接顺序

甲板片的变形控制不仅要对甲板片整体的组装顺序进行控制,更要对甲板片焊接过程中的顺序进行合理安排,这是控制甲板片变形过程中非常重要的一环。因此在甲板片的焊接过程中,要采用合理的焊接顺序,使焊接应力能够逐步得到释放,进而减小焊接变形。通常情况下,甲板片焊接顺序如下。

(1)先大梁、后小梁,先焊接主梁结构(承载梁),后焊连接梁。

(2)从中间向两边对称焊接。这是为了允许钢结构自由变形,保证焊接应力由中间扩展到两边。

3. 梁节点焊接顺序

先焊腹板和翼缘板交接的焊缝,再焊腹板与腹板组成的焊缝,最后焊接翼缘板的焊缝,如图 14-22 所示。这种焊接顺序能够有效利用甲板片节点处的刚性,减小焊接变形,使甲板片焊接后的尺寸满足甲板片预制规范的要求,提高了甲板片预制的焊接质量,为甲板片的整体尺寸控制打下良好的基础,同时也减少了甲板片在吊装后产生变形的调节量,为甲板片空间安装创造条件。

4. 甲板板的焊接顺序

甲板板的焊接顺序:由中间向四周扩展。先焊对接焊缝,对接焊缝先焊短焊缝,再焊长焊缝，对于长焊缝，焊接应从中间开始，通常采用跳焊和分段退焊；再焊角焊缝，角焊缝先焊长焊缝，再焊短焊缝。

5. 提高下料和装配质量

采用负偏差（40°~45°）坡口，以减小焊接填充量；组对间隙须保持在 0~4 mm 之间，过大的坡口间隙应通过堆焊进行修复。

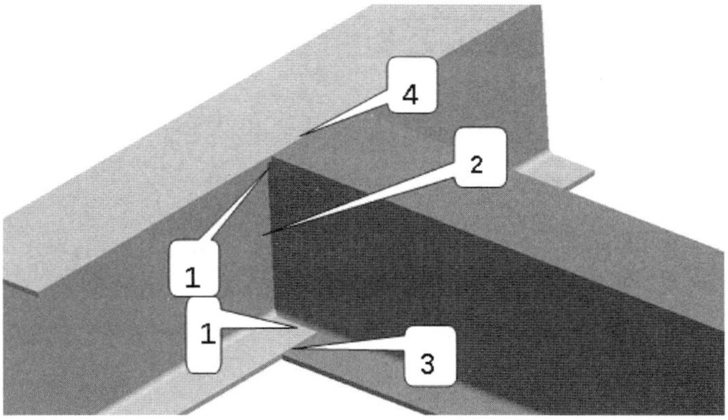

图 14-22　节点位置焊接顺序

6. 焊接参数标准化

在诸多焊接参数中焊接热输入与焊接变形成正比，也就是说焊接热输入越大，则产生的能量越大，焊接时产生的塑性变形区面积越大，这样焊后产生的焊接变形就会越大，反之则越小。因此，焊接层间温度在满足焊接工艺规程要求的前提下应尽可能低；焊接时根据 WPS 上的规定选用较小的焊接参数（电流、电压等）；在满足要求的前提下尽量减小焊缝尺寸、减小清根深度、选择热输入小的焊接方法。

7. 反变形法

一般情况下，梁格框架接近焊接中性轴，焊接完成后不会出现四周上翘的现象。因此整个工字梁结构定位焊完成后，根据甲板焊接收缩量千分之 0.3 至千分之 0.4，把中间垫高，利用反变形控制甲板片的焊接变形。焊接甲板板时，把整个梁格框架的四角压上重物，防止工字梁四周上翘。根据甲板焊接收缩量多放低 20~30 mm，避免上翘后使用火焰调节变形。如果焊后四周水平尺寸稍低，可以利用钢结构甲板片自重自由调节，达到工艺要求，如图 14-23 所示。

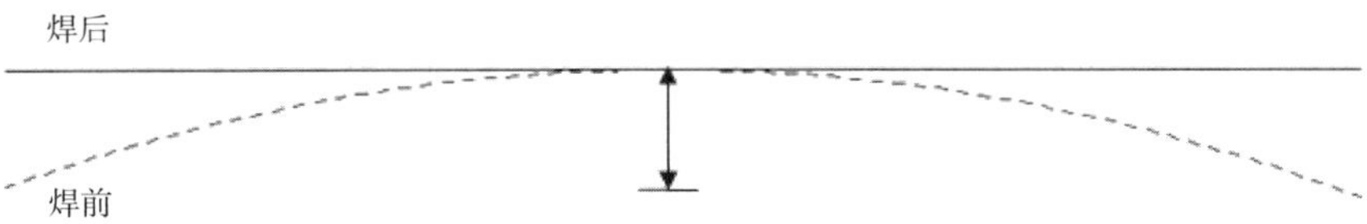

图 14-23　反变形法

在甲板片的变形控制中，还有刚性固定法、对称焊接法、分段焊接法、间断焊接法、热调制等。不同结构形式的甲板片控制方法基本相同。

对于实施焊接的操作人员，必须具备相应的焊接资质，同时要具有一定的焊接经验和焊接技术能力。在焊接过程中，钢结构平台甲板片焊接人员应加强责任心，特别是班组长要明确焊接人员焊接位置，统一指挥协调。根据批准的设计图样和焊接工艺中的规定精心组织施焊；焊接完成后，焊接质量检验人员应按照批准的检验程序和标准要求严格把关，以确保平台钢结构的整体焊接质量。通过采取适当的工艺措施和严格的焊接施工管理，绝大多数情况下可有效地控制钢结构平台甲板片焊接变形，达到工程质量的要求。

14.4　组块结构空间建造工艺

组块结构空间建造工艺是随着海洋平台建造工艺的发展而不断升级的，随着设备的不断改善、进步，建造工艺也随之改变。目前各个海洋平台建造公司均扩大生产规模、提高设备设施性能，以适应海洋平台事业的不断发展壮大。在改善硬件条件的同时，各企业也在不断改善工艺流程、管理方法、生产管理能力等，通过内部工艺和流程的不断优化，力争在市场中站稳，立于不败之地。

14.4.1　建造工艺介绍

平台水深的不断增加，使平台的重量不断加大，从而提高了施工的难度。对于组块空间的建造工艺，公司的硬件设备条件是施工的前提条件，如大型吊机的投入和场地空间的保障，使得组块空间建造工艺得以不断发展，为创造新的建造工艺创造了条件。

作为国内一家专门从事海洋石油平台设计、建造等的总承包商，海洋石油工程股份有限公司（COOEC）在近几年陆续从国内外买入了 600 t 和 400 t 等大型履带吊，极大提高了吊装作业能力。同时公司为了提高场地和滑道的承载能力，对原有滑道进行改造加固，对部分施工车间、建造厂房等均进行了升级改造调整，为甲板片的预制和组块的空间整体组装创造了硬件条件。这样的硬件升级换代，为甲板片整体预制和整体吊装创造了条件。所以近几年开展的组块结构空间工艺发展为甲板片整体逐层安装法，替代了以前的 ROW 片立式建造工艺法。

现以秦皇岛 32-6WHPD 和 WHPF 组块为例进行两种建造工艺的分析比较研究。

秦皇岛 32-6（QHD32-6）项目是 COOEC 的一个包合项目，是对外重要的合作项目，由中海油、阿科、德士古三方业主共同投资。该油田位于渤海湾的北部，水深大约 20 m。该项目包括如下几个平台：井口平台 6 座、浮式生产储油轮（FPSO）1 座、单点系泊装置（SPM）1 座及其连接的海底电缆、海底管线 。

QHD32-6WHPD 和 QHD32-6WHPF 组块为水上结构物的井口平台，每个组块包含 4 层甲板（Deck）、飞机平台（Helicopter Deck）l 座和相应的设备设施、电缆管线等。甲板分为四层，分别为：（+）23.8 m 甲板片、（+）20.1 m 甲板片、（+）16.3 m 甲板片、（+）10.8 m 甲板片，飞机甲板标高为（+）29 m。组块上飞机平台重量设计大约为 140 t，而组块主体重量设计为 1 090 t。由于组块飞机甲板平台结构简单、施工难度较小并且要求在海上施工，因而本文中的建造流程仅指组块主结构建造施工部分。

QHD32-6WHPD 组块采用 ROW 片立式建造工艺，而 QHD32-6WHPF 组块采用甲板片整体逐层安装建造工艺。下面详细介绍这两种工艺方法。

14.4.2　ROW 片立式建造工艺

ROW 片立式建造工艺研究以 QHDWHPD 组块建造流程为例。其结构建造工艺流程如下。

（1）ROWB 立片的预制及安装。ROWB 立片重 70 t（不计吊点），ROWB 立片结构包含该轴线 ROW 片上的四层水平片上的型钢、立柱、环板、斜拉筋等结构。在滑道旁进行预制，经检验合格后将 ROWB 立片安装到位。测量合格后，将 ROWB 立片与滑靴进行固定连接。对接口处焊接 8 块 PL-38 × 300 × 600 的马排。ROWB 立片的两侧同时挂拖拉绳固定。

（2）EL（+）10.8 m 水平片的安装。按加工图进行 EL（+）10.8 m 水平片（已在场地预制完成）与 ROWB 的安装、水平定位及组对，并在相应地方加临时支撑。水平片与临时支撑应有一定的固定连接，以保证施工的安全。临时支撑的长度（L）与脚鞋的高度（L_1）有关，L 的尺寸误差应控制在 0~5 mm 之内，即正误差，在立柱就位时，脚鞋和滑靴之间可填板。临时支撑要使各片可调整、不沉陷，并考虑上一层甲板的临时支撑位置。

（3）EL（+）10.8 m 与 EL（+）16.3 m 甲板间的拉筋安装。按照加工图的位置在下甲板 EL（+）10.8 m 水平片上进行拉筋安装、组对加固。

（4）EL（+）16.3 m 水平片的安装。EL（+）16.3 m 水平片按加工图与 ROWB 立片组对连接、测量、加强加固，并在相应地方加临时支撑，水平片与临时支撑应有一定的固定连接，以保证施工的安全。经检验合格后进行层间拉筋与 EL（+）16.3 m 甲板的焊接。

（5）EL（+）16.3 m 与 EL（+）20.1 m 甲板间的拉筋安装。甲板层间拉筋安装定位时，拉筋纵焊缝要与墙壁及其他构件的焊缝错开 100 mm 以上。

（6）EL（+）16.3 m 甲板上的设备安装就位。

（7）EL（+）20.1 m 水平片的安装。EL（+）20.1 m 水平片的安装和 EL（+）16.3 m 水平片的安装方法基本相同。水平定位尺寸误差控制在 ± 12 mm 之内，并在相应地方加临时支撑，水平片与临时支撑和滑靴有一定的固定连接，以保证施工的安全。

（8）EL（+）20.1 m 与 EL（+）23.8 m 甲板层间的拉筋安装。甲板层间拉筋安装定位时，拉筋纵焊缝与墙壁焊缝错开 100 mm 以上。

（9）EL（+）20.1 m 甲板上的设备安装就位。

（10）EL（+）23.8 m 水平片的安装。EL（+）23.8 m 水平片的安装和前面各层水平片的安装方法基本相同。水平定位尺寸误差控制在 ± 12 mm 之内，并在相应地方加临时支撑，以保证施工的安全。经检验合格后进行层间拉筋与 EL（+）23.8 m 甲板的焊接。

（11）ROWA 立片的预制及安装。ROWA 立片重 70 t（不计吊点），将 ROWA 轴外侧四层甲板片安装在 ROWA 立片上，预制成一体，一起组装就位。经检验合格后进行 ROWA 立片的就位及 ROWA 立片与滑靴的固定连接、测量、就位。对接口处焊接 8 块 PL-38 × 300 × 600 的马排。经检验合格后进行 ROWA 立片与各层甲板片组对焊接。

（12）吊机立柱的预制及安装。吊机立柱应在车间或转台上预制好，并照造管图画好基线和被交位置，按加工图安装好内部的加强筋及三个以上的临时吊点，相邻两点挂两个 10 t 倒链。当 EL（+）10.8 m、EL（+）16.3 m、EL（+）23.8 m 水平片按技术要求就位后，将吊机立柱的环板按画线方案及加工图开孔，进行吊机立柱的插入安装。吊机立柱应按本方案中的 KEY

PLAN 中的位置安装就位。临时吊点使用后，应及时切掉并打磨、防腐。

底层的临时支撑要实时监测支墩的沉陷情况，以保证组块的水平度。

14.4.3 甲板片整体逐层安装建造工艺

甲板片整体逐层安装建造工艺以 QHD32-6WHPF 组块建造流程为例，其建造工艺流程如下。

1. 施工准备

首先进行场地准备。依据组块总体建造方案场地布置图，确定组块建造场地位置、组块轴线所在位置，底层的临时支撑要实时监测支墩的沉陷情况，及时调整复原，以保证组块的水平度。同时进行滑靴摆放和滑靴间的连接工作。

2. 立柱底部脚靴安装

将立柱底部脚靴吊装到相应的底脚支墩上，调整脚靴位置在滑靴位置的中心，测量四个脚靴水平、对角尺寸，使之与立柱的水平和对角尺寸一致。准备固定筋板，待甲板片立柱安装后与脚靴、滑靴之间进行加固、焊接。

3.(+)10.8 m 甲板的预制、安装

(+)10.8 m 甲板片预制完成后、安装前，应根据临时支撑布置图布置好临时支撑。临时支撑的长度应按照水平片实际标高确定，尺寸误差控制在允许的范围之内。底层的临时支撑要经常监测支墩的沉陷情况。本水平面内的任何变动都必须使用适当的垫片及时调整复原。依据水平片预制及吊装方案，将预制好的甲板片运到组块总组场地，并吊装到位。甲板片与临时支撑之间应参照临时支撑的典型节点进行固定，以保证施工安全。

4. 安装(+)10.8 m 甲板片上的立柱、拉筋等

甲板就位后，在甲板上的正确位置处开孔，切除环板、腹板及翼板，按理论高度及扭转角插入 4 个立柱的下半段，并保证立柱的垂直度及立柱间的水平尺寸和对角线尺寸。同时将预制好的拉筋、立筋、墙皮运到组块总组场地，并吊装到位。下层甲板片与其上的拉筋、立筋及墙皮结构焊接固定。

5. 安装(+)16.3 m 层甲板片

安装前，应根据临时支撑布置图布置好临时支撑。临时支撑的长度应按照水平片实际标高确定。依据水平片预制及吊装方案，将预制好的甲板片运到组块总组场地，并吊装到位。甲板片与临时支撑之间进行固定，以保证施工安全。

6. 安装(+)16.3 m 层甲板片上立柱、拉筋、立筋、墙皮

将预制好的立柱、拉筋、立筋、墙皮运到组块总组场地，并吊装到位。中层甲板片与其上的拉筋、立筋及墙皮结构焊接固定。

7. 安装(+)20.1 m 甲板片

安装前，应根据临时支撑布置图布置好临时支撑。临时支撑的长度应按照水平片实际标高确定。依据水平片预制及吊装方案，将预制好的甲板片运到组块总组场地，并吊装到位。上层甲板片与其下的拉筋、立筋位置依据加工图检验合格后，进行焊接。甲板片与临时支撑之间进行固定，以保证施工安全。

8. 安装(+)20.1 m 层甲板片上立柱、拉筋、立筋、墙皮

将预制好的立柱、拉筋、立筋、墙皮运到组块总组场地，并吊装到位。中层甲板片与其上的

拉筋、立筋及墙皮结构焊接固定。

9.(+)23.8 m 甲板安装

依据水平片预制及吊装方案，将预制好的(+)23.8 m 甲板片运到组块总组场地，并吊装到位。上层甲板片与其下的拉筋、立筋位置依据加工图检验合格后，进行焊接。甲板片与临时支撑之间进行固定，以保证施工安全。

10. 吊机立柱安装

吊机立柱预制完毕后，标出各层甲板标高及结构、拉筋被交位置，按照加工图安装好内部的加强筋及环板结构，安装临时吊点。吊机立柱进行吊装就位，与组块进行组对，与各层甲板进行焊接。

14.4.4　两种工艺比较分析

根据两种不同的空间建造工艺，分析这两个组块在实际中的施工周期、人力投入、设备台班等，见表 14-3。

表 14-3　组块空间建造工艺分析对比

分项	结构总重(t)	自开工至甲板片安装结束工期(天)	结构专业人力投入(工日)	结构专业设备投入(台班)	结构专业成本构成(万元)
QHD32-6WHPD 组块	1 000	195	10 700	116	511
QHD32-6WHPF 组块	950	180	9 890	125	492

从表 14-3 可得出如下结论。

(1)在海洋平台的建造中，建造工期是非常重要的合同标准。通过对比施工工期，组块从开工到甲板片安装结束，WHPD 组块平均工期为 195 天，WHPF 组块平均工期为 180 天。WHPF 组块平均工期比 WHPD 组块少 15 天，工期缩短 6%左右，从中可以看出，组块甲板片整体逐层安装建造工艺效率更高，施工工期较短。

(2)在组块的建造施工过程中，人力投入成本是控制的重点，合理的人力投入和安排是项目进行的基础，有助于控制人力投入，提高施工效率。参与组块施工的工种有多种，主要涵盖组装工、电焊工、架子油漆工、电工、钳工、管工、仪表工、保温工等。组块建造流程的改进，对结构、电气、配管等专业施工有较大影响，特别是在结构预制、整体组装等方面影响很大。表 14-3 主要统计结构专业的人力投入。通过表格中人力投入的对比，WHPF 组块结构专业人力投入比 WHPD 组块少 810 个工日，提高工效 8.1%。原因为甲板片整体逐层吊装有助于保证每层的完整性，在后续的施工安排中人力得到了较好的优化，人力能够合理分配，资源得到有效配置，所以施工效率有所提高。

(3)在设备投入方面，WHPF 组块的吊机使用台班则比 WHPD 组块多，WHPD 组块部分拉筋已经在 ROW 片安装时完成，所以空间安装使用吊机台班少于 WHPF 组块。

(4)作为工程项目最关键的指标，成本是一个项目非常重要的考核要素，决定着企业是否能顺利获得应得利润，决定着项目运行中的生产管理是否先进，材料使用是否合理，工艺流程是否优化等，是一个项目运作成功的关键。

QHD32-6项目组块的成本，主要涵盖以下内容：项目管理费、项目材料费、项目设计成本、人工成本、设备成本、耗材成本等。在组块建造过程中，组块建造工艺流程的改进，对组块整体的建造成本影响加大，通过工艺流程的优化实现对人力成本、设备成本的控制，进而降低建造总成本，实现利润最大化。

通过表14-3对各组块的成本构成进行对比，WHPF组块比WHPD组块节省近20万元，降低成本达4%。可以看出甲板片整体逐层安装有效降低了施工成本，使施工工艺流程得到优化和改进。

通过对比分析QHD32-6项目组块采用的两种建造工艺流程，得出以下结论：结构整体总装的施工工期缩短6%，人力投入较少，工作效率提高近8%；同时成本节省了20万元，降低4%。从目前的建造形式看，较好的场地制造能力和设备吊装起重能力能够为WHPF组块建造工艺的实施创造条件，能够发挥COOEC公司现有的资源、制造能力。最后项目的完工、提前投产证明，甲板片整体逐层安装建造工艺更具先进性，优化了流程，降低了成本。

甲板片整体逐层安装建造工艺相对于ROW片立式建造工艺而言，一方面能够降低空间的施工难度，不需要进行空间的大立片合拢，使空间尺寸控制更为合理；另一方面，吊装能力的提高为其他专业在甲板片预制阶段进行施工创造了条件，比如机械、配管、电气、仪表等专业支架、管线的预装，减少了空间安装工作量，提高了安全风险系数，降低了施工成本。所以甲板片整体逐层安装的施工工艺流程值得在今后组块的建造施工中应用推广。

14.5 组块一体化建造工艺

随着组块建造工艺的不断发展，各专业的工艺衔接更为紧密。目前开始实施组块一体化建造，以缩短建造工期、减少高空作业为原则。实现组块建造模块化，结构、机、管、电、仪、讯等专业进行一体化建造，可减少重复性工作，加强工序衔接、提高施工效率。同时，通过模块化降低滑道的使用时间。

海洋石油工程股份有限公司在2012年的工程项目开工动员会上，正式启动设计建造一体化，设计、建造和采办单位分别制定实施策略。公司组织召开“设计建造一体化交流会”，确定以丽水36-1、PY34-1项目为试点，开始实施一体化。

14.5.1 组块一体化建造的目标

1. 常规实施工序的调整

(1)设计工序上进行适当的调整，提前开展机管电仪的部分设计工作，主要体现在3D设计开始时间较常规(实际设计开始3个月左右)提前1~2个月(虽可能在前期会造成部分重复修改、完善，但总体上可获得更充裕的时间，利于更完善、合理的空间布局)。

(2)提前准备中心平台生活楼设备、材料采办标书，满足生活楼与组块建造一体化实施到货要求。

(3)结构甲板片预制开始后半个月左右，机管电仪专业施工(地漏、灯支架、设备底座、各类探头支架、管支架、马脚、护管、电缆托架支架、护管等安装)陆续展开。

2. 适时调整采办策略

（1）对批量通用材料((如主结构钢材(型钢除外)、管线、电缆、房间舾装、保温等)，参照已实施的导管架主结构钢材采办方式，提前分规格、种类、大致数量范围，先统一招标，对应不同规格、标准材料签订单价合同，待设计完善后下订单购买。

（2）对于各专业标准化构件材料，提前进行公司级统一招标采办。

3. 设计标准化

常规各专业附属构件采用形式标准化，材料尽可能统一化，提高采办、预制、安装效率，由加工设计提出标准化设计形式，设计公司确认。

（1）推行各专业常规附属构件标准化。具体要求见表 14-4。

表 14-4 附件标准化要求

序号	专业	名称	要求
1	结构	栏杆	青岛建造的 CEP 组块与塘沽建造的井口组块标准化构件统一，可共用。建造开工前可成批提前预制
		挡水扁铁	
		挡风墙框架	
		墙皮(房间、防火墙)	
		井口舱盖	
2	配管	地漏	
		管支架(分型)、穿甲板、护管	
		管鞋(分型)	
3	机械、通风	散泵、滤器等常用设备、底座(先不钻孔)	
		分体空调底座	
4	电气、仪讯	常规灯(分型)、按钮盒、开关、插座、接线箱、各类探头、报警装置、摄像头、通信设备等支架，电缆穿甲板护管、马脚	

（2）推行标准化构件提前批量预制的模式，项目间进行构件共享，降低需求高峰期构件的制作压力，做到“闲置忙用”。

（3）推行各专业散料统一化，舾装材料(门、窗、地板、天花板、舾装板等)标准统一化，节约采办成本。

（4）实施建造一体化，加强工序衔接，减少重复性作业，降低高峰期的人员、资源等需求，实现降本增效。

14.5.2 组块一体化建造流程

组块一体化建造流程如图 14-24 所示。

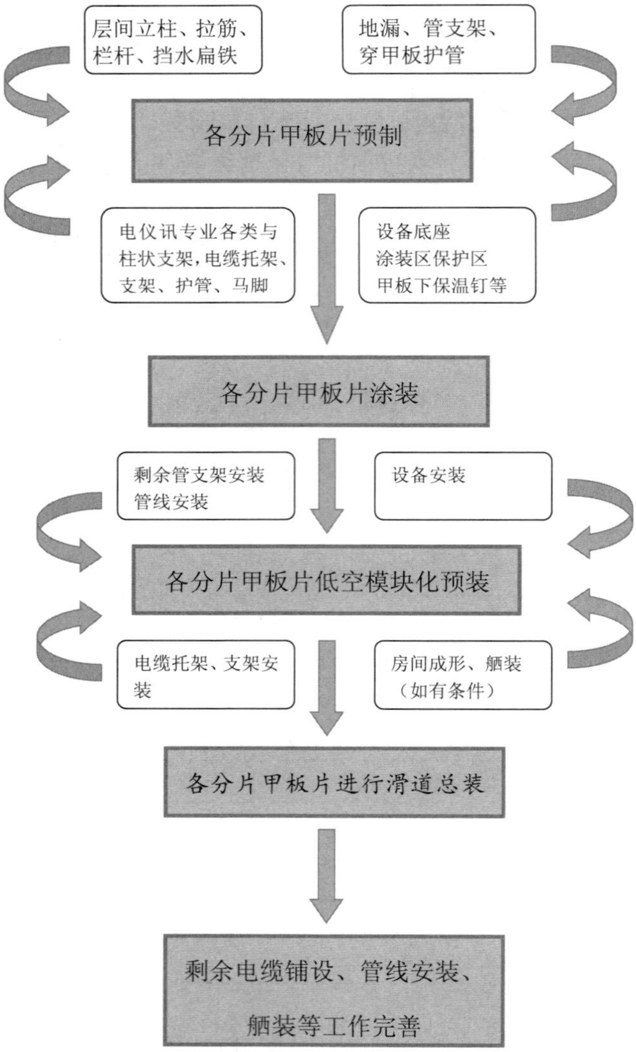

图 14-24 组块一体化建造流程

14.5.3 组块一体化对组块甲板片的要求

平台结构甲板片(分片)预制至涂装之前,各专业喷涂前要完成如下各专业工作。

(1)结构专业:栏杆、挡水扁铁、挡风墙框架、甲板下单轨小车或手拉葫芦的轨道梁安装。

(2)机械专业:常月设备底座(包括电气、仪表专业底座)安装。

(3)配管专业:地漏、管支架、穿甲板护管安装。

(4)电仪讯专业:灯具、各类探头、报警装置、指示灯、通信设备等支架,电气按钮盒、开关、接线箱等支架,电缆穿甲板护管、马脚以及电缆托架支架的安装。

(5)舾装、通风专业:地漏、管支架、穿甲板护管安装。

（6）安全专业：甲板上焊接的安全标示牌进行底座螺栓连接，在甲板上预安装底座。

（7）其他：地漏、管支架、穿甲板护管安装。

甲板分片涂装完成后，依据实际滑道资源情况选择直接上滑道还是在地面分片进行设备、管支架完善，管线、电缆托架安装工作（除了电缆），然后再上滑道进行空间组装，这样大大减少了空间安装工作量，降低了安全风险。

14.5.4　组块一体化的应用

组块一体化在丽水 36-1 油气项目上得到了应用。丽水 36-1 气田位于温州东南 150 km 东海台湾海峡北部海域，作业区水深 84.1 m，该气田业主为中海油及超准公司。组块吊重达 2 800 t。组块一体化在丽水项目上取得的成果如下。

（1）底层甲板准备比较充分且无管线工作，预安装、预舾装基本实现了预期目标，并在设备安装上实现突破。

（2）中层甲板在底层甲板作业积累经验的基础上，在预舾装方面有所进步，实现了预定目标，在预安装方面，由于受到图纸、材料不到位以及场地安排等多重因素的影响，未能实现管线的安装。

（3）顶层甲板受设备到货推迟的影响，总装工作有所滞后，这为管线安装创造了条件。经过积极组织，在 7#片的预安装阶段，安装了 216 m 管线，实现了预安装工作的突破。

（4）经济效益分析见表 14-5。

表 14-5　丽水项目经济效益分析

序号	类别	详细描述	效益分析
1	人力投入	已完成工作量 1 220 t，传统工艺预计投入人工 32 243.5 人工日，功效为 26.42 工/t，一体化实际投入人工 31 607.25 人工日，工效 25.91 工/t，节省人工约为 636.25 工日	节约人工费 23.54 万元
2	设备投入	1.22 m 甲板片节约 150 t 履带吊 40 台时	节约机械费 13.7 万元
3		2.20 m 甲板片节约 150 t 履带吊 60 台时	
4		3.36 m 甲板片节约 250 t 履带吊 100 台时	
5	涂装	节省油漆破坏及修补面积 322 m²，节约底中面漆合计 371 L，节约打磨及修补人工 420 工日	节省人工费及材料费 17.5 万元
6	滑道使用	22 m 甲板片吊装时间节省滑道总装时间 33 天	节省滑道使用费 9.2 万元
7	脚手架租赁	节省滑道总装时间 33 天	节省脚手架租赁费 11.9 万元
合计	—	—	节省 75.84 万元

丽水 36-1 项目经过一体化设计和建造，共节约成本 75.84 万元，COOEC 公司的设计水平、管理水平和建造水平都得到了全面提升，项目的安全、质量管理水平也得到提升。目前一体化建造在丽水、番禺试点项目中分步实施，取得了阶段性的成果，将在后续项目中继续推广应用。一体化建造必将取得更多、更新的突破，进一步提升海洋工程 EPCI 整体建造能力。

附录　海洋工程智能制造中的常见术语及缩略语

常见术语及缩略语

简称	英文	中文
VLOC	Very Large Ore Carrier	超大型矿砂船
FSD	Functional Specification Document	总组流程图
DAP	Detailed Assembly Process	分段详细组立流程
ERP	Enterprise Resource Planning	企业资源计划
BOM	Bill of Material	物料清单
CAD	Computer Aided Design	计算机辅助设计
CAPP	Computer Aided Process Planning	计算机辅助工艺计划
PDM	Product Data Model	产品数据模型
CAM	Computer Aided Manufacturing	计算机辅助制造
IM	Intelligent Manufacturing	智能制造
IMS	Intelligent Manufacturing System	智能制造系统
DCS	Distributed Control System	分布式控制系统
DNC	Distributed Numerical Control	分布式数控系统
FMS	Flexible Manufacturing System	柔性制造系统
MES	Manufacturing Execution System	制造执行系统
VR	Virtual Reality	虚拟现实
CPS	Cyber Physical System	信息物理系统
CIMS	Computer Integrated Manufacturing System	计算机集成系统
PLC	Programmable Logic Controller	可编程逻辑控制器
SCADA	Supervisory Control And Data Acquisition	数据采集与监视控制
FCS	Fieldbus Control System	现场总线控制系统
PLM	Product Lifecycle Management	产品生命周期管理
SCM	Supply Chain Management	供应链管理
CRM	Customer Relationship Management	客户关系管理
CIM	Computer Integrated Manufacturing	计算机集成制造
DSS	Decision Support System	决策支持系统
FDM	Fused Deposition Modeling	熔融沉积成形
WSN	Wireless Sensor Network	无线传感器网络

续表

简称	英文	中文
AR	Augmented Reality	增强现实
MEC	Mobile Edge Computing	多接入边缘计算
MIS	Management Information System	管理信息系统
MRP	Manufacture Resource Planning	生产资源计划
MBD	Model Based Definition	基于模型的定义
WMS	Warehouse Management System	仓库管理系统
EPCI	Engineering Procurement Construction and Installation	总承包模式

参考文献

[1] 徐兆康. 船舶建造工艺学[M]. 北京：人民交通出版社，2000.

[2] 赵虹. 船舶建造工艺[M]. 北京：人民交通出版社，2011.

[3] 陆伟东. 船舶建造工艺[M]. 上海：上海交通大学出版社，1991.

[4] 赵东升. 船舶焊接技术[M]. 大连：大连理工大学出版社，2013.

[5] 初冠南，孙清洁. 现代船舶建造技术[M]. 北京：北京大学出版社，2014.

[6] 刘玉君，李艳君，李瑞. 现代造船技术[M]. 大连：大连理工大学出版社，2012.

[7] 刘玉君，汪骥. 船舶建造工艺学[M]. 大连：大连理工大学出版社，2011.

[8] 胡强生. 现代造船导论[M]. 大连：大连海事大学出版社，2014.

[9] 阿·M. 达尔坎格洛. 船舶设计与建造[M]. 王平庚，等译. 北京：国防工业出版社，1979.

[10] 杨敏. 船舶制造基础[M]. 北京：国防工业出版社，2005.

[11] 汪国平. 船舶涂料与涂装技术[M]. 北京：化学工业出版社，2006.

[12] 李敬花，韩端锋. 现代船海制造技术[M]. 哈尔滨：哈尔滨工程大学出版社，2018.

[13] 范君艳，樊江玲. 智能制造技术概论[M]. 武汉：华中科技大学出版社，2019.

[14] 李晓雪. 智能制造导论[M]. 北京：机械工业出版社，2019.

[15] 尤志嘉，吴琛，郑莲琼. 智能建造概论[M]. 北京：中国建材工业出版社，2021.

[16] 杜修力，刘占省，赵研. 智能建造概论[M]. 北京：中国建筑工业出版社，2021.

[17] 刘文锋，廖维张，胡昌斌. 智能建造概论[M]. 北京：北京大学出版社，2021.

[18] 谢钧，卓金宝，周晓洁，等. 船舶动力智能运维服务系统研究[J]. 物联网技术，2021，11(3)：57-59.

[19] 战翌婷，曾骥. 大数据支持下船舶智能运维的实现[J]. 上海海事大学学报，2019，40(2)：62-66.

[20] 吴文豪，陈国兵，杨自春. 数字孪生技术在船舶装备运维中的应用及挑战[J]. 舰船科学技术，2022，44(8)：139-144.

[21] 孔祥昆. 现代造船模式与方法分析研究[D]. 哈尔滨：哈尔滨工程大学，2009.

[22] 郑于俭. 造船柔性自动化和计算机集成生产问题[J]. 造船技术，1989(7)：3-8.

[23] 赵正平，刘传茂. 世界造船技术创新回顾[J]. 造船技术，2001(5)：4-5，3.

[24] 季良钧. 船体数学放样的发展与消亡[J]. 广船科技，2012，32(3)：1-5.

[25] 杨良德. 壳舾涂一体化造船模式在小船厂的应用[J]. 中国水运，2021(1)：103-105.

[26] 周晓晓. 我国智能制造的发展战略和体制保障[D]. 天津：天津师范大学，2018.

[27] 赵亮，张涛. 物联网的关键技术及其应用前景[J]. 中国管理信息化，2021，24(8)：208-209.

[28] 王岳. 精益化船舶建造计划体系构建关键技术研究[D]. 大连：大连理工大学，2017.

[29] 郝永志，郭飞军，杨其雷. 机器人技术在船舶工业中的发展[J]. 船舶工程，2020，42(6)：13-16.

[30] 高正杰，刘建峰，沈新新，等. 船舶涂装机器人应用技术分析[J]. 船舶与海洋工程，2020，

36(3):56-60.

[31] 章正. 船舶大型结构件机器人焊接关键技术研究[D]. 镇江:江苏科技大学,2010.

[32] 桂纪军. 船舶制造焊接机器人应用关键技术分析[J]. 船舶物资与市场, 2020, 170(4): 43-44.

[33] 祈斌.3D 打印技术在船舶行业的应用[J]. 船舶物资与市场,2016,139(3):17-22.

[34] 彭懿,吕建军,孔宁,等.5G 在船舶制造工业互联网中的应用研究[J]. 电子技术应用, 2021,47(5):14-18,24.

[35] 蔡文楠,谢文聪,孙国同. 基于 5G 环境的工业互联网应用分析[J]. 集成电路应用,2021, 38(1):110-111.

[36] 李永祥. 制造企业精益管理模式理论和应用研究[D]. 天津:天津大学,2005.

[37] 张明华. 精益造船模式研究[D]. 哈尔滨:哈尔滨工程大学,2005.

[38] 余建星,张长林,张裕芳,等. 虚拟现实技术及其对船舶制造业的影响[J]. 船舶工程, 2003 (3):1-3.

[39] 李云. 船舶虚拟现实设计技术探讨[J]. 中国水运(下半月),2012,12(5):7-8.

[40] 丁杰. 船舶智能制造技术现状及发展趋势[J]. 船舶物资与市场,2020,176(10):3-4.

[41] 邵明智,周成荫,谢新,等. 船舶智能制造模式的核心要素和体系架构[J]. 造船技术, 2020,358(6):72-75.

[42] 李奇楠. 船舶智能制造标准体系构建[J]. 造船技术,2017,337(3):8-14,23.

[43] 石磊,马强,陈华达,等. 船舶智能制造标准体系构建研究[J]. 中国标准化, 2020, 563(3): 105-114.

[44] 邵明智,周楠,杨虎,等. 船舶智能制造技术评价指标体系[J]. 造船技术, 2020, 356(4): 62-67.

[45] 邱璘. 现代造船模式的涂装物流系统研究和实现[D]. 上海:上海交通大学,2016.

[46] 卢琳玲. 现代造船模式下的舾装物流系统的研究和实现[D]. 上海:上海交通大学,2009.

[47] 夏帆. 船舶舾装智能管理应用研究[J]. 船舶物资与市场,2021,29(10):53-54.

[48] 武文宇.5G 与工业互联网的融合应用实践[J]. 中国信息化,2022,344(12):81-82.

[49] 陈亿根,尹晓峰,邵黎勋.5G+工业互联网应用实践[J]. 中兴通讯技术,2020,26(6):2-6.

[50] 刘志敏. 精益生产及其在先进制造中的地位和作用[J]. 现代经济信息,2016(15):68,70.

[51] 武淑萍. 精益生产在中国的应用现状[J]. 郑州航空工业管理学院学报(社会科学版), 2004(6):132-134.

[52] 张新龙,贾建强. 精益造船理论及其在国外的实践[J]. 船艇,2006(6):10-15.

[53] 景乾峰,神和龙,尹勇. 一种基于虚拟现实系统的船舶数字孪生框架[J]. 北京交通大学学报,2020,44(5):117-124.

[54] 谢予. 世界造船业 2019 年回顾与未来展望[J]. 世界海运,2020,43(4):1-6.

[55] 张洪芳. 物联网技术研究综述[J]. 中国新通信,2019,21(16):40.

[56] 冯晓波. 基于 MES 的船舶生产计划管理系统研究和应用[D]. 上海:上海交通大学,2011.

[57] 曹绛欣. 基于 ERP 的船舶建造生产管理系统研究[D]. 大连:大连理工大学,2008.

[58] 伏李军. 船舶制造执行系统的开发与集成关键技术研究[D]. 镇江:江苏科技大学,2011.

[59] 蒋成,张骥,梁晓辉,等. 机器视觉在互联网工业技术领域的重要应用[J]. 现代传输,

2021,200(2):42-47.

[60] 唐向阳,张勇,李江有,等. 机器视觉关键技术的现状及应用展望[J]. 昆明理工大学学报(理工版),2004(2):36-39.

[61] 吴平平,陈峰. 海洋工程装备关键技术和支撑技术分析[J]. 机电工程技术，2019，48(7):50-51.

[62] 李培勇. 海洋平台建造工艺学[M]. 武汉:武汉理工大学出版社，2021.

[63] 宋友良,张宜群. 海洋钻井平台总装建造模式分析[C]//中国造船工程学会船舶力学学术委员会. 奋发图强 圆梦海疆:中国造船工程学会船舶力学学术委员会第八次全体会议文集. 上海:上海船舶工艺研究所,2014.